Anneliese Herzig
»Ordens-Christen«

Studien zur systematischen und spirituellen Theologie

3

Herausgegeben von
Gisbert Greshake, Medard Kehl
und Werner Löser

Anneliese Herzig

»Ordens-Christen«

Theologie des Ordenslebens in der Zeit nach dem Zweiten Vatikanischen Konzil

echter

CIP-Titelaufnahme der Deutschen Bibliothek

Herzig, Anneliese:
„Ordens-Christen“ : Theologie des Ordenslebens in der Zeit nach dem Zweiten Vatikanischen Konzil / Anneliese Herzig. – Würzburg : Echter, 1991
(Studien zur systematischen und spirituellen Theologie ; 3)
Zugl.: Freiburg (Breisgau), Univ., Diss., 1989/90
ISBN 3-429-01369-0
NE: GT

Umschlag: Ernst Loew
Druck und Bindung: Echter Würzburg
Fränkische Gesellschaftsdruckerei und Verlag GmbH
ISBN 3-429-01369-0

Vorwort

Die vorliegende Arbeit wurde im Wintersemester 1989/90 von der Theologischen Fakultät der Albert-Ludwigs-Universität, Freiburg im Breisgau, als Dissertation angenommen.
Den Professoren dieser Fakultät möchte ich meinen Dank aussprechen. Besonders gilt dieser Dank Professor Dr. Gisbert Greshake. Er hat den Impuls zu dieser Arbeit gegeben und sie in allen Stadien ihres Entstehens mit Interesse und kritischem Wohlwollen begleitet. Professor Dr. Karl Suso Frank OFM danke ich, daß er die Mühe des Korreferats auf sich genommen und einige weiterführende Hinweise gegeben hat. Wertvolle Anregungen bekam ich, vor allem im Anfangsstadium der Arbeit, im Gespräch mit Professor Dr. Josef Weismayer, Universität Wien. Auch den Herausgebern der »Studien zur systematischen und spirituellen Theologie«, Professor Dr. Gisbert Greshake, Professor Dr. Medard Kehl SJ, Professor Dr. Werner Löser SJ, möchte ich herzlich danken. Meine Ordensgemeinschaft hat mich zum Promotionsstudium ermutigt und freigestellt. Allen Schwestern, die mich in dieser Zeit mit Aufmerksamkeit begleitet haben, sei herzlich gedankt. Bernd J. Claret, Mitarbeiter am Arbeitsbereich Dogmatik und Ökumenische Theologie in Freiburg, hat mich beim Umgang mit dem Computer auf vielfache Weise unterstützt. Bedanken möchte ich mich auch für die Möglichkeit, Akten aus dem Archiv der Deutschen Bischofskonferenz zu benützen. Beim Lesen der Korrekturen sind mir Eva-Maria Faber, Sr. Barbara Bierler MSsR und P. Anton Dimpflmaier CSsR zur Seite gestanden.
Widmen möchte ich diese Studie allen, die auf meinem Lebens- und Glaubensweg ein Stück des Weges mitgegangen sind.

Stadl, Weihnachten 1990 *Sr. Anneliese Herzig MSsR*

Inhaltsverzeichnis

Einleitung

Seit dem Abschluß des Zweiten Vatikanischen Konzils (1962-1965) sind die Auseinandersetzungen um die rechte Interpretation und Durchsetzung der Konzilsbeschlüsse in vollem Gang[1]. Schon vor einigen Jahren hat Hermann Josef Pottmeyer die zwei Weisen »selektiver Interpretation« beklagt, die sich nach der ersten Euphorie über das Konzil zunehmend breitgemacht haben. Aufbauend auf dem Konflikt zwischen »Konzilsmajorität« und (konservativ eingestellter) »Konzilsminorität« stützt sich die eine Auslegung »einseitig auf die Neuansätze, die von der Majorität bewirkt wurden, die andere einseitig auf jene Aussagen, die auf Betreiben der Minorität aus den vorbereiteten Schemaentwürfen übernommen wurden und die vorkonziliare Theologie widerspiegeln«[2]. Dazu kommt, daß sich gerade bei diesem Konzil die Interpretation der Beschlüsse äußerst schwierig gestaltet. Zumindest ein wichtiges Prinzip der Auslegung von Konzilstexten vermag angesichts des Zweiten Vatikanums nicht zu greifen: »Von den bisherigen Konzilien gilt, daß man ihre Aussagen von dem verurteilten Irrtum her und auf ihn hin verstehen muß. Das II. Vatikanum hat jedoch bewußt jede neue Verurteilung vermieden. ... Das Prinzip, das Konzil von seinem Gegensatz her zu ver-

---

1 Alberigo G., Die Situation des Christentums nach dem Vaticanum II, in: Die Rezeption des Zweiten Vatikanischen Konzils. Hg. v. H.J. Pottmeyer u.a., dt. Düsseldorf 1986, 15-44, hier 20 weist darauf hin, daß es bei allen wichtigen und folgenreichen Konzilien eine angespannte, aber fruchtbare nachkonziliare Epoche gegeben hat. Nur bei den Konzilien, die letztlich keine Wirkung hatten, gab es keine Spannungen. Siehe auch Grillmeier A., Konzil und Rezeption. Methodische Bemerkungen zu einem Thema der ökumenischen Diskussion der Gegenwart, in: ThPh 45 (1970) 321-352.

2 Pottmeyer H.J., Vor einer neuen Phase der Rezeption des Vaticanum II. Zwanzig Jahre Hermeneutik des Konzils, in: Die Rezeption des Zweiten Vatikanischen Konzils 42-65, dort 57. Vergleiche auch ders., Die zwiespältige Ekklesiologie des Zweiten Vaticanums - Ursache nachkonziliarer Konflikte, in: TThZ 92 (1983) 272-283; Tillard J.M.R., Das II. Vatikanum und die nachkonziliare Zeit: Hoffnungen und Befürchtungen, in: Kirche im Wandel. Eine kritische Zwischenbilanz nach dem Zweiten Vatikanum. Hg. v. G. Alberigo u.a., dt. Düsseldorf 1982, 319-332.

stehen, versagt also in diesem Fall«[3]. Eine zweite Schwierigkeit beruht auf dem »pastoralen Charakter« des Zweiten Vatikanums. Er war dem Konzil von Papst Johannes XXIII. vorgegeben worden. Gibt es für die sonst übliche dogmatische oder disziplinäre Sprechweise von Konzilien anerkannte Prinzipien der Interpretation, so findet man bezüglich »des pastoralen Charakters ... noch nicht einmal einen Konsens darüber, was man darunter im einzelnen zu verstehen habe, geschweige denn einen Konsens über eine entsprechende Hermeneutik«[4]. Probleme wirft auch die Methode der »Juxtaposition« auf, derer sich das Konzil gerade an zentralen Stellen bedient hat, um die Meinung von Majorität *und* Minorität zum Zug kommen zu lassen. »Altes« und »Neues« blieben oft unverbunden nebeneinander stehen; unübersehbar ist der Kompromißcharakter vieler Passagen. Der Charakter des Zweiten Vatikanums als *Konzil des Übergangs*[5] wird daran greifbar und benennbar.
Angesichts dieser Situation ist eine neue, sachgemäße Auseinandersetzung mit den Konzilstexten gefordert[6]. Dazu gehört ein eingehendes Studium von Vorgeschichte und Konzilsgeschichte der Konzilsdekrete: Die verschiedenen Stadien der Texterarbeitung, die Beiträge und Voten der Konzilsväter und der Konzilspäpste, Abstimmungsergebnisse und die Arbeit in den Konzilskommissionen sind dafür gleichermaßen zu beachten[7].
Inzwischen besitzt jeder Konzilstext bereits auch eine Nach- oder Wirkungsgeschichte. An ihr zeigt sich, welche Konsequenzen aus den Konzilskonstitutionen und -dekreten gezogen wurden, wie mit der Vorgabe des Zweiten Vatikanums weitergearbeitet wurde und welche Aussagen tatsächlich wirkmächtig geworden sind. Gesellschaftliche und theologi-

---

[3] Kasper W., Die bleibende Herausforderung durch das II. Vatikanische Konzil. Zur Hermeneutik der Konzilsaussagen, in: ders., Theologie und Kirche, Mainz 1987, 290-299, hier 293.

[4] Ebd. 293.

[5] Diese Charakterisierung des Vatikanum II findet sich etwa bei: Seeber D., Das Zweite Vaticanum. Konzil des Übergangs, Freiburg 1966; Rahner K., Die bleibende Bedeutung des II. Vatikanischen Konzils, in: Schriften 14, 303-318, hier 308. Pottmeyer, Vor einer neuen Phase 47-49.57-60 lehnt eine grundsätzlich negative Beurteilung der Juxtaposition und des Übergangscharakters des Konzils ab. Vergleiche dagegen: Walf K., Lakunen und Zweideutigkeiten in der Ekklesiologie des II. Vatikanums, in: Kirche im Wandel 195-207.

[6] Zum Folgenden siehe Pottmeyer, Vor einer neuen Phase 60-62.

[7] Neben Pottmeyer siehe auch Kasper, Die bleibende Herausforderung 294-296. Schon 1964 hatte der evangelische Theologe Oscar Cullmann betont: »Es ist außerordentlich wichtig, daß moderne und künftige Kirchen- und Dogmenhistoriker, welche die Begleitumstände des Konzils nicht miterlebt haben, zugleich alle Akten mit in Erwägung ziehen. Für dieses Konzil ist das viel wichtiger als für alle früheren«, in: Cullmann O., Die »offenen Türen« der Konzilsdekrete, in: Neue Zürcher Zeitung 5.9.1964, zit. in: Karrer O., Das Zweite Vatikanische Konzil. Reflexionen zu seiner geschichtlichen und geistlichen Wirklichkeit, München 1966, 150.

sche Entwicklungen haben auch neue Fragen aufgeworfen, die *so* zur Zeit des Konzils noch nicht gestellt werden konnten. Werden diese neuen Probleme an die Texte herangetragen, können sich »Lakunen und Zweideutigkeiten« (K. Walf) zeigen, die auf den ersten Blick nicht kenntlich waren, erweist sich, wo Begriffe nicht klar definiert sind, wird deutlich, daß manche Aussagen für mehrere Möglichkeiten der Interpretation offen sind. Zusammenhänge innerhalb des Textes können neu zum Leuchten kommen, wesentliche Strukturen reliefartig hervortreten. Außerdem legt das Studium der Wirkungsgeschichte frei, was nicht oder kaum rezipiert worden ist, was der Vergessenheit anheimgefallen ist. Dadurch kann eine neue Phase der Auseinandersetzung mit den Konzilsbeschlüssen eingeleitet werden. Auf diese Weise leistet die Wirkungsgeschichte des Zweiten Vatikanums einen Beitrag zur Interpretation der Texte und bleibt nicht bei einer bloßen Bestandsaufnahme stecken[8]. Die vorliegende Arbeit hat sich zum Ziel gesetzt, diese Wirkungsgeschichte für den Bereich der *Theologie des Ordenslebens* nachzuzeichnen.

Die Ordenstheologie ist in der glücklichen Lage, mit der Untersuchung von *Georg Jelich* »Kirchliches Ordensverständnis im Wandel« (1983) eine mit Akribie ausgeführte Textgeschichte von *Lumen gentium* 43-47 und *Perfectae caritatis*, den zentralen Konzilstexten zum Ordensleben, zu besitzen[9]. Jelich untersucht den Wandlungsprozeß in der Theologie des Ordenslebens, der vor dem Konzil, in Konzilsarbeit und Konzilsbeschlüssen manifest geworden ist, und sucht dann, die Ordenstheologie des Zweiten Vatikanums zusammenfassend vorzustellen.

---

8 Pottmeyer H.J., Ist die Nachkonzilszeit zu Ende?, in: StZ 203 (1985) 219-230, dort 229 hat allgemein den Einbezug der Wirkungsgeschichte in die Interpretation der Konzilstexte gefordert, damit eine »dritte Rezeptionsphase« des Vatikanum II eingeleitet werden kann.
Besonders die neutestamentliche Exegese hat in den letzten Jahren die Bedeutung der Wirkungsgeschichte ausgearbeitet. Vergleiche unter anderem: Kremer J., Was an den Leiden Christi noch mangelt. Eine interpretationsgeschichtliche und exegetische Untersuchung zu Kol 1,24b (BBB 12), Bonn 1956; ders., Lazarus. Die Geschichte einer Auferstehung. Text, Wirkungsgeschichte und Botschaft von Joh 11,1-46, Stuttgart 1984; Luz U., Das Evangelium nach Matthäus. Bd. 1-2 (EKK 1/1-2), Zürich 1985-1990, (bes. Bd. 1, 78-82); Wrege H.-T., Wirkungsgeschichte des Evangeliums. Erfahrungen, Perspektiven und Möglichkeiten, Göttingen 1981.

9 Jelich G., Kirchliches Ordensverständnis im Wandel. Untersuchungen zum Ordensverständnis des Zweiten Vatikanischen Konzils in der dogmatischen Konstitution über die Kirche »Lumen gentium« und im Dekret über die zeitgemäße Erneuerung des Ordenslebens »Perfectae caritatis« (Erfurter theol. Studien 49), Leipzig 1983. Zu LG 43-47 liegen zwei weitere Untersuchungen vor: Schoenmaeckers M.J., Genèse du chapitre VI »De Religiosis« de la Constitution dogmatique sur l'Église »Lumen gentium«, Rome Diss Greg. 1983; Molinari P. / Gumpel P., Il capitolo VI »De Religiosis« della Costituzione dogmatica sulla Chiesa. Genesi e contenuto dottrinale alla luce dei documenti ufficiali (Quaderni die Vita Consecrata 8), Milano 1985. Die Aussagen speziell über das »apostolische Ordensleben« untersucht: Hausman N., Vie religieuse apostolique et communion de l'Église. L'enseignement du Concile Vatican II, Paris 1987.

Die Arbeit des Erfurter Theologen stellt einen wichtigen Baustein für eine sachgerechte Interpretation der konziliaren Lehre über das Ordensleben dar. Mittlerweile aber bedarf die Vor- und Konzilsgeschichte einer Ergänzung durch die *Wirkungsgeschichte*. Dazu gibt es zum Thema »Orden« erst wenige Ansätze. Meistens werden nur Spezialthemen wie die Zeichenhaftigkeit des Ordenslebens[10], sein charismatischer Charakter[11] oder kirchenrechtliche Fragen[12] behandelt. Unter diesen partikulären Hinsichten werden entscheidende Aspekte nachkonziliarer Ordenstheologie deutlich. Dennoch erscheint es genauso wichtig, die Entwicklungen auf dem Gebiet der Theologie des Ordenslebens auch umfassender zu reflektieren und theologische Grundlagenfragen aufzugreifen. Dazu gehören die Fragen nach dem Verhältnis von Christ und Ordenschrist, nach dem Ort der Orden in der Kirche, nach dem Bezug der Ordensleute zur »Welt« sowie nach Einheit und Unterschiedenheit innerhalb des Phänomens *vita religiosa*. Der Herausforderung, den Tendenzen auf diesem Gebiet der Theologie nachzuspüren, möchte sich die vorliegende Untersuchung stellen. Sie baut auf den Ergebnissen der Arbeit von Georg Jelich auf und blickt von hier aus auf die nachkonziliare Entwicklung.

Grenzen, Methode und Aufbau

Seit dem Konzil wurde eine Fülle von Arbeiten veröffentlicht, die sich mit dem Ordensleben beschäftigen. Neben einigen Monographien liegt vor allem Aufsatzliteratur vor. Es ist nahezu unmöglich, die gesamte Literatur zum Thema zu überblicken. Für das Ziel dieser Untersuchung erweist es sich deshalb als notwendig, *Grenzen* abzustecken.

---

[10] Regli S., Das Ordensleben als Zeichen in der Kirche der Gegenwart. Eine pastoraltheologische Untersuchung (Criteria 1), Freiburg/Schw. 1970.

[11] Viens F., Charismes et vie consacrée, Rome Diss. Iur. Can. 1983 (Mschr.).

[12] An Kommentaren zum neuen Ordensrecht des CIC 1983 siehe: Henseler R., Ordensrecht. Sonderausgabe in Verbindung mit der Vereinigung Deutscher Ordensobern (Münsterischer Kommentar zum Codex Iuris Canonici), Essen 1987; Primetshofer B., Ordensrecht auf der Grundlage des Codex Iuris Canonici 1983 unter Berücksichtigung des staatlichen Rechts der Bundesrepublik Deutschland, Österreichs und der Schweiz, 3. neubearb. Aufl. Freiburg 1988; Sebott R., Das neue Ordensrecht. Kommentar zu den Kanones 573-746 des Codex Iuris Canonici, Kevelaer 1988; Beyer J., Le droit de la vie consacrée (Commentaire de Code de Droit Canonique. Livre II - 3ème partie), Paris 1988; Gambari E., Vita religiosa secondo il Concilio e il nuovo Diritto Canonico, Roma ²1985.

- Untersucht wird Literatur aus dem deutschen und französischen *Sprachraum*[13].

- Den *Gegenstand* dieser Arbeit bildet die *vita religiosa* im Sinne des CIC 1983 (c. 607-709). Das bedeutet, daß nicht zwischen Orden und Kongregationen, zwischen Gemeinschaften mit »feierlichen« und »einfachen« Gelübden unterschieden wird. Fragen um Säkularinstitute (c. 710-730), eremitisches Leben (c. 603), Stand der Jungfrauen (c. 604), Gesellschaften des apostolischen Lebens (c. 731-746) und neue geistliche Gemeinschaften werden nur insoweit thematisiert, als sie für den Gang der Untersuchung relevant sind.

- Die vorliegende Arbeit verfolgt ein *systematisches Anliegen*. Deshalb werden vorzugsweise Veröffentlichungen diskutiert, die einen gewissen Anspruch auf den »Entwurf« einer Theologie des Ordenslebens erheben und nicht nur Einzelfragen historischer, kirchenrechtlicher, ökumenischer, liturgischer, praxisorientierter oder spiritueller Art aufgreifen. Ausgeschlossen sind auch exegetische Probleme, die um eine biblische Fundierung des Ordenslebens kreisen[14].

- Aus dem solchermaßen eingegrenzten Literaturfeld kristallisieren sich die Arbeiten einiger Autoren als signifikant heraus. Kriterien für die Auswahl sind Exemplarität, eine gewisse Bandbreite von Veröffentlichungen zur Theologie des Ordenslebens, bemerkenswerte Arbeitsvorschläge oder das Vorliegen einer offensichtlichen »Wirkungsgeschichte«.

---

13 Die Arbeiten von L. Boff wurden ins Deutsche übersetzt und fanden in unserem Sprachraum reges Interesse. Sie werden deswegen - zusammen mit einigen anderen (z.B. F. Ciardi) - berücksichtigt. - Wo von fremdsprachigen Veröffentlichungen keine Übersetzungen vorlagen, wurden die Zitate im Text von der Verf. übersetzt.

14 Das bedeutet, daß die Ansätze einiger Autoren z.B. bei der *sequela Christi* oder dem »evangelischen Radikalismus« zwar vorgestellt und auf ihre Konsequenzen hin befragt werden, aber keine eigentlich exegetisch-bibeltheologische Auseinandersetzung angestrebt ist.
Das Buch von Eugen Drewermann: Kleriker - Psychogramm eines Ideals, Olten 1989, das nach Abschluß dieser Arbeit erschien, wird hier nicht diskutiert. Drewermann rechnet zwar durchaus auch die (laikalen) Ordensleute zu den »Klerikern«. Jedoch bieten sich in seinem Werk keinerlei Ansätze für eine *Theologie* des Ordenslebens. Die scharfen Anfragen Drewermanns an die Lebensform der Ordensleute sind aber ernst zu nehmen. Daß das Ordensleben nicht bloß krankhafte Persönlichkeiten schafft und voraussetzt, wie die Grundthese von Drewermann lautet, kann keine Theorie, sondern nur eine befreiende Praxis der *vita religiosa* erweisen. Die Theologie des Ordenslebens muß jedoch so angelegt sein, daß sie für eine solche Praxis Raum bietet. Zur Auseinandersetzung mit Drewermann vgl. u.a.: Wiederkehr D., Laßt Euch betreffen, aber nicht blenden! Eine doppelte Rezeptur für die Lektüre von E. Drewermanns »Kleriker«, in: Orientierung 22 (1990) 17-21; Sudbrack J., Die Kleriker. Nachtrag zum Gespräch mit Eugen Drewermann, in: GuL 63 (1990) 182-199; Ruh U., Überzogener Angriff oder notwendige Aufklärung? Eugen Drewermanns »Kleriker«, in: HerKorr 44 (1990) 85-89; Der Klerikerstreit. Die Auseinandersetzung um Eugen Drewermann. Hg. v. P. Eicher, München 1990; Priester heute. Anfragen - Aufgaben - Anregungen. Hg. v. K. Hillenbrand, Würzburg 1990; Alles für Gott? Priester sein zwischen Anspruch und Wirklichkeit. Hg. v. B. Marz, Düsseldorf 1990.

- Als offizielle und interpretierende Umsetzung des Konzils müssen für die nachkonziliare Entwicklung auch die *kirchlichen Dokumente zum Ordensleben* beachtet werden[15].

Die vorliegende Untersuchung ist im Fachbereich *Dogmatik* erstellt. Es ist keineswegs selbstverständlich, Theologie des Ordenslebens als Teil der Dogmatik zu verstehen. Viele Themen, die das Ordensleben betreffen, werden entweder der Moraltheologie oder der »Theologie der Spiritualität« zugerechnet[16]. Der Ansatz dieser Arbeit ist jedoch *dogmatisch*. Das bedeutet zunächst, daß die Sinnhaftigkeit und Legitimität der *vita religiosa* in der Kirche nicht diskutiert, sondern vorausgesetzt wird. Ordensleben wird als Ausfaltung und Konkretisierung christlichen Lebens verstanden, die mit kirchlicher Lehre und Tradition konform ist. Damit soll keineswegs auf kritische Anfragen verzichtet werden. Ordensleben und Ordenstheologie müssen für Erneuerung und Veränderung, für Anfrage und Kritik offenbleiben und dürfen nicht ideologisiert werden.

Der dogmatische Ansatz bringt es mit sich, daß das besondere *Interesse* dieser Untersuchung darin liegt, *theologische Voraussetzungen und Konsequenzen* der vorliegenden Entwürfe zum Ordensleben zu überprüfen und zu diskutieren. Es soll deutlich gemacht werden, daß Ordenstheologie wesentlich von theologischen Optionen geleitet ist, d.h. im Kontext der ganzen Theologie betrieben wird und zugleich Konsequenzen für andere theologische Themen auszeitigt.

Für den *Aufbau* der Arbeit bietet sich ein Dreischritt an. Ein hinführender Abschnitt bestimmt den Ausgangspunkt: die Darstellung der Orden auf dem Zweiten Vatikanischen Konzil und den »Umbruch« in der Theologie des Ordenslebens, der sich in diesen Jahren vollzogen hat. Im *Hauptteil* kommt die »Wirkungsgeschichte« des Zweiten Vatikanums im Blick auf die Theologie des Ordenslebens zu Wort. Das Ordnungssystem dieses Überblicks ergibt sich aus den vier konstitutiven Beziehungsfeldern, in denen die Ordensleute stehen und von denen her sich ihr »Ort« definiert: das Verhältnis von Christ und Ordenschrist (erstes Kapitel), von Kirche und Orden (zweites Kapitel), von Welt und Orden (drittes Kapitel) und die Frage nach Typus und Eigenart (viertes Kapitel). Mit Ausnahme des vierten Kapitels, das einen Methodenwechsel

[15] Vgl. dazu auch Pottmeyer, Vor einer neuen Phase 49.

[16] Dabei stellt sich die Frage nach Ort und Bedeutung der »spirituellen Theologie«. Vergleiche dazu: Weismayer J., Spirituelle Theologie oder Theologie der Spiritualität, in: Spiritualität in Moral. Festschrift f. Karl Hörmann zum 60. Geb. Hg. v. Günther Virt, Wien 1975, 59-77; Sudbrack J., Möglichkeiten einer Theologie des geistlichen Lebens, in: TThZ 78 (1969) 49-59.

erfordert[17], wird in diesem Teil der Arbeit *exemplarisch* vorgegangen. Das bedeutet: Neben den kirchlichen Dokumenten werden die Arbeiten einzelner Theologen vorgestellt, die als »typisch« für die verschiedenen Strömungen in der nachkonziliaren Theologie des Ordenslebens gelten dürfen. Um diese Exemplarität anzuzeigen, wird im allgemeinen in einem Unterpunkt auf Arbeiten ähnlichen Charakters hingewiesen[18]. Die Diskussion dieser Entwürfe zu einer Theologie des Ordenslebens wird von *Leitfragen* bestimmt, die sich aus den Konzilstexten als Anspruch und Aufgabe für eine nachkonziliare Ordenstheologie ergeben und in denen die wirkungsgeschichtliche Fragestellung dieser Arbeit zum Ausdruck kommt. Der *Schlußteil* schließlich setzt sich zum Ziel, einen Ansatzpunkt zu finden, der imstande ist, Einheit und Verschiedenheit kirchlicher Lebensformen sowie der Typen des Ordenslebens miteinander zu vermitteln. Diese Problematik stand schon auf dem Konzil an, wurde dort aber noch nicht ausdiskutiert. Gerade die nachkonziliare Entwicklung wird die Notwendigkeit einer solchen Vermittlung deutlich machen.

---

[17] Siehe dazu ausführlich die Einleitung zum 4. Kapitel, unten 329-330.

[18] Diese und andere kleingedruckte Passagen ermöglichen eine intensivere Auseinandersetzung mit dem Thema. Eilige Leser können sie durchaus ohne Schaden für das Gesamtverständnis überspringen.

HINFÜHRUNG

Das Zweite Vatikanum und die Theologie des Ordenslebens

Die Ordensgemeinschaften finden in mehreren Konzilstexten Erwähnung, so unter anderem im Dekret *»Ad gentes«* über die Missionstätigkeit der Kirche (AG 15.18.20.30.40; siehe ferner SC 80.101§2; IM 15; LG 13.28.31; OE 6; UR 6.15; AA 25; GS 43; PO 6). Vor allem aber wird das Thema in einem eigenen Kapitel der Dogmatischen Konstitution über die Kirche *»Lumen gentium«* (LG) und in einem gesonderten Dekret über die zeitgemäße Erneuerung des Ordenslebens *»Perfectae Caritatis«* (PC) zur Sprache gebracht. Außerdem widmet das Dekret über die Hirtenaufgabe der Bischöfe *»Christus Dominus«* drei Nummern den Beziehungen zwischen Ordensgemeinschaften und Ortsbischof (CD 33-35). Der folgende Überblick über die Konzilsaussagen zum Ordensleben wird sich auf das fünfte und sechste Kapitel von *»Lumen gentium«* und auf das Dekret *»Perfectae Caritatis«* konzentrieren, da in diesen beiden Dokumenten alle bestimmenden Linien vorgezeichnet sind.

1. Die Aussagen über die Orden in »Lumen Gentium«

Vorbereitung

Mit der Bearbeitung des geplanten Kirchenschemas wurde die vorbereitende Theologische Kommission *»De doctrina fidei et morum«* beauftragt. In dem Katalog von dreizehn Themen, den diese Kommission im Juni 1960 für die künftige Konstitution erstellte, war die Frage der Or-

den noch nicht aufgenommen. Sie wurde erst im Herbst 1960 auf Antrag der Kommission für die Ordensleute hinzugefügt[1].
Das fünfte Kapitel des ersten Entwurfes der Konstitution über die Kirche, das am 23. November 1962 den Konzilsvätern zugestellt wurde, beschäftigte sich mit den Ordensleuten unter der Überschrift *»De statibus evangelicae acquirendae perfectionis«*[2]. In der 31.-36. Generalkongregation der ersten Konzilsperiode wurde zum ersten Mal über das Schema zur Kirchenkonstitution debattiert, allerdings noch in sehr allgemeiner Ausrichtung. Nach Abbruch der Diskussion wurden die Väter aufgefordert, Vorschläge zu einer Neubearbeitung einzusenden. Hier erfuhren die Textpassagen über die Orden neben Zustimmung auch beträchtliche Kritik, die nach G. Jelich hauptsächlich sechs Themenkreise betraf[3]:
- Der Abschnitt über die Orden war im Entwurf zwischen die beiden Kapitel über die Bischöfe und über die Laien eingeschoben. Das erweckte den Eindruck - gegen die im Text sichtbar werdende Intention der Autoren[4] -, daß die Ordensleute eine Art »Zwischenstand« zwischen Laien und Klerikern bilden. Demgegenüber wurde der Wunsch geäußert, es solle klarer zwischen der hierarchischen Struktur, welche die Kirche in Kleriker und Laien gliedert und »iure divino« existiert, und einer »charismatischen« Struktur der Kirche unterschieden werden, zu der auch das Laien und Klerikern gleichermaßen zugängliche Ordensleben gehört. Diese unterschiedlichen Betrachtungsebenen von Kirche sollten sich auch in der Kapiteleinteilung niederschlagen, so daß über das Ordensleben erst nach Klerikern und Laien gehandelt werden müßte.
- Wichtig für die weitere Geschichte der Konstitution ist, daß viele Konzilsväter das Anliegen vertraten, das christliche Vollkommenheitsideal

---

1 Vgl. Jelich 46. - Ebenso war im Schema »De Ecclesia Christi« des Ersten Vatikanums kein eigenes Kapitel über die Orden geplant: vgl. Mansi 51, 539-553. - Zum Folgenden siehe: Constitutionis dogmaticae Lumen gentium synopsis historica. Hg. v. G. Alberigo u. F. Magistretti, Bologna 1975; Jelich 45-88; Regli S., Das Ordensleben als Zeichen in der Kirche der Gegenwart. Eine pastoraltheologische Untersuchung (Criteria 1), Freiburg/Schw. 1970, 97-120; Wulf F., Einführung und Kommentar zu den Kapitel V und VI der »Dogmatischen Konstitution über die Kirche«, in: LThK.E 1, 284-313; De Ecclesia. Beiträge zur Konstitution »Über die Kirche« des Zweiten Vatikanischen Konzils. Hg. v. G. Baraúna. 2 Bde., Frankfurt 1966; Sebastián F., Historia capitis VI Constitutionis »Lumen gentium«, in: CMR 45 (1966) 349-363; Schoenmaeckers M.J., Genèse du chapitre VI »De Religiosis« de la Constitution dogmatique sur l'Église »Lumen gentium«, Rome Greg. Diss. 1983; Molinari P. / Gumpel P., Il capitolo VI »De Religiosis« della Costituzione dogmatica sulla Chiesa. Genesi e contenuto dottrinale alla luce dei documenti ufficiali (Quaderni di Vita Consacrata 8), Milano 1985.

2 Vgl. AS 1/4, 34-37.

3 Vergleiche dazu Jelich 51-62 sowie Schoenmaeckers 83-105.

4 Vgl. Schema »De Ecclesia«, Kap. V., Nr. 19 (AS 1/4, 36): »Status perfectionis proprie non est intermedium quoddam inter clericalem et laicalem conditionem, sed utrique potest esse communis«.

dürfe nicht auf den speziellen Weg der Orden fixiert werden. Genau diese Tendenz sahen sie jedoch im Textentwurf angelegt. Es wurde deswegen angeregt, der Behandlung des Ordensstandes ein Kapitel über die Berufung aller Christen zur Vollkommenheit vorzuschalten.

- Die evangelischen Räte sollten deutlicher als *Mittel* zur Vollkommenheit dargestellt werden. Außerdem müsse die Trennung von Gebot und Rat überwunden und die Bedeutung der Räte für alle Christen herausgestellt werden.
- Kritisiert wurde die wertende Unterscheidung und Stufung der verschiedenen kirchenrechtlich vorgesehenen Verpflichtungsformen auf die evangelischen Räte (Gelübde, Versprechen ...). Überdies solle auch die private Befolgung der Räte erwähnt werden.
- Einige Väter verlangten, im Text solle auch über die eschatologische Zeichenhaftigkeit des Lebens nach den evangelischen Räten gehandelt werden.
- Die Überschrift *»De statibus evangelicae acquirendae perfectionis«* wurde von einer Reihe von Vätern als nicht geeignet abgelehnt. Zu wenig werde dadurch die ekklesiale Bedeutung des Ordenslebens kenntlich; außerdem würde diese Bezeichnung einen juridischen Beigeschmack an sich tragen, den man gerade in der dogmatischen Konstitution über die Kirche vermieden sehen wollte.

Exkurs: Das thomanische Erbe der Ordenstheologie

Der erste Entwurf des Kapitels über die Orden in der Kirchenkonstitution ist wie das vor dem Konzil erstellte Konzept für das Ordensdekret und die späteren Konzilstexte nicht ohne die Ordenstheologie des Kirchenlehrers *Thomas von Aquin* zu verstehen. Seine Theologie des Ordenslebens wirkte - vermittelt durch die nachtridentinische Scholastik und die Neuscholastik - bis in die Anfänge des Zweiten Vatikanischen Konzils hinein[5]. Nur auf dem Hintergrund dieser ersten großen theologischen Synthese des Ordenslebens sind die Auseinandersetzungen in der Konzilsdiskussion und der Wandel, der sich auf dem Konzil vollzog, zu begreifen. Auch manche Probleme, mit denen die nachkonziliare Theologie des Ordenslebens kämpfen wird, sind hier bereits vorgezeichnet. Deshalb ist es unumgänglich, wenigstens in groben Umrissen die wirkmächtige Ordenstheologie des Aquinaten zu skizzieren[6].

---

[5] Vor allem mit der Erhebung des Aquinaten zum allgemeinen Lehrer der Theologie 1880 durch Papst Leo XIII. erhielt auch seine Theologie des »Standes der Vollkommenheit« offiziellen Charakter. Sie nahm auch Einfluß auf die kirchliche Gesetzgebung. Vgl. Wulf F., Theologische Phänomenologie des Ordenslebens, in: MySal 4/2, 450-487, dort 454f.

[6] Die wesentlichen Aussagen des Aquinaten zum Ordensstand finden sich in: Contra impugnantes Dei cultum et religionem; De perfectione spiritualis vitae; Contra doctrinam retrahentium a religione; STh II-II q.179-189; 1 Qdl q.7 a.2; 3 Qdl q.6 a.3; 4 Qdl q.12 a.2; 5 Qdl q.10 a.1; 8 Qdl q.5 a.3.

Thomas sucht in seiner Lehre über den Ordensstand, die monastische Tradition und die Impulse der *vita apostolica* zu integrieren[7]. Dabei reflektiert der »*Doctor angelicus*« nicht nur in verschiedenen Opuscula über den *status religiosus*, sondern weist diesem auch in seiner Summe der Theologie einen Platz zu[8]. Seine Lehre über das Ordensleben wird wesentlich von zwei grundlegenden Verhältnisbestimmungen geprägt: der Lehre von Gebot und Rat (1) und der Beziehung von Gottesliebe und Nächstenliebe (2)[9].

(1) Für den Aquinaten ist es selbstverständlich, daß alle Christen zur Vollkommenheit der Liebe berufen und verpflichtet sind[10]. Es gibt jedoch verschiedene Wege, zu dieser *perfectio caritatis* zu gelangen. *Essentialiter* besteht die Vollkommenheit in den Geboten. Diesen Weg muß jeder Mensch gehen, um nicht die ewige Seligkeit und sein letztes Ziel zu verfehlen. *Instrumentaliter* aber besteht die Vollkommenheit in den Räten[11]. Durch die Befolgung der Räte gelangt der Mensch leichter, besser, sicherer und schneller ans Ziel[12], indem er von den Hindernissen befreit wird, die zwar nicht der Liebe direkt entgegenstehen, aber doch den Aufschwung der Liebe zu Gott hemmen können[13].

Thomas weiß zwar um die Vielzahl von »Räten« im Evangelium, für das Ordensleben aber erweisen sich ihm *paupertas, (perpetua) continentia* und *oboedientia* als notwendig und spezifizierend[14]. Der Mensch, der die Lebensform der Räte übernimmt, löst sich vollständig von den Gütern der Welt. Dadurch kann er ungehinderter zur ewigen Glückseligkeit gelangen[15]. Nach altem monastischen Ideal gehört daher für den Aquinaten eine gewisse Trennung von der »Welt« zu den Grundlagen des Ordenslebens[16]. Die aszetische Ausrichtung dieser Lebensform, die für ihr Ver-

---

Die Grundlage für diesen Exkurs bildet neben den Quellen folgende Sekundärliteratur: Balthasar H.U. v., Kommentar, in: DThA 23, 251-464; ders., Christlicher Stand, Einsiedeln 1977, 30-41.243-255; Dietsche B., Kommentar, in: DThA 24, 339-486; Aumann J., Appendices, in: St. Thomas Aquinas, Summa Theologiae. Latin Text and English Translation. Introductions, Notes, Appendices and Glossaries. Vol. 46: Action and Contemplation (2a2ae. 179-182), London 1966, 85-123; Philippe P., Die Ziele des Ordenslebens nach dem heiligen Thomas von Aquin, Athen 1962; Mennessier A.-I.; Art. Conseils évangéliques, in: DSp 2, 1592-1609; Walz A., Das Ordensideal in Leben und Lehre des Aquinaten, in: ders., Dominikanische Leitbilder, Freising 1971, 62-75; Wulf F., Einführung und Kommentar zu den Kapiteln V und VI der »Dogmatischen Konstitution über die Kirche«, in: LThK.E 1, 284-313; ders., Einführung und Kommentar zum »Dekret über die zeitgemäße Erneuerung des Ordenslebens«, in: LThK.E 2, 249-307; Jelich 7-21.

7 Vgl. Philippe 94; Mennessier 1599; Jelich 8. - Den geschichtlichen Ansatzpunkt für die Ordenstheologie des Thomas von Aquin bildet der Mendikantenstreit, der die Gemüter der Zeit heftig bewegte. Viele der von Thomas behandelten Fragen sind nur aus dieser historischen Situation heraus zu verstehen. Einen Überblick geben: Dietsche 341-345; Walz.

8 STh II-II q.183-189.

9 Vgl. Wulf, Einführung zum Ordensdekret 252-258; ders., Die Orden in der Kirche, in: HPTh 4, 545-572; Jelich 8f.

10 So in De perfectione c.6.

11 Vgl. STh II-II q.184 a.3; Contra doctrinam c.6; 4 Qdl q.12 a.2 ad2.

12 Vgl. STh I-II q.108 a.4: »Consilia vero oportet esse de illis per quae melius et expeditius potest homo consequi finem praedictum«. Ebenso 4 Qdl q.12 a.2 ad2 et ad3.

13 Siehe dazu STh II-II q.184 a.3; q.186 a.1 ad4.

14 Vgl. STh II-II q.186 a.2-5; Contra impugnantes c.1.

15 Vgl. STh I-II q.108 a.4.

16 Siehe Contra impugnantes c.1; De perfectione c.7; STh I-II q.108 a.4.

ständnis bestimmend wurde, zeigt sich bei Thomas vor allem in der Gegenüberstellung von evangelischen Räten und »dreifacher Begierde« des Menschen, die der Vollkommenheit der Liebe entgegensteht (*cupiditas exteriorum bonum, concupiscentia sensibilium delectationum, inordinatio voluntatis humanae*[17]). Die Rätelehre des Aquinaten bleibt zudem stark geprägt vom Appell an den Menschen, sich, soweit es möglich ist, der weltlichen Dinge, auch der erlaubten, zu enthalten, da sie den Geist des Menschen in Beschlag nehmen und so die ständige Bewegung des Herzens auf Gott hin hindern[18].

Die faktische Befolgung der drei Räte allein genügt aber nicht zur Konstitution eines »*Standes* der Vollkommenheit«[19]. Dazu ist vielmehr eine dauernde Verpflichtung erforderlich, die mit einer gewissen Feierlichkeit vollzogen wird[20]. Dies geschieht für die Ordensleute im dreifachen Gelübde (*triplex votum*[21]), durch das sie sich auf Armut, Enthaltsamkeit und Gehorsam verpflichten und diese drei Räte als beständige Lebensform übernehmen[22]. Die drei Gelübde umfassen den ganzen Menschen, dem ein »dreifaches Gut« (*triplex bonum*) - das Gut der äußeren Dinge, des eigenen Leibes und das der Seele - zu eigen ist[23]. Diesem dreifachen Gut entsprechen die evangelischen Räte der Armut, der Enthaltsamkeit und des Gehorsams. Sie sind aus diesem Grund als Explikation der totalen Hingabe des Menschen an Gott in der Profeß zu verstehen. So bringt der Mensch durch die Ordensgelübde Gott nicht nur irgendein Opfer (*sacrificium*) dar, sondern das Ganzopfer (*holocaustum*) seines Lebens[24]. Die Profeß ist gleichsam eine »Eigentumsübertragung« an Gott. Dadurch wird alles, was der Mensch tut, auch die Werke des tätigen Lebens, zum Akt der Gottesverehrung[25]. Thomas nennt die Ordensleute deshalb in betonter Weise *religiosi*. Sie stellen nämlich das Wesen der Religion als »Tugend, durch die ein Mensch etwas zum Dienst und zur Ehre Gottes darbringt«, in vollkommener Weise dar, indem sie nicht nur etwas, sondern sich selbst ganz dem

---

17 Vgl.STh II-II q.186 a.7 und STh I-II q.77 a.5; q.108 a.3 ad4; q.108 a.4.

18 Vgl. etwa STh II-II q.44 a.4 ad3. - Wulf, Einführung zum Ordensdekret 254 spricht davon, daß diese aszetische Ausrichtung, die in den Räten vor allem ein Mittel individueller Heiligung sieht, einem Heilsindividualismus und dem Mißverständnis einer Leistungsethik Vorschub leistete, »die beide das durchschnittliche Verständnis des Ordenslebens bis in die Gegenwart hinein beeinflußt haben. Auf jeden Fall kann kaum geleugnet werden, daß bei Thomas der Charakter der Räte als einer unverdienten, individuellen Gnadengabe nicht genügend in Erscheinung tritt«; siehe dazu auch Jelich 19.

19 Vgl. STh II-II q.184 a.5; q.186 a.1; q. 186 a.6; 1 Qdl q.7 a.2 ad2; 3 Qdl q.6 a.3.

20 So in STh II-II q.184 a.4: »Sic igitur et in statu perfectionis proprie dicitur esse aliquis, non ex hoc quod habet actum dilectionis perfectae, sed ex hoc quod obligat se perpetuo, cum aliqua solemnitate, ad ea quae sunt perfectionis«. Siehe auch STh II-II q.184 a.5; De perfectione c.18; 1 Qdl q.7 a.2 ad2.

21 Thomas kann sowohl von *triplex votum* (Contra impugnantes c.1; De perfectione c.12) als auch von den *tria vota* (ebd. und STh II-II q.186 a.7) sprechen.

22 Siehe Contra impugnantes c.1; De perfectione c.12; STh II-II q.186 a.6 et a.7.

23 Vgl. STh II-II q.186 a.7, dort mit Verweis auf Aristoteles, 1 Eth. c.8. In STh II-II führt Thomas alle anderen Ordensobservanzen auf die drei *principalia vota* zurück. Siehe auch STh I-II q.108 a.4; STh II-II q.186 a.9.

24 Thomas in: Contra impugnantes c.1; De perfectione c.12; STh II-II q.186 a.6 et a.7; 3 Qdl q.6 a.3, jeweils mit Berufung auf Gregor den Großen, Hom in Ez. Lib. II, Hom. VIII, 16 (CChr.SL 142,348f).

25 Vgl. STh II-II q.186 a.1 ad2; q.188 a.2 ad1; 3 Qdl q.6 a.3 ad6; Philippe 46-50.58-62.

Dienst Gottes weihen. Für den Ordensstand gebraucht Thomas deswegen - wie damals allgemein üblich - einfachhin den Terminus *religio*[26].
Die Zugehörigkeit der Ordensleute zum Stand der *Vollkommenheit* steht in enger Verbindung mit der Ganzheit ihrer Hingabe, denn »darin besteht die Vollkommenheit des Menschen, daß er gänzlich Gott anhangt«[27]. Aber auch für die Ordensleute bleibt die Vollkommenheit mehr anzustrebendes Ziel als schon erworbene Tugend: Der Ordensstand ist eine Schule, eine Übung der Vollkommenheit; der Ordenschrist verpflichtet sich darauf, nach der Vollkommenheit zu streben, nicht darauf, schon vollkommen zu sein[28]. Als solche, die nicht nur die Mindestforderungen des Gebotes erfüllen, sondern sich »darüber hinaus« auf die Räte als an sich besseren Weg verpflichten[29], kommt den Ordensleuten eine Stellung in der Mitte zwischen den Seligen im Himmel und den »in der Welt« lebenden Christen zu[30]. Obwohl es für Thomas über den Christenstand hinaus eigentlich keinen vollkommeneren Stand geben kann[31] und alle Christen auf die Vollkommenheit der Liebe ausgerichtet und verpflichtet sind, »minimalisiert« er mit seiner Rätelehre - fast möchte man sagen: gegen seinen eigenen Willen - den allgemeinen Christenstand so sehr, »daß er ... de facto nicht nur einen Standes-, sondern einen Klassenunterschied unter den Christen einführt«[32].
(2) Bezeichnend für die Ordenstheologie des Aquinaten ist, daß er das Ordensleben ganz im Rahmen der Beziehung des einzelnen zu Gott versteht. Konstitutiv für den *status religiosus* ist das *soli Deo* des Ordenschristen, seine ausschließliche und unwiderrufliche Hinwendung zu Gott. Die erste Pflicht jedes Religiosen ist es, frei zu sein für Gott und die Liebe zu ihm[33]. Die Nächstenliebe fließt - als zwar notwendiges, aber sekundäres Element - aus der Gottesliebe hervor. Diese ist sowohl Ursache als auch Ziel der Nächstenliebe[34]. Alles aber, was »direkt« zur Gottesliebe gehört, ist für Thomas verdienstvoller[35]. Dabei geschieht bei ihm de facto eine Gleichsetzung der Kontemplation mit der Gottesliebe und der Aktion mit der Nächsten-

---

[26] STh II-II q.186 a.1: »Religio autem ... est quaedam virtus per quam aliquis ad Dei servitium et cultum aliquid exhibet. Et ideo antonomastice religiosi dicuntur illi qui se totaliter mancipant divino servitio, quasi holocaustum Deo offerentes«. Vgl. De perfectione c.12; Philippe 46-50. Zum Begriff *antonomastice* siehe: DThA 30, 393 Anm. 13: »Als 'Antonomasie'... bezeichnet man eine Redewendung, in der Wörter von allgemeiner Bedeutung auf einen bestimmten Gegenstand eingeschränkt werden, um diesen wegen einer Vorzugsstellung in betonter Weise zu bezeichnen«.

[27] STh II-II q.186 a.1: »In hoc autem perfectio hominis consistit quod totaliter Deo inhaerat ... Et secundum hoc religio perfectionis statum nominat«. Siehe auch 3 Qdl q.6 a.3.

[28] Vgl. STh II-II q.186 a.1 ad3; q.186 a.2, a.3, a.5 et a.9; q.188 a.1; q.189 a.1.

[29] Zu den Räten als »besserem« Weg vergleiche: die Hinordnung der Gebote auf die Räte in STh II-II q.189 a.1 ad5; dazu: Philippe 45.

[30] Vgl. De perfectione c.7; STh II-II q.44 a.4 ad3.

[31] STh I-II q.106 a.4: »Unde non potest esse aliquis perfectior status praesentis vitae quam status novae legis«.

[32] Wulf, Einführung zum Ordensdekret 255f.

[33] Vgl. STh II-II q.187 a.2: »Religiosi praecipue et propter se debent intendere ad hoc quod Deo vacent«; siehe auch Contra impugnantes c.2; c.11.

[34] Vgl. STh II-II q.187 a.2. Die Priorität der Gottesliebe ist sowohl in ihrem Gegenstand (vgl. De perfectione c.3) als auch in ihrer herausgehobenen Stellung im Doppelgebot der Liebe begründet (Mk 12,28-31par), denn gemäß diesem Gebot ist nur Gott, aber nicht der Nächste »aus ganzem Herzen, ganzer Seele ...« zu lieben (vgl. De perfectione c.16). Weitere Belege bei Philippe 28f.71.

[35] Etwa in: STh II-II q.182 a.2; vgl. dazu von Balthasar, Kommentar 458-462.

liebe[36] und somit eine Höherbewertung des »beschaulichen« vor dem »aktiven« Leben[37]. Dieser Vorrang ist auch dadurch bedingt, daß die Kontemplation für Thomas gewissermaßen der Vorgeschmack der eschatologischen *visio beatifica* ist[38].
Die Über- und Unterordnung ist für den Aquinaten jedoch kein starres, unveränderliches Schema. Er kennt das Verlassen »Christi um Christi willen«, wenn ein Mensch in Not ist[39]. Er verteidigt den »Eifer für die Seelen« als Gott wohlgefällig, wenn dadurch auch der andere für die Kontemplation gewonnen wird[40]. Vor allem aber steht die Tätigkeit des Predigens und Lehrens, die direkt aus der Kontemplation erfließt, für Thomas höher als die Beschauung allein, denn es ist besser und größer, »das in der Kontemplation Empfangene weiterzugeben, als bloß der Kontemplation zu leben«[41]. Diese Lebensform entspricht dem Vorbild Jesu Christi selbst[42]. Auf diesem Hintergrund ist die Stufenfolge der Formen des Ordenslebens zu verstehen, die Thomas in STh II-II q.188 a.6 aufstellt: An höchster Stelle stehen die Orden, die zum Lehren und Predigen bestimmt sind. Die zweite Stufe nehmen die Gemeinschaften ein, die ganz auf die Kontemplation ausgerichtet sind, während jene, die sich äußeren Tätigkeiten widmen, an letzter Stelle stehen.
Trotzdem bleibt in der Theologie des Aquinaten die Beschauung das absolut höchste Gut. Einerseits wird nämlich die *vita contemplativa* durch die Tätigkeit, auch die der Mendikanten, nicht aufgehoben, sondern ergänzt[43], andererseits bleibt

---

[36] STh II-II q. 188 a.2: »Ad dilectionem autem Dei directe pertinet vita contemplativa, quae soli Deo vacare desiderat; ad dilectionem autem proximi pertinet vita activa, quae deservit necessitatibus proximorum«. - Von Balthasar, Kommentar 454f weist darauf hin, daß sich bei der Füllung der Begriffe *vita activa* und *vita contemplativa* in der STh verschiedene Begriffspaare überlagern: 1. Die aristotelische *vita contemplativa* und *vita civilis*; 2. die evagrianische *»theôria physikê«* bzw. *»theôlogikê«* und *»praktikê«*; 3. thomanisch: Gottesliebe und Nächstenliebe.

[37] Vgl. STh II-II q.182 a.1, wo Thomas im Rückgriff auf Aristoteles und die Heilige Schrift den Vorrang der *vita contemplativa* erweisen möchte. Zum Ganzen siehe auch die Appendices von J. Aumann in der englischsprachigen Thomas-Ausgabe, Bd. 46. - Aufgrund seiner der späten aristotelischen Anthropologie verpflichteten Einheitskonzeption vom Menschen und seiner Vorstellung von der Einheit des letzten Zieles des Menschen kann Thomas *vita contemplativa* und *vita activa* als zwei Wesensbestandteile menschlichen Lebens gar nicht anders denken,, als daß eines entelechiv auf das andere hin ausgerichtet wäre: so Schockenhoff E., Bonum hominis. Die anthropologischen und theologischen Grundlagen der Tugendethik des Thomas von Aquin (TTS 28), Mainz 1987, 37-46.

[38] STh II-II q.182 a.2: »Et hoc est quod Gregorius dicit: 'Contemplativa est maior merito quam activa: quia haec in usu praesentis operis laborat', in quo scilicet necesse est proximis subvenire; 'illa vero sapore intimo venturam iam requiem degustat', scilicet in contemplatione Dei«. Vgl. Philippe 31f.51; Aumann, Appendices.

[39] Vgl. STh II-II q.182 a.1 ad3; q.182 a.2.

[40] Siehe STh II-II q.182 a.2 ad3. Von Balthasar, Kommentar 461f bemerkt dazu: »Sich selber darbringen (in der Kontemplation) und andere darbringen (indem man sie durch die Aktion der Kontemplation zuführt und aufschließt) ist daher höchste 'Aktion', die aus dem Sinn der Kontemplation stammt und in sie mündet. Damit ist auch jener befremdlich egoistische Gesichtspunkt, den Wilhelm von Auxerre in die Waagschale warf ..., durchaus zurückgelassen: es geht nicht mehr um ichbezogenes Verdienst, sondern um ausstrahlende, ichvergessene Fruchtbarkeit. Es ist der höchste Punkt des ganzen Traktats«.

[41] STh II-II q.188 a.6: »Sicut enim maius est illuminare quam lucere solum, ita maius est contemplata aliis tradere quam solum contemplari«.

[42] Vgl. STh III q.40 a.1 ad2.

[43] Siehe STh II-II q.182 a. ad3. Von Balthasar, Kommentar 457 merkt dazu an, daß »diese 'addierende' Hinzufügung der Tätigkeit zur Beschauung eine äußerliche« bleibt.

bestehen, daß die *vita contemplativa* das an sich Verdienstvollere ist[44] und äußere Aktivitäten die Beschauung hindern können[45]. Ebenso ordnet Thomas das Eremitentum dem gemeinschaftlichen Leben mit der Begründung vor, daß es direktes Instrument der Kontemplation ist[46].

Man muß also auf der einen Seite festhalten, daß der »*Doctor angelicus*« in seinem System sowohl dem Mendikantentum als auch dem, was heute landläufig »aktives« Ordensleben genannt wird, einen festen Platz eingeräumt hat und beides selbstverständlich der *vita religiosa* zurechnet. Auf der anderen Seite ist es jedoch so, daß die äußeren Aktivitäten zwar mit dem Ordensleben an sich verbunden werden können, in dessen monastisch geprägte Grundausrichtung als *soli Deo vacare* letztlich jedoch nicht voll integrierbar sind. Sie sind mehr oder minder Zugeständnisse an Notwendigkeiten von Kirche und Welt[47]. Die Kontemplation, die der Gottesliebe zugeordnet ist, bleibt oberstes und gemeinsames Ziel aller Ordensleute[48]. Paul Philippe spricht deswegen von der »kontemplativen Finalität« des Ordenslebens bei Thomas[49]. So etwas wie eine »Spiritualität des aktiven Lebens«[50] zeigt sich bei Thomas nicht.

Aus dieser Konzeption ergab sich später - vor allem mit dem Aufkommen der neuzeitlichen tätigen Gemeinschaften - die Rede von den »zwei Zielen« des Ordenslebens[51]: Das allgemeine Ziel des Ordenslebens ist die Heiligung des einzelnen, die Erlangung der vollkommenen Liebe, zu der in erster Linie die Gottesliebe, in zweiter Linie (erst) die Nächstenliebe gehört. Hervorragendes Mittel, dieses Ziel zu erreichen, ist die Kontemplation. Daneben gibt es das »besondere« Ziel des einzelnen Ordensinstitutes, das jedoch relativ unverbunden neben dem allgemeinen Ziel steht. Noch 1962, am Vorabend des Konzils, konnte Paul Philippe, zu dieser Zeit Sekretär der Religiosenkongregation, im Anschluß an die thomanische Ordenstheologie schreiben:

> »Die erste Pflicht für einen Religiosen, selbst für einen, der einem Institut mit tätiger oder gemischter Lebensform angehört, ist, frei zu sein für Gott, für seine Beschauung und für seine Liebe. Der Dienst am Nächsten kommt erst an zweiter Stelle und nur im Maße seiner Hilfsbedürftigkeit und der Reichweite des Befehles der Obern«[52].

---

44 So in STh II-II q.182 a.1 et a.2.

45 Vgl. STh II-II q.182 a.3. Im gleichen *articulus* führt Thomas jedoch auch aus, daß das tätige Leben zur *vita contemplativa* beiträgt, wo es zur Ordnung der inneren Leidenschaften des Menschen verhilft. Von Balthasar, Kommentar 462 weist darauf hin, daß Thomas die *vita activa* hier in ihre beiden Elemente auflöst (vgl. Anm. 36): als aristotelische *vita civilis* ist sie Hindernis kontemplativen Lebens, als mönchische »*praktikê*« ihre fördernde Vorstufe.

46 Vgl. STh II-II q.188 a.8.

47 Vgl. STh II-II q.182 a.1; q.187 a.2; q.188 a.2; Jelich 20f.

48 Etwa in Contra impugnantes c.2; c.11.

49 Philippe 50-54.

50 Vgl. Mieth D., Die Einheit von vita activa und vita contemplativa in den deutschen Predigten und Traktaten Meister Eckharts und bei Johannes Tauler. Untersuchungen zur Struktur christlichen Lebens (Studien zur Gesch. d. kath. Moraltheologie 15), Regensburg 1969, 117.

51 Vgl. besonders Philippe. - Zur Problematik: Wulf, Einführung zum Ordensdekret 256-259; Jelich 16f.20f.

52 Philippe 77f.

In der Struktur der (aktiven) Ordensgemeinschaft und im persönlichen Leben des Religiosen soll »das tätige Leben dem wesentlich beschaulichen Ordensleben hinzugefügt« werden[53].

Zusammenfassend ist zu sagen, daß die zwei Kernfragen der Ordenstheologie des Aquinaten sowohl für die Arbeit auf dem Konzil als auch - wie die Wirkungsgeschichte zeigen wird - für die nachkonziliare Ordenstheologie erhalten bleiben:

- die Trennung von Gebot und Rat, verbunden mit der Frage nach der »Höherwertigkeit« des Ordenslebens gegenüber dem allgemeinen Christenstand sowie mit dem Problem der spezifischen »Weltentsagung« der Ordensleute. In Zusammenhang damit steht auch das auf den einzelnen konzentrierte, aszetisch ausgerichtete Verständnis des Ordenslebens und die damit verknüpfte Fragestellung nach der Bedeutung des Ordenslebens in der Kirche.
- das Verhältnis von Gottesliebe und Nächstenliebe und daraus folgend die Stellung des »aktiven« Ordenslebens, die Unterscheidung zwischen *finis principalis* des Ordenslebens und *finis specificus* des einzelnen Ordensinstitutes und die Zuordnung dieser beiden Ziele im konkreten Leben des einzelnen Ordenschristen bzw. der jeweiligen Ordensgemeinschaft. Diese Problemstellung weist dann auch hin auf die Frage, wie Einheit und Unterschiedenheit innerhalb der *vita religiosa* zu denken ist.

Exkurs: Theologie des Ordenslebens am Vorabend des Konzils

Die Situation der Theologie des Ordenslebens in den Jahren vor dem Zweiten Vatikanum läßt sich treffend mit den beiden Stichworten »Tradition« und »Neuorientierung« charakterisieren. Besonders deutlich wird das am Verständnis des Ordenslebens bei *Papst Pius XII.*, das »als vorkonziliarer Endpunkt der Entwicklung« gelten darf, »der für eine Interpretation des Wandels durch das Zweite Vatikanische Konzil zu beachten ist«[54]. Einerseits übernimmt der Papst mit großer Selbstverständlichkeit die überlieferten Topoi des Ordenslebens: evangelische Räte als besonderer Weg der Vollkommenheit[55], Vorrang der Kontemplation, Erlangung der persönlichen Vollkommenheit als Ziel des Ordenslebens, die skeptische Einstellung zur »Welt«, die aszetische Ausrichtung des Rätelebens sowie der bevorzugte Platz der Orden in der Kirche[56]. Andererseits aber rief Pius XII. die Ordensgemeinschaften zu einer Erneuerung im Horizont der veränderten Zeitverhältnisse auf. Er ergriff viele Gelegenheiten, die Orden zu dieser Anpassung zu ermutigen; seine zahlreichen Ansprachen an Ordensgemeinschaften geben ein beredtes Zeug-

53 Ebd. 88.

54 Jelich 22. - Zum Folgenden vergleiche: Jelich 22-41; Regli 3-7.
Eine Zusammenstellung der Schreiben und Ansprachen Pius XII. an die Orden findet sich bei: Jelich X-XI; Päpstliche Dokumente zur Ordensreform. Hg. v. J. Zürcher, Einsiedeln 1954; La Vie Religieuse. Documents pontificaux du règne de Pie XII. Publ. par R. Carpentier, Paris 1959. Die Bedeutung, die den Lehräußerungen Pius XII. zugemessen wurde, wird an den abundanten Zitationen im ersten Entwurf zu PC (=AD Series II 3/1, 433-495) und noch in der endgültigen Form des VI. Kapitels von LG ersichtlich.

55 Das zeigt sich u.a. darin, daß unter Pius XII. der Begriff »Stand der Vollkommenheit« zum Sammelbegriff für das Räteleben geworden war, weil er am klarsten die verschiedenen Formen zu umgreifen schien und eine Abgrenzung zu den übrigen Ständen erlaubte. Vgl. Wulf, Einführung zur Kirchenkonstitution 285.

56 Zum aus der Tradition übernommenen Grundverständnis bei Pius XII. siehe Jelich 23-28.

nis davon. Allerdings dürfen für den Papst in diesem Prozeß der Neuorientierung nicht wesentliche Elemente des Ordenslebens preisgegeben werden[57]: Die Anpassung richtet sich in erster Linie auf die »äußere Seite« des Ordenslebens, auf Bereiche wie Arbeitsmethodik, Bildung, Kleidung, Kooperation zwischen den einzelnen Gemeinschaften ... . Trotzdem wird man mit G. Jelich annehmen müssen, daß gerade diese »pastoral motivierten Aussagen ... wenigstens Nuancierungen auch im Grundverständnis« fordern[58]. Eine hervorstechende Rolle spielt darin der Aufruf des Pacelli-Papstes an die Orden, sich ihres eigenen geschichtlichen Erbes und ihrer spezifischen Spiritualität zu besinnen und beides für die Gegenwart fruchtbar zu machen[59]. Damit ist ein wichtiger Schritt zur Erneuerung der Orden genannt, der geeignet ist, die Gleichschaltung der verschiedenen Formen des Ordenslebens aufzubrechen.
Stark tritt in der Lehre des Papstes auch die apostolische Orientierung aller Ordensgemeinschaften in den Vordergrund. Wichtig ist hierbei, daß der apostolische Charakter des Ordenslebens »nicht nur als ein Zugeständnis, als Zugabe zum Eigentlichen des Ordenslebens, die notgedrungen gestattet wird« erscheint. Vielmehr tritt das Apostolat deutlich als »Sinnträger des Ordenslebens« neben das Streben nach Vollkommenheit[60].
Vor allem aber hat Pius XII. die Orden wieder mehr in den Horizont der Kirche gerückt und ihre Hinordnung auf die Bedürfnisse der Kirche betont. Die Ordensleute sind aufgerufen, am Leben und Apostolat der Kirche teilzunehmen und durch die Zeichenhaftigkeit ihres Lebens allen Gläubigen ein Beispiel zu geben[61].
»Ekklesiologische« Wertung und »soteriologische« Ausrichtung des Ordenslebens bilden somit die zwei Eckpfeiler im erneuerten Ordensverständnis des kirchlichen Lehramts[62]. Beides spielt auch in der *vorkonziliaren Literatur* über die theologischen Grundlagen der *vita religiosa* eine bestimmende Rolle[63]. Eine ganze Reihe Theologen - darunter berühmte Namen wie Karl Rahner[64], Hans Urs von Balthasar[65], Yves

---

57 Vgl. etwa die Passage aus dem Schreiben an den Generaloberen der Gesellschaft Jesu vom 6.7.1940, in: AAS 32 (1940) 295.

58 Jelich 30.

59 Siehe dazu den Abschnitt aus der Ansprache an den Religiosenkongreß vom 8.12.1950, in: AAS (1951) 33f sowie Jelich 31f.

60 Jelich 33 mit Berufung auf Tse J.B., Perfectio christiana et societas christiana iuxta magisterium Pii Papae XII (Studia Antoniana 21), Rom 1963, 236f. Zur apostolischen Orientierung aller Ordensgemeinschaften siehe Jelich 32-35 und die dort angeführten Äußerungen von Pius XII.

61 Besonders in der Enzyklika »Mystici Corporis« vom 29.6.1943, Art. 45, in: AAS 35 (1943) 214-215: »Ipsa [i.e. Ecclesia] per multiplicia variaque instituta, quibus veluti monilibus ornatur, Christum quodammodo commonstrat, vel in monte contemplantem, vel concionantem ad populos, vel sanantem aegros et sancios, ac peccatores ad frugem bonam convertentem vel denique bene facientem omnibus«. Dieser Text bildete später die Grundlage für LG 46,1. Zur Zeichenhaftigkeit der Orden bei Pius XII. siehe Regli 3-7.

62 Vgl. Steinheimer M., Status perfectionis. Die theologischen Grundlagen und Wertungen des Ordensstandes in jüngeren Lehräußerungen, in: WiWei 21 (1958) 207-216.

63 Für das Folgende vergleiche Regli 17-96 (Lit.!).

64 Rahner K., Zur Theologie der Entsagung, in: Orientierung 17 (1953) 252-255 (=Schriften 3, 61-72); ders., Über die evangelischen Räte, in: GuL 37 (1964) 17-37 (=Schriften 6, 404-434).
Karl Rahner hat auch nach Abschluß des Konzils einige kleinere Arbeiten zum Thema »Ordensleben« veröffentlicht. Die Bedeutung Rahners für die erneuerte Ordenstheologie leitet sich jedoch aus seinen vorkonziliaren Beiträgen ab. Deswegen werden in

Congar[66] - bemühte sich, die Theologie des Ordenslebens von heilsindividualistischer und weltfremder Enge zu befreien. Diese theologische Neubesinnung kommt neben mehr praktisch, anthropologisch und spirituell ausgerichteten Erneuerungsvorschlägen zu stehen[67]. Dabei blieben in manchem auch noch Fragen offen, z.B. im Verständnis der Orden als eschatologischem Zeichen[68]. Grundsätzlich aber gilt, daß diese Theologen wichtige Voraussetzungen für die Arbeit auf dem Konzil schufen. Dort wurden die vielfältigen Impulse der vorangegangenen Zeit gesammelt. Die Notwendigkeit einer radikalen Erneuerung der Orden unter den Bedingungen der

---

dieser Untersuchung die nachkonziliaren Arbeiten Rahners nicht berücksichtigt. An einigen Stellen sollen aber Beziehungen zwischen Rahners (Ordens-)Theologie und anderen Theologen (etwa J.M.R. Tillard, F. Wulf) aufgezeigt werden. Zu den Arbeiten Rahners siehe: Bibliographie Karl Rahner 1924-1969. Hg. v. R. Bleistein u. E. Klinger. Mit einer Einf. v. H. Vorgrimler, Freiburg 1969; Bibliographie Karl Rahner 1969-1974. Hg. v. R. Bleistein, Freiburg 1974; Imhof P. / Treziak H., Bibliographie Karl Rahner 1974-1979, in: Wagnis Theologie. Erfahrungen mit der Theologie Karl Rahners. Hg. v. H. Vorgrimler, Freiburg 1979, 579-597; Imhof P. / Meuser E., Bibliographie Karl Rahner 1979-1984, in: Glaube im Prozeß. Christsein nach dem II. Vatikanum. Für Karl Rahner. Hg. v. E. Klinger u. K. Wittstadt, Freiburg 1984, 854-871.
Zur Bedeutung der evangelischen Räte innerhalb der Theologie Rahners vergleiche: Scheuer M., Die Evangelischen Räte. Strukturprinzip systematischer Theologie bei H.U. v. Balthasar, Karl Rahner, J.B. Metz und in der Theologie der Befreiung (StSSTh 1), Würzburg 1990, 154-272.

65 Balthasar H.U. v., Der Laie und der Ordensstand, Freiburg 1949; ders., Vom Ordensstand, in: Die großen Ordensregeln. Hg. v. H.U. v. Balthasar, Einsiedeln ^{2}1961, 7-31; ders., Zur Theologie des Rätestandes, in: Wagnis der Nachfolge. Hg. v. S. Richter, Paderborn 1964, 9-57.
Ähnliches wie für K. Rahner (Anm. 64) gilt auch für H.U. v. Balthasar. Bei ihm kommt noch hinzu, daß er sich immer stärker zum »Theologen der Säkularinstitute« entwikkelte (vgl. Pollak G., Der Aufbruch der Säkularinstitute und ihr theologischer Ort. Historisch-systematische Studien, Vallendar-Schönstatt 1986, 204-213). Außerdem stehen bei ihm die evangelischen Räte noch vor ihrer Verwirklichung im Ordensstand im Mittelpunkt des Interesses. An nachkonziliaren Veröffentlichungen können genannt werden: Balthasar H.U. v., Die drei evangelischen Räte, in: ders., Klarstellungen. Zur Prüfung der Geister, Freiburg 1971, 125-134; ders., Der Ordensstand, in: In der Fülle des Glaubens. Hans Urs von Balthasar-Lesebuch. Hg. v. M. Kehl und W. Löser, Freiburg 1980, 287-291; ders., Christlicher Stand, Einsiedeln 1977. Im letztgenannten Werk intendiert von Balthasar ausdrücklich, »nichts Direktes über das Aggiornamento der Stände, das das Konzil bewegt hat« zu sagen (14). Der Basler Theologe will also gerade nicht an das Konzil anknüpfen und steht somit nicht direkt in der »Wirkungsgeschichte« der konziliaren Aussagen über die Orden, die in der vorliegenden Untersuchung reflektiert werden soll. Zudem bemerkt von Balthasar in seiner Schrift: Unser Auftrag. Bericht und Entwurf, Einsiedeln 1984, 83f, daß »Christlicher Stand« im Prinzip schon 1945 fertiggestellt war und jetzt von ihm nur mehr überarbeitet worden ist. Zum Ganzen vergleiche auch: Scheuer 23-153.

66 Congar Y., Les leçons de la théologie, in: Le rôle de la Religieuse dans l'Église (Problèmes de la Religieuse aujourd'hui), Paris 1960, 29-57.

67 Pars pro toto: Suenens L., Promotion apostolique de la religieuse, Paris 1962 (dt. Krise und Erneuerung der Frauenorden, Salzburg 1962).

68 So hebt sich etwa die wesentlich differenziertere Position Karl Rahners ab von der anderer Theologen, die das Ordensleben als Vorausdarstellung der himmlischen Existenz verstehen. Etwa: Leclercq J., La vie parfaite. Points de vue sur l'essence de l'état religieux (Tradition monastique 1), Paris 1948; Thalhammer D., Jenseitige Menschen. Eine Sinndeutung des Ordensstandes, Freiburg ^{2}1953; Carpentier R., Zeugen des Gottesreiches. Einführung in das Ordensleben, dt. Wien 1958. Dazu: Regli 62-66. Kritisch zur Zeichenhaftigkeit des Ordenslebens äußerte sich vor allem von Balthasar, z.B. in: Monastisches Leben heute, in: Visioni attuali sulla vita monastica, Montserrat 1966, 35-42, hier 36.

geänderten Zeitverhältnisse (in anthropologischer, psychologischer, soziologischer, theologischer ... Hinsicht) stand den Konzilsvätern nur allzu deutlich vor Augen. Die Konfrontation und notwendige Verknüpfung mit dem von der Tradition vorgegebenen Ordensverständnis verhieß aber zweifelsohne Spannungen. Diese traten dann sowohl in den zuständigen Kommissionen als auch in der Konzilsaula zutage, ermöglichten aber zugleich eine fruchtbare Auseinandersetzung mit dem Thema »Orden« auf dem Konzil.

Der endgültige Text

Aufgrund der *modi*, die nach der Diskussion des Entwurfs von *De statibus evangelicae acquirendae perfectionis* eingegangen waren, mußte ein neuer Text für das Kapitel über die Orden im Kirchenschema erstellt werden. Die Aussagen über das Ordensleben fanden sich nun innerhalb des vierten Kapitels, das mit *De vocatione ad sanctitatem in Ecclesia* überschrieben war[69]. Dieser Abschnitt des Kirchenschemas, der für die zweite Konzilsperiode vorlag, wurde in der 56. bis 59. Generalkongregation heftig diskutiert. Vor allem die Frage nach der Kapiteleinteilung stand im Mittelpunkt des Interesses: Die Redaktoren des Schemas und mit ihnen eine Anzahl von Konzilsvätern waren der Meinung, dem ekklesiologischen Sinn des Ordenslebens am besten durch eine Einordnung in die allgemeine Berufung zur Heiligkeit gerecht zu werden[70]. Dagegen erhob sich Kritik - besonders von seiten der Ordensleute: Um die Bedeutung der Orden herauszustellen und ihnen in der momentan bedrängten Situation Hilfestellung zu geben, sei es unbedingt notwendig, dem Ordensstand ausdrücklich ein eigenes Kapitel zu widmen[71]. Weitere Themen der Auseinandersetzung waren der Wunsch nach einer deutlicheren Profilierung des Ordensstandes, die Frage nach einer biblischen Grundlegung, die wiederum das Problem der Unterscheidung von Gebot und Rat ins Spiel brachte, ein differenzierteres Verständnis des nun im Text dargelegten Zeichencharakters des Ordenslebens sowie weiterhin der Ausdruck »Stand der Vollkommenheit«.

[69] AS 2/1, 269-281; siehe dazu Regli 63-82; Schoenmaeckers 107-204.

[70] Vergleiche z.B. die Rede von Bisch. Charue, in: AS 2/3, 382-384. Er bemerkt u.a., daß die Unterscheidung Ordensleute - Nicht-Ordensleute keine Struktur *der* Kirche sei (wie die Gliederung in Kleriker und Laien), sondern eine Struktur *in der* Kirche.

[71] Siehe etwa die Eingaben von Generalminister Fernandez (AS 2/4, 173-178) und Erzbisch. Philippe (ebd. 297-300) sowie das Votum der 679 Väter (ebd. 355-359). Bisch. Serrano Pastor (ebd. 318-321) argumentiert, daß der Stand der Vollkommenheit nicht nur eine Struktur *in der* Kirche, sondern eine Struktur *der* Kirche sei. Zum »Kapitelstreit« ausführlich: Jelich 69-74.

Nach der Debatte erfuhr der Text eine neuerliche Bearbeitung. Dieser Textentwurf[72] wurde nach der endgültigen Redigierung im Frühjahr 1964 den Konzilsvätern am 3. Juli für die dritte Session zugestellt. Das Konzilsplenum beschäftigte sich in der 91. Generalkongregation mit dem Abschnitt über die Ordensgemeinschaften und entschied, daß *De universali vocatione ad sanctitatem in Ecclesia* und *De Religiosis* als zwei getrennte Kapitel in die Konstitution über die Kirche aufzunehmen sind. Nach letzten Verbesserungen der Theologischen Kommission am Text kam es schließlich in der 126. Generalkongregation zur Gesamtabstimmung, in der das Schema mit großer Mehrheit angenommen wurde. Am 21. November 1964 verabschiedete das Konzil die gesamte *Constitutio Dogmatica »De Ecclesia«*[73].
Im promulgierten Text sind nun das fünfte und das sechste Kapitel der Form nach getrennt; dennoch müssen die Aussagen über die Ordensleute im Kontext des fünften Kapitels gelesen werden, da beide Kapitel ursprünglich als Einheit geplant waren[74].
In aller wünschenswerten Klarheit wird im Text des fünften Kapitels dargelegt, daß »alle Christgläubigen jeglichen Standes oder Ranges zur Fülle des christlichen Lebens und zur vollkommenen Liebe berufen sind« (LG 40,2). Die eine Heiligkeit der Kirche (LG 39) wird von den einzelnen Gliedern in den verschiedenen Verhältnissen und Aufgaben des Lebens entfaltet (LG 41). Die erste und notwendigste Gabe dazu ist die Liebe, deren höchstes Zeugnis im Martyrium besteht (LG 42,2). In besonderer Weise wird die Heiligkeit der Kirche durch die vielfachen Räte gefördert, die der Herr den Jüngern im Evangelium vorlegt. Unter ihnen ragt die »kostbare göttliche Gnadengabe« hervor, die Jungfräulichkeit oder der Zölibat (LG 42,3). Eine »nachdrücklichere« Nachahmung der Entäußerung des Erlösers verwirklichen jene, die in Armut und Gehorsam leben (LG 42,4)[75]. Das fünfte Kapitel schließt mit der

---

[72] AS 3/1, 293-301.310-315; vgl. Jelich 82-85; Schoenmaeckers 205-222.

[73] AAS 57 (1965) 5-75.

[74] Neben den schon erwähnten Einführungen und Kommentaren sind u.a. die folgenden Arbeiten zu den Aussagen von LG über die Orden zu beachten: D'Azy B.P., Das Ordensleben in der Sicht des Zweiten Vatikanischen Konzils, Kevelaer 1968; Beyer J., De Statu vitae professione consiliorum evangelicorum consecratae, in: PRMCL 55 (1966) 3-48; Chapelle A., La vie religieuse dans le mystère de l'Église, in: VieCon 51 (1979) 104-118; Congar Y., La vie religieuse, vue dans l'Église selon Vatican II, in: VieCon 43 (1971) 65-88; Duval L.E., Laïcs, prêtres, religieux dans l'Église, o.O. 1967; Galot J., Les religieux dans l'Église, selon la Constitution »Lumen gentium« et le décret »Christus dominus« sur la charge pastorale des évêques, Paris 1966; Holstein H., La vie religieuse d'après la Constitution »Lumen gentium«, in: VieCon 37 (1966) 196-207; Martelet G., Le chapitre VI de »Lumen gentium« sur les religieux, in: Vocation n°283 (1967) 65-86; Semmelroth O., Ekklesiologische Standortbestimmung der Orden im Licht des II. Vatikanischen Konzils, in: OK 7 (1966) 351-363.

[75] LG 42,4: »... qui exanimationem Salvatoris pressius sequuntur«.

Bekräftigung, daß »alle Christgläubigen ... zum Streben nach Heiligkeit und ihrem Stand entsprechender Vollkommenheit eingeladen und verpflichtet« sind (LG 42,5). Deshalb sollen sie ihre »Willensantriebe« (»*affectus*«) so ordnen, daß ihr Streben nach vollkommener Liebe nicht gehindert wird.

Mit Artikel 43 setzt die ausdrückliche Rede über die Ordensleute und somit das sechste Kapitel ein. Zunächst wird betont, daß »die evangelischen Räte der Gott geweihten Keuschheit, der Armut und des Gehorsams ... eine göttliche Gabe sind, welche die Kirche von ihrem Herrn empfangen hat und in seiner Gnade immer bewahrt«. Sie sind in Wort und Beispiel des Herrn gegründet und »von den Aposteln und den Vätern sowie auch den Lehrern und Hirten der Kirche empfohlen« (LG 43,1). Im Laufe der Geschichte sind verschiedene Formen des eremitischen und gemeinschaftlichen Lebens erwachsen. Eindeutig wird dabei festgehalten, daß ein »derartiger Stand ... in bezug auf die göttliche, hierarchische Verfassung der Kirche, kein Zwischenstand zwischen dem der Kleriker und dem der Laien« ist. Vielmehr werden aus beiden Gruppen Christen zu dieser Lebensform berufen[76].

Der nun folgende Artikel 44 ist der vielleicht wichtigste Abschnitt des ganzen Kapitels[77]. Er handelt in seinem ersten Teil vom Wesen und Sinn der Profeß, dann von der Bedeutung des Rätestandes in der Kirche und für die Kirche. Durch die Gelübde gibt sich der Christgläubige »dem über alles geliebten Gott vollständig zu eigen« und wird so »durch einen neuen und besonderen Titel auf Gottes Dienst und Ehre hingeordnet« (LG 44,1)[78]. In der Taufe wurde der Christ zwar schon Gott geweiht; jetzt aber will er, um »reichere Frucht aus der Taufgnade empfangen zu können, ... durch die Verpflichtung auf die evangelischen Räte in der Kirche von den Hindernissen, die ihn von der Glut der Liebe und der Vollkommenheit der Gottesverehrung zurückhalten könnten, frei werden« und wird so »dem göttlichen Dienst inniger geweiht« (LG 44,1)[79]. In diesen Passagen steht zunächst der einzelne im

---

[76] Wulf, Kommentar zur Kirchenkonstitution 305 macht darauf aufmerksam, daß »hier der Begriff 'Laie' in einem anderen Sinn verwendet wird als im IV. Kapitel, das speziell über den christlichen 'Weltlaien' handelt und nur bedingt über den Laien im Sinn der hierarchischen Struktur der Kirche«; vgl. LG 31.

[77] Vgl. Wulf, Kommentar zur Kirchenkonstitution 306.

[78] LG 44,1: »Per vota ... Deo summe dilecto totaliter mancipatur, ita ut ipse ad Dei servitium Eiusque honorem novo et peculiari titulo referatur«.

[79] LG 44,1: »Per baptismum quidem mortuus est peccato, et Deo sacratus; ut autem gratiae baptismalis uberiorem fructum percipiere queat, consiliorum evangelicorum professione in Ecclesia liberari intendit ab impedimentis, quae ipsum a caritatis fervore et divini cultus perfectione retrahere possent, et divino obsequio intimius consecratur«. - Der Einfluß thomanischer Ordenstheologie (etwa STh II-II q.184 a.3) ist hier nicht zu übersehen.

Vordergrund. Im folgenden wird jedoch betont, daß die Befolgung der evangelischen Räte in besonderer Weise mit der Kirche und ihrem Geheimnis verbindet. Daraus erwächst für alle Ordensleute die Pflicht, sich entsprechend der Gestalt der eigenen Berufung um eine »Einwurzelung« des Reiches Christi zu bemühen. Ihr Bekenntnis zu den evangelischen Räten erscheint in einem mehrfachen Sinn als ein *Zeichen* für alle Glieder der Kirche: Neben einer mehr »moralischen« Zeichenhaftigkeit - das Bekenntnis zu den evangelischen Räten ist »ein Zeichen, das alle Glieder der Kirche wirksam zur eifrigen Erfüllung der Pflichten ihrer christlichen Berufung hinziehen kann und soll« (LG 44,3; vgl. LG 13) - kommt es den Ordensleuten zu, »eschatologisches« Zeichen für das neue, ewige Leben und die zukünftige, jetzt aber schon keimende Herrlichkeit zu sein. Auch ahmt der Ordensstand die Lebensform Christi »ausdrücklicher« nach und macht »die Erhabenheit des Gottesreiches gegenüber allem Irdischen ... offenkundig« (LG 44,3). Zum Abschluß wird festgestellt, daß der Ordensstand »unerschütterlich« zum Leben und zur Heiligkeit der Kirche gehört, auch wenn er nicht Teil der hierarchischen Struktur der Kirche ist. Beachtenswert ist die Vielfalt und Reichhaltigkeit der Aussagen dieses Abschnittes, wenngleich ihm - wie F. Wulf bemerkt - die »alles tragende und versammelnde Mitte« fehlt[80].

Der daran anschließende Artikel 45 ist dem Verhältnis zwischen kirchlicher Hierarchie und Orden gewidmet und hat deshalb einen mehr rechtlichen Charakter. Die Orden stehen jedoch nicht nur in einem Rechtsverhältnis zur Kirche. Vielmehr nimmt die Kirche kraft der ihr von Gott übertragenen Autorität die Gelübde in einer liturgischen Feier entgegen und macht so den Ordensberuf zu einem »Gott geweihten Stand« (LG 45,3).

Im Artikel 46 der Konstitution werden schließlich die unaufgebbaren Werte des Ordenslebens für Kirche und Gesellschaft beschrieben. Die Ordensleute sollen »sorgfältig darauf achten, daß durch sie die Kirche wirklich von Tag zu Tag mehr den Gläubigen wie den Ungläubigen Christus sichtbar mache, wie er auf dem Berg der Beschauung weilt oder wie er den Scharen das Reich Gottes verkündigt oder wie er die Kranken und Schwachen heilt und die Sünder zum Guten bekehrt oder wie er die Kinder segnet und allen Wohltaten erweist, immer aber dem Willen des Vaters gehorsam ist, der ihn gesandt hat« (LG 46,1). Diese aus der Enzyklika *Mystici corporis* Pius XII. stammende Passage[81] legt gleichsam eine christologische Basis für die Vielfalt von Lebensformen

80 Wulf, Kommentar zur Kirchenkonstitution 310.

81 Siehe AAS 35 (1943) 214f und oben Anm. 61.

und Aufgaben der Ordensgemeinschaften. Anschließend wird der personale Wert des Ordenslebens für den einzelnen herausgestrichen. Aber auch für die Gesellschaft sind die Ordensleute nicht ohne Bedeutung; sie tragen auf ihre Art bei, daß »der Bau der irdischen Gesellschaft immer in Gott gründe und auf ihn ausgerichtet sei« (LG 46,2). Der Artikel schließt mit einem Lob für die Ordensleute, die »allen Menschen die verschiedensten großmütigen Dienste leisten« (LG 46,3). Den Abschluß des sechsten Kapitels der Kirchenkonstitution bildet eine trinitarisch gefaßte Schlußmahnung an die Ordensleute, der an sie ergangenen Berufung treu zu bleiben (LG 47).

2. Das Dekret »Perfectae Caritatis«

Die vorbereitende Phase

Als das Dekret *De accomodata renovatione vitae religiosae* am 28. Oktober 1965 durch Papst Paul VI. promulgiert wurde, hatte es eine bewegte Geschichte hinter sich. Der erste Entwurf wurde von der Vorbereitungskommission des Konzils für die Ordensleute unter dem Vorsitz Kardinal Valeris vom November 1960 bis zum April 1962 erarbeitet. Als Titel für das vorbereitete Schema wählte man *De statibus perfectionis acquirendae*[82]. Dieser Entwurf, der vorwiegend von juridischem Denken bestimmt war, gelangte nie in die Konzilsaula. Seine Bedeutung besteht aber nach G. Jelich darin, daß er gleichsam eine »Bestandsaufnahme« des vorkonziliaren Ordensverständnisses und des Bemühens um Erneuerung bietet[83]. Dieser sehr umfangreiche Text wurde der neuerrichteten Konzilskommission für die Ordensleute mit dem Auftrag zur rigorosen Kürzung übergeben.

Der nunmehr verkürzte Entwurf wurde unter dem Titel *Schema de Religiosis*[84] der Koordinierungskommission übermittelt, die ihrerseits kritisch dazu Stellung nahm. Die Kritik bezog sich vor allem auf folgende Punkte:

---

[82] AD Series II 3/1, 433-495. - Für das Folgende siehe Jelich 89-124; Wulf, Einführung und Kommentar zum Ordensdekret; Regli 120-126; L'adaptation et la rénovation de la vie religieuse. Décret »Perfectae caritatis«. Texte latin et traduction française par J.M.R. Tillard. Publ. par J.M.R. Tillard et Y. Congar (Unam Sanctam 62), Paris 1967 (besonders Le Bourgeois A., Historique du Décret, in: ebd. 51-72); Gutiérrez Martin L., Processus historico-doctrinalis decreti conciliaris de accomodata renovatione vitae religiosae, in: CRM 45 (1966) 17-39.

[83] Jelich 106. - Ausführlich zu diesem ersten Textentwurf: Jelich 97-108; Wulf, Einführung zum Ordensdekret 250; Le Bourgeois 52-57; Gutiérrez Martin 19-25.

[84] Vergleiche dazu Wulf, Einführung zum Ordensdekret 251f.

- Der Titel *De Religiosis* passe nicht auf das vorbereitete Schema, da er den Säkularinstituten nicht gerecht werde. Ebenso werde der Terminus *status perfectionis* zu oft verwendet und führe zu Mißverständnissen.
- Die christologisch-ekklesiologische Sicht des Rätestandes sei zu wenig berücksichtigt.
- Es fehlten wirklich eindeutige Richtlinien zur Erneuerung.
- Zu übertrieben werde vor dem »Weltgeist« gewarnt, wo doch die Orden für ihr Apostolat die Welt kennen müßten.

Diese Kritik fand zum Teil Eingang in den Text. Der neuerlich redigierte Entwurf wurde im April 1963 veröffentlicht. Er trug nun wiederum den Titel *De statibus perfectionis acquirendae*. Die einseitig juridische Ausrichtung trat in ihm ein wenig zurück, die allgemeinen Prinzipien einer Erneuerung lagen indes nun profilierter vor[85]. Im Vergleich zum ersten Entwurf, der verschiedene »Irrtümer« (Aktivismus, Naturalismus, Vorzug des Ehestandes vor dem »Stand der zu erlangenden Vollkommenheit«) scharf zurückgewiesen hatte[86], fehlte diesmal jegliche Verurteilung. Die Konzilsväter reagierten auf das ihnen zugestellte Schema nur mit sehr allgemeinen Beobachtungen, die nicht sehr viel zur weiteren Bearbeitung beitrugen[87].

Auch in der zweiten Konzilsperiode konnte der Textentwurf zum Ordensdekret aus Zeitmangel nicht mehr in der Konzilsaula behandelt werden und mußte im Auftrag der Koordinierungskommission nochmals radikal auf die wesentlichen Punkte reduziert werden. Das nun entstandene Kurzschema (mit nur mehr 19 Artikeln) war nun wieder mit *De Religiosis* überschrieben[88] und wurde zunächst nicht sehr positiv beurteilt. Bemerkenswert ist, daß dieser Textentwurf zum ersten Mal als oberste Regel der Erneuerung das Evangelium und die Nachfolge Christi nennt[89].

Noch vor Beginn der dritten Konzilsperiode redigierte die zuständige Kommission den Text des Ordensdekretes nochmals, wobei als wichtigste Änderung zwei Abschnitte über Keuschheit und Gehorsam einge-

---

85 AS 3/7, 751-781; vgl. Jelich 108-112; Le Bourgeois 57-60. Als fundamentales Prinzip der Erneuerung wird allerdings noch nicht - wie bereits im folgenden Entwurf - der Rückbezug auf das Evangelium gesehen, sondern nur die Besinnung auf die Intentionen des Gründers; so Le Bourgeois 61.

86 Vgl. Art. 24f.30-32 des ersten Entwurfs zum Ordensdekret, in: AD Series II 3/1, 443.445f.

87 Vergleiche Wulf, Einführung zum Ordensdekret 259.

88 AS 3/7, 143-157; vgl. Jelich 112-114; Le Bourgeois 60-62.

89 AS 3/7, 144: »Cuiusvis instituti spiritualis ac religiosa renovatio atque eius ad praesentes vita condiciones accomodatio promovendae sunt, Sancta Mater Ecclesia duce, secundum Evangelium et Christi sequelam tamquam supremam regulam, attentisque Fundatorum propositis ac genuino spiritu«.

fügt wurden. Dieser *Textus emendatus* wurde den Konzilsvätern unter der Überschrift *De accomodata renovatione vitae religiosae* zugestellt[90]. Durch die in den beiden letztgenannten Entwürfen erfolgte radikale Kürzung waren die juridischen Aussagen im Text drastisch reduziert. Dadurch war der Weg frei für die spätere Einfügung von Passagen theologischer und spiritueller Art - ein Anliegen, das viele Konzilsväter immer wieder vorbrachten[91].
Die vierte Fassung des Textes gelangte endlich zur Diskussion in die Konzilsaula. Die Debatte der 119. bis 121. Generalkongregation verlief auf hohem Niveau und griff die wesentlichen Fragen auf. Neben grundsätzlicher Zustimmung erfuhr der Entwurf auch tiefgreifende Kritik. Vor allem wurde die mangelnde theologisch-spirituelle Grundlegung des Ordenslebens und seiner Erneuerung beklagt[92] und eine deutlichere Einbindung des Ordensstandes in die Kirche gefordert[93]. Am Ende der Debatte erhielten bei der Einzelabstimmung nur die Artikel 14 bis 20, d.h. der praktisch orientierte Teil des Dekretes, die erforderliche Zweidrittelmehrheit, während die grundlegenden Artikel 1 bis 13 nur *iuxta modum* angenommen wurden und so nochmals anhand der Verbesserungsvorschläge redigiert werden mußten. Diese Arbeit gestaltete sich sehr schwierig, waren doch immerhin über 14.000 Modi eingegangen. Mehr als ihre große Zahl bereitete allerdings ihre Gegensätzlichkeit Schwierigkeiten: »Sie stammten aus zwei 'Fabriken', deren 'Fabrikanten' sich mißtrauisch gegenüberstanden: die einen glaubten - etwas vereinfacht gesagt -, das Ordensleben gegen die drohenden Auflösungserscheinungen schützen, die anderen, seinen realen Schwierigkeiten mit positiven Vorschlägen begegnen zu müssen«[94].
Diese gegenläufigen Erwartungen an den Text, denen die Redaktoren zu entsprechen hatten, führten dazu, daß das endgültige Dekret, wie so manche andere Konzilsdekrete, streckenweise einen kompromißhaften Charakter zeigt. Anfang Oktober fanden die Abstimmungen zum Ordensdekret statt, das nach der Überarbeitung nun eine überwältigende Mehrheit erhielt. Am 28. Oktober 1965 schließlich wurde das Dekret

90 AS 3/7, 143-152. Siehe dazu Jelich 114-115; Wulf, Einführung zum Ordensdekret 260-262; Le Bourgeois 62-67.

91 Vgl. Jelich 115.

92 Vergleiche die Diskussionsbeiträge von Kard. Döpfner (AS 3/7, 431-436), Kard. Bea (ebd. 442-446), Bisch. Huyghe (ebd. 472-475) und Generalsuperior van Kerckhoven (ebd. 486-488). Eine Zusammenfassung der Diskussion in der Konzilsaula bieten: Jelich 116-119; Wulf, Einführung zum Ordensdekret 262; Le Bourgeois 63-65.

93 Vgl. die Wortmeldungen von Kard. Bea (AS 3/7, 442-446, bes. 443) und Bisch. Huyghe (ebd. 472-475). - Für das Folgende siehe Jelich 119f; Wulf, Einführung zum Ordensdekret 263.

94 Wulf, Einführung zum Ordensdekret 263; vgl. Le Bourgeois 66.

von Papst Paul VI. offiziell verkündet. Als einziger Konzilstext weist das Ordensdekret schon aufgrund seiner Überschrift *De accomodata renovatione vitae religiosae* auf die dem Konzil von Papst Johannes XXIII. gestellte Aufgabe hin: die Erneuerung der Kirche in Hinblick auf die Zeiterfordernisse. Nach seinen lateinischen Anfangsbuchstaben, die erst in der allerletzten Redaktion an die Spitze der Aussagen gestellt wurden, trägt das Dekret auch den Namen *Perfectae caritatis*[95].

Das Dekret

Inhaltlich ist das Ordensdekret in zwei große Abschnitte gegliedert: die Artikel 1 bis 15,1 (und der Schlußartikel 25) bieten mehr theologische Grundlinien zur Erneuerung des Ordenslebens, während die Artikel 15,2 bis 24 sich praktisch-konkreten Fragen zuwenden[96]. Der einleitende Artikel 1, der eine theologische Grundlegung des Ordenslebens versucht, wurde erst aufgrund der letzten Interventionen in dieser Form vorangestellt. Nach einem ausdrücklichen Rückbezug auf die Kirchenkonstitution wird im zweiten Absatz auf die historisch gewordene Vielfalt der Ordensgemeinschaften in der Kirche verwiesen. Die nächste Passage bildet dann den eigentlichen Kern des Artikels: Sie handelt von der christologischen Verwurzelung des Lebens nach den evangelischen Räten der Jungfräulichkeit, der Armut und des Gehorsams. Aus der Vereinigung mit Christus erwächst die ekklesiologische Bedeutung des Ordensstandes, denn je inniger die Ordensleute mit Christus in der Lebensform der Räte verbunden leben, »desto reicher wird das Leben der Kirche und desto fruchtbarer deren Apostolat« (PC 1,3).

Der folgende Artikel 2 ist zentral für die »zeitgemäße Erneuerung« des Ordenslebens. Diese bedeutet: »ständige Rückkehr zu den Quellen jedes christlichen Lebens und zum Geist des Ursprungs der Institute,

---

95 AAS 58 (1966) 702-712. - Neben den schon erwähnten Kommentaren zu PC ist folgende Literatur zu nennen: Beyer J., Decretum »Perfectae Caritatis« Concilii Vaticani II, in: PRMCL 55 (1966) 430-498.653-693. 56 (1967) 3-60; Courel F., Le décret conciliaire sur la rénovation de la vie religieuse, in: RAM 42 (1966) 3-13; Decreto sul rinnovamento della vita religiosa. Perfectae caritatis. Introd. e commento di V. Fagiolo (Collana Concilio Vaticano II. 7), Casale Monferrato 1987; Galot J., Le décret »Perfectae caritatis«, présentation générale, in: VieCon 38 (1966) 5-60; ders., Renouveau de la vie consacrée. Le décret du Concile. Prés. et commentaire, Gembloux 1966; Grillmeier A., Erwägungen zum Dekret über die zeitgemäße Erneuerung des Ordenslebens, in: GuL 39 (1966) 95-108; Martelet G., Réflexion théologique sur le décret »Perfectae caritatis«, in: VieCon 38 (1966) 32-46.

96 Die Relatio von Bisch. Compagnone vom 30.9.1965 zählte Art. 15 bereits zu den »partikulären Fragen« (AS 4/3, 602). Jelich rechnet in seiner Darstellung denselben Artikel noch zu den grundsätzlichen theologischen Leitlinien (Jelich 120). Tatsächlich scheint der erste Abschnitt 15,1 mehr der theologischen Grundlegung zuzugehören, während 15,2 und 15,3 bereits konkrete Probleme aufgreifen.

zugleich aber deren Anpassung an die veränderten Zeitverhältnisse«. Diese *accomodata renovatio* hat nach fünf Grundsätzen zu geschehen: Letzte Norm ist die im Evangelium dargelegte Nachfolge Christi (PC 2a); um die Eigenart der Institute zu wahren, sind der Geist und die charakteristischen Absichten des jeweiligen Gründers zusammen mit den »gesunden Überlieferungen« zu erforschen und zu bewahren (PC 2b); die Institute müssen sich die umfassenden Erneuerungsbestrebungen der ganzen Kirche zu eigen machen (PC 2c); im Zeichen der Anpassung sollen die Mitglieder der Institute die Lebensverhältnisse der Menschen und die Zeitlage kennen, um sie richtig beurteilen zu können und ein wirksames Apostolat auszuführen (PC 2d); schließlich wird ausdrücklich betont, daß das Erste und Wichtigste die geistliche Erneuerung ist, ohne die jede Anpassung wirkungslos bleibt (PC 2e).
Artikel 3 nennt im Anschluß daran einige Bereiche, die in den Ordensgemeinschaften erneuerungsbedürftig sind: Lebensweise, Gebet, Arbeit, Leitung der Institute und ordensinterne Bestimmungen. Dieser Gedanke wird in PC 4 durch eine Reihe praktisch orientierter Grundregeln der Erneuerung ergänzt.
Einige Elemente, die allen vom Dekret angesprochenen Gemeinschaften gemeinsam und wesentlich sind, werden in PC 5 angeführt. In ihrem Mittelpunkt steht die »gleichsam besondere Weihe« derer, die sich auf die evangelischen Räte verpflichtet haben; sie wurzelt »zutiefst in der Taufweihe ... und [bringt] diese voller zum Ausdruck« (PC 5,1). Diesem »Übereignetsein an Gott« entspricht auf der einen Seite die Absage an die »Welt«, um »Gott allein zu leben«, andererseits aber die Hinordnung auf die Kirche, die diese Selbsthingabe im Namen Gottes angenommen hat. Zugleich drängt diese Weihe zur Praxis der Tugenden. Der Artikel endet mit dem Aufruf, Kontemplation mit apostolischer Liebe zu verbinden, ein Anliegen, das in PC 6 aufgegriffen und fortgeführt wird. Hier werden die evangelischen Räte vor allem unter dem Gesichtspunkt unmittelbarer Gottverbundenheit gesehen; aus ihr fließt die Nächstenliebe »zum Heil der Welt und zum Aufbau der Kirche«[97]. Ein zweiter Abschnitt des Artikels weist auf die »echten Quellen christlicher Frömmigkeit« hin: Schriftlesung und Liturgie, vor allem das Mysterium der Eucharistie. Wo aus ihnen das geistliche Leben genährt wird, erwächst Leben und Fühlen mit der Kirche sowie die Teilnahme an ihrer Sendung.
Nach diesen für alle Formen der *vita religiosa* geltenden Grundsätzen wendet der Text nun den Blick auf verschiedene Ausformungen des

[97] In diesen Formulierungen von PC 5 und 6 spiegelt sich deutlich das thomanische Erbe der Ordenstheologie. Vergleiche etwa: Contra impugnantes c.1; STh II-II q.187 a.2.

Ordenslebens: Angesprochen werden die »gänzlich auf die Kontemplation hingeordneten Institute«, die immer eine »hervorragende Stelle« im »mystischen Leib Christi« einnehmen (PC 7) sowie die »Kleriker- und Laieninstitute, die sich mannigfaltigen apostolischen Aufgaben widmen« (PC 8). Hier ist vor allem die Aussage bemerkenswert, daß in diesen Ordensgemeinschaften »die apostolische und caritative Tätigkeit zum eigentlichen Wesen des Ordenslebens« gehört (PC 8,2). Der folgende Artikel PC 9 nennt das monastische Leben und die Lebensform derer, welche die »apostolische Tätigkeit eng mit Chordienst und monastischem Brauchtum verbinden«[98]. Im Anschluß daran wird das »Ordensleben der Laien« aufgegriffen, das »in vollwertiger Weise den Stand der Verpflichtung auf die evangelischen Räte« verwirklicht (PC 10). Den Abschluß dieses Überblicks über verschiedene Formen des einen Ideals bilden die »Weltinstitute« (PC 11). Sie sind zwar keine Ordensgemeinschaften, werden aber wegen ihrer Verpflichtung auf ein Leben nach den evangelischen Räten doch in diesem Zusammenhang mitbedacht. Dabei wird vor allem der »Weltcharakter« dieser Institute betont[99].

Die folgenden Artikel 12 bis 14 über die evangelischen Räte sind alle in gleicher Weise aufgebaut: Nach einführenden Worten bietet der Text jeweils eine theologisch-spirituelle Grundlegung, um dann auf Fragen der konkreten Lebensführung der Ordensleute einzugehen. Die Reihenfolge entspricht derjenigen in der Konstitution über die Kirche: Keuschheit »um des Himmelreiches willen« (PC 12), freiwillige Armut in der Nachfolge Christi (PC 13) und Gehorsam (PC 14).

In PC 15, das den mehr grundsätzlichen Teil des Dekretes abschließt, wird in einem ersten Abschnitt das gemeinschaftliche Leben der Ordensleute »nach dem Beispiel der Urkirche« hervorgehoben. Dabei kommt auch der Zeichencharakter des Lebens in Gemeinschaft zur Sprache[100]. Bereits zum praktischen Teil von *Perfectae caritatis* leitet der konkrete Wunsch nach Abschaffung von Standesunterschieden in den Instituten über.

Nach zwei kurzen Artikeln über die Klausur der Ordensfrauen (PC 16) und das Ordensgewand (PC 17) widmet sich PC 18 der Aus- und Weiterbildung der Ordens-

---

[98] Es fällt auf, daß der Text die herkömmlichen Bezeichnungen *vita contemplativa - vita activa - vita mixta* zugunsten einer offeneren, typologischen Beschreibung aufgibt.

[99] PC 11,1:»Die Institute ... müssen den ihnen eigenen und besonderen Weltcharakter bewahren, damit sie dem Apostolat in der Welt und gleichsam von der Welt her ... überall wirksam gerecht zu werden vermögen. - Zur Frage der Säkularinstitute siehe die Untersuchung von: Pollak.

[100] PC 15,1:»Die Einheit der Brüder macht das Kommen Christi offenbar (vgl. Jo 13,35; 17,21)«.

leute; von ihr hängt nach den Worten des Dekretes die zeitgemäße Erneuerung der Institute in besonderer Weise ab. Weitere Themen sind Grundsätze für die Gründung neuer Institute (PC 19), Anpassung spezifischer Tätigkeitsbereiche (PC 20) und der Umgang mit nicht mehr lebensfähigen Ordensgemeinschaften (PC 21). Artikel 22 sieht verschiedene Arten des Zusammenschlusses von Gemeinschaften einer »Ordensfamilie« vor, während der folgende Artikel 23 sich mit der Errichtung von Konferenzen oder Räten höherer Oberer befaßt. Nach Aussagen über die Förderung der Ordensberufe (PC 24) schließt das Dekret in PC 25 mit Mahnung und Anerkennung.

3. Neuaufbruch der Ordenstheologie

Die wechselvolle Entstehungsgeschichte der beiden grundlegenden Konzilsdokumente über die Orden kann als Indiz für den Wandlungsprozeß gelten, in dem die Ordenstheologie sich zur Zeit des Konzils befand und der sich in den oft kontrovers geführten Auseinandersetzungen in der Konzilsaula äußerte. Zumindest indirekt wurde heftige Kritik an der überkommenen Ordenstheologie laut, die sich Thomas von Aquin verpflichtet wußte und im Lauf der Zeit erstarrt war. Der »Umschwung« auf dem Konzil ist jedoch nur der vorläufige Schlußpunkt eines Prozesses, der schon lange vor dem Konzil begonnen hatte und von der gesamttheologischen und gesamtkirchlichen Entwicklung beeinflußt war[101]. In diesen neuen Verstehenshorizont - vor allem im Bereich der Ekklesiologie - hineingestellt, erhielten die Aussagen über das Ordensleben deutlich neue Akzente, wenn auch oft die traditionellen Formulierungen beibehalten wurden[102]. Dieser Neuaufbruch in der theologischen Reflexion über das Ordensleben läßt sich an vier markanten Punkten ablesen.

Ein theologisch-spirituell vertieftes Verständnis des Ordenslebens

Der meistgehörte Vorwurf - besonders in den ersten Stadien der Texterarbeitung des sechsten Kapitels von LG und von PC - lautete: »Dieses Schema ist zu juridisch«[103]. Vor allem die Entstehungsgeschichte des Ordensdekretes macht den mühsamen Prozeß deutlich, der notwendig

---

[101] Zum Folgenden vergleiche besonders Jelich; Grillmeier, Erwägungen; Wulf, Einführung und Kommentar zur Kirchenkonstitution und zum Ordensdekret.

[102] Vgl. Jelich 285.

[103] Siehe etwa: AS 3/7, 105.

war, um von einer allzu rechtlichen Auffassung des Ordenslebens Abstand zu nehmen. Bis hin zu den letzten Debatten und Änderungsvorschlägen wurde der Ruf nach einer theologisch-spirituellen Vertiefung des Textes laut. Obwohl in den Relationen immer wieder hervorgehoben worden war, daß die theologischen Grundlagen in der Konstitution über die Kirche gesetzt seien und sich das Ordensdekret mehr der praktischen Seite der Erneuerung widme, setzte sich doch die Auffassung durch, daß das eine vom anderen nicht ablösbar ist. So wurden schließlich im endgültigen Text von PC deutlichere theologische Akzente gesetzt.

Vor allem seit dem 19. Jahrhundert war im Bereich der Ordenstheologie die Betonung so sehr auf dem Juridischen und Institutionellen gelegen, daß Ordensleben fast nur mehr hieß, sich einer Regel zu unterwerfen, die den gesamten Lebensvollzug bis in Details hinein ordnete (*vita regularis*). Durch die »Juridifizierung des Ordensstandes, die mit dazu beigetragen hat, dessen Grundbegriffe (consilia evangelica, status perfectionis adquirendae, vita contemplativa, activa usw.) religiös zu entleeren, sie zu zwar vielgebrauchten, aber im Grunde technischen Vokabeln zu machen ..., glitt das theologisch-spirituelle Moment ins Erbaulich-Aszetische ab«[104].

Die Entwicklung auf dem Konzil führte zu einer Lösung von dieser starken Verrechtlichung und Engführung des Ordensverständnisses. In besonderer Weise wird dies an der deutlichen Hervorhebung der »im Evangelium dargelegten Nachfolge Christi« als »letzter Norm des Ordenslebens« (PC 2a) sichtbar. Das Thema der *sequela Christi* wird an verschiedenen Stellen der Konzilstexte zur Sprache gebracht; »Nachfolge« gehört zu einem der Schlüsselbegriffe der konziliaren Lehre vom Ordensleben (vgl. LG 42,3. 44,3; PC 1,2. 1,3. 2a. 2e. 5,4. 8,2. 13,2). Vorkonziliar primär *theozentrisch* geprägt, dominiert auf dem Konzil ein *christozentrisches* Verständnis des Ordenslebens[105].

Eng verbunden mit der Juridifizierung des Ordenslebens war auch seine stark moralisch-aszetische Ausrichtung. Vor allem das Leben nach den evangelischen Räten wurde - auf dem thomanischen Ansatz aufbauend[106] - in diese Richtung interpretiert. In den Konzilsdokumenten tritt nun der geschenkhafte Charakter der Räte und der Ordensberufung klarer hervor - wenn auch manchmal erst zögernd. Die evangelischen

[104] Wulf, Kommentar zum Ordensdekret 267.

[105] Vergleiche dazu: Jelich 238-265; Wulf F., Wesen und Bedeutung des Ordensstandes heute, in: ON (1970) Heft 38, 2-14, dort bes. 6f.

[106] Vgl. den Exkurs zum thomanischen Erbe der Ordenstheologie in dieser Arbeit 10-16 und Jelich 19.

Räte sind eine »göttliche Gabe, welche die Kirche von ihrem Herrn empfangen hat« (LG 43,1; vgl. LG 42,3; PC 12,1); das Ordensleben entstand in der Kirche unter Antrieb des Heiligen Geistes (PC 1,2) inmitten einer Vielfalt von Gnadengaben (PC 1,3). Es ist so nicht zuerst Leistung des Menschen, sondern charismatische Gabe Gottes, auf die der Mensch in den Gelübden antwortet (PC 5)[107].
Für die Gemeinschaften öffnet sich durch diese Neuakzentuierung ein befreiender Ausweg aus der Enge von Juridifizierung und Moralisierung. Eine neue spirituelle Basis ist gelegt. Die Aussagen des Konzils machen wiederum bewußt, daß gelebte Spiritualität Vorrang vor dem Recht hat. Das Recht bleibt notwendig, jedoch nur insofern, als es das Leben zu schützen und zu sichern hat (vgl. PC 4,4; ES 12.14)[108].

Die Absage an das Schema von Gebot und Rat

Die vorkonziliaren Entwürfe des Kapitels über die Religiosen im Kirchenschema und des Ordensdekretes hatten noch die traditionelle Unterscheidung zwischen den Geboten, die allen zur Erlangung des Heils aufgetragen sind, und den Räten, die denen, die wollen, einen sichereren Weg zur Erfüllung der Liebe gewähren, in ihr Programm aufgenommen[109]. Von vielen Konzilsvätern wurde daran massive Kritik geübt[110]. Im Lauf der Texterarbeitung wurde die Trennung von Gebot und Rat und deren exegetisch nicht mehr haltbare Grundlegung im Neuen Testament im Prinzip überwunden[111]. Die Konzeption einer »Zweiklassengesellschaft« in der Kirche - hie Ordensleute, auf die Räte verpflichtet, da die anderen Gläubigen, »bloß« an die Gebote gehalten - findet so in den Konzilstexten keinen Boden mehr. Gegen alle Widerstände und Bedenken hat sich eine umfassendere Sicht durchgesetzt. Es wurde neu bewußt, daß die »Räte« des Evangeliums nicht nur für eine exklusive Gruppe in der Kirche Bedeutung haben, sondern grundsätzlich allen Christen gelten, freilich von ihnen ihrer jeweiligen Lebensform entsprechend zu praktizieren sind. Darüber hinaus gerieten - neben der traditionellen Rätetrias - auch die »vielfachen Räte, deren Beobachtung der Herr im Evangelium seinen Jüngern vorlegt« (LG 42,3)

---

[107] Siehe Jelich 266-284; Grillmeier, Erwägungen 101.

[108] Vgl. Wulf, Kommentar zum Ordensdekret 267; Grillmeier, Erwägungen 99-101.

[109] Vergleiche etwa AD Series II 3/1, 152.433.

[110] Zusammenfassend dazu: Jelich 58f.

[111] Vgl. aber LG 42,4 (zum Gehorsam): Die Kirche freut sich über Menschen, die sich »einem Menschen um Gottes willen hinsichtlich der Vollkommenheit über das Maß des Gebotes hinaus [unterwerfen]«.

in das Blickfeld. Leider wird dieser Gedanke im weiteren Text des Artikels nicht entfaltet. Dennoch ist so die einseitige Fixierung auf die klassische Dreizahl der Räte, die oft bloß in rechtlichem oder aszetischem Rahmen verstanden worden waren, aufgebrochen.
Freilich hat sich das Konzil mit der Aufgabe des Schemas von Gebot und Rat eines griffigen Unterscheidungskriteriums zwischen Ordensleuten und anderen Christgläubigen beraubt. Das zuvor kaum hinterfragte biblische Fundament für die Dreizahl der Räte (und damit eo ipso für das Ordensleben) geriet zusehends ins Wanken[112]. Zur Lösung dieser Fragen mußten nun neue Wege gesucht werden; die Problematik, die sich daraus ergibt, hält Konzil und im Anschluß daran nachkonziliare Ordenstheologie in Atem.

Ekklesiologisch bestimmte Interpretation des Ordenslebens

Papst Paul VI. bemerkte in seiner Ansprache zum Abschluß des Zweiten Vatikanums, daß die Kirche im Konzil den Versuch unternommen habe, »eine Reflexion über sich selbst anzustellen, um sich besser kennenzulernen, um sich klarer zu umschreiben«[113]. Im zentralen Dokument dieser Selbstreflexion, der dogmatischen Konstitution über die Kirche, in der ihr »Wesen« und ihre »universale Sendung« dargelegt werden soll (LG 1), wird den Ordensleuten ein eigenes Kapitel gewidmet. Das bedeutet, daß in der Sicht des Konzils nicht angemessen von der Kirche geredet werden kann, ohne daß auch das Ordensleben in die Reflexion miteinbezogen wird. Dabei zeigt die Entstehungsgeschichte des Textes, daß über die Religiosen nicht selbstverständlich und unreflektiert gesprochen wurde, sondern daß ihr konkreter Ort im Rahmen einer »dogmatischen« Konstitution über die Kirche sehr bewußt gewählt worden ist. Für die Ordensgemeinschaften selbst ergibt sich daraus eine entschiedenere Hinordnung ihrer Lebensform auf Leben und Dienst der Kirche. Diese ekklesiologisch bestimmte Interpretation des Ordenslebens läßt sich an drei Aussagereihen der Konzilstexte ablesen.
(1) Zunächst ist bemerkenswert, daß nicht das Proprium des Ordenslebens, sondern die gemeinsame christliche Berufung den Ausgangspunkt der konziliaren Aussagen über die *vita religiosa* bildet. Deutlich erweist das die enge und ursprüngliche Zusammengehörigkeit des fünften und

---

[112] Dagegen vergleiche noch: Enchiridion de statibus perfectionis. 1. Documenta Ecclesiae sodalibus instituendis, Roma 1949, 1, wo zu jedem der drei Räte das entsprechende Schriftzitat geboten wird (Gehorsam: Phil 2,5-8; Armut: Mt 19,21; Keuschheit: Mt 19,11f).

[113] AAS 58 (1966) 53; dt. Übersetzung nach: OK 7 (1966) 3.

sechsten Kapitels von LG. In *De vocatione ad sanctitatem in Ecclesia*, dem Kapitel, das gleichsam den Schlüssel zum Abschnitt *De Religiosis* darstellt, wird mit aller Klarheit dargelegt, daß in den »verschiedenen Verhältnissen und Aufgaben des Lebens ... die eine Heiligkeit von allen entfaltet« wird (LG 41,1). Diese auf den ersten Blick selbstverständlich klingende Aussage erhält ihre Schärfe dadurch, daß sie in Opposition zu den gängigen Konsequenzen steht, die man aus der Ordenstheologie des Thomas von Aquin gezogen hatte. Das Ordensleben als »Stand der Vollkommenheit« wurde hier nicht nur als ein, sondern als *der* Weg zu Vollkommenheit und Heiligkeit gesehen, hinter dem die Lebensform der »Weltchristen« deutlich zurückbleibt. Dieser Theorie, die zwar nicht lehrmäßig definiert, aber doch die weihthin gängige katholische Überzeugung war, erteilte das Konzil eine Absage: Das Augenmerk gilt der Berufung zur Heiligkeit, die allen Gliedern der Kirche zukommt und auch tatsächlich, obzwar auf verschiedene Weise, von ihnen verwirklicht werden kann. Die Lebensform der evangelischen Räte, wie sie im Ordensstand übernommen wird, hat sich in diesen Rahmen einzuordnen[114].

(2) Erst auf dem gemeinsamen Grund der einen christlichen Berufung leuchtet das Eigentümliche des Ordenslebens auf. LG versucht, dieses mit der Einführung des Begriffes *Zeichen* (*signum*) zu explizieren[115]. Gegenüber den vorangegangenen Entwürfen, in welchen die Zeichenhaftigkeit des Ordenslebens in die Mitte der theologischen Darstellung gerückt war[116], ist der endgültige Text zurückhaltender; er nimmt aber die Impulse aus der vorkonziliaren Ordenstheologie auf[117]. Die Relatio vom 14. September 1964 nennt verschiedene Seiten dieses zeichenhaften Charakters der Orden: Das Leben der Ordensleute ist sowohl eschatologisches Zeichen als auch Zeichen des irdischen Lebens Jesu; es ist durch die Nachahmung der Tugenden Christi und durch die Macht des Heiligen Geistes Zeichen für die Forderung des Reiches Gottes schon im gegenwärtigen Leben. Außerdem darf auch der apologetische Aspekt des Ordenslebens nicht übersehen werden: wenn es schon einige gibt, welche sich auf die Räte verpflichten, dann ist es auch nicht unmöglich, die Gebote zu halten[118]. Dazu tritt die moralische Zei-

---

[114] Vgl. Jelich 127-150; Grillmeier, Erwägungen 104f.

[115] Siehe dazu die ausführlichen Darstellungen bei: Jelich 213-237; Regli 97-127; Schulte R., Das Ordensleben als Zeichen, in: De Ecclesia 2, 383-414.

[116] Vgl. etwa AS 2/1, 281; dazu: Wulf, Kommentar zur Kirchenkonstitution 308.

[117] Siehe dazu den Exkurs in dieser Arbeit 16-19.

[118] Siehe AS 3/1, 318: »Status religiosus habet *etiam* ... naturam, valorem et momentum *signi* et *testimonii*: signum eschatologicum, signum terrestris vitae Christi, signum exigentiae Regni Dei iam in praesenti vita per imitationem virtutum Christi et Spiriti Sancti

chenfunktion, die im für dieses Thema zentralen Abschnitt LG 44,3 sogar an erster Stelle steht: »Das Bekenntnis zu den evangelischen Räten [erscheint] als ein Zeichen, das alle Glieder der Kirche wirksam zur eifrigen Erfüllung der Pflichten ihrer christlichen Berufung hinziehen kann und soll« (LG 44,3 vgl. LG 13). Wie Raphael Schulte herausgestellt hat, muß diese Zeichenfunktion des Ordenslebens im Kontext der ganzen Konstitution über die Kirche gesehen werden. Sie ist nämlich unauflöslich mit der Zeichenhaftigkeit der ganzen Kirche (vgl. LG 1) verbunden. Das Ordensleben ist »ein Zeichen *unter anderen*, die innerhalb der Kirche, die das volle Zeichen in Christo ist, gegeben sind (II.13,3; V. passim)«[119].

(3) Die Rückgebundenheit der *vita religiosa* an die Grundberufung aller Christen äußert sich zuletzt darin, daß - nach PC 5,1 - die »gleichsam besondere Weihe« der Ordensleute »zutiefst in der Taufweihe wurzelt und diese voller zum Ausdruck bringt«. Der sich auf die evangelischen Räte Verpflichtende will nämlich frei werden, »um ... reichere Frucht aus der Taufgnade empfangen zu können« (LG 44,1). Die tiefe Verbundenheit von Taufe und Ordensweihe, die hier bezeugt ist, weist ebenfalls auf den kirchlichen Charakter der Ordensberufung hin[120].

Die Ordensleute sind also in besonderer Weise mit der Kirche und ihrem Geheimnis verbunden. Dieses ekklesiologisch bestimmte Verständnis der *vita religiosa* drängt die - bisher so dominierende - Konzeption des Ordenslebens als Weg zur persönlichen Vervollkommnung und Heiligung in den Hintergrund. Darin dürfte der zentrale Punkt des erneuerten Ordensverständnisses des Zweiten Vatikanums liegen. Denn kaum je zuvor ist »in der Geschichte der Orden ... deren enge, theologisch oder, genauer, christologisch begründete Verbindung mit der Kirche, ihrem Geheimnis und ihrer Sendung so ans Licht getreten wie auf diesem Konzil«[121].

---

potentiam. Ex tota autem periodo elucet etiam aspectus *apologeticus* status religiosi: scilicet praecepta Dei non sunt in praxi impossibilia, si de facto adsunt qui, gratia Dei, non solum praecepta observant, sed etiam ad consilia se *obligant*, et quidem perpetuo et per vota«.

119 Schulte, Das Ordensleben als Zeichen 395.

120 Siehe dazu Jelich 152-174.

121 Wulf, Einführung zum Ordensdekret 264. - Jelich 174-237 stellt die besondere Beziehung des Ordenslebens zur Kirche gemäß den Konzilstexten heraus.

Ein Blick in die Geschichte des Ordenslebens[122] zeigt, daß wirklich von der »wunderbaren Vielfalt von Ordensgemeinschaften« (PC 1) gesprochen werden kann. Gleichzeitig ist jedoch auch - besonders seit dem 19. Jahrhundert - eine fortschreitende Schematisierung der *vita religiosa* zu beobachten[123]. Auf der theologischen Ebene drückte sich dies in der unterschiedslosen Anwendung des *finis generalis* (*finis primarius*) auf alle Ordensgemeinschaften aus: Für alle galt als erstes Ziel des Ordenslebens die persönliche Vervollkommnung und Heiligung ihrer Mitglieder, die vor allem auf dem Weg von »geistlichen Übungen« zu erreichen ist. Diesem Hauptziel gegenüber mußte sich jede apostolische oder caritative Tätigkeit als sekundäres Ziel unterordnen[124]. Dies führte gerade in den neueren, »aktiven« Genossenschaften zu einer oft unerträglichen »Zweiteilung« des Lebens. Besonders in den Frauengemeinschaften war das Leben der klösterlichen Gemeinschaft weitgehend gleichgeschaltet mit dem der älteren Frauenorden, während zugleich ein äußerster Einsatz in Apostolat und Caritas geleistet werden mußte. Von kanonistischer Seite wurde diese Nivellierung durch einheitliche Normen für die Abfassung der Regeln der Institute verschärft. Die Konstitutionen wurden auf rechtliche und organisatorische Vorschriften eingeschränkt; Platz für ordenseigene spirituelle Darlegungen wurde nicht gewährt[125].

Diesen Tendenzen trat das Konzil mit seinen Aussagen über die »Eigenart« der Institute und mit dem Aufruf zur Rückbesinnung auf den »Geist und die eigentlichen Absichten der Gründer« (PC 2b) ent-

---

122 Zur Geschichte des Ordenslebens siehe: Heimbucher M., Die Orden und Kongregationen der katholischen Kirche. 2 Bde., Paderborn ^{4}1980; Frank K.S., Grundzüge der Geschichte des christlichen Mönchtums, Darmstadt 1975 (=Geschichte des christlichen Mönchtums. Grundzüge, Darmstadt 1988); Holtz L., Geschichte des christlichen Ordenslebens, Zürich 1986; Knowles D., Geschichte des christlichen Mönchtums, München 1969; Storia della Vita Religiosa. Mit Beiträgen v. M. Augé, E. Sastre Santos u. L. Borriello, Brescia 1988. Einen kurzen Überblick geben auch: Engels O., Art. Orden, Ordenswesen, in: SM 3, 884-921 sowie: Ranke-Heinemann U., Art. Mönchtum, in: HThG 2, 173-181; Frank K.S., Art. Mönchtum / Orden, in: NHThG 3, 144-151.

123 Vgl. Grillmeier, Erwägungen 102; Fehringer A., Leitbild klösterlichen Lebens, Friedberg 1968, 28f.

124 Siehe etwa das schon erwähnte Buch von P. Philippe.

125 Vgl. Grillmeier, Erwägungen 102. - Signifikant für die vereinheitlichende Tendenz sind die 1901 von der Sacra Congregatio de episcopis et regularis veröffentlichten »Normae secundum quas S. Congregatio procedere solet in approbandis novis Institutis votorum simplicium« (in: Ravasi L.R., De Regulis et Constitutionibus religiosorum, Rom 1958, 188-232), die 1921 (mit einigen Veränderungen) erneut bekräftigt wurden, in: AAS 13 (1921) 312-319.

gegen[126]. Besondere Beachtung verdient in diesem Zusammenhang die schon erwähnte Formulierung aus Artikel 8 des Ordensdekretes. Dort heißt es, daß in den Kleriker- und Laieninstituten, »die sich mannigfachen apostolischen Aufgaben widmen«, die »apostolische und caritative Tätigkeit zum eigentlichen Wesen des Ordenslebens« gehört (PC 8,2). Eine zeitgemäße Erneuerung hat dabei auch die Unterschiede zu berücksichtigen, die zwischen den einzelnen Gemeinschaften mit apostolischer Zielsetzung bestehen (PC 8,3). Hier ist die Dichotomie von Haupt- und Nebenziel der Ordensgemeinschaften wenigstens ansatzhaft überwunden[127]. Grundsätzlich kommt die tatsächliche Vielfalt der geschichtlich gewachsenen Ausprägungen des Ordensideals in den Konzilstexten auch in ihrer Bedeutung für das theologische Verständnis des Ordenslebens endlich zu ihrem Recht.

Dennoch: »Dokumente des Übergangs«[128]

Die Untersuchung von Entstehungsgeschichte und theologischer Aussage der Konzilstexte berechtigt dazu, wirklich von einem »kirchlichen Ordensverständnis im Wandel« (G. Jelich) zu sprechen. Dennoch wird man sagen müssen, daß es sich in vielem nur um Ansätze handelt, die noch einer tieferen theologischen Reflexion bedürfen[129]. Infolge der Uneinheitlichkeit des theologischen Denkhorizonts von Konzilsvätern und Redaktoren machen sich im Dekret selbst Elemente verschiedener theologischer Richtungen bemerkbar. Zwischen manchen Aussagereihen, zumal wo sie unvermittelt und unverbunden nebeneinander stehenblieben, ergibt sich eine Spannung, aus der einige Fragen an eine nachkonziliare Ordenstheologie erwachsen. Dies wird besonders in der Beschreibung des Verhältnisses der Ordensleute zur »Welt«, aber auch in der Bestimmung des Spezifikums der »Ordensweihe« gegenüber der »Taufweihe« deutlich. Die Texte schwanken hier zwischen Absage an die Welt (PC 5,1) und Hinwendung zur gegenwärtigen Welt (PC 2d.3),

---

[126] Auf rechtlicher Seite forderten später die Ausführungsbestimmungen zum Ordensdekret, die im Motuproprio *Ecclesiae Sanctae* dargelegt sind, ausdrücklich die Beachtung des juridischen *und* spirituellen Elements bei der Erarbeitung von Konstitutionen. Außerdem soll das, was die Eigenart der jeweiligen Ordensgemeinschaft ausmacht, in den Text der Konstitutionen miteinbezogen werden (vgl. ES 12 und 13).

[127] Vgl. Dammertz V., Die Orden und andere geistliche Gemeinschaften zwischen Orts- und Weltkirche. Ihre geistliche und apostolische Sendung, in: OK 28 (1987) 274-288, dort 283.

[128] Wulf, Einführung zum Ordensdekret 265.

[129] Moloney F.J., Disciples and Prophets. A Biblical Model for the Religious Life, London 1980, 155 redet anschaulich von »loose ends«, die das Konzil in der Frage der *vita religiosa* hinterlassen hat.

zwischen Hervorhebung des ordensmäßig Spezifischen und Einordnung des Ordenslebens in die allgemeine christliche Berufung. In manchen anderen Themenbereichen bieten die Konzilsdokumente nur einen Ansatz, der in ihnen selbst noch nicht zur Entfaltung gekommen ist oder noch genauer hinterfragt werden müßte. Dazu gehört die hermeneutische Frage nach geeigneten Kriterien zur Erforschung des »Geistes der Gründer« und zur Bestimmung der jeder Gemeinschaft eigentümlichen »gesunden Traditionen« (PC 2b). Ebenso ist es bezüglich der Rätetheologie und der Charakterisierung der Orden als »Zeichen« in der Kirche zu keiner befriedigenden Lösung aller anstehenden Fragen gekommen.

Problematisch ist auch die Sprache der Ordenstheologie. In den Texten des Zweiten Vatikanums findet sich hier Neues neben traditionell geprägtem Vokabular, das unentbehrlich schien, wenn wesentliche Züge des Ordenslebens gezeichnet werden sollten. Mancher dieser Topoi erscheint im veränderten Kontext jedoch mehr als erratischer Block denn als geglückte Formulierung. So verlangen die aus der monastischen Spiritualität kommenden Begriffe der »Absage an die Welt« und des »*soli Deo vacare*« (vgl. PC 5) nach einer Präzisierung im Rahmen heutigen Ordensverständnisses, eine Präzisierung, die sowohl den Schatz der Tradition als auch die neue Sicht umgreift.

Mit diesen Beobachtungen soll keineswegs die Bedeutung des theologischen Neuaufbruchs zur Zeit des Konzils geschmälert werden. Eine objektive Beurteilung muß jedoch auch festhalten, daß sich so mancher Kompromiß in den Konzilstexten findet. Sie sind nicht mehr, aber auch nicht weniger als »Dokumente des Übergangs«, die den Ordensleuten auf den Weg in die nachkonziliare Zeit mitgegeben sind. Die Konzilstexte über die Orden haben damit Anteil am allgemeinen Charakter des Zweiten Vatikanums, das ein »Übergangskonzil« genannt worden ist[130]. Hermann Josef Pottmeyer sieht darin durchaus eine *positive* Charakterisierung des Konzils, die für die Hermeneutik und Rezeption der Konzilsaussagen Konsequenzen nach sich ziehen muß. Jedoch liegt für Pottmeyer im Übergangscharakter des Konzils, der sich u.a. im Nebeneinander verschiedener theologischer Meinungen äußert, zugleich auch die Grenze des Konzils; nämlich darin, daß es dem Konzil »nicht gelungen ist und wohl auch nicht gelingen konnte, das Nebeneinander in eine neue Synthese zu binden. ... Die notwendige Synthese ist eine Aufgabe,

[130] Siehe dazu etwa: Seeber D., Das Zweite Vaticanum. Konzil des Übergangs; Rahner K., Die bleibende Bedeutung des II. Vatikanischen Konzils 308; Pottmeyer, Vor einer neuen Phase passim.

die das Konzil Kirche und Theologie gestellt hat, ist eine Aufgabe der Rezeption, die ja alles andere als ein bloß passiver Vorgang ist«[131].
Inwieweit hat sich die Theologie des Ordenslebens dieser Herausforderung durch das Konzil gestellt? Dieser Frage widmet sich der Hauptteil dieser Untersuchung, der nach der Wirkungsgeschichte der Konzilsaussagen über die *vita religiosa* fragt.

[131] Pottmeyer, Vor einer neuen Phase 49.

HAUPTTEIL

Die »Wirkungsgeschichte« des Zweiten Vatikanums im Blick auf die Theologie des Ordenslebens

Erstes Kapitel

Christ und Ordenschrist: Die Frage nach dem Spezifikum der Ordensberufung

In diesem ersten Kapitel über die theologische Weiterentwicklung der nachkonziliaren Zeit soll zunächst die grundlegende Frage thematisiert werden, die auch auf dem Zweiten Vatikanum eine wichtige Rolle gespielt hat: Wie ist das Verhältnis von allgemeiner christlicher Berufung und »besonderer« Berufung zum Ordensleben zu bestimmen?
Die im Lauf der Theologiegeschichte dazu entwickelten Theorien (etwa das Schema von Gebot und Rat) trugen durch die allzu betonte Hervorhebung des Besonderen des Ordensstandes oft die Tendenz in sich, die Ordensleute »in die psychologische Haltung der 'Apartheid' gegenüber der Gesamtkirche oder einer ihrer gesellschaftlichen Schichten hineinzuführen«[1]. Demgegenüber verwies das Konzil mit aller Deutlichkeit darauf, daß die Ordensberufung nur *innerhalb* der allgemeinen christlichen Berufung den ihr zukommenden Ort finden kann und darf. Dies zeigte sich vor allem an der Entstehungsgeschichte von LG 43-47 und dessen inneren Verschränkung mit LG 39-42[2]. Da die Trennung

1 Grillmeier, Erwägungen 106.

2 Noch vor der Abstimmung über die Trennung der beiden Kapitel erinnerte Abt Benno Gut daran, daß sich aus der Aufteilung auf zwei Kapitel keine Änderung der Lehre ergibt: »Consequenter, quamvis differentia, praestantia et momentum status religiosi in Ecclesia clarius apparet ex capite distincto religiosis dedicato, tamen ex vocatione Con-

von Gebot und Rat, die bis dahin die Unterscheidung von universaler christlicher Berufung und Ordensberufung im wesentlichen markiert hatte, im Prozeß der Texterarbeitung grundsätzlich überwunden wurde, sahen sich die Redaktoren des Textes vor die schwierige Aufgabe gestellt, in anderen Kategorien das Besondere und Eigentümliche des Ordenslebens, das ja keinesfalls bestritten werden sollte, zu formulieren. Die Lektüre der Konzilsdekrete läßt zwei miteinander verwobene Aussagereihen erkennen, die dieses Anliegen aufgreifen. Grundlage des Ordenslebens bleibt dabei weiterhin die Lebensform nach den sogenannten (drei) evangelischen Räten (vgl. besonders LG 43.44; PC 1.5 und passim[3]).

Der erste der beiden Versuche geht dahin, das Besondere des Ordenslebens auf der Ebene des sprachlichen Ausdrucks durch die Verwendung von *Komparativen* zu bestimmen: Wer sich auf die evangelischen Räte verpflichtet, ahmt die Lebensform des Menschgewordenen »ausdrücklicher« nach (*pressius*: LG 44,3; vgl. PC 1,2), empfängt »reichere Frucht aus der Taufgnade« (*uberiorem fructum*: LG 44,1), wird dem göttlichen Dienst »inniger« geweiht (*intimius*: LG 44,1), wird Christus »gleichförmiger« (*magis conformare*: LG 46,2), folgt ihm in »größerer Freiheit« nach (*maiore cum libertate sequi*: PC 1,2), trachtet auf einem »engeren Weg« nach Heiligkeit (*arctiore via*: LG 13,3)[4]. Dabei fällt auf, daß diese Komparative absolut gesetzt sind und der Vergleichspunkt nicht genannt wird. Sind es die anderen, sich nicht auf die Räte verpflichtenden Christen (vgl. dazu LG 42,4)? Die Einsetzung dieses sprachlichen Mittels wirft jedenfalls ein deutliches Licht auf das Ringen der Redaktoren des Textes, die beiden vorgegebenen Prämissen - Einordnung der Ordensberufung in das Ganze und Hervorhebung des Eigentümlichen - miteinander zu vermitteln. Jedoch werden damit mehr Fragen aufgeworfen als beantwortet: In welcher Hinsicht wird das »Mehr« ausgesagt - auf moralischer Ebene, auf der Ebene von Sichtbarkeit und Erkennbarkeit? Bringt das Räteleben bzw. Ordensleben von sich aus auch eine »neue« und »innigere« Christusbeziehung mit sich? Kann das »Mehr« in einer rein äußerlich größeren Ähnlichkeit zur

cilii circa hoc, qualemcumque exitum habeat, doctrinaliter nihil novum deduci potest aut debet« (AS 3/3, 68); vgl. Jelich 85.

[3] Es darf freilich nicht übersehen werden, daß die Konzilsväter weder mit diesen noch mit anderen Texten eine erschöpfende Definition des Ordenslebens geben wollten. Angestrebt war eine typologische Beschreibung des Phänomens »Orden«. Siehe dazu: AS 3/8, 129.

[4] Zu einzelnen Räten siehe auch LG 42,3 (»... ut in virginitate vel coelibatu facilius indiviso corde ... Deo soli se devoveant«) und LG 42,4 (zu Armut und Gehorsam: »... qui exanimationem Salvatoris pressius sequuntur et clarius demonstrant«; zu Gehorsam: »... ut Christo oboedienti sese plenius conforment«).

Lebensform Jesu liegen? Die Texte im Sinne einer größeren Heiligkeit oder Vollkommenheit der Ordensleute zu interpretieren, verbietet der Kontext des appobierten Dekrets. Dennoch bleibt mit diesen komparativischen Wendungen die Gefahr gegeben, daß die »fast unausrottbare Vorstellung von einer geistlichen 'Aristokratie'«[5] erneut begünstigt wird. Bei der Besprechung der nachkonziliaren Ordenstheologie wird darauf zu achten sein, ob diese komparativischen Aussagen entfaltet und reflektiert oder ob sie aufgrund ihrer Mißverständlichkeit eliminiert und durch geeigneter scheinende Paradigmen ersetzt werden.

Die zweite Aussagereihe versucht das Verhältnis von allgemein christlicher Lebensform und Ordensleben durch die Rede von der *Weihe* der Ordensleute (*consecratio religiosa*) zu klären. Wie die Untersuchung von G. Jelich gezeigt hat, ist diese Redeweise erst im Laufe des konziliaren Prozesses in die Texte aufgenommen worden[6]. In den endgültigen Dekreten findet sie sich dann jedoch an entscheidenden Stellen (vgl. LG 44. 46,2; PC 1,4. 5,1)[7]. Besondere Beachtung verlangen jene zwei Texte aus LG 44,1 und PC 5,1, welche die Weihe der Ordensleute unmittelbar mit der »Taufweihe« verknüpfen. In beiden steht die Ordensweihe in Zusammenhang mit dem Gelöbnis der evangelischen Räte, das die Ordensleute ablegen. Der genauere theologische Sinn dieser *consecratio* bleibt in den beiden Artikeln aus LG und PC allerdings offen[8]. Anlaß zur Diskussion gab schon auf dem Konzil die passivisch/reflexive Formulierung *»et divino obsequio intimius consecratur«* (LG 44,1). Auf entsprechende Anfrage legte die Theologische Kommission in der Relatio zu Nr. 44 dar, daß die Form streng passivisch und die Weihe als Handeln Gottes zu verstehen sei[9]. Man konnte sich jedoch nicht dazu entschließen, dies auch im Text selbst zu verdeutlichen. So steht die Verbform *consecratur* als solche weiterhin einem reflexiven Verständnis offen[10]. Außerdem ist zu fragen, in welcher Weise das Verhältnis von

---

5 Wulf, Einführung zur Kirchenkonstitution 285.

6 Vgl. Jelich 153-158.

7 PC 11,1 spricht diese Weihe aufgrund des Gelöbnisses der evangelischen Räte auch den Mitgliedern der Säkularinstitute zu.

8 Vgl. Wulf, Kommentar zur Kirchenkonstitution 307; Jelich 166; Wulf, Rez. zu Jelich, in: ThRv 80 (1984) 481-485, dort 484.

9 AS 3/8, 131: »... sub forma passiva, subintelligendo 'a Deo'«; vgl. Jelich 158-164.

10 Diese Unsicherheit schlug sich z.T. in den Übersetzungen des lateinischen Textes von LG in die Weltsprachen nieder. Einen Einblick gewährt die Kontroverse zwischen Andrea Boni und Paolo Molinari: Boni A., Domino se specialiter devovent, in: VitaCon 7 (1971) 764-781, bes. 767f; Molinari P., Domino se peculiariter devovet et divino obsequio intimius consecratur, in: VitaCon 8 (1972) 401-432, bes. 408-414. Molinari 412 macht z.B. auf die unterschiedlichen deutschen Übersetzungen aufmerksam. Eine erste, im Auftrag der deutschen Bischöfe angefertigte Übersetzung formulierte LG 44,1 folgendermaßen: »... will er durch die Verpflichtung auf die evangelischen Räte ... frei werden und sich enger dem göttlichen Dienst weihen«, in: Zweites Vatikanisches Kon-

Taufweihe und einer »innigeren« Weihe an Gott in der Ordensprofeß angesichts der Unüberholbarkeit der Taufe zu bestimmen ist. Ist nicht durch die Taufe jeder Christ schon »Gott geweiht« (*Deo sacratus*: LG 44,1), Christus »gleichgestaltet« (LG 7,2)? Ist dies nicht ein Geschenk, das jeder Christ - nicht nur der Ordenschrist! - in seinem Leben ratifizieren muß, um daraus immer reichere Frucht zu gewinnen? Weiterhin: Ist diese Ordensweihe etwas »Neues«, das zur Weihe in der Taufe »hinzukommt«[11]? Worin besteht dann diese Neuheit? Oder ist die *consecratio religiosa* mit der Taufweihe identisch und »nur« ihre Fortführung und Entfaltung[12]? Welcher Zusammenhang besteht tatsächlich zwischen dem Gelöbnis der evanglischen Räte und der »Weihe« des Ordenschristen? Es bleibt also zu untersuchen, inwieweit die nachkonziliare Ordenstheologie den Begriff *consecratio* rezipiert hat.
Die gemeinsame Grundlage dieser beiden Aussagereihen (komparativische Formulierungen, *consecratio religiosa*), die *Trias* Keuschheit-Armut-Gehorsam als Grundraster des Ordenslebens (und der *Instituta saecularia*, vgl. PC 11), wurde vom Konzil fraglos aus der Tradition übernommen und unvermittelt eingeführt. Der Ordenstheologie bleibt daraus die Frage zurück, wie diese »klassischen« drei evangelischen Räte den vielfachen anderen Räten, »deren Beobachtung der Herr im Evangelium seinen Jüngern vorlegt« (LG 42,3), zugeordnet werden können.
Zusammenfassend ergeben sich so folgende *Leitfragen*, mit Hilfe derer die weitere Entwicklung der Ordenstheologie nach dem Konzil in diesem ersten Kapitel bedacht werden soll:

---

zil. Konstitutionen und Dekrete der Dritten Session. Lat.-dt. Ausgabe. Dogmatische Konstitution über die Kirche - Dekret über die katholischen Ostkirchen - Dekret über den Ökumenismus. Authentischer lateinischer Text aus den »Acta Apostolicae Sedis« vom 30. Januar 1965. Deutsche Übersetzung besorgt im Auftrag der deutschen Bischöfe, Freiburg 1965. Dagegen übersetzt die verbesserte, nunmehr gültige Übersetzung von 1966 (in LThK.E 1) dieselbe Stelle mit: »... und wird dem göttlichen Dienst inniger geweiht«.

11 Bonhome A. de, Estne consecratio per consilia nova consecratio? Sententiae et argumenta, in: PRMCL 67 (1978) 373-390, dort 373f, weist darauf hin, daß an der entsprechenden Stelle in LG 44,1 (Anm. 140) auf die Ansprache *Magno gaudio* Pauls VI. am 23.5.1964 verwiesen, die entscheidende Aussage, daß die Profeß der evangelischen Räte zur Taufe »hinzukommt« jedoch gerade nicht übernommen wird. Der Wortlaut der Papstansprache, die vermutlich auch Einfluß auf PC 5,1 nahm, hieß: »Ita fit, ut professio votorum evangelicorum adiungatur consecrationi, quae propria est baptismatis, et hanc, quasi quaedam consecratio peculiaris, compleat, eo quod Christifidelis se Deo penitus committit ac devovet, totam vitam suam efficiens eius unius famulatum«, in: AAS 56 (1964) 567.

12 Jelich 166f berichtet von Äußerungen der Konzilsväter zu diesen Fragen.

1. Rätetrias
Inwieweit bildet die Trias von *castitas-paupertas-oboedientia* weiterhin die Grundstruktur des Ordenslebens? Womit wird die Dreizahl begründet? In welchem Verhältnis stehen die drei Räte zu anderen evangelischen Grundhaltungen? Was unterscheidet die Verwirklichung im Ordensleben von der privaten Befolgung der Räte? Auch auf die selbst in den Konzilstexten uneinheitliche Terminologie von *castitas*, *virginitas* oder *coelibatus* (vgl. LG 42,3; PC 1,3 mit LG 43,1; PC 12,1) ist wegen der damit gegebenen unterschiedlichen Verstehensmodelle zu achten.

2. Komparative
Zu untersuchen ist, ob das sprachliche Modell der Komparative aus den Konzilstexten übernommen wird; ebenso ob und in welcher Hinsicht die Aussage der Tradition vom »objektiv Besseren« der Jungfräulichkeit bzw. des Rätelebens (Ordenslebens) festgehalten wird.

3. *Consecratio religiosa*
Läßt sich in nachkonziliaren Arbeiten zum Ordensleben eine theologische Vertiefung des Begriffs *consecratio religiosa* feststellen? Besondere Aufmerksamkeit verlangen dabei die Fragen nach einer möglichen »Neuheit« dieser Weihe gegenüber der Taufe und nach dem in ihr handelnden Subjekt (Gott oder der Mensch?).

I. Kirchliche Dokumente zum Ordensleben

Die zahlreichen nachkonziliaren römischen Verlautbarungen zu Fragen des Ordenslebens gehören sehr unterschiedlichen Genera litteraria an: Neben den grundlegenden Ausführungsbestimmungen zu den Konzilstexten im zweiten Teil des Motuproprio *Ecclesiae Sanctae* (ES)[13] stehen Dekrete gesetzgeberischer Art[14], pastorale Leitlinien und Direktiven[15],

---

[13] ES II, in: AAS 58 (1966) 775-782, dt. in: NKD 3, 61-81. ES I,22-40 bietet Ausführungsbestimmungen zu CD 33-35, in: AAS 58 (1966) 769-773, dt. in: NKD 3, 45-57.

[14] Von der Sacra Congregatio pro Religiosis et Institutis Saecularibus (gemäß der Apostolischen Konstitution *Pastor bonus* vom 28.6.1988 umbenannt in: Kongregation für die Institute des geweihten Lebens und für die Gesellschaften des Apostolischen Lebens; vgl. AAS 80 <1988> 841-912, dort 886-888) wurden veröffentlicht: Instruktion *Renovationis causam* (RC) über die zeitgemäße Erneuerung der Ausbildung zum Ordensleben, in: AAS 61 (1969) 103-120, dt. in: NKD 17; Instruktion *Venite seorsum* (VS) über das beschauliche Leben und die Klausur der Nonnenklöster, in: AAS 61 (1969) 674-690, dt. in: NKD 23; Erklärung *Post editam* über die Bedeutung der Instruktion Venite seorsum und über die Vollmacht der Bischöfe zur Dispens von der Nonnenklausur, in: CRM 51 (1970) 180-181, dt. in: NKD 23, 80-83. In diese Kategorie gehört auch der *Codex iuris canonici*, in: AAS Erg.Bd. 75 (1983). Für die zahlreichen kleineren

liturgische Ordnungen[16], das päpstliche Mahnschreiben Pauls VI. *Evangelica testificatio* (ET)[17] und das Apostolische Rundschreiben *Redemptionis donum* (RD) von Johannes Paul II.[18]. Im Anschluß an Joseph Aubry[19] können dabei drei Phasen der nachkonziliaren Arbeit unterschieden werden: Eine erste steht unter dem Stichwort »Erneuerung« und umfaßt Dokumente zwischen 1966 und 1971, die sich unmittelbar auf die Konzilstexte beziehen und Leitlinien zur konkreten Praxis bieten. Dazu gehören u.a. *Ecclesiae Sanctae*, *Renovationis causam* (RC)

---

gesetzgeberischen Verlautbarungen, die das Ordensleben betreffen, siehe den Überblick bei: Henseler R., Zur Geschichte des nachkonziliaren Ordensrechts. Übersicht, Tendenzen und Entwicklungen, Köln 1980.

15 Sacra Congregatio pro Religiosis et Institutis Saecularibus et Sacra Congregatio pro Episcopis, Notae directivae *Mutuae relationes* (MR). Leitlinien für die gegenseitigen Beziehungen zwischen Bischöfen und Ordensleuten in der Kirche, in: AAS 70 (1978) 473-506, dt. in: Verlautbarungen des Apostolischen Stuhles 8; Sacra Congregatio pro Religiosis et Institutis Saecularibus, *Religiosi e promozione umana* (RPU), in: OR Suppl. 12.11.1980, zit. nach: CRM 61 (1980) 272-285.368-380, dt. in: OK 22 (1981) 251-275; *La dimensione contemplativa della vita religiosa* (DCV), in: OR Suppl. 12.11.1980, zit. nach: CRM 62 (1981) 70-87, dt. in: OK 22 (1981) 276-292; *The Essential Elements in the Church's Teaching on Religious Life as Applied to Institutes Dedicated to Works of the Apostolate* (EE), in: OR 25.6.1983, zit.nach: Religious Life in the U.S. Church. The New Dialogue. Publ. by R.J. Daly, New York 1984, 311-341, dt. in: OK 25 (1984) 143-169; Congregatio pro Institutis vitae consecratae et societatibus vitae apostolicae, Normae directivae *Potissimum Institutioni*. Richtlinien für die Ausbildung in den Ordensinstituten (PI),in : AAS 82 (1990) 470-532, dt. in: Verlautbarungen des Apostolischen Stuhls 97.

16 *Ordo professionis religiosae* (OPR) ex decreto Sacrosancti Oecumenici Concilii Vaticani II instauratus auctoritate Pauli Pp. VI. promulgatus, Typis Polyglottis Vaticanis 1975 (= verb. Neudruck der offiziellen lat. Ausgabe von 1970), dt. in: Die Feier der Ordensprofeß in den katholischen Bistümern des dt. Sprachgebiets. Hg. im Auftrag der Bischofskonferenzen Deutschlands, Österreichs und der Schweiz etc., Einsiedeln 1975. *Ordo consecrationis virginum* (OCV). Pontificale Romanum ex decreto Sacrosancti Oecumenici Concilii Vaticani II instauratum auctoritate Pauli Pp. VI. promulgatum. Ordo consecrationis virginum, Vatikanstadt 1970 (^{2}1978), dt. in: Die Feier der Abts-, Äbtissinnen- und Jungfrauenweihe in den kath. Bistümern des dt. Sprachgebiets. Hg. im Auftrag der Bischofskonferenzen Deutschlands, Österreichs und der Schweiz etc., Einsiedeln 1975.

17 AAS 63 (1971) 497-526, dt. in: NKD 36.

18 AAS 76 (1984) 513-546, dt. in: Verlautbarungen des Apostolischen Stuhls 55.
Wir beschränken uns im folgenden auf die in Anm. 13-18 genannten Dokumente; die Ansprachen der Päpste werden nicht beigezogen. Diese Vorgangsweise legt sich aus mehreren Gründen nahe: 1. Die angeführten Dokumente sind universalkirchlich. 2. Sie haben z.T. einen gewissen lehrmäßigen Charakter. 3. Durch Veröffentlichung und Übersetzung sind sie jedem zugänglich. 4. Da es sich - anders als etwa bei den Papstansprachen - nicht um »Gelegenheitsarbeiten« handelt, darf vermutet werden, daß der Inhalt stärker theologisch reflektiert ist. Zusammenfassungen der Papstansprachen finden sich in: Viens F., Charismes et vie consacrée, Rome Diss. Iuris Canonici 1983 (Mschr.), IX-XVI.77-80.84-90.100-110.; Johannes Paul II., Gottgeweihtes Leben. Predigten, Botschaften, Ansprachen und Schreiben an Mitglieder v. geistlichen Gemeinschaften. Auswahl u. Einf. v. B. Albrecht, Vallendar-Schönstatt 1982; Albrecht B., Berufen zum Zeugnis: Ordensleben und Berufungspastoral in der Sicht Papst Johannes Pauls II., Vallendar-Schönstatt 1988; Régamey P.-R., La vie religieuse selon Jean-Paul II., Paris 1981; Hausman N., Jean-Paul II. et la vie religieuse, in: VieCon 57 (1985) 135-146.

19 Documenti sulla vita religiosa. 1963-1985. Raccolti da Joseph Aubry, Turin 1987, 8-10.

und *Evangelica testificatio*. Eine zweite Phase von 1978 bis 1980 ist durch drei Schreiben »stimulierenden« Charakters gekennzeichnet, die das Ordensleben jeweils unter einem bestimmten Aspekt behandeln: hinsichtlich der Beziehung zu den Bischöfen und zur Ortskirche *Mutuae relationes* (MR), im Blick auf die Rolle der Orden im Rahmen des Auftrags der Kirche für die ganzheitliche Entfaltung des Menschen, besonders in sozial-politischer Hinsicht *Religiosi e promozione umana* (RPU) und in Hinblick auf die kontemplative Dimension des Ordenslebens *La dimensione contemplativa della vita religiosa* (DCV). In den folgenden Jahren schließlich erschienen vier Dokumente mehr global-synthetischer Art, die juridisch (CIC c. 573-709), theologisch-spirituell (*Essential Elements* <EE> und *Redemptionis donum*) und auf die Ausbildung bezogen (*Potissimum Institutioni* <PI>) die kirchliche Lehre vom Ordensleben zusammenfassen und die Zeit der stürmischen Entwicklung und der Experimente gewissermaßen zum Abschluß bringen wollen[20].
Für dieses Kapitel, das danach fragt, wie die konziliaren Ansätze zur Bestimmung des Besonderen und Eigentümlichen der Ordensberufung rezipiert, interpretiert und weitergeführt wurden, sind vor allem die Texte der letztgenannten Gruppe wichtig[21]. Dabei ist bemerkenswert, daß gerade in ihnen die Begriffe *Weihe, geweihtes Leben* einen immer breiteren Raum einnehmen bis hin zur Kennzeichnung aller Formen des Ordenslebens (und der Säkularinstitute) als *Instituta vitae consecratae* im neuen CIC oder dem lapidaren Satz in EE 5: »Die Weihe ist das Fundament des Ordenslebens«. Die Trias *castitas-paupertas-oboedientia* als Grundstruktur des Ordenslebens (RC 1.13; ET 7.13-29; MR 10; RPU 24; CIC c. 573.598; EE 4.7.13-15; RD 1f.5.9-13; PI 12) und das Thema von der engeren, ausdrücklicheren Nachfolge Jesu, vom »Mehr« des Ordenslebens (RC 6; VS I; OPR 1; ET 1-2.4.13; RPU 24; CIC c. 573 §1; EE 7) werden weitgehend unreflektiert aus der Tradition und den Konzilsdekreten übernommen. Nur in EE und RD findet sich der Versuch, die Dreiheit der Gelübde im Ordensleben zu begründen.

---

[20] Vgl. EE Kap. III.: Einige grundlegende Normen: »Natürlich wird die in allem Leben notwendige Entwicklung andauern, aber die Zeit der besonderen Experimente, die das Motu Proprio *Ecclesiae Sanctae* für die geistlichen Institute vorgesehen hatte, endete mit der Abhaltung des zweiten ordentlichen Generalkapitels nach dem sogenannten Erneuerungskapitel. Der neu bearbeitet Kodex des Kirchenrechs bildet jetzt die rechtliche kirchliche Grundlage des Ordenslebens, sowohl für die Bewertung der Erfahrungen aus den Experimenten als auch für den Ausblick in die Zukunft«.

[21] Natürlich können und wollen die nachkonziliaren kirchlichen Dokumente keinen geschlossenen Entwurf der Ordenstheologie bieten. Aus verschiedenen »Redaktionen« stammend, verschiedene Anliegen aufgreifend, sind sie in Sprache, Form und Inhalt sehr unterschiedlich. Dieses Faktum prägt auch die Arbeitsweise in diesem Abschnitt: das Einzeldokument mit seinen spezifischen Akzentsetzungen und seiner Eigenart muß im Mittelpunkt stehen.

Das Geheimnis der Erlösung, das Papst Johannes Paul II. ein besonderes Anliegen ist[22], gibt auch seinem Verständnis der evangelischen Räte ein spezifisches Gepräge. Die beiden Abschnitte des vierten Kapitels von RD sind insofern bemerkenswert, als hier auf die hervorragende Bedeutung und Schlüsselstellung der traditionellen Trias in ihrem Verhältnis zu den vielfachen anderen »Räten des Evangeliums« reflektiert wird, während die Konzilstexte nicht über ein Nebeneinander dieser Größen hinauskamen (vgl. LG 42).

Der Text geht davon aus, daß es im Evangelium viele Empfehlungen gibt, die »das Maß eines Gebotes überschreiten, indem sie nicht nur angeben, was 'notwendig' ist, sondern was 'besser' ist« (RD 9; vgl. LG 42,4). Dazu gehören z.B. die Weisungen des Evangeliums, nicht zu schwören, die Armen zum Mahl einzuladen, immer aufs neue zu vergeben, und viele andere mehr. Die drei Räte der Keuschheit, der Armut und des Gehorsams, auf welche die Profeß der Ordensleute konzentriert ist, nehmen in der Vielheit der Räte eine hervorragende Stellung ein, weil sie in gewisser Weise die »Heilsökonomie« in gedrängter Weise zusammenfassen. Alle Räte des Evangeliums gehören zum Programm der Nachfolge Jesu, »Keuschheit, Armut und Gehorsam aber geben diesem Weg einen besonderen christozentrischen Charakter und prägen ihm das besondere Kennzeichen der Ökonomie der Erlösung ein« (RD 9). Im Zentrum dieser Heilsökonomie steht »die Umgestaltung des ganzen Kosmos durch das Herz des Menschen von innen her« (ebd.). Deshalb greift der Papst für die Grundlegung der Rätetrias auf 1 Joh 2,15-17 zurück, eine Stelle, die - in der Fassung der Vulgata - die hervorgehobene Stellung der traditionellen Dreizahl der Räte nachhaltig beeinflußt hat. Im Licht dieses Schriftwortes erweisen sich die drei Räte als die radikalsten Mittel, die dreifache Begierde - *concupiscentia carnis, concupiscentia oculorum et superbia vitae* - zu besiegen und die Verwandlung des menschlichen Herzens zu erwirken[23]. Wo ein Mensch sich auf diese Räte verpflichtet, kann die Erneuerung der Schöpfung »von innen her«, aus der Tiefe des menschlichen Herzens, ihren Anfang nehmen. Dadurch wird dem Menschen die »Welt« unterworfen, so daß er sich Gott auf vollkommene Weise übereignen kann (RD 9).

---

[22] Vgl. die Antrittsenzyklika *Redemptor Hominis*, in: AAS 71 (1979) 257-324 oder die marianische Enzyklika *Redemptoris Mater*, in: AAS 79 (1987) 361-433.

[23] Differenzierter auch in: PI 12.

Neben diesem gut thomanischen Ansatz[24] versteht der Papst in RD das Leben nach den evangelischen Räten als Teilnahme am österlichen Geheimnis von Entäußerung und Auferstehung Christi. Der Vollzug der evangelischen Räte, zutiefst geprägt vom zwei-einen Paschageschehen, beinhaltet einerseits die Trennung von dem, was Sünde und Folge der Sünde ist, eröffnet aber andererseits zugleich einen weiten Raum für die »neue Schöpfung«, in der sowohl das individuelle »Ich« als auch die zwischenmenschlichen, gesellschaftlichen Beziehungen erlöst und verwandelt werden (RD 10).

Dieser österliche Charakter der Rätetrias wird im anschließenden fünften Kapitel von RD (RD 11-13) auf die einzelnen Räte hin konkretisiert: Die *Keuschheit* zeigt sich als freiwilliger Verzicht »auf die zeitlichen Freuden des Ehe- und Familienlebens«, zugleich aber als »charismatische Entscheidung für Christus als den ausschließlichen Bräutigam«. Durch ihren Verzicht auf die Ehe setzen die Ordensleute das eschatologische Reich Gottes mitten in der Welt gegenwärtig und verkünden in der Vergänglichkeit der Welt die künftige Auferstehung und die ewige Gemeinschaft mit Gott (RD 11; vgl. CIC c. 599)[25]. Gemäß den Worten des zweiten Korintherbriefs (8,9: »Er, der reich war, wurde euretwegen arm, um euch durch seine Armut reich zu machen«) gehört die *Armut* »zur inneren Struktur der erlösenden Gnade Jesu Christi«. Durch ihr Gelübde der Armut sollen die Ordensleute in der Nachfolge Jesu selbst »die anderen durch die eigene Armut reich« machen und so am Heilscharakter der Armut Christi teilhaben (RD 12). Im evangelischen Rat des *Gehorsams* schließlich stellt sich der Mensch »in einer einzigartigen Weise zwischen das Geheimnis der Sünde und das Geheimnis der Rechtfertigung und der Heilsgnade« und entscheidet sich durch das Gelübde, »sich nach dem Bilde Christi umzuwandeln« und der egoistischen Neigung zur Herrschaft abzusagen (RD 13).

Das Schreiben *The Essential Elements in the Church's Teaching on Religious Life as Applied to Institutes Dedicated to Works of the Apostolate* vom 31.5.1983 enthält »wesentliche Aussagen« und »grundlegende Normen« und möchte »die kirchliche Lehre über das Ordensleben ... klar

---

[24] Vgl. STh I-II q.77 a.5; q.108 a.3 ad4; q.108 a.4; STh II-II q.186 a.7.

[25] Das Thema der bräutlichen Liebe, das hier anklingt, ist ein durchgängiges Motiv in RD (s. auch CIC c. 604 §1, dort aber zum »Stand der Jungfrauen«). Der alte Topos der »geistlichen Brautschaft« war in den Konzilstexten, aber auch in der nachkonziliaren theologischen Literatur weitgehend verschwunden. In RD spielt er nun wieder eine beherrschende Rolle.
Der Ruf auf den Weg der evangelischen Räte geschieht in einem personalen Akt der Begegnung mit Christus, in dem seine Liebe »zu einer bräutlichen Liebe« wird (RD 3). Die Armut gehört als evangelischer Rat zum Inhalt der »mystischen Hochzeit mit dem göttlichen Bräutigam in der Kirche« (RD 4). Die Berufung zum Räteleben verwirklicht sich »in der geistigen Vermählung mit Christus« (RD 5). Beim Gelübde der Keuschheit geht es »um die Jungfräulichkeit als Ausdruck der bräutlichen Liebe für den Erlöser« (RD 11). Im Zeugnis »bräutlicher Liebe zu Christus« wird die ganze Heilswahrheit des Evangeliums unter den Menschen besonders sichtbar. Aus dieser bräutlichen Liebe folgt auch »auf fast organische Weise« die Liebe zur Kirche als dem Leib Christi (RD 15). Die »Weihe« Mariens ist Vorbild für die Ordensweihe; in ihrer »göttlichen Mutterschaft erreicht ihre bräutliche Liebe durch die Kraft des Heiligen Geistes ihren Höhepunkt« (RD 17).

und gedrängt« zusammenfassen (EE 2). Zu diesen »wesentlichen Elementen« gehört auch die öffentliche Bindung an die (drei) evangelischen Räte.

Wichtig für die Interpretation dieses Dokuments der Kongregation für die Ordensleute und Säkularinstitute sind die Umstände seiner Veröffentlichung. EE wurde den Bischöfen der Vereinigten Staaten von Amerika zusammen mit einem Brief Papst Johannes Pauls II. zugesandt[26]. In diesem Schreiben fordert der Papst die Bischöfe der USA auf, ihre pastorale Sorge den Ordensleuten des Landes zuzuwenden und zugleich »dem gesamten Volk Gottes die Lehre der Kirche über das Ordensleben auf neue Weise« zu verkündigen (Nr. 3). Anlaß für diesen Appell des Papstes bildeten verschiedene von ihm konstatierte Mißstände und Krisenanzeichen in den amerikanischen Ordensgemeinschaften, besonders in den apostolischen Instituten (Nr. 3.4). Mindestens drei Stellen weisen jedoch darauf hin, daß EE ursprünglich vielleicht Bischöfen und Ordensleuten der ganzen Welt galt[27]. Im Text von EE selbst ist zudem nichts davon angedeutet, daß das Dokument nur eine Arbeitshilfe für die amerikanischen Bischöfe sein will. Durch die Anfügung an das päpstliche Schreiben ist EE *de facto* jedoch *nur* an die Bischöfe der USA adressiert. Bemerkenswert und wichtig für die Autorität des Schreibens ist außerdem, daß EE weder vom Kardinalpräfekten der römischen Kongregation signiert ist, noch vom Papst (etwa als Motuproprio oder Exhortatio apostolica) sich zu eigen gemacht wurde. In sehr allgemeiner Weise heißt es nur im Schlußwort von EE, der Text sei vom Papst »bestätigt« (approved) worden[28].
Trotz des eingeschränkten Geltungsbereiches von EE ist aber gerade dieses Dokument für die vorliegende Untersuchung äußerst aufschlußreich, versteht es sich doch als Synthese der gegenwärtigen kirchlichen Lehre über das Ordensleben (EE 2)[29]. EE will zwar in erster Linie die wesentlichen Elemente »in Hinblick auf die apostolischen Institute« vorlegen. Es fällt jedoch auf, daß an einigen Stellen ausdrücklich auf Elemente verwiesen wird, die *zusätzlich* zu anderen (nur?) auf die apostolischen Ordensgemeinschaften zutreffen (vgl. EE 4.12). Diese anderen Elemente dürften deshalb für alle Formen des Ordenslebens Geltung haben. Unter theologischem Aspekt ist dieses römische Schreiben sicherlich das interessanteste aus nachkonziliarer Zeit.

EE versucht, die Trias der Räte anknüpfend an die thomanische Ordenstheologie und in etwa auch an LG 44,1 (»Durch die Gelübde ... verpflichtet sich der Christgläubige zu den drei genannten evangelischen

26 Schreiben an die Bischöfe der USA vom 3.4.1983, zit. nach: Religious Life in the U.S. Church. The New Dialogue. Publ. by R.J. Daly, New York 1984, dt. in: OK 25 (1984) 137-142. Zum Folgenden vergleiche besonders: Lozano J.M., The Theology of »The Essential Elements« in the Teaching of the Church, in: Religious Life in the U.S. Church 98-133; Buckley M.J., Reflections on the Document »Essential Elements ...«, in: ebd. 256-282.

27 EE 2 spricht davon, daß die Kongregation für die Orden und Säkularinstitute von Ordensleitungen selbst um »Richtlinien« gebeten worden sei. In EE 4 heißt es expressis verbis, daß der vorliegende Text an die apostolischen Institute gerichtet ist. Schließlich wird im Schlußwort betont, daß EE den apostolischen Orden eine Hilfe sein will.

28 Das betonen Lozano, The Theology 99f und Buckley 259.262f.

29 Zur theologischen Qualifikation von EE und zum Umgang dieses Schreibens mit den ihm zugrundeliegenden Dokumenten siehe Buckley 264-267.

Räten und gibt sich dadurch dem über alles geliebten Gott vollständig zu eigen«) zu begründen: Sie ist als Ausdruck des einen »Ja« der totalen Hingabe des Menschen an Gott zu verstehen; in den drei Gelübden überantwortet der Mensch sein ganzes Leben dem Dienst Gottes (EE 14), weil sie Dimensionen betreffen, »die das ganze Leben umgreifen: Besitz, Liebe und Selbstbestimmung« (EE 15)[30]. Ähnlich wie LG 43,1 und PC 1,1 verankert EE - mehr en passant - das Räteleben auch christologisch: die Gelübde sind nämlich »drei besondere Weisen, sich auf ein Leben zu verpflichten, wie Christus es gelebt hat« (EE 15).

2. Das Verständnis der Ordensweihe in EE und RD

EE 4 nennt neun wesentliche Elemente[31], »ohne die das Ordensleben seine Identität verliert«:

> »Die Kirche betrachtet gewisse Elemente als wesentlich für das Ordensleben: die Berufung durch Gott und die Weihe an ihn durch die Profeß der evangelischen Räte in öffentlichen Gelübden; eine feste Form des Gemeinschaftslebens; für die apostolischen Institute darüber hinaus eine Teilnahme an der Sendung Christi in einem gemeinschaftlichen Apostolat, das in Treue zur besonderen Gründungsgnade und zur gesunden Tradition des Institutes ausgeübt wird; persönliches und gemeinschaftliches Gebet; Aszese; öffentliches Zeugnis; eine besondere Beziehung zur Kirche; eine lebenslange Weiterbildung und eine Form der Leitung, die eine auf den Glauben gründende geistliche Autorität voraussetzt«.

Im Ganzen des Dokuments spielt der Gedanke der *Weihe* eine bestimmende Rolle und vereinnahmt geradezu die anderen Elemente des Ordenslebens[32]. Die strittige Formulierung von LG 44,1 »... et divino obsequio intimius consecratur« wird in diesem Dokument zunächst eindeutig als theologisches Passiv verstanden: »Weihe ist ein göttliches Tun. Gott ruft einen Menschen, den er für sich aussondert, damit er sich ihm in besonderer Weise hingibt« (EE 5; vgl. PI 8). In der Weihe schenkt Gott dem Menschen »die Gnade, daß er mit einer tiefen und freien Selbsthingabe antwortet, wodurch die Weihe auf seiten des Menschen ihren Ausdruck findet. Die sich daraus ergebende neue Beziehung ist

---

[30] Vgl. Thomas von Aquin, De perfectione c.12; Contra impugnantes c.1; STh II-II q.186 a.6 et a.7.

[31] Im Schreiben des Papstes werden zehn Elemente genannt. Davon sind in EE die »Berufung« und die »kirchliche Weihe an Jesus Christus« bzw. die Treue zum Gründungscharisma und die Teilnahme an der Sendung Christi zusammengezogen. Eingefügt wurde die »Aszese«. Vgl. zum Papstschreiben: OK 25 (1984) 139f.

[32] Vgl. dazu auch Lozano, The Theology 110, der darin die Nähe von EE zum CIC ortet.

reine Gnade« (EE 5 vgl. 7.12.23.42.44). Wurzel dieser wie aller anderen Weihen ist die Taufgnade als »grundlegende christliche Weihe«, die allen Getauften an Christi Leben Anteil gibt. Jesus selbst ist derjenige, »den der Vater in überragender Weise geweiht und gesandt hat (vgl. Joh 10,36)« (EE 6). Seine Weihe lebte er als Sohn Gottes, abhängig vom Vater und ganz seinem Willen übereignet. Alle Christen partizipieren an diesen Dimensionen des Lebens Jesu Christi als Sohn. Zum Wohle aller gibt Gott jedoch einigen »die Gnade, Christus in seiner Armut, seiner Keuschheit und seinem Gehorsam enger nachzufolgen, indem sie sich durch die öffentliche Profeß ... auf diese evangelischen Räte verpflichten«. Sie geben damit eine »Antwort, wie Jesus sie gab« und bringen so die Taufweihe »voller« zum Ausdruck (vgl. PC 5,1). Diese Weihe des Menschen, hier als Selbsthingabe verstanden, ist selbst noch einmal von Gott ermöglicht und sein freies Geschenk (EE 7).
In diesen zentralen Passagen aus EE kommt besonders deutlich der *dialogische Charakter* der *consecratio religiosa* zum Ausdruck. LG 44,1 und PC 5,1 werden in der Weise verklammert, daß das Tun Gottes in der Weihe des Menschen (gen.obi., vgl. LG 44,1) gerade als *Ermöglichung* der Weihe (Selbsthingabe) des Menschen (gen.subi., vgl. PC 5,1) an Gott verstanden wird. Primordialen Charakter hat dabei im Ganzen von EE eindeutig das Handeln Gottes am Menschen. Als drittes Subjekt in diesem prozeßhaften Geschehen tritt in EE die Kirche hervor. Sie »verbürgt die Echtheit des Gnadenrufs und vermittelt die Weihe« (EE 8; vgl. MR 8). Sie nimmt die Selbsthingabe des Menschen in Form der Gelübde entgegen und bestätigt die dadurch gegebenen kirchlichen Konsequenzen (EE 42; OPR 6f)[33].
Die hervorragende Stellung der *consecratio religiosa* in diesem Dokument der Kongregation für die Ordensleute und Säkularinstitute läßt sich an vielen Einzelthemen ablesen, die immer wieder mit der »Weihe« der Ordensleute verkoppelt werden:

Die »geweihten Christen bemühen sich, schon jetzt das zu leben, was im zukünftigen Leben sein wird« (EE 8). In den Gemeinschaften wird die Weihe in je bestimmten Formen gelebt, welche die besondere Identität des Instituts bekunden (EE 11). So ist die Tätigkeit der apostolischen Institute der »Ausdruck einer Weihe durch Gott« (EE 12). Darüber hinaus gilt grundsätzlich: Wenn Gott einen Menschen weiht, nimmt er ihn zugleich »mit hinein in sein göttliches Werk. Weihe schließt unvermeidlich Sendung mit ein« (EE 23)[34]. Aufgrund ihrer besonderen Weihe sind die

---

[33] Zu diesem dialogischen Charakter siehe auch: PI 8-10.

[34] EE 12 und EE 23f stehen in einer gewissen Spannung zueinander, da in EE 12 die »Sendung« als »weiterer Aspekt« (»a further note«) der Weihe in den apostolischen Instituten bezeichnet wird, während EE 23 die Interpretation verlangt, daß allen Ordensleuten aufgrund ihrer Weihe eine »Sendung« zukommt.

Ordensleute daher »notwendigerweise der Sendung Christi tief verpflichtet« und wie er berufen für andere (EE 24). Die Weihe bewirkt eine besondere Verbundenheit mit Gott und mit den Mitgliedern desselben Instituts; sie ist deshalb »Fundament der Einheit eines Instituts« (EE 18). Das Gebet der Ordenschristen ist genuine Antwort auf ihre Weihe (EE 30). Auch »eine gewisse Lebensaszese, die 'den ganzen Menschen erfordert' (ET 46)«, ist ihm als geweihtem Menschen abverlangt (EE 31). Die besondere Form der Ordensweihe (im Unterschied zur Weihe in den Säkularinstituten) schließt ein sichtbares, öffentliches Zeugnis bis hin zur Kleidung (vgl. CIC c. 669 §1; ET 22) und eine gewisse Trennung von der Welt mit ein (EE 9f.34). Gegenüber einem mehr statischen Konzept von Weihe (etwa in LG 44,1) legt EE 44 dar, daß die *consecratio religiosa* nicht nur ein einmaliges Geschehen ist, sondern sich das ganze Leben hindurch entwickeln und vertiefen muß. Deshalb wird von den Ordensleuten ständige geistliche Weiterbildung erwartet (EE 44). Zuletzt gilt für den Bereich der Ordensausbildung: »Da die Initiative für die Weihe im Ordensstand in der Berufung durch Gott liegt, folgt daraus, daß Gott selbst, der durch den Geist Jesu wirkt, der erste und wichtigste Handelnde in der Ausbildung der Ordensleute ist« (EE 47; vgl. auch PI 19.110).

Mit dieser Konzeption der *consecratio religiosa*, die dem Handeln Gottes am Menschen den ersten Platz zuweist, ist jede bloß aszetische Ausrichtung des Ordenslebens in der Wurzel überwunden. Der Antwortcharakter des Ordenslebens tritt in EE leuchtender hervor als noch in den Konzilsdekreten. Zaghaft kündigt sich auch ein christologisch orientiertes Verständnis der Ordensweihe an, das etwa in dem zentralen Konzilstext LG 44,1 nicht gegeben war. Die Funktion Christi für die Weihe bleibt dabei jedoch eher auf seinen Vorbildcharakter (Jesus Christus als dem Vater in überragender Weise Geweihter) beschränkt (EE 6f). Wegweisend für ein zukünftiges Konzept der *consecratio* der Ordensleute dürfte vor allem die enge Verknüpfung von Weihe und Sendung sein, die auf der Linie der vom Konzil eingeschlagenen apostolischen und ekklesialen Ausrichtung allen Ordenslebens liegt.
Ein etwas anderes Bild als in EE bietet sich in RD. Hier wird erneut die Weihe des Menschen *an* Gott in den Vordergrund gerückt (vgl. auch ET 4.7.13f.56; RC 1f; RPU 24). Dies kommt besonders im dritten Abschnitt zum Ausdruck, der gleichsam als ein Kommentar zu den Aussagen über die Weihe des Ordenschristen in LG 44,1 und PC 5,1 betrachtet werden kann. Johannes Paul II. betont, daß die Kirche in den Ordenschristen vor allem »geweihte Personen« sieht. Sie sind nämlich »*in Jesus Christus Gott geweiht* und ihm allein zu eigen«. Die Ordensprofeß, kraft welcher die Ordensleute durch den Dienst der Kirche Gott geweiht und zugleich ihrer Gemeinschaft eingegliedert werden, »schafft eine neue Verbindung des Menschen mit Gott, dem Einen und Dreifaltigen, in Jesus Christus« (RD 7). Grundlage für diese »neue« Verbundenheit bleibt aber die Taufe. In ihr wurzelt die Ordensprofeß, welche

die Taufweihe »voller« zum Ausdruck bringt (vgl. PC 5,1). Wörtlich fährt der Papst dann fort: »Auf diese Weise wird sie [i.e. die Ordensprofeß] in ihrem wesentlichen Inhalt zu einer neuen Weihe: zur Weihe und Hingabe der menschlichen Person an Gott als den über alles Geliebten«. Diese Passage macht durch die Zuordnung von *consecratio* und *donatio personae humanae Deo facta* besonders deutlich, daß in RD die Ordensweihe vorzüglich durch die *Selbsthingabe* des Menschen konstituiert ist. Das in den Gelübden übernommene Lebensgesetz der drei evangelischen Räte ist in bezug auf diese totale Selbstübereignung des Menschen zugleich *Ausdruck* und *Mittel* zu ihrer Verwirklichung[35]. An einem markanten Punkt geht dabei RD 7 über das in diesem Abschnitt kommentierte PC 5,1 hinaus: die *consecratio religiosa* wird eindeutig als *neue* Weihe bezeichnet, was im Konzilstext vermieden worden war[36].
Worin aber liegt nach RD das »Neue« der Ordensweihe gegenüber der Taufe? Bezeichnenderweise folgt das päpstliche Schreiben zur Explikation dieser Neuheit vor allem der zentralen Stelle des Neuen Testamentes über die Taufe (Röm 6,1-14). In Anlehnung an den Text des Römerbriefes (6,3-4) kann die *consecratio religiosa* nach RD 7 ein »neues 'Begrabenwerden im Tode Christi'« genannt werden: »neu, weil bewußt und frei gewählt; neu, weil aus Liebe und Berufung; neu, weil gelebt in ständiger Bereitschaft zur 'Umkehr'« (RD 7). So bewirkt die Ordensweihe ein neues Leben für Gott in Christus Jesus, weil der Mensch in der Profeß auf viel reifere und innerlichere Weise (»modo multo maiorem maturitatem praeferente et interius operante«) den »alten Menschen ablegt« und »den neuen Menschen anzieht« (vgl. Eph 4,22-24), um so schon jetzt den Beginn der »neuen Schöpfung« zu leben (RD 7). Die »Weihe der Ordensgelübde« (»consecratio votorum religiosorum«) bedeutet ein Eintauchen in das österliche Geheimnis des Erlösers und prägt im Ordenschristen eine Liebe ein, die jener erlösenden und zugleich bräutlichen Liebe Christi ähnlich ist (RD 8).
Im Vordergrund des apostolischen Rundschreibens an die Ordensleute von 1984 steht eindeutig die als *Selbsthingabe* verstandene *consecratio religiosa* in der Profeß der evangelischen Räte. Das Handeln Gottes am Menschen wird - anders als in EE - nicht als *consecratio* bezeichnet, sondern als Berufung (RD 3-6) bzw. Auserwählung (RD 8) des Men-

---

[35] Dieses Konzept legt sich auch nach CIC c. 573 §1 nahe: »Vita consecrata per consiliorum evangelicorum professionem«.

[36] Eine Andeutung dafür findet sich höchstens in LG 44,1: »... ita ut ipse ad Dei servitium Eiusque honorem novo et peculiari titulo referatur«. - Ungenau ist im selben Abschnitt RD 7 die Übersetzung von PC 5,1 mit: »... die Profeß der evangelischen Räte, die ... 'eine besondere Weihe' darstellt«. Die offizielle deutsche Übersetzung des Konzilstextes lautet dagegen exakter: »Das begründet gleichsam eine besondere Weihe ...«.

schen zum Ordensstand. Ein Vergleich zwischen RD und EE legt dabei die Vermutung nahe, daß die Wurzel der Gedankenführung von RD eher in PC 5,1 liegt und von dort aus auf LG 44,1 blickt, während EE von der passivischen Formulierung der Kirchenkonstitution ausgeht und in deren Licht die *peculiaris quaedam consecratio* aus PC 5,1 interpretiert. Während EE nur implizit von der »Neuheit« der Ordensweihe gegenüber der Taufe spricht und dieses Neue vor allem in der Konkretheit der Sendung (EE 12.24) bzw. der Verpflichtung auf die Räte (EE 7) sehen dürfte, rückt RD unübersehbar die *consecratio religiosa* als *neue* Weihe in den Vordergrund. In ihr übereignet sich der Mensch bewußter, freier Gott.

3. Zusammenfassung anhand der Leitfragen

Für die *consecratio religiosa* und die Rätetrias bieten also EE und RD eine interpretative Entfaltung der Konzilsaussagen. Anhand der Leitfragen dieses Kapitels lassen sich die Aussagen nachkonziliarer Lehrverkündigung zur »dornigen« Frage des Spezifikums der Ordensberufung nun folgendermaßen zusammenfassen:

1. Rätetrias
Die Trias von *castitas-paupertas-oboedientia* erscheint in den meisten Dokumenten unhinterfragt und selbstverständlich als Grundstruktur des Ordenslebens. Für die Begründung der Dreiheit der Ordensgelübde greifen EE und RD hauptsächlich auf das thomanische Erbe der Ordenstheologie zurück: Die drei Gelübde betreffen die wesentlichen Grundbestimmungen des Menschen und drücken so seine totale Selbsthingabe an Gott in der Profeß aus (EE); zugleich beziehen sie sich auf die dreifach konkupiszente Situation des Menschen und sind Mittel zu ihrer Überwindung, wodurch sie auf die Erneuerung der Schöpfung hingeordnet sind und ein neues Leben in Christus ermöglichen und anzeigen (RD). Für die Ehelosigkeit um des Himmelreiches willen wird im allgemeinen der Ausdruck *castitas* benützt; in RD spielt - wenigstens der Sache nach - die *virginitas* eine hervorragende Rolle.

2. Komparative
Das Ordensleben bzw. das geweihte Leben wird weiterhin als »engere, ausdrücklichere« Nachfolge bezeichnet. Als Modell für das Spezifikum der Ordensberufung tritt diese Charakterisierung in den Dokumenten

neueren Datums jedoch deutlich hinter einem anderen Element, nämlich der

3. Consecratio religiosa

zurück. Die »Weihe« der Ordensleute wird dabei als dialogisches Geschehen zwischen Gott, dem Menschen und der Kirche begriffen, wobei in EE Gott selbst als »Initiator« dieses Dialogs hervortritt, während RD die Weihe primär als Selbsthingabe des Menschen versteht und das Tun Gottes in anderen Kategorien (Berufung, Erwählung) auslegt. Die *consecratio religiosa* bewirkt etwas »Neues« am und im Menschen; dieses Neue liegt in der konkreten Sendung (EE), der Verpflichtung auf die evangelischen Räte (EE) bzw. in der - gegenüber der Taufe - bewußteren und reiferen Weise der Hingabe (RD). Neben dem theozentrischen Verständnis der Weihe taucht dabei in EE und RD der Gedanke einer an Jesus Christus orientierten *consecratio* auf.

4. Anfragen

In den nachkonziliaren kirchlichen Lehraussagen der letzten Jahre wird das im Konzil eingeführte, dort aber nicht weiter entfaltete Modell der *consecratio religiosa* aufgegriffen, ja sogar zur Basis der kirchlichen Lehre über das Ordenslebens erhoben (CIC; EE). Die unterschiedlichen Interpretationen in EE und RD machen aber deutlich, daß die Frage, ob die Formulierungen *consecratur / vita consecrata* im Sinne eines *passivum divinum* ausgelegt werden müssen, weiterhin offen bleibt. Das je anders geartete Gefälle von LG 44,1 (Gott als Subjekt der Weihe) und PC 5,1 (die Selbsthingabe des Menschen als Begründung der Weihe) setzt sich dabei in diesen beiden nachkonziliaren Dokumenten fort. Es scheint, daß das ganze Umfeld des Begriffs *consecratio* noch weiter geklärt werden müßte[37]. Zu fragen wäre in unserem Zusammenhang, ob nicht der Vorgang, der mit dem Verb *consecrare* gekennzeichnet wird, so sehr mit einem Handeln Gottes selbst verknüpft ist, daß die Selbsthingabe des Menschen allein noch keine *consecratio* konstituieren kann und besser mit anderen Termini (etwa *devotio*, *mancipatio*) um-

[37] Einen ersten Überblick über Begriff und Geschichte der *consecratio* bietet: Finance J. de., Art. Consécration, in: DSp 2/2, 1576-1583.
Auffallend ist z.B. auch im OCV (dt.) die wechselnde Terminologie: In der Einführung ist die Rede von einem »feierlichen Ritus ..., durch [!] den die Jungfrau zu einer gottgeweihten Person wird«, während etwa bei der Übergabe der Weiheinsignien von der »Weihe an [!] Gott« geredet wird (siehe auch das Weihegebet).

schrieben werden sollte[38]. Wird dagegen die Ordensweihe wie in EE primär als Handeln Gottes am Menschen verstanden, ergibt sich die Notwendigkeit, das Verhältnis von *consecratio religiosa* und sakramentalen *consecrationes* (Taufe, Firmung, Ordination) noch näher zu bestimmen.

Auf ein weiteres Problem, das in Zusammenhang mit der Ordensweihe steht, hat Josef Dreißen im Blick auf den *Ordo professionis religiosae* hingewiesen[39]. Seine Anfrage gilt aber ebenso dem Verständnis der Weihe in anderen kirchlichen Dokumenten. Dreißen stellt fest, daß in den vorgelegten liturgischen Texten zur Ordensprofeß einerseits die Rede von einer Weihe (Hingabe) an Gott ist, andererseits von einer Weihe (Hingabe) an Christus gesprochen wird. Diese terminologische Unstimmigkeit deutet auf eine theologische Schwierigkeit hin: Kann eine Hingabe an Gott - christlich gesehen - nicht überhaupt nur über eine christologische Vermittlung geschehen? Dreißen führt dazu aus:

> Die »Weihe an Gott ist faktisch die Weihe an Christus, bzw. die Weihe an Gott erfolgt ausschließlich auf dem Weg, der Christus ist. Die Christusgehörigkeit ist die Form der Gottgehörigkeit. Christus ist der einzige Weg zum Vater. ... Die theologische Weihe ist nur möglich durch einen christologischen Nachvollzug. ... Ein gottgeweihtes Leben ist nur realisierbar in der Christusweihe und der daraus resultierenden Christusnachfolge«[40].

In der Untersuchung von EE und RD hat sich gezeigt, daß zwar erste Ansätze eines christologisch orientierten Verständnisses der Ordensweihe vorhanden sind, die Funktion Christi hierin jedoch im großen und ganzen auf die Vorbildhaftigkeit seiner eigenen Weihe an und durch den Vater beschränkt bleibt. Für ein genuin christliches Verständnis von *consecratio* müßte hier noch stärker die Mittlerfunktion Christi zum Tragen kommen, wie sie in RD 7 (»in Jesus Christus Gott geweiht«) zumindest angedeutet ist.

Ein zusätzliches Problem eröffnet sich in der Auslegung von PC 5,1 in RD 7. Das »Neue« der Ordensweihe besteht nach den Worten des Papstes in der reiferen und bewußteren Hingabe, die »aus Liebe und Berufung« geschieht. Theologisch gesehen ist eine solche Konzeption zu hinterfragen: Steht nicht - unausgesprochen - dahinter ein Verständnis von Taufe, dessen Paradigma die Kindertaufe ist? Denn die hier als »neu« bezeichneten Haltungen sind im Grunde schon konstitutiv für die Taufe, zumindest des Erwachsenen. Sie sind zudem jedem Christen,

---

[38] So Wulf, Kommentar zum Ordensdekret 277.

[39] Dreißen J., Kritische Bemerkungen zum »Ordo professionis religiosae«, in: OK 13 (1972) 159-169.

[40] Ebd. 161.

auch wenn er als Kind getauft wurde, im Sinn einer ständigen Ratifizierung und Einholung der Taufe aufgetragen.
Im Umfeld der Räteproblematik könnte die erneute Betonung der »geistlichen Brautschaft« in RD für eine Spiritualität der Ehelosen befruchtend sein, da sie einem einseitig moralisch-aszetischen Verständnis des Gelübdes der Ehelosigkeit (als *castitas*) einen biblisch orientierten Kontrapunkt entgegensetzt. Kritisch anzumerken ist aber die erneute Einführung der Unterscheidung von Geboten und Räten (Ermahnungen, *hortationes*) und die exegetisch bedenkliche Auslegung von 1 Joh 2,15-17 in RD 9.
Abschließend ist zur nachkonziliaren Entwicklung im Bereich offizieller Lehrverkündigung zu konstatieren, daß durch die vielfältigen römischen Dokumente die Erneuerung der Orden auf der Linie des Konzils vorangetrieben wurde[41]. Dennoch ist nicht zu übersehen, daß in theologischer Hinsicht die Problematik vor allem der *consecratio religiosa* zwar wahrgenommen wurde, jedoch von den nachkonziliaren kirchlichen Dokumenten zu Fragen des Ordenslebens weder einheitlich noch zufriedenstellend gelöst werden konnte. Insgesamt muß man sagen, daß nach der Phase der Öffnung und der Ermutigung zum Experiment (vor allem ES und RC) in den letzten Jahren eher die Sorge um eine Fehlentwicklung der Ordensgemeinschaften dominiert, was sich besonders deutlich in EE und dessen Bemühen niederschlug, »wesentliche Elemente« des Ordenslebens darzustellen und so gewissermaßen Grenzpfähle für die weitere Entwicklung zu markieren.

II. Theologische Literatur zum Ordensleben

Nach der Analyse der nachkonziliaren kirchlichen Dokumente in Hinblick auf das Verhältnis von allgemeiner Christenberufung und Ordensberufung ist nun die Entwicklung in der theologischen Literatur dieser Zeit zu untersuchen. Aus der Fülle einzelner kleinerer Arbeiten haben sich im Lauf der Arbeit an dieser Untersuchung die Entwürfe dreier Theologen als bedeutsam herauskristallisiert. Die Konzeptionen von *Pie-Raymond Régamey*, Dominikaner und geistlicher Schriftsteller, *Jean Marie Roger Tillard*, ebenfalls Mitglied des Predigerordens und Dogmatiker, und *Thaddée Matura*, Franziskaner und Exeget, stellen drei ver-

[41] Dies gilt abgesehen von *Venite seorsum*, das von vielen Autoren als Rückschritt hinter das Vatikanum II bezeichnet wird; vgl. dazu die Diskussion der kirchlichen Dokumente zum Ordensleben im 3. Kapitel des Hauptteils »Welt und Orden«.

schieden akzentuierte Möglichkeiten dar, nachkonziliar das Verhältnis von Christ und Ordenschrist zu bedenken. Diesen drei Entwürfen läßt sich grosso modo eine Vielzahl anderer Untersuchungen zum Thema zuordnen, obwohl im Detail Unterschiede bestehen.

1. Pie-Raymond Régamey: »Consecratio« als Schlußstein der Ordenstheologie

Pie-Raymond Régamey OP, geb. 1900, selbst einer Künstlerfamilie entstammend, gilt als Kunstsachverständiger und »Kulturästhet«. Er hat sich in diesem Bereich auch schriftstellerisch betätigt. In besonderer Weise hat er zur Rolle der modernen Kunst in der Kirche Stellung genommen[42]. Dabei geht es ihm um die Vermittlung von christlicher Tradition und neuen Aufbrüchen in der sakralen Kunst. Régamey warnt davor, relativ junge Gebräuche schon als festgefügte Traditionen zu bezeichnen, äußere Formen allein deswegen für unabänderlich zu halten, weil sie in gewissen kirchlichen »Hoch-Zeiten« in Gebrauch waren (»Archäologismus«) oder keine neuen Ausdrucksformen zuzulassen. Tradition ist für ihn lebendige Tradition, die aufgrund veränderter Gegebenheiten die verschiedensten Formen annehmen kann und muß. Zugleich betont Régamey jedoch, daß die Verwurzelung in der Tradition auch in der neuen Gestalt erkennbar bleiben muß[43].
Was Régamey in Hinblick auf die moderne sakrale Kunst ausführt, gilt ebenso in seinen spirituellen Werken als Grundsatz. Auch sie sind geprägt von der Sorge um den Erhalt der Tradition in veränderter Gegenwart. Régamey arbeitete als Prediger, Referent, Exerzitienleiter, Schriftsteller. Dabei geht es ihm besonders um ein erneuertes geistliches Profil des Christen[44]. Kernthemen Régameys sind u.a. Armut und Gewaltlosigkeit[45].

---

[42] Régamey P.-R., L'art sacré au XXe siècle, Paris 1953, dt.: Kirche und Kunst im 20. Jahrhundert, Graz 1954. - Régamey war auch lange Jahre in der Leitung der Zeitschrift »L'Art Sacré« tätig.

[43] Siehe dazu in bezug auf die sakrale Kunst: Kirche und Kunst 112-116.

[44] Vgl. bes. Régamey P.-R., Portrait spirituel du chrétien, Paris 1964. In deutscher Übersetzung vorliegend: Wiederentdeckung des Fastens. Hg. v. P.-R. Régamey, dt. München 1963.

[45] Siehe etwa Régamey P.-R., Non-violence et conscience chrétienne, Paris 1958; ders., La pauvreté et l'homme d'aujourd'hui, Paris 1963.

Régamey beschäftigte sich auch mit Fragen der Ordenstheologie. Neben seiner Trilogie »Redécouvrir la vie religieuse«[46] erschienen, besonders in der Zeit nach den Zweiten Vatikanum, Aufsätze[47] und Lexikonartikel[48] zum Thema sowie Kommentare zur Lehre über das Ordensleben bei Paul VI. und Johannes Paul II.[49]. In allen Arbeiten setzt sich Régamey zum Ziel, die authentische Aussagen des Konzils darzustellen und zur geistlichen Vertiefung des Ordenslebens beizutragen[50]. Wie auch sonst fühlt sich der französische Dominikaner dabei der thomanischen Tradition verpflichtet und bezieht aus ihr den Maßstab der Ordenstheologie[51].

Die Situation nach dem Konzil sieht Régamey dadurch gekennzeichnet, daß traditionelle Werte des Ordenslebens plötzlich in Frage gestellt und zum Teil über Bord geworfen wurden. So hat anscheinend die - auch von Régamey grundsätzlich positiv bewertete - Betonung der Berufung aller zur Heiligkeit und Vollkommenheit der Liebe dazu geführt, daß die klassische Lehre vom Ordensleben als privilegiertem, von dem aller Gläubigen unterschiedenen Weg zur Vollkommenheit nahezu aufgegeben wurde. Die entsprechenden Texte des Konzils, die diese Lehre bewahren (LG 42,3. 44,1; PC 1,2) würden nunmehr von vielen Christen nur mehr als Relikt der Vergangenheit bedauert, das zur Zeit des Konzils noch nicht abgestreift werden konnte[52]. Ebenso bestreiten viele Theologen und selbst Ordensleute die Idee einer besonderen Weihe

---

46 Régamey P.-R., Redécouvrir la vie religieuse. I. L'exigence de Dieu. II. La voix de Dieu dans les voix du temps. III. La rénovation dans l'Esprit (PVR 29.32.36), Paris 1969-1974.

47 Régamey P.-R., La consécration religieuse aujourd'hui contestée, in: VSp.S 18 (1965) 385-427; ders., La consécration religieuse, in: VieCon 38 (1966) 266-294.339-359; ders., La vie religieuse dans la mutation du monde et l'homme, in: VSp.S 22 (1969) 122-143; ders., La vie religieuse, vie »pneumatique«, in: VieCon 41 (1969) 193-213.

48 Régamey P.-R., Art. Carismi, in: DIP 2, 299-315; ders., Art. Consacrazione religiosa, in: DIP 2, 1607-1613; ders., Art. Evangelica Testificatio, in: DIP 3, 1351-1353; ders., Art. Perfezione. IV. Sintesi dottrinale, in: DIP 6, 1478-1484.

49 Paul VI. donne aux religieux leur charte. Exhortation »Evangelica Testificatio« présentée et commentée par P.-R. Régamey (PVR 34), [Paris] 1971; Régamey P.-R., La vie religieuse selon Jean-Paul II., Paris 1981.
In einer pers. Mitteilung merkt Régamey an, daß »L'exigence de Dieu« den Ausschlag dafür gegeben habe, daß er 1970 angefragt wurde, am Entwurf für ET mitzuarbeiten. Das Schreiben Pauls VI. ist für Régamey »Charta« des Ordenslebens, wurde jedoch von vielen krisengeschüttelten Ordensleuten nicht als solche angenommen. In Anspielung darauf publizierte Régamey seinen Kommentar unter dem obengenannten Titel.

50 Als Ziel von »L'exigence de Dieu« gibt Régamey an: »Nous allons donc commencer par réfléchir, dans ce petit livre, sur l'enseignement authentique du Concile« (9). - Die Sorge um die geistliche Vertiefung des Ordenslebens kommt besonders im dritten Band der Trilogie (La rénovation dans l'Esprit) zum Ausdruck, prägt aber auch die anderen Arbeiten Régameys.

51 Signifikant dafür sind die abundanten Thomas-Zitate.

52 So Régamey in: La consécration religieuse 267.

(»*consecratio*«) der Ordenschristen, die für Régamey in verschiedenen Konzilsdekreten sowie in nachkonziliaren Dokumenten wie ET überzeugend dargelegt ist. Régamey ortet drei Einwände, die gegen eine (besondere) *consecratio religiosa* vorgebracht werden[53]:

(1) Zwischen den vielfältigen *consecrationes* sakramentaler Art (Taufe, Firmung, Ordo) und den privaten »Weihen« (*devotiones*, etwa an das Heiligste Herz Jesu oder an Maria) finde sich kein rechter Platz für eine *consecratio religiosa*. Sie stehe nicht auf der Seite der sakramentalen Weihen, da sie dem Christen kein unauslöschliches Merkmal einprägt; sie ist aber auch nicht bloß eine »Devotionsübung«, sondern greift tiefer in das Leben des Menschen ein. Außerdem fragen jene Kritiker, ob das Konzept einer besonderen Ordensweihe nicht zu einer Minimalisierung der Taufe führe.
(2) Die Vertreter der These von einem »religionslosen Christentum« stellen den christlichen »Glauben« in scharfe Frontstellung zur »Religion« und werten alle Kategorien des Kultes, des »Heiligen« und somit auch der »Weihe« als »heidnisch« oder »jüdisch«. Weniger radikal ausgerichtete Christen leugnen bloß den Platz eines besonderen Sakralen im Christentum, da durch Christus schon alles geheiligt sei. Christlich gesehen könne es keine Sakralität geben, die Dinge und Menschen von anderen absondert; das wäre »Pharisäismus« in der Grundbedeutung des Wortes (»*pharisaioi*« - die Abgesonderten). Dagegen sei es nötig, das profane Leben nicht zu »weihen« (»consacrer«), sondern unter Respekt seiner Autonomie zu »heiligen« (»sanctifier«).
(3) Schließlich lasse das Weltbild der empirischen Wissenschaften, das weitgehend die heutige Mentalität prägt, keinen Raum für das »Absolute«, das sich experimenteller Fragestellung entzieht. Der Wert einer (religiösen) Weihe wird in Frage gestellt, weil sie zur Ausübung eines Dienstes in der Welt nichts beitrage, sondern im Gegenteil nur Einschränkungen und Zwänge nach sich ziehe.

Nicht nur gegen die Idee und den Wert einer besonderen Weihe der Ordensleute bringen, wie Régamey ausführt[54], viele Christen solche und ähnliche Einwände vor. Ihre Kritik richtet sich noch grundsätzlicher gegen die Lebensform der Ordensleute als solcher.
Angesichts dieser Krise der Orden, in der sich die allgemeine Krise der Gesellschaft widerspiegelt[55], sieht Régamey nur dann eine Chance für die Erneuerung und Belebung des Ordenslebens, wenn die traditionellen Werte der *vita religiosa* wieder neu entdeckt werden (»*redécouvrir*«). Es geht ihm deshalb in seiner Reflexion darum, das Bemühen auf ein »möglichst sauberes Wieder(an)erkennen (*reconnaissance*) der angefochtenen Prinzipien« auszurichten und zugleich jene Einstellungen aufzudecken, die diese fundamentalen Werte ausgehöhlt und zum Zer-

53 Vgl. La consécration ... contestée 385-387; Paul VI. 40-42; Art. Consacrazione religiosa 1607.

54 Vgl. dazu L'exigence 19-23.

55 Mit dieser Feststellung beginnt Régamey die Einführung zu seiner Trilogie (L'exigence 7).

fallen gebracht haben[56]. Aufgrund dieser Option Régameys liegt der Schwerpunkt seiner Arbeit besonders auf den traditionellen Topoi des Ordenslebens: evangelische Räte, (besondere) *consecratio*, das Ordensleben als »Stand« sowie die Ordensberufung als »objektiv besserer Weg«. Demgegenüber treten etwa der Gedanke der *sequela Christi* oder die Gemeinschaftlichkeit dieser Lebensform in den Hintergrund, obwohl sie nicht ganz fehlen[57].

Ordensleben als »vie chrétienne plus logique«

In seiner Darstellung der Räte geht Régamey von der Zugehörigkeit des Christen zu zwei »Welten« aus: zur neuen Welt, die im verherrlichten Christus, in den Engeln und Heiligen bereits angebrochen ist, und zur Welt »hier unten«, die »schon« und »noch nicht« das Reich Gottes ist[58]. Christsein heißt Leben in der Spannung von Ewigkeit und Zeit, von »Magnetisierung« (»aimantation«) durch Christus und »Magnetisierung« durch die Dinge der Welt. In der Sprache des Neuen Testaments wird diese Spannung mit den Gegensätzen von »Geist« und »Fleisch«, »Licht« und »Finsternis«, Welt als Welt Gottes und Welt der Sünde ausgedrückt. Das gleiche Objekt »Welt« fordert auf der einen Seite leidenschaftlichen Einsatz, auf der anderen Seite radikale Absage heraus. Der Rhythmus christlichen Lebens hat so zwei Takte: »Bruch und Engagement«[59]. Zwischen den beiden Polen Gott und Welt, Christus und die Brüder, Bruch mit der Welt und Engagement in der Welt hat sich christliches Leben abzuspielen. Wenn auch auf irgendeine Weise immer beide Pole festzuhalten sind und in gewisser Weise einander bedingen[60], so gibt es doch für Régamey eine Fülle von Kombinationsmöglichkeiten, die sich aus der jeweiligen Berufung und den Lebensumständen ergeben. Die unterschiedliche Gewichtung und Färbung von Bruch und Engagement und die Herausbildung zweier christlicher Lebensformen zeigt sich, wie Régamey ausführt, bereits im

---

56 Vgl. L'exigence 11.

57 Das Gemeinschaftsleben der Ordensleute sieht Régamey in erster Linie als Ermöglichung für den einzelnen, seine Berufung zu leben: La consécration ... contestée 419-427; Jean-Paul II. 134f.

58 Vgl. La consécration religieuse 273-281; L'exigence 24-32.41-44; Paul VI. 53; La rénovation 244.

59 La consécration religieuse 274.

60 Ebd.: »... l'engagement dans ce nouveau monde ne peut pas s'accomplir d'autre façon que par une nouvelle orientation de nos engagements en ce monde-ci«.

Neuen Testament und bildet sich dann in der Geschichte der Kirche immer deutlicher heraus[61].

Jesus hat in seinem irdischen Leben einen totalen Bruch mit den normalen Lebensbedingungen nicht von allen verlangt, sondern nur von den »Jüngern«. Nach Pfingsten jedoch galt der Ruf, »seine Jünger zu werden«, allen Völkern (vgl. Mt 28,19). In der Urkirche läßt sich keine besondere Lebensform neben der allgemeinen christlichen Existenz feststellen. Für alle Christen galten dieselben Anforderungen; alle anerkannten die grundlegenden Orientierungen des Evangeliums als lebendiges Gesetz ihres persönlichen und gemeinschaftlichen Lebens; alle lebten aus der Quelle einer »eschatologischen Mystik«, die sehnsüchtig auf das Kommen des Herrn harrt (vgl. 1 Kor 16,22), zugleich aber das Reich Gottes schon angebrochen sieht[62]. Sie drückt sich besonders in der Jungfräulichkeit als Antizipation himmlischen Lebens aus. Diese christliche »Mystik« tendierte darauf hin, sich *neue Strukturen* zu schaffen, die den (christlichen) »Bruch« mit der »Welt« begünstigen. Obwohl auch schon damals die Gemeinde von Schwäche geprägt war (vgl. etwa Apg 5,1-11), haben trotzdem alle, die christliches Leben authentisch leben wollten, Raum dazu innerhalb der Gemeinschaft aller Gläubigen gefunden. Erst nach der Verfolgungszeit, als sich die Kirche nach und nach der Welt anglich und notwendig einzugehende Kompromisse (*»compromis«*) in Kompromittierungen der ursprünglichen Anforderungen des Evangeliums (*»compromissions«*)[63] umschlugen, wurde die Situation innerhalb der Gemeinde für manche unerträglich: Der Auszug aus der Gemeinde begann; Vorformen des Ordenslebens entstanden als Wiedereinholung des urkirchlichen Lebens. Dennoch blieben auch damals viele Gläubige »in der Welt«, in der Gemeinde ihrer eigentlichen Christenberufung treu und bemühten sich um die Reinheit ihres Herzens und die Aufrichtigkeit ihres Tuns. Von hier her wird für Régamey deutlich, daß der eine christliche Dynamismus zwei Ausrichtungen hervorbringen kann[64]:

---

[61] Zum Folgenden siehe L'exigence 55-59.

[62] In L'exigence 24 umschreibt Régamey das Adjektiv »eschatologisch« folgendermaßen: »Eschatologique = qui a rapport aux temps derniers, *definitifs*. On les voit le plus souvent au terme de l'histoire humaine, à la 'Parousie'. Ils sont *actuellement accomplis* dans le Christ glorifié«.

[63] Siehe La vie ... »pneumatique« 206, Anm. 34: »Le compromis est l'impact de l'exigence de l'absolu sur le relatif; celui-ci, étant plein de contradictions, oblige à des transactions. La compromission est comme le reflux de ces contradictions sur l'exigence qu'il dégrade«. Siehe auch den Beitrag ohne Titel in: Visioni attuali sulla vita monastica, 239-241.

[64] Vgl. dazu L'exigence 60f; La consécration religieuse 278.

- Der sich herausbildende *Weltstand* stellt die Bedingungen der Welt nicht in Frage. Er läßt sich ganz auf sie ein, um sie gleichsam von innen heraus zu heiligen.
- Dagegen stellt der allmählich entstehende *Ordensstand* die Ausrichtung christlichen Lebens auf Gott in den Mittelpunkt seines Lebens. Er schafft sich, soweit es möglich ist, die entsprechenden Strukturen, damit diese transzendente Orientierung christlichen Lebens optimal verwirklicht und nicht so leicht von den Dingen der Welt durchkreuzt werden kann.

Das »Schwert«, das diese verschiedenen Wege christlicher Existenz trennt, ist der Ruf Christi[65].

Kennzeichnend für die Konzeption Régameys ist es nun, daß es für ihn »in der sichersten Logik des Christentums« liegt, »sich selbst das Milieu zu schaffen, das am besten seinem [i.e. des Christentums] eschatologischen Charakter entspricht«[66].

Eine Lebensweise wie die der Ordensleute, die diesem Postulat entspricht, ist deswegen »logischer, vollständiger und ausschließlicher«[67]. Sie steht in direkter Kontinuität mit dem Leben der Jünger Jesu, das sich - vermittelt durch die Urkirche - in das Mönchtum und die anderen Formen des Ordenslebens hinein entfaltet hat, und nimmt zugleich, als Zeugnis für die Erhabenheit und Absolutheit Gottes, die Stelle des Martyriums ein[68]. Daher ist es für Régamey nicht der Ordensstand, der sich für seine Existenz rechtfertigen muß; vielmehr verlangt die Mittelmäßigkeit, der das kirchliche Leben verfallen ist, nach einer Erklärung und Rechtfertigung[69]. Für die Gesamtheit des Volkes Gottes ist es - laut Régamey - äußerst wichtig, daß einige mit ihrer ganzen Existenz die Souveränität und Erhabenheit des erhöhten Christus bezeugen und so zum Ausdruck bringen, daß alle Christen zum Reich Gottes, das im verherrlichten Christus bereits angebrochen ist, unterwegs sind[70]. Die

---

65 Vgl. L'exigence 148.

66 Ebd. 59; siehe auch La consécration religieuse 278f.

67 Diese Sequenz, von Régamey oft verwendet (etwa in: La consécration religieuse 279; L'exigence 58; La rénovation 16; Jean-Paul II. 48) stammt von Jean Leclercq, La vie parfaite. Points de vue sur l'essence de l'état religieux (Tradition monastique 1), Paris 1948, 11: La vie religieuse est »la vie chrétienne orientée vers le même achèvement total (que celui de *tous* les fidèles) mais autrement menée, c'est-à-dire *d'une façon plus logique, plus intégrale et plus exclusive*«; zit. nach: Jean-Paul II. 48, Anm. 7.

68 Das Ordensleben als Nachfolger des Martyriums wird bei Régamey in L'exigence 58; La voix 210 herausgestellt. Dieses Konzept des Ordenslebens ist in der kirchlichen Tradition reich belegt. Einen ersten Überblick bietet: Parenteau A., La vie religieuse chrétienne. Esquisse théologique. 2. La spiritualité de la vie religieuse au rythme de ses saisons historiques, Montréal 1984, 31-51.

69 Vgl. La consécration ... contestée 422.

70 So in: L'exigence 61.

»normale« christliche Existenz sieht Régamey demgegenüber meist unter negativen Vorzeichen; die »Gefahren« für die Gestaltung christlichen Lebens dominieren, während die Chancen und Möglichkeiten des »Weltstandes« bei ihm nur schemenhaft zum Vorschein kommen.
In diesen großen Rahmen ordnet sich auch das Verständnis der drei evangelischen Räte bei Régamey ein. Neben den »vielfachen Räten des Evangeliums« (vgl. LG 42,3), die - besonders in den matthäischen Seligpreisungen - der menschlichen Freiheit zur Verwirklichung vorgelegt werden[71], erlangte die Trias von *castitas-paupertas-oboedientia* im Lauf der Geschichte immer größere Bedeutung. Der Grund liegt darin, daß in ihr die »Mystik des Evangeliums« und die fundamentalen Elemente menschlicher Existenz - zwischenmenschliche Liebe, lebenserhaltende Güter, Gesellschaft - zusammentreffen[72]. Die Triade als solche kann nicht biblizistisch aus dem Neuen Testament erhoben werden; auch das Konzil spricht, bemerkt Régamey, in LG 39 von »sogenannten« evangelischen Räten. Die wachsende Rolle der drei Räte in der Geschichte der Kirche und des Ordenslebens läßt sich nur aus der Logik des christlichen Lebens erklären. Obwohl ihre Ausformulierung und Gestaltwerdung erst im 12. Jahrhundert einsetzte, war ihre Wirklichkeit von Anfang an im Leben der Kirche und der Orden präsent[73].
Diese drei evangelischen Räte gelten nicht exklusiv den Ordensleuten; sie haben im Konzept Régameys Bedeutung für das Leben aller Christen. Die Art und Weise ihrer Beobachtung differiert jedoch zwischen Ordensleuten und Nicht-Ordensleuten. Die Einheit und Unterschiedenheit des Vollzugs der Räte in den verschiedenen christlichen Existenzformen demonstriert Régamey an vier Gesichtspunkten, unter denen die Räte betrachtet werden können[74]:
(1) Auf der Ebene der *Mystik* des Evangeliums, also - so könnte man interpretieren - in Hinblick auf das Heilsgeschehen, in das der Mensch hineingenommen ist[75], müssen alle Christen die Räte leben: den Bund mit Gott in ihrem Leben darstellen (in Ehe oder Ehelosigkeit), sich gänzlich auf Gott angewiesen wissen und in allem auf seine Hilfe vertrauen (Armut) sowie sich in das Opfer, in das Ja Christi an den Vater

71 Vgl. La consécration religieuse 275f; L'exigence 35; Paul VI. 32f.

72 Siehe: La consécration religieuse 277; L'exigence 36f; Paul VI. 34. Hier ist einer der Punkte, an dem sich die thomanische Prägung Régameys zeigt (siehe bei Thomas von Aquin, STh II-II q.186 a.7).

73 Vgl. La consécration ... contestée 419; L'exigence 36f; La voix 120.176f.

74 Wir folgen hier im wesentlichen der Darstellung in: L'exigence 61-69.

75 Vgl. dazu L'exigence 61f; La consécration religieuse 278. In Jean-Paul II. 105 umschreibt Régamey den Begriff »Mystik« im Anschluß an Charles Péguy: »Une 'mystique' au sens de Péguy, c'est-à-dire un ensemble d'idées-forces qui commandent la conduite, un 'intense vision vecue'«.

hineinbegeben (Gehorsam). Régamey wird nicht müde hervorzuheben, daß auch die Ordensleute ihr Räteleben zuerst und zutiefst auf der Ebene dieser »Mystik« erfassen müssen und sich nicht mit einem moralisch-aszetischen oder einem legalistischen Verständnis der Räte begnügen dürfen[76].

(2) Diese »Mystik« der Räte verlangt von allen Gläubigen eine differenzierte Einstellung den *irdischen Realitäten* gegenüber: Auf der einen Seite haben die Dinge ihren Wert, auf der anderen Seite sind sie in sich nichtig und haben ihre Bedeutung nur darin, auf ihren Schöpfer hinzuweisen. Die Spannung zwischen Größe und Relativität der Dinge muß in beiden Lebensständen, sowohl bei den Ordensleuten als auch bei den anderen Christen spürbar werden[77]. Régamey weist darauf hin, daß auch das Konzil in LG 46,2 von »zweifellos hochzuschätzenden Werten« spricht, auf die der Mensch im Gelöbnis der evangelischen Räte verzichtet. Den Ordensleuten ist deswegen weder ein vollkommener Verzicht auf alle irdischen Werte in einem fern der Welt gedachten »engelgleichen« Leben möglich, noch kann und darf der Verzicht die erste und einzige Wurzel ihres Rätelebens sein: »Keuschheit, Armut und Gehorsam [sind] *positive* Werte, da sie aus der Liebe hervorgehen. Von ihr abgesehen bewahren sie nicht ihren Sinn«[78].

(3) Die dritte Hinsicht, in der die Räte Bedeutung haben, ist für Régamey die *dreifach konkupiszente Situation des Menschen*[79]. Diese Ebene, früher dominierend, ist heute, so stellt Régamey fest, weitgehend in Vergessenheit geraten. Der Dominikaner Régamey, hier wieder Schüler des großen »*Doctor angelicus*«[80], möchte die Sinnhaftigkeit des Rätelebens im Blick auf die gefährdete Situation des Menschen neu bekräftigen. Die Gefährlichkeit der »drei Konkupiszenzen« (sic!), die Régamey mit einem breiten Strom der Tradition in 1 Joh 2,15f (Vg) ausformuliert sieht (als *concupiscentia carnis*, *concupiscentia oculorum*, *superbia vitae*) liegt darin, daß durch sie die an sich guten Dinge zu Hindernissen (*impedimenta*) für den Weg der Liebe werden. Keuschheit, Armut und Gehorsam wollen dem positiv entgegenwirken und sind »vitale Reaktionen des Heils«[81]. Auch in dieser Hinsicht sind alle Christen aufgefordert, auf je ihre Weise die Räte zu beobachten, wollen sie in der Liebe voranschreiten. Gerade unter dem Blickwinkel der dreifach konkupiszenten

---

76 Régamey in: La consécration religieuse 278; L'exigence 67f; Jean-Paul II. 52f.105.

77 Vgl. dazu L'exigence 62-64.

78 Ebd. 64.

79 Diesen »negativen« Aspekt bespricht Régamey in: L'exigence 64-66.

80 Vgl. etwa STh II-II q.186. a.7.

81 L'exigence 65. - Die Betonung dieses Aspekts der Räte findet sich auch bei: Gründel J., Art. Consilia evangelica, in: TRE 8, 192-196.

Situation des Menschen sieht Régamey die traditionelle Überzeugung bestätigt, daß der »'Weg der Räte' ... 'sicherer und leichterer' ist als derjenige, auf dem sich die Versuchungen der Welt in größerem Maß erheben. Der Weg der Räte [jedoch] macht mit ihnen prinzipiell kurzen Prozeß«[82].

Indem die *impedimenta*, die den Aufschwung des Herzens zu Gott verhindern[83], weggeschafft werden, können sich zugleich jene »neuen Strukturen« aufbauen, die, wie Régamey immer wieder betont, für die Verwirklichung christlichen Lebens *»plus logiques«* sind.

(4) Damit sind wir bei der vierten Perspektive angelangt[84]: Es handelt sich um die konkrete Lebensform, die *disciplina*, in der Christen die Räte als ihr *Lebensgesetz* übernehmen. Diese *disciplina* erweist sich, aufbauend auf den drei anderen, allen Christen geltenden Ebenen, als jene Lebensform, die für die ständige *conversio morum* die günstigste Ausgangsposition bietet. Deshalb ist es für Régamey nur »die rigoroseste Logik des christlichen Lebens, die einige dazu bringt, ihr Leben auf die wörtlich genommenen Räte aufzubauen«[85].

Die Räte als Lebensgesetz schaffen »bessere Bedingungen« für das Streben nach dem letzten Ziel und begünstigen einen »direkteren« und »unmittelbareren« Bezug des Menschen zu Gott[86]; sie gehören so *antizipativ* zum Reich Gottes, auf das jegliches christliches Leben ausgerichtet ist.

Erst auf dieser vierten Ebene der *disciplina* erblickt Régamey in Hinblick auf die Räte eine Differenzierung von Ordensleben und allgemein christlicher Berufung. Indem die Ordensleute die drei evangelischen Räte als ihr Lebensgesetz übernehmen, werden sie von Gott zu einer Entäußerung im tatsächlichen Gebrauch der »zweifellos hochzuschätzenden Güter« (LG 46,2) gerufen, die der »Mystik« der Räte größeren Bestand verleiht und den Sieg des »Geistes« über das »Fleisch« erleichtert. An diesen beiden siegreichen Lebensprozessen zeigt sich für Ré-

---

82 L'exigence 65.

83 Formulierung im Anschluß an die von Régamey wiederholt zitierte Quaestio: Thomas von Aquin, STh II-II q.44 a. ad3: ».. ut scilicet homo, quantum possibile est, se abstrahat a rebus temporalibus etiam licitis, quae, occupando animum, impediunt actualem motum cordis in Deum«.

84 Vgl. L'exigence 66; Paul VI. 34f; La rénovation 267.

85 L'exigence 66: »C'est bien la logique la plus rigoureuse de la vie chrétienne qui incite certains à construire leur vie sur ces conseils pris à la lettre«.

86 Vgl. La consécration religieuse 279: »C'est *objectivement* que le rapport d'une vie organisée selon les 'conseils' est plus direct et plus immédiat à ce Mystère«.

gamey, daß das Ordensleben christliches Leben ist, das bis in seine letzten Konsequenzen hinein realisiert wird[87].
Seine konkrete Verwirklichung findet der Weg der Räte immer nur in einer bestimmten Ordensfamilie; die Antwort auf den Ruf Gottes zum Leben nach den Räten - von Régamey mit dem klassischen Terminus *propositum* bezeichnet, das im Gelübde ausformuliert und ausgedrückt wird[88] - gibt der Christ, indem er sich Gott in einer bestimmten Gemeinschaft »weiht«, d.h. (mit den Worten des Konzils) sein »ganzes Leben dem Dienst Gottes überantwortet« (PC 5,1)[89].

»Consecratio religiosa« als Besitzergreifung Gottes

In der »Weihe« der Ordensleute sieht Régamey den *Schlußstein* (»la clef de voûte«) der ganzen Ordenstheologie[90]. Ausgehend von den entsprechenden Konzilstexten, besonders LG 44,1 und PC 5,1 stellt er deswegen die *consecratio religiosa* in den Mittelpunkt seines Entwurfs. Dabei greift der Dominikaner explizit jene Fragen auf, die sich uns von den Konzilsdekreten her bezüglich der Ordensweihe aufgedrängt hatten (*Leitfrage 3*).
Bemerkenswert ist der »Ort«, den Régamey der *consecratio* im Geschehen von Berufung, Profeß und gelebtem Ordensleben zuweist: An *erster* Stelle steht die Initiative Gottes. Er ruft einzelne Gläubige auf den Weg

[87] La consécration religieuse 289: »Sans doute est-ce l'observation de ces deux processus qui fait voir le plus concrètement comment la vie religieuse est la vie chrétienne 'plus logique, plus intégrale et plus exclusive'«. Vgl. auch Paul VI. 46f.

[88] Vgl. L'exigence 155.

[89] Régamey betont wiederholt, daß sich Ordensleben nur auf eine bestimmte Gemeinschaft beziehen kann: La consécration religieuse 293f.344; L'exigence 109-134; Art. Consacrazione religiosa 1608.

[90] La consécration religieuse 348; L'exigence 160; Art. Consacrazione religiosa 1613. Wichtig für das Verständnis der *consecratio religiosa* bei Régamey und für das große Echo, das der Gedanke der Ordensweihe bei französischsprachigen Theologen hervorgerufen hat, dürfte die französische Übersetzung von PC 5,1 sein, die den lateinischen Text anders interpretiert als etwa die deutsche Wiedergabe. Wurzel dieser Differenz sind die zwei gegenläufigen Funktionen des Pronomen *quidam*, das sowohl steigernd, bekräftigend wie abschwächend wirken kann. Auch das Adverb *quidem* hat verschiedene Bedeutungsnuancen: bekräftigend (»gewiß, sicher«), beschränkend (»wenigstens«), entgegenstellend (»allerdings«), einräumend (»zwar«), erklärend (»nämlich«). Vergleiche dazu: »... quod *quidem* constituit peculiarem *quamdam* consecrationem« mit »... ceci constitue *vraiment* une consécration particulière« (zit. nach der Übersetzung in: L'adaptation) und » ... begründet *gleichsam* eine besondere Weihe« (zit. nach der Übersetzung in LThK.E 2). Hervorhebung jeweils von A.H. - Siehe dazu auch die italienische Übersetzung von PC 5,1: »... e ciò costituisce una consacrazione del tutto speciale« (zit. nach: Enchiridion Vaticanum. 1. Documenti del Concilio Vaticano II. Testo ufficiale e versione italiana, Bologna ^{13}1985) sowie Régamey, Art. Consacrazione religiosa 1607f (»vera consacrazione«) und Queralt A., Il valore della consacrazione religiosa, in: Vaticano II: Bilancio e prospettive venticinque anni dopo (1962-1987). A cura di R. Latourelle. 2, Assisi 1988, 1084-1119, dort 1098.

der Räte. Auf diesen Ruf gibt der Gläubige im *propositum*, d.h. im Entschluß, sich Gott zu weihen, Antwort. Diese Absicht bekräftigt er - *zweitens* - in einem definitiven Engagement, dem Ordensgelübde. Auf dieses Versprechen, das dem Ruf Gottes entspricht, reagiert Gott, indem er dem Menschen eine besondere Gnade erweist, damit er in seinem Leben auch dem nachkommen kann, was er gelobt hat. Der Professe erhält dadurch auf besondere Weise am Bund Gottes mit den Menschen Anteil. Darin besteht die eigentliche *consecratio*, die ganz das Werk Gottes ist. Aus ihr folgt dann - *drittens* - das geweihte Leben, das aus der Kraft der *consecratio* geführt wird[91].
Die Weihe *im strengen Sinn* ist also für Régamey ein Handeln Gottes am Menschen. In einer umfassenderen Sicht antwortet Régamey jedoch auf die Frage nach dem Urheber der Ordensweihe: Handelnde Subjekte sind

> »sowohl Gott als auch das Subjekt als auch die Kirche, jeweils [aber] auf verschiedene Weise. *Gott* ist der Haupturheber; das Konzil, dem Beispiel des heiligen Thomas folgend, hat als Subjekt des Verbs 'consecrare' niemand anderen als ihn (oder die Autorität der Kirche, insoweit sie sein Werkzeug ist) eingesetzt, während es im Fall dessen, der 'sich weiht', die Verben 'se devovere', 'se mancipare' verwendete. Urheber ist aber auch das *Subjekt* selbst, weil die Weihe in eminenter Weise ein Akt seiner Freiheit sein muß«[92].
> Schließlich spielt auch »die *Kirche* ... eine Rolle in dieser Weihe. Nicht nur durch ihre Autorität, im Namen Gottes [handelnd], sondern auch ... als Gemeinschaft der Gläubigen«[93].

Da die *consecratio religiosa* grundsätzlich in einem Handeln Gottes wurzelt, ist jede bloß moralische Interpretation der Ordensprofeß ausgeschaltet. Wie aber beschreibt Régamey diese Weihe *durch* Gott?
Da die Profeß eine Antwort auf den Ruf Gottes darstellt, und Gott diesen Anruf nicht zurücknimmt, stimmt Gott der Bewegung der Selbsthingabe des Menschen zu, indem er seine Hand definitiv über denjenigen hält, der sich ihm verpflichtet. Man kann gleichsam von einer *Besitzergreifung* Gottes (»mainmise, emprise«) reden[94]. Gott prägt in der Seele dessen, der sich ihm hingibt, »keinen neuen 'Charakter' oder eine Veränderung des Charakters von Taufe und Firmung ein! Die Profeß ist

---

91 Vgl. dazu La consécration religieuse 280f; Paul VI. 42.

92 Paul VI. 42. Vgl. dazu auch Art. Consacrazione religiosa 1608-1611; L'exigence 172, Anm. 10. - Noch in La consécration religieuse 346 und in L'exigence 158 hatte Régamey bedauert, daß das Konzil nicht von einer Weihe *durch* Gott spräche; in Paul VI. 42, Anm. 8 nimmt er diese Interpretation des Konzils aufgrund eines Hinweises von P. Molinari zurück.

93 Paul VI. 43. Hier mit Rücksicht auf ET 7.

94 Interpretation der *consecratio religiosa* als »mainmise, emprise« in: La consécration religieuse 346-348; L'exigence 158-160; Paul VI. 41; Art. Consacrazione religiosa 1608; La rénovation 266; Jean-Paul II. 68.

kein Sakrament im eigentlichen Sinn. Aber seine [i.e. Gottes] Liebe und Gerechtigkeit 'wachen' auf *besondere* Weise über den, der sich ihm so übergeben hat«[95]. Der Mensch wird dadurch auf besondere Weise in den *Bund* Gottes mit den Menschen hineingezogen. Dabei ist *Bund* »jene Kategorie par excellence der Bibel, von der man treffend gesagt hat, daß sie 'der griechischen Kategorie der *Natur* entspricht, insofern sie ein *andauerndes, von Gott aufgerichtetes Gesetz* [ist]'«[96].
Régamey bezeichnet den Begriff *consecratio* ausdrücklich als *analogen* Begriff. Zu unterscheiden sind die Weihen in Taufe, Firmung, Ordo und Ehe, die dem Menschen ein unauslöschliches Merkmal (oder im Fall der Ehe einen »Quasi-character indelebilis«) einprägen; die eucharistische Konsekration, die bis zur »Transsubstantiation« geht, d.h. etwas Geschöpfliches, Brot und Wein, wird in seinem Wesen »verwandelt«; und schließlich jene Weihen, die ein Geschöpf in den Herrschaftsbereich Gottes überführen. In diese letzte Kategorie gehört auch die Weihe der Ordensleute[97].

Régamey verficht vehement eine Rehabilitation des Sakralen[98]. Er geht davon aus, daß jedes Geschöpf zugleich profan und sakral (»sacré«) ist. Sakral ist es, insofern es in Beziehung zum Transzendenten steht. So gesehen ist Sakralität ein Relationsbegriff. Profan dagegen ist das Geschöpf in Hinblick auf seinen Eigenstand. Sakralität und Profaneität bilden für Régamey kein Gegensatzpaar, sondern stehen in einem dialektischen Verhältnis zueinander. Gerade in einer Zeit der »Desakralisierung«, wie sie Régamey konstatiert, braucht es von neuem Symbole, um die sakrale Komponente des Lebens im Bewußtsein der Menschen zu halten. Diese Funktion üben jene Handlungen aus, die mit den Begriffen »consécration« bzw. »sacralisation« umschrieben werden. Régamey unterscheidet diese beiden Begriffe voneinander, obwohl in gewisser Weise die »consécration« auch als gemeinsamer Oberbegriff verstanden werden könnte.
»Weihe« in einem allgemeinen Sinn braucht nicht eo ipso eine Trennung des Geweihten vom Profanen nach sich ziehen. Es geht vielmehr darum - etwa in der *consecratio mundi* - die Zugehörigkeit des Geschöpflichen zum Transzendenten, zu Gott ins Bewußtsein zu heben. Anders bei jener »consécration«, die Régamey als »sacralisation« bezeichnet. Durch sie werden bestimmte Personen, Dinge, Orte, Zeiten ihrer profanen Bestimmung entzogen, um nur dem sakralen Gebrauch zu dienen. Die Absonderung (»mise à part«), die sich durch die »sacralisation« ergibt, symbolisiert auf eminente Weise die transzendente Verwiesenheit alles Geschöpflichen. Auch die *consecratio religiosa* ist für Régamey unter die »sacralisation« einzu-

---

95 L'exigence 159. Ähnlich in: Jean-Paul II. 63.

96 L'exigence 159. Das Zitat stammt aus einem nicht näher bestimmten Artikel von Jean Daniélou, in: Etudes, mars 1951, 365 (L'exigence 172, Anm. 12). Der Zusammenhang von »consécration« und »alliance« taucht auch auf in: Paul VI. 51f; Art. Consacrazione religiosa 1608.

97 Zur Analogie der Konsekrationen vgl.: La consécration religieuse 348; L'exigence 160; Art. Consacrazione religiosa 1609.

98 Zum Folgenden siehe besonders: Régamey P.-R., La dialectique du sacré et du profane, in: Axes (1970) April 5-12 sowie L'exigence 137-154; Jean-Paul II. 65-67.

ordnen. Die Konsequenzen, die sich daraus für das Weltverhältnis der Ordensleute ergeben, müssen noch zur Sprache kommen[99].

Aufgrund des Konnexes von Ordensweihe und Taufe in den Konzilsdekreten (LG 44,1; PC 5,1) sieht sich Régamey besonders herausgefordert, das Verhältnis von *consecratio religiosa* und *consecratio baptismatis* genauer zu bestimmen. Régamey geht dafür nach dem scholastischen Schema von *sacramentum (tantum) - res et sacramentum - res sacramenti* vor[100].

- Auf der Ebene der sichtbaren Zeichenhaftigkeit (*sacramentum tantum*) fügt die *consecratio religiosa* dem Taufgelübde eine striktere und weiter reichende Verpflichtung hinzu. Strikter, weil der Professe nicht nur wie jeder Getaufte der Sünde stirbt, sondern auch der Welt entsagt, um Gott allein zu leben (PC 5,1). Weiter reichend, weil der Ordenschrist all seine Lebensmöglichkeiten in den Dienst an Gott einbringt (*holocaustum*).
- Die Ordensweihe prägt dem Menschen zwar nicht wie die Taufe ein unauslöschliches Merkmal ein (*res et sacramentum*), aber die »Kirche ... macht sie [i.e. die professio religiosa] durch ihre liturgische Feier zu einem Gott geweihten Stand« und verleiht ihr durch die »geistliche Segnung« und die Vereinigung mit dem eucharistischen Opfer, das in besonderer Weise den Bund Gottes mit den Menschen in Jesus Christus darstellt, Dauerhaftigkeit (vgl. LG 45,3)[101]. Hierin, in dieser Dauerhaftigkeit, liegt die Analogie der Ordensweihe zum *res et sacramentum* der Taufe. Mit der Bezeichnung *Stand* kommt für Régamey zum Ausdruck, daß das Ordensleben *auf Dauer* so organisiert ist, daß die Ausrichtung des Herzens auf Gott gewährleistet und stabilisiert ist[102].
- Die eigentliche Verknüpfung von Taufe und Ordensweihe liegt für Régamey auf der Ebene der Taufgnade (*res sacramenti*)[103]. Hier ergibt sich aber das Problem, wie die *consecratio religiosa* »inniger« (LG 44,1)

---

99 Siehe dazu die Darstellung der Ordenstheologie Régameys im 3. Kapitel des Hauptteils: »Welt und Orden« (263-272).

100 Das Folgende orientiert sich an: L'exigence 163-167.

101 Die offizielle deutsche Übersetzung des Konzilstextes gibt hier *professio religiosa* mit »Ordensberuf« wieder. Régamey übersetzt mit »profession religieuse«, präzisiert aber (L'exigence 165): »Bien entendu l'acte de profession n'est pas l'état lui-même, il y fait entrer. Mais la profession elle-même doit durer, alors qu'elle ne comporte pas dans l'être du profès de 'sceau' indélébile«.

102 Zum Ordensleben als *Stand* siehe besonders: La consécration ... contestée 407-410; L'exigence 177-190. - In L'exigence 188, Anm. 5 bemerkt Régamey, daß der Dialektik von Stabilität und Dynamismus des Standes auf der Seite der einzelnen Person der *habitus* entspricht.

103 Die Beziehung von Ordensweihe und Taufgnade wird besonders deutlich in: La consécration ... contestée 387-390; La consécration religieuse 344f; L'exigence 89f; Paul VI. 43.

sein kann als das Taufgelübde, in dem ein Mensch sein Leben unter den Anspruch stellt, Gott mit ganzem Herzen, ganzer Seele und allen Kräften zu lieben (vgl. Mk 12,30par). Diese Frage kann für Régamey nicht im Augenblick der Gelübdeablegung entschieden werden, sondern nur im Blick auf das nachfolgende Leben als Ordenschrist. Hier zeigt sich, daß im Ordensstand der gesamte Lebensvollzug zugunsten einer größeren »*intimité*« (Innigkeit, Vertrautheit) organisiert wird[104]: Die Taufweihe kann mehr oder weniger verinnerlicht (»*interiorisée*«) dem Handeln des Christen zugrundeliegen. Gläubige, die sich durch die evangelischen Räte binden, leben »auf unmittelbarere, tiefere, freiere (*plus spontanée*) Weise« ihre Taufweihe; ihr Tun empfängt seine Impulse nicht aus den äußeren Umständen, sondern aus der innersten Überzeugung, aus der im Herzen angekommenen »Mystik« des Evangeliums[105]. Sie bemühen sich ständig darum, der sakramentalen Gnade der Taufe in ihrem ganzen Leben Gestalt und Raum zu verleihen[106]. Immer neu gilt es dabei, die *consecratio religiosa* in sichtbare Verhaltensformen umzusetzen, die zugleich selbst wieder positiv auf die Lebensform zurückwirken und ein weiteres Voranschreiten ermöglichen[107]. Die »*intimité*« jedes christlichen Lebens ist damit für Régamey im Ordensleben aufs Äußerste herausgestrichen (vgl. AG 18,1)[108]. Zugleich wird an der Betonung des *intimius* aus LG 44,1 noch einmal das zentrale Anliegen Régameys deutlich, das Ordensleben als zutiefst geistliche und nicht nur rechtlich geordnete oder aszetisch motivierte Lebensform zu begreifen.
Die »reichere Frucht« (LG 44,1), die den Ordensleuten aus der Profeß der evangelischen Räte zukommt, besteht für Régamey in der »Glut der Liebe« (ebd.), die ständig geschürt und wachgehalten wird. Im Rückgriff auf Thomas von Aquin[109] legt der Dominikaner Régamey dar, daß ein Leben aus dieser »Glut« die »Bewegung des Herzens auf Gott hin« möglichst oft und möglichst intensiv in den *Akt* der Liebe überführt. Die Räte schaffen für ein solches Leben, das nach vollkommener Liebe

[104] Vgl. dazu Paul VI. 43f.46f; Art. Consacrazione religiosa 1611f.

[105] Zur »Intimität«, durch die Ordensweihe ermöglicht, siehe: La consécration ... contestée 388f; La consécration religieuse 345; L'exigence 91f.

[106] Régamey verweist hierzu in L'exigence 166 auf Guerric von Igny: »... et quod in illo Baptismo gestum est specie, hic rursus impletur veritate« (SChr 166, 302-304: In Epiphania Domini Sermo IV. De nova nostra nativitate et vita 7). Auf diese Wendung bezieht sich auch: Lozano J.M., Discipleship. Towards an Understanding of Religious Life, Chicago 1983, 295.

[107] Vgl. La consécration ... contestée 408f.426; L'exigence 180f.

[108] Vgl. Paul VI. 48f.

[109] STh II-II q.44 a.4 ad3. Für die Beziehung von *consecratio* und »ferveur« siehe: L'exigence 90; Paul VI. 47f.

strebt (PC 1,1) die günstigsten Voraussetzungen[110]. Erst so wird das Leben der Ordensleute auch zum Zeugnis für Kirche und Welt[111].

Aus all dem folgt für Régamey, daß die traditionelle Aussage vom Ordensleben als »objektiv besserem Weg zur Heiligkeit« beibehalten werden muß[112]. Der Ausdruck *objektiv* (besser) weist allerdings darauf hin, daß für den einzelnen Ordenschristen größere Heiligkeit und Vollkommenheit nicht allein schon aus dem Entschluß zu dieser Lebensform erwächst. Die »noblesse« der *vita religiosa* besteht nur in der besonderen Verpflichtung, nach Vollkommenheit zu *streben*[113]. Der einzelne hat sich stets neu des Rufes auf diesen Weg würdig zu erweisen, indem er in Treue die Anforderungen dieser Lebensform erfüllt.

Zusammenfassung anhand der Leitfragen

Der Ertrag der Konzeption Régameys läßt sich nun für die von den Konzilstexten her aufgegebenen Fragen folgendermaßen zusammenfassen:

1. Rätetrias

Régamey referiert im wesentlichen die thomanische Position (die drei Räte als Ausdruck der drei Grundbestimmungen des Menschen und somit der Ganzhingabe sowie als »Heilmittel« gegen die dreifach konkupiszente Situation des Menschen). Auf den Ebenen von »Mystik« (Zugehörigkeit zum verherrlichten Christus), Entsagung und Läuterung gelten die Räte allen Christen; die Ordensleute übernehmen sie im

110 Vgl. dazu La vie ... »pneumatique« 198f; L'exigence 90; Paul VI. 47f; Jean-Paul II. 67. Das Ordensleben findet sich damit zwischen zwei Extremen vor: Bei den meisten Gläubigen scheint die Liebe oft zu »schlafen« und wird nicht in den Akt übergeführt, während bei den Heiligen im Paradies die Liebe stets in actu und in größter Intensität vorhanden ist: L'exigence 90. Auch dies, wie so vieles in Régameys Entwurf, ein thomanischer Gedanke: Thomas von Aquin, De perfectione c.7; STh II-II q.44 a.4 ad3. Ebenso wird daran die enge Verbindung von Vollkommenheitsstreben und Ordensleben deutlich, weil die Vollkommenheit der Liebe gerade darin besteht, daß die Liebe möglichst oft und intensiv in den Akt übergeführt wird; so Régamey in: Art. Perfezione 1479.

111 Gegenüber einem Konzept, das Ordensleben hauptsächlich in seiner Zeichenhaftigkeit begründet sieht, betont Régamey, daß das Streben des einzelnen Ordenschristen stets primär ist und das erste Ziel des Ordenslebens bleibt: La consécration religieuse 281-286; L'exigence 77-96; La voix 162f.229-238; Paul VI. 56f; Jean-Paul II. 134f. - Wichtig ist in diesem Zusammenhang die Unterscheidung von »but« (»*skopos*«, destinatio) und »fin« (»*telos*«, finis) bei Régamey: »But« als Ziel, das der Mensch in einer überlegten Handlung anstreben kann; »fin« als Ziel, das nur erhofft werden kann und Geschenk der Gnade ist. In diesem Sinn ist die Zeichenhaftigkeit stets nur »fin« eines in Treue gelebten Ordenslebens. Vgl. dazu: L'exigence 85-88; La voix 162f.251f; Paul VI. 56f.

112 Vgl. La consécration religieuse 278-280; L'exigence 201f.

113 Auch dies ein Rückverweis auf Thomas; etwa STh II-II q.186 a.2.

wörtlichen Sinn als Lebensgesetz. Ordensleben ist im Prinzip Leben nach den evangelischen Räten in einer konkreten spirituellen Familie.

2. Komparative
Régamey möchte die traditionelle Aussage vom Ordensleben als objektiv besserem Weg zur Heiligkeit und Vollkommenheit wieder hervorheben. Dazu verwendet er Komparative in Hinblick auf verschiedene Elemente des Ordenslebens (Räte, *consecratio*, Stand): z.B. »plus logique, plus strict, supérieur, meilleur, plus exclusif, plus immédiat, plus direct, plus spontané, plus intime, un fermeté plus grande«. Für Régamey ist es *notwendig*, diese Komparative zu verwenden, damit der Wert der allgemeinen christlichen Berufung aufrecht bleibt. Es kommt für ihn damit zum Ausdruck, daß alle Christen Christus nachahmen, die Ordensleute dies aber »ausdrücklicher« (*pressius*) tun, daß die christliche Berufung als solche eine »nature intime« hat, die Ordensleute jedoch Gott »d'une façon plus intime« (*intimius*) geweiht werden.

3. Consecratio religiosa
Der Begriff *consecratio* erlangt bei Régamey eine zentrale Stellung. Die Weihe wird in der Konzeption des Dominikaners nicht rein statisch gedacht, sondern als Element einer Bewegung zwischen Mensch und Gott (Kirche). Die eigentliche *consecratio* besteht in einer Besitzergreifung des Menschen durch Gott, des Menschen, der »sich Gott weiht» (*se devovet*) und so auf den vorgängigen Anruf Gottes antwortet. Die Weihe durch Gott ist nur *analog* zur Taufweihe zu verstehen und liegt auf der Ebene der Einholung der Tauf*gnade*, die durch die Lebensform der Ordensleute »besser« ermöglicht wird. Von einer neuen, hinzukommenden Weihe spricht Régamey nicht.

Ähnliche Entwürfe

Wie für Régamey ist auch für *Jean Galot* die *consecratio religiosa* die Grundessenz des Ordenslebens[114]. Der Jesuit und Dogmatiker verwendet eine Terminologie, die derjenigen Régameys sehr ähnlich ist: Die Weihe ist Werk Gottes selbst, der dadurch von einem Menschen Besitz ergreift (»Dieu prend possession, l'emprise divine«). Der Ordenschrist »ist ein Geweihter; sein ganzes Sein bekommt einen neuen sakralen (sacré) Charakter aufgrund dessen, daß er durch die Gelübde vollständiger das Eigentum des Herrn wird«[115]. Dieses Handeln Gottes wird nach Galot vorzüglich in LG 44,1 herausgestellt, während PC 5,1 das Tun des Menschen in der

[114] Galot J., Porteurs du souffle de l'Esprit, Gembloux 1967, 60-75.
[115] Ebd. 61; vgl. auch ebd. 66-69.

Profeß betont[116]. Auf der Linie der Berufung liegend und als ihre Fortführung (»Die Initiative des Gottes, der beruft, setzt sich in der Initiative des Gottes, der weiht, fort«[117]), entfaltet die Ordensweihe die Gnade, die der Mensch in der Taufe empfangen hat. Über Régamey hinaus spricht Galot jedoch auch von einer »Neuheit« der *consecratio religiosa* gegenüber der Taufe. Sie besteht darin, daß in ihr die Taufweihe zu ihrer Fülle geführt wird[118]. Die Ordensweihe gehört für Galot nicht zur sakramentalen, sondern zur charismatischen Ordnung der Kirche, d.h. einer »Ordnung der unmittelbareren Intimität mit dem Herrn: Genau das regt das Konzil an, wenn es von einer innerlicheren Weihe spricht (LG 44)«[119].
Mit Hilfe der biblischen Kategorie des »Erstlingsopfers« versucht *Corona Bamberg* 1967 den »konsekratorischen Charakter des Ordenslebens«, den sie in den Konzilstexten, vor allem in LG 44 und 45, gegeben sieht, einzuholen[120]. Im Anschluß an Emmanuel von Severus[121] bestimmt Bamberg den »Erstling« als »'die *von* Gott und *für* Gott ausgesonderte' *Weihe-Gabe*«[122]. Neben den alttestamentlichen Vorbildern spielt für die Ordensleute Christus als der Erstgeborene die bestimmende Rolle. Die vom Erstling Christus ausgelöste Schöpfung hat im Stand der jungfräulichen Gottweihe ihr stellvertretendes Zeichen[123]. Mit den Worten Bambergs selbst mag jedoch dahingestellt bleiben, »ob sie [i.e. die Erstlingstheologie] in allem unanfechtbar ist«[124].
Jean-Gabriel Ranquet hat sich ausdrücklich zum Ziel gesetzt, Ordensweihe und Taufweihe miteinander zu vergleichen[125]. Ähnlich wie Régamey sieht er in der Idee der *consecratio religiosa* eine hervorragende Kategorie, das Spezifikum des Ordenslebens anzuzeigen. Neben vielen Überschneidungen mit Régamey[126] lassen sich auch signifikante Unterschiede zu diesem feststellen: Hatte Régamey pointiert die Weihe *durch Gott* herausgestellt und diese Setzung auch terminologisch durchgehalten, fällt bei Ranquet gerade in dieser Hinsicht Inkonsequenz auf. Zunächst steht bei ihm die Tat des Menschen, der *sich Gott weiht*, eindeutig im Vordergrund[127]. In

---

116 Zum menschlichen Part der Ordensweihe siehe: Porteurs du souffle 76-85.

117 Ebd. 62.

118 Vgl. Porteurs du souffle 63.

119 Ebd. 65.: Un »ordre d'intimité plus directe avec le Seigneur: c'est ce que suggère le Concile lorsqu'il parle de consécration plus intime (LG 44)«.

120 Bamberg C., Vom Sinn klösterlicher Existenz - biblisch und theologisch gesehen, in: AAVV., Frauenorden vor der Gegenwart. Überlegungen zu Standort und Funktion in der heutigen Kirche (Konzil konkret 2), Friedberg 1967, 9-32, hier 21.

121 Severus E. von, Zu den biblischen Grundlagen des Mönchtums, in: GuL 26 (1953) 113-122, besonders 120-122.

122 Bamberg, Vom Sinn ... 18 (mit Verweis auf v. Severus, Biblische Grundlagen 120).

123 Bamberg, Vom Sinn ... 20.

124 Ebd. 21. - Vergleiche dazu auch die Rezension von Lippert P., in: OK 9 (1968) 91.

125 Ranquet J.-G., Consécration baptismale et consécration religieuse (La religieuse dans la pastorale d'aujourd'hui 6), Paris 1965. Wir zit. nach der dt. Ausgabe: Taufberufung und Ordensberuf. Überlegungen zu den klösterlichen Gelübden der Ordensfrau (Konzil konkret 4), Friedberg 1968.

126 Um nur einiges zu nennen: die Charakterisierung der zeitgenössischen Infragestellung der Ordensweihe; die evangelischen Räte als Lebensgesetz und Norm der Ordensleute; die Einordnung der »consécration religieuse« in eine Analogie der Konsekrationen; die Betonung, daß die Ordensweihe die »volle Logik« von Taufe und Firmung hervorbringt.

127 Besonders in Ranquet 31-34.

der Beschreibung der Analogie der Konsekrationen jedoch wird die Ordensweihe ein Geschenk genannt, dessen Ursprung der Heilige Geist ist[128]. Verwirrend bleiben auch die Aussagen Ranquets in der Frage, ob die Ordensweihe etwas Neues gegenüber der Taufweihe darstellt. Neben der eindeutigen Option für eine »neue, zusätzliche Weihe«[129] stehen Formulierungen wie: »Die klösterliche Weihe ist völlig eingeschlossen in der *alleinigen* Weihe durch Taufe und Firmung«[130] und stellt eine »'bloße' Form der Konsekration durch die Taufe« dar[131]. Die Vermittlung über die Begriffe »Gabe« und »Charisma«[132] vermag nicht zu überzeugen. Eindeutiger als bei Régamey kommt die Verwiesenheit von laikalem und klösterlichem Leben zum Tragen[133]. Das Leben der Ordensleute bringt aber deutlicher als das der Laien die eschatologische Note der christlichen Berufung zum Ausdruck[134]. In diesem Sinn ist die Ordensfrau bzw. der Ordenschrist für Ranquet ein *aufgerichtetes Zeichen* (*»signe dressé«*), während der Laie durch seine Weihe in der Taufe unmittelbar und total auf die Welt bezogen und ein (in ihr) *eingetauchtes Zeichen* (*»signe immergé«*) ist[135]. Hingewiesen sei abschließend auf den (noch unabgeschlossenen) Entwurf von *André Parenteau*[136]. Den Ausgangspunkt seines Gedankengangs bildet das allgemeine Priestertum der Gläubigen. Während die Laien dieses kultische, prophetische und königliche[137] Priestertum in einem weltlich engagierten Leben verwirklichen, geschieht dies bei den Ordensleuten in Strukturen, die eigens auf die immer vollere Realisierung dieses Priestertums angelegt sind[138]. Das Ordensleben stellt deswegen für Parenteau »auf *institutionellem* Niveau den privilegierten Ausdruck« des Priestertums aller Gläubigen dar[139], es ist dessen »*struktureller* Ausdruck par excellence«[140]. Diese Aussagen Parenteaus rücken ihn in die Nähe der Konzeption Régameys vom Ordensleben als »vie chrétienne plus logique«.

---

[128] Vgl. Ranquet 53-56.

[129] Etwa Ranquet 62: »Der Taufweihe fügt die Ordensweihe ... zunächst die auf Gott bezogene Innerlichkeit, die in der Anbetung gesicherte unverdiente Gnade, die Lobpreisung, das Handeln aus Gnade hinzu«. Siehe auch ebd. 32.

[130] Ranquet 51.

[131] Ebd. 52.

[132] Ebd. 52-56.

[133] Siehe dazu besonders Ranquet 68-78.

[134] Vgl. Ranquet 75f.

[135] Vgl. Ranquet 68-71. Vgl. dazu Tillard J.M.R., Devant Dieu et pour le monde. Le projet des religieux (Cogitatio fidei 75), Paris 1974, 297 und dort den Hinweis auf Verbindungen mit Rahner K., Über die evangelischen Räte, in: GuL 37 (1964) 17-37 und Schillebeeckx E., Der Amtszölibat. Eine kritische Besinnung (Theologische Perspektiven), dt. Düsseldorf 1967. - Kritisch die Rezension von Lippert P. zur dt. Ausgabe, in: OK 10 (1969) 274f.

[136] Parenteau A., La vie religieuse chrétienne. Esquisse théologique. 1. Le sacerdoce fondamental des baptisés. 2. La spiritualité de la vie religieuse au rythme de ses saisons historiques. 3. Le charisme de la vie consacrée (Hier-aujourd'hui 22-24), Montréal 1982-1985. Ein letzter Teil, für den Parenteau seine eigene Position ankündigt, steht noch aus; einige Anmerkungen finden sich jedoch schon in Bd. 1.

[137] Siehe Parenteau 1, 62-171.

[138] Vgl. Parenteau 1, 174.

[139] Ebd. 173.

[140] Ebd. 17.

Régamey und den anderen Autoren kommt das Verdienst zu, die Frage nach der *consecratio religiosa* in breiterer Form aufgegriffen zu haben. In dieser und in anderen Fragen ist es sein erklärtes Ziel, die (bei ihm als Dominikaner an Thomas von Aquin orientierte) Tradition wieder stärker in die Ordenstheologie einzubringen. Gerade an der so deutlich akzentuierten »reconnaissance« der traditionellen Lehre vom Ordensleben ergeben sich jedoch aus dem Blickwinkel der Gegenwart einige Anfragen.

Zweideutig bleibt Régameys Wertung der allgemeinen Christenberufung bzw. des »Weltstandes«. Er spricht zwar, wie andere Autoren auch, von der »Komplementarität« der verschiedenen christlichen Existenzformen[141]; er weiß um die Bedeutung einer Heiligung der Welt (*consecratio mundi*) durch die »Laien«[142]. Trotzdem erscheint das Leben der Nicht-Ordensleute in einem eigentümlichen Zwielicht. Der Akzent liegt bei Régamey auf den vielfachen Gefährdungen, denen diese Lebensform durch ihr Leben »in der Welt« ausgesetzt ist; allzu rasch ist Régamey mit dem Etikett »mittelmäßig« zur Hand, während der Ordensstand in hellem Licht steht und als äußerste Logik des Christentums, als christliche Lebensform par excellence verstanden wird. Freilich - so die Einschränkung bei Régamey - gälte dies nur in Hinblick auf die eschatologische Komponente des Christentums. Wie wir später noch sehen werden[143], kann Régamey aber nicht genügend gegenwärtige und zukünftige Welt miteinander vermitteln, sondern betont vor allem den Bruch zwischen beiden, der sich im »Bruch« zwischen Ordensstand und Weltstand abzubilden scheint. Die Bezeichnung des Ordenslebens als logischeres, vollständigeres Christentum (*»plus logique, plus intégral«*) wird aber heutigen ekklesiologischen Akzentsetzungen, wie sie sich auch in Konzilstexten wie *Lumen Gentium* (bes. LG 39-42), *Gaudium et spes* und *Apostolicam actuositatem* niedergeschlagen hat, kaum gerecht. Dafür müßte die im Konzept Régameys nur in Ansätzen enthaltene »Symbolhaftigkeit« des Ordenslebens deutlicher entfaltet werden. Das scheitert bei Régamey vor allem daran, daß er den Grund für die Existenz des Phänomens Ordenslebens allzu pointiert in der Ermöglichung »authentischen« christlichen Lebens nach Bild und Vorbild von Jüngerkreis und Urkirche sieht. Dadurch treten im ganzen vor allem der ge-

---

141 Zu dieser Komplementarität vgl.: La consécration religieuse 280; L'exigence 83f.

142 Etwa in: L'exigence 60; La dialectique 9f.

143 Vergleiche dazu die Darstellung des Entwurfs Régameys im 3. Kapitel »Welt und Orden« (263-272).

meinschaftliche Aspekt und die ekklesiale Ausrichtung des Ordenslebens zurück. Die Gemeinschaft stellt sich primär bloß als Raum zur Verwirklichung des *propositum* des einzelnen dar. Die Gefahr einer (erneuten) individualistischen Verengung des Ordenslebens ist damit nicht von der Hand zu weisen.
Außerdem stellt sich die Frage, ob die in der Neuzeit vollzogene »Wende zum Subjekt« nicht jede Verständnisbasis für die von Régamey propagierte Höherwertigkeit des Ordens*standes* als solchem entzogen hat. Kann seither bereits die Lebensform an sich ohne Blick auf den einzelnen und sein konkretes Leben »besser« sein? Muß nicht vielmehr der *Stand* in Beziehung zu den *Subjekten* gesetzt werden, die diesen Lebensentwurf zu realisieren suchen?
Letztlich bleibt - trotz des unbezweifelbaren spirituellen Ertrags - bei Régamey offen, wie die *consecratio religiosa* als »mainmise« und »emprise« Gottes besonderer (?) Art zu denken ist. Fragwürdig sind auch die Aussagen von der strikteren und weiter reichenden Verpflichtung, welche die Ordensweihe dem Menschen auferlegt. Hier scheint die Bedeutung der Taufe »minimalisiert« zu sein.
Die Ordenstheologie Régameys wird im dritten Kapitel des Hauptteils nochmals eine Rolle spielen. Gerade die Fragen nach der Innerlichkeit bzw. Innigkeit (»intimité«) der Weihe und der »Absonderung« der Ordensleute, die sich aus ihrem Geweihtsein ergibt, werden dort noch einmal aufgerollt werden müssen. Erst dann wird eine umfassendere Bewertung des Entwurfs Régameys möglich sein.

2. Jean Marie Roger Tillard: Entfaltung des »transzendenten Pols« der Taufgnade

Jean Marie Roger Tillard, geb. 1927 in Frankreich, Mitglied des Dominikanerordens der kanadischen Provinz, Dogmatiker mit Schwerpunkt in Ökumenischer Theologie und Ekklesiologie[144], Konzilsberater, gilt als anerkannter Experte auf dem Gebiet von Geschichte und Theologie des Ordenslebens. Seine Beiträge zur Ordenstheologie lassen sich seit dem Zweiten Vatikanum kontinuierlich verfolgen und zählen - was Bandbreite, Engagement, theologische Qualität und Kompetenz betrifft - zu

[144] Vergleiche dazu die beiden neuesten Veröffentlichungen: Tillard J.M.R., L'évêque de Rome, Paris 1982; ders., Église d'Églises. L'écclésiologie de communion, Paris 1987.

den bedeutendsten ihrer Art[145]. In deutscher Sprache wurden bis jetzt bedauerlicherweise nur zwei Aufsatzsammlungen veröffentlicht[146]. Die Arbeiten Tillards zeichnen sich durch eine profunde Sachkenntnis aus; sie sind einerseits fest in der Tradition verwurzelt, andererseits scheut Tillard eine mutige Öffnung auf die brennenden Fragen heutiger Theologie und Praxis des Ordenslebens nicht. Das führt ihn schließlich dazu, traditionelle Schemata auch kritisch zu hinterfragen und vorsichtig zu korrigieren[147]. In diesem ersten Kapitel - die Arbeiten Tillards werden noch einige Male Gegenstand dieser Untersuchung sein - soll versucht werden, Tillards typische Argumentationslinien zur Bestimmung des Verhältnisses von Christ und Ordenschrist vorzustellen und dabei zu analysieren, wie der kanadische Dominikaner die Aussagen des Konzils interpretiert und weiterführt.

Ordensleben als Modus christlicher Existenz

Tillard stellt in der Geschichte der Ordenstheologie zwei große Traditionsstränge fest, die das Entstehen des Phänomens Ordensleben erklären wollen. Für die eine Interpretationslinie fällt der Ursprung des Mönchtums quasi mit dem Ursprung von Kirche zusammen[148]: Ordensleben spiegelt die ursprüngliche Form von Gemeinde wider, wie sie in der Urkirche präsent war, bevor die anfängliche Radikalität durch Gewöhnung und das Eingehen von Kompromissen verflachte[149]. Basis dieser Deutung ist ein Verständnis der Kirchengeschichte, das diese als fortschreitenden Abfall vom ursprünglichen Ideal begreift, welches nur in kleinen »Inseln«, eben dem monastischen Leben, weiterexistiert. Wo der Ursprung des Mönchtums so verstanden wird, ist es nicht nötig, bemerkt Tillard, in der Schrift präzise Zeugnisse zu suchen, welche die Existenz des Ordenslebens in der Kirche rechtfertigen: »Die Kirche wird als monastische geboren und was die Texte über ihren Ursprung aussagen, gilt [auch] für das, was in unserer lau gewordenen Welt als

[145] Eine ausführliche Bibliographie der Arbeiten Tillards bietet: Maldari D., The Identity of Religious Life in the Theology of Jean-Marie Tillard o.p., Leuven theol. Diss. 1987 (Mschr.).

[146] Tillard J.M.R., Vertrauen zur Gemeinschaft. Geistliche Grundlegung des Ordenslebens heute. Mit einem Vorw. v. F. Wulf. Übers. v. A. Scherer, Freiburg 1973; frz. Original: Religieux aujourd'hui (Tradition et renouveau 5), Brüssel 1969; ders., Frei sein in Gott. Zur Praxis des Ordenslebens heute. Übers. v. M. Wieman, Freiburg 1979 = Auswahl aus: Religieux - un chemin d'évangile (Tradition et renouveau 8), Brüssel 1975.

[147] Vgl. dazu Maldari 330f.

[148] Vergleiche Tillard J.M.R., Devant Dieu et pour le monde. Le projet des religieux (Cogitatio fidei 75), Paris 1974 (= DD), 98-101.176-193; siehe auch Parenteau 2, 93-125.

[149] Siehe dazu DD 94.

einzige Spur des Ideals bleibt, das die Apostel sich vom gelebten Evangelium gemacht haben«[150].

Anders verfährt der zweite Traditionsstrang. Er geht davon aus, daß im Neuen Testament zwei Wege vorgelegt werden: der Weg der Gebote und der Weg der Räte[151]. Die klassische Trias *castitas-paupertas-oboedientia* hat sich dabei erst im Lauf der Entwicklung herauskristallisiert und dann zunehmend verfestigt[152]. Tillard bedauert, daß dabei nicht alle Theologen die Differenziertheit eines Thomas von Aquin an den Tag legten; die einseitige Fixierung auf die Dreizahl der Räte drängte die Weite des Evangeliums oft in den Hintergrund[153]. Die Konzeption vom »Rat«, der mehr verlangt und deshalb nicht von allen ergriffen wird, läßt zudem den Weg der anderen Gläubigen allzu leicht nur als »Konzession« der Barmherzigkeit Gottes erscheinen[154]. Auf diesem Hintergrund ist für Tillard die Reaktion Luthers und der anderen Reformatoren verständlich; sie erhoben gegen eine solche Konzeption im Namen des Evangeliums Protest, lehnten damit zugleich jedoch das Ordensleben überhaupt ab[155]. Für Tillard selbst muß jene Interpretation des Neuen Testaments, das der klassischen Doktrin der evangelischen Räte zugrundeliegt und damit zum biblischen Fundament des Ordenslebens überhaupt geworden ist, im Licht der zeitgenössischen Exegese entschieden in Frage gestellt werden.

In seiner eigenen Position versucht Tillard, aus den beiden von ihm kritisierten Theorien den jeweils wahren Kern zu destillieren: Aus dem ersten Modell die Idee des Ordenslebens als Fortführung der urkirchlichen »*koinônia*« und *sequela*, aus dem zweiten die Überzeugung von der Evangeliumsgemäßheit der *vita religiosa* sowie die bleibende Bedeutung der Rätetrias für das »projet religieux«. Mit diesem integrativen Verständnis möchte Tillard einen Beitrag zum tieferen Verstehen und zur theologischen Entfaltung der Konzilstexte leisten. Sie hatten der Trias der Räte einen hohen Stellenwert für das Ordensleben in der Kirche zugemessen, ohne jedoch die sich daraus ergebenden Fragen anzuschneiden[156].

---

150 DD 99.

151 Zum Schema von Gebot und Rat vergleiche: DD 94-96.102-126.

152 Vgl. den kurzen theologiegeschichtlichen Überblick in DD 103-126 sowie Tillard J.M.R., Art. Consigli evangelici, in: DIP 2, 1630-1685.

153 Vgl. dazu den Kommentar Tillards zu PC: Les grandes lois de la rénovation de la vie religieuse, in: L'adaptation 77-158, hier 96f.

154 So Tillard in DD 127.

155 Zur Reaktion Luthers: DD 128-134; Art. Consigli evangelici 1661-1670.

156 Einige Interventionen zeigen aber, daß den Konzilsvätern nicht jedes Problembewußtsein in dieser Hinsicht fehlte. Einige Hinweise dazu in: L'adaptation 96f.

Tillard geht davon aus, daß es unmöglich ist, im Neuen Testament einen unmittelbaren Beleg für eine Lehre von *drei* evangelischen Räten, die nur für einige Christen gelten, zu finden[157]. Er wendet sich aber auch gegen die Meinung, daß das Ordensleben überhaupt keine Basis im Evangelium habe und nur die Verchristlichung eines ursprünglich heidnischen Ideals darstelle[158]. Demgegenüber möchte er zeigen, daß die Ordensberufung »aus dem Evangelium ... hervorsprudelt«, aber eben nicht unvermittelt, sondern »in einer vermittelten Weise und auf dem Umweg über den Ruf zum Radikalismus, der in der Erfahrung des Glaubens *ut sic* enthalten ist«. Deshalb kann es für Tillard nicht darum gehen, eine Art »Schriftbeweis« zu führen, sondern nur darum, nach einer Affinität des Ordenslebens zur Radikalität des Evangeliums zu suchen. Die wesentlichen Züge dieser Lebensform zeichnen sich in »einer *bestimmten* Lesart im Heiligen Geist, nicht dieses oder jenes Textes, sondern des gesamten Inhalts des Evangeliums« ab. Es handelt sich also um »ein *bestimmtes* Verständnis ... der Sinnspitze des Christusereignisses«[159]. Im Gesamt des Evangeliums läßt sich für Tillard eine Konvergenz von Elementen feststellen, die eine bestimmte Form der Nachfolge Christi beschreiben. Für Tillard ist klar, daß jeder Gläubige die »radikalen Mittel«, die ihm in diesen Schrifttexten[160] vorgelegt werden, ergreifen muß, wenn sein Glaube auf dem Spiel steht und von ihm eine eindeutige Entscheidung für Christus gefordert ist. Dazu gehört unter

---

[157] Grundlegend dafür ist der Aufsatz: Tillard J.M.R., Le fondement évangélique de la vie religieuse, in: NRTh 91 (1969) 916-955, leicht verändert in: DD 133-196. Siehe auch ders., Art. Conseils évangéliques. I. Les conseils évangéliques et le donné biblique, in: Dictionnaire de la vie spirituelle 162-170. Speziell zum Thema des Ordensgehorsams siehe: Tillard J.M.R., Aux sources de l'obéissance religieuse, in: NRTh 98 (1976) 592-626.817-837. - Tillard schließt sich in seiner Auslegung des Schriftbefundes u.a. folgenden Exegeten an: Légasse S., L'appel du riche. Contribution à l'étude des fondements scripturaires de l'état religieux (Verbum salutis. Collection annexe 1), Paris 1966; ders., Les fondements évangéliques de la pauvreté religieuse, in: VieCon 42 (1970) 257-283; Dupont J., Mariage et divorce dans l'Évangile, Paris 1959; Quesnell Q., »Made themselves Eunuchs for the Kingdom of Heaven«, in: CBQ 30 (1968) 335-358.
Kritisiert wurde der Ansatz Tillards von: Galot J., Le fondement évangélique du voeu religieux de pauvreté, in: Gr 56 (1975) 441-467. In Absetzung von Tillard kommt Galot zu dem Schluß, daß 1. das Ordensleben (zumindest aber das Gelübde der Armut) direkt und ausdrücklich von Jesus gewollt und eingesetzt wurde (459-462), 2. an zwei verschiedenen, im Evangelium vorgelegten Wegen des Christseins festzuhalten ist (wenn auch nicht unbedingt im Schema von Gebot und Rat; 462-464) und 3. der Weg der Nachfolge als Ruf zu einer größeren Liebe verstanden werden muß, während die anderen Christen *ihre* Vollkommenheit auf dem Weg der Gebote erreichen können (464-466).

[158] So in DD 153.

[159] Le fondement 931f (= DD 154); vergleiche auch DD 193.

[160] Tillard zitiert in DD 154-156: Lk 14,26-27.33 par Mt 10,37-38; Lk 9,23f par Mt 16,24-27; Mt 8,19-22 par Lk 9,57-60; Lk 18,18.22.28-30 par Mt 19,16-21.27-29; Mk 10,17-21.28-30; Mt 19,9-12; Mt 5,29-30. Zum Folgenden vergleiche: DD 153-163 sowie Le fondement 931-933; Tillard J.M.R., Les religieux au coeur de l'Église (PVR 30), Paris 1969, 11f.

Umständen sogar der Verzicht auf das eheliche Leben, wie Tillard im Anschluß an die Exegeten Jacques Dupont und Quentin Quesnell ausführt[161]. Was im Leben des »normalen« Gläubigen *Grenzfall* ist, wird jedoch im Entwurf der *vita religiosa* zur *Lebensnorm*; was für jeden Christen in einer besonderen Situation strenge *Verpflichtung* ist, übernimmt der Ordenschrist *in Freiheit*. Indem er den Radikalismus des Evangeliums zum innersten Gesetz seiner Existenz macht und ihn in feste Formen kleidet (»institutionalisiert«), wird er fähig, »stetiger« die radikalen Forderungen des Neuen Testamentes zu leben[162]. Der Grund für diese freie Wahl des Ordenschristen liegt darin, daß er von der Person Jesu Christi ergriffen ist. Deshalb wünscht er, ganz und mit ungeteiltem Herzen dem Herrn zu gehören[163]. Darin äußert sich die *charismatische Natur* des Ordenslebens. Denn dem Charisma ist es zu eigen, »nicht das Produkt der Fähigkeit oder Heiligkeit des Menschen [zu sein], sondern der Zugriff des Geistes«[164]. Letztlich ist die Lebensform der Ordensleute nicht »moralisch« motiviert; ihr Grund ist vielmehr *theologal*, d.h. liegt in einem göttlichen Anruf begründet[165].

Der Unterschied zwischen allgemein christlicher Berufung und Ordensberufung, um dessen Formulierung im Konzil gerungen wurde, liegt nach diesem Modell Tillards weder in einer vollkommeneren oder weniger vollkommenen Verwirklichung des Evangeliums noch in einer Verschiedenheit der Anforderungen, sondern einzig und allein in der *Art und Weise* der Erfüllung, also auf der Ebene des *Modus*[166]. Tillard vermag so zu zeigen, daß die Einordnung des Ordenslebens in die allgemeine christliche Berufung (wie es auf dem Konzil versucht wurde)

---

161 Vgl. Le fondement 928-930; DD 149-152.

162 Siehe DD 157 (= Le fondement 932).

163 Vgl. Le fondement 936 (= DD 169). Zur Vorgängigkeit des Ergriffenseins durch Jesus Christus siehe auch: DD 61-67; Tillard J.M.R., Il y a charisme et charisme. La vie religieuse, Brüssel 1977, 44-57; ders., Dans le monde, pas du monde. La »vie religieuse apostolique«, Brüssel 1981, 13-18.

164 Charisme 66. - Das wird auch deutlich an der Auslegung von Phil 3 in Charisme 48-50. Die hier vorgelegte Position Tillards tritt auch in den beiden Aufsätzen über die Armut der Ordensleute zutage: Tillard J.M.R., La pauvreté religieuse, in: NRTh 92 (1970) 806-848.906-941; ders., Le propos de pauvreté et l'exigence évangélique, in: NRTh 100 (1978) 207-232.359-372.

165 Zum theologalen Charakter der Ordensberufung siehe: Charisme 27-57; Dans le monde 13-18; Religieux - un chemin 20.

166 Vgl. DD 175 (entspricht in etwa Le fondement 939f): »C'est dire que le choix des mesures radicales - exprimées dans le faisceau des décisions de pauvreté, abandon du style ordinaire de vie, rupture des relations coutumières avec le monde, obéissance, célibat, ascèse institutionnalisée - n'équivaut nullement à une sélection à l'intérieur de la totalité évangélique, à une réduction de celle-ci ou au contraire à un ajout. Il s'agit d'un autre plan, visant à mettre le croyant dans une situation qui lui permettra vivre tout l'Évangile, mais sous un mode spécial. Répétons-le, ce choix détermine un mode, non un contenu«.

nichts von der Radikalität des Ordenslebens abstreicht. Im Gegenteil: Erst wo deutlich wird, daß Ordensleben nicht mehr und nicht weniger als ein *Modus* christlicher Existenz und christlicher Radikalität ist, kann seine Besonderheit (nicht im wertenden Sinn, sondern als Eigentümlichkeit) besser zum Leuchten kommen.

Tillard findet im Neuen Testament einen »Idealtyp« dieser radikalen Option für Jesus und das Evangelium überliefert: die Gruppe jener Männer und Frauen, die Jesus *nachfolgen*[167]. Sie stechen in gewisser Weise aus der Menge derer, die Jesu Botschaft aufnehmen, heraus. Der biblische Befund ergibt für Tillard, daß Jesus Menschen in seine Gemeinschaft gerufen hat, die ihn nun begleiteten, den gewohnten Umgangsstil mit der Welt aufgaben - zumindest einige Zeit lang -, sich auf Wanderschaft begaben, Abstand nahmen von allem, was sie hindern konnte, Jesus so anzugehören, wie es dem vernommenen Ruf entspricht, von nun an keine andere absolute Bindung kannten als die an ihn allein und zu bestimmten Gelegenheiten auch selbst die Frohe Botschaft verkündeten. Daneben gab es Menschen - wie Nikodemus, Lazarus und seine Schwestern, Zachäus -, die Jesus genauso ergeben waren, trotzdem aber eine »normale« Existenz weiterführten[168]. Die Gruppe derer, die Jesus im strikten Sinn nachfolgten, wurde zum Zeichen für andere, da sie »ostentativ glaubten«, »demonstrativ hörten«, »sich ostentativ zu ihm bekannten«[169].
Diese Art der Nachfolge stellt primär ein Phänomen im Leben des irdischen Jesus dar. In der nachösterlichen und nachpfingstlichen Gemeinde mußte sie ein anderes Gesicht bekommen. Die räumliche Gemeinschaft um Jesus wird hier zur »*koinônia*« mit dem erhöhten Herrn, der dazu im heiligen Geist beruft und die Seinen untereinander verbindet[170]. In dem Prozeß der »relecture« des Nachfolgegedankens, der nach Ostern und Pfingsten einsetzt und durch Universalisierung und Verinnerlichung gekennzeichnet ist, »erlitt« die ursprüngliche Idee der *sequela Christi* »Gewalt«; sie verlor einige ihrer charakteristischen Züge, da es in der nachösterlichen Situation nicht mehr möglich war, alle Elemente der Erfahrung, welche die apostolische Gruppe mit Jesus gemacht hatte, auf die neuen Gegebenheiten zu übertragen. Tillard bemerkt, daß selbst der Sprachgebrauch des Neuen Testamentes diese Bruchstelle anzeigt: die *sequela Christi* wird zur *imitatio*[171]. Die beiden Begriffe überschneiden sich zwar zum Teil, Tillard stellt aber auch signifikante Unterscheidungen fest: Die *Nachfolge Christi* impliziert äußerliche Schritte, durch die ein Mensch ausdrückt, daß er auf Jesu Spuren wandeln will, während die *Nachahmung* in einem moralischen und mystischen Bemühen, die Züge Jesu zu reproduzieren, besteht. Ihren Höhepunkt findet die *Nachfolge* im (wörtlich verstandenen) »alles

[167] Die folgende Darstellung bezieht sich auf: Le fondement 933-940; DD 163-176; Religieux - un chemin 18-25.

[168] Vgl. DD 164f; Frei sein 51; Religieux - un chemin 19-22.

[169] Tillard zitiert Schürmann H., Der Jüngerkreis Jesu als Zeichen für Israel und als Urbild des kirchlichen Rätestandes, in: GuL 36 (1963) 21-34, hier 25. Tillard ist zwar von den exegetischen Darlegungen Schürmanns inspiriert, weitet jedoch den Begriff des Jüngerkreises, der bei dem Erfurter Exegeten auf die Gruppe der Zwölf eingeschränkt ist, aus.

[170] Zu dieser Veränderung siehe DD 166f.

[171] Zum Vergleich zwischen *sequela* und *imitatio* siehe: DD 167f; Charisme 97; Religieux - un chemin 22f.

verlassen« als Antwort auf den Ruf Jesu, die *Nachahmung* jedoch gipfelt darin, die Gesinnung Jesu zu übernehmen.
Die Sehnsucht, die radikale Lebensform der *sequela Christi* in ihrem ursprünglichen Sinn zu leben, blieb in der Kirche stets wach. Es ist nun das Ordensleben, das einen christlichen Lebensentwurf repräsentiert, »der darauf abzielt, die radikale Option der Gemeinschaft derer, die Jesus folgten, in die aktuelle Situation der Kirche zu übertragen«[172]. Das Thema der *Nachfolge Christi* sollte deshalb in der Tradition immer wieder zum Paradigma dessen werden, was heute als Ordensleben bezeichnet wird. Das Zweite Vatikanum hat diesem Gedanken neu Raum gegeben (PC 1.2.13.15)[173].

Ähnlich, wie in der Gruppe derer, die Jesus nachfolgten, der *Glaube* das Fundament bildete, ohne den der *gesamte* Lebensentwurf der Jünger sinnlos wäre, während für die anderen Freunde Jesu (Nikodemus, Martha, Lazarus ...) ein großer Teil ihres Lebens auch ohne Glauben sinnvoll weiterginge wie vor ihrer Begegnung mit Jesus, so ist es auch mit dem Verhältnis der Ordenschristen zu anderen Gläubigen: Ihr *gesamtes* Leben würde ohne *Glauben* sinnlos, andere ungläubig gewordene Christen könnten sich jedoch weiterhin ihren familiären und beruflichen Aufgaben mit ganzer Intensität widmen. Die Ordensberufung ist, wie die Lebensform der Jünger Jesu, eine »existentielle Proklamation des absoluten Wertes des Glaubens«[174] und zwar des Glaubens der ganzen Kirche. So bringt sie - ähnlich einer Röntgenaufnahme - die wesentliche Struktur, das Eigentümliche des Christseins zum Leuchten.
In Tillards Interpretation der neutestamentlichen Texte sind bereits alle Linien vorgegeben, die auch seine *systematischen* Überlegungen bestimmen[175]. Hier geht Tillard von zwei Vorüberlegungen aus, die ihm zur Vermeidung von Mißverständnissen unumgänglich scheinen:
- Jede christliche Lebensform verwirklicht die Fülle des Evangeliums immer nur partiell[176]. Auch das Ordensleben umfaßt nicht das Ganze des Evangeliums, sondern setzt wie jeder christliche Lebensentwurf Schwerpunkte und schließt zugleich andere, der Botschaft Jesu ebenso konforme Existenzformen aus. Deswegen dürfen die verschiedenen, aus

[172] DD 171. Siehe auch DD 193; Religieux - un chemin 40; Art. Consigli evangelici 1679f.

[173] Tillard erblickt in den Konzilstexten ein gewisses Problem darin, daß in LG der Begriff *Nachfolge* für alle Gläubigen (LG 37.40.41.50) *und* für die Ordensleute verwendet wird (LG 44). Siehe dazu DD 171, Anm. 97, dagegen jedoch einige Jahre zuvor: Tillard J.M.R., Nécessité du prêtre et du religieux dans l'Église, in: AAVV., La vocation religieuse et sacerdotale (PVR 28), Paris 1969, 69-91, hier 83: »La vie chrétienne est une *sequela Christi*«. - Zur *sequela Christi* als Paradigma des Ordenslebens in der kirchlichen Tradition vergleiche auch: Parenteau 2, 149-172.

[174] DD 195. - Vgl. DD 326; Religieux - un chemin 22-25.40; Charisme 104-109; Art. Consigli evangelici 1684; Tillard J.M.R., Evocación en acto de fe, in: Vida Religiosa 60 (1986) 431f.

[175] Grundlage für das Folgende bilden: DD 282-297; Religieux au coeur 51-61.

[176] Vgl. DD 283.

je persönlicher Berufung erwachsenen Lebensweisen nicht gegeneinander ausgespielt oder eine der anderen a priori übergeordnet werden, da keine das Ganze für sich beanspruchen kann.

- In den letzten Jahren hat sich in der Kirche eine neue Sichtweise von der »Welt« durchgesetzt[177]. Die Welt erscheint nun nicht mehr als bloßes Hindernis für den Weg des Glaubens oder als ein durch das kommende Reich Gottes zu besiegender Feind. Im Gegenteil: die Herrschaft Christi will die Strukturen *dieser* Welt bis in ihre letzte Tiefe hinein erfassen (vgl. LG 48). Die kommende Welt Gottes ist nicht nur künftige, der jetzigen vollkommen fremde »Gegenwelt«, sondern eine Wirklichkeit, die schon hier und jetzt am Werk ist.

Während ihrer Pilgerzeit findet sich die Kirche in einer spannungsreichen Beziehung vor: sie weiß sich sowohl auf Gott als auch auf die Welt verwiesen. Diese beiden Relationen - die transzendente und die immanente - sind konstitutiv für das Mysterium der Kirche. Sie entsprechen den beiden »Polen« des Ostergeschehens: des transzendenten - »das Ereignis ... des transzendenten Eingreifens des Gottes und Vaters Jesu«[178] - und des immanenten - das im Ostergeschehen geschenkte Heil soll jeden Menschen und seine Beziehungen, alle Menschen, ja die ganze Geschichte erfassen. So soll die Welt auf das Reich Gottes, das in ihr bereits zu knospen begonnen hat, ausgerichtet werden[179]. In diese österliche Spannung ist der einzelne Gläubige seit seiner *Taufe* hineingestellt. Das Angeld des endgültigen Heiles, das er in der Taufe empfangen hat, treibt ihn dazu, »die Welt mit dem, was an Positivem in ihrer Weltlichkeit liegt, in den Dienst an der Herrschaft Christi einzubringen«[180]. Dieser »immanente Dynamismus, der die menschlichen Energien dadurch ergreift, daß er ihren unersetzbaren Wert unterstreicht, ... ist genauso evangeliumsgemäß wie die Konzentration auf das 'Ereignis'«[181]. Das christliche Engagement für die Welt hat hierin seine Wurzel[182]. Die zwei Dynamismen - das schon empfangene Angeld und der Antrieb zur Veränderung der Welt - überschneiden sich in jedem Chri-

---

177 Vgl. ebd. und Vertrauen 71-95 sowie die Darstellung der Ordenstheologie Tillards zum Thema »Welt und Orden« im 3. Kapitel, unten 272-289.

178 DD 284.

179 Vgl. DD 286: L'Événement »est, par sa nature, également point d'origine d'un dynamisme d'immanence au monde. Sa densité de salut veut en effet saisir tout l'homme et le noeud de relations qui le tissent, tous les hommes, toute l'histoire en sa marche vers un avenir toujours meilleur. ... La puissance de la Pâque incite ainsi le chrétien à oeuvrer afin que la Seigneurie du Christ étreigne le monde en le poussant vers la nouveauté que Dieu réserve pour un avenir qui déjà germe«.

180 DD 286.

181 DD 286f.

182 Hierzu ausführlich Tillard in: Dans le monde und ders., Appel du Christ, appels du monde. Les religieux relisent leur appel (PVR 39), Paris 1978.

sten. Innerhalb dieser einen Realität ist es aber möglich, verschiedene Gewichtungen zu setzen: sei es um die »transzendente Achse«, sei es um die »immanente Achse«[183], sei es im Blick auf den Ursprung der empfangenen Gnade in Gott, sei es auf den Zweck schauend, zu dem diese Gnade verliehen wird[184].

Von diesem Ausgangspunkt her zeigt sich Tillard das Eigentümliche der Ordensberufung: Die Berufung zum Ordensleben wurzelt in jenem ersten »Pol« des Osterereignisses und der Taufgnade, der *transzendenten Achse*. Der Entwurf der Ordensleute bringt mit besonderer Schärfe das »Schon« des Gottesreiches zum Ausdruck, weil der Ordenschrist sein ganzes Leben um das »Absolute« zentriert, das allem anderen seinen Sinn gibt. Er enthält sich dabei anderer - grundsätzlich mit dem Evangelium vereinbarer - Werte, um dieses »Eine Notwendige« in seiner gesamten Existenz zum Tragen kommen zu lassen.

Hier ist für Tillard der Ort der drei »klassischen« Gelübde. Sie entsprechen den drei fundamentalen Regungen, die Menschsein ausmachen: »Verlangen nach Liebe, Dynamismus von Aneignung und Gebrauch, Wille zur Selbstbestätigung und Unabhängigkeit«[185]. In der Art des Umgangs mit diesen Grundstrebungen möchte der Ordenschrist die Anerkennung der Absolutheit Gottes in seinem *ganzen* Leben bis hinein in die tiefsten Wurzeln herausstellen (*holocaustum*)[186]. Das äußerliche Gelübde ist dabei nichts anderes als ein Symbol, ein Sakrament der inneren Lebenshingabe[187]. Demgegenüber bleibt die Entfaltung in die *drei* Gelübde der Armut, der Keuschheit und des Gehorsams, wie sie sich im Ordensleben des Westens durchgesetzt hat, immer sekundär[188]. Sie sind Explikation des einen *votum professionis*[189]. In der Konzeption Tillards

---

[183] Vgl. dazu DD 284.

[184] Diese Sicht findet sich in: DD 287; Tillard J.M.R., L'avenir de la vie religieuse dans une église aux prises avec le problème de la sécularisation, in: Shook L.K./Bertrand G.-M. (Hg.), La Théologie du renouveau. Publ. par L.K. Shook et G.M. Bertrand. 1 (Cogitatio fidei 34), Montréal 1968, 322-333, hier 331.

[185] DD 288f. - Andere Triaden: »sexualité-avoir-pouvoir; pulsions du désir amoureux, du geste d'appropriation et de la volonté d'affirmation de soi; volonté de jouir, de posséder et de dominer; famille, société économique et société politique« (DD 390f, hier mit Berufung auf Ricoeur P., L'image de Dieu et l'épopée humaine, in: ders., Histoire et verité, Paris ^{3}1955, 112-131; vgl. auch Frei sein 52).

[186] In DD 289 verweist Tillard auf Thomas von Aquin, STh II-II q.186 a.7.

[187] Vgl. etwa DD 362: »Le *voeu* extérieur apparaît alors comme un symbole ..., un *sacramentum*, du *voeu* intérieur de la vie«; siehe auch DD 397.

[188] Ausführlicher Tillard in: DD 387-397; Dans le monde 20; Charisme 61. - Die theologische Reflexion über die drei Gelübde hilft mit - gerade im Blick auf die vielfältigen Ordensobservanzen und Sondergelübde -, das Wesentliche vom Akzidentellen im Entwurf des Ordenslebens zu unterscheiden. So Tillard in: DD 390.

[189] Vgl. DD 396f; Charisme 61.96; Dans le monde 22.26; Le propos de pauvreté 371f.

nimmt dabei die Armut eine Vorrangstellung ein und entläßt gleichsam Gehorsam und Ehelosigkeit aus sich heraus[190].

In der Verpflichtung auf *castitas*, *paupertas* und *oboedientia* kommt der Charakter des Ordenslebens als ständiger *conversio*, als ständiges Bemühen um ein authentisches christliches Leben zum Ausdruck. Tillard expliziert dies im Rückgriff auf die Beziehung zwischen der dreifach konkupiszenten Situation des Menschen (im Anschluß an 1 Joh 2,15-17 Vg) und den drei Gelübden, die der klassischen Ordenstheologie geläufig war. Er steht dabei ähnlich wie Régamey in thomanischer Tradition. Unsere eigene Erfahrung und die Geschichte zeigen, wie ambivalent die an sich guten Triebkräfte von Sexualität, Haben und Können sind. Chance und Gefährdung schlummern in ihnen. Das Verlangen nach Liebe kann zu eigensüchtiger fleischlicher Begierde werden, der Drang nach Erwerb zum Besitzegoismus, der Wille zur Selbstbestätigung zum Machtrausch[191]. Von der Sklaverei dieser Ambiguität möchten die Gelübde den Menschen befreien, indem sie »ihn der Faszination von Genuß, Besitz und Macht auf radikalere Weise entziehen«[192]. Diese zunächst »negative« Seite der Gelübde kann und darf, wie auch Régamey betont hatte, nicht den ersten Platz im Entwurf des Ordenslebens einnehmen. Ihr hat der Wunsch vorgeordnet zu sein, die Überzeugung von dem »Einen Notwendigen«, das letztlich Gott selbst ist, in die fundamentalen Werte des Lebens einzuschreiben[193].

Es ist wichtig zu sehen, daß der Entwurf des Ordenslebens somit nicht primär in einer Negation, sondern in einer *Konversion* besteht. Diese *conversio* verwirklicht sich in der Errichtung eines neuen Typs von menschlichem Zusammenleben, die als »*'koinônia'* der Versöhnung« beschrieben werden kann: Die gelobte Armut führt zur Versöhnung im Bereich des Besitzes, indem die Ordensleute alles miteinander teilen und indem der einzelne die Bedürfnisse anderer achtet. Die gelobte Keuschheit ermöglicht eine neue Form der Liebe, die sich - nicht gebunden an Ehepartner und Familie - auf die ganze Welt hin öffnen kann. Der Ordensgehorsam ebnet den Weg zum Dienst am anderen, zum Hören auf seine Bedürfnisse; er befreit den Menschen vom Bestreben, über den anderen Macht zu gewinnen, und befähigt ihn statt

---

190 Siehe dazu Religieux au coeur 37-39; Appel 78; Tillard J.M.R., Religieux sur les chantiers des hommes, in: LV.F 30 (1975) 221-254, hier 238: »La pauvreté se trouve au carrefour de tous les éléments que constituent le projet religieux«.

191 Zu dieser Ambivalenz siehe: Frei sein 52; DD 289.392.

192 Frei sein 53.

193 Vgl. dazu Vertrauen 38; Aux sources de l'obéissance religieuse 593; Charisme 58f; Religieux - un chemin 22-25; Frei sein 53.

dessen zur Macht der Hingabe[194]. Das Leben des Ordenschristen wird so zum *prophetischen Zeichen* für das, was in jedem Gläubigen seit der Taufe grundgelegt ist[195], und bringt es ins helle Licht: die Wirksamkeit der Gnade[196] und das Angeld des Gottesreiches.

Die Ordensleute wirken zwar wie die anderen Christen und mit ihnen zusammen in der Welt und für die Durchsetzung der Herrschaft Christi. Ihr Einsatz ist jedoch verbunden mit einer Absage an ein Modell von »In-der-Welt-Sein«, das sich in der Ehe, im Gebrauch der Güter, in der Ausübung von Macht ausdrückt[197]. Ihr gesamter Lebensentwurf entfaltet sich vom Glauben her. Demgegenüber kommt das christliche Engagement gleichsam »von unten her«, ganz aus dieser Welt. Im Zentrum des Lebens dieser Gläubigen steht die Durchdringung der Strukturen dieser Welt mit der Herrschaft Christi. Beide Berufungen sind für Tillard authentischer Dienst am Evangelium und erlauben der Kirche sowohl den transzendenten als auch den immanenten Aspekt der Gnade Gottes gleich intensiv zu leben. Die beiden Lebensformen sind zueinander *komplementär*[198].

Tillard versucht, diese Komplementarität im Anschluß an Hans Urs von Balthasar mit einer gegenläufigen dynamischen Bewegung zu beschreiben: »Der Terminus *a quo* der einen entspricht dem Terminus *ad quem* der anderen«. Die Ordensberufung hat ihr Vorbild im Sohn, der vom Vater (*a quo*) in die Welt (*ad quem*) gesandt ist und wieder zum Vater zurückkehrt. Die allgemeine christliche Berufung empfindet in der Welt (*a quo*) »Hunger und Durst« nach der Gerechtigkeit Gottes (*ad quem*) und kehrt wieder zurück zu ihrer Aufgabe in der Welt. Diese zwei Lebenswege entsprechen der österlichen Spannung zwischen Gott und Welt. Sie benötigen sich gegenseitig, um einander auf die zwei Aspekte der einen Taufgnade aufmerksam zu machen[199]. Tillard plädiert deswegen dafür, daß das Ordensleben nicht als »besseres Mittel«, die evange-

---

[194] Zu dieser »*'koinônia'* de réconciliation« siehe: DD 393f.

[195] So Tillard in Religieux au coeur 54.

[196] Für diesen Gedanken beruft sich Tillard in DD 297, Anm. 24 auf Schillebeeckx E., Der Amtszölibat. Eine kritische Besinnung (Theologische Perspektiven), dt. Düsseldorf 1967, bes. 72-75, der lt. Tillard »in diesem Punkt die Intuition K. Rahners weiterentwickelt«; vgl. dazu Rahner, Über die evangelischen Räte; ders., Zur Theologie der Entsagung.

[197] Zum spezifischen »In-der-Welt-Sein« der Ordensleute vgl. die Diskussion der Ordenstheologie Tillards im Kapitel »Welt und Orden« dieser Untersuchung (272-289).

[198] Zur Komplementarität von Ordenschristen und Laien (im Sinne von »Nicht-Ordensleuten«) siehe etwa: DD 295.440; Religieux au coeur 12; Frei sein 71.

[199] DD 295; siehe auch: Les moines et l'aujourd'hui du dessein divin, in: Visioni attuali sulla vita monastica 255-265, hier 254f. - Vergleiche dazu die entsprechenden Passagen bei von Balthasar, Vom Ordensstand 20f; ders. differenzierter in: Christlicher Stand 111-115.169.

lische Vollkommenheit zu erlangen, qualifiziert wird: Es »ist dies [nur] für diejenigen, die der Geist mit diesem Charisma ausstattet«[200].
Trotzdem anerkennt Tillard einen gewissen »Vorrang« der *vita religiosa*. »Sie ist den anderen Berufungen insofern überlegen, als sie das Herzstück des Evangeliums hervorhebt, die dem christlichen Leben wesentliche Zugehörigkeit zum Ereignis Gottes, das in Jesus erfüllt ist«[201]. Im Leben der Ordensleute wird die absolute Priorität der Gnade Gottes und des Glaubens *sichtbar*, während Gnade und Glauben im Leben und Tun der anderen Christen zwar ebenso am Werk sind, oft aber nicht so eindeutig erkennbar sind und gleichsam *verhüllt* bleiben[202]. Der Ordenschrist jedoch ist für Tillard »nichts anderes als ein Getaufter, der ein für alle Mal entschieden hat, ... in ihm selbst die Gegenwart des eschatologischen Reiches (und durch ihn in der Kirche und durch die Kirche in der Welt) zu höchstmöglicher Ausdrücklichkeit gelangen zu lassen«[203].
Tillard hat mit diesem Versuch, das Verhältnis von Christ und Ordenschrist zu bestimmen, die Fäden des Konzils - Einordnung der *vita religiosa* in die allgemeine Berufung der Christen zur Heiligkeit und Vollkommenheit der Liebe, Abschied vom Schema Gebot/Rat, eschatologische Orientierung des Ordenslebens - aufgenommen. Er hat die verschiedenen Argumentationslinien der Konzilstexte in seiner Konzeption gebündelt, wodurch die in den Konzilstexten disparaten Elemente neue Leuchtkraft bekommen. Vieles, was in diesem Abschnitt angeschnitten wurde, wird in der Analyse der Ordenstheologie Tillards unter dem Aspekt von »Kirche und Orden« noch vertieft werden müssen[204]. Die ekklesiale Bedeutsamkeit des Ordenslebens ist jedoch schon auf dieser ersten Ebene sehr deutlich geworden. War Régameys Entwurf primär auf den Weg des *einzelnen* Christen zu einem authentischen christlichen Leben konzentriert gewesen, hebt Tillard hervor, daß es für die volle Verwirklichung von *Kirche* notwendig ist, daß in ihr so etwas wie Ordensgemeinschaften existieren - ein Gedanke, der bei Régamey nur am Rande anklingt. Im innersten Kern bleibt Tillard - wie auch sein Ordensbruder Régamey - der thomanischen Tradition treu. Denn auch

[200] DD 297 mit Verweis auf Rahner, Über die evangelischen Räte.

[201] DD 297: »Mais il faut reconnaître que, située dans une vision globale du mystère de l'Église, elle a l'avantage sur les autres vocations de mettre en relief l'arête vive de l'Évangile, le rattachement essentiel du fait chrétien à l'Événement de Dieu accompli en Jésus«.

[202] Siehe dazu DD 297.325f. Vgl. auch Schillebeeckx, Amtszölibat; Rahner, Über die evangelischen Räte; Ranquet.

[203] Religieux au coeur 52.

[204] Vergleiche dazu unten 177-197.

wenn der für die Ordenstheologie des Aquinaten zentrale Begriff *holocaustum* nur vereinzelt fällt, so schimmert er dennoch auf die eine oder andere Weise durch alle Ansätze Tillards durch: sei es der zur Norm werdende evangelische Radikalismus, sei es die unbedingte Hinordnung auf den Glauben, der alle Fasern des Lebens bestimmt. Impulse nimmt Tillard auch aus der Theologie Karl Rahners und Hans Urs von Balthasars auf, wobei im ganzen der Einfluß Rahners überwiegen dürfte, was sich etwa in der selbstverständlichen Rede von der *Berufung* zur Ehe und zum Weltstand zeigt[205].

»Consecratio seu benedictio«

Es ist auffallend, daß Tillard den - im Französischen und in der kirchenoffiziellen Sprache - gängig gewordenen Ausdruck »vie consacrée« vermeidet und stattdessen die Bezeichnungen »vie religieuse« bzw. »projet (de) religieux« oder »projet de la vie religieuse« bevorzugt[206].

Die geeignetste Formulierung ist für Tillard »projet de la vie religieuse«, die man am besten mit »Grundentwurf des Ordenslebens« übersetzen könnte. Tillard favorisiert diesen Ausdruck, weil sich das Ordens*leben* in seiner Vielfalt einer letzten einheitlichen Definition entzieht: Es gibt nicht *die* Ordensleute. Was existiert, ist ein Grundentwurf, der offen ist für eine Unzahl von Ausdrucksmöglichkeiten[207]. Mit dem Ausdruck »projet« will Tillard den lateinischen Terminus *propositum* wiedergeben, der in Geschichte und Spiritualität von Mönchtum und Orden überreich bezeugt ist. Dort bezeichnet er »das Vorhaben, sein Leben Gott in Jungfräulichkeit, monastischem Leben oder einer ähnlichen Form hinzugeben, aber auch das öffentliche Versprechen, das diese Absicht besiegelt sowie die Lebensregel, durch die sie verwirklicht wird«[208]. Für Tillard treffen daher im *propositum* objektive Struktur (die angebotene Gabe des Heiligen Geistes), subjektive Struktur (der einzelne hat darin seine Berufung erkannt und bringt sie durch freien Willen nun zum Ausdruck) und Beziehung zur Kirche (das *propositum* wird in und vor der Kirche bekräftigt) zusammen. So gilt: »Das 'projet religieux' enthält das schwierige Gleichgewicht zwischen einer der Kirche vom Geist gegebenen Achse, an deren Spielraum man sich halten muß, und einem steten Dynamismus schöpferischer Freiheit«[209]. Für Tillard wollte Thomas von Aquin diese Spannung zwischen vorgegebenen Strukturen und

---

205 Siehe dazu etwa Rahner, Über die evangelischen Räte und den Vergleich des Räteverständnisses bei Rahner und von Balthasar in: Scheuer 218-220.232f.

206 In L'avenir de la vie religieuse 331 bemerkt Tillard: »La *vita religiosa* (l'expression est équivoque, tout comme est équivoque l'expression *vie consacrée* par laquelle on veut souvent la remplacer) ...«.

207 Vgl. DD 12.

208 DD 60.

209 DD 60f.

unablässigem Streben nach einem »Mehr« an Vollkommenheit mit dem Begriff »Stand« des Ordenslebens (*status religiosus*) zum Ausdruck bringen[210].

Die Skepsis Tillards gegenüber der Bezeichnung »vie consacrée« hängt mit seinem Verständnis der *consecratio religiosa* zusammen. Diesen Begriff der Ordenstheologie, der vor allem seit dem Konzil große Bedeutung gewonnen hat, sieht Tillard mit Zweideutigkeiten und Mißverständnissen belastet, die nicht leicht auszumerzen sind. Die meisten Christen, so vermutet Tillard, verleitet das Stichwort *consecratio religiosa* dazu, die Wurzel dieser Weihe im Menschen zu suchen: Der Ordenschrist »weiht sich Gott«. In einer solchen Vorstellung wird vergessen, daß die *consecratio* zuerst in einer Bewegung Gottes auf den Menschen zu besteht, was Thomas von Aquin noch sehr bewußt war[211]. Nach der Lehre des Aquinaten ist es Gott, der den Menschen durch den Dienst der Kirche »weiht«. Dabei kann für Tillard dieser Vorgang nur auf der Ebene der Zeichenhaftigkeit verstanden werden. Die *consecratio* ist *Zeichen* dafür, daß der Mensch sich künftighin für Gott und die Kirche in den Dienst genommen weiß, Zeichen aber auch dafür, daß Gott selbst den Menschen, der ihm die Hingabe seines Lebens darbietet, »durch den Dienst seiner Kirche *segnet, weiht,* also mit seiner eigenen Treue umhüllt«[212]. Wie Thomas von Aquin versteht Tillard die *consecratio seu benedictio* als öffentliche, feierliche Bestätigung des *propositum* des Menschen. Die Weihe ist für Tillard »nicht die Ursache, sondern das Zeichen der Zugehörigkeit zum Ordensstand«[213]. Nur insofern kann die Ordensprofeß eine »Weihe« genannt werden, als Gott durch den Dienst der Kirche den Professen zu einem »mémorial« der Relation des Menschen zu Gott macht[214]. Ähnlich wie die altkirchliche *consecratio virginum* ist die *consecratio religiosa* für Tillard mit einem liturgischen Akt verknüpft[215].
Neben dem Mißverständnis der *consecratio* als *devotio* des Menschen sieht Tillard als weitere Schwierigkeit das geänderte Verhältnis von Sa-

---

210 Vgl. DD 61. Zu Ordens*stand* siehe: DD 375-380.

211 Tillard verweist DD 365, Anm. 44 auf STh II-II q.88 a.7; a.9; a.10 ad1 und in Anm. 43 auf die Arbeiten Régameys. Zur *consecratio* als Handeln Gottes siehe auch L'adaptation 135; L'avenir de la vie religieuse 324-326. - Das Folgende orientiert sich an: DD 364-371.

212 DD 366.

213 Ebd.: La *consecratio seu benedictio* »n'est pas la cause, mais le signe de l'appartenance à l'état religieux«. Mit Bezug auf Thomas von Aquin, De perfectione c.28: »Solemnis consecratio seu benedictio non est causa quod homo sit in statu perfectionis sed inducitur quasi signum«.

214 Zum Begriff »mémorial« vgl. Tillard J.M.R., Le mémorial dans la vie de l'Église, in: La Maison-Dieu n° 106 (1971) 24-45.

215 Dazu vergleiche DD 367f.

kralem und Profanem[216]. In der heutigen Weltsicht scheint das Sakrale keinen rechten Platz mehr zu haben. Denn die Schöpfung in ihrer Profanität und damit das menschliche Leben als solches werden schon als von Gott angenommen und durchwaltet geglaubt, so daß es keine Aussonderung braucht, damit ein Mensch in den Dienst Gottes treten kann. Würde die *consecratio religiosa* als Absonderung verstanden und somit die »sakrale« Qualität des Ordenslebens akzentuiert, wirkte das Ordensleben im gegenwärtigen Weltverständnis als Fremdkörper. Darum aber geht es gemäß Tillard bei der *consecratio religiosa* gerade nicht. Sie ist keine Aussonderung, kein Abschieben in ein von profaner Existenz getrenntes Reservat. Die Intention von *consecratio* und *professio religiosa* liegt vielmehr darin, in der konkreten menschlichen Existenz die Beziehung zu Gott zu festigen, das Leben auf seinen Ursprung in Gott hin zu öffnen. Da jedoch der Terminus *consecratio* meist nicht in der von Tillard vorgeschlagenen Weise begriffen wird, vermeidet ihn der Dominikanertheologe. Dadurch und durch die Ablehnung einer Aussonderung der Ordensleute unterscheidet sich Tillard von Régamey, mit dem er aber darin übereinstimmt, daß die *consecratio religiosa* gewissermaßen die »Antwort Gottes« (durch den Dienst der Kirche) auf die Hingabe des Menschen verkörpert und ein Leben in Treue zum *propositum* ermöglicht.
Ein etwas anderes Bild bietet sich in Tillards Interpretation von PC 5,1[217]. In seinem Kommentar zu PC 5 erklärt Tillard kurz und bündig: *»Die Ordensweihe ist nichts als die Taufweihe selbst, die zu ihrer vollkommensten Entfaltung geführt ist«*[218]. Die Heiligung und Weihe in der Taufe ist ganz das Handeln *Gottes*, durch das seine Liebe den Menschen ergreift und ihn zum »Sohn im Sohn« macht. Im Entschluß zum Ordensleben ergreift der *Mensch* diese Gnade Gottes und müht sich, möglichst umfassend das Ergriffensein durch Gott in seinem Leben zum Leuchten zu bringen. Er möchte sein Leben so ordnen, daß Gottes gnadenvolles Tun, das in der Taufe sein Innerstes berührt hat, nun »mehr und mehr an die Oberfläche der Existenz tritt, konkret wird, lebendig, das einzige Zentrum des bewußten und freien Lebens«[219]. Ähnlich wie Régamey versteht also auch Tillard die *consecratio religiosa* auf der Linie der Taufgnade.

216 Zu dieser Schwierigkeit siehe: DD 369-371; L'avenir de la vie religieuse 322-324.
217 Vgl. L'adaptation 134f; DD 304-313.
218 L'adaptation 135.
219 L'avenir de la vie religieuse 326. - Vergleiche dazu auch Vertrauen 38 und die Ausführungen Régameys zu »ferveur« und »intimité« oben 69-71.

Zur Interpretation der *peculiaris consecratio* von PC 5,1 vermag für Tillard die Deutung der Profeß als *zweiter Taufe*, in der Tradition reich belegt, Auskunft zu geben[220]. Dabei ist jedoch für Tillard darauf zu achten, daß jene *zweite Taufe* nicht im Sinn einer Wiederholung der ein für alle Mal (»*ephapax*«) gespendeten sakramentalen Taufe verstanden wird. Die eine Taufe ist weder wiederhol- noch überholbar. Vielmehr kann es im Ordensleben wie in jedem christlichen Leben nur darum gehen, das Geschenk der Taufe im konkreten Lebensvollzug zu vertiefen, zu aktualisieren und zu verinnerlichen. Dazu muß sich der Christ um eine ständige *conversio*, eine immer neue Umkehr des Herzens bemühen. In diesen Rahmen ordnet sich auch das Ordensleben ein: Auf der Basis der Tauf*gnade* und nicht als »zusätzliche« Taufe möchte der Ordenschrist das *ad Deum*, das in der Taufe grundgelegt ist, radikalisieren und so den menschlichen Part der Taufe, die *conversio* aufs neue leben[221]. Die Ordensprofeß als »zweite Taufe« bedeutet ein »Wiedereintauchen in die Taufbekehrung«. Sie ist keine Erneuerung der in den Sakramenten der Initiation empfangenen Gabe des Geistes, sondern eine Erneuerung der Antwort des Menschen[222]. Auf dieser Linie legt Tillard die Aussage von PC 5,1 folgendermaßen aus: Die Ordensweihe, die in der Taufweihe wurzelt und diese voller zum Ausdruck bringt, ist ein »positiver Weg der Radikalisierung der Taufbekehrung« durch die Anwendung von geeigneten Mitteln[223]. Durch dieses Vorhaben weisen die Ordensleute alle Christen auf die Aufgaben hin, die mit der Gabe der Taufe verbunden sind.

Zusammenfassung anhand der Leitfragen

Tillard hat sich in seinen Veröffentlichungen ausführlich der Frage nach dem unterscheidenden Merkmal des Ordenslebens gewidmet und bietet dafür verschiedene Paradigmen an. Er leistet damit einen entscheiden-

---

[220] Einen Überblick dazu bietet: Parenteau 2, 71-91.

[221] DD 309: »Sur la base du don baptismal, le religieux s'engage dans un vouloir de radicalisation de l'*ad Deum* qui caractérise la démarche de l'homme au baptême«.

[222] Vgl. Charisme 100: »Il s'agit, en fait, non de 'rebaptême' mais de 'replongée dans la conversion baptismale'. On vise ... le rôle de l'homme répondant à Dieu, non le renouvellement du don de l'Esprit«. Tillard grenzt dieses Verständnis von einer Konzeption der »Geisttaufe« ab, wie sie in der charismatischen Bewegung verbreitet ist. Dort geht es darum, den Geist und sichtbare Manifestationen seiner Macht zu empfangen (Geistesgaben). Vgl. Charisme 100-102.

[223] DD 311: »L'affirmation de *Perfectae caritatis* sur la consécration religieuse 'enracinée dans la consécration baptismale et l'exprimant avec plus de plénitude' doit se comprendre dans cette ligne d'une démarche positive de radicalisation de la conversion baptismale, avec moyens appropriés«.

den Beitrag zur Explikation und Weiterführung der Konzilstexte. Von den offenen Fragen her, die sich aus den Aussagen des Zweiten Vatikanums bezüglich des Verhältnisses von Christ und Ordenschrist ergeben haben, läßt sich die Konzeption Tillards folgendermaßen zusammenfassen:

1. Rätetrias

Vom biblischen Befund her relativiert Tillard die Trias von *castitas-paupertas-oboedientia* als spezifische Grundstruktur des Ordenslebens. Die Räte als solche sind nicht Spezifikum des Ordenslebens, sondern liegen auf der Ebene des Ausdrucks. Die Trias gewinnt ihre Bedeutung primär in anthropologischer Perspektive, d.h. als Entsprechung zur Triade Sexualität-Haben-Können. Das Leben der Ordensleute ist ein *Modus* christlichen Umgangs mit diesen fundamentalen Bedürfnissen des Menschen. Ordensleben ist eine bestimmte »Lesart« des Evangeliums, die dessen radikale Forderungen zur Lebensnorm erhebt. Für die Konzeption Tillards sind alle überlieferten Bedeutungsebenen der *drei* Räte (Ausdruck der Ganzheit, »Heilmittel« gegen die Ambivalenz der menschlichen Grundstrebungen, Darstellung neuen, erlösten Lebens) von Wichtigkeit.

Charakteristisch für das »projet religieux« ist vor allem die Weiterführung der radikalen *sequela Christi* sowie die Konzentration auf die »transzendente Achse« der Taufe. Ordensleben stellt sich so als radikale Option für den *Glauben* dar, ohne den der ganze Lebensentwurf der Sinnlosigkeit verfiele. Die beständige Hinwendung (*conversio*) zum Glauben beinhaltet schon ein Geöffnetsein auf »*koinônia*« hin, die für Tillard wesentlich zum Spezifikum des Ordenslebens zählt.

2. Komparative

Die Verwendung der Komparative ordnet sich in den Horizont der Komplementarität ein. Jede christliche Existenzform bringt bestimmte Aspekte christlichen Glaubens »besser« zum Leuchten, während andere in den Hintergrund treten. Es handelt sich um verschiedene *Akzentsetzungen*. Das Ordensleben ist nicht ein objektiv besseres Mittel zur Erreichung der Vollkommenheit, es ist dies allein für diejenigen, die dazu berufen sind. Ein gewisser Vorzug der *vita religiosa* tritt bei Tillard insofern zutage, als sie eine Lebensform ist, die nur in bezug auf die wesentliche Dimension christlichen Glaubens - Gottes Transzendenz - Sinn und Bestand hat und diese voller zum Leuchten bringt. An manchen Stellen scheint sich bei Tillard auch eine gewisse Vorrangigkeit des Ordenslebens aufgrund der in ihm verwirklichten *sequela* anzudeuten.

3. Consecratio religiosa
Tillard vermeidet die Begriffe *consecratio, vita consecrata.* Der Sache nach schließt er sich Thomas von Aquin an, der in der *consecratio seu benedictio* durch den Dienst der Kirche nicht Ursache, sondern Zeichen des Überantwortetseins an Gott sieht. Die *peculiaris consecratio* aus PC 5,1 interpretiert Tillard als Radikalisierung der Taufweihe; sie ist keine »neue« Weihe im eigentlichen Sinn, sondern führt die Taufgnade konsequent fort.

Friedrich Wulf, Laurent Boisvert und ähnliche Positionen

Ähnlich wie Tillard konzipiert auch *Friedrich Wulf* in seiner »Theologischen Phänomenologie des Ordenslebens« das Verhältnis von Ordenschrist und »Weltchrist«[224]. Verschiedene Elemente, die bei Tillard hervorragen, begegnen auch bei ihm, wenn auch z.T. in anderer Terminlogie[225]. Stärker als Tillard rückt Wulf das Element der *Entsagung* in die Mitte des Verständnisses der drei Räte, ohne damit andere Aspekte zu leugnen[226].
Auf die Frage der Weihe bezieht sich Wulf in seiner »Theologischen Phänomenologie des Ordenslebens«, die als Zusammenfassung seines Konzepts verstanden werden kann, nur indirekt und dann kritisch[227]. Die Aussage aus PC 5 scheint ihm noch zu fragmentarisch und unbefriedigend. In seiner Interpretation von PC 5,1 betont Wulf stärker als Tillard die Weihe als Prozeß zwischen Gott, Mensch und Kirche sowie die mit der *consecratio religiosa* gegebene Verpflichtung zum kirchlichen Dienst[228].
Dieser Entwurf Wulfs, 1973 erschienen, weist vielfache Bezüge auf zum Beschluß »*Die Orden und andere geistliche Gemeinschaften. Auftrag und pastorale Dienste heute*« der Gemeinsamen Synode der Bistümer in der Bundesrepublik Deutschland. Das ist nicht verwunderlich, da Wulf als einer der Hauptautoren des Ordenspapieres gilt[229]. Besonders auffällig ist, daß bei Wulf einige Wendungen begegnen, die

---

224 Wulf F., Theologische Phänomenologie des Ordenslebens, in: MySal 4/2, 450-487. Siehe unter anderem auch: ders., Die Orden auf der Suche nach ihrem Ort in Welt und Kirche von heute. Nachtrag, in: Mitten unter den Menschen. Spiritualität, Aufgaben und Probleme der Priester und Ordensleute. Hg. v. F. Wulf, Düsseldorf 1979, 62-77; ders., Die Orden 15 Jahre nach Abschluß des Konzils, in: ON 20 (1981) Heft 3, 155-180; ders., Braucht die Kirche noch Ordensleute?, in: Theologische Akademie 4. Hg. v. K. Rahner u. O. Semmelroth, Frankfurt 1967, 79-98.

225 Z.B. Ordensleben als »Wagnis des Glaubens«; Konzentration auf das »Eine Notwendige«; die besondere charismatische Berufung führt zu einem bestimmten Modus der Verwirklichung des Evangeliums; nicht nur fallweise Praxis der Räte, sondern Übernahme als verbindliche Lebensform; Räteleben als Ausdruck der Ganzhingabe.

226 Grundlegend dafür: Wulf F., Entsagung, in: GuL 43 (1970) 1-4.

227 Vgl. Wulf, Theologische Phänomenologie 469, Anm. 68; 470, Anm. 72.

228 Vgl. Wulf, Kommentar zum Ordensdekret 277.

229 Wegen der Nähe zu Wulf verweisen wir an dieser Stelle auf den Synodentext. Für den Zusammenhang vgl. die Darstellung der »Würzburger Synode« im folgenden Kapitel »Kirche und Orden«, unten 148-177. Synodentext zit. nach: Gemeinsame Synode der Bistümer in der Bundesrepublik Deutschland. Beschlüsse der Vollversammlung. Offizi-

auch in den Fassungen des Ordenspapieres der Jahre 1972 und 1973 anzutreffen sind, genau in dieser Form aber nicht in den Beschlußtext eingingen. Deutlich wird dies vor allem in der bei Wulf betonten Sicht der Räte als Entsagung, die auch die beiden Entwürfe vom September 1972 kennzeichnete (einer davon wurde von Wulf zusammen mit K. Rahner überarbeitet!). Diese Interpretation der Räte war in den beiden Vorlagen zum Synodenbeschluß noch wesentlich stärker betont als bei Wulf selbst. Sie wurde jedoch der Kritik unterzogen, so daß sich nun (besonders in 2.1.3. und 2.1.5.) eine im Vergleich zu den Vorlagen ausgewogenere Konzeption findet[230]. Weiterführend und für den Synodentext besonders kennzeichnend ist die Einführung des Begriffes *»evangelischer Rat«* (Sg.!; 2.1.3.). Er drängt jeden Christen, sich ganz auf Gott einzulassen. Die drei traditionellen evangelischen Räte sind (nur) als Ausdrücklichkeit dieses gemeinsamen christlichen Kerns zu verstehen. Jene Ausdrücklichkeit darf nicht als moralische Höherwertigkeit interpretiert werden, sondern liegt primär auf der Ebene von Sichtbarkeit und »Greifbarkeit« (2.1.4.). Der Terminus *Weihe* fällt im Beschlußtext der Würzburger Synode ganz aus. Diese Nichtbeachtung dürfte zweierlei Gründe haben: Zum einen möchte die Synode nicht nur Ordensgemeinschaften und Säkularinstitute ansprechen, sondern auch die neueren »geistlichen Gemeinschaften«. Der Terminus »Weihe« bezieht sich nach den Konzilstexten jedoch nur auf Orden und Säkularinstitute. Zum anderen scheint es, daß man dem Begriff grundsätzlich skeptisch gegenüberstand. Was die in den Konzilstexten verwendeten Komparative betrifft, war man in der Synodenkommission peinlich darauf bedacht, jeden Anschein einer »Höherwertigkeit« des Ordenslebens zu vermeiden. Es sollte zwar durchaus das Besondere, Eigentümliche des Lebens der geistlichen Gemeinschaften herausgestellt werden, aber damit nicht der Wert der allgemeinen christlichen Berufung gemindert werden. Als vermittelndes Element hat sich hier die Kategorie »Ausdrücklichkeit« entwickelt. Ebenso spielen die Gemeinschaftlichkeit der Lebensform und die öffentliche Verpflichtung auf sie eine wichtige Rolle für die »Besonderheit« der Berufung zu einem Leben in einer geistlichen Gemeinschaft (2.1.1.).
In zweifacher Hinsicht steht auch *Laurent Boisvert* der Position Tillards nahe[231]. Wie der kanadische Dominikaner erblickt er im Ordensleben (bzw. der *vita consecrata* im Sinne des CIC 1983) eine Proklamation des Glaubens und versteht seine Eigentümlichkeit als Konzentration auf Gott, den transzendenten Pol christlichen Lebens[232], ohne jedoch die Radikalismus-These Tillards zu unterstützen[233]. Ziel der Überlegungen Boisverts ist es, auf theologischer Ebene das Verhältnis von Taufweihe und Ordensweihe zu klären. Hierin lassen sich strukturelle Ähnlichkeiten mit der Interpretation Tillards von PC 5,1 feststellen. Anders als bei Tillard aber spielt

elle Gesamtausgabe. 1, Freiburg 1976, 557-580. Die im Text verwendete Zählung bezieht sich auf die Gliederung des Synodentextes.

230 Siehe dazu den Bericht von Wulf zur ersten Lesung des Ordenspapiers, in: Prot. IV., 11 sowie auch die Wortmeldung Reineke, in: Prot. IV., 34.

231 Boisvert L., La consécration religieuse. Consécration baptismale et formes de vie consacrée (Perspectives de vie religieuse), Paris 1988. Die Grundgedanken finden sich auch schon in: ders., L'obéissance religieuse (PVR 45), Paris 1985, 30-33.

232 Vgl. Boisvert, Consécration 55f.61f.92-94.

233 Boisvert, Consécration 56f unterscheidet zwischen dem »radicalisme évangélique« und dem Radikalismus der verschiedenen christlichen Lebensformen: »Tout baptisé, en effet, doit tendre à conformer parfaitement sa vie à l'Évangile, incluant ses exigences radicales«.

die *consecratio seu benedictio* durch den Dienst der Kirche kaum eine Rolle[234]. Boisvert unterscheidet sich von Tillard schließlich grundlegend dadurch, daß er gerade die Selbsthingabe des Menschen expressis verbis als »consécration« bezeichnet, was Tillard abgelehnt hatte[235].

Neben den Positionen Wulfs und Boisverts stößt man in der theologischen Literatur auf eine Fülle von Arbeiten, die einzelne bei Tillard markante Züge auf ihre je eigene Art hervortreten lassen. Es sei nur exemplarisch und in groben Strichen auf einige Veröffentlichungen verwiesen: *Josef Sudbrack* und *Vincent Ayel*[236] etwa betonen wie Tillard, daß das Eigentümliche des Ordenslebens nicht aus einigen isolierten Schriftstellen als *dicta probantia* herausdestilliert werden kann, sondern aus dem Ganzen des Evangeliums erwächst und zwar als bestimmter Modus christlichen Lebens, als Lesart des Evangeliums (*Franz Courth, Maria Riebl/Josef Salmen*[237]). Diese besondere Weise besteht in einer Institutionalisierung der radikalen Forderungen des Evangeliums, die in der Entscheidungssituation allen Christen als strenge Verpflichtung gelten, nun aber als Lebens*norm* freiwillig übernommen werden (*Paul Lamarche, Jean-Marie van Cangh, Antonio Sicari, Vincent Ayel*[238]). Von den drei evangelischen Räten als Ausdruck der Entschiedenheit für diesen Lebensweg reden etwa *Jules Cambier* und *Gisbert Greshake*[239]. Die auch von Tillard vertretene thomanische These von der Rätetrias als Entsprechung zu drei Grundbestimmungen des Menschen feiert derzeit eine Renaissance. Ganz willkürlich seien hier als Vertreter neben Wulf nur genannt: *Leonardo Boff, Paul M. Zulehner, Édouard Pousset*[240]. *Simon Decloux* wiederum widmet der »theologalen Dimension« des Ordenslebens

---

234 Zur Rolle der Kirche siehe: Boisvert, Consécration 97f.

235 Vgl. Boisvert, Consécration 95f: »La consécration particulière est l'acte de la personne se donnant à Dieu en réponse à l'exigence du baptême, et le faisant à l'intérieur d'un projet centré sur la recherche du Seigneur et le service de son Royaume«. - Bemerkenswert ist, daß Boisvert, Consécration 93 gerade jene Passage aus der Ansprache Pauls VI. *Magno gaudio* aufgreift, die im Konzilstext nicht übernommen wurde: »La consécration religieuse ou séculière *s'ajoute* à la consécration baptismale«; vgl. mit AAS 56 (1964) 567: »... professio votorum evangelicorum *adiungatur* consecrationi, quae propria est baptismatis« (Hervorhebungen von A.H.).

236 Sudbrack J., Leben in geistlicher Gemeinschaft. Eine Spiritualität der evangelischen Räte für heute und morgen, Würzburg 1983, 88; Ayel V., Chrétiens à la recherche de leur identité. Avenir de la vie religieuse (Collection »Transmettre l'Esperance«), Mulhouse 1978, 79.

237 Courth F., Verfügbar gelebte Christusnachfolge. Dogmatisch-ekklesiologische Überlegungen zu Grund und Sinn des Ordenslebens, in: OK 19 (1978) 274-286, hier 283; Riebl M. / Salmen J., Ja zu Liebe, Leben, Freiheit. Ehelosigkeit, Armut, Gehorsam - Sinn und Praxis, Innsbruck 1982, 40-44.

238 Lamarche P., Les fondements scripturaires de la vie religieuse, in: VieCon 41 (1969) 321-327, bes. 326f; Van Cangh J.M., Fondement évangélique de la vie religieuse, in: NRTh 95 (1973) 635-647, hier etwa 644; Sicari A., Die Offenbarung der evangelischen Räte, in: IKaZ Communio 10 (1981) 209-227, bes. 224; Ayel 89f.

239 Cambier J., Thélogie de la vie religieuse aujourd'hui, Brüssel 1971, 15; Greshake G., Erwartungen der Kirche an die Orden, in: Orden als Lebensmodell. Erwartungen - Ansprüche - Tendenzen. Mit Beiträgen von G. Greshake u.a. Hg. v. W. Herbstrith (Reihe Edith-Stein-Karmel Tübingen 13), München 1983, 78-98, hier 95.

240 Boff L., Zeugen Gottes in der Welt. Ordensleben heute, dt. Zürich 1985, 113-200; Zulehner P.M., Leibhaftig glauben. Lebenskultur nach dem Evangelium. Unter Mitarb. v. J. Brandner und J. Fischer, Freiburg 1983; ders., Art. Evangelische Räte/Prophetische Lebensstile, in: PLSp 352-356; Pousset E., Existence humaine et voeux de religion, in: VieCon 41 (1969) 65-94.

eine kurze Untersuchung[241]. Auch für die Konzeption Tillards von der Konzentration der Ordensleute auf die »transzendente Achse« der Taufberufung finden sich Varianten in der theologischen Literatur (etwa *Greshake*, *Ayel*[242]). *Courth* und *Juan Manuel Lozano*[243] sehen ähnlich wie Tillard im Ordensleben eine »Proklamation des Glaubens«. Die Komplementarität von allgemeiner Christenberufung und Ordensberufung hat besonders klar *Claude Maréchal* herausgearbeitet[244]. Wenig Resonanz und Bekräftigung fand und findet Tillards These von der *consecratio religiosa* als *consecratio seu benedictio* durch den Dienst der Kirche[245] bzw. sein Versuch, die Ordensweihe durch den traditionellen Topos der »zweiten Taufe« zu interpretieren. Der kurze Überblick genügt, um deutlich zu machen, daß Tillards Konzept im großen Strom gegenwärtiger Ordenstheologie steht und zugleich selbst auf diesen befruchtend gewirkt hat.

Kritische Anmerkungen

Der Beitrag Tillards zu einer weiteren Ausarbeitung der konziliaren Aussagen darf als einer der wichtigsten in der nachkonziliaren Zeit gewertet werden. Tillard betrachtet die Fragen um den Lebensentwurf der Ordensleute nicht isoliert, sondern stellt sie auf eine breitere theologische Basis. Dabei verbleiben die theoretischen Linien nicht im »luftleeren« Raum, sondern werden durchaus in die Praxis ausgezogen. Auf einige Einseitigkeiten im Konzept Tillards muß jedoch hingewiesen werden.

Für die im Konzil umkämpfte Bestimmung des Verhältnisses von allgemeiner christlicher Berufung und Ordensberufung ist der Hinweis Tillards, daß die Unterscheidung nicht auf der Ebene des Inhalts, sondern des *Modus* liegt, auf den ersten Blick zielführend und scheint eine echte Fortentwicklung der Konzilstexte darzustellen. Bei genauerem Hinsehen erheben sich jedoch Schwierigkeiten. Der spezielle Modus der Ordensexistenz liegt nämlich für Tillard, wie wir gesehen haben, in der Option für den *Radikalismus* des Evangeliums, der sich im Ideal der *sequela Christi* bündelt. Diese radikale Haltung verwirklichen die Ordensleute nicht nur - wie alle Christen - im Grenzfall, wo der Glaube auf dem Spiel steht, sondern sie erheben sie zur Norm des Lebens. Tillards Kritiker argwöhnen deswegen, daß sich durch die »Hintertüre«

---

241 Decloux S., La dimension théologale de la vie religieuse, in: VieCon 57 (1985) 7-19.

242 Greshake, Erwartungen der Kirche 88f; Ayel 113f.

243 Courth, Verfügbar gelebte Christusnachfolge 285; Lozano J.M., Life as parable. Reinterpreting the Religious Life, New York 1986, 88.93.

244 Maréchal C., Fidèles à l'Évangile - les chances d'avenir de la vie religieuse, Paris 1980, 184-189.

245 In gewisser Weise ähnlich nur: Gutiérrez Vega, Teología sistematica de la vida religiosa, 2. neubearb. Aufl. Madrid 1979, 250.

der Radikalismus-These wieder ein »latenter Perfektionismus«, ein »Zweiklassen-Christentum« einschleicht[246]. Damit verfiele Tillards eigene Konzeption dem Verdikt, das er selbst über das Paradigma von Gebot und Rat ausspricht. Man muß freilich zugestehen, daß Tillard selbst eine solche erneute »aristokratische Sicht« des Ordenslebens keineswegs intendiert. Ganz von der Hand zu weisen ist diese Gefahr jedoch nicht. Ein gewisses Korrektiv der Radikalismus-These bilden die vielfältigen Aussagen Tillards zur »Komplementarität« der christlichen Berufungen sowie die Betonung der Zeichenhaftigkeit des Ordenslebens. Tillard geht es gerade nicht um eine größere Vollkommenheit der Ordensleute, sondern darum, das »einzig Notwendige«, die Wurzel (*radix*) und Quelle christlichen Lebens im dreifaltigen Gott zum Ausdruck zu bringen und so im Bewußtsein aller Christen zu halten[247].
Die Schwierigkeiten, die sich aus dem von Tillard vorgeschlagenen Schema »Grenzfall« und »Norm« ergeben können, zeigen sich in besonders auffallender Weise an der Frage des Ordensgehorsams. Vom biblischen Befund her kann man kaum von einer Bedeutung des Gehorsams für alle Christen »nur« im Grenzfall sprechen. Tillard betont selbst, daß die Eigenart des Ordensgehorsams nicht schon im Erfüllen des Willens Gottes liegt, sondern in der Art und Weise, wie dieser gefunden wird[248]. Die Eigentümlichkeit des Ordensgehorsams sieht Tillard in der Bindung an die Gemeinschaft gegeben. Der Ordensgehorsam erlaubt so, daß die Gemeinschaft Entscheidungen mitbeeinflußt, welche »die tiefsten Wurzeln (Haben, Geschlechtlichkeit, Macht)« berühren[249]. Doch wird man sagen müssen, daß gerade auch in der christlichen Ehe diese tiefsten menschlichen Werte auf dem Spiel stehen und in die gemeinsame Suche nach dem Willen Gottes miteinbezogen werden müssen. Die Unterscheidung Grenzfall-Norm sowie im Prinzip auch die These von der Radikalisierung greifen hier gerade nicht.
Der spanische Claretiner Lucas Gutiérrez Vega hat den Verdacht geäußert, daß die von Tillard genannten zwei »Pole« der Taufgnade in der Gefahr stehen, nur mehr in der höheren Instanz »Kirche« vereinigt zu

[246] Zu den Kritikern der Radikalismus-These Tillards zählen: Van Bavel T.J., »Füreinander in Christus«: Zur biblischen Begründung der Ordensberufung, in: Gesandt wie er. Der Orden der Prämonstratenser-Chorherrn heute. Communio. Contemplatio. Actio. Hg. v. T. Handgrätinger, Würzburg 1984, 47-59; Boisvert L., L'obéissance religieuse (PVR 45), Paris 1985, 35-38; Gutiérrez Vega L., Teología sistematica 168-171; Maldari 339f; Matura T., Die Orden am Scheideweg, dt. Werl 1982, 50-55 (frz. Original: La vie religieuse au tournant, Paris 1971).

[247] Zum Konzept der Zeichenhaftigkeit bei Tillard siehe ausführlich die Darstellung der Theologie Tillards im Kapitel »Kirche und Orden«, in dieser Untersuchung 177-197.

[248] Vgl. Aux sources de l'obéissance religieuse 834.

[249] Ebd. 833.

sein, im übrigen aber auf verschiedene Lebensformen in der Kirche »aufgeteilt« zu sein. Die These Tillards (und Rahners, den Gutiérrez Vega hier in seine Kritik einschließt) ist für den spanischen Theologen nur in einer sehr differenzierten Form annehmbar. Es muß gewährleistet sein, daß beide Dimensionen des christlichen Lebens in allen Lebensformen so sehr geeint sind, daß sie einander wechselseitig bedingen. Die christlichen »Laien« müssen ihre Hinneigung zum »immanenten Pol« auf diese Weise leben, daß sie ihn stets neu auf die Ebene der Transzendenz hin ausrichten. Die Konzentration der Ordensleute auf die Transzendenz hat dagegen nur Sinn, wenn sie zugleich deutlich macht, daß in der Menschwerdung Jesu Christi die irdischen Werte angenommen und erlöst sind. Gutiérrez Vega meint, daß manche von denen, welche die Konzeption Tillards rezipiert haben, der Gefahr einer Aufsplitterung von transzendentem und immanentem Pol der Taufe auf einzelne Lebensstände nicht restlos entgangen sind[250].

Die wiederholte These Tillards, daß für die Nicht-Ordensleute ihr Leben auch Sinn hätte, wenn sie aus dem Glauben wieder herausfielen, die Ordensleute aber ihr Leben ganz aus dem Glauben heraus konstruieren und ohne ihn ihre Lebensform sinnlos wäre, erweist sich als problematisch, mag sie zunächst auch einleuchtend klingen. Denn es scheint, daß Tillard mit dieser Konzeption nicht bloß gewissermaßen »psychologisch« den Unterschied zwischen »normalem« Christenleben und *vita religiosa* erklären will, sondern diese Argumentation in einem theologischen Kontext einsetzt. Dann aber zeigt sich hier die »alte« Problematik der Zuordnung von natürlicher Theologie (Schöpfungstheologie) und Gnadenlehre. Die Rede von einem Leben, das vom Glauben abgefallen ist, somit ohne Antwort auf die (erfahrene) gnadenvolle Zuwendung Gottes bliebe und das trotzdem eine in sich abgerundete Sinngestalt hätte, ist der Gefahr des Gnadenextrinsezismus ausgesetzt. Eine natürliche Glückseligkeit stünde so einer rein äußerlich hinzukommenden, für die Sinnhaftigkeit des konkreten Lebens nichts beitragenden Gnade (und der Antwort des Menschen im Glauben) gegenüber. Sind dann im Falle der »Weltchristen« Glaube und rein natürliches Leben - im Bild gesprochen - zwei Stockwerke, von denen das »obere« (der christliche Glaube) verlassen werden kann, ohne daß der Mensch aufhörte, sinnvoll im »unteren« (dem Leben in Familie, Beruf, Gesellschaft) zu leben? Wenn auch Tillard selbst die Linien seiner

[250] Vgl. Gutiérrez Vega 69: »La interpretación de Rahner y de Tillard no deja de ser valiosa bajo muchos aspectos. Pero tiene, a mi juicio, el peligro de convertir los dos poles en dos partes separadas, que se unen únicamente en la instancia superior de la Iglesia. De hecho, bastantes seguidores de estos teólogos han tropezado en dicho peligro«.

Formulierungen nicht bis in diese äußerste Konsequenz hinein definitiv auszieht, liegt die Versuchung dazu dennoch im »Gefälle« seines Gedankengangs[251].

Anzufragen ist auch die strikte Gegenüberstellung von *sequela* und *imitatio* und darin vor allem die Darstellung der Nachahmung als »moralischer Idee«. Zum ersten ist mit Rudolf Schnackenburg zu sagen, daß das Moment der Nachahmung auch im Gedanken der Nachfolge enthalten ist[252] und die *imitatio* deswegen nicht in dem Maß, wie Tillard es tut, als Bruch mit dem ursprünglichen Ideal der *sequela* dargestellt werden kann. Zum zweiten ist gerade dem Modell der Nachahmung in großem Maß auch ein äußerer Nachvollzug inhärent, so daß die Beschreibung als (bloß) »moralische Idee« nicht ausreichend ist. Außerdem muß man mit Donald Maldari fragen, ob nicht alle Christen gehalten sind, gegen Verwässerung und Verflachung christlicher Nachfolge und Nachahmung anzukämpfen[253].

3. Thaddée Matura: Ehelosigkeit und Gemeinschaft

Der französische Franziskaner Thaddée Matura, von seinem Herkommen Exeget, hat sich in mehreren Veröffentlichungen zu den Grundlagen des Ordenslebens geäußert. In der 1967 erschienenen Monographie »Célibat et communauté« stellt Matura fest, daß das Konzil zwar wichtige Fragen des Ordenslebens aufgegriffen, die Thematik aber nicht erschöpfend behandelt hat. Vieles blieb nur Annäherung. Matura beansprucht für seine Arbeit nicht, eine restlos geklärte Theologie zu bieten. Er möchte vielmehr manche Probleme erneut aufrollen, allzu Selbstverständliches kritisch hinterfragen, neue Perspektiven der Reflexion aufzeigen und so die wesentlichen Strukturen des Ordenslebens und seine

---

251 Ähnliche Einwände erhebt Maldari 343f. - Zum theologischen Problem von Natur und Gnade vergleiche als ersten Überblick: Muschalek G., Schöpfung und Bund als Natur-Gnade-Problem, in: MySal 2, 546-558 (Lit.!); Greshake G., Geschenkte Freiheit. Einführung in die Gnadenlehre, Freiburg 1977; Kraus G., Art. Natur und Gnade, in: LkD 392-394.

252 Vergleiche dazu Schnackenburg R., Christliche Existenz nach dem Neuen Testament, München 1967, 100; ders., Nachfolge Christi - heute. Antworten und Weisungen aus dem Neuen Testament, Freiburg 1976, 44. Kritisch zu der Unterscheidung von Tillard auch: Lozano J.M., Discipleship. New Testament and the Religious Life, in: Claretianum 19 (1979) 127-164, hier 151.

253 Vgl. Maldari 341-343; Matura, Scheideweg 53f.

Zeichenhaftigkeit in Kirche und Welt besser begreifen[254]. Diese Arbeit findet ihre Erweiterung und Nuancierung in »La vie religieuse au tournant« (1971)[255] und »Suivre Jésus« (1983)[256].
Die Kirche und mit ihr die Orden befinden sich für Matura in einer tiefgreifenden Krise, angesichts derer ihr Selbstverständnis angefragt ist. Orden werden nicht mehr nur von Kreisen außerhalb der Kirche mit kritischen Augen betrachtet und nach ihrer Sinnhaftigkeit befragt, sondern erfahren auch innerhalb der Kirche Ablehnung und Kritik. Das verlangt von den Ordensleuten, die bislang eine unangefochtene Position innehatten, nun aber verunsichert werden, eine vertiefte Suche nach ihrer Identität. So stehen die Ordensgemeinschaften an einem »Scheideweg«, der nicht nur Last, sondern auch Chance für einen fruchtbaren Neubeginn sein kann[257]. Maturas Arbeiten verstehen sich als Beitrag zur Bewältigung dieser Krise[258].

Die Kritik Maturas und sein Neuansatz

Entscheidend ist für Matura, wie in einer künftigen theologischen Reflexion über das Ordensleben die beiden historischen Vorgegebenheiten - *vita religiosa* qua christliches Leben auf der Basis von Forderungen, die allen Christen gelten, und als spezifische Sonderform - miteinander vermittelt werden[259]. Strikt abzulehnen sind für Matura alle Deutungen, die in irgendeiner Weise den Ordensstand als »Stand der christlichen Vollkommenheit« ausgeben. Dazu zählen für ihn sowohl das Schema von Gebot und Rat als auch das Thema von der möglichst getreuen Nachfolge Jesu, durch die einige Christen Jünger Jesu »im genauen Wortsinn« sein wollen, ihm »dichtauf« folgen und analog den ersten Jüngern einen besonderen Kreis um Jesus Christus bilden. Auch die Idee einer besonderen Weihe, seit dem Konzil zum Konstitutivum der

254 Matura T., Célibat et communauté. Les fondements évangéliques de la vie religieuse, Paris 1967, 7-10; dt.: Ehelosigkeit und Gemeinschaft. Die Grundlegung des Ordenslebens nach dem Evangelium, Werl 1969. Wir zit. nach dem frz. Original.

255 Matura T., La vie religieuse au tournant, Paris 1971; dt.: Die Orden am Scheideweg, Werl 1982. Wir zit. nach der dt. Ausgabe. - Frühere Entwürfe zum gleichen Thema: Matura T., La vie religieuse au tournant, in: NRTh 91 (1969) 834-848; ders., Ordensleben an der Wende, in: Dienender Glaube 46 (1970) 115-120.143-149.

256 Matura T., Suivre Jésus. Des conseils de perfection au radicalisme évangélique (PVR 44), Paris 1983.

257 So Matura in: Scheideweg 35; Suivre Jésus 7f.

258 Eine mehr praktische Neuorientierung bieten: Matura T., Quelle vie religieuse pour demain?, in: VieCon 52 (1980) 237-251, aufgenommen in: Suivre Jésus 95-114; ders., La vie religieuse dans un monde areligieux, in: NRTh 99 (1977) 51-61.

259 Vgl. Scheideweg 36.

vita religiosa avanciert, gehört für Matura in diese »Vollkommenheitskategorie«, da in dieser Konzeption der sich durch die Ordensgelübde verpflichtende Mensch im Vergleich zu den anderen Christen als ein geweihtes, Gott enger angehörendes Geschöpf erscheint[260]. Darüber hinaus basiert für Matura jegliches Konzept, das die drei evangelischen Räte als Basis und prägende Struktur des Ordenslebens ansieht, zumindest latent auf der Distinktion von Geboten und Räten, da ohne diese Unterscheidung die Rede von einem »Rat« jede Sinnhaftigkeit verlieren würde.

Die klassische Trias *castitas-paupertas-oboedientia* tritt jedoch, vor allem in den offiziellen kirchlichen Dokumenten, angefangen von den Texten des Zweiten Vatikanischen Konzils (vgl. LG 43), konstant als Grundstruktur des Ordenslebens auf. Demgegenüber kann biblische und theologische Reflexion die Unangemessenheit eines solchen Vokabulars aufzeigen[261]. Abgesehen davon, daß die traditionelle Trias jedes biblischen Fundaments entbehrt, birgt die Strukturierung des Ordenslebens um die drei Räte in sich die Gefahr, daß der Weg anderer Gläubiger, welche die Räte nicht in einem materialen Sinn praktizieren, minderwertig erscheint[262]. Dies aber widerspricht für Matura dem Evangelium aufs Äußerste, da es keine zwei Kategorien von Christen kennt. Darüber hinaus, so bemerkt Matura, fallen durch die einseitige Konzentrierung auf die *drei* Räte weite Flächen des Evangeliums aus: absolute Priorität Jesu, Nächstenliebe, Gemeinschaft. Der Radikalismus des Evangeliums, der weiter ausgreift als die traditionelle Trias, wird so um Wesentliches verkürzt und auf sekundäre Punkte reduziert[263]. Deshalb kann für Matura kein christliches Leben, auch nicht das der Ordensleute, ohne Verarmung (nur) auf die klassische Trias *castitas-paupertas-oboedientia* aufgebaut werden. In den drei Räten das Ganze des Lebens umschrieben zu sehen, heißt für Matura die Trias ungebührlich ausweiten[264].

Auf diesem Hintergrund sind nach Matura jene theologischen Versuche, etwa von Tillard, zu verstehen, die im »Radikalismus des Evangeliums« eine neue Basis für das Ordensleben zu finden meinen, d.h. daß

---

260 Kritik einer Konzeption des »Standes der Vollkommenheit« in: Célibat et communauté 56-59 (dort in Auseinandersetzung mit den Konzilstexten); Scheideweg 48-50.

261 Die Unangemessenheit der Rätetrias, bes. aufgrund des biblischen Befundes, vertritt Matura in: Célibat et communauté 39-55; Scheideweg 69-87; Suivre Jésus 13f.18-23.64-74. Die exegetische Grundlage für diese Kritik wird deutlich in: Matura T., Le radicalisme évangélique. Aux sources de la vie chrétienne (Lectio divina 97), Paris 1980; ders., Art. Radicalismo evangelico, in: DIP 7, 1182-1187.

262 Vgl. Suivre Jésus 54f.

263 Siehe dazu: Suivre Jésus 54.59-62.94.

264 So Matura in: Suivre Jésus 74.

sich die Ordensleute im Unterschied zu anderen Christen die radikalen Forderungen des Evangliums bedingungslos und absolut als Lebensnorm zu eigen machen. Doch auch diese Theorie hält Matura, obwohl für ihn die radikalen Forderungen des Evangeliums zum Herzstück des Ordenslebens gehören, für ungeeignet, den spezifischen Charakter der Ordensberufung zu markieren. Er erblickt darin die Gefahr, daß durch eine »Hintertüre« die Theorie von zwei Kategorien Christen wieder ins Spiel kommt. Nämlich dann, wenn der Radikalismus - wie zuvor die evangelischen Räte - gleichsam zu einem Monopol der soziologischen Institution Orden wird[265].

Die drei Leitfragen, die sich aus der Diskussion der Konzilstexte ergeben haben, sind somit aus der Sicht Maturas allesamt zunächst negativ zu beantworten. Das Spezifische des Ordenslebens ist in den drei konziliaren Ansätzen (Rätetrias - engere Christusnachfolge - *consecratio*) für Matura nicht zu erfassen. Wie aber bestimmt Matura selbst das unterscheidende Merkmal des Ordenslebens? Es kann für ihn nicht in Forderungen und Aufgaben liegen, die allen Gläubigen aufgetragen sind, sondern ist nur da zu finden, wo die Möglichkeit der freien Entscheidung für eine bestimmte Lebensform gegeben ist. Diese Wahl hat nichts mit der fundamentalen Frage nach Vollkommenheit und Heil des Menschen zu tun. Deshalb kann das Ordensleben nur dargelegt werden als ein »Teil- und Sekundäraspekt des christlichen Lebens«[266]. Es ist eine »besondere Weise der christlichen Existenz, korrelativ zum laikalen Leben, verschieden von ihm, aber komplementär. Was es unterscheidet, ist die Ehelosigkeit und die besondere Art von Gemeinschaft, deren Schaffung diese zuläßt«[267]. Die *Ehelosigkeit um des Himmelreiches willen* ist für Matura das einzige, das im Evangelium als freie Wahl vorgelegt wird, da aufgrund seiner exegetischen Untersuchungen Armut und Gehorsam sowie alle anderen Forderungen grundsätzlich an

---

[265] Zur Kritik der Radikalismus-These siehe: Scheideweg 50-55; Suivre Jésus 55; Art. Radicalismo evangelico 1186f. Matura nennt als Vertreter dieser Richtung: Tillard, Van Cangh. - Unter Radikalismus des Evangeliums versteht Matura: »Les textes ... qui proposent ou exigent des comportements radicaux, c'est-à-dire des attitudes ou des actes en ruptures avec les façons ordinaires, humaines ou religieuses, d'agir. L'ensemble de telles exigences, relatives à un certain type de conduite, constitue le radicalisme évangélique. ... Mon propos est donc d'inventorier, de classer, d'analyser, d'interpréter exégétiquement les enseignements de Jésus marqués de traits radicaux: caractère inhabituel, paradoxal, tranchant, absolu«: Radicalisme évangélique 17. Die Ordensleute haben kein Monopol auf diese radikalen Forderungen, sie gelten vielmehr allen Christen: Suivre Jésus 59-62.

[266] Scheideweg 56.

[267] Célibat et communauté 123f; ähnlich in: ebd. 111; Scheideweg 12.56.85; differenzierter in: Suivre Jésus 88-90.

alle Christen gerichtet sind[268]. Nur der Zölibat, öffentlich als Lebensstand in der Kirche gewählt, »konstituiert jene besondere christliche Berufung, die 'vita religiosa' genannt wird[269]. Wenn Matura diese These später auch abschwächt und ergänzt[270], so bleibt sie dennoch im Prinzip erhalten und stellt das Typische an Maturas Entwurf dar.

Dabei ist die Lebensform der Ehelosigkeit für Matura vom Neuen Testament her nicht primär als Leistung des Menschen, sondern als Gabe des Geistes zu verstehen. Sie ist ein Charisma, das Gott gibt und das der Mensch in Freiheit annimmt. Auch ist Zölibat für Matura kein bloßer Negationsbegriff. Christliche Ehelosigkeit ist eine durch und durch *positive* Lebensmöglichkeit[271].

Ausgehend von Mk 12,18-27par und 1 Kor 7 beschreibt Matura vor allem die enge Verbindung zwischen Ehelosigkeit und dem endgültigen Zustand des Menschen im Reich Gottes[272]. Für das Verständnis der These Maturas ist zu beachten, daß die Lebensform der Ehelosigkeit zwar »um Christi willen« gewählt wird, aber trotzdem nicht das vertikale Verhältnis zu Gott berührt, sondern auf horizontaler Ebene ein neues Verhältnis zu den Menschen ermöglicht, indem sie ein neues Netz von menschlichen Beziehungen schafft[273]. Wird die Ehelosigkeit in geglückter Weise gelebt, zeigt sie an, daß Menschsein auch ohne geschlechtliche Beziehungen gelingen kann und daß die Relation zum anderen Geschlecht nicht der »unanfechtbare Prototyp« jeder tiefen Begegnung ist[274]. Der Ehelose läßt die nur partikulären Beziehungen in der Ehe hinter sich; seine Beziehungen sind wesentlich von Universalität

---

268 Zur Ehelosigkeit bei Matura vgl. auch: Matura T., Le célibat dans le Nouveau Testament d'après l'exégèse recente, in: NRTh 97 (1975) 481-500.593-604, dort 493-496 auch Auseinandersetzung mit der von Tillard bevorzugten Deutung von Mt 19,12 bei Dupont und Quesnell.

269 Célibat et communauté 111.

270 Etwa in Scheideweg 132-136, wo Matura, ähnlich wie Tillard, im Ordensstand eine Struktur sieht, die nur vom christlichen Glauben her Bestand hat, während das Leben der anderen Christen auch ohne Glauben strukturell gleich bleiben würde. Differenzierter auch in Suivre Jésus 88-90: Hier ordnet Matura die Ehelosigkeit der Gemeinschaft zu, während in den früheren Werken die Ehelosigkeit die primordiale Stellung einnahm. Vgl. etwa 89f: »Une communauté de vie assez étroite, un partage matériel complet, la volonté de relations égales pour tous, ne sont possibles qu'au sein d'une communauté célibataire. ... C'est pour cela ..., que, à la suite des textes monastiques anciens, je prefère considérer le célibat comme une dimension de la communauté, plutôt que d'en faire un pôle de référence à part«.

271 Vgl. Célibat et communauté 45; Le célibat 602.

272 Siehe dazu Célibat et communauté 41-46; Scheideweg 85-93; Le célibat 498-500.593-598.

273 Zu dieser Bedeutung der Ehelosigkeit vergleiche: Célibat et communauté 112-114; Scheideweg 56-58.87-93 und besonders Matura T., Art. Celibato, in: DIP 2, 738-744, wo Matura (472) darauf verweist, daß ein solches »relationales« Verständnis der Ehelosigkeit sich von der dialogischen Philosophie Martin Bubers inspirieren läßt.

274 Vgl. Scheideweg 93; Célibat et communauté 113f.

geprägt. Er verzichtet hierin primär auf die genitale Ausübung seiner Sexualität, die an das Nacheinander der Generationen und damit an Zeitlichkeit und Vergänglichkeit gebunden ist. So ist die Ehelosigkeit für Matura Vorausentwurf und Ankündigung der kommenden Welt der Auferstehung, in der alle in zugleich universalen und zutiefst personalen Beziehungen stehen werden und in welcher der genitale Aspekt der Sexualität verschwunden sein wird[275].

In dieser eschatologischen Perspektive interpretiert Matura auch das »*memeristai*« aus 1 Kor 7,34: Der verheiratete Christ ist nicht »geteilt« zwischen Gott und seinem Ehepartner, sondern zwischen der gegenwärtigen Situation und dem kommenden Äon der Vollendung[276]. Keinesfalls darf für Matura darunter eine moralische Abwertung der Ehe als Hindernis für die Begegnung und Verbundenheit mit Gott verstanden werden, da Gott und Mensch nicht als Konkurrenten nebeneinander stehen[277]. Während das Leben des Ehelosen besser auf die Universalität und den Sieg über Zeit und Tod vorausweist, ist die Ehe Zeichen des intensiven personalen Charakters menschlicher Verbundenheit[278]. Der Zölibat ist in der Sicht Maturas Vorschein jener Art interpersonaler Beziehungen, die in der neuen, vollendeten Welt Gottes herrschen werden. Ehelosigkeit und Gemeinschaft sind deshalb zwei untrennbar zueinander gehörende Größen: Gemeinschaft ist nicht bloß Hilfe, um ein persönliches Lebensideal zu erfüllen, sondern sie ist »wesentliches Ziel authentischer Ehelosigkeit und ihr Daseinsgrund«[279]. Eine solche Art Gemeinschaft verwirklicht sich nicht aufgrund biologischer oder freundschaftlicher Bande, ist auch nicht bedingt durch gemeinsame Interessen, sondern wird allein um Christi willen gelebt. Der Zölibat eröffnet die Möglichkeit zu einer Gemeinschaft, in der das neue Beziehungsgeflecht ein Stück weiter vorangetrieben werden kann, als es in normalen christlichen Gemeinschaften, die meist auch zahlenmäßig zu groß sind (wie ein Pfarrgemeinde, eine Diözese), geschieht. So wird diese Art von *communio* zu einem Zeichen der kommenden *societas sanctorum*[280] - der Gemeinschaft aller Menschen in Liebe zu Gott, zu Christus und untereinander, jenseits der Ambivalenz, der Begrenztheit und Zeitlichkeit, die der Ehe inhärent ist[281].

[275] So in Célibat et communauté 62f; Scheideweg 92f.

[276] Diese Deutung in: Célibat et communauté 45; Scheideweg 88.

[277] Vgl. Scheideweg 89f.

[278] Vgl. Célibat et communauté 63f.

[279] Ebd. 64. Vgl. auch Matura T., Vivir a fondo la vocación cristiana. Ser esbozo del Reino, in: Vida Religiosa 60 (1986) 428-430.

[280] Vgl. Célibat et communauté 72.

[281] Siehe dazu ebd. 65.

Genau an dieser Stelle thematisiert Matura die alte Frage nach einem möglichen objektiv »Besseren« der Ehelosigkeit und beantwortet sie, zumindest in dem älteren, jedoch grundlegenden Werk »Célibat et communauté«, positiv. »Besser« und »höherstehend« (»supérieure«) kann die Ehelosigkeit unter eschatologischer Perspektive genannt werden, weil die Realität, die sie zur Darstellung bringt, die definitive Zukunft des Menschen ist. Das berechtigt sogar dazu, von dieser Lebensform als »engerer« Nachahmung Christi zu sprechen, denn er war ehelos und seine Liebe zu den Menschen war und ist zugleich personal, ausschließlich und universell[282]. Diese Aussagen aus »Célibat et communauté« spielen im ganzen Entwurf Maturas jedoch nur eine äußerst untergeordnete Rolle. Der Akzent liegt vielmehr auf der fundamentalen Gleichrangigkeit der christlichen Lebensformen und der Korrelation von Ehelosigkeit und Lebensentwurf des (verheirateten) Laien. Antizipiert der Ordensstand die einmal definitiv werdende Form von Gemeinschaft, so bezeugt der Ehestand auf der Linie der Inkarnation, daß es *diese* Welt ist, die durch Gottes Macht verwandelt wird[283]. Sie tun dies beide schon durch ihre Weise der *Existenz* - im Unterschied zum Priestertum, das für Matura auf der Ebene der Funktion liegt[284].

Ehelosigkeit und Gemeinschaft oder präziser: Ehelosigkeit und die Form von Gemeinschaft, die sie inauguriert, bilden also für Matura die »Achsen« des Ordenslebens. Die klassische Trias Keuschheit-Armut-Gehorsam ist dagegen nicht als wesentliche und eigentümliche Struktur der *vita religiosa* anzusehen. Die Werte, die mit ihr verbunden sind, müssen deswegen nicht eliminiert werden, aber sie sollten nicht mehr als Ordnungsgefüge und Spezifikum des Ordenslebens verstanden werden[285]. Die wesentlichen evangelischen Grundlagen des Ordenslebens sind demgegenüber für Matura keine anderen als die jeder christlichen Existenz[286]. Er findet sie um vier Pole strukturiert, die den innersten Kern der neutestamentlichen Verkündigung ausmachen: das Evangelium als frohe Botschaft des Heils und die absolute Priorität Christi und der Nachfolge (vertikale Dimension); die unersetzbare Rolle der Gemeinschaft und die Notwendigkeit des Zeugnisses (horizontale Dimension)[287]. An diese vier Kristallisationspunkte knüpfen sich verschiedene

---

282 Diese Perspektive, in den zwei späteren Monographien Maturas nicht mehr reflektiert, findet sich in: Célibat et communauté 66f.

283 Vgl. Célibat et communauté 71f.

284 Zum Verhältnis von Laikat, Priestertum und Ordensleben siehe: Célibat et communauté 67-76.

285 Vgl. Suivre Jésus 8f.58f.

286 Vgl. ebd. 94.

287 Zu diesen vier Polen siehe: Suivre Jésus 74-92.

Forderungen an, unter die Matura auch die Inhalte der drei klassischen Gelübde zählt.

Die radikale Unfähigkeit des Menschen, sich selbst zu vollenden und zu retten, erweist sich als seine *Armut*. Daß der Mensch diese seine Armut annimmt, ist Voraussetzung für die Annahme des Evangeliums. Das Konzept der Ordensarmut scheint Matura oft einseitig konzentriert auf den von den Oberen abhängigen Gebrauch der Güter und auf aszetische Entsagung. Hier könnte das evangelische Modell der Gemeinschaft, das Güterteilung, Verzicht auf Anhäufung von Reichtum und Teilen mit den Armen einschließt, den Blick wesentlich weiten und erneuern[288].
Auch für den *Gehorsam* kann im Rahmen dieses Modells ein vertieftes Verständnis gefunden werden: Die Metanoia, die Bekehrung zum Evangelium verlangt zunächst einfach eine Hörsamkeit, einen Gehorsam (*obaudire*) dem Wort gegenüber. Ebenso kommt in dem zweiten Pol, der radikalen Hinordnung und Zentrierung auf die Person Jesu, das Moment des Gehorsams (als Antwort auf den Ruf Christi) zum Tragen. Besonders gilt der Gehorsam jedoch in bezug auf die Gemeinschaft. Die erste Aufgabe der Ordensgemeinschaft ist es für Matura, eine Gemeinschaft des Hörens (des Gehorsams) zu sein und sich als Gruppe unter das Wort Gottes zu stellen. Auf der horizontalen Ebene verlangt die Verschiedenheit der Mitglieder nach Diensten der Koordination und der Leitung. Wesentlich ist dabei der Verzicht auf jegliche Machtausübung. In einer solchen Konzeption erweist sich der Gehorsam vor allem als Annahme des anderen in seiner Andersartigkeit und in seinem Eigenstand[289].
Gemäß seinem Ansatz hebt Matura schließlich besonders die Verbindung der *Ehelosigkeit* mit der Koordinate »Gemeinschaft« hervor. Für ihn ist eine Gemeinschaft, die eine totale Gütergemeinschaft und den Willen zu gleichrangigen Beziehungen mit allen einschließt, nur in einer zölibatären Gruppe möglich[290].
Die vierte Koordinate der Zeugnishaftigkeit ermöglicht es Matura, die bis dahin ungeschieden bedachten Orden zu diversifizieren[291].

Wie jede christliche Existenz ist also auch das Ordensleben den radikalen Forderungen des Evangeliums, die sich für Matura in den genannten vier »Polen« konkretisieren, unterworfen. Diese bilden gleichsam die *Materie*, während die *Form* des Ordenslebens in der Ehelosigkeit besteht, die um Christi willen gewählt wird[292]. Die Frage nach dem unterscheidenden Merkmal der *vita religiosa* ist für Matura von zweitrangiger Bedeutung. Sie wird nur dort wichtig, wo nach der Identität der Ordensleute gefragt wird[293].

---

288 Siehe dazu: Suivre Jésus 77-79.81f.87f.

289 Siehe dazu: Suivre Jésus 79.80-82.84-87.

290 Vgl. Suivre Jésus 88-90.

291 Vgl. Suivre Jésus 90-92 sowie Célibat et communauté 83-89.

292 Siehe dazu Célibat et communauté 91f. - Die Ehelosigkeit ist für Matura im übrigen der öffentliche Entschluß, niemals eine Ehe einzugehen (Célibat et communauté 112; Scheideweg 78f). Dies ist nicht zu verwechseln mit der »Keuschheit«, die von allen Christen verlangt ist, aber außerhalb der Ehe von *allen* nichtverheirateten Gläubigen völlige Enthaltsamkeit verlangt.

293 Vgl. Scheideweg 36.

Die Haltung Maturas zur »consecratio religiosa«

Wie bereits angeklungen ist, zählt Matura das Konzept einer besonderen *consecratio religiosa* unter jene Deutungen des Ordensstandes, welche das Ordensleben als »vollkommeneres« christliches Leben darstellen: »Durch die Weihe, fast dinglich dahin verstanden, daß der Mensch Gott und seinem Dienst anheimgegeben, dargebracht wird, wird der sich durch ein Ordensgelübde verpflichtende Mensch Gott vorbehalten. Er erscheint im Vergleich mit den anderen Christen als ein geweihtes, Gott enger angehörendes Wesen«[294]. Die Idee einer *peculiaris consecratio* (PC 5,1) fällt deswegen unter Maturas Verdikt über alle Konzeptionen, die zwei einander über- bzw. untergeordnete Kategorien von Christen voraussetzen.

Die ablehnende Haltung Maturas gegenüber dem Gedanken einer besonderen Ordensweihe hat aber noch einen zweiten Grund, der mit seinem Verständnis des Ordenslebens als christlicher *Existenz*form im Unterschied zum ministeriellen, »funktionalen« Priestertum zusammenhängt. Abgesehen von einer »Weihe«, die auf ein Dienstamt, eine Funktion in der Kirche hingeordnet ist, kann es für Matura nicht verschiedene Grade, sondern nur verschiedene Weisen geben, »Gott geweiht«, d.h. seinem Dienst überantwortet zu sein. Jeder Christ ist in seiner besonderen Lebenssituation, auf seine Weise Gott geweiht (»voué«)[295]. Eine »innigere« Weihe der Ordensleute (vgl. LG 44,1) ist daher für Matura schlechthin ein Unding.

Zusammenfassung anhand der Leitfragen

Zurückschauend können nun die Antworten, die sich auf die Leitfragen dieses Kapitels aus der Konzeption Maturas ergeben, schlaglichtartig zusammengefaßt werden:

1. Rätetrias

Die Trias von *castitas-paupertas-oboedientia* wird von Matura als Grundstruktur des Ordenslebens abgelehnt, da sie für ihn eine Reduzierung des evangelischen Radikalismus darstellt. Stattdessen liegt das Spezifi-

[294] Scheideweg 49.

[295] Vgl. Célibat et communauté 58: »On est consacré pour un ministère, mais à part cette consécration fonctionelle, on voit mal qu'il puisse y avoir des degrés dans la consécration du chrétien à Dieu et à son service. Il y a sans doute des façons différentes d'être consacré à Dieu, destiné à son service, mais la consécration, au sens de mise au service et don total de soi, ne connaît pas de degrés objectifs. De soi, c'est tout l'être du chrétien, qui dans la situation particulière qui est la sienne, est voué à Dieu«.

kum der Ordensberufung für Matura in der Ehelosigkeit, die eine besondere Art von Gemeinschaft ermöglicht. Sie ist im Lebensentwurf der Ordensleute die *forma*, welche die an alle gerichteten Anforderungen des Evangeliums - die *materia* - in eigentümlicher Weise ausprägt.

2. Komparative

Nur in der eng umgrenzten eschatologischen Perspektive sieht Matura eine Möglichkeit, von einem objektiv »Besseren« der Ehelosigkeit zu sprechen. Im Vordergrund steht bei Matura jedoch die Komplementarität von Ehe und Ehelosigkeit, die je auf ihre Weise Charakteristika christlichen Glaubens »besser« veranschaulichen.

3. Consecratio religiosa

Die *consecratio religiosa* ist für Matura eindeutig als spezifizierendes Element des Ordenslebens auszuscheiden.

Verwandte Positionen

Ebenso wie Matura sieht auch *Edward Schillebeeckx* die »Ehelosigkeit um des Himmelreiches willen« als einzigen wirklichen evangelischen »Rat«, »dessen Befolgung dem persönlichen Willen der Christen völlig frei überlassen ist. ... Klösterliches Leben ist wesentlich christliche Ehelosigkeit«[296]. Alle anderen Ausdrucksformen des Ordenslebens dagegen sind »Menschenwerk«, zwar durch das Evangelium inspiriert, aber in ihrer konkreten Gestalt abhängig von geschichtlicher Situation und Erfahrung[297].

Von einem systematischen Ansatz her kommt auch *Raphael Schulte* zu dem Schluß: »Immer deutlicher [schält sich] die Profeß des Rates der 'castitas Deo dicata', der Jungfräulichkeit als das erste, als das entscheidend konstitutive Element des Ordenslebens heraus«[298]. Das ergibt sich für den Wiener Dogmatiker daraus, daß Ehe und Ordensstand einander in jeder Hinsicht ausschließen, während alle anderen christlichen Existenzweisen grundsätzlich (nicht kirchlich-faktisch!) miteinander

---

[296] Schillebeeckx E., Het nieuwe mens- en Godsbeeld in conflict met het religieuze leven, in: Tijdschrift voor Theologie 7 (1967) 1-27; wir zit. nach der deutschen Fassung: Das Ordensleben in der Auseinandersetzung mit dem neuen Menschen- und Gottesbild, in: Dienst an der Welt. Ordensfrauen zwischen Charisma und Institution. Hg. v. H. Claaßens, Freiburg 1969, 77-116, hier 92. Grundlegend ist, daß die Ehelosigkeit für den holländischen Dominikaner auch rein menschlich eine sinnvolle Lebensmöglichkeit ist. Erst durch die Wahl »um des Himmelreiches willen« kommt ihr etwas von der »Transzendenz des Religiösen selbst« zu (96). Eine kurze Zusammenfassung und Konfrontation mit der Position K. Rahners bietet: Regli 39-44.
In etwas anders akzentuierter Weise vertritt auch J.M. Lozano, die Ehelosigkeit sei spezifisches Merkmal der *vita religiosa*. Siehe dazu: Lozano, Discipleship; Life as Parable.

[297] Vgl. ebd. 107.

[298] Schulte, Das Ordensleben als Zeichen 406.

kompatibel sind[299]. Anders als bei Matura tangiert bei Schulte die Lebensweise der Ehelosigkeit wesentlich das vertikale Verhältnis zu Gott. In ihr transzendiert der Christ die menschliche Vermittlung zu Gott und tritt in eine *unmittelbare* Beziehung zu Christus, dem alleinigen Mittler ein[300]. In der Ehelosigkeit lebt der Ordenschrist eine spezifische, ausdrücklichere Angleichung an Jesus Christus. Als besondere Gleichförmigkeit mit dem Sohn-Sein Christi fordert die Lebensform der Ehelosigkeit dann auch Gehorsam und Nachahmung der *exinanitio* Christi (Armut)[301].
Jean-Claude Guy lehnt wie Matura das Konzept der drei evangelischen Räte als spezifische Struktur des Ordenslebens ab. Stattdessen benennt er als Hauptmerkmale der *vita religiosa*: Berufung, Zeichenhaftigkeit (»signe, mémoire«), Gemeinschaft, Erkennbarkeit, Weltengagement, Gotteserfahrung bzw. Nachfolge Christi. Die drei traditionellen Gelübde ordnet er unter die Komponente »Gemeinschaft« ein, die Ziel und Grund des Lebens in Armut, d.h. *sine proprio*, Gehorsam und Keuschheit ist[302].

Kritische Anmerkungen

Die Grundthese Maturas erlaubt es, eine Unterscheidung zwischen Ordensleben und anderen christlichen Lebensformen zu treffen, ohne zu verdunkeln, daß alle Christen unter die radikalen Forderungen des Evangeliums gestellt sind, und ohne deren Existenzweise abzuwerten. Gegenüber den teilweise in Schwebe bleibenden Aussagen des Konzils bringt der Ansatz Maturas auf den ersten Blick einen Fortschritt in der Bestimmung des Spezifikums der Orden in der Kirche mit sich. Positiv zu vermerken ist auch die Betonung der menschlichen Tragweite der Ehelosigkeit, die Ausarbeitung gewisser Züge des Radikalismus, die breitere Basis von Ordensarmut und Ordensgehorsam und die Betonung der Gemeinschaft und ihres eschatologischen Charakters. Dennoch wirft der Entwurf Maturas auch Probleme auf.
Es bleibt vor allem die Frage, ob Matura dem Gesamtphänomen »Orden« gerecht wird. Ist wirklich die Ehelosigkeit das einzig notwendige Element des Ordenslebens? Übersieht die These Maturas nicht die Wechselwirkungen z.B. zwischen Armut und Ehelosigkeit sowie die geschichtliche Vielfalt der Motive für die Entstehung und Entfaltung des Ordenslebens[303]? Das methodische Vorgehen Maturas bewegt sich im

[299] Vgl. ebd. 404-406.

[300] Siehe ebd. 408.

[301] Vgl. ebd. 408-414.

[302] Guy J.-C., Les traits majeurs de la vie religieuse, in: ders., La vie religieuse mémoire évangélique de l'Église, Paris 1987, 140-142. Eine etwas andere Perspektive zeigt sich in: ders., Conditions pour un avenir de la vie religieuse, in: ebd. 107-122.

[303] Vergleiche die Einwände Tillards in: Religieux - un chemin 16f; Frei sein 131; ders., Religieux - dans la société nouvelle. Des mutations nécessaire, in: LV.F 28 (1973) 265-291, hier 284-287. - Ernst J., Zehn Thesen zur Situation, in: AAVV., Das Schicksal der

Grunde wieder im alten Schema, das nach konkreten Schrifttexten als unbestreitbaren Fixpunkten für die Rätetheologie suchte. Matura geht nach einer Art »Steinbruchmethode« vor, bei der Zug um Zug alles abgebrochen wird, was »allgemein christlich« ist, bis nur mehr die Ehelosigkeit als zur Ehe alternative christliche Existenzform übrigbleibt. Das Ordensleben wird so - einseitig - als eheloses Leben bestimmt, das freilich in Maturas Konzeption das Element der Gemeinschaft miteinschließt. Gerade von dieser Zuspitzung her muß aber die Frage nach der Einordnung anderer zölibatärer Lebensformen - eremitisches Leben, Priestertum der lateinischen Kirche, Säkularinstitute - gestellt werden. Sind auch sie »religieux« zu nennen? Matura bejaht diese Frage ausdrücklich. Zölibatäre Priester sind gewissermaßen »Ordensleute wider Willen«, da sie die Ehelosigkeit nicht um ihrer selbst willen anstreben und normalerweise auch nicht bis zu ihrem Ziel - der Schaffung von Gemeinschaft - vordringen[304]. Von hier her legt sich die Auslegung nahe, daß die Ehelosigkeit im Priestertum und - so müßte ergänzt werden - in den Säkularinstituten und im eremitischen Leben de facto als verkürzte Formen von Ehelosigkeit anzusehen sind, da sie nicht jene spezifische Gemeinschaft mit eschatologischem Charakter hervorbringen. Entsteht dadurch nicht eine neue Wertung christlicher Existenzformen, diesmal innerhalb des zölibatären Lebens[305]?
An einen weiteren, im Konzept der Ehelosigkeit bei Matura wesentlichen Gedanken wird man zumindest ein Fragezeichen setzen dürfen. Matura hebt hervor, daß die Ehelosigkeit »nicht das vertikale Verhältnis des Menschen zu dem in Jesus geoffenbarten Gott, sondern das horizontale Verhältnis des Menschen zu seinesgleichen« berührt[306]. Grundsätzlich ist dem, was die Qualität der Gottesbeziehung betrifft, zuzustimmen. Das Motiv für die Wahl der Ehelosigkeit findet selbstver-

---

Orden - Ende oder Neubeginn, Freiburg 1971, 85-110 (bes. 90-92) fragt, ob die Theorie von der Ehelosigkeit als Fundament des Ordenslebens »geschichtlich bedingt ist durch eine Zeit, in der die Orden und Kongregationen sich auf dem Gebiet des Gehorsams und der Armut dieser Welt schon angepaßt haben« (91). Gegenüber der Tradition sei dies allerdings eine Verkürzung.

304 Célibat et communauté 74f: »Les prêtres en Occident ... sont, d'une certaine façon, des religieux malgré eux, sans pouvoir ordinairement aller jusqu'au bout du célibat, jusqu'à la création d'une communauté de frères«; vgl. auch ebd. 111. Zu beachten wäre hier auch die historische Vielfalt und Entwicklung des Begriffs *religiosus*, die es einerseits erlauben würde, etwa auch Priester, Eremiten u.a. als *religiosi* zu bezeichnen, andererseits zunehmend eine engere, auf Orden und ähnliche Gemeinschaften beschränkte Bedeutung annahm. Auch die Diözesanpriester als *religiosi* zu bezeichnen, entspricht nicht dem derzeitigen Entwicklungsstand. Zumindest ist nach dem geschichtlichen Befund die Bezeichnung *religiosus* nicht allein vom Vorhandensein der Ehelosigkeit abhängig. Siehe dazu: Gribomont J. / Tillard J.M.R., Art. Religio (Religiosus), in: DIP 7, 1628-1636.

305 Kritisch zu Matura auch: Gutiérrez Vega 115f.

306 Scheideweg 57.

ständlich auch Matura in einem Anruf Gottes bzw. Christi[307]. Ebenso ist Matura ohne Vorbehalt rechtzugeben, daß in vielen Entwürfen zum Ordensleben »von der mystischen Hochzeit, von der Liebe zu Christus und vom Freisein für das Gebet und den Dienst vor Gott« geredet wurde, aber »was der Zölibat für den Menschen psychisch und sozial bedeutet, danach ist nicht gefragt worden«[308]. Trotzdem ist die These Maturas zu hinterfragen. Denn eine Entscheidung dieser Art wie die zur Ehelosigkeit, die tiefste Schichten des Menschseins betrifft und die ganze Lebensweise des konkreten Menschen prägt, muß doch *auch* das Verhältnis zu Gott auf irgendeine Weise zu berühren. Die Beziehung des Menschen zu Gott ist eine ganzheitliche, d.h. eine, in der der Mensch mit seinem ganz konkreten Da- und So-Sein vor Gott steht. Dies betrifft den Ehelosen genauso wie den verheirateten Christen. Damit ist aber noch keine Aussage gemacht, wie ein solches Gottesverhältnis für den Ehelosen konkret aussieht, und schon gar nicht muß damit eo ipso eine Abwertung der Gottesbeziehung in der Ehe gegeben sein, wie Matura befürchtet.

Ein Grund für die Ablehnung der Trias *castitas-paupertas-oboedientia* liegt bei Matura darin, daß für ihn damit nur ein kleiner Ausschnitt christlichen Lebens erfaßt ist. Der Tradition macht er den Vorwurf der Verkürzung. Die vor allem von Thomas von Aquin ausgehende These[309] sah jedoch in den drei Räten tatsächlich das Äußerste und Umfassendste umschrieben, was der Mensch als Antwort auf Gottes Anruf zur Vollkommenheit der Liebe geben kann. Die Verkürzung tritt eigentlich erst mit der Juridifizierung der Gelübde ein. Sicher kann man die These vom *holocaustum* und ihre philosophisch-anthropologischen Voraussetzungen kritisch in Frage stellen. Auf eine solche Diskussion läßt sich Matura aber nicht ein[310].

Zusammenfassend wird man sagen müssen, daß die Arbeiten Maturas einen kritischen und weiterführenden Beitrag zur Diskussion um das Verhältnis von Christ und Ordenschrist in nachkonziliarer Zeit verkörpern. Das eigentliche Verdienst Maturas in Hinblick auf die Entwicklung nach dem Konzil besteht darin, daß er manche Selbstverständlichkeiten (etwa die Rätetrias) in Frage stellt und ihre Aporien aufweist sowie sensibel auf alle Deutungen des Ordensstandes reagiert, die

---

307 So z.B. Scheideweg 92.

308 Scheideweg 90.

309 Vgl. pars pro toto: STh II-II q.186 a.7.

310 Zu weiteren Anfragen an den Entwurf Maturas siehe die kritischen Rezensionen von: Lippert P., Rez. zu Matura, Ehelosigkeit und Gemeinschaft dt., in: OK 11 (1970) 109f; Renwart L., Rez. zu Matura, La vie religieuse au tournant, in: VieCon 44 (1972) 101-103 und Sr. Pascale Dominique, Rez. zu Matura, Suivre Jésus, in: VSp 139 (1985) 558f.

christliches Leben aus Taufe und Firmung minimalisieren und qua Lebensform gegenüber dem Ordensleben abwerten. Der Prozeß, der im Konzil durch die Verknüpfung von V. und VI. Kapitel der Kirchenkonstitution sichtbar wird, erfährt dadurch bei Matura eine Fortführung und Vertiefung.

III. Systematische Zusammenfassung und Ausblick

1. Die Frage nach dem »Spezifikum« der Ordensberufung

Am Ende dieses Themenkreises soll eine erste, vorläufige Bestandsaufnahme von Tendenzen in nachkonziliarer Ordenstheologie stehen. Vorläufig ist diese Zusammenfassung deshalb, weil hier schwerpunktmäßig zunächst nur auf den einzelnen Ordenschristen und seine Lebensform reflektiert wird. Keineswegs ist aber damit schon das Ganze des Ordenslebens erfaßt. Dazu sind in den folgenden Kapiteln ebenso der ekklesiologische Ort der Orden, ihr Verhältnis zur »Welt« wie die Eigentümlichkeit der einzelnen Gemeinschaft miteinzubeziehen. Immer wieder wird sich dabei die enge Vernetzung dieser Koordinaten des Ordenslebens zeigen.
Noch in einer zweiten Hinsicht ist dieser Überblick einer methodischen Einschränkung unterworfen, da ein isolierter Blick auf das Unterscheidende, wie er hier vorgenommen wird, nie der ganzen Wirklichkeit einer Lebensform gerecht werden kann. Auch Ordensleute können nicht nur von ihrem Unterscheidungsmerkmal her leben, sondern sind grundlegend auf die allen gemeinsame christliche Berufung verwiesen. Erst von diesem Fundament aus kann überhaupt so etwas wie ein Spezifikum in den Blick kommen und Bedeutung erlangen. Hans Urs von Balthasar bemerkt in anderem Zusammenhang, daß man zwar die spezifische Differenz behalten kann, wenn man die gemeinsame Substanz abzieht, aber dann ist dieses Spezifikum »substanzlos« geworden[311]. Deshalb bildet die gemeinsame Basis christlichen Lebens, grundgelegt in Taufe und Firmung die unabdingbare, wenn auch hier nicht ausdrücklich thematisierte Voraussetzung für die folgende Darstellung, die sich nicht nur auf eine Zusammenfassung der nachkonziliaren Entwicklung beschränkt, sondern in der auch versucht werden soll, einige Linien weiter auszuziehen.

[311] Balthasar H.U. v., Herrlichkeit. Eine theologische Ästhetik. 1. Schau der Gestalt, Einsiedeln 1961, 585.

Allerdings stellt sich dann sofort die Frage: Zielt damit das »Spezifikum« des Ordenslebens nur auf einen kleinen, vergleichsweise unbedeutenden Ausschnitt dieser Lebensform? Sollte man nicht besser das Gemeinsame christlichen Lebens artikulieren, um nicht einer »Ideologie des Unterschiedes« zu erliegen? Die Gefahr dazu besteht sicherlich, vor allem in der anhaltenden Identitätskrise der Orden. Gerade in dieser Situation, die entweder zu einer ängstlichen Uniformität bzw. Anpassung oder zu einer gesteigerten Betonung des Unterschiedes führen kann, ist es umso notwendiger, genauer zuzusehen, welcher Art das »Spezifikum« des Ordenslebens ist. Grundsätzlich bieten sich dafür zwei Modelle an:
1. Es gibt eine christliche Berufung, die allen gemeinsam ist. Zu ihr treten, je nach Lebensform, noch spezifische Merkmale *hinzu*.
2. Es gibt zwar eine allgemeine christliche Berufung, die jedoch immer nur in einer bestimmten konkreten Verwirklichung anzutreffen ist. »Spezifikum« ist hier nicht als etwas Hinzukommendes verstanden, sondern gewissermaßen als durchgängige Färbung, analog etwa der scholastischen *forma qualitativa*[312].
Für unsere Überlegungen zum »Spezifikum« des Ordenslebens wird das zweite Modell leitend sein. Das heißt konkret und praktisch gesprochen: Jemand ist nicht Christ und *dazu* noch Ordenschrist, sondern er ist Christ *als* Ordenschrist.

Wichtig ist in diesem Zusammenhang die Frage, welche Lebensform in der Kirche das »Gegenüber« der Ordensleute ist: Ist es das Amt? Sind es die »Laien«? Oder nur die Eheleute? Das Aufkommen der Säkularinstitute und der neuen geistlichen Gemeinschaften[313] verlangt auch eine Einbeziehung dieser kirchlichen Gruppen. Aufmerksamkeit ist ebenso auf allein lebende Zölibatäre (etwa Eremiten, Stand der Jungfrauen, vgl. c. 603f) geboten. Die kirchliche »Ständeordnung« ist seit geraumer Zeit fließend geworden, was F. Wulf schon 1968 festgestellt hat[314]. Wir werden von Fall zu Fall differenzieren, hier Übereinkunft des Ordenslebens mit den einen, dort Unterschiede zu anderen kirchlichen Gruppierungen feststellen müssen.

Die exemplarisch vorgestellten theologischen Ansätze scheinen dahingehend zu *konvergieren*, daß das »Spezifikum« des Ordenslebens als

---

[312] Form im weitesten Sinn ist »das Bestimmende eines Bestimmbaren«. »Dem Bestimmbaren als Potenz tritt die Form als Akt gegenüber«. So Lotz J.B., Art. Form, in: LThK 4, 203-205.

[313] Zu den neuen geistlichen Gemeinschaften vergleiche als ersten Überblick folgende Literatur: Lenoir F., Les communautés nouvelles. Interviews des fondateurs. Préf. du card. A. Decourtray, Paris 1988; Orte lebendigen Glaubens. Neue geistliche Gemeinschaften in der katholischen Kirche. Hg. v. J. Müller und O. Kriensbühl, Freiburg/Schw. 1987; Lehmann L. , Neuere kirchliche Bewegungen als Anfrage an die Orden, in: OK 29 (1988) 146-166.

[314] Wulf F., Priester, Ordensleute, Laien. Wandlungen der kirchlichen Ständeordnung, in: GuL 41 (1968) 60-62.

formgebende Eigentümlichkeit zu verstehen ist[315]: Die Existenzform Ordensleben verkörpert eine christliche Lebensform, die in besonderer Weise den *Akzent* auf den Gottesbezug des Menschen und die Transzendenz Gottes sowie auf das Hereindrängen des eschatologischen Gottesreiches legt. Dieser Akzent verleiht dem ganzen konkret-leibhaftigen Leben der Ordensleute eine bestimmte Färbung und wird - zugespitzt - in eigentümlichen Ausdrucksformen greifbar.

Herrscht hierin, auf der Ebene des Grundsätzlichen, weitgehend Übereinstimmung, so unterscheiden sich die vorgelegten Entwürfe in der Auffassung, worin dieser besondere Akzent des Ordenslebens begründet ist. Im wesentlichen lassen sich vier Interpretationsrichtungen ausmachen: Die Akzentuierung von Transzendenz und Verwiesenheit auf das Eschaton erwächst

- aus der Übernahme der drei sogenannten *evangelischen Räte*, die den Menschen aus der gängigen Lebensform herausreißen und pointiert auf Gott und seine Zukunft verweisen (so etwa eine Reihe von nachkonziliaren kirchlichen Dokumenten).
- primär aus der *Ehelosigkeit um des Himmelreiches willen* (Matura).
- aus dem radikalen Wagnis des *Glaubens*, das inspiriert wird von einer bestimmten Lesart des ganzen Evangeliums (Tillard, Wulf).
- aus der *gleichsam besonderen Weihe* (PC 5,1), die den Ordensleuten verliehen ist bzw. mit der sie sich dem »über alles geliebten Gott« (LG 44,1) hingeben (RD, Régamey, Ranquet).

Diese großen Linien nachkonziliarer Ordenstheologie ordnen sich damit in den Strom der Tradition ein, die das gleiche Thema unter ebenso verschiedenen »Titeln« durchgespielt hatte. Erinnert sei nur an das Konzept der *vita angelica* bzw. *vita paradisi*, den Lobpreis der Jungfräulichkeit als »leichteres« Anhangen an Gott, das Ideal des *quaerere Deum* sowie an den traditionellen Topos des *soli Deo vacare*[316]. Auch in den Texten des Zweiten Vatikanums spielt diese Akzentsetzung eine hervorragende Rolle (vgl. etwa LG 44; PC 5.6.12 und passim). In gewisser Weise neu ist allerdings die von manchen Autoren (Tillard, Matura) vorgebrachte Mahnung, daß das Wort *Akzent* unbedingt ernstgenommen werden muß. Das bedeutet, daß die Ausrichtung auf Gott und das Kommen seines Reiches den Ordensleuten *nicht exklusiv* zugeprochen

[315] Um den Anmerkungsteil nicht unnötig zu belasten, verzichten wir in diesem und in allen zusammenfassenden Teilen auf nochmals detaillierte Hinweise zu den schon vorgestellten Autoren und beschränken uns auf die Nennung der Namen. Die entsprechenden Belege finden sich im jeweiligen Abschnitt über den Autor bzw. die kirchlichen Dokumente.

[316] Siehe dazu den Band 2 von Parenteau: »La spiritualité de la vie religieuse au rythme de ses saisons historiques«.

werden darf, sondern daß diese Orientierung zum Grundbestand christlichen Lebens gehört, im Ordensleben jedoch zugespitzt (»akzentuiert«) und sichtbar ausgelebt wird. Vice versa muß dann gesagt werden, daß das (christliche) Wirken in den Strukturen dieser Welt, das man als Schwerpunkt des »säkularen« Lebens ansehen könnte, ebenso - realisiert auf ihre Art - für die Ordensleute gilt. Das jeweils andere Element darf in keinem der Lebensentwürfe ganz fehlen, wollen diese sich als genuin christliche, in der Spannung von Welttranszendenz und -immanenz stehende, verstehen.

Diese Verdeutlichung hat auch Konsequenzen für die *Leitfrage 2* dieses Kapitels: Wo liegen Berechtigung und Grenzen der traditionell und auch in den Konzilstexten verwendeten *Komparative* für das Verhältnis von Christsein und Ordensberufung im Speziellen? In der nachkonziliaren Diskussion hat die Verwendung des komparativischen Sprachmodells neben heftiger Ablehnung (Matura) auch neue Unterstreichung und Betonung (Régamey) gefunden.

Die Divergenz in der Beurteilung der Komparative beruht im wesentlichen auf zwei Vorentscheidungen:

- Die erste zielt auf die Einschätzung des »allgemeinen« kirchlichen und christlichen Lebens. Eine grundsätzlich pessimistische Sicht (Régamey) hat ihr Pendant in einer Höherbewertung des Lebens in den Orden (als »engere« Nachfolge und »ungeteilte« Hingabe)[317], während Autoren, die einer positiv gefärbten Beurteilung des allgemeinen kirchlichen Lebens zuneigen, eine grundsätzliche Vorrangigkeit des Ordenslebens ablehnen (Matura, Tillard). Diese unterschiedliche Interpretation ist dabei auch eng verquickt mit dem Verständnis von »Welt«[318].
- Die zweite Vorentscheidung ist, daß manchmal die »äußerlich-sichtbare, buchstabengetreue« Nachfolge einer (nur) »innerlich-geistigen, gesinnungsmäßigen, der Situation angepaßten« apriori vorgeordnet wird[319]. Oft ist für eine Höherbewertung des Ordenslebens auch die Annahme der Superiorität »unmittelbarer« über »vermittelter« Gottesbeziehung verantwortlich, wobei die Unmittelbarkeit meist von der Ehelosigkeit der Ordensleute hergeleitet wird[320].

---

[317] Vgl. die Beobachtung bei: Renwart L., Tous appelés à la plénitude de la vie chrétienne, in: VieCon 51 (1979) 246-249.

[318] Siehe dazu das dritte Kapitel des Hauptteils in dieser Arbeit.

[319] Gegen eine solche Konzeption stellt sich: Lozano, Discipleship 66: »We can certainly say, with the Council, that religious life imitates more closely (in a material sense) the lifestyle embraced by Christ; but this does not establish an argument in favor of the superiority of religious life, because neither Jesus himself ... nor the New Testament gives any importance to this fact«.

[320] Ergänzend vergleiche die Hinweise bei Wiederkehr D., Die Kirche als Ort vielgestaltiger kirchlicher Existenz, in: MySal 4/2, 338-392, hier 358-360. Wiederkehr nennt fünf »traditionelle Begründungen einer Rangordnung«: 1. ethisch-rechtlich, 2. Dominanz des Welt- oder Gottbezugs, 3. christologisch (Nachfolge), 4. heilsgeschichtlich-eschatologisch, 5. soteriologisch.

Versteht man Ordensleben als christliches Leben mit einer bestimmten *Akzentsetzung*, ergibt sich - vor allem mit Tillard, Matura und Wulf - die Möglichkeit, Berechtigung und Grenzen des traditionellen »Mehrwerts« des Ordenslebens herauszustellen: Ordensleben kann tatsächlich und berechtigterweise insofern »besser« genannt werden, als es einen bestimmten, ja wesentlichen Aspekt des Christseins (die Ausrichtung auf die Transzendenz Gottes und auf das Hereinbrechen des Gottesreiches) *sichtbarer, ausdrücklicher* und *öffentlich auf Dauer* zur Darstellung bringt. Diese »Höherwertigkeit« des Ordenslebens wird jedoch dadurch relativiert, daß andere Aspekte des Christseins von anderen Christen »besser« und deutlicher hervorgehoben werden (etwa der Auftrag zur christlichen Welt- und Alltagsgestaltung, die Leiblichkeit). Ein »Mehr« liegt deshalb auf beiden Seiten (!); es betrifft keine »moralische« Höherwertigkeit, sondern nur die größere Ausdrücklichkeit und Sichtbarkeit des einen oder anderen Elements, kurz: die »Zeichenhaftigkeit«[321].

2. Die Trias der Räte

Weitgehender Konsens besteht in den verschiedenen Richtungen nachkonziliarer Ordenstheologie darin, daß die Trias qua Trias nicht biblizistisch aus dem Neuen Testament abgeleitet werden kann. Während die in den Konzilstexten vorherrschende christologische Interpretation der Dreiheit der Räte (Nachfolge des armen, gehorsamen und jungfräulichen Jesus des Evangeliums, vgl. LG 43; PC 1.25) entweder in den Hintergrund tritt oder als selbstverständlich vorausgesetzt wird[322], lebt für das Verständnis der Trias vor allem die thomanische Tradition wieder stark auf. Sie sieht in ihr das Ganze menschlichen Lebens umschrieben, so daß durch ein Leben in Armut, Jungfräulichkeit (Ehelosigkeit, Keuschheit) und Gehorsam die Ganzhingabe des Lebens ausgedrückt wird. Autoren, die diese These vertreten, sehen sich von philosophischen und psychologischen Strömungen der Gegenwart, die Besitz, Sexualität und Selbstbestimmung (oder ähnliche Triaden) als Grundbefindlichkeiten des Menschen herausstellen, bestätigt (vgl. EE, Tillard,

[321] Eine Variante dazu bietet Lippert P., Die »Evangelischen Räte« - Grundprinzip oder Sonderform christlicher Spiritualität?, in: Die Kirche im Wandel der Zeit. Festschrift für Josef Kard. Höffner. Hg. v. F. Groner, Köln 1971, 659-669, der eine Interpretation des traditionellen *melius ac beatius* (vgl. DS 1810) auf der Grundlage der ausdrücklicheren Beziehung des Ordenslebens zur Kirche versucht: Ordensleben ist »besser«, weil »kirchlicher« (669).

[322] Eine solche christologisch begründete Konzeption der Dreiheit der Räte findet sich etwa bei: Schulte, Das Ordensleben als Zeichen; Greshake G., Sinn und Anspruch des Ordenslebens heute, in: ON (1977) Heft 99, 282-291.

Zulehner). Auch dort, wo die drei Räte als *Heilmittel* gegen eine dreifach konkupiszente Situation des Menschen gesehen werden, treffen sie auf die drei grundlegende Dynamismen, die nunmehr den von der Sünde infizierten Menschen kennzeichnen. Die Befolgung der evangelischen Räte eröffnet in dieser Interpretation Wege zur Erneuerung der Schöpfung (RD, Régamey).

Auf dieser Basis erhält die Trias der Räte weiterhin konstitutive Bedeutung für den Entwurf des Ordenslebens. Abgesehen von Matura, der die Dreiheit in eine begrifflich und sachlich anders bestimmte Vierheit auflöst, zählt somit für die meisten Autoren die Trias zu jenen geschichtlich gewachsenen spirituellen Traditionen, die nicht ohne Verlust für das geistliche Leben der Kirche aufgegeben werden können. Unbeschadet der anders gearteten monastischen Gelübde und mit vollem Bewußtsein, daß sich die Dreiheit erst im 12./13. Jahrhundert durchzusetzen begann, scheint es sich doch bei der Rätetrias um eine jener Entwicklungen der Ordensgeschichte zu handeln, die nicht mehr ohne Schaden für das Ganze rücknehmbar ist[323].

Besteht in diesem Punkt also ein weitgehender Konsens, so stellt sich in den Strömungen nachkonziliarer Ordenstheologie die Frage divergent dar, ob die Praxis der drei Räte als solche schon das oder ein Spezifikum des Ordenslebens ist (dies legen vor allem die kirchlichen Dokumente nahe) oder ob sie nicht vielmehr nur als *Ausdruck*, d.h. als Verleiblichung des Spezifikums, eben der theozentrischen Ausrichtung des Lebens zu verstehen ist (etwa Tillard, Greshake, Synode). Diese beiden Interpretationen schließen einander jedoch nicht aus, sondern verlaufen auf verschiedenen Ebenen. Auf der Ebene der *theologischen Reflexion* kann die Übernahme der Räte nur als *Ausdruck* einer bestimmten Lebensentscheidung begriffen werden; anders wäre ihre Praxis gar nicht einsichtig zu machen. Gerade so aber, als sichtbarer, greifbarer Ausdruck, kann die Praxis der Räte auf der Ebene der *Erfahrung* als *Unterscheidungsmerkmal* dienen[324].

Darüber hinaus ist noch eine weitere Differenzierung notwendig: Nicht schon das bloße Faktum des Lebens nach den Räten an sich kann Spezifikum des Ordenslebens sein. Allzu deutlich hat die nachkonziliare Entwicklung gezeigt, daß die Räte nicht Monopol der Ordensleute sind, sondern in ihnen - wenn auch auf verschiedene Weise - alle Christen

---

[323] In anderem Kontext (eucharistische Anbetung) bedenkt Karl Rahner die Konsequenz einer unumkehrbaren Geschichtlichkeit des Christentums auch für die Frömmigkeitsgeschichte: Rahner K., Über die Besuchung, in: ders., Sendung und Gnade. Beiträge zur Pastoraltheologie. Einl., Anmerkungen und Reg. v. K.H. Neufeld, 5. erw. Aufl. Innsbruck 1988, 215-231, hier 216f.

[324] Vgl. dazu Wulf, Theologische Phänomenologie 472.

angesprochen sind. Eigentümlich ist erst eine *bestimmte* Praxis, die sich aber aus dem Begriff »Leben nach den evangelischen Räten« *allein* noch nicht ergibt, sondern von anderen Faktoren (z.B. von der Gemeinschaftlichkeit des Lebens oder der Spiritualität des einzelnen Instituts) mitbestimmt wird. Besonders deutlich ist dies in der nachkonziliaren Ordenstheologie am Problem des spezifischen Ordensgehorsams ausgearbeitet worden. Der in der Heiligen Schrift von allen geforderte Gehorsam ist noch nicht der spezifische Ordensgehorsam[325]. Ähnliches dürfte für die Armut gelten. Die Frage nach dem »Spezifikum« des Ordenslebens kann deshalb gar nicht nur auf der Ebene der Räte allein verhandelt werden, sondern weist immer schon über diese hinaus.

In Zusammenhang damit steht auch das Problem des Modus, nach welchem die drei Räte einander zugeordnet werden. In den Konzilstexten sowie auch in den nachfolgenden kirchlichen Dokumenten zum Ordensleben (vgl. Régamey) herrscht eine *parataktische* Zuordnung der Räte vor. Wenngleich der Jungfräulichkeit ein gewisser Ehrenvorrang zuerkannt wird (vgl. LG 42,3), spielt sie doch für die Konstituierung der Trias keine besondere Rolle. Andere Entwürfe jedoch stellen einen der Räte gleichsam als »Quelle« und Klammer für die anderen vor. Die *hypotaktische* Zuordnung hat den Vorteil, daß sie die Einheit der Trias besser zum Ausdruck zu bringen vermag und so dem Mißverständnis von drei selbständigen, unabhängig voneinander bestehenden Gelübden wehrt. Die »drei« Gelübde legen nicht einzelne Handlungsnormen fest, sondern umschreiben eine typische Lebensform. Der Gedanke der hypotaktischen Ordnung der Räte ist nicht neu. Auch Thomas von Aquin versteht den Gehorsam als »umgreifendes Gelübde«, das *paupertas* und *castitas* nach sich zieht[326]. In den nachkonziliaren Entwürfen wird die hypotaktische Zuordnung der Räte exemplarisch bei Tillard deutlich (die Armut »infiziert« gleichsam das Verständnis der anderen Räte), dann aber besonders bei Matura (die in Gemeinschaft gelebte Ehelosigkeit entläßt aus sich eine bestimmte Form von Armut und Gehorsam).

Nicht möglich ist es, der konkret-materialen Verwirklichung der einzelnen Räte bei den Ordensleuten einer Befolgung (nur) »dem Geist nach« bei den anderen Christen gegenüberzustellen[327]. Ein solches,

---

[325] Zur Frage des spezifischen Ordensgehorsams siehe besonders die Arbeiten von Tillard J.M.R., Aux sources de l'obéissance; ders., Art. Obéissance, in: DSp 11, 535-563; ders., Autorité et vie religieuse, in: NRTh 88 (1966) 786-806; ders., Les chemins de l'obéissance, in: LV.F 31 (1976) 141-173.355-386; ders., L'obéissance dans la fraternité dominicaine, in: VieCon 48 (1976) 211-222.

[326] Vgl. Thomas von Aquin, De perfectione c.12; STh II-II q.186 a.8. - Der Gehorsam als Mitte der Räte auch bei: von Balthasar, Christlicher Stand 122; Unser Auftrag 95.

[327] Vgl. Lippert P., Art. Ordensspiritualitäten / Ordensleben, in: PLSp 951-958, hier 957.

landläufig beliebtes Schema übersieht, daß *alle* Christen auf je ihre Weise die Räte des Evangeliums auch in sichtbare, handgreifliche Taten umzusetzen haben (und andererseits die Ordensleute gehalten sind, im »Geist« der Räte zu leben!).

Exkurs: Zum Verständnis von Ehelosigkeit im Ordensleben

Während die nachkonziliare Diskussion über Armut und Gehorsam schwerpunktmäßig auf Fragen der Praxis (die freilich dann auch einer theologischen Grundlegung bedarf) zielte, standen für die Ehelosigkeit neben psychologisch-anthropologischen vor allem theologische Fragen an, die sich »hinter« einer unterschiedlichen Begrifflichkeit verbergen. Die Autoren schließen sich dabei verschiedenen Traditionssträngen an, denen jeweils spezifische Chancen, aber auch Einseitigkeiten zu eigen sind.

Matura etwa bevorzugt den Begriff *Ehelosigkeit* (*caelibatus*, *célibat*; vgl. auch LG 42,3; PC 12,3). Die Schwierigkeit dieses Terminus liegt darin, daß er zunächst nur ein negativer, abgrenzender Begriff (»ehe-los«) ist und außerdem von sich aus noch nichts über die konkrete Gestaltung dieser Ehelosigkeit als christlicher aussagt. Der Begriff »Ehelosigkeit« kann deshalb nur eine Kurzformel für die volle Formulierung *caelibatus propter regnum caelorum* sein. Das Apostolische Schreiben RD verwendet dagegen das biblische Wort *virginitas* (vgl. LG 42,3; PC 1,3). Dieser Begriff hat zwar eine lange Tradition, konnte sich aber auf Dauer und auch in der nachkonziliaren Diskussion nicht durchsetzen. Das lag und liegt wahrscheinlich zu einem guten Teil daran, daß *virginitas* vordergründig auf die Frau konzentriert und so verstanden für männliche Zölibatäre existentiell nur schwer nachvollziehbar ist. Dort, wo er von seinem biblischen Hintergrund gelöst wird, enthält der Terminus außerdem eine einseitige Affinität zur Tatsache physischer Integrität. Die kirchlichen Dokumente (bis hin zum neuen CIC), Tillard und Régamey geben dem Begriff *castitas* (*chasteté*) den Vorrang (vgl. PC 12). Der Begriff allein hat sich jedoch immer schon als zu unbestimmt erwiesen, da Keuschheit als allgemeine christliche Tugend zu verstehen ist. Daher wurde er meist mit spezifizierenden Attributen versehen, um die besondere Form der Keuschheit im Leben der Ordensleute zu kennzeichnen. Die Zusammensetzung *castitas perfecta* wird heute kaum noch vertreten, da sie schon vom Begriff her eine Minderwertigkeit der in der christlichen Ehe gelebten Keuschheit einschließt. Der neue CIC etwa (c. 599) greift daher auf die thomanische Konzeption der *continentia perpetua* zurück (vgl. auch LG 42,3)[328]. ET 7 wiederum spricht von *castitas Deo consecrata* (vgl. LG 43,1: »castitas Deo dicata«). Die genannten französischen Autoren benutzen im allgemeinen allein den Ausdruck »chasteté«. Die Schwierigkeit jeder mit *castitas* verbundenen Begrifflichkeit besteht darin, daß *castitas* eher mit dem genitalen Aspekt der Geschlechtlichkeit verknüpft ist und so nicht die ganze Breite dessen erfassen kann, was der Verzicht auf Ehe und Partnerschaft mit sich bringt.

Eine die Wirklichkeit des Phänomens ernstnehmende Reflexion müßte vermutlich auf einer Synthese dieser Aspekte bestehen. Dies würde heißen, daß es sich bei diesem Gelübde formal um Ehelosigkeit handelt. Das bedeutet, wie vor allem Matura

---

[328] Thomas von Aquin, STh II-II q.186 a.4.

betont hat: eine dauerhafte Verpflichtung, keine eheliche Partnerschaft einzugehen und - so müßte man vom biblischen Befund her ergänzen - Verzicht auf Familie und damit auf biologische Weitergabe des Lebens. In der Ehelosigkeit wäre also der generische Oberbegriff zu sehen, der inhaltlich als »*christliche* Ehelosigkeit« gefüllt werden müßte:
- vom Motiv her als »Ehelosigkeit um des Himmelreiches willen« (vgl. Mt 19,12),
- vertieft durch einen biblisch inspirierten Begriff von *virginitas*[329],
- leibhaftig konkretisiert in der Form von Keuschheit, die allen außerhalb der Ehe lebenden Christen aufgetragen ist, nämlich der *continentia perpetua*.

Diesem Verständnis scheint die Bezeichnung *Ehelosigkeit um des Himmelreiches willen* am besten zu entsprechen, da in ihr alle drei Aspekte integriert werden können.

Abgesehen von den Differenzen in der Terminologie kommen die vorgestellten Konzeptionen darin überein, daß christliche Ehelosigkeit vor allem als *eschatologisches Zeichen* zu verstehen ist und somit wesentlich den grundsätzlich eschatologisch-transzendenten Akzent des Ordenslebens mitbestimmt und ausdrückt. Konsens herrscht auch darüber, daß die *vita religiosa* im strikten Sinn ohne Ehelosigkeit nicht zu denken ist. Bedeutet dies jedoch, wie etwa Schulte darlegt[330], den Eintritt der Ordensleute in eine »unmittelbare(re)« Christusbeziehung? Ermöglicht Ehelosigkeit eine Unmittelbarkeit zu Gott, die Eheleuten nicht zukommt? Diese These, theologisch zwar kaum vertreten, dafür umso stärker im vor- und außerwissenschaftlichen Bereich wirksam, dürfte vor allem auf dem »*memeristai*« aus 1 Kor 7,34 und dem Verständnis christlicher Ehelosigkeit als bräutlicher Christusbeziehung aufbauen. Zu der Frage, ob die Ehelosigkeit eine unmittelbare Christus- bzw. Gottesbeziehung ermöglicht, ergeben sich von einem breiteren theologischen Horizont her folgende Orientierungen, die wir hier nur thesenartig zusammenfassen:

1. Aufgrund seiner Geschöpflichkeit steht jeder Mensch gewissermaßen »unmittelbar« *coram Deo* und ist von Gott persönlich angerufen.
2. Im Rahmen des christlichen Glaubens, der auf *den* Mittler schlechthin, Jesus Christus, gründet, hat die Kategorie der Vermittlung einen eminent positiven Stellenwert und ist nicht der Unmittelbarkeit untergeordnet. Es geht um »*vermittelte* Unmittelbarkeit«[331].
3. Christlich gesehen sind Gott und Mensch nicht als Konkurrenten zu denken, da sonst Gott auf die Ebene des Kategorialen herabgezogen würde. Das bedeutet hier: Die Gottesbeziehung wächst nicht eo ipso in dem Maß, in dem die Beziehung zu Menschen abnimmt; menschliche Beziehungen sind kein Hindernis der Gottesbeziehung[332].

---

329 Vgl. dazu: Legrand L., La virginité dans la Bible (Lectio divina 39), Paris 1964; Molinski W., Art. Jungfräulichkeit, in: SM 2, 1014-1021; Auer A., Art. Jungfräulichkeit, in: HThG 1, 771-777.

330 Schulte, Das Ordensleben als Zeichen 408.

331 Vgl. dazu Rahner K., Der eine Mittler und die Vielfalt der Vermittlungen, Wiesbaden 1967; ders., Warum und wie können wir die Heiligen verehren?, in: Schriften 7, 283-303; Trütsch J. / Pfammater J., Der Glaube, in: MySal 1, 791-903, bes. 875-892 (»Ad Patrem: Unmittelbarkeit des Glaubens«).

332 Vgl. dazu auch Lippert P., »... wie er dem Herrn gefalle«. Pastoraltheologische Bemerkungen zu Theorie und Praxis des ehelosen Lebens in den Orden heute, in: In libertatem vocati estis. B. Häring zum 65. Geb. Hg. v. H. Boelaars und R. Tremblay (Studia Moralia 15), Rom 1977, 759-791, bes. 762f.

4. Auch der Ehelose bleibt auf die Vermittlung durch Kirche, Sakramente und Zeugen angewiesen. Er besitzt (als Eheloser) keinen irgendwie gearteten, »ungehinderteren« Zugang zu Gott, keine unmittelbare Christusbeziehung, die den Eheleuten nicht möglich wäre[333].
5. Man kann jedoch sagen, daß der Ehelose durch seinen Verzicht auf partikuläre, exklusive menschliche Partnerschaft pointierter auf Christus bzw. Gott als sein einzig ausschließliches Gegenüber verwiesen ist. In diesem Sinn könnte man von »Unmittelbarkeit« reden, wobei damit jedoch nicht eo ipso (aufgrund der Ehelosigkeit) ein vertieftes Christus- bzw. Gottesverhältnis angezeigt ist.
6. Schließlich zeigt sich, daß im Leben der Ordensleute die Vermittlung keineswegs abgeschwächt, sondern vielmehr zugespitzt ist, insofern Gemeinschaft und vor allem der Gehorsam den Oberen gegenüber jedes bloß funktionales Verständnis überschreiten.
Die Rede von einer »unmittelbareren« Christusbeziehung der Ehelosen bzw. der Ordensleute (qua Ehelose) ist deswegen fragwürdig und sollte vor allem wegen latent leibfeindlicher, dualistischer Mißverständnisse vermieden werden.

3. »Consecratio religiosa«

In der Frage nach der *Weihe* der Ordensleute stehen sich in der nachkonziliaren Ordenstheologie zwei Strömungen pointiert gegenüber: Auf der einen Seite läßt sich eine stetig anwachsende Bedeutung in der kirchenoffiziellen Sprache (bis hin zur Kodifizierung im neuen CIC c. 573 §1) konstatieren, auf der anderen Seite meldet ein Teil der Theologen große Bedenken an (etwa Tillard, Matura, Wulf). Neben der grundlegenden Schwierigkeit, die mit dem Terminus selbst verbunden ist, stand vor allem das Verhältnis dieser Weihe zur Taufe und die Frage nach dem in ihr handelnden Subjekt im Mittelpunkt der Diskussion .
Etymologisch gesehen bedeutet *consecrare* »*sacrum facere*«, d.h. etwas aus dem Raum des Profanen in den Raum des Heiligen überführen[334]. Der Akt der *consecratio* kann sich dabei auf Orte, Sachen oder Personen beziehen. Sie werden dadurch der Gottheit übereignet und ihr gänzlich anheimgegeben. Zugleich sind sie damit dem normalen Gebrauch entzogen: Sie werden sakral. Heißt das nun aber einfachhin, daß nur das Sakrale »gottgehörig« ist, während das Pendant »profan« eo

[333] Zu einer allen Christen möglichen »unmittelbaren« Christusbeziehung bieten Bedenkenswertes das kleine Büchlein von Rahner K., Was heißt Jesus lieben?, Freiburg 1982 und Balthasar H.U. v., Unmittelbarkeit zu Gott, in: Conc 3 (1967) 707-713.

[334] Vgl. de Finance, Art. Consécration; Koep L., Art. consecratio I., in: RAC 3, 269-283; Art. Consecratio, consecro, in: Georges K.E., Ausführliches lat.-dt. Handwörterbuch. Nachdruck der 8. verb. und verm. Aufl. von Heinrich Georges. 1, Hannover [13]1972, 1506-1508.

ipso Gottferne oder zumindest größeren Abstand zum Göttlichen bedeutet[335]? Es wäre kurzschlüssig, die ursprünglich heidnisch-kultische Konzeption von *consecratio* univok auf ein christliches Verständnis von *Weihe* zu übertragen. Dennoch drängt sich die Vermutung auf, daß auch in einem christlichen Kontext der Gedanke mitschwingt, daß ein Mensch durch seine Weihe »auf eine aus der Reihe des Durchschnittlichen herausfallende Weise der göttlichen Sphäre zugeordnet« ist[336]. Darauf deutet etwa eine Terminologie hin, die von »Aussonderung« durch die Weihe spricht (vgl. z.B. EE, Régamey, Bamberg). Wie aber kann eine solche Aussonderung verstanden werden? Welche Konsequenzen ergeben sich etwa aus einer so konzipierten *consecratio religiosa* für das Weltverhältnis der Ordensleute? Das Problem verschärft sich, wenn auch von einer *Taufweihe* gesprochen wird (vgl. PC 5,1; LG 44,1; PO 12). Bedeutet dann die Ordensweihe eine Aussonderung innerhalb der schon Ausgesonderten?

Für die theologische Reflexion über die *consecratio religiosa* ist besonders die Frage wichtig, wer in dieser Weihe das eigentlich handelnde, primäre Subjekt ist: Gott, Mensch, Kirche? Selbst in den verschiedenen nachkonziliaren Dokumenten zum Ordensleben wird diese Frage nicht einhellig beantwortet (vgl. RD, CIC mit EE und MR 8). Wie bereits in der Einleitung zu diesem Kapitel deutlich wurde, nimmt die Unklarheit ihren Ausgang von der grammatikalisch offenen Formulierung »... et divino obsequio intimius consecratur« (LG 44,1)[337]. Rein grammatikalisch kann *consecratur* sowohl als Passiv wie auch als reflexive Verbform verstanden werden. Dieser sperrige Text der Konzilskonstitution erfuhr dementsprechend in der nachkonziliaren Diskussion verschiedene Interpretationen. Manche Autoren wie auch EE sehen als einzig mögliches Subjekt der Ordensweihe *Gott* selbst (Régamey, Galot). Dagegen steht im neuen CIC 1983 (*vita per professionem consiliorum evangelicorum consecrata*: c. 573 §1) sowie in RD die Tat des *Menschen*, der sich Gott weiht, eindeutig im Vordergrund (vgl. Boisvert). Schließlich neigt vor allem Tillard einer Interpretation der *consecratio* zu, welche diese vor allem als eine kirchliche, liturgische Handlung sieht, in der die Hingabe des Menschen durch die *Kirche* angenommen und bestätigt wird. Die Weihe ist hier weniger Grund als vielmehr Ausdruck der besonde-

---

335 Vergleiche dazu: Splett J., Die Rede vom Heiligen, Freiburg ²1985, 299-316; ders., Sakrament der Wirklichkeit. Vorüberlegungen zu einem weltlichen Begriff des Heiligen, Würzburg 1968; Hemmerle K., Art. (Das) Heilige, in: SM 2, 576-582.

336 Pieper J., »Entsakralisierung«? Drei Diskussionsbeiträge, Zürich 1970, 19.

337 Diese Passage ist in LG, Kapitel VI und PC die einzige Wendung mit einer finiten Verbform von *consecrare*. Sonst wird nur das Substantiv *consecratio* (LG 44,1. 46,3; PC 5,1. 11,1. 17) oder das Partizip passiv *consecratus* (LG 45,3; PC 1,4) gebraucht.

ren Lebensform der Ordensleute. Die Frage nach dem Subjekt der Ordensweihe bleibt so auch in nachkonziliarer Lehrverkündigung und Theologie weiterhin offen. Für eine Klärung müßten folgende Gesichtspunkte beachtet werden, die sich aus den Konzilstexten selbst und aus der theologischen Reflexion nach dem Konzil ergeben:

1. Gemäß der Relatio zu LG 44 kann »... et divino obsequio intimius consecratur« nur als theologisches Passiv verstanden werden[338].

2. Auch in der christlichen Begriffsgeschichte hat das Verb *consecrare* tendenziell Gott bzw. die Kirche, d.h. den Amtsträger als *in persona Dei resp. Ecclesiae* handelnd zum Subjekt. Die dementsprechende Aktion des Menschen kommt eher in Wendungen wie *se devovere, se mancipare* zum Ausdruck[339].

3. Das bedeutet, daß die in den Konzilstexten angesprochene *consecratio religiosa* zumindest nicht ausschließlich als Tat des Menschen in seiner Hingabe interpretiert werden kann[340].

Vielleicht könnte ein dem derzeitigen Diskussionsstand entsprechendes Verständnis der *consecratio religiosa* folgendermaßen aussehen[341]: Im christlichen Verständnis bedeutet *consecratio* etwas Paradoxes. Jedes »Herausgenommenwerden« (ein Charakteristikum der Weihe, das von der ursprünglichen Bedeutung des Begriffs thematisiert wird) kann nur als ein »Hineingestelltwerden« in eine neue *Sendung* verstanden werden, die sich in einer bestimmten *Form der Nachfolge Christi* verwirklicht. Dabei ist die Weihe nicht als einliniges, sondern als *dialogisches Geschehen* zu begreifen. Die Partner dieses Dialogs sind Mensch, Gott und Kirche. Das bedeutet im einzelnen für die Ordensweihe:

- *Deus consecrat*. Gott weiht einen Menschen, indem er ihn zu einer bestimmten Form der Christusnachfolge ruft, die pointiert die »Vertikale« und das letzte, das eschatologische Ziel des christlichen Lebens herausstellt. Gott verleiht damit diesem Menschen eine bestimmte Sendung in der Kirche (vgl. LG 44,3. 46,1).
- *Homo se consecrat (se devovet, se mancipat).* Auf den gnadenhaften Ruf Gottes antwortet der Mensch, indem er sich durch die Profeß der evangelischen Räte in einer kirchlich anerkannten Gemeinschaft Gott

338 Vgl. AS 3/8, 131: »... sub forma passiva subintelligendo 'a Deo'«.

339 Gemäß Wulf, Kommentar zum Ordensdekret 277; Régamey, Paul VI. 42.

340 So auch Jelich 158-164; vgl. auch P.A., Circa titulum »De Institutis vitae consecratae per professionem consiliorum evangelicorum«, in: CRM 59 (1978) 35-37.

341 Das Folgende verdankt sich Anregungen bei: Wulf, Theologische Phänomenologie; P.A., Circa titulum; Gutiérrez Vega; Boff L., ZGW; Said M., De vita consecrata per consiliorum evangelicorum professionem: eius relatio ad baptisma, ad charisma, ad missionem Instituti, in: PRMCL 67 (1978) 361-372; Balthasar H.U. v., Die Nachfolge Christi im Neuen Testament, in: ders. / Albrecht B., Nachfolge Jesu Christi mitten in dieser Welt, Meitingen 1971, 11-26, bes. 17-21.

weiht (vgl. PC 1,4). In der Lebensform der evangelischen Räte erblickt der sich Weihende den adäquaten Ausdruck der an ihn ergangenen, sein ganzes Leben ergreifenden Berufung (vgl. PC 5.11).

- *Ecclesia consecrat seu benedicat*. Die Hingabe-Antwort des Menschen wird von der Kirche angenommen, indem sie in einer liturgischen Feier den Segen Gottes für diesen Menschen erbittet, seine Sendung öffentlich bestätigt und ihm ihren Schutz zusagt (vgl. LG 45).

Für das Verhältnis dieser »gleichsam besonderen Weihe« (PC 5,1)[342] zur Taufweihe ist der prozeßhafte Charakter der Taufe zu bedenken. Was in diesem Initiationssakrament grundgelegt wurde, ist offen für verschiedene Konkretionen und Entfaltungsmöglichkeiten, die als solche immer etwas Eigenes - auch »Neues«[343], wenn man so sagen will - ins Spiel bringen, das zunächst *so* nicht dagewesen ist. Das gilt im Prinzip nicht nur für die Ordensleute, sondern für alle Getauften: »Sie [sc. die Anhänger Christi] müssen ... die Heiligung, die sie [sc. in der Taufe] empfangen haben, mit Gottes Gnade im Leben bewahren und zur vollen Entfaltung bringen« (LG 40,1). Theologisch gesehen kann jedenfalls das Spezifikum bzw. die Neuheit der Ordensweihe nicht darin bestehen, daß sie bewußter und freier als die Taufweihe vollzogen würde (RD), da die bewußte und freie Ratifikation des in der Taufe Grundgelegten allen Christen aufgegeben ist. Die Ordensweihe tritt auch nicht einfach »ergänzend« zur Taufweihe hinzu, indem sie z.B. neue Mittel (Räte) auf dem Weg zu Gott ergreifen läßt (Jean Beyer[344]) oder »ein neues Band«, einen »neuen sakralen Zustand« verleiht (Paolo Molinari[345]). Die Taufe ist es, durch die Gott den Menschen radikal und total

---

[342] Diese einschränkende Übersetzung von »quaedam peculiaris consecratio« ist einer bekräftigenden (»wahre Weihe«) vorzuziehen.

[343] Zur Frage der »Neuheit« der Ordensweihe vgl. exemplarisch Bonhome sowie die Kontroverse zwischen Andrea Boni und Paolo Molinari: Boni A., La vita religiosa nel suo contenuto teologale, in: VitaCon 7 (1971) 266-176; Molinari P., Divino obsequio intimius consecratur, in: VitaCon 7 (1971) 417-430; Boni A., Domino se specialiter devovent, in: VitaCon 7 (1971) 764-781; Molinari P., Domino se peculiariter devovet et divino obsequio intimius consecratur, in: VitaCon 8 (1972) 401-432; Boni A., Note storico-giuridiche sul concetto di consacrazione nella professione religiosa, in: VitaCon 8 (1972) 666-682.
Wir beschränken uns hier auf das Verhältnis von *consecratio religiosa* und Taufe bzw. Firmung; die Beziehung zur Priester»weihe« soll hier nicht bedacht werden, da beide auf verschiedenen kirchlichen Ebenen (der hierarchischen bzw. der charismatischen) liegen. Hingewiesen sei nur auf die Tatsache, daß in den Konzilstexten auch die *ordinatio* des Priesters als *consecratio* bezeichnet werden kann. Vgl. PO passim; Fransen P., Art. Heilige Weihen, in: SM 4, 1249-1293; Cordes P.J., Sendung zum Dienst. Exegetisch-historische und systematische Studien zum Konzilsdekret »Vom Dienst und Leben der Priester« (FTS 9), Frankfurt 1972; AAVV., La vocation religieuse et sacerdotale (PVR 28), Paris 1969.

[344] Vgl. Beyer J., Vie consacrée et vie religieuse de Vatican II au Code de Droit canonique, in: NRTh 110 (1988) 74-96.

[345] Vgl. Molinari, Divino obsequio intimius consecratur 420.

in den Dienst nimmt, nicht erst die Ordensweihe (gegen Molinari, Régamey, Galot).

Der spanische Ordenstheologe Gutiérrez Vega hat nachdrücklich darauf hingewiesen, daß die Frage nach dem rechten Verständnis der *consecratio religiosa* und ihrer Beziehung zur Taufe den Einbezug einer Theologie der Firmung verlangt. Er betont, daß die Gefahr einer Minimalisierung der Taufe dort besonders stark gegeben ist, wo das Sakrament der Firmung außer acht gelassen wird. Den Ausgangspunkt für die Interpretation der Ordensweihe muß - nach Gutiérrez Vega - ein »progressives Verständnis« von Taufe *und* Firmung bilden. Taufe und Firmung dürfen nicht als ein unvollendeter Keim ohne Entwicklung gelten. Die Eingießung des Geistes in der Firmung - konstitutiv für die christliche Initiation - ist die Basis für alle Formen christlichen Lebens. *Eine* Weise dieses Lebens ist das Ordensleben[346].

Bei den Ordensleuten geschieht die konkrete Entfaltung der Taufe durch die Annahme des gnadenhaft ergangenen Rufes in die *vita religiosa*[347]. In der Konkretheit der Sendung und der Gestalt der Nachfolge liegt das »Neue«. Nicht die Tatsache der *consecratio religiosa* ist es somit, die den Ordenschristen von den anderen Gläubigen unterscheidet, sondern die bestimmte Form seines Lebens aus Taufe und Firmung sowie seine Sendung in der Kirche. Die Verknüpfung von *consecratio* und *missio* wehrt einem sakral-kultischen Mißverständnis der *consecratio*, als seien die Ordensleute von den »profanen« Christen abgesondert. Zugleich ist damit eine christologische Orientierung der *consecratio religiosa* ausgesagt. Jesus Christus ist derjenige, »den der Vater geheiligt und in die Welt gesandt hat« (Joh 10,36 vgl. LG 28,1; PO 2,1f. 12,2). An dieser untrennbaren Einheit von Heiligung / Weihe und Sendung partizipieren die Ordensleute[348].

Die Verbindung von Weihe und Sendung trägt auch zur Klärung eines Problems bei, das durch das Konzept des neuen CIC entstanden ist: Das Kirchenrecht von 1983 faßt Ordensgemeinschaften und Säkularinstitute unter dem gemeinsamen Titel *Instituta vitae consecratae* zusammen. Ist diese Weihe, die den Orden und Säku-

346 Vgl. Gutiérrez Vega 227-235. Den Blick auf die Firmung moniert auch schon: Schulte, Das Ordensleben als Zeichen 397f.

347 Deshalb ist eine »Theologie der Berufung« grundlegend für jede Ordenstheologie. Siehe dazu etwa: von Balthasar, Christlicher Stand 317-413; Demmer K., Die Lebensentscheidung. Ihre moraltheologischen Grundlagen, München 1974; ders., Die unwiderrufliche Entscheidung. Überlegungen zur Theologie der Lebenswahl, in: IKaZ Communio 3 (1974) 385-398 (Lit.!); ders., Berufung als Geschichte mit Gott. Die Berufung zum Räteleben - ihre Vorbildfunktion in der Kirche, in: ON 20 (1981) 9-22; ders., Das Leben mit der Berufung - Herausforderung an die Treue, in: ON 20 (1981) 23-36; Rotter H., Die Berufung, Wien 1983.

348 Vgl. Queralt 1105; Hennaux J.-M., Consécration et mission, in: VieCon 48 (1976) 296-303; Jelich 172-174.

larinstituten, gemäß dem CIC aber nicht den *Societates vitae apostolicae* zukommt, für beide die gleiche? Oder gilt, daß nicht nur die *consecratio religiosa* innerhalb einer Analogie der *consecrationes* steht (Régamey), sondern auch ein analoges Verhältnis zwischen der Weihe in den Ordensgemeinschaften und derjenigen in den Säkularinstituten? Im Rahmen des CIC selbst deutet sich ein solches analoges Verständnis dadurch an, daß c. 598 §1 feststellt, in den Konstitutionen müßte die konkrete Weise des Rätelebens in der Gemeinschaft umschrieben sein, wobei die Profeß der evangelischen Räte nach c. 573 §1 die Weihe begründet. Streng genommen müßte man für die Säkularinstitute deswegen von einer *consecratio saecularis* sprechen, die entsprechend andere Konsequenzen nach sich zieht als die *consecratio religiosa*[349].

Zuletzt ist noch offen, wie das *plenius* aus PC 5,1 im Licht der nachkonziliaren Entwicklung interpretiert werden kann. Der Komparativ betrifft hier nicht den Vergleich Christ - Ordenschrist, sondern das Verhältnis von Akt der Taufe und Leben aus dieser Weihe. Paraphrasierend könnte man deswegen so übersetzen: Die Ordensweihe ist nur auf der Basis der Taufweihe denkbar; sie ist deren konkrete Entfaltung und bringt nun »voller«, als es im Akt der Taufe möglich war, die Konsequenzen eines Lebens aus der Taufgnade zum Ausdruck. Dazu haben Tillard und Régamey viel Beachtenswertes gesagt. Sperrig bleibt dagegen das *intimius* aus LG 44,1 (vgl. AG 18,1). Régamey deutet es als äußerste Zuspitzung der »intimité« jedes christlichen Lebens, die durch den Lebensstil der Ordensleute gefördert wird.

Zusammenfassend muß man sagen: Trotz aller Bedenken, die von manchen Theologen gegen den Begriff vorgebracht wurden, spricht einiges *für* den Terminus *consecratio*:

- Er vermag von sich aus jene drei Wirkweisen von Gott, Mensch und Kirche zu umgreifen (und ist daher besser geeignet als etwa *dedicatio* oder *mancipatio*, die sich nur auf das Tun des Menschen beziehen).
- In ihm drückt sich die Endgültigkeit und Verbindlichkeit von seiten des Menschen, die konstitutiv zur Lebensform der Orden gehört, aus.
- Deutlicher als etwa das offenere *benedictio* weist der Terminus *consecratio* auf den öffentlich-rechtlichen und verbindlichen Charakter des Tuns der Kirche hin.

---

[349] Siehe dazu Beyer J., Vie religieuse ou Institut séculier?, in: NRTh 92 (1970) 505-535. - In dem »informativen Dokument«, das von der Kongregation für die Ordensleute und Säkularinstitute nach der Vollversammlung von 1983 veröffentlicht wurde (auszugsweise, autorisierte Wiedergabe: Die Säkularinstitute, in: Verlautbarungen des Apostolischen Stuhles 73) sowie bei Pollak, Der Aufbruch der Säkularinstitute, scheint dagegen teilweise die »Welthaftigkeit« der Säkularinstitute *zusätzlich* zur Weihe zu bestehen.

Wichtig wäre es jedoch für eine künftige Ordenstheologie, sehr differenziert mit dem Begriff *consecratio* umzugehen und die historischen Wurzeln der »*consecratio religiosa*« noch intensiver zu erforschen[350].

4. Ordensleben - Verwirklichung des Grundprinzips oder Sonderform christlichen Lebens?[351]

Alles, was bisher über die Form des Rätelebens und die Weihe der Ordensleute sowie über das Problem der Komparative gesagt wurde, bündelt sich in dem, was man die *Grundfrage der Ordenstheologie* nennen könnte: Ist die Lebensform der Orden zugespitzte Verwirklichung des *Grundprinzips* christlichen Lebens oder ist sie eine *Sonderform*, eine Spielart unter anderen in einem Orchester christlicher Existenzformen und Spiritualitäten? Lautet die Antwort darauf, daß im Ordensleben das Grundprinzip jedes christlichen Lebens voll entfaltet ist, muß eo ipso daraus geschlossen werden, daß diese Lebensform »besser« ist als die nicht entfaltete, gleichsam »verhüllte« der »Weltleute«. Die spezifische Gefahr dieser Interpretation besteht darin, daß das Leben der Laien nur mehr als eine Art verdünnten, erleichterten Ordenslebens erscheint[352] und nicht als originäre Verwirklichung des Christseins, wie die Texte des Zweiten Vatikanums betonen (vgl. bes. LG Kapitel IV und V). Anders ist es jedoch, wenn die Grundfrage dahingehend beantwortet wird, das Ordensleben sei *eine* Möglichkeit unter anderen, das Christsein zu verwirklichen. In diesem Fall kann die Frage nach dem »Besseren« des Ordenslebens nicht einfachhin bejaht werden, sondern sie kommt überhaupt nur in einer bestimmten engumgrenzten Perspektive (z.B. der eschatologischen) in den Blick. Die Übernahme dieser Lebensform erfolgt dann aufgrund einer spezifischen Berufung, die eine unter vielen ist. Eine solche Konzeption stellt die Gleichrangigkeit und Verwiesenheit christlicher Lebensformen aufeinander betont heraus.

---

350 Geschichtliche Zusammenhänge gibt es auch mit der sog. *consecratio virginum*. Hierzu liegen einige Untersuchungen vor: Metz R., La consécration des vierges dans l'Église romaine. Etude d'histoire de la liturgie, Paris 1954; ders., Benedictio sive consecratio virginum?, in: Ephemerides Liturgicae 80 (1966) 265-293; ders., Consécration des vierges?, in: VieCon 41 (1969) 5-25; Boni A. / Augé M., Art. Consacrazione delle vergini, in: DIP 2, 1613-1627.

351 Vgl. Lippert, Grundprinzip oder Sonderform sowie Renwart L. / Fisch J.M., La sainteté du peuple de Dieu. Présentation de quelques publications récentes à la lumière de Vatican II, in: NRTh 87 (1965) 1023-1046.

352 Vergleiche dazu die Hinweise bei: Fries H., Wandel des Kirchenbildes, in: MySal 4/1, 223-285, hier 240; Congar Y., Art. Laie, in: HThG 2, 7-25, hier 10f.

Die nachkonziliaren, exemplarisch vorgestellten theologischen Ansätze können zwischen diesen beiden Idealtypen eingeordnet werden, wenn sich auch keine absolut reine Form darunter findet. Régamey läßt sich mit der Kennzeichnung des Ordenslebens als »vie chrétienne plus logique« und der Charakterisierung der Ordensleute als Christen »par excellence« in das Modell des Ordenslebens als Grundstruktur des christlichen Lebens reihen, während Matura mit der betonten Hervorhebung der Ordensberufung als einer christlichen Lebensform unter anderen der entgegengesetzten Seite des Spektrums zuzuordnen ist. Dem entspricht auf der einen Seite die dezidiert vorgetragene These Régameys, daß der (objektive) Vorrang des Ordenslebens unbedingt aufrechtzuerhalten ist, und auf der anderen Seite die eng umgrenzte und nur zögernd vorgebrachte Höherbewertung aufgrund der eschatologischen Ausrichtung bei Matura. Eine vermittelnde Stellung nimmt Tillard ein. Auch er sieht in der Ordensberufung eine christliche Lebensmöglichkeit unter anderen, hebt jedoch stärker als z.B. Matura hervor, daß diese Lebensform eine *wesentliche* Komponente des Christseins, nämlich die Ausrichtung auf die Transzendenz Gottes, zur Darstellung bringt. Die kirchlichen Dokumente der Nachkonzilszeit, wie sie in diesem Kapitel besprochen wurden, schließen sich dagegen eher der These vom Ordensleben als Strukturprinzip und Höhepunkt christlichen Lebens an. Dies zeigt sich vor allem dort, wo die Ordensweihe als »bewußtere, freiere« Realisierung der Taufe verstanden wird (RD). Für diese Einordnung der kirchenamtlichen Texte spricht auch, daß für sie der objektive Vorrang des Ordenslebens selbstverständlich und indiskutabel zu sein scheint.

Peter Lippert, der auf die »Grundfrage der Ordenstheologie« reflektiert[353], versucht eine vermittelnde Lösung. Für ihn ist das Räte- bzw. Ordensleben *formal* gesehen Grundprinzip, insofern hier Christen auf den Ruf Gottes hören und auf diesen Ruf in ihrer konkreten Lebensgestaltung antworten. Auf diese Weise halten sie allen Christen in Erinnerung, daß jeder auf den je persönlichen Ruf Gottes Antwort zu geben hat in der konkreten Ausgestaltung seines Christenlebens. *Inhaltlich* gesehen ist die Lebensform der Ordensleute jedoch *Sonderform*, da ihr spezifischer Lebensstil nur eine mögliche Weise authentischen Christseins ist. Über Lippert hinaus könnte man mit Tillard, Wulf, Rahner und anderen noch anfügen, daß im Leben der Ordensleute der Transzendenzbezug und die eschatologische Orientierung jedes christlichen Lebens ausdrücklicher, sichtbarer wird, wodurch die anderen Christen

---

[353] Vgl. Lippert, Grundprinzip oder Sonderform 667-669.

in kritischer Auseinandersetzung Impulse für die je eigene Lebensgestaltung bekommen können. Nach dem Vorschlag Lipperts sind also die Orden zugleich Grundprinzip *und* Sonderform christlicher Spiritualität. Dieser Vermittlungsvorschlag scheint einen gangbaren Weg in der Beantwortung der »Grundfrage« der Ordenstheologie zu bieten und auch dem Ineinander von allgemeiner christlicher Berufung und dem je spezifischen Weg gerecht zu werden. Mit diesen Gedanken P. Lipperts ist bereits jenes Thema angeklungen, das den Kern des nächsten Kapitels bildet: Wie ist die konkrete Sendung, die Aufgabe, der Ort der Orden im Gesamtgefüge der Kirche zu bestimmen? Welche Wege wurden hier nach dem Konzil beschritten?

Zweites Kapitel

Kirche und Orden: Die Frage nach Ort und Sendung der Orden in der Kirche

Die ekklesiologisch bestimmte Interpretation des Ordenslebens ist einer der markanten Punkte, die den »Umschwung« in der Ordenstheologie auf dem Zweiten Vatikanum anzeigen[1]. Dennoch wurde mit den Konzilstexten die Diskussion um den rechten Standort der Orden in der Kirche nicht zum Abschluß gebracht, sondern hat neue Impulse erhalten und differenziertere Fragestellungen aufgenommen. Von diesen soll im folgenden die Rede sein.

Es mag zunächst so scheinen, als handle es sich bei der Frage nach dem Ort der Orden in der Kirche nur um ein Problem, das - hervorgerufen von einer »Identitätskrise« - allein die Ordensleute beträfe. Dem ist aber nicht so, da die rechte Standortbestimmung der Orden in einer Wechselwirkung mit der Wesensbestimmung von Kirche steht: Es ist für die Kirche in all ihren Gliedern nicht unwesentlich, wie der Ort der Orden in ihrem Gefüge umschrieben wird. Das wird z.B. deutlich, wenn Ordensleben in der Kirche so dargestellt wird, daß andere Lebensformen als uneigentliche, unvollkommene christliche Lebensäußerungen erscheinen. Gleichermaßen zeitigt eine bestimmte Konzeption von Kirche auch eine dementsprechende Konzeption von Orden aus. Ein etwa heilsindividualistisch oder juridisch ausgerichtetes Kirchenverständnis prägt - wie manche Engführung in vorkonziliarer Zeit bestätigt - ein ebensolches Verständnis des Ordenslebens aus. Gerade in einer Zeit, in der die Berufung aller Christen zur Nachfolge wieder in den Vordergrund theologischer Reflexion und kirchlicher Praxis getreten ist, stellt sich die Frage nach dem ekklesiologischen Ort der Orden erneut und verschärft. Oft scheint - vielleicht aus Angst vor einer neuerlichen Abwertung der allgemeinen christlichen Berufung - für das Phänomen »Ordensleben« innerhalb einer Ekklesiologie kein rechter Platz zu sein.

Die nachkonziliaren ekklesiologischen Entwürfe sind gleichsam ein Spiegel dieser weitgehenden Ausgrenzung der Thematik »Ordensleben« aus dem Kirchentraktat.

[1] Vgl. oben 32-34.

Es genügt, nur exemplarisch einige einschlägige Werke herauszugreifen. Ebenso wie Hans Küngs »Die Kirche«[2] kommen auch der achte Band der »Kleinen katholischen Dogmatik« von Johann Auer und Joseph Ratzinger[3] sowie Heribert Mühlens »Una mystica Persona«[4] ohne die Stichworte »Orden« bzw. »Mönchtum« aus. Gemäß diesen Konzeptionen scheinen also die Orden kein ekklesiologisch bedeutsames Thema zu sein[5]. Die sechsbändige Dogmatik »Der Glaube der Kirche« von Michael Schmaus widmet dem Ordensstand nicht mehr als eine Seite[6], während die Ekklesiologie von Hans Zirker in den Kapiteln »Funktionale Differenzierungen« und »Karitative Diakonie« die Orden am Rande erwähnt[7]. Louis Bouyer ordnet in »L'Église de Dieu« die Orden in das Kapitel »Ecclesiolae in Ecclesia« ein, in dem er »Räte der Kirche«, d.h. etwa Konzilien, Synoden, »Versammlungen von Ortskirchen«, also Kirchenprovinzen, Patriarchate, »Nationalkirchen« und »Steuernde Gemeinschaften« (sic!) bespricht. Zu dieser letzten Gruppe gehören Mönchtum, Orden, Säkularinstitute und Laienbewegungen[8]. Das neue »Lexikon der katholischen Dogmatik« reiht das Stichwort »Mönchtum/Orden« zwar in den Themenbereich Ekklesiologie ein, der Lexikonartikel von Werner Löser läßt aber gerade eine Reflexion auf die Beziehung von Kirche und Orden vermissen[9]. Auch die Ekklesiologie von Miguel Garijo-Guembe[10] vernachlässigt den Platz der Orden in der Kirche. Eine wirklich theologische Grundlegung des Ordenslebens bietet eigentlich nur der zweite Halbband des vierten Bandes von »Mysterium Salutis« (»Das Heilsgeschehen in der Gemeinde«) mit der »Theologischen Phänomenologie des Ordenslebens« von Friedrich Wulf[11]. Vermutlich ließen sich die Beispiele noch vermehren. Für den Aufriß des Problems mögen jedoch diese wenigen Hinweise ausreichen.

Nach diesen Vorbemerkungen, die das theologische Interesse an der Frage nach dem Verhältnis von Kirche und Orden aufzeigen sollten, sind nun die vom Konzil angerissenen Probleme zur Sprache zu bringen.

---

2 Küng H., Die Kirche (Ökum. Forschungen. 1. Ekklesiolog. Abt. 1), Freiburg 1967.

3 Auer J., Die Kirche - das allgemeine Heilssakrament (KKD 8), Regensburg 1983. Eine kurze Erwähnung, allerdings konzentriert auf die Jungfräulichkeit, findet sich nur in Auer J., Das Evangelium der Gnade. Die neue Heilsordnung durch die Gnade Christi in seiner Kirche (KKD 5), Regensburg 1970, 113-115 (»Rechtfertigung als Einwohnung des heiligen Geistes <Gottesbrautschaft>«).

4 Mühlen H., Una mystica Persona. Die Kirche als das Mysterium der Identität des Heiligen Geistes in Christus und den Christen: Eine Person in vielen Personen, München 1964.

5 F. Wulf: Die Orden, gefragt und nicht gefragt. Zu zwei unterschiedlichen Stimmen, in: GuL 50 (1977) 295-307, dort 303-307, hat versucht, Hintergründe für den Ausfall der Ordensthematik bei Küng, Die Kirche bzw. für dessen Position im später erschienenen Werk: Christsein, München ^{2}1974 aufzudecken.

6 Schmaus M., Der Glaube der Kirche. 5/1, 2. veränd. Aufl. St. Ottilien 1982, 260.

7 Zirker H., Ekklesiologie (Leitfaden Theologie 12), Düsseldorf 1984, 69-73.202-205.

8 Bouyer L., L'Église de Dieu. Corps du Christ et temple de l'Esprit (Création et salut 2), Paris 1970; dt. Die Kirche. 2 Bde. (Theologia romanica IX-X), Einsiedeln 1977.

9 Löser W., Art. Mönchtum/Orden, in: LkD 378f.

10 Garijo-Guembe M., Gemeinschaft der Heiligen. Grund, Wesen und Struktur der Kirche, Düsseldorf 1988.

11 Wulf F., Theologische Phänomenologie des Ordenslebens, in: MySal 4/2, 450-487.

Weitaus stärker als im Dekret über die zeitgemäße Erneuerung des Ordenslebens wird in der Dogmatischen Konstitution über die Kirche die innere Beziehung von Kirche und Orden reflektiert. Die Entstehungsgeschichte der Kapitel V und VI zeigt dabei, daß - nach dem Willen der Konzilsväter - die Ordensberufung vor allem dem Streben nach Heiligkeit in der Kirche, ihrer charismatischen Ordnung, zugerechnet wird (vgl. auch LG 47) und nicht - als »Zwischenstand« - der hierarchischen Struktur von Klerikern und Laien. Damit erhebt sich jedoch die Frage, wie dann, wenn Heiligkeit nicht exklusiv den Ordensleuten vorbehalten sein darf (vgl. das V. Kapitel von LG), die Funktion der Orden in der Kirche umschrieben werden kann. Zu diesem Zweck wurde in die Konzilstexte die Kategorie des *Zeichens* eingeführt. Sie nahm in den verschiedenen Textentwürfen zu LG eine unterschiedlich gewichtige Stellung ein. Zeitweise war sie sogar umstritten. Nach Ansätzen im vorkonziliaren Schema bildete die Zeichenfunktion im Entwurf von 1963 geradezu die Mitte der gesamten Ordenstheologie[12]. Aufgrund der Interventionen einiger Väter wurde sie jedoch in den nachfolgenden Textvorschlägen wieder von ihrer zentralen Stellung verdrängt[13]. Der Grund für die Differenzen unter den Konzilsvätern lag vor allem im unterschiedlichen Verständnis der Zeichenkategorie: Ihre Kritiker sahen in ihr etwas Äußerliches, Zusätzliches, das nicht das Innerste des Ordenslebens betrifft, sondern gleichsam zu seinem »Wert an sich« nur hinzukommt[14]. Sie verstanden die Zeichenhaftigkeit mehr als moralische Exemplarität und protestierten deshalb konsequenterweise gegen den Zeichencharakter als Leitmotiv für die Einbindung der Orden in die Kirche. Anders die Promotoren der Zeichenfunktion: Für sie zielt die Zeichenhaftigkeit ins »Herz« des Ordenslebens. Für diese Kreise ist der Zeichenbegriff eine genuin theologische Kategorie und nicht auf bloße Funktionalität beschränkt[15].

LG 44,3 ist Frucht der konziliaren Arbeit und stellt im endgültigen Dekret den zentralen Text dar, in dem die wesentlichen Aspekte des Zeichencharakters zur Sprache kommen: eine mehr moralisch-stimulierende Wirkung (vgl. auch LG 13,3), der eschatologische Charakter, die Darstellung der Lebensform Jesu (vgl. auch LG 46,1) und der Hin-

---

[12] Vgl. dazu AS 2/1, 281 Anm. 33: »Imprimis habent in Ecclesia valorem *signi*, scilicet caritatis transcendentis et eschatologicae atque expressionis imitationis Christi per ipsum statum vitae«.

[13] Siehe die Relatio zu Art. 44 (Text C), in: AS 3/1, 318: »... status religiosus habet *etiam* (non exclusive igitur, post periodos antecedentes) naturam, valorem et momentum *signi* et *testimonii*«.

[14] Vgl. etwa das Votum der 679 Väter, in: AS 2/4, 356.

[15] Vgl. z.B. die Beiträge von Bisch. Leiprecht (AS 2/4, 42), Bisch. Hengsbach (ebd. 214f), Generaloberer Hoffer (ebd. 223f).

weischarakter auf die »Erhabenheit des Gottesreiches«. Die Relatio zu LG 44 weist zusätzlich auf einen apologetischen Aspekt hin[16]. Im Mittelpunkt steht dabei die Qualifizierung des Ordenslebens als Zeichen der Transzendenz und der eschatologischen Erfüllung (vgl. auch PC 1,1)[17]. S. Regli bemerkt, daß der Sinn für den Zeichencharakter des Ordenslebens auch durch die Neubewertung der Symbolwirklichkeit in der Theologie allgemein und in der Christologie und Ekklesiologie im besonderen gefördert wurde[18]. Es wird zu untersuchen sein, wie in nachkonziliarer Ordenstheologie mit dem Zeichenbegriff in bezug auf das Ordensleben weitergearbeitet wurde, wo Schwerpunkte gesetzt, Verdeutlichungen angebracht und konziliare Ansätze weiterentfaltet wurden.

Daran schließt sich ein weiterer Fragenkomplex an, der in der positiven Atmosphäre des Konzils kaum zum Tragen kam, sich jedoch bei der Konfrontation der affirmativen, aus einer Aufbruchsstimmung entstandenen Konzilstexte mit der gelebten Wirklichkeit aufdrängt. Die Texte reden zwar mit großer Selbstverständlichkeit über die Zeichenhaftigkeit des Ordenslebens in abstracto, über die tatsächliche Verstehbarkeit und Erkennbarkeit dieses Zeichens wird aber keine Aussage gemacht. Nach den Abstimmungen vom November 1964 zu PC waren 23 Modi eingebracht worden, in denen ausdrücklich gefordert wurde, das Konzil solle auch Aussagen über die Verstehbarkeit des Zeichens machen[19]. Dies wurde jedoch von der zuständigen Kommission mit dem Hinweis abgelehnt, es werde ohnehin an einigen Stellen davon gesprochen. Doch das ist bestenfalls implizit der Fall[20]. Es bleibt jedenfalls eine ernste Frage, welche Bedeutung der Zeichenhaftigkeit des Ordenslebens angesichts der vielfältigen Gebrochenheit - durch »Antiquiertheit«, Erschlaffung, tödliche Routine, Sündhaftigkeit - noch zugesprochen werden kann. Wird nicht dadurch das Zeichen-Sein der Orden ad absurdum geführt? Wir werden deswegen fragen müssen, ob nachkonziliare Ordenstheolo-

---

[16] AS 3/1, 318: »Ex tota autem periodo elucet etiam aspectus apologeticus status religiosi: scilicet praecepta Dei non sunt in praxi impossibilia, si de facto adsunt qui, gratia Dei, non solum praecepta observant, sed etiam ad consilia se obligant, et quidem perpetuo et per vota«.

[17] Siehe dazu Jelich 230-233. Jelich 225-230 weist auf die unterschiedliche Kommentierung der Textpassage LG 44,3 durch die theologischen Autoren hin. Dies zeigt, daß eine einheitliche Linie im Text nicht eindeutig erkennbar ist.

[18] Regli XI.

[19] Vgl. AS 4/3, 540 (Modi 1331-1351.1397.3785): »23 Patres proponunt addere: 'Testimonium tamen vitae religiosae in mundo hodierno intelligibile esse debet, ideoque formae iam absoletae et vix condicionibus modernis adaptatae renovendae sunt'. - Provisum in diversis locis«; dazu: Jelich 222.

[20] So Regli 122f.

gie stärker als das Konzil auch mit so etwas wie der »Gebrochenheit des Zeichens« rechnet.

Als letzter, von den Konzilstexten her anfragbarer Themenbereich in diesem Kapitel ist die Kennzeichnung des Ordenslebens als »Gnadengabe« zu nennen, die in den Konzilstexten anklingt (bes. LG 43,1; PC 1,2)[21]. Der gnadenhafte Charakter bzw. die Geistgewirktheit des Ordenslebens erlangte erst im Verlauf der Arbeiten an den Konzilstexten größere Bedeutung. Dabei wird nicht der Terminus technicus »Charisma« verwendet. Die Texte sprechen vielmehr von *donum* (PC 1,2) bzw. *donum divinum* (LG 43,1). Viele Väter scheuten sich nämlich, die Bezeichnung »Charisma« zu leichtfertig für die Kennzeichnung des Ordenslebens zu gebrauchen. Der spezifische Bedeutungsgehalt des biblischen Wortes *»charisma«* schien ihnen zu ungeklärt[22]. Dennoch weisen die Konzilstexte eine Affinität daraufhin auf, das »durch die Profeß der evangelischen Räte geweihte Leben« (PC 1,4) als »Charisma« zu bezeichnen. Es bleibt zu untersuchen, ob die nachkonziliare Ordenstheologie diesen Faden des Konzils aufgenommen und weitergeführt hat.

Zusammenfassend ergeben sich bezüglich der ekklesiologischen Standortbestimmung des Ordenslebens vier *Leitfragen*, zu denen die in der Zeit nach dem Konzil entstandenen Entwürfe der Ordenstheologie befragt werden können:

1. Ordensleben und Heiligkeit in der Kirche

Welche Bedeutung hat die konziliare Zuordnung von Orden und Heiligkeit in der Kirche in der weiteren Entwicklung?

2. Zeichenhaftigkeit des Ordenslebens

In welcher Hinsicht ist das Ordensleben Zeichen in der Kirche? Welche Ausformulierung findet der eschatologische Aspekt? Welcher Zeichenbegriff steht hinter den jeweiligen Konzeptionen? Wer ist »Adressat«

---

21 Vgl. dazu Jelich 266-284 sowie Viens F., Charismes et vie consacrée, Diss. Iuris Can. Rome 1983 (Mschr.), 48-54.

22 Kard. Bea vermerkt ausdrücklich, daß der Terminus lange Zeit für »außerordentliche Gaben« reserviert gewesen sei (AS 2/3, 643).
Der Begriff »Charisma« wird in diesem Kapitel insofern diskutiert, als er von den Autoren zur Strukturierung des Verhältnisses verschiedener christlicher Lebensformen zueinander eingesetzt wird. Der Terminus spielt jedoch auch in anderen Hinsichten eine wichtige Rolle. Auf das Ordensleben bezogen, sagt er aus, daß 1. Ordensleben nicht von juridischem Denken her bestimmt und definiert werden darf, 2. die Lebensform ihren Ursprung in einem Wirken des Geistes hat, 3. die Vielfalt und das unterschiedliche Gesicht der einzelnen Gemeinschaften aus dem jeweiligen »Charisma des Instituts«, das seine Quelle im »Charisma des Gründers bzw. der Gründung« hat, erwachsen. Zu diesem letzten Punkt siehe in dieser Arbeit das 4. Kapitel des Hauptteils »Typus und Eigenart« (324-385).

des Zeichens: die Kirche (LG 44,3) oder »Gläubige wie Ungläubige« (LG 46,1)?

3. Gebrochenheit des Zeichens
Wie und unter welcher Perspektive wird die tatsächliche Gebrochenheit des Zeichens reflektiert und in die Konzeption des Ordenslebens miteinbezogen?

4. Das Ordensleben als Charisma
Welchen Stellenwert nimmt die Kennzeichnung des Ordenslebens als Gnadengabe (Charisma) in der Kirche ein?

I. Kirchliche Dokumente zum Ordensleben

1. Römische Dokumente

Ein erster oberflächlicher Durchblick durch die offiziellen römischen Dokumente der nachkonziliaren Zeit unter der Perspektive »Kirche und Orden« hinterläßt zunächst den Eindruck, als werde bloß die Lehre des Konzils zum Ordensleben wiederholt. Die zahlreichen Zitationen der Konzilstexte scheinen dies zu belegen:
- Aus den Konzilsaussagen wird übernommen, daß die Ordensleute »speciali modo« mit der Kirche verbunden sind (LG 44,2 vgl. ET 2; MR 8.10; RPU 21; DCV 17; EE 14.4.38; CIC c. 573 §2. c. 590; RD 14; PI 21).
- Die Zeichenfunktion und der Zeugnischarakter der Orden werden bekräftigt, in moralisch-beispielhafter (ET 4.7.18.19.34; VS V.; MR 14a; RPU Einf. 12b<4>.29.33d) ebenso wie in transzendent-eschatologischer Hinsicht (VS V.; ET 7; RPU 12b<4>.19; CIC c. 573 §1; EE 8.33; RD 8).
- Das Ordensleben wird gesehen als nachdrückliche Darstellung der Lebensform Jesu in der Kirche (VS I.; MR 10; EE 24).
- Die konziliare Aussage, der Ordensstand sei »kein Zwischenstand zwischen dem der Kleriker und dem der Laien« (LG 43,2), wird an einigen Stellen erneut zitiert (RC Vorw.; MR 10; EE 38).
- Dies bedeutet jedoch nicht - so heben die kirchlichen Dokumente wiederholt hervor -, daß das Ordensleben unabhängig wäre von den hierarchischen Strukturen der Kirche. Die Institute bleiben auf die Autorität der Bischöfe und des päpstlichen Amtes hingeordnet (vgl.

LG 45; CD 33-35 mit ES I,22-40; ET 50; MR passim; EE 41-43; PI 23.94-97).
- Die Ordensgemeinschaften nehmen teil an der Sendung und am Apostolat der Kirche (vgl. LG 46; PC 5,2 mit VS III.; RPU Einf.3; EE 43; RD 15).
Trotz dieser weitgehenden Wiederholung des konziliaren Ordensverständnisses lassen sich in einigen Dokumenten auch ergänzende bzw. weiterführende Aspekte feststellen, welche die theologischen Grundlagen des Ordenslebens betreffen. Nur diese, im übrigen nicht unwesentlichen Verdeutlichungen und Ausfaltungen sollen im folgenden herausgearbeitet werden.

Das Ordensleben als Charisma in ET und MR

Die ersten zwei größeren Dokumente zum Ordensleben der Nachkonzilszeit - ES und RC - behalten die Terminologie der Konzilstexte bei und gebrauchen den Terminus technicus »Charisma« nicht für die Charakterisierung der Orden in der Kirche. Damit ist jedoch eine charismatische Konzeption des Ordenslebens nicht grundsätzlich in Abrede gestellt[23]. Erst das Mahnschreiben ET spricht explizit vom »Charisma des Ordenslebens« (*charisma vitae religiosae*), das Frucht des in der Kirche wirkenden Heiligen Geistes ist (ET 11). Durch die ausdrückliche Applikation des Begriffes »Charisma« sowie durch die Betonung anderer Grundzüge des charismatischen Wesens der Ordensberufung stellt ET eine Weiterentwicklung der Konzilstexte dar[24].
Zur ekklesiologischen Fragestellung leistet in der Folgezeit das gemeinsame Dokument der Kongregation für die Ordensleute und für die Bischöfe *Mutuae relationes* einen signifikanten Beitrag. Sowohl das Amt der Bischöfe (MR 5-8) als auch das Ordensleben (MR 10-14) sind eingebettet in das Mysterium der ganzen Kirche (MR 1-4). Die Ordensleute haben ihren Ort inmitten der Vielfalt von Gaben, deren Quelle der Heilige Geist ist (MR 1) und die, in wechselseitiger Ergänzung, hingeordnet sind auf die Einheit und Sendung des gleichen Leibes (MR 2; vgl. auch RPU 20.22). Die *notae directivae* reden zwar an keiner Stelle expressis verbis vom »Charisma *des* Ordenslebens«, doch läßt die Gedankenführung erkennen, daß diese Lebensform als »Charisma« verstanden werden soll. Zum Charisma des Ordenslebens gehört gemäß

23 Vgl. Viens 67-76.

24 Vgl. dazu Viens 81-84. Viens 77-80.84-90 macht darauf aufmerksam, daß die Betonung der charismatischen Natur des Ordenslebens in den vielfachen Ansprachen Pauls VI., besonders nach dem Erscheinen von ET, Bekräftigung und Fortsetzung findet.

MR ebenso wie zum Dienstamt der Bischöfe »eine klare Missionspflicht« (MR 19). Aus der charismatischen Natur des Ordenslebens fließt ein »fruchtbringender Eifer im Entdecken und Unternehmen neuer Initiativen« (ebd.). Die Kirche darf deshalb von den Ordensleuten eine »charismatische, lebhafte und erfindungsreiche Originalität« erwarten, durch die sich die Stifter auszeichneten (MR 23f).

Die spannungsreiche Beziehung zwischen Amt und Charisma wird in MR an der Beziehung von Bischöfen und Ordensleuten konkretisiert. Bemerkenswert ist dabei MR 34. Hier wird die grundsätzliche Aussage von LG 8 - »Die mit hierarchischen Organen ausgestattete Gesellschaft und der geheimnisvolle Leib Christi, die sichtbare Versammlung und die geistliche Gemeinschaft ... bilden eine einzige komplexe Wirklichkeit« - auf die konkreten »kirchlichen Strukturen« und »Geistesgaben« hin ausgelegt. Eine latent drohende Dichotomie von Amt und Charisma wird in MR von zwei Seiten her aufgebrochen: Zum einen erscheint das Amt selbst als Träger von Charismen (MR 9a); zum anderen betont das Dokument die gegenseitige Verwiesenheit von Amt und Charisma (des Ordenslebens). Sie läßt sich mit den Stichworten »Koordination, Unterscheidung« von seiten des Amtes (vgl. bes. MR 6.9c.52) und »charismatisch geprägtes, erfindungsreiches Mitdenken und -tun in der Ortskirche« von seiten der Orden (vgl. MR 19.23f) umschreiben[25].

Mit den *notae directivae* von 1978 wurde somit die Charakterisierung der charismatischen Natur des Ordenslebens - verglichen mit den Konzilstexten - wesentlich stärker betont. Obwohl hinsichtlich einer Theologie des Charismas noch Fragen offenbleiben, kann diese Konzeption dennoch zur Ortsbestimmung des Ordenslebens in der Kirche beitragen.

Partizipation an der Zeichenhaftigkeit der ganzen Kirche (MR)

Die Aussagen von LG über den Zeichencharakter des Ordenslebens stehen im großen Zusammenhang der dogmatischen Konstitution über die Kirche und müssen deswegen auch in diesem Kontext interpretiert werden. In LG kommt die Kategorie des Zeichens primär Christus als dem »Ursakrament«, sodann der Kirche als dem »Sakrament in Christus« zu. Von hier ausgehend partizipieren die einzelnen Glieder und Stände an diesem Zeichencharakter der Kirche[26]. Den *notae directivae* MR kommt das Verdienst zu, diese »Ordnung« deutlicher als LG für das Ordensleben herausgestellt zu haben.

---

[25] Siehe besonders Lafont G., L'ecclésiologie de »Mutuae relationes«, in: VieCon 54 (1982) 323-339.

[26] Vgl. dazu Schulte, Das Ordensleben als Zeichen 385-395.

Dies zeigt vor allem die Anordnung des ersten, lehrhaften Teils. Vier Artikel über das Mysterium der Kirche bilden die Grundlage der darauf folgenden Konkretisierung auf Bischöfe und Ordensleute hin. Für die hier anstehende Frage sind vor allem die Artikel 3 und 4 entscheidend. MR 3 stellt unter Rückgriff auf LG 8 die sakramentale Natur der Kirche als »enge wechselseitige Verbindung« der beiden Elemente des »sichtbaren gesellschaftlichen Organismus« und der »unsichtbaren Gegenwart Gottes« dar. So ist das Volk Gottes das »sichtbare Sakrament heilbringender Einheit« (LG 9; vgl. LG 1.8.48; GS 42; AG 1.5). An dieser sakramentalen Natur haben »alle Glieder: Bischöfe, Laien und Ordensleute ... , auf ihre je eigene Art, Anteil. ... Desgleichen muß jeder, seinem Amt entsprechend, Zeichen und Werkzeug sowohl der Vereinigung mit Gott wie des Heiles der Welt sein« (MR 4). Das Ordensleben ist dabei »eine besondere Weise der Teilhabe an der sakramentalen Natur des Volkes ... Die Weihe derer, die sich durch ein Ordensgelübde verpflichten, hat vor allem das Ziel, daß sie der Welt ein sichtbares Zeugnis[27] des unerforschlichen Geheimnisses Christi geben, insofern sie Ihn selbst darstellen, *wie er auf dem Berg der Beschauung weilt oder wie er den Scharen das Reich Gottes verkündigt oder wie er die Kranken und Schwachen heilt und die Sünder zum Guten bekehrt oder wie er die Kinder segnet und allen Wohltaten erweist, immer aber dem Willen des Vaters gehorsam ist, der ihn gesandt hat* (LG 46)« (MR 10).
Gemäß MR ist also die Zeichenhaftigkeit des Ordenslebens
- eine unter anderen in der Kirche (MR 4).
- als Partizipation und Konkretisierung des zeichenhaften, sakramentalen Charakters der Kirche selbst (MR 10) zu verstehen.

Ordensleute in der Spannung von Ortskirche und Universalkirche (MR)

Während LG und PC (ausgenommen PC 20) in erster Linie von der Beziehung der Ordensleute zur ganzen Kirche ausgehen, hebt CD 33-35 die Einwurzelung der Orden in die Ortskirche hervor (vgl. auch AG 18). Unter Rückgriff auf die Konzilsaussagen zum Verhältnis von Universalkirche und Partikularkirche (vgl. bes. LG 23.26; CD 11) vereinigt nun MR diese beiden Perspektiven. Allgemein gilt: Die Universalkirche ist »keine *Summe* oder *Föderation* der Partikularkirchen (vgl. EN 62), sondern die totale und gesteigerte Präsenz (praesentia tota et aucta)

[27] Die dt. Übersetzung in OK 20 (1979) 9 gibt hier ungenau »visibile testimonium« mit »sichtbares Zeichen« wieder.

des einzigen universalen Heilssakramentes (vgl. EN 54)« (MR 18). Die Partikularkirche aber »ist der geschichtliche Raum, in dem eine Berufung sich wirklich ausdrückt und apostolisch wirkt« (MR 23d). Die Ortskirche bleibt jedoch als »Konzentration der Universalkirche auf einen bestimmten Ort«[28] stets auf diese hingeordnet. Es gibt eine »Wechselwirkung zwischen beiden Polen, ... der lebendigen Anteilnahme an einer besonderen (particularis) Kultur und dem Blick auf die universale Kirche« (MR 23e). An dieser dynamischen Bipolarität partizipieren auch die Ordensgemeinschaften. Ähnlich wie an den Bischöfen der Teilkirchen wird an ihnen das Verhältnis von Gesamtkirche und Ortskirche sichtbar[29]. Das Leben der Ordensleute spielt sich nicht in einem unbestimmt bleibenden universalkirchlichen Raum ab, sondern konkretisiert sich immer auf Diözesanebene. Zugleich aber muß in den Orden die Ausrichtung auf die ganze Kirche besonders gepflegt werden, ein Aspekt, der vor allem in den exemten Instituten zum Ausdruck kommt (MR 22).

MR verdeutlicht an konkreten Punkten die Berufung der Orden für die Universalkirche, die sich innerhalb der Struktur der Ortskirche realisiert[30]. Die Kandidaten der Ordensgemeinschaften sollen so ausgebildet werden, daß sie wirklich gemäß der örtlichen Kultur leben, zugleich aber nicht vom missionarischen, universal orientierten Impuls der Ordensberufung abweichen (MR 18b). Die Oberen müssen einerseits die Dimension des apostolischen, grenzenlosen Bewußtseins fördern (MR 23c), andererseits ist in der Ausbildung auf die Inkulturation des Evangeliums zu achten (MR 23d). Der Betonung der Teilnahme am Leben der Ortskirche steht die Aufgabe der Oberen gegenüber, auf die übernationale Einheit des eigenen Instituts hinzuweisen (MR 35).

Wenn auch der Akzent der *notae directivae* auf der Einbindung der Ordensleute in die Ortskirche liegt, ist dennoch, vor allem durch den ekklesiologischen Teil, die Position des Ordenslebens in der Spannung von Universal- und Partikularkirche klar ausgedrückt. Durch die Sichtbarmachung dieser Polarität sollen die Orden einen wesentlichen Beitrag zu einem vertieften Verständnis der wechselseitigen Beziehung von Ortskirche und Gesamtkirche leisten.

---

[28] Pfab J., Das Verhältnis von Ordensgemeinschaften und Ortskirche (auf dem Hintergrund von Mutuae Relationes), in: ON 21 (1982) 145-170, hier 148.

[29] Vgl. Pfab, Das Verhältnis von Ordensgemeinschaften und Ortskirche 149 sowie ders., Universalkirche und Priesterorden. Auswirkungen der universalkirchlichen Dimension auf das Leben in den Priesterorden, in: OK 21 (1980) 401-427.

[30] Vgl. Johannes Paul II., Ansprache an die Generaloberen vom 24.11.1978 (OR n°273 vom 25.11.1978), zit. bei Pfab, Das Verhältnis von Ordensgemeinschaften und Ortskirche 149: »Euere Berufung für die Universalkirche realisiert sich ... innerhalb der Strukturen der Ortskirche«. Siehe auch RPU 27; DCV 17.

Das Ordensleben als »prophetisches Zeichen« in RPU

Das Dokument der Religiosenkongregation *Religiosi e promozione umana*, das auf die Vollversammlung der Kongregation vom 25.-28. April 1978 zurückgeht, aber erst im August 1980 zusammen mit *La dimensione contemplativa della vita religiosa* veröffentlicht wurde, verfolgt ausdrücklich die Absicht, sich »neu auftauchenden Phänomenen« zu stellen, vor allem, was die Auseinandersetzung der Ordensleute mit den veränderten sozialen, politischen und gesellschaftlichen Verhältnissen betrifft (RPU Einl.)[31]. In dieser Perspektive tritt - zum ersten Mal in einem nachkonziliaren offiziellen Dokument - expressis verbis die Charakterisierung des Ordenslebens als »prophetisches Zeichen« auf. Die Einfügung dieser Kennzeichnung in (fast) wörtlich übernommene Konzilstexte (etwa RPU 4a zu LG 31,2 sowie RPU 24 zu LG 44,1) zeigt, daß die Instruktion darin als authentische Weiterführung der konziliaren Lehre verstanden werden soll.

Der prophetische Charakter des Ordenslebens wurzelt in der prophetischen Sendung Christi, »den Armen die Heilsbotschaft zu bringen« (Lk 4,18), die in der Sendung der Kirche ihre Fortsetzung findet. Diese wird in RPU mit dem Auftrag zur Evangelisierung in eins gesetzt:

> »Evangelisieren bedeutet für die Kirche, die Frohbotschaft in alle Bereiche der Menschheit hineinzutragen und durch deren Einfluß die Menschheit von innen her umzuwandeln ... Die Erfüllung dieser Sendung verlangt von der Kirche, daß sie die Zeichen der Zeit erforscht, sie im Licht des Evangeliums deutet und so auf die bleibenden Fragen der Menschen antwortet. Von dieser prophetischen Dimension müssen die Ordensleute ein besonderes Zeugnis geben« (RPU Einf.).

Ihr »prophetischer Charakter«, der sie innerhalb der Kirche für die bevorzugte Hinwendung zu den Armen und das Eintreten für Gerechtigkeit prädestiniert (vgl. RPU 4a), ist besonders durch die Stichworte »Bekehrung des Herzens« und »geistige Freiheit« (aus den Räten) gekennzeichnet (RPU Einf.). Indem die Ordensleute die gleiche Lebensform wählen, »die der Sohn Gottes annahm, als er in die Welt eintrat« (LG 44), nehmen sie auch an seiner prophetischen Predigt von der Umkehr teil. Selbst täglich »auf den Weg der Bekehrung zum Reiche Gottes gestellt«, werden sie »in der Kirche und gegenüber der Welt zum anziehenden Zeichen, das zu tiefgreifender Überprüfung des Lebens und der Wertmaßstäbe aufruft« (RPU 18). Nur in dem Maß, als die Ordensmänner und -frauen selbst fortwährend die *conversio* leben,

[31] Zum Ganzen des Dokuments siehe den Kommentar von: Scheuermann A., Wesentliche Komponenten des Ordenslebens, in: OK 22 (1981) 293-300, hier 293-298.

können sie auch die »'Bekehrung' von Mentalität und Haltung bei anderen fördern« (RPU 15 vgl. auch 32).
Vor allem das gemeinsame Leben nach den evangelischen Räten, das die Liebe von jedem Hindernis befreit, läßt die Ordensleute zu einem »prophetischen Zeichen der innigsten Vereinigung mit dem über alles geliebten Gott« werden (RPU 24, zit. in PI 25; vgl. LG 44,1). In der Ausbildung ist verstärkt auf die prophetische Dimension als »Antriebskraft zur Bekehrung und Umwandlung der Welt, ihrer Auffassungen und Beziehungen« zu achten (RPU 33b). Indem sie auf den Zusammenhang zwischen den Forderungen des Evangeliums und der Förderung von Mensch und Gesellschaft achten, sollen die Ordensmänner und -frauen wirklich fähig werden, »ihrer Pflicht gemäß, 'die Gewissen aufzuwecken' und andere Christen zu formen« (RPU 33d mit Bezug auf ET 18), ja, so könnte man mit ET 19 sagen, zum »christliche[n] Gewissen in der Welt« zu werden.
Das Verdienst des im allgemeinen zu wenig beachteten Dokuments RPU liegt darin, die Zeichenfunktion des Ordenslebens auf einen bestimmten Aspekt hin, nämlich die gegenwärtige gesellschaftliche und politische Lage, der sich die Kirche und in ihr die Orden gegenübersehen, konkretisiert zu haben. Neben dem prophetischen Zeichencharakter des Ordenslebens tritt seine transzendente Zeichenhaftigkeit in den Hintergrund, fehlt jedoch nicht ganz (vgl. RPU 11b<4>).

Das Ordensleben als »Zeichen brüderlicher Gemeinschaft« in RPU

Nach der Darlegung von vier »Hauptproblemkreisen«[32], die den Einsatz der Ordensleute in den veränderten Lebensverhältnissen betreffen und sich aus einer internationalen Umfrage bei Bischöfen und Ordensgemeinschaften ergeben hatten, bietet das Dokument RPU in seinem zweiten Teil »Allgemeine Unterscheidungskriterien« für ein Wirken der Ordensleute, das ihrer spezifischen Berufung entspricht. In engem Anschluß an PC 2 - allerdings in veränderter Reihenfolge - werden »die Treue zum Menschen und zu unserer Zeit« (vgl. PC 2d), die »Treue zu Christus und zum Evangelium« (vgl. PC 2a), die »Treue zur Kirche und zu ihrer Sendung in der Welt« (PC 2c) und »die Treue zum Ordensleben und zum Charisma des eigenen Institutes« (vgl. PC 2b) genannt. Das dritte Kriterium - die Gemeinschaft mit der Kirche - zielt auf die

[32] Vgl. RPU Einl.: 1. Das bevorzugte Eintreten für die Armen und für die Gerechtigkeit heute. 2. Die sozialen Werke und Tätigkeiten der Ordensleute. 3. Die Einfügung in die Welt der Arbeit. 4. Das direkte Eingreifen in die »politische Praxis«.

»Identität des Ordenslebens und seiner besonderen Aufgabe« inmitten der »Vielfalt der Berufungen und Dienste in der Kirche, die einander ergänzen« (RPU 22) und deren gemeinsame Wurzel die Berufung aller Christen zur Vereinigung mit Gott und den Menschen für das Heil der Welt ist (RPU 20). Dieser gemeinsame Urgrund darf über der Bestimmung des je Spezifischen nicht vergessen werden.

Mit besonderem Nachdruck stellt RPU die Ordensleute als »Experten des gemeinschaftlichen Lebens« dar. Ihre »Gemeinschaft des Lebens, des Gebetes und des Apostolates«[33] erweist sich als wesentliches und unterscheidendes Element der Form des gottgeweihten Lebens in den Orden (RPU 24; vgl. PI 25).

Die Orden sind »Zeugen und Baumeister« jener Gemeinschaft, auf welche die Schöpfungs- und Erlösungsordnung Gottes ausgerichtet ist. Die Anmerkung zu RPU 24 verweist auf zwei Abschnitte der Pastoralkonstitution des Zweiten Vatikanums *Gaudium et spes* und macht damit deutlich, daß der Gedanke der Gemeinschaft in zwei Richtungen entfaltet werden muß: Berufung zur Gemeinschaft mit Gott (GS 19) und zur Gemeinschaft der Menschen untereinander, die auf ihre Vollendung im Reich Gottes hinwächst (GS 32). Diese beiden Blickrichtungen konkretisiert RPU 24 auf das Ordensleben hin: Durch die Lebensform der evangelischen Räte sind die Ordensleute »prophetisches Zeichen« der Vereinigung mit Gott. Zugleich sind sie »Zeichen brüderlicher Gemeinschaft« und bezeugen »in einer oft so tief entzweiten Welt und vor all ihren Glaubensbrüdern«, daß Gütergemeinschaft, brüderliche Zuneigung und ein gemeinsames Lebensprogramm möglich sind (RPU 24; vgl. auch EE 19; RD 15). Dieser wesentliche Zug der Ordensberufung hat nach RPU eine christologische Wurzel. Die Ordensleute haben den Ruf zu einer »freieren und engeren« Nachfolge Christi angenommen, »der vom Vater gesandt wurde, um als Erstgeborener unter vielen Brüdern eine neue Gemeinschaft aufzubauen durch das Geschenk seines Geistes« (RPU 24).

Der spezifisch gemeinschaftliche Charakter des Ordenslebens muß sich im konkreten Leben, auch im Einsatz für die »Förderung« des Menschen realisieren. Dadurch ergibt sich die eigene Weise der Präsenz der Orden und ihrer Beteiligung an der Sendung der Kirche. Die Hinordnung auf Gemeinschaft äußert sich im »Gehorsam gegenüber dem gemeinsamen Programm und gegenüber den Oberen des Institutes«

[33] RPU 24: »Per la quotidiana esperienza di una comunione di vita, di preghiera e di apostolato ...«. Der Kontext legt hier eher eine Übersetzung nahe, die alle drei Begriffe - *vita*, *preghiera* und *apostolato* - als abhängig von *comunione* versteht. Vergleiche dagegen die Übersetzung in OK 22 (1981) 266: »Durch die tägliche Erfahrung eines Lebens in Gemeinschaft, des Gebetes und Apostolates ...«.

(RPU 25). Das Charakteristikum der *communio* muß alle Strukturen des Zusammenlebens und der Tätigkeit prägen. Das beinhaltet auch, daß die Ordensleute »das Amt der Bischöfe als Zentrum der Einheit in der organischen kirchlichen Gemeinschaft« bejahen und diese Haltung bei den anderen Gliedern des Volkes Gottes fördern (RPU 27). Im speziellen sind z.B. die Ordenspriester gerufen, in den Gemeinden, denen sie vorstehen, ein »noch bewußteres Zeugnis der Einheit« zu geben (RPU 23). Bevorzugter Ort der Deutung der »Zeichen der Zeit« ist der »gemeinschaftliche Dialog«, der sich von Glauben, gegenseitiger Annahme, aber ebenso vom Ordensgehorsam leiten läßt (RPU 29)[34]. Die Ausbildung in den Ordensinstituten muß durch eine geistliche und menschliche Vorbereitung darauf hingeordnet sein, daß die Mitglieder als »reife, gottgeweihte« Menschen fähig sind zu »erneuerten Beziehungen innerhalb und außerhalb der eigenen Gemeinschaften« (RPU 33c).

Ausdrücklicher als dies in PC 15 geschehen war, erhält in dem Dokument von 1980 das gemeinschaftliche Leben der Ordensleute einen ihm eigenen Zeugnischarakter. Herausgearbeitet wird dieses Charakteristikum hier auch im Vergleich zu der zweiten Form des »geweihten Lebens«, den Säkularinstituten (RPU 25). Das Schreiben der SCRIS leistet damit einen in der Deutlichkeit über das Zweite Vatikanum hinausgehenen Beitrag zur Zuordnung verschiedener kirchlicher Lebensformen.

Die stellvertretende Funktion der Orden in RD

Das Thema von der »bräutlichen Liebe«, welches das Apostolische Rundschreiben RD gleichsam wie ein roter Faden durchzieht[35], beleuchtet in eigentümlicher Weise auch die Beziehung zwischen Orden und Kirche.

Grundlage und Ausgangspunkt bildet in RD die bräutliche Verbindung zwischen Christus und seiner Kirche (RD 2 vgl. 1 Kor 11,2; Eph 5,26f). In der Kirche, die *sponsa Christi* ist, schließen die Ordensleute durch die Profeß der evangelischen Räte einen besonderen Bund mit dem Erlöser, der von bräutlicher Liebe gekennzeichnet ist (RD 3). Doch ist solche Erwählung des Menschen - nach dem Schreiben des Papstes - weder als persönliche Auszeichnung einzelner, etwa aufgrund bestimmter Lei-

[34] »Obbedienzia religiosa« muß hier wohl - gegen die Übersetzung in OK 22 (1981) 267 (»religiöser Gehorsam«) - mit »Ordensgehorsam« wiedergegeben werden.

[35] Vgl. oben 47, Anm. 25.

stung, zu verstehen, noch betrifft die Antwort des so Erwählten nur seine je persönliche Christusbeziehung. Das Thema von der »bräutlichen Liebe«, das zunächst individualistisch klingen mag, hat in RD eine eminent ekklesiale Dimension. Denn »das ganze messianische Volk, die ganze Kirche, wird *in jeder Person auserwählt*, die der Herr mitten aus diesem Volk ruft: in jeder Person, die sich *für alle* als ausschließliches Eigentum an Gott weiht« (RD 8). Ebenso wird »in der Liebe, die Christus von den geweihten Personen empfängt, die Liebe des ganzen mystischen Leibes in besonderer und außergewöhnlicher Weise auf den Bräutigam ausgerichtet« (RD 14). In ihrer vollen Heilsbedeutung und Wirklichkeit kann zwar kein Mensch die Worte Christi »Ich heilige mich für sie« (Joh 17,19) auf sich beziehen, aber er darf aufgrund seiner liebenden Hingabe »durch den Glauben im Kraftfeld dieser Worte« stehen (RD 8).
In dieser Weise geben die Ordensleute nicht nur Zeugnis für den bräutlichen Bund zwischen Christus und der Kirche, sondern sind gleichsam »Stellvertreter« der Kirche als »Braut Christi«, »Promotoren« der Liebe der Kirche zu Christus und zugleich Zeichen und Symbol der Auserwählung aller Getauften. Ein Bezugspunkt in den Konzilstexten - wiewohl nicht zitiert - dürfte in LG 44,1 zu finden sein, wo aber die Darstellung der »unauflöslichen Verbindung Christi mit seiner Braut, der Kirche« nur aus der Beständigkeit und Festigkeit der Weihe folgt. Die Perspektive einer Stellvertretung oder Repräsentation kommt in LG nicht in den Blick.

Gebrochenheit des Zeichens?

Trotz der zum Teil emphatischen Hervorhebung der Ordensgemeinschaften als »leuchtende Zeichen« ist sich die kirchliche Autorität auch der mannigfaltigen Unzulänglichkeiten in dieser Lebenform bewußt. Das beweisen eindrucksvoll die der Erneuerung gewidmeten Dokumente bis in die neueste Zeit hinein. Wenn auch der Prozeß der Bekehrung und Umgestaltung als grundsätzlich unabgeschlossen und unabschließbar gesehen wird (vgl. ES II,19), läßt dennoch der Gesamteindruck der Texte vermuten, daß bei einigem guten Willen zur Überprüfung und Revision des Lebens eine gewisse »Idealform« erreichbar ist (vgl. z.B. ET 30.31). Über die menschliche Unvollkommenheit und Sündigkeit reden die Texte primär in Hinblick auf den einzelnen Ordenschristen, der deshalb zu ständiger Umkehr und Umwandlung in die Gestalt Christi aufgerufen ist (ET 39.53; EE 46; RD 4.7.10.13). Die Zeichenhaftigkeit des Ordenslebens als solches scheint nach den kirchlichen Dokumenten durch die Unzulänglichkeit der Ordensleute nicht wesentlich beeinträchtigt zu sein. Ein Wissen um eine fundamentale, bleibende Gebrochenheit des Zeichens blitzt nur an wenigen Stellen auf. In EE 31 wird das Ordensleben eine »andauernde, öffentliche, sichtbare Form der christlichen Bekehrung« genannt, die ohne Selbstverleugnung und Askese nicht möglich ist. Auch im Hintergrund von ET 50 und EE 37 scheint die Auffassung zu stehen, daß das Ordensleben nicht bloß ein triumphalistisches Zeichen ist, sondern in der ihm eigenen Gebrochenheit öffentlich Zeugnis gibt »von der umwandelnden Macht Christi in der Kirche« (EE 37) und von den »geistlichen Kämpfe[n], die in keinem echten Ordensleben vermieden werden können« (ET 50). Diese Anhaltspunkte treten jedoch im Gesamtbild kirchlicher Lehrverkündigung zum Ordensleben hinter einer »eindeutigen« Zeichenhaftigkeit zurück und nehmen keinen Einfluß auf die Konzeption des Zeichencharakters der Orden.

Zusammenfassung anhand der Leitfragen

1. Orden und Heiligkeit in der Kirche
Weniger ausdrücklich als in den Konzilstexten[36] tritt in den nachkonziliaren kirchlichen Dokumenten die Verknüpfung von Ordensleben und Heiligkeit in der Kirche zutage (ET 4; MR 23b; DCV 26; EE 38). Die lehramtlichen Schreiben behalten die konziliare Lehre bei, leisten aber kaum einen originären Beitrag zu einer weiterführenden Reflexion.

2. Zeichenhaftigkeit des Ordenslebens
Die Kategorie des Zeichens (*signum*) bleibt für die Beschreibung der Funktion der Orden in der Kirche wesentlich. Orden *partizipieren* am Zeichencharakter der ganzen Kirche (MR). Dabei wird das von den Konzilstexten vorgelegte Spektrum der Zeichenhaftigkeit um die Aspekte des *Prophetischen* und der *Gemeinschaft* (bes. RPU) bereichert. MR fügt dem noch hinzu, daß die Orden die gegenseitige Verwiesenheit von *Universalkirche und Partikularkirche* sichtbar machen.
Sichtbarkeit (ET 3; MR 10.14a; CIC c. 573 §1; EE 10.32.34; RD 15) und *Ausdrücklichkeit* (VS I.; ET 13.34; MR 23b) sind in den vorgelegten Texten wesentliche Komponenten der Zeichenkategorie. Dem so verstandenen Zeichen ist dabei ein *kerygmatischer* und *evozierender* Charakter

[36] LG 39-42 wird sehr spärlich zitiert.

zu eigen. Das Leben der Ordensleute kann für die anderen Christen Antrieb und Impuls sein, sich selbst auf den Weg Gottes einzulassen.
Adressat der Zeichenhaftigkeit der Orden ist nach den kirchlichen Dokumenten einerseits die »Welt« (aufgrund der Partizipation am Zeichencharakter der ganzen Kirche), andererseits die kirchliche Gemeinschaft selbst (aufgrund der sichtbaren und ausdrücklichen Darstellung von Wesenszügen der Kirche).
Einen eigentümlichen Aspekt bringt RD mit dem Gedanken einer *stellvertretenden* Funktion der Orden ein.

3. Gebrochenheit des Zeichens
Die kirchlichen Dokumente weisen auf die Gebrochenheit und Defizienz des Zeichens der Orden nur insofern hin, als sie sich aus dem Fehlverhalten des einzelnen Ordenschristen ergibt. Konsequenzen für die Zeichenhaftigkeit des »Standes« werden daraus jedoch nicht gezogen.

4. Das Ordensleben als Charisma
Aufbauend auf den Ansätzen in den Konzilsdekreten findet in den nachkonziliaren kirchlichen Dokumenten der Terminus »Charisma« Anwendung auf die Lebensform der Orden. Damit kommen die Geistgewirktheit des Ordenslebens sowie seine gewisse Spontaneität und Vitalität, seine Einordnung unter die anderen mannigfaltigen Gaben, die der Kirche für ihre Sendung geschenkte sind, und die wechselseitige Beziehung zum Amt in der Kirche pointiert zum Ausdruck. In den neuesten kirchlichen Dokumenten zum Ordensleben (EE; RD) tritt diese pneumatologisch geprägte Sicht zugunsten eines vom Ansatz her theologischen (Weihe durch Gott: EE) bzw. christologischen (RD) Konzepts deutlich in den Hintergrund.

Theologische Auswertung und Kritik

Für die ekklesiologische Fragestellung erweisen sich die *notae directivae* MR als besonders fruchtbar. Der Gedanke der Partizipation der Orden an der Zeichenhaftigkeit der ganzen Kirche läßt verstärkt deren ekklesialen Charakter erkennen. Ordensgemeinschaften sind so nicht etwas Anderes, Neues gegenüber der kirchlichen Gemeinschaft als Ganzer, sondern haben ihr Leben mitten in und mit der ganzen Kirche, unbeschadet der ihnen eigenen Lebensform.

Manche von den nachkonziliaren kirchlichen Dokumenten verwendete theologische Kategorien scheinen, was ihre Anwendung auf das Ordensleben betrifft, noch nicht voll entwickelt zu sein. Das gilt vor allem für den Begriff »Charisma«. Hier drängt sich besonders die Frage auf, inwieweit eine ganze Lebensform in der Kirche so benannt werden kann, während im normalen theologischen Sprachgebrauch der Begriff vorwiegend mit dem Blick auf den einzelnen verknüpft ist: Es ist der einzelne, der ein Charisma zum Aufbau des Leibes Christi empfängt[37]. Die Aussagen der nachkonziliaren Dokumente bleiben jedenfalls in diesem Fragekontext in der Schwebe. Vielleicht darf in der Tatsache, daß im Ordensrecht des neuen CIC 1983 der Terminus »Charisma« aus der Vorlage gestrichen und im promulgierten Kodex vermieden wurde[38], eine Bestätigung gesehen werden, daß der Begriff noch immer - wie schon in den konziliaren Diskussionen - mit zu vielen Unklarheiten und Mißverständnissen belegt ist, als daß er für die exakte Sprache des Rechts geeignet scheint.

Ein eigentümliches Gefälle wohnt den nachkonziliaren kirchlichen Dokumenten bezüglich der Konzeption eschatologischer Zeichenhaftigkeit inne. Die *vita consecrata* erscheint als *antizipierendes* Zeichen (vgl. EE 8), das im Vorgriff das Leben im endgültigen Reich Gottes repräsentiert. In der Darstellung der Orden als eschatologischem Zeichen wird der »eschatologische Vorbehalt«, der auch für diese Lebensform gelten muß, zwar nicht geleugnet, jedoch auf ein Minimum reduziert. Die Gefahr und das spezifische Gefälle einer solchen Interpretation liegt einerseits in einer realitätsfremden Überforderung der Orden (praktische Ebene), andererseits in einer neuerlichen triumphalistischen Sicht der Orden bzw. der *vita consecrata* im Gesamt christlicher Berufungen, die sie zu für andere Christen unerreichbaren Idealbildern hochstilisiert (theologische Ebene).

Der von RD 8 angesprochene - wenn auch nicht explizit so genannte - Gedanke der Stellvertretung müßte noch im Kontext einer Theologie der Stellvertretung entfaltet und differenziert werden. Erst dann könnte

37 Aus der zahlreichen Literatur zum Begriff des Charismas können genannt werden: AAVV., Art. Charisma, in: TRE 7, 681-698 (Lit.!); Berger K., Art. »charisma«, in: EWNT 3, 1103-1105; Bettencourt E., Art. Charismen, in: SM 1, 713-716; Wambacq B.N., Le mot »charisme«, in: NRTh 97 (1975) 345-355; Baumert N., Charisma und Amt, in: L'Apôtre Paul. Personnalité, style et conception du ministère. Colloquium Biblicum Lovaniense XXXIV. 27-29.8.1984, Leuven 1984, 203-228; ders., Zur Semantik von »*charisma*« bei den frühen Vätern, in: ThPh 63 (1988) 60-80; ders., Zur Begriffsgeschichte von »*charisma*« im griechischen Sprachraum, in: ThPh 65 (1990) 79-100; ders., Das Fremdwort 'Charisma' in der westlichen Theologie, in: ebd. 395-415.

38 So Dammertz V., Die Orden und andere geistliche Gemeinschaften zwischen Ortskirche und Weltkirche. Ihre geistliche und apostolische Sendung, in: OK 28 (1987) 274-288, hier 278.

sich der wirkliche Ertrag der Idee der Stellvertretung für die Orts- und Funktionsbestimmung der Orden in der Kirche bzw. auch für eine Spiritualität der Ordenschristen erweisen.

2. Die »Würzburger Synode« und die Orden

»Die Gemeinsame Synode der Bistümer in der Bundesrepublik Deutschland hat die Aufgabe, in ihrem Bereich die Verwirklichung der Beschlüsse des Zweiten Vatikanischen Konzils zu fördern und zur Gestaltung des christlichen Lebens gemäß dem Glauben der Kirche beizutragen«[39]. Dieser Aufgabe stellten sich über 300 Synodalen, darunter viele Ordensleute, auf der »Würzburger Synode« in den Jahren 1971 bis 1975. In acht Vollversammlungen erarbeiteten sie achtzehn Synodenbeschlüsse, unter denen sich auch der Beschluß »Die Orden und andere geistliche Gemeinschaften. Auftrag und pastorale Dienste heute« befindet. Dieses Dokument versteht sich gewissermaßen als Fortschreibung und Konkretisierung der Konzilsaussagen zum Ordensleben und ist deswegen für die vorliegende Untersuchung besonders aufschlußreich. Trotz der vorwiegend pastoralen Ausrichtung der Synode wäre es verfehlt, im Synodenbeschluß über die Orden nur praktische Richtlinien für das Zusammenwirken von (Orts-)Kirche und Orden (geistliche Gemeinschaften) zu sehen. Im Beschluß selbst heißt es, daß die Synode über dieses Thema nicht nur pragmatisch, sondern auch *theologisch* reden will (1.4.). Dieses Vorhaben schlägt sich vor allem im »spirituellen Kern« des Textes, dem Kapitel über den »Grundauftrag« (2.) nieder. Auf diesen Teil des Synodenpapiers konzentriert sich auch die folgende Untersuchung. Die Aussagen über die Orden können jedoch nicht vom Gesamtgeschehen der Synode isoliert werden. Anliegen, Vorgehensweise und Antriebskräfte des synodalen Prozesses haben auch den Beschluß über die geistlichen Gemeinschaften entscheidend geprägt.
Der synodale Gedanke schien in den Jahren nach dem Konzil geradezu in der Luft zu liegen[40]. Anknüpfungspunkte bildeten besonders die Kon-

[39] Art. 1 des Statuts der Gemeinsamen Synode, in: Gemeinsame Synode der Bistümer in der Bundesrepublik Deutschland. Beschlüsse der Vollversammlung. Offizielle Gesamtausgabe 1, Freiburg 1976, 856.

[40] Als Basis für den folgenden Überblick vergleiche vor allem Lehmann K., Allgemeine Einleitung, in: Gesamtausgabe 1, 21-67 sowie: Plate M., Das deutsche Konzil. Die Würzburger Synode. Bericht und Deutung, Freiburg 1975, 11-66; Hemmerle K., Das Konzept der Gemeinsamen Synode, in: SYNODE (1970) Heft 1, 15-24; Werners H., Erfahrungen mit der Würzburger Synode, in: Synode - Ende oder Anfang. Hg. v. D. Emeis und B. Sauermost, Düsseldorf 1976, 25-41; Neumann J., Synodales Prinzip. Der größere Spielraum im Kirchenrecht, Freiburg 1973; Hirschmann J., Die Gemein-

zilsaussagen über die Kollegialität der Bischöfe und die Bedeutung der Partikularkirche, über die Stellung des Laien sowie über die Kirche als Volk Gottes auf dem Weg. Ausdrücklich hatte das Konzil eine Erneuerung der synodalen Einrichtung gefordert (vgl. CD 36). So wurden am Ende der sechziger Jahre in verschiedenen Ortskirchen Europas Synoden vorbereitet und abgehalten[41].

Nach einer relativ kurzen Vorbereitungsphase fand bereits vom 3.-5. Januar 1971 die konstituierende Vollversammlung (VV) der »Gemeinsamen Synode der Bistümer in der Bundesrepublik Deutschland« statt. Auf ihr wurden die Vizepräsidenten der Synode, die Mitglieder der Zentralkommission (ZK) und des Ausschusses für Rechtsfragen gewählt und vor allem die zehn Sachkommissionen (SK) errichtet. Die Thematik, die in diesen SK diskutiert werden sollte, ging auf den umfangreichen Themenkatalog zurück, den eine Vorbereitungskommission am 2.12.1970 verabschiedet hatte[42]. Die Aufgabe der SK war es, Vorlagen zu den ihr zugewiesenen Beratungsgegenständen zu erarbeiten. Bei der Erstellung war neben dem Themenkatalog auch auf die sogenannten »durchlaufenden Perspektiven« zu achten, die für die Situation der deutschen Kirche besonders beachtenswert schienen[43]. Jede Vorlage mußte - nach der Billigung durch die ZK - in mindestens zwei Lesungen dem Plenum vorgelegt werden. Hier konnte sich durch schriftliche Anträge oder Wortmeldungen (WM) der Synodalen ein Entwurf noch beträchtlich verändern.

Nach der Übersicht über die mehr äußeren Gegebenheiten ist nach den Zielen und Anliegen, nach den Chancen und Grenzen dieses »deutschen Konzils« (M. Plate) zu fragen[44]. Die Würzburger Synode hat ihren

---

same Synode der Bistümer in der Bundesrepublik Deutschland. Bericht und erste Wertung, in: GuL 49 (1976) 135-144 sowie den Abschnitt »Chronik« in den Jahrgängen 1970-1976 von SYNODE.

41 Vgl. dazu Neumann 57-88.

42 Zu den SK vgl. die Geschäftsordnung der Synode: IV. Sachkommissionen (§14-§20), in: Gesamtausgabe 1, 871-873. - Der Themenkatalog ist veröffentlicht in: SYNODE (1971) Heft 1, 3-18. Sein »Vorläufer« war der Themenvorschlag vom 3.9.1969, in: SYNODE (1970) Heft 2, 3-8.

43 Erste Fassung dieser »durchlaufenden Perspektiven« in: SYNODE (1971) Heft 1, 4. Zweite Fassung in: Merkblatt zur Erarbeitung und Beratung von Vorlagen. II. »Durchlaufende Perspektiven«, in: Gesamtausgabe 1, 877: 1. Analyse der Situation, besonders die Berücksichtigung der Glaubenssituation des Menschen von heute. 2. Theologische Fundierung *und* pastorale Anwendbarkeit aller Aussagen. 3. Die verschiedenen Verantwortlichkeiten in der Kirche und ihre Zuordnung. 4. Ökumenische Bedeutung aller Aussagen. 5. Missionarischer Auftrag. 6. Diakonische Verantwortung; Verhältnis der Kirche und der Christen zur Gesellschaft; Berücksichtigung verschiedener Gruppen und Lebensphasen. 7. Stellung der Frau in Kirche und Gesellschaft.

44 Für das Folgende siehe: Eröffnungsansprache von Kard. Döpfner, in: SYNODE (1971) Heft 2, 8-10; Lehmann K., Allgemeine Einleitung, in: Gesamtausgabe 1, 57; Hemmerle, Das Konzept; Schneider T., Kirche und Synode. Hinweise zur theologischen Legitimation, in: Synode - Ende oder Anfang 15-24.

Ort in der Rezeptions- und Wirkungsgeschichte des Zweiten Vatikanischen Konzils. Mit dem Anliegen, die Beschlüsse des Zweiten Vatikanums für die bundesdeutsche Kirche fruchtbar zu machen, ist zugleich die Grenze der Synode angezeigt: Sie kann als Synode einer Teilkirche nicht den Anspruch erheben, für die ganze Kirche zu reden und bleibt theologisch und rechtlich grundsätzlich auf die Gesamtkirche verwiesen. Doch liegt in dieser Begrenztheit auch eine eminente Chance: als Partikularsynode kann die Würzburger Synode nicht nur allgemein und grundsätzlich reden, sondern konkret und situationsbezogen. Dieses »pastorale« Anliegen der Synode darf jedoch nicht mit einem rein pragmatischen Vorgehen identifiziert werden. An verschiedenen Stellen bekundet die Synode ausdrücklich ihren Willen, die pastoralen Aussagen *theologisch* zu fundieren[45].
Schließlich dürfen alle Rechtsfragen, inhaltlichen und organisatorischen Probleme nicht vergessen lassen, daß die Würzburger Synode ein »geistliches Ereignis« der deutschen Kirche war und zutiefst aus den Wurzeln des Glaubens lebte. Begegnung und Dialog zwischen den verschiedenen Gliedern der deutschen Kirche waren getragen von der gemeinsamen Feier des Glaubens in Gebet, Meditation und Gottesdienst. Diese »Synthese von Gottesdienst und Beratung«[46] bildete die Basis für alle von der Synode geleistete Arbeit.
In diesen äußeren Rahmen ordnet sich auch die Thematik der Orden und anderen geistlichen Gemeinschaften ein. Der vorläufige Themenkatalog von 1969 zählte sie zum VI. Themenkreis »Christliche Lebensgestaltung«. Im revidierten Themenplan von 1970, der schließlich der konstituierenden VV vorlag, war die Frage der Orden und anderer Gemeinschaften jedoch dem Bereich VII »Charismen, Dienste, Ämter« zugewiesen[47]. Dieser Wechsel ist nicht unerheblich. Er markiert ein gewandeltes Verständnis des Ordenslebens: Wurde es zunächst mehr als persönliche Lebensform gesehen, so später primär als Dienst am Aufbau der Kirche. Damit ist auch die Grundausrichtung des künftigen Synodenbeschlusses präjudiziert: Es geht um Ort und Dienst der Orden in der Kirche, speziell natürlich in der Kirche der Bundesrepublik[48].

---

45 Vgl. die zweite der »durchlaufenden Perspektiven« (Anm. 6). Siehe auch Hemmerle K., Einführung in die Thematik der Synode, in: SYNODE (1971) Heft 2, 11-18, dort 13f; Rahner K., Zur Theologie einer »Pastoralsynode«, in: Schriften 10, 358-373.

46 Lehmann K., Allgemeine Einleitung, in: Gesamtausgabe 1, 55.

47 Vgl. SYNODE (1970) Heft 2, 7 mit SYNODE (1971) Heft 1, 13.

48 Siehe dazu den sehr informativen Text »Die Orden und andere geistliche Gemeinschaften im Gesamtkonzept der Synode«, in: Akte »Synode K VII. Arbeitsunterlagen Wulf - Z«, im folgenden zit. als: Arbeitsunterlagen. Dieser - leider undatierte und ungezeichnete Text (handschriftlich »Wulf«?) dürfte etwa für den Herbst 1972 anzusetzen und vielleicht für die Versammlung der Deutschen Bischofskonferenz im November

Das Synodenpapier über die Orden überlebte selbst die Themenkonzentration im Herbst 1972, der viele Entwürfe zum Opfer fielen. Dies zeigt, daß zumindest von den unmittelbar an der Synode Beteiligten die Notwendigkeit und Opportunität einer Stellungnahme der Synode zu den Orden nicht angezeifelt wurde[49]. Trotzdem klingt in den Synodendebatten immer wieder die Angst durch, die Synode betrachte das Ordenspapier nur als unumgängliche »Pflichtübung«. Umso stärker jedoch pochten viele Synodalen auf die Bedeutung der Orden für die (deutsche) Kirche und ihre Gemeinden[50].

Dieses Anliegen prägt auch den nun vorliegenden Beschluß sowohl in den theologischen als auch in den praxisbezogenen Passagen. Das Synodenpapier über die Orden und andere geistliche Gemeinschaften setzt damit die Linie des Zweiten Vatikanums fort, das die wechselseitige Bezogenheit von Kirche und Orden betont hatte. Der Beschlußtext selbst ist in einem längeren Arbeitsprozeß entstanden. Daher legt sich ein »diachroner« Umgang mit dem Text nahe. Aufgrund eigenen Aktenstudiums und anhand besonders auffallender »Topoi« soll daher zunächst die Entwicklung des Kapitels über den »Grundauftrag« nachgezeichnet werden.

Exkurs: Kleine Chronologie zur Entstehung des Synodenbeschlusses[51]

3.9.1969

1. Themenvorschlag einer Studiengruppe: Einordnung der Frage der Orden in den VI. Themenkreis: Christliche Lebensgestaltung.

1972 verfaßt sein (vgl. »4. Anregungen zur Stellungnahme der Bischofskonferenz«). Für diese Datierung spricht auch die Erwähnung des Interviews mit Kard. Daniélou vom 23.10.1972, abgedruckt in: GuL 45 (1972) 458-463. Vgl. auch Wulf F., Die geistlichen Gemeinschaften auf der Synode der deutschen Bistümer, in: GuL 45 (1972) 463-470.

49 Demgegenüber stand in der großen Umfrage von 1970 die »Bedeutung und Aufgabe von Orden und religiösen Gemeinschaften in unserer Zeit« auf der Wunschliste für die Beratungsgegenstände der Synode ganz zuunterst; vgl. SYNODE (1970) Heft 2, 24.

50 Vgl. bes. das Wortprotokoll der 6. VV: Prot. VI, 165-191.

51 Neben den in SYNODE veröffentlichen Berichten und den Angaben in der Gesamtausgabe (bes. die Einleitung von A. Schulz, in: Gesamtausgabe 1, 549-557) wurden Materialien aus dem Archiv der Deutschen Bischofskonferenz benutzt:
- Protokolle der Sitzungen der SK VII und ihrer Arbeitsgruppe (AG) 3, in: Akte »Synode K VII. Einladungen - Rundschreiben - Protokolle«, zit. als: Prot. SK.
- Protokolle der Sitzungen der ZK, in: Akte »Sekretariat der DBK. Gemeinsame Synode. ZK 7.-14. Sitzung«, zit. als: Prot. ZK.
- Verschiedene Textentwürfe zum Synodenpapier, in: Akte »Synode K VII. Arbeitsunterlagen Wulf - Z«, zit. als: Arbeitsunterlagen. Auf diese Entwürfe wird im Text mit Angabe von Datum und Abschnitt verwiesen.
- Originalanträge: 3., 4. und 6. Vollversammlung, zit. als: D(rucksache) + Ordnungszahl.

2.12.1970
Revidierter Themenplan: Einordnung in Themenbereich VII: Charismen, Dienste, Ämter.

4.1.1971 - Konstituierende Sitzung der SK VII[52].

24.3.1971 - 2. Sitzung der SK VII
Bildung von drei Arbeitsgruppen. AG 3: Dienst und Leben der Orden und spirituellen Gemeinschaften. Es wurden Vorschläge für Berater der AG 3 eingebracht[53].

11./12.5.1971 - 3. Sitzung der SK VII
Erstellung einer vorläufigen Gliederung durch die AG 3.

30.6.-1.7.1971 - 4. Sitzung der SK VII
AG 3: Festlegung der Priorität: Es soll der »spirituelle Grunddienst« in Kirche und Welt herausgestellt werden. Eine Untergruppe wird mit der Ausarbeitung eines Entwurfs beauftragt (F. Wulf, A. Mayer, A. Fehringer, E. Wölfle).

14./15.9.1971 - 5. Sitzung der SK VII
Ein erster Entwurf liegt unter dem Datum 14.9.1971 (handschriftlich) vor und wird in der AG diskutiert. Die Mitglieder der AG 3 sollen Ergänzungsbeiträge und Vorschläge für das noch ausstehende IV. Kapitel (»Was die geistlichen Gemeinschaften von der Kirche erwarten dürfen«) schriftlich einbringen.

18./19.10.1971 - 6. Sitzung der SK VII
Plenardiskussion über die Thematik und das bisherige Konzept der AG 3. Die vorliegende Fassung (handschriftlich: 18.10.1971) wird bei zwei Enthaltungen von der SK als weitere Diskussionsgrundlage angenommen. Die Diskussionsbeiträge aus dem Plenum sollen eingearbeitet werden (in der AG 3 wird mit dieser Aufgabe F. Wulf betraut).

1.12.1971
Unter diesem (handschriftlichen) Datum liegt eine dritte Fassung vor.

9./10.12.1971 - 7. Sitzung der SK VII
Die AG 3 bespricht die Fassung vom 1.12.

17.1.1972
Ein vierter Entwurf ist erarbeitet.

25./26.1.1972 - 8. Sitzung der SK VII
Ausführlich wird im Plenum die vierte Fassung diskutiert. Die Vorlage wird im Prinzip angenommen und den Mitgliedern der AG 3 zur weiteren Bearbeitung

---

[52] Eine Liste der Mitglieder der SK und ihrer Berater findet sich in: Gesamtausgabe 2, 319.

[53] Der AG 3 der SK VII gehörten schließlich an: Bisch. C. Leiprecht, L. Christoph, K.-H. Jacoby, B. Brenninkmeyer, E. Wölfle, C. Meyer, A. Fehringer, R.-M. Maierbeck, A. Mayer, I. Vogel, F. Wulf. Als Berater: C. Bamberg, R. Betz, A. Denzel. Die Sitzungen der AG fanden fast immer im Rahmen der Kommissionssitzungen statt. Vgl. Prot. SK (2. Sitzung).

überantwortet[54]. Die Vorlage »Dienst der Orden und anderer religiöser Gemeinschaften« wird als 5. Thema der SK VII an die ZK weitergeleitet.

13./14.3.1972 - 9. Sitzung der SK VII

27./28.4.1972
Sitzung der AG in Fulda
Die fünfte Fassung (handschriftliches Datum: 19.4.1972) - überarbeitet von einer Redaktionsgruppe und neu formuliert von F. Wulf und C. Bamberg - wird besprochen. Die AG 3 zeigt sich mit dem Entwurf im großen und ganzen einverstanden. Nach einer Generaldebatte wird das Papier abschnittsweise diskutiert. Nicht einhellig ist die Meinung über die in dieser Fassung angefügten Leitsätze, Empfehlungen und Anordnungen. Sollen sie nur überarbeitet oder ganz gestrichen werden?

Mai 1972
Eine sechste Fassung liegt vor. Sie ist von F. Wulf und C. Bamberg aufgrund der Änderungswünsche der AG 3 erstellt worden.

12.-14.6.1972 - 10. Sitzung der SK VII
Der Textentwurf der AG 3 vom Mai wird gutgeheißen. Eine leicht überarbeitete Fassung wird von der SK VII an die ZK für die Herbstvollversammlung 1972 eingereicht.

26.6.1972 - 13. Sitzung der ZK
Die Ordensvorlage wird mit der Bitte um Überarbeitung an die SK VII zurückverwiesen. Sie ist damit für die VV im Herbst 1972 nicht angenommen.

12./13.7.1972 - 11. Sitzung der SK VII
Die Ablehnung des Ordenspapieres durch die ZK wird in der SK verkündet.

1.9.1972
Unter diesem Datum wird ein neuer Entwurf den Mitgliedern der ZK und der SK VII zugesandt. Aufgrund der geäußerten Kritik hat der Text in einer Neubearbeitung durch F. Wulf und C. Bamberg in weiten Teilen ein neues Gesicht erhalten.

5.9.1972
Datum (handschriftlich) jener Fassung, in deren theologischem Teil eine Reihe von Stellen durch F. Wulf in Zusammenarbeit mit K. Rahner nochmals geändert worden ist.

6./7.9.1972 - 12. Sitzung der SK VII
Die Fassung vom 5.9. wird in der SK VII einstimmig angenommen und an die ZK für die VV im Januar 1973 weiterverwiesen.

8.9.1972 - 14. Sitzung der ZK
Die ZK stimmt dieser Überarbeitung zu und gibt sie für die Veröffentlichung frei. Die Ordensvorlage fällt nicht der Reduzierung der Beratungsgegenstände zum Opfer.

17./18.10.1972 - 13. Sitzung der SK VII

---

[54] Vgl. dazu: Bamberg C., Wie steht es mit den Orden? Zwischenbericht aus Kommission VII der deutschen Synode, in: EuA 48 (1972) 137-140.

22./23.11.1972
Die Deutsche Bischofskonferenz befaßt sich mit der Ordensvorlage, merkt einige Kritikpunkte an, zeigt sich aber im großen und ganzen einverstanden[55].

12.12.1972 - Sondersitzung der SK VII
Die erste Lesung der Ordensvorlage wird vorbereitet. Nach Berichten über das bisherige Echo werden A. Schulz und B. Brenninkmeyer als Mitglieder der Antragskommission benannt[56].

3.-7.1.1973 - Dritte VV der Gemeinsamen Synode
Die als letzter Tagesordnungspunkt vorgesehene erste Lesung der Ordensvorlage wird wegen Zeitmangel auf die nächste VV im Herbst verschoben. Die SK VII nützt diese Gelegenheit, die bereits eingegangenen Anträge der Synodalen schon in die Vorlage einzuarbeiten.

30.1.-1.2.1973 - 14. Sitzung der SK VII
In dieser Sitzung beschließt die SK, den vorliegenden Text nicht zu ändern, sondern einen Alternativentwurf zu erstellen, der den Mitgliedern der Synode als Empfehlung der SK vorgelegt werden soll. Damit erspart man sich eine neuerliche Prüfung durch die ZK. Eine Arbeitsgruppe wird für die Erstellung des Textes benannt: B. Brenninkmeyer, C. Bamberg, B. Greiwe, T. Hauser, A. Schulz, F. Wulf.

15./16.3.1973 - 15. Sitzung der SK VII

7./8.5.1973 - 16. Sitzung der SK VII

8.6.1973
Der Alternativentwurf liegt vor. Besonders die Einleitung und das Kapitel über den Grundauftrag sind stark überarbeitet und teilweise völlig neu formuliert.

26.6.1973
Neuerlich liegt eine verbesserte Fassung vor.

26./27.6.1973 - 17. Sitzung der SK VII
Die SK beschließt, den überarbeiteten Alternativentwurf in den Mitteilungen des Synodalbüros veröffentlichen zu lassen, um die Diskussion auch außerhalb der Synode in Gang zu bringen. Im Entwurf werden noch weitere Verbesserungen und Verdeutlichungen angebracht.

23./24.10.1973 - 18. Sitzung der SK VII
Vorbereitung für die erste Lesung. Über den Alternativtext soll in der Synodenaula abgestimmt werden.

21.-25.11.1973 - 4. VV der Gemeinsamen Synode
Als zweiter Tagesordnungspunkt steht die erste Lesung der Vorlage »Die geistlichen Gemeinschaften in der Kirche und in der Welt von heute« auf dem Programm. F. Wulf erläutert als Berichterstatter die Vorlage und den Alternativtext. Dieser wird von der VV als Beratungsgrundlage am 22.11. angenommen. Es folgt eine an-

---

55 Zu dieser Stellungnahme vgl. D 709.

56 Zur Antragskommission und ihren Aufgaben siehe: Merkblatt VIII., in: Gesamtausgabe 1, 882.

geregte Debatte. In der Abstimmung über die erste Lesung wird die Ordensvorlage mit 238 Ja-, 4 Nein-Stimmen und 5 Enthaltungen angenommen.

6./7.12.1973
Sitzung einer Redaktionsgruppe zur Überarbeitung der Vorlage für die zweite Lesung. Aufgrund der Materialsammlung soll der Text von F. Wulf und C. Bamberg redigiert werden. Auch wird gewünscht, daß die sogenannten »Empfehlungen« nicht angehängt, sondern in den Text eingefügt werden sollen.

7.2.1974
Eine Neufassung liegt vor (Datum handschriftlich). Durch die nun benutzte Dezimalgliederung wird der Text übersichtlicher.

28.2.-1.3.1974 - 19. Sitzung der SK VII
Die SK verabschiedet die Ordensvorlage für die zweite Lesung. Sie soll noch einmal leicht überarbeitet und in SYNODE veröffentlicht werden[57].

23./24.4.1974 - 20. Sitzung der SK VII

10./11.6.1974 - 21. Sitzung der SK VII

30.9.-1.10.1974 - 22. Sitzung der SK VII
Die zweite Lesung der Ordensvorlage wird vorbereitet.

11./12.11.1974 - 23. Sitzung der SK VII
Vorbereitung der zweiten Lesung.

20.-24.11.1974 - 6. VV der Gemeinsamen Synode
Als sechster Tagesordnungspunkt wird die Ordensvorlage am 23.11. behandelt. Berichterstatterin der SK VII ist C. Bamberg. Trotz anfänglicher Ermüdungserscheinungen entwickelt sich doch eine gute Beteiligung an der Diskussion. Mit großer Mehrheit (234 Ja-, 2 Nein-Stimmen, 4 Enthaltungen) wird die Vorlage »Die Orden und andere geistliche Gemeinschaften. Auftrag und pastorale Dienste heute« von der VV verabschiedet.

Die Entwicklung des Kapitels über den »Grundauftrag«

Aufgabe der SK VII »Charismen, Dienste, Ämter« war es, Vorlagen über die verschiedenen Berufungen und Dienste in der Kirche (Laien, Ordensleute, Diakone, Priester, Bischöfe) zu erstellen. Dabei betonte Klaus Hemmerle in seinem Einführungsreferat während der konstituierenden Sitzung der SK, daß die Hereinnahme der Orden in diesen Themenkreis nicht als deren bloße »Funktionalisierung« auf pastorale Aufgaben hin verstanden werden dürfe. Jedoch seien im Rahmen der Synode besonders jene Fragen zu bedenken, die »in die Wirksamkeit kirchlicher Dienste und Ämter hineinreichen. Solches 'Hineinreichen'

[57] SYNODE (1974) Heft 3, 57-76.

darf gerade nicht getrennt werden von der *inneren* Gestalt der jeweiligen Berufung«. Darauf weise auch der erweiterte Titel der SK: - »*Charismen*, Dienste und Ämter« - hin[58].

Die AG 3, die den Entwurf für das Ordenspapier erstellen sollte, bestand zum größten Teil aus Ordensleuten und Mitgliedern von Säkularinstituten, was als Arbeitserleichterung - die Thematik war vertraut - und zugleich als Gefahr einer blindmachenden »Insidermentalität« empfunden wurde. Dieser Nachteil wurde aber durch die wiederholte Diskussion des Entwurfes im Plenum der SK ausgeglichen[59]. Von Anfang an intendierte man, die Orden zusammen mit anderen geistlichen Gemeinschaften (das sind Säkularinstitute, aber auch andere kirchlich anerkannte Gruppen) in einer einzigen Vorlage zu behandeln. Den Ausgangspunkt dafür bildete die Überzeugung, daß allen diesen kirchlichen Gruppierungen ein gemeinsames geistliches Ideal zu eigen ist, das es erlaubt, zunächst vom konkreten, unterschiedlichen Erscheinungsbild abzusehen. Das erklärte Ziel der AG 3 war es, durch ihre Vorlage einerseits die geistlichen Gemeinschaften selbst zu ermutigen, ihr Wesen unverfälscht herauszustellen sowie neue pastorale Möglichkeiten aufzuzeigen, andererseits Existenz und Bedeutung der geistlichen Gemeinschaften wieder stärker in das Bewußtsein des deutschen Katholizismus zu rücken. Daraus ergaben sich (in der Entwicklung immer deutlicher) zwei große Teile, die den zwei Adressaten der Vorlage entsprechen: Teil I wendet sich in erster Linie an die Gemeinschaften selbst, während Teil II an die Diözesen gerichtet ist und über deren Verantwortung für die Fruchtbarkeit und das Wirken der geistlichen Gemeinschaften handelt. Die zu einem großen Teil schwierige Situation der Orden und die Fragen, die sich von dorther an Zukunft und Sinnhaftigkeit dieser Lebensform stellten, bildeten den Motivationshintergrund für die Aussagen der Vorlage.

Nach der Aufstellung einer vorläufigen Gliederung und nach der Entscheidung der AG 3, den ersten Rang der Ausarbeitung des »spirituellen Grunddienstes« der Orden in Kirche und Welt einzuräumen, lag bereits im September 1971 der erste Entwurf vor. Er sollte im Zuge des synodalen Prozesses noch tiefgreifend überarbeitet werden. Besonders der theologische (erste) Teil wurde immer breiter und fundierter angelegt. Das Kapitel über den »Grundauftrag« der Orden war von Anfang an der umstrittenste Teil des ganzen Entwurfs und erhielt durch die Ar-

---

58 Vgl. Protokoll über die Einführung von K. Hemmerle in den VII. Themenkreis, in: Prot. SK (1. Sitzung).

59 Vgl. den »Bericht zur Vorlage der Sachkommission VII 'Die geistlichen Gemeinschaften in der Kirche und in der Welt von heute'« (an die ZK?) vom Juni (?) 1972, in: Arbeitsunterlagen.

beit auf den verschiedenen Ebenen der Synode (AG, SK, VV) ein grundlegend neues Gesicht[60]. Nicht allen der etwa fünfzehn verschiedenen Konzepte, die den synodalen Gremien vorgelegt wurden, kommt die gleiche Bedeutung im Entwicklungsprozeß zu. Einige Entwürfe markieren tiefere Einschnitte, während andere in erster Linie als stilistisch verbesserte Neuauflagen zu sehen sind. Neben dem Basisentwurf vom 14.9.1971 erweisen sich als besonders wichtig

- die vierte Fassung unter dem Datum vom 17.1.1972,
- die Fassung vom September 1972, die aufgrund der Kritik der ZK redigiert wurde,
- eine (handschriftlich) mit dem Datum 8.6.1973 gekennzeichnete Fassung, in der Anträge der Synodalen eingearbeitet sind.
- der für die zweite Lesung erstellte Entwurf. Er bietet einige wichtige neue Gesichtspunkte.

Bevor nun die Entwicklung des Kapitels über den »Grundauftrag« bis zum Beschlußtext anhand signifikanter »Topoi« nachgezeichnet wird, ist auch ein Blick auf die wechselnden Titel der Vorlagen zu werfen, die bereits auf bestimmte Akzentsetzungen hinweisen.

(1) Der Titel des Synodenbeschlusses

Die Intention der Autoren des Textes war es, bereits im Titel deutlich zu machen, daß sie in diesem Synodentext nicht bloß über die traditionellen Orden handeln, sondern auch neu entstandene kirchliche Gemeinschaften ansprechen wollten. Als Oberbegriff für die verschiedenen Gruppierungen kristallisierte sich die Benennung »geistliche Gemeinschaften« heraus[61]. Zunächst tauchte in der Fassung vom 18.10.1971 der Titel »Berufung und Aufgaben der geistlichen Gemeinschaften in der Kirche unserer Zeit« auf. Er wurde dann im Entwurf vom 19.4.1972 in »Die geistlichen Gemeinschaften in der Kirche und in der Welt von heute« abgeändert. Unter diesem Titel reichte die SK die Vorlage auch an die ZK ein, um das Placet für die Veröffentlichung zur Vorbereitung der ersten Lesung zu bekommen. Die ZK wies jedoch die Vorlage am 26.6.1972 mit der Bitte um Überarbeitung an die SK zurück. Über die Gründe dafür scheint der SK VII keine offizielle Mit-

60 Vgl. dazu auch Köhldorfner P., Praxiswandel durch Mehrheitsbeschlüsse? Exemplarische Analyse der Texterstellung auf der Gemeinsamen Synode der Bistümer in der Bundesrepublik Deutschland (1971-1975), [Bamberg] 1980, 100-139.

61 Vgl. den Bericht zur Vorlage der SK VII sowie die Fassungen vom 9.6.1972 (handschriftlich) und Juni (?) 1972, in: Arbeitsunterlagen. Zum Ganzen siehe auch den ungezeichneten Kurzkommentar »Zur Überschrift des Synodenbeschlusses«, in: Nachfolge als Zeichen. Kommentarbeiträge zum Beschluß der Gemeinsamen Synode der Bistümer in der Bundesrepublik Deutschland über die Orden und andere geistliche Gemeinschaften. Hg. v. F. Wulf, Würzburg 1978 (= NaZ), 14-16.

teilung zugekommen zu sein. Nach einigen Quellen[62] dürfte einer der Kritikpunkte gewesen sein, daß die zahlenmäßig größte Gruppe der geistlichen Gemeinschaften - die Orden - nicht deutlich genug hervortrat. Sie fand auch im Titel keine ausdrückliche Erwähnung. Außerdem konstatierte man in der gesamten Vorlage nur wenige Aussagen über das, was spezifische Ordensspiritualität ist. So erwähnt das Kapitel über den Grunddienst in diesem Stadium der Texterarbeitung etwa die traditionellen drei evangelischen Räte nur am Rande. Den vorgebrachten Einwänden sollte u.a. ein neuer Titel, dessen Formulierung auf F. Wulf zurückgeht[63], Rechnung tragen. Er lautete nunmehr: »Die Orden und andere geistliche Gemeinschaften. Auftrag und pastorale Dienste heute«. Diesem Titel korrespondiert im Text eine stärkere Betonung der evangelischen Räte.

Der neue Titel hielt sich nun bis zum Beschlußtext durch. Durch die Formulierung »Die Orden *und andere geistliche Gemeinschaften*« kommt auf der einen Seite zum Ausdruck, daß die Lebensform der Orden nicht einen exklusiven Platz in der Kirche einnimmt, sondern sich mitten in einer Vielfalt gemeinschaftlicher Lebensformen ansiedelt. Auf der anderen Seite stellt der Synodentext die neu entstandenen geistlichen Gemeinschaften, die in gewisser Weise noch »ortlos« in der Kirche waren, an die Seite der Orden bzw. der Säkularinstitute. Hanspeter Heinz, damals Sekretär der SK VII, macht aber darauf aufmerksam, daß die Intention der Kommission mißverstanden wäre, wollte man die Formulierung »... und *andere* geistliche Gemeinschaften« als Abwertung dieser Gruppierungen verstehen[64]. Ebenso verfehlt wäre es allerdings, aus Titel und Inhalt des Synodenbeschlusses herauszulesen, daß die Bedeutung der traditionellen Orden durch die neueren geistlichen Gemeinschaften im wesentlichen überholt sei. Vielmehr soll mit der Wendung »Orden und andere geistliche Gemeinschaften« die gegenseitige Zuordnung ausgedrückt werden, wobei durch den Zusatz »andere« der Name *geistliche Gemeinschaften* klar als Oberbegriff hervortritt.

Im Untertitel bildet sich das Grundkonzept des ganzen Entwurfs ab: Es gibt zwar einen allen Gruppierungen gemeinsamen Grundauftrag, der sich aber in den je nach Gemeinschaften verschiedenen *Diensten* aus-

---

62 Siehe dazu: Prot. ZK - Anlage (?) zur 13. Sitzung (ungezeichnet, undatiert), in: Prot. ZK; Wulf F., Stellungnahme zur Kritik der ZK vom 10.7.1972, in: Arbeitsunterlagen; Prot. SK (12. Sitzung); Bericht Bisch. Tenhumberg an die Deutsche Bischofskonferenz, in: Akte »Synode K VII. Korrespondenz - Mitglieder bis 31.12.1972« (zit. als: Korrespondenz); Stellungnahme der Bischofskonferenz Ende 1972, in: Korrespondenz.

63 Vgl. Wulf F., Stellungnahme zur Kritik der ZK vom 10.7.1972, in: Arbeitsunterlagen.

64 Heinz H., Neuere geistliche Gemeinschaften - ein Anruf an unsere Zeit, in: NaZ 150-163.

drückt und konkret wird. Entsprechend der Zielsetzung der Synode geht es nicht in *erster* Linie um das Wesen und die Lebensform dieser Gemeinschaften, sondern um ihre pastorale Bedeutung. Diese kann allerdings nicht bloß pragmatisch erhoben werden, sondern fußt auf einer theologisch-spirituellen Basis, die im ersten Teil des Textes entwickelt wird.

Der Titel des Beschlußtextes weist damit bereits auf zwei wesentliche Punkte hin, in denen das Synodenpapier die Aussagen des Zweiten Vatikanums weiterführt:

- Zu den in LG Kap. VI und PC angesprochenen Orden und Säkularinstituten treten neuere geistliche Gemeinschaften, deren Ort in der Kirche noch in Diskussion ist.
- Deutlicher als in den Konzilsdokumenten wird die »Verzahnung«[65] von *Wesen* (grundlegendem Auftrag) und konkreten *Diensten* formuliert. Diese sind dem Grundauftrag nicht neben- oder untergeordnet, sondern gleichsam das Medium, in dem der Grundauftrag selbst konkret faßbar wird.

(2) Zur Umschreibung des Grundauftrags

Vom ersten Entwurf an versuchten die Bearbeiter der Synodenvorlage, den für alle Gemeinschaften gleichen und einzigen Grundauftrag zu formulieren[66]. Dabei ist auffallend, daß sich ein Gefälle von mehr aktivisch-dynamischen Wendungen hin zu einer eher statischen Formulierung im Beschlußtext selbst feststellen läßt.

Die ersten Textfassungen operierten im wesentlichen mit dem Terminus *Zeugnis*. Der »Grunddienst« der geistlichen Gemeinschaften besteht darin, daß sie »aus einem gelebten Glauben und einer gemeinsamen religiösen Erfahrung heraus Zeugnis des in Jesus Christus angekommenen Gottesreiches« sind. Dieser Dienst ist nicht »funktional verrechenbar«, sondern betrifft »Dimensionen des Glaubens« (vgl. 14.9.1971: II.; 18.10.1971: II.2.; 1.12.1971: II.1.). Wirft in diesen Wendungen bereits der endgültige Beschluß seinen Schatten voraus, versuchte man in einer Zwischenstufe, den Grunddienst als *Heilsdienst* zu umschreiben. Der »Dienst an den Menschen zur Vermittlung des Heils in der Einheit mit Christus« verbindet alle Gemeinschaften über die un-

[65] Zu diesem Ausdruck vergleiche die Berichterstattung von F. Wulf, in: Prot. IV., 12.

[66] Das Anliegen blieb nicht unwidersprochen. F. Schlösser etwa setzte sich in seinem Antrag dafür ein, daß die Aussagen über den Grundauftrag nicht in einem eigenen Kapitel zusammengefaßt, sondern in den fortlaufenden Text eingearbeitet werden sollten. Von einem isolierten, allen gemeinsamen Grundauftrag befürchtete er eine neuerliche Uniformierung der Gemeinschaften. Trotz relativ großer Zustimmung der VV wurde sein Antrag jedoch abgelehnt. Vgl. Prot. IV., 34.37; D 264; siehe auch D 732 (D. Langner-Biesterfeld). Ersatzlose Streichung forderte C. Kahler (D 723).

terschiedlichen Ziele und Aufgaben hinaus. Was die Menschen von den geistlichen Gemeinschaften erwarten dürfen, ist darum in erster Linie diese »geistliche Hilfe« (vgl. 17.1.1972: II.1. und 2.; 19.4.1972: II.1. und 2.). Der Ausdruck »Heilsdienst« wurde jedoch als nicht besonders glücklich empfunden[67]. Die Kritik führte zu einer Modifizierung der Formulierung. Vom Grunddienst hieß es nun: »Der grundlegende Dienst, den die geistlichen Gemeinschaften von ihrer Berufung her Gott und den Menschen schulden, besteht darin, daß sie aus einem gelebten Glauben und einer gemeinsamen religiösen Erfahrung heraus Zeugnis sind [sic!] für das in Jesus Christus angebrochene Heil und die von Gott geschenkte Freiheit« (Mai 1972: II.1.; vgl. Juni 1972: A.I.1.). Die beiden Textentwürfe, die nach dem Einspruch der ZK im September 1972 vorlagen, erweiterten diese Aussage über den Grundauftrag[68]. Hinzugefügt wird, daß das Zeugnis der geistlichen Gemeinschaften durch eine Lebensform geschieht, die ohne Gott sinnlos wäre. Neu ist auch, daß es sich nicht nur um ein allgemeines Bezeugen handelt, sondern darum, das Heil *deutlich zu machen*. Als wesentliche Elemente des Grunddienstes bzw. des Grundauftrags nennen die beiden Entwürfe das Gebet, das Wirken für das Heil der Mitmenschen und das Leben in Gemeinschaft (vgl. 1.9.1972: A.I.a.1.; A.I.a.4.; A.I.b.2.; 5.9.1972: ebd.)[69]. Auch formal wurde der Text insofern verändert, als nun zwischen dem *Wesen* des Grundauftrags (A.I.a.) und den *Folgerungen*, die sich aus ihm ergeben (A.I.b.), unterschieden wurde.

Bis zu diesem Stadium des Entwurfs kam der Text über den Grundauftrag noch ohne die Kategorie »*Zeichen*« aus[70]. Erst in der Überarbeitung, die in der Hauptsache von C. Bamberg und F. Wulf nach der Verschiebung der ursprünglich geplanten ersten Lesung durchgeführt worden war, wurde die Zeichenhaftigkeit der geistlichen Gemeinschaften in die Beschreibung des Grundauftrags hineingenommen. Die Charakterisierung des Grundauftrags als Zeichenhaftigkeit war aber, wie schon auf dem Konzil, auch auf der Synode nicht unumstritten[71]. Später traten - theologisch fundiert - vor allem Walter Kasper und Klaus Hemmerle für die Beibehaltung

---

67 Vgl. die Sitzung der AG 3 am 27./28.4.1972, in: Prot. SK.

68 Ab dem Entwurf vom 5.9.1972 wird die Bezeichnung Grund*dienst* durch Grund*auftrag* ersetzt.

69 Vgl. zu diesem Stadium: Schulz A., Erläuterungen zur Vorlage »Die Orden und andere geistliche Gemeinschaften. Auftrag und pastorale Dienste heute«, in: OK 13 (1972) 441-451; Bamberg C., Von vornherein sinnlos ohne den Gott der Verheißung. Zur Ordensvorlage der Gemeinsamen Synode der deutschen Bistümer, in: Lebendiges Zeugnis (1973) Heft 1/2, 61-74.

70 Außerhalb des Kapitels über den Grunddienst taucht der Terminus in den Einleitungen zu den Fassungen vom 18.10.1971, 1.12.1971 und 17.1.1972 auf. In den Entwürfen vom April bis September 1972 fehlt die Zeichenkategorie ganz.

71 Kritische Äußerungen zum Zeichencharakter: D 607 und D 640 (M.G. v. Twickel).

der Zeichenkategorie ein[72]. So konnte sich der Zeichenbegriff letztendlich durchsetzen[73].

Eine weitere Verdeutlichung erfuhr die Wesensbestimmung des Grundauftrags dadurch, daß das Leben in Gemeinschaft als ein wesentliches Element des Grunddienstes von Orden und geistlichen Gemeinschaften betont wurde. Der Grundauftrag lautete (mit kleinen Variationen) von nun an so: Er besteht darin, »daß die Orden und geistlichen Gemeinschaften als *Gruppe*, die ihren Existenzgrund im Nachfolgeruf des Evangeliums hat, durch ihre Lebensordnung und ihr Wirken das in Christus angebrochene Heil zeichenhaft verdeutlichen« (8.6.1973: A.I.a.1.)[74]. Manche Synodalen argwöhnten, eine solche Bestimmung des Grundauftrags berücksichtige die kontemplativen Orden nicht genügend. Diesen Bedenken suchte die SK stattzugeben[75], indem der Ausdruck »Wirken« durch den offeneren Begriff »Dienst« ersetzt wurde. Dieser besteht in der »Verherrlichung Gottes« und im »Dasein für die Menschen« (vgl. 7.2.1974: 2.1.1.). Verstärkt wurde diese Tendenz im Beschlußtext noch einmal dadurch, daß die aktivische Formulierung »zeichenhaft verdeutlichen« umgestaltet wurde in die mehr statische »ein Zeichen sein«.

(3) Eschatologischer Aspekt

Der betont eschatologische Aspekt des Grundauftrags zieht sich auf die eine oder andere Weise durch alle Stadien der Entwicklung des Synodenpapiers durch. Die ersten Textentwürfe zählten das Zeugnis der geistlichen Gemeinschaften für die von Gott verheißene Zukunft zu den Aspekten, in denen sich der Grundauftrag entfaltet (14.9.1971: II.; 18.10.1971: II.3.). Spätere Fassungen sprachen dann davon, daß der Grunddienst nicht »innerweltlich-funktional« verrechenbar ist, sondern

---

72 Vgl. Prot. VI., 169-170.

73 Die Idee der *Stellvertretung*, die in zwei früheren Fassungen an wichtiger Stelle auftaucht (1.12.1971: I.2.; 19.4.1972: I.2.), wurde dagegen als mißverständlich fallengelassen. Corona Bamberg geht in ihrer WM während der ersten Lesung auf das Problem der stellvertretenden Existenz der Orden und geistlichen Gemeinschaften und auf die Gründe für den Verzicht auf diesen Topos im Ordenspapier ein; vgl. Prot. IV., 20. Gefordert wurde der Stellvertretungsbegriff von H. Staudinger (D 244).

74 Hervorhebung im Text von A.H. - Siehe dazu auch: Berichterstattung von F. Wulf, in: Prot. IV., 10 sowie zur Forderung nach Einbezug des gemeinschaftlichen Elements: »Bericht über die Weiterarbeit an der Vorlage 'Die Orden und andere geistliche Gemeinschaften' zur Vorbereitung auf die nächste Vollversammlung der Synode November 1973« (17.6.1973), in: Arbeitsunterlagen; WM A. Senftle, in: Prot. IV., 17f; WM F. Eisenbach, in: Prot. IV., 21.

75 Der Einwand findet sich auch schon in der Kritik der ZK. Dort hieß es, das Moment des Dienens werde vorwiegend »mitmenschlich« gesehen, der Dienst an Gott müßte genauso einbezogen sein. In: Anlage (?) zur ZK 13, in: Prot. ZK. Aus dem Blickwinkel der SK siehe die WM von C. Bamberg, in: Prot. IV., 20.

seine »Wurzel in der Dimension der zukünftigen Welt« hat (vgl. 17.1.1972: II.3.; 19.4.1972: A.I.3.; Mai 1972: A.I.3.; Juni 1972: A.I.3.). Der Text vom 8.6.1973 markiert einen Einschnitt: Der endzeitliche Charakter des Grundauftrags wurde nun mit dem Leben nach den evangelischen Räten verknüpft. Diese Lebensform zeigt an, daß der gemeinsame Dienst der geistlichen Gemeinschaften »alle nur innerweltlichen Zielsetzungen übersteigt« und ohne den »Gott der Verheißung und des Heils ... von vornherein sinnlos« wäre. Dieser eschatologische Akzent des Grundauftrags muß sich darin äußern, daß die Gemeinschaften in ihren konkreten Diensten und Aufgaben mit der Erinnerung an Gottes Heilshandeln in Jesus Christus auch »die Hoffnung auf die endgültige Zukunft« wachhalten (8.6.1973: A.I.a.4. und A.I.a.5.)[76]. In modifizierter Weise blieben diese Gedanken in den folgenden Textfassungen enthalten und fanden schließlich auch Eingang in den Beschlußtext über das »Wesen« des Grundauftrags (vgl. 2.1.5. und 2.1.7.). Die Berichterstattung von F. Wulf zur ersten Lesung machte deutlich, daß für die Verfasser des Textes der eschatologische Aspekt des Grunddienstes zu seinem innersten Kern gehört[77].

(4) Orden und Kirche
Für die Fragestellung dieses Kapitels besonders wichtig ist die vom Grundauftrag ausgehende Verhältnisbestimmung von Kirche und Orden. Der erste Entwurf vom 14.9.1971 redete nur davon, daß die Kirche der Orden bedürfe (I.) und daß die geistlichen Gemeinschaften die Sendung der Kirche, »Christi Heilstat am Kreuz ... zu vergegenwärtigen«, in den Blick rücken müßten (II.). Beispielhaft für die Kirche könnten die Orden die Aufgabe in Angriff nehmen, sich an die moderne Gesellschaft ohne Nivellierung anzupassen (ebd.). In der Fassung vom 18.10.1971 tauchte darüber hinaus die Bezeichnung der Gemeinschaften als »Organe der Kirche« (II.1.) auf. Hier ging es allerdings in erster Linie darum, die Orden daran zu erinnern, daß sie nicht um ihrer selbst willen da sind, sondern das unterscheidend Christliche in der Kirche zu verdeutlichen haben. Im Entwurf vom 1.12.1971 wurde die Charakterisierung der geistlichen Gemeinschaften als »Organe der Kirche« wieder aus der Thematisierung des Grunddienstes herausgenommen, fehlte aber in der Sache nicht ganz: Der erste Teil des Entwurfs hieß

[76] Vgl. dazu auch den Aufsatz von Bamberg C., Von vornherein sinnlos ohne den Gott der Verheißung. Kritisch gegen diese Formulierung: H. Leichtle (D 206), V. Guggenberger (D 608a), da sie auf jedes christliche Leben zutreffe.

[77] Vgl. die Berichterstattung von F. Wulf, in: Prot. IV., 10: Der spezifische Dienst der geistlichen Gemeinschaften »besteht, theologisch gesprochen, in ihrer ekklesialen und eschatologischen Zeichenhaftigkeit«.

nun: »I. Die geistlichen Gemeinschaften als Gemeinschaften der Kirche«. In I.1. wurden diese Gruppen ausdrücklich ein »Stück Kirche« genannt, das an der Sendung der Kirche teilnimmt. Außerdem wurde nun - im Anschluß an das Zweite Vatikanum - betont, daß die geistlichen Gemeinschaften stärker ihren Platz mitten im Gottesvolk haben und sich um die brüderliche Zusammenarbeit aller kirchlichen Gruppierungen mühen müssen (II.5.). Die vierte Fassung vom 17.1.1972 explizierte, in Übereinstimmung mit der Kennzeichnung des Grunddienstes als Heilsdienst, die Sendung der Kirche, an der die geistlichen Gemeinschaften »in besonderer Weise« teilnehmen, ausdrücklich als Weitervermittlung des der Menschheit in Christus angebotenen Heils (vgl. I.2.). Dieser Gedanke wurde ab der fünften Fassung vom 19.4.1972 mit der besonderen Verpflichtung der geistlichen Gemeinschaften gegenüber Armen, Kranken und Benachteiligten verbunden. Durch die Zuwendung zu diesen Menschen »tragen sie nicht nur zur Rettung des Humanen in dieser Zeit bei, sondern erhalten auch den Heilsdienst der Kirche eindeutig« (I.5.).
Eine wesentliche Weiterführung im Blick auf das Verhältnis von Kirche und Orden erfuhr der Text erst wieder im Entwurf vom 8.6.1973. Eines der Desiderate der VV an die SK war gewesen, die Vorlage solle die enge Bindung der geistlichen Gemeinschaften an die Kirche besser ausdrücken. Die SK sah zwar diesen Aspekt in ihrem Entwurf enthalten, entschloß sich aber dennoch zu einer Verdeutlichung[78]: »Als Gruppen, die sich von der Nachfolge Christi her verstehen, sind die geistlichen Gemeinschaften Jüngergemeinde. Insofern haben sie nicht nur ihren Ort in der Kirche, sondern sind selbst Kirche« (A.I.a.5.). Dieser Formulierung wurde in einer weiteren Überarbeitung noch der Passus hinzugefügt: »... und sollen Kirche zur Erscheinung bringen« (26.6.1973: A.I.a.5.). F. Wulf sprach als Berichterstatter in der vierten VV davon, daß die geistlichen Gemeinschaften verdeutlichen sollen, was Kirche ist. Ihr spezifischer Dienst an und in der Kirche besteht in ihrer ekklesialen und eschatologischen Zeichenhaftigkeit[79]. Immer wieder wurde daher in der Diskussion betont, daß das Synodenpapier über die geistlichen Gemeinschaften für die ganze deutsche Kirche Bedeutung habe und der Kirche Wesentliches abginge, wollte sie die Botschaft dieses Synodenbeschlusses überhören[80].

[78] Vgl. Wulf F., Bericht vom 17.6.1973, in: Arbeitsunterlagen; ders., in: Prot. IV, 11.

[79] Vgl. Prot. IV., 10.

[80] Vgl. die WM von C. Leiprecht (Prot. IV., 16f), B. Stein (ebd. 18), W. Kampe (Prot. VI., 171).

Darüber hinaus fand sich in den nach der ersten Lesung erstellten Fassungen auch der Gedanke, daß die geistlichen Gemeinschaften eine kritische Funktion der Kirche gegenüber ausüben[81]. Diese Funktion wächst ihnen vor allem aufgrund ihres Lebens nach den evangelischen Räten zu. Auch der Beschlußtext behielt diesen Gedanken bei (2.1.6.).
Die Entwicklung der Gestalt des Synodenbeschlusses zeigt so eine immer engere Verknüpfung von Orden (geistlichen Gemeinschaften) und Kirche, die sich - neben den genannten Formulierungen - auch darin ausdrückt, daß sukzessive alle Komparative, die nicht nur auf größere Ausdrücklichkeit, sondern auch auf inhaltliche Höherwertigkeit zielen, trotz Einspruch von mancher Seite[82] ausgetilgt wurden[83]. Die Berufung zu dieser Lebensform ist nur *innerhalb* der allgemeinen Berufung zu verstehen und macht das allen Christen Aufgetragene ausdrücklich (5.9.1972: A.I.a.5.; 8.6.1973: A.I.a.2.)[84].

(5) Jüngergemeinde
Bemerkenswert ist, daß in den ersten Fassungen zum Synodenpapier über die Orden die Termini Nachfolge oder Jüngerschaft im Kapitel über den Grunddienst fehlten. Erst die vierte Fassung vom 17.1.1972 erwähnte diese Begriffe. Sie dienten dort dazu, die Lebensform und den Grunddienst der geistlichen Gemeinschaften zu begründen (I.1. und II.1.). Dabei sahen sich - ähnlich wie schon das Zweite Vatikanum - die Verfasser des Synodentextes vor die Aufgabe gestellt, das je Eigentümliche der Nachfolge in den geistlichen Gemeinschaften herauszustellen, ohne damit zugleich den anderen Gläubigen die Nachfolgeexistenz abzusprechen. Man sprach deshalb von »besonderer Form« der Nachfolge (19.4.1972: A.I.1.), von radikalem Leben nach dem Evangelium (Mai 1972: A.I.1.), von besonderer Weise der Nachfolge Christi, die aus allem Gängigen und Gewohnten herausdrängt (1.9.1972: A.I.a.2.), von Verpflichtung zu einer »radikaleren Verwirklichung des Evangeliums« (8.6.1973: A.I.a.2.), schließlich von einer diesen Gemeinschaften »eigenen radikalen Verwirklichung des Evangeliums« (1.3.1974: 2.1.4.). Das Spezifikum der Nachfolge im Leben der geistlichen Gemeinschaften wurde schließlich immer deutlicher von der Öffentlichkeit und Gemeinschaftlichkeit dieser Lebensform her gesehen: »Hier ... verpflichtet

[81] Die Funktion der Gemeinschaften als kritische Alternative gegen eine Leistungsgesellschaft war dagegen schon geraume Zeit im Text präsent.

[82] Siehe die WM von G. Söll (im Namen einer größeren Zahl von Ordensleuten) während der ersten Lesung (Prot. IV., 26).

[83] Vgl. etwa die handschriftlichen Verbesserungen in der Fassung vom 7.2.1974, in: Arbeitsunterlagen.

[84] Vgl. auch die WM von K. Hemmerle, in: Prot. IV., 23f.

sich eine ganze Gemeinschaft öffentlich auf diesen Geist [i.e. den Geist der ratenden Liebe] und schafft sich durch ihre Lebensordnung die Voraussetzung für seine Verwirklichung« (8.6.1973: A.I.a.3.).
Im Kontext von Nachfolge und Leben nach dem Evangelium fiel auch der Begriff *Jüngergemeinde* für die geistlichen Gemeinschaften. Er begegnete zum ersten Mal in dem von F. Wulf nach dem Einspruch der ZK erstellten Entwurf (1.9.1972: A.I.a.2.). Die Kennzeichnung als »Jüngergemeinde im besonderen Sinn« (Februar 1974, verbesserte Fassung 2.1.7.) weist darauf hin, daß gelebtes Evangelium immer, nicht nur bei den geistlichen Gemeinschaften, zur Bildung von Gemeinde führt[85]. Diese Fassung, die auch im Beschlußtext erhalten ist (2.1.7.), darf der Geschichte des Textes gemäß nicht als Höherbewertung der geistlichen Gemeinschaften mißverstanden werden; sie zielt vielmehr auf deren spezifische Art, Jüngergemeinde zu sein.

(6) Anspruch und Wirklichkeit
Die SK VII und ihre Arbeitsgruppen erwiesen sich stets als recht formulierfreudig und versuchten, auf Anregungen von außen einzugehen. Dieser Einstellung ist auch der nun vorliegende Text 2.1.8. »Die Kluft zwischen Anspruch und Wirklichkeit« zu verdanken. Unter den Kritiken, die für die zunächst geplante erste Lesung in der dritten VV geäußert wurden, befand sich auch der Punkt, daß die vielen elitär klingenden »Ist-Aussagen« des Entwurfes durch die Faktizität des Ordenslebens nicht genügend gedeckt seien. Deutlicher sollte das Vorläufige des Ordenslebens herausgestellt werden[86]. Die Bearbeiter der Textvorlage griffen diesen Gedanken auf. Er gehört seit dem Entwurf vom 8.6.1973 zum Kapitel über das »Wesen« des Grundauftrags.
Mindestens seit der dritten Fassung vom 1.12.1971 widmeten außerdem die Entwürfe der »Überprüfung der Ziele, Dienste und Werke« sowie der »Schaffung der Voraussetzungen« für eine erneuerte pastorale Wirksamkeit einen eigenen Abschnitt (III.2. und III.5.). Die Grundaussagen dieser Passagen hielten sich durch alle wechselnden Entwürfe bis zum Beschlußtext durch. Das ganze dritte Kapitel des Synodenpapiers darf gewissermaßen als Appell an die Orden gelten, ihre Lebensweise

---

[85] Die ursprünglich Fassung vom 7.2.1974 lautete noch: »Jüngergemeinde im engeren Sinn«.

[86] Vgl. den »Bericht über die Weiterarbeit an der Vorlage 'Die Orden und andere geistlichen Gemeinschaften' zur Vorbereitung auf die nächste Vollversammlung der Synode November 1973« vom 17.6.1973, in: Arbeitsunterlagen: »Es wird empfohlen, das Vorläufige und Versuchshafte des Ordenslebens erkennen zu lassen. Die elitär klingenden Ist-Aussagen seien durch die tatsächliche Situation der Orden nicht gedeckt« (2.f.). Siehe auch W. Bayerlein (D 710) und D. Langner-Biesterfeld (D 732).

zu überprüfen, um so ihr »Charisma« wirksamer und verstehbarer in das Gesamt der Kirche einzubringen.

(7) Charismatischer Charakter der geistlichen Gemeinschaften
Abgesehen von den beiden Fassungen im September 1972 war der charismatische Charakter der geistlichen Gemeinschaften in allen Entwürfen präsent. Doch erschien in den Textvorlagen bis zum Herbst 1972 nur *eine* Dimension dieser charismatischen Berufung: Die Aussage diente in erster Linie dazu, die Geistgewirktheit dieser Lebensform bzw. ihren gegenüber dem kirchlichen Amt anders gearteten Ursprung auszudrücken. Erst in der Überarbeitung vom Juni 1973 fügten die Autoren deutlichere Passagen über den charismatischen Charakter und seine Konsequenzen für die Gemeinschaften ein[87]. Die Rede vom *Charisma* will nun nicht mehr nur den Ursprung der geistlichen Gemeinschaften aus dem Geist anzeigen - das auch -, sondern den besonderen Dienst der Orden und geistlichen Gemeinschaften an der Auferbauung der Kirche herausstellen. So werden sie aufgefordert, das ihnen eigene Charisma stärker in die Kirche einzubringen, d.h. konkret: ihren Grundauftrag wahrzunehmen (8.6.1973: A.I.a.5.). Auch und gerade die traditionellen Orden sollen sich auf ihre spezifische Art an den schöpferischen Neuaufbrüchen in der Kirche (»Gebetsgruppen, Intensivgemeinschaften, ökumenischer Dialog usw.«) beteiligen (8.6.1973: A.I.b.5.).

Der »Grundauftrag« der Orden und geistlichen Gemeinschaften nach dem Beschlußtext

Die nun in 2.1.1. vorliegende »Erste Umschreibung des allen Gemeinschaften gleichen Grundauftrags« und dessen Entfaltung in den nachfolgenden Abschnitten ist Frucht des synodalen Prozesses. Die Teilung von gemeinsamem Auftrag und verschiedenen Diensten mag auf den ersten Blick an das traditionelle Schema von Haupt- und Nebenziel des Ordenslebens erinnern. Trotz dieses ersten Eindrucks würde eine solche Interpretation jedoch der Intention der Autoren nicht gerecht. Es ging ihnen gerade *nicht* um eine Dichotomie zwischen Grundauftrag und Diensten. Vielmehr muß der Grundauftrag in den Diensten selbst

87 Vgl. den Bericht vom 17.6.1973, in: Arbeitsunterlagen: »Über die Eingaben und eingesandten Stellungnahmen hinaus glaubten die Bearbeiter ausdrücklicher, als es in der Vorlage geschehen ist, auf den charismatischen Charakter einer geistlichen Berufung hinweisen ... und ... auf die entsprechenden Konsequenzen für die geistlichen Gemeinschaften aufmerksam machen zu müssen«.

»verwirklicht werden und erfahrbar sein« (2.2.3.)[88]. Der grundlegende Unterschied zum Schema von Haupt- und Nebenziel besteht darin, daß der im Synodentext dargelegte Grundauftrag nicht primär an den einzelnen gerichtet ist - wie es die traditionelle Rede vom Hauptziel tat -, sondern zuallererst an die Gemeinschaft als solche[89]. Deutlicher noch als im Konzil wird der Dienst der Orden (und geistlichen Gemeinschaften) betont, während die Sorge um die persönliche Vervollkommnung noch weiter zurücktritt.
Die *Zeichenhaftigkeit* muß dabei als Mitte und Kern des Grundauftrags der Orden und geistlichen Gemeinschaften gesehen werden[90]. Zentral für den Synodentext ist das *ekklesiale Element* dieser Zeichenhaftigkeit. Die Lebensform der Orden und Gemeinschaften macht nämlich *ausdrücklich*, was für jeden Getauften zum christlichen Lebensvollzug gehört (2.1.2.; 2.1.3.; 2.1.4.). Sie tut dies pointiert als *Gemeinschaft*, als *Jüngergemeinde* und verdeutlicht damit die Kirchlichkeit und das kommunitäre Element jeder christlichen Berufung (2.1.7.). In diesem gemeinschaftlichen Leben mit seiner Lebensordnung, die öffentlich übernommen wird, sieht der Synodenbeschluß das Spezifikum der Orden und geistlichen Gemeinschaften in der Kirche (2.1.2.). Gerade die Hervorhebung des kommunitären Elements macht deutlich, daß der Kirchenbegriff des Synodenbeschlusses wesentlich von der nachkonziliar stark betonten »Communio-Ekklesiologie« geprägt ist[91]. Durch ihre Lebensweise, die offenlegt, was christliche Existenz als *kirchliche* bedeutet, soll an den Orden und geistlichen Gemeinschaften erfahrbar werden, daß eine »besondere charismatische Berufung« die allgemeine christliche Berufung nicht abwertet, sondern diese zum Leuchten bringt (2.1.3.; 2.1.4.). Der Dienst der geistlichen Gemeinschaften als geistlicher besteht darin, nicht sich selbst, sondern »Kirche zur Erscheinung [zu] bringen« (2.1.7.). Die Gemeinschaften stehen dabei nicht der Kirche gegenüber, sondern »sind Kirche« (ebd.). Sie haben ihren Platz mitten im Gottesvolk (2.2.7.). Ihre Aufgabe, »die Sendung der Kirche unverwechselbar in den Blick zu rücken«, hat ihren Ort nicht nur in der vor-

[88] In dieser Ausdrücklichkeit bereits seit dem Entwurf vom 1.12.1971.

[89] Zum Folgenden vergleiche auch den ungezeichneten Kurzkommentar: Überlegungen zu Kapitel 2, in: NaZ 36-41.

[90] Siehe auch die Berichterstattung von F. Wulf zur ersten Lesung, in: Prot. IV., 10. - Das Folgende verdankt sich Anregungen aus den Beiträgen von: Schulz A., »Ein Zeichen für das in Christus angebrochene Heil« (2.1.1). Zur theologischen Begründung der geistlichen (Ordens-)Berufung aus der Zeichenhaftigkeit, in: NaZ 42-50; ders., Geistliche Gemeinschaften der Kirche als »Jüngergemeinde« (2.1.7.), in: NaZ 51-60; vgl. auch Greshake G., Erwartungen der Kirche an die Orden 82-87.

[91] Vgl. Acerbi A., Due ecclesiologie. Ecclesiologia giuridica ed ecclesiologia di comunione nella »Lumen gentium«, Bologna 1975.

rangigen Sorge für Arme, Kranke und Benachteiligte (2.2.4.), sondern sie hat für alle Lebensvollzüge der Orden und geistlichen Gemeinschaften Geltung. Mit Anselm Schulz kann deshalb die *Ausdrücklichkeit*, die in erster Linie an Gemeinschaftlichkeit (2.1.2.; 2.1.7.) und evangelische Räte (2.1.3.) rückgebunden ist, als Konstitutivum der Zeichenhaftigkeit im Sinne der Synode angesehen werden[92].

Der Grundauftrag der Orden und geistlichen Gemeinschaften greift also den »Grundauftrag« der Kirche auf. Das zeigt sich auch in einem Vergleich mit den Passagen über Kirche und Gemeinde in dem von der gleichen SK VII erarbeiteten Papier »Die pastoralen Dienste in der Gemeinde«[93]. Die wesentliche Sendung der Kirche (und der Gemeinde als »Kirche am Ort«[94]) besteht gemäß diesem Synodenbeschluß in der Vergegenwärtigung und Bezeugung des in Jesus Christus geschenkten Heils[95]. Der in 2.1.1. der Ordensvorlage formulierte Grundauftrag wird ähnlich umschrieben: Die geistlichen Gemeinschaften sind »ein Zeichen ... für das in Christus angebrochene Heil«.

Von hierher versteht sich die in der Debatte während der zweiten Lesung von Walter Kasper gegebene Interpretation der Orden als »quasisakramentale Verdichtung« von Kirche[96]. Einer der Hauptbeteiligten am Zustandekommen des Synodenbeschlusses, Abt Anselm Schulz, interpretiert die Passage 2.1.7., die dies besonders hervorhebt, als »Magna Charta einer recht verstandenen Zeichenhaftigkeit«[97].

In diesen Rahmen von Ausdrücklichkeit und Sichtbarkeit ordnet sich auch das Verständnis der sogenannten drei evangelischen Räte ein. Auch ihre konkrete Übernahme als Lebensform macht »nur« deutlich, was der allen gegebene »evangelische Rat« (Sg!; 2.1.3.) für den Menschen bedeutet. Insofern also den Ordensgemeinschaften der Auftrag zukommt, ausdrücklich kirchliche Existenz zu leben, gehört zu dieser Lebensweise auch die Übernahme der drei traditionellen evangelischen Räte[98].

Im zweiten Teil des Beschlußtextes »Mitsorge der Bistümer und Gemeinden für die geistlichen Gemeinschaften« wird Ähnliches betont - nunmehr aus der Sicht der Gemeinden. »In den Orden und geistlichen Gemeinschaften [ist] die ganze Kirche angesprochen. Alle Christen müssen sich darum durch die Existenz und das Schicksal der geistlichen

92 Schulz, »Ein Zeichen ...« 48; vgl. schon seine Wortmeldung, in: Prot. VI., 171f.

93 In: Gesamtausgabe 1, 597-636.

94 Die pastoralen Dienste in der Gemeinde 2.2.2.

95 Vgl. ebd. 2.2.1. und 2.3.2.

96 WM W. Kasper, in: Prot. VI., 169.

97 Schulz, »Ein Zeichen ...« 48.

98 Vgl. dazu die Berichterstattung von C. Bamberg zur zweiten Lesung, in: Prot. VI., 167 sowie in dieser Arbeit 93f.

Gemeinschaften mitbetroffen fühlen, ihren eigenen Dienst überprüfen und ihre Verantwortung wahrnehmen« (4.).
Mit gewissem Recht wird man daher sagen dürfen, daß der Synodenbeschluß vor allem in seinem theologischen Teil die im Konzil hervorgehobene ekklesiologische Interpretation des Ordenslebens pointiert herausstellt und zuspitzt. Bemerkenswert scheint das Verständnis des *eschatologischen Aspekts* im Synodenpapier. Im Vergleich mit LG 44,3 kristallisiert sich deutlich ein stärker dynamischer Zug heraus. Der Grundauftrag übersteigt »alle nur innerweltlichen Zielsetzungen« (2.1.5.). So wird die »Hoffnung auf die endgültige Zukunft« (2.1.7.) wachgehalten und stets neu geschürt. Der eschatologische Akzent in der Lebensform der geistlichen Gemeinschaften äußert sich nach dem Synodenpapier also nicht als - wie auch immer gedachte - »Vorwegnahme« der eschatologischen Existenz noch als bloßes »Kundtun« der himmlischen Güter (LG 44,3), sondern primär als Antriebskraft, als »Angeld«, das die Hoffnung aufrechthält und den Blick über jede »innerweltlich-funktional verrechenbare« Zielsetzung hinauslenkt[99].
Bedeutsam ist auch Abschnitt 2.1.8., der die »Kluft zwischen Anspruch und Wirklichkeit« thematisiert:

> »Sosehr die Gemeinschaften Signale und Zeichen der geistlichen Dimension der ganzen Kirche sein sollen, müssen sie sich doch eingestehen, daß sie ihren Auftrag immer nur bruchstückhaft und unzulänglich verwirklichen«.

Diese Passage wehrt jedem triumphalistischen Verständnis des Synodentextes. Zugleich wird damit verhindert, daß die Aussagen über den Grundauftrag der Orden und geistlichen Gemeinschaften als bloße Utopie oder als Überforderung empfunden werden und Resignation bewirken könnten. Zeichenhaftigkeit der geistlichen Gemeinschaften heißt deshalb nach dem Synodenbeschluß nicht, daß diese ihren Grundauftrag immer schon vollkommen erfüllen müßten, wohl aber, daß sie sich um die Verstehbarkeit ihrer Lebensform im heutigen Lebenskontext immer neu bemühen und sich nicht mit Mittelmäßigkeit oder Ghettomentalität zufriedengeben dürfen.

Zusammenfassung anhand der Leitfragen

Auf dem Hintergrund von Werdegang und Aussagen des Synodenbeschlusses über den Ort von Orden (und geistlichen Gemeinschaften) in

---

[99] Vgl. dazu auch den Beschlußtext: Unsere Hoffnung. Ein Bekenntnis zum Glauben in dieser Zeit, in: Gesamtausgabe 1, 84-111.

der Kirche können wir nun zusammenfassen, was aus dem Beschluß der Würzburger Synode für die *Leitfragen* dieses Kapitels gewonnen ist.

1. Ordensleben und Heiligkeit in der Kirche
Der Synodentext berührt diese Thematik nirgends, auch in keiner früheren Textfassungen des »Grundauftrags«, ausdrücklich[100]. Dieser Faden des Konzils wurde also nicht aufgenommen. Das könnte damit zusammenhängen, daß die Redaktoren des Textes peinlich darauf bedacht waren, jeden Anschein zu vermeiden, als ginge es bei den Orden und geistlichen Gemeinschaften primär um persönliche Vervollkommnung. Der Sache nach dürfte der Beitrag der geistlichen Gemeinschaften zur Erneuerung der Kirche sehr wohl darauf abzielen, daß die Kirche die ihr von Gott zugedachte Gestalt voller verwirklicht (etwa in 2.1.7.) und damit ihre »unzerstörbare Heiligkeit« (vgl. LG 39) heller zum Leuchten kommt.

2. Zeichenhaftigkeit des Ordenslebens
Die Zeichenhaftigkeit im Synodentext wird von den Bearbeitern als genuin *theologische* Kategorie verstanden und muß auf dem Hintergrund der sakramentalen Struktur der Kirche gesehen werden. Die Orden und anderen geistlichen Gemeinschaften machen *sichtbar* und *ausdrücklich*, was christliche Existenz als kirchliche Existenz zu sein hat. Die Zeichenhaftigkeit dieser Lebensform ist deshalb am treffendsten als *ekklesiale* anzusprechen und stellt als solche eine Fortschreibung der in LG dargelegten Zeichenhaftigkeit dar. In besonderer Weise gehören zu ihr das kommunitäre Element (vgl. PC 15), die geistliche Dimension, der eschatologische Akzent, das Moment des »Zweckfreien« (vgl. 2.2.2.) und die Hinordnung auf das Heil von Welt und Menschen. Der Synodenbeschluß kennt schließlich auch eine gesellschafts- und kirchenkritische Funktion der Orden und geistlichen Gemeinschaften.

3. Gebrochenheit des Zeichens
Durch 2.1.8. des Synodenbeschlusses wird die »Kluft zwischen Anspruch und Wirklichkeit« in das »Wesen« des Grundauftrags miteinbezogen.

---

[100] Vgl. aber den Antrag von B. Albrecht in der Sitzung der SK VII vom 28.2.1974: »Am Ende von 2.1.2. den Satz anfügen: In diesem Sinn stehen die geistlichen Gemeinschaften unter dem besonderen Anspruch, die von Christus erworbene Heiligkeit der Kirche in der Welt erfahrbar zu machen (vgl. 1 Kor 6,11; 1 Thess 4,3)«, in: Prot. SK. Siehe auch den Antrag von W. Kasper (D 246) und Albrecht B., Geistliche Gemeinschaften. Zeichen für die geistliche Dimension der Kirche, in: OK 17 (1976) 403-419, bes. 410-412.

Die Gebrochenheit des Zeichens erhält so einen Platz im theologischen Kern des Synodentextes.

4. Das Ordensleben als Charisma

Den geistlichen Gemeinschaften wird im Synodentext ein besonderes *Charisma* zugeschrieben. Mit diesem Terminus ist ein Zweifaches ausgesprochen:
- die Gnadenhaftigkeit und Geistgewirktheit dieser Lebensform, aus der auch der Mut zu neuem Aufbrechen erwächst.
- die Verpflichtung, die eigene Gabe für den Aufbau und das Leben von Kirche fruchtbar zu machen.

Der Text läßt dabei offen, ob an ein »gemeinsames« Charisma dieser Lebensform zu denken ist oder ob das je eigene Charisma der einzelnen Gemeinschaft gemeint ist.

Die Position Friedrich Wulfs

In wesentlichen Zügen deckt sich das eigenständige Konzept Friedrich Wulfs mit dem, was - zu einem guten Teil unter seiner Federführung - die Gemeinsame Synode erarbeitet hat[101]. Das braucht nun nicht mehr wiederholt werden. Drei Aspekte allerdings, die auch für die Interpretation der Synode wichtig sind, jedoch so nicht im Synodentext deutlich gemacht wurden, sollen besonders herausgestellt werden.

1. Ausdrücklich weist Wulf darauf hin, daß nicht nur das Ordensleben exemplarischen Charakter für die anderen Christen hat, sondern daß umgekehrt auch diese in Beruf und Ehe Züge des Christseins deutlich machen, die *so* im Ordensleben nicht hervortreten[102]. Hierin darf eine wesentliche und notwendige Ergänzung der Aussagen des Synodenpapiers gesehen werden.

2. Das Element der Gemeinschaftlichkeit (auch mit seiner institutionellen, soziologischen Seite) und seine Bedeutung für den Entwurf des Ordenslebens sowie für die Kirche wird bei Wulf noch ausdrücklicher als in der Synode als *theologische* Aussage begriffen: »Wenn die bekenntnishafte Ausdrücklichmachung und Versichtbarung des Christlichen theologisch gesehen der spezifische und unterscheidende Dienst des Ordenslebens in der Kirche ist, dann kommt seiner Institutionalisierung und seinen soziologischen Strukturen eine *quasi-theologische* Relevanz zu«[103]. Für das Ordensleben tritt somit eine ähnliche »inkarnatorische Struktur« zutage, wie sie LG 8 für die ganze Kirche angesetzt hat.

---

[101] Vgl. Wulf, Theologische Phänomenologie; ders., Die Orden auf der Suche nach ihrem Ort in Welt und Kirche von heute (mit einem Nachtrag), in: Mitten unter den Menschen. Spiritualität, Aufgaben und Probleme der Priester und Ordensleute. Hg. v. F. Wulf, Düsseldorf 1979, 43-77.

[102] Wulf nennt etwa den Einbezug der Leiblichkeit (bis hin zu ihrer sexuellen Ausprägung) in die Mitte des Christusgeheimnisses durch das Sakrament der Ehe: vgl. Wulf, Theologische Phänomenologie 476.

[103] Ebd. 483.

3. Wulf spricht ausdrücklich vom »Charisma des Ordenslebens«[104]. *Charisma* bedeutet ihm hier nicht - wie etwa in den paulinischen Charismenkatalogen - Berufung zu einem speziellen Dienst am Aufbau der Gemeinde, sondern ist eher dem umgreifenden Grundcharisma »Liebe« zu vergleichen. Es zielt nicht auf einen partiellen Dienst, sondern auf den ganzen Menschen und verlangt von ihm eine ebenso umfassende Antwort in seiner Ganzhingabe. Aufbauend auf der grundlegenden Sendung in der Taufe wird der Mensch durch diese Gnadengabe »ausgesondert« zum *Heilsdienst* an den Menschen, um so die *Erinnerung* an die Erlösung durch Jesus Christus und die Ausrichtung auf die endgültige Erlösung im Eschaton aufrechtzuerhalten[105]. Wulf hat damit dem Begriff *Charisma des Ordenslebens* eine neue Färbung gegeben und ihn durch die Analogie mit dem *Grundcharisma Liebe* in die Nähe des traditionell von der Ordenstheologie hervorgehobenen Strebens nach der Vollkommenheit der Liebe gerückt (vgl. PC 1)[106]. Später wird Wulf von einem »Charisma der 'Ausdrücklichmachung'..., dessen, was 'Nachfolge Christi', Jüngernachfolge heißt«, reden[107]. Die Orden versinnbildlichen (vor allem durch ihr Leben in Gemeinschaft) den »charismatischen Charakter der Kirche« und sind dessen »quasisakramentale Zeichen«[108]. Was Wulf hier »Charisma« nennt, entspricht also in etwa dem »Grundauftrag« des Synodentextes.

Auswertung und Kritik

Peter Lippert greift einmal für das Verhältnis von PC und Synodenbeschluß das bekannte Bild vom Zwerg, der auf den Schultern des Riesen sitzt und dadurch weiter sieht, auf[109]. Ist dieser Vergleich berechtigt? Wo liegen Verdienst, wo liegen Grenzen des Synodenbeschlusses?

Das eigentliche Verdienst des Synodentextes dürfte darin bestehen, daß er in seinem theologischen Teil den im Konzil umstrittenen Begriff *Zeichen* präzisiert und in das Zentrum der Bestimmung des Grundauftrags gerückt hat. Diese Fortschreibung wird nicht nur und vielleicht gar nicht in erster Linie am Text selbst deutlich, sondern vor allem im Prozeß der Textbearbeitung, in den Interpretationen der Kommissionsmitglieder (W. Kasper, K. Hemmerle) und anderer Synodalen sowie in den nach-

---

104 Ebd. 469.

105 Wulf, Theologische Phänomenologie 469-471. - *Heilsdienst* (17.1.1972: II.1 und II.2.; 19.4.1972: II.1. und II.2.) und *Erinnerung* (1.12.1971: II.4.; 17.1.1972: II.6.) waren in manchen Phasen auch Schlüsselbegriffe der Entwürfe zum Synodentext.

106 Vgl. Wulf, Theologische Phänomenologie 470, Anm. 69.

107 Wulf F., Die Orden 15 Jahre nach Abschluß des Konzils. Rückschau auf einen Weg und Herausforderungen in die Zukunft, in: ON 20 (1981) 155-180, dort 165.

108 Vgl. Wulf F., Ordensreform. 20 Jahre nach dem II. Vatikanischen Konzil, in: GuL 59 (1986) 358-371, bes. 364-367; ders., Art. Orden III. Zur Theologie der Orden, in: StL[7] 4, 180-185, dort 183.

109 Lippert P., Die Orden und andere geistliche Gemeinschaften - Auftrag und pastorale Dienste heute, in: Synode - Ende oder Anfang 319-327, dort 324.

träglich verfaßten Kommentaren zum Text[110]. Dabei zeigt sich, daß die Kategorie »Zeichen« im Synodentext als eine genuin *theologische* Kategorie verstanden werden muß. Diese Verdeutlichung muß im Zusammenhang mit der Vertiefung des Zeichenbegriffs in der Theologie, besonders im Bereich der Sakramententheologie und Ekklesiologie, wie auch in der Philosophie gesehen werden[111]. Die Orden und geistlichen Gemeinschaften sind im Verständnis der Synodalen keinesfalls nur informierendes Zeichen *für* Kirche, sondern *Symbol der Kirche*: Als Jüngergemeinde sollen sie »Kirche zur Erscheinung bringen« (2.1.7.). Ausdrücklich wird ihnen die Bezeichnung *Kirche* zugestanden, eine Linie, die von »nachsynodalen« Kommentatoren aufgenommen wurde[112].

Die ekklesiologische Sichtweise des Ordenslebens ist damit von der Synode stärker als im Konzil profiliert worden und wurde in dieser Form auch weitgehend rezipiert. Wenn jedoch die ekklesiale Zeichenhaftigkeit, die vom Gesamt des Synodenbeschlusses her noch differenziert werden müßte und sich dann als partielle darstellt[113], zu absolut genommen wird, ergeben sich einige Anfragen an das Verhältnis von Gemeinden und geistlichen Gemeinschaften:

- Wird nicht durch die Betonung der ekklesialen Zeichenhaftigkeit tendenziell ein Bild von Gemeinde verfestigt, das *so* für eine Pfarrgemeinde gar nicht lebbar ist? Kommt auf diese Weise - gleichsam durch eine unbemerkt gebliebene Hintertüre - wieder eine für andere nicht zu verwirklichende »Höherwertigkeit« ins Spiel? Besteht derzeit nicht die Gefahr, daß zwar die Orden von ihrer privilegierten Stellung Abstand

---

110 Besonders zu beachten sind diejenigen, die von den Hauptautoren des Synodenbeschlusses erstellt wurden: Schulz A., Die Orden und andere geistliche Gemeinschaften. Auftrag und pastorale Dienste heute. Entstehung und Schwerpunkte des gleichnamigen Synodenbeschlusses, in: OK 17 (1976) 388-402; ders., Kirche für die Kirche. Besinnung für die Orden und geistlichen Gemeinschaften nach der deutschen Synode, in: OK 18 (1977) 18-31; Wulf F., Was wird von den Orden nach der Gemeinsamen Synode erwartet?, in: OK 17 (1976) 34-37 sowie den Kommentarband NaZ.

111 Aus der Fülle der Literatur vergleiche: Rahner K., Zur Theologie des Symbols, in: Schriften 4, 275-311 (Lit.!); Schneider T., Zeichen der Nähe Gottes. Grundriß der Sakramententheologie, Mainz 1979; Semmelroth O., Die Kirche als Ursakrament, Frankfurt [3]1963; ders., Die Kirche als Sakrament des Heils, in: MySal 4/1, 309-356; Splett J., Art. Symbol, in: SM 4, 784-789 (Lit.!); ders., Sakrament der Wirklichkeit. Vorüberlegungen zu einem weltlichen Begriff des Heiligen, Würzburg 1968; Zadra D. / Schilson A., Symbol und Sakrament, in: CGG 28, 85-150 (Lit.!).

112 Vgl. Schulz, Die Orden und geistlichen Gemeinschaften 398; ders., Kirche für die Kirche; ders., »Ein Zeichen ...« 46.50; ders., Die kirchentheologische Bedeutung des Ordenslebens. Welchen spirituellen Schaden infolge einer kirchentheologischen Verkürzung würde die Kirche Jesu ohne ihre Orden und geistlichen Gemeinschaften erleiden?, in: OK 20 (1980) 166-179; Greshake, Erwartungen an die Orden 82-87.

113 Es wird zwar davon geredet, daß die Orden *Kirche als solche* zur Erscheinung bringen. An anderen Stellen jedoch werden *bestimmte Momente* der Kirche herausgestellt, die durch die geistlichen Gemeinschaften ausdrücklich gemacht werden: das kommunitäre Element, die eschatologische Ausrichtung, die geistliche Dimension von Kirche.

nehmen (müssen), dafür aber manche der neueren Gemeinschaften einen elitären Status für sich beanspruchen und zumindest indirekt sich als die »wahre« Gemeinde verstehen?

- Können vor allem die traditionellen Orden mit ihrer geprägten Lebensform wirklich ein Paradigma für Kirche als solche abgeben? Es stellt sich dabei die Frage, wie eine Übersetzung des von den Orden und geistlichen Gemeinschaften zeichenhaft gelebten Lebens für die Situation der Gemeinden geschehen kann und soll.
- Wird das Spezifikum der Orden und geistlichen Gemeinschaften zu dezidiert als Ausdrücklichkeit von Kirche als solcher gesehen, ist zu fragen, was dann *wirklich* noch die Gemeinschaften von den »normalen« Gemeinden empfangen können[114], vor allem in spirituell-geistlicher Hinsicht.

In diesem Fragenkomplex der Beziehung von Kirche und Orden macht eigentlich erstaunen, daß im theologischen Teil eines Textes, der von einer regionalen Synode verabschiedet wurde, der Bezug der geistlichen Gemeinschaften zur Ortskirche nur einmal erwähnt wird (2.2.7.) und auch da erst relativ spät in den Text eingebaut wurde (1.3.1974: 2.2.7.). Im praktischen Teil dagegen spielt natürlich der Bezug Ortskirche - Orden eine hervorragende Rolle. Gerade deswegen würde man aber erwarten, daß auch der theologische Grundlagentext, der sich als Fundament der praktischen Aussagen versteht, dazu mehr Hinweise bietet.

Bis jetzt wurde ungefragt die Terminologie des Synodenbeschlusses übernommen und von »Orden und *geistlichen Gemeinschaften*« gesprochen. Der Adressatenkreis des Synodentextes geht also über den von LG Kapitel VI und PC hinaus. Der Synodenbeschluß stellte sich damit den neu aufgekommenen Phänomenen. Ähnlich wie in ihren Anfangsjahren die Säkularinstitute, sind auch diese »anderen« Gemeinschaften heute auf der Suche nach ihrem (theologischen) Ort in der Kirche. Der Synodentext versucht, ihnen dazu Hilfestellung zu geben, indem er sie an die Seite der traditionellen Orden stellt. Der Versuch einer Ortsbestimmung ist an sich zu begrüßen. Es ergeben sich daraus aber auch einige Probleme und Anfragen.

- Die Adressaten bleiben zu unbestimmt. Es wird nicht genügend klar, welche Gruppen zu den »geistlichen Gemeinschaften« gezählt werden

[114] Vgl. auch schon den Einwand im »Bericht über die Weiterarbeit an der Vorlage 'Die Orden und andere geistliche Gemeinschaften' zur Vorbereitung auf die nächste Vollversammlung der Synode im November 1973« (handschriftlich: 17.6.1973; Wulf), in: Arbeitsunterlagen: »g. Es soll darauf aufmerksam gemacht werden, daß die geistlichen Gemeinschaften nicht nur an andere geben, sondern auch von anderen christlichen Gruppen empfangen«. Siehe 4.1.3. des Synodenbeschlusses, wo ausdrücklich vom »geistlichen Dienst« *an* den Gemeinschaften gesprochen wird. Gemeint ist hier jedoch in erster Linie der spezifische Dienst der geistlichen Begleitung und Unterweisung.

sollen[115]. Außer in einem Textentwurf (19.4.1972: Vorw.) werden nur in (frühen) Berichten zur Vorlage konkrete Namen genannt: Säkularinstitute, Fokolarini, Gemeinschaften im Geist Charles de Foucaulds, Internationale katholische Gralsbewegung, Familiengruppen unserer Lieben Frau, Gruppen christlichen Lebens u.a.[116]. Ansonsten finden sich bestenfalls Umschreibungen, etwa dieser Art: »alle anerkannten innerkirchlichen Gruppen, die sich unter dem Antrieb des Geistes auf ein radikales Leben nach dem Evangelium verpflichtet haben« (Mai 1972: Vorw.; Juni 1972: Vorw.), »kirchliche Gruppen, die sich auf eine vom Evangelium bestimmte Lebensordnung verpflichtet haben« (5.9.1972: Vorw.; 8.6.1973: Einl.). Die Entwürfe des Jahres 1974 sowie der Beschlußtext reden schließlich noch unbestimmter von »Gemeinschaften ..., die in neuer Weise das Evangelium radikal zu leben suchen, mitten in Gesellschaft und weltlichem Beruf« (1.3.).
Blickt man auf die Beschreibung des Grundauftrags in 2.1.1., so wird deutlich, daß eine bestimmte *Lebensordnung* notwendig ist, um den vom Synodentext dargelegten Grundauftrag zu verwirklichen. Dazu tritt in 2.1.2. die Betonung der *öffentlichen Verpflichtung*. Insofern ist es zu bedauern, daß die wesentlich präziseren Benennungen der früheren Fassungen aufgegeben wurden. Die zwei Elemente - öffentliche Verpflichtung und bestimmte Lebensordnung als Gemeinschaft - könnten zusammen mit der von H. Heinz vollzogenen Unterscheidung zwischen »geistlichen Gemeinschaften« und »geistlichen Bewegungen«[117] zu einer deutlicheren Profilierung beitragen. *Geistliche Gemeinschaften* würde es dann auszeichnen, sich eine bestimmte, dem Evangelium entsprechende Ordnung zu geben und sich (verbindlich) darauf zu verpflichten, während *geistliche Bewegungen* alle von einer bestimmten Spiritualität geprägten Gruppen umfassen würden, die sich um ein radikales Leben nach dem Evangelium bemühen, jedoch ohne (verbindliche) Festlegung der Mitglieder.
- Den Orden ist sicherlich ein Dienst erwiesen, wenn sie aus ihrer - doch in gewisser Weise noch immer vorhandenen - Isolation herausgeholt werden. Zu fragen ist jedoch, ob den neuen Gemeinschaften (mit Einschluß der Säkularinstitute) derselbe Dienst erwiesen ist, wenn sie so dezidiert an die Seite der traditionellen Orden gestellt werden. Könnte

115 Vgl. dazu auch Lippert, Die Orden 323.

116 Vgl. Prot. SK (6. Sitzung); Bericht zur Vorlage der Sachkommission VII »Die geistlichen Gemeinschaften in der Kirche und in der Welt von heute« vom 9.6.1972, in: Arbeitsunterlagen; Bericht zur Vorlage vom 14.6.1972, in: ebd.

117 Heinz H., Neuere geistliche Gemeinschaften - ein Anruf an unsere Zeit, in: NaZ 150-163.

es nicht sein, daß sie dadurch an der Entwicklung eines eigenständigen Profils gehindert werden?
- Die genannten Schwierigkeiten werden vor allem an der Frage der evangelischen Räte virulent. Inwieweit gehören diese in die Lebensform der neueren geistlichen Gemeinschaften, nehmen sie doch im Kapitel über das »Wesen« des Grundauftrags einen relativ breiten Raum ein (2.1.3.; 2.1.5.; 2.1.6.)? Welchen Ausdruck findet bei jenen Gruppierungen der »evangelische Rat«, von dem der Synodentext spricht (2.1.3.) und der »am ausdrücklichsten« im Bekenntnis zu Armut, Ehelosigkeit und Gehorsam wird[118]?
- Vom ganzen Zusammenhang her wurde deutlich, daß der Synodentext in der Gemeinschaftlichkeit ein wesentliches Spezifikum des Grundauftrags der geistlichen Gemeinschaften sieht. Wie aber ist das für jene neueren Gemeinschaften zu denken, die nicht in Lebensgemeinschaft leben? Verflüchtigt sich dadurch nicht wieder das Handgreifliche und Ausdrückliche der ekklesialen Berufung, das am Beschlußtext besticht[119]?
Bei allen Bedenken kann aber nicht geleugnet werden, daß die Synode grundsätzlich einen mutigen Schritt getan hat, an dem eine Neubesinnung auf das kirchliche Gefüge - z.B. auch angesichts des Anwachsens sogenannter Basisgemeinden und ähnlicher Gruppierungen - nicht vorbeigehen kann. Die Schwierigkeit, dabei »alte« (Orden) und »neuere« geistliche Gemeinschaften in einer Synthese zusammenzubringen, deutet weniger auf ein Versagen der Synode hin, sondern vielmehr auf die grundsätzlich offene Frage nach dem Ort dieser neuen Gemeinschaften, die sich seit dem Synodenbeschluß noch verschärft haben dürfte. Auch durch die Öffnung der Ordensgemeinschaften werden die Grenzen immer fließender. Zudem ist das Phänomen in seiner Vielschichtigkeit noch relativ jung und benötigt Zeit zur Profilierung.
Zusammenfassend wird man getrost das eingangs erwähnte Bild vom »Zwerg auf den Schultern des Riesen« auf das Synodenpapier anwenden dürfen. Bei allem, was sich auch als Frage herauskristallisiert hat, erweist sich der Beschlußtext als gelungene Fortschreibung der Konzilstexte, freilich nicht nur von PC (auf das P. Lippert das Bild bezieht), sondern im theologischen Teil vor allem des VI. Kapitels von LG. Gerade was das dort anstehende Verhältnis von allgemeiner zu besonderer Berufung, von Kirche und Orden betrifft, hat der Synodentext wesentliche neue Elemente in das nachkonziliare Gespräch zur Ordenstheologie eingebracht, Elemente, die auch weitgehend rezipiert wurden. Zu

118 Vgl. Heinz 159.
119 Vgl. auch schon die Kritik der ZK, in: Prot. ZK, Anlage (?).

würdigen ist schließlich der Versuch, Traditionelles in einer aktuellen Sprache auszudrücken; er darf weithin als geglückt gelten.

II. Theologische Literatur zum Ordensleben

Die Beziehung von Orden und Kirche bildet das »Herzstück« nachkonziliarer Ordenstheologie. Aus der Vielfalt der Arbeiten, die um dieses Thema kreisen, erweisen sich die Veröffentlichungen von *Jean Marie Roger Tillard*, *Johann Baptist Metz* und *Peter Lippert* als besonders signifikant für die Weiterentwicklung nach dem Konzil. Die unterschiedliche Arbeitsweise dieser drei Theologen verlangt in der Darstellung nach einer dem jeweiligen Autor angepaßten Methode. Während sich beim Dogmatiker Tillard keine allzu großen Entwicklungssprünge feststellen lassen und daher eine systematisierende Darstellungsweise möglich ist, muß angesichts der sich rasch entwickelnden Theologie des Fundamentaltheologen Metz Ort und Funktion der Orden in der Kirche jeweils im Kontext der entsprechenden Phase der Metz'schen Theologie diskutiert werden. Bei Lippert hingegen greifen wir ein (frühes) Stadium seiner Ordenstheologie heraus, die von Lippert selbst mittlerweile modifiziert worden ist.

1. Jean Marie Roger Tillard: Manifestation der »koinônia« im Herzen der Kirche

Auf vielfältige Weise - gleichsam als Grundlage und Ziel aller Ordenstheologie - kommt bei Jean Marie Roger Tillard die Hinordnung der Orden auf das Mysterium der Kirche zum Ausdruck. Tillard weist ausdrücklich darauf hin, daß das Dekret *Perfectae caritatis* unverständlich und unwirksam bleibt, wenn es von seiner theologischen Basis in *Lumen gentium* isoliert wird. Genauso darf das Kapitel *De Religiosis* nur im Horizont der *ganzen* Kirchenkonstitution gelesen werden. In diesem sechsten Kapitel von *Lumen gentium* wollten die Konzilsväter den Orden nicht eine »Sonderbehandlung«, die sie vom übrigen Volk Gottes abtrennen würde, zukommen lassen, sondern im Gegenteil ihre Lebensform im Geheimnis der Kirche tiefer verankern[120]. Erneuerung der Orden kann deshalb nur dann in rechter Weise geschehen, wenn die tief

[120] Vgl. Religieux au coeur 168-170.

innerliche Beziehung von Kirche und Ordensleben ins helle Licht gestellt wird, wenn die Orden nicht nur als zu vernachlässigendes »Accessoire« der Kirche erscheinen[121]. Dieser für den Entwurf (»projet«) des Ordenslebens konstitutiven ekklesialen Verwurzelung spürt Tillard in seinen Arbeiten auf vielerlei Weise nach. Damit leistet er einen genuinen Beitrag zu einer Entfaltung der in den Konzilstexten grundgelegten Zeichenhaftigkeit der Orden. Dem gedanklichen Weg Tillards, der sowohl in älteren als auch in neueren Publikationen stets - wenn auch in unterschiedlicher Dichte - präsent ist, soll im folgenden nachgegangen werden[122]. Dabei wird sich eine ähnliche Struktur wie schon in der Konzeption Tillards vom Ordensleben als *sequela Christi* zeigen[123]. Es werden sich auch manche Überschneidungen und Verbindungslinien zum Verständnis des Ordenslebens als »existentieller Proklamation des Glaubens« und als Konzentration des Lebens um die »transzendente Achse« christlichen Glaubens und Lebens abzeichnen. Zunächst ist aber noch auf einige formale Gesichtspunkte zum Verständnis der Zeichenhaftigkeit bei Tillard hinzuweisen.

Die Zeichenhaftigkeit des Ordenslebens: Vokabular und Bildsprache

Wie in der Einleitung zu diesem Kapitel gezeigt wurde, war gerade die Einführung der Kategorie des »Zeichens« einer der umstrittenen Diskussionspunkte in der Konzilsaula. Dies vor allem deswegen, weil das philosophisch-theologische Verständnis des Begriffes *signum* nicht einheitlich war[124]. Um die bei Tillard betonte Zeichenfunktion der Orden

---

121 Tillard betont das schon in: La vie religieuse dans le Mystère de l'Église, in: Sciences Ecclésiastiques 14 (1962) 89-108. Siehe - anschaulich - auch: Religieux au coeur 169: La vie religieuse »n'est pas un chapeau (fût-il de qualité) ajouté à l'Église; ni un ornament (fût-il splendide) piqué sur la robe de l'Église; ni non plus une petite cellule d'initiés (fussent-ils exemplaires) gravitant autour de l'Église. Elle est *dans* l'Église et *de* l'Église, au coeur même de tout ce qui fait et bouleverse et travaille celle-ci«.

122 Die Grundlage für dieses Kapitel bilden vor allem: Tillard, L'adaptation 146-157; Religieux au coeur de l'Église; La communauté religieuse, in: NRTh 94 (1972) 488-519. 95 (1973) 150-187 (= DD 197-279); Il y a charisme et charisme; Art. Koinônia. V. Dans la vie chrétienne aujourd'hui, in: DSp 8, 1758-1769; Art. Comunità, in: DIP 2, 1366-1376. Die Idee der »*koinônia*« dürfte für die Theologie Tillards insgesamt zentral sein. Sie nimmt auch in anderen Arbeiten Tillards, die nicht das Ordensleben betreffen, einen bestimmenden Platz ein. Siehe dazu etwa: Tillard J.M.R., L'eucharistie, pâque de l'Église (Unam sanctam 44), Paris 1964; Le mémorial dans la vie de l'Église, in: La Maison-Dieu n°106 (1971) 24-45; L'Église de Dieu est une communion, in: Irénikon 53 (1980) 451-468; Vers une nouvelle problématique de la »Justification«, in: Irénikon 55 (1982) 185-198; Église et salut. Sur la sacramentalité de l'Église, in: NRTh 106 (1984) 658-685; Église d'Églises. L'ecclésiologie de communion, Paris 1987.

123 Vgl. oben 81f.

124 Siehe dazu in dieser Arbeit: 132.

recht zu interpretieren, erweist es sich als nützlich, zunächst das »terminologische Umfeld« zu klären.
Auffallend ist, daß Tillard die Termini »signe«, »sacramentum (sacrement)« und »symbole« im allgemeinen univok verwendet[125]. Bedeutung haben sie in zwei verschiedenen Argumentationsreihen: Einerseits kennzeichnen sie das Verhältnis von »äußerer« Profeß und Weihe zur »innerlichen«, vorgängigen Selbsthingabe des Menschen (*propositum*)[126], andererseits dienen sie der Bestimmung der eigentümlichen Funktion der Orden in der Kirche, um die es in diesem Kapitel geht. Ein reichhaltiges Wortfeld illustriert dabei den Bedeutungsgehalt von »signe« (sacrement, symbole): »démonstration, manifestation (manifester), épiphanie, percée, révélation (réveler), exprimer, faire percer (ou monter) à la surface, mettre en relief, mettre en lumière, proclamation (proclamer), représenter, faire monter à la conscience, signification (signifier), émergence (faire émerger), annoncer, affirmer, accentuer (le profile), faire devenir plus visible, rappeler, faire apparaître, rendre perceptible, témoignage (témoigner)«[127]. Allen diesen Formulierungen ist zu eigen, daß es darum geht, etwas schon Daseiendes sichtbar, ausdrücklich und erkennbar zu machen. Man könnte so von einem *epiphanischen* bzw. auch *kognitiven* Zeichencharakter bei Tillard sprechen. Dies hat unmittelbare Konsequenzen für die Interpretation der Orden als »Zeichen«: Sie bringen inmitten des Volkes Gottes nicht etwas Außerordentliches, Fremdes, »Neues« hervor, sondern verleihen durch ihre konkrete Lebensform dem Gestalt und Relief, was durch die Taufe in jedem Christen und in der Kirche als Ganzer grundgelegt ist[128]. Zur Kennzeichnung dieses Sachverhalts verwendet Tillard auch den Ausdruck *»mémorial«*[129].
Was bereits an der verwendeten Terminologie deutlich wird, findet auch in den Bildvergleichen, deren sich Tillard bedient, Bestätigung: Das Ordensleben ist einer »Röntgenaufnahme« zu vergleichen, die das Knochengerüst des Körpers heraushebt[130]. Es ist wie der »cantus firmus« in der Polyphonie des kirchlichen Lebens, der die fundamentale

[125] Ausnahmen bilden: L'adaptation 153; DD 23f, dort mit ausdrücklichem Rückbezug auf Paul Ricoeur, allerdings in anderem Sinnzusammenhang.

[126] Etwa: DD 353-398.

[127] Einzelbelege lassen sich leicht verifizieren in: L'adaptation 153; Religieux au coeur (passim); DD (passim).

[128] Siehe dazu auch: Religieux au coeur 54f; DD 297f.

[129] Etwa in: DD 411-413; Religieux, dans une société nouvelle 328; Religieuses dans l'Église d'aujourd'hui, Paris 1971, 33. - Grundlegend dazu der Aufsatz (zum eucharistischen Mysterium): Le mémorial dans la vie de l'Église, in: La Maison-Dieu n°106 (1971) 24-45.

[130] Vgl. Le fondement 955; Religieux - un chemin 31.

Beziehung zu Gott besingt und um den herum sich die anderen Stimmen gruppieren[131]. Die Ordensleute schreiben in »Majuskeln« das Gleiche, was die anderen Christen in »Minuskeln« schreiben. Die Majuskeln lassen dabei das Schlüsselwort, das den Ton angibt, in die Augen springen[132].
Terminologie und Bildvergleiche veranschaulichen, daß für Tillard die Glieder der Kirche durch die Orden den wahren Sinn ihrer eigenen Taufe erkennen sollen, indem ihnen das Leben der Ordensgemeinschaften gleichsam einen Spiegel der eigenen Berufung vor Augen hält[133]. Die Orden siedeln sich nicht »über« dem Volk Gottes an, sondern finden ihren Platz *mitten im* Volk Gottes, mitten »im Herzen der Kirche«[134] und erfüllen für die Kirche eine *sakramentale* bzw. *symbolische* Funktion.

Die Ordensgemeinschaft als zeichenhafte »koinônia«

Tillard geht davon aus, daß in der vorösterlichen *sequela* der Jünger die räumliche Gemeinschaft mit Jesus von Nazaret, das leibhaftige Bei-Ihm-Sein und das wörtlich genommene Hinterhergehen einen wichtigen Platz einnahmen. In dieser konkreten, »handgreiflichen« Form war das Projekt der Nachfolge in der pfingstlichen Gemeinde freilich nach Tod, Auferstehung und Erhöhung Jesu nicht mehr möglich. Das bedeutet jedoch nicht, daß damit auch die *Erfahrung* der Gemeinschaft mit dem Herrn geschwunden wäre. Die Gemeinde erfuhr ihn weiterhin als den, der beruft, der lehrt, der seine Gemeinde versammelt, - der all dies aber nun als Erhöhter zum Vater *»en pneumati«* tut. Die räumliche Gemeinschaft der Jünger um Jesus zeitigt sich - nachösterlich - als *»koinônia«* des erhöhten Herrn in der Kraft des Heiligen Geistes aus[135]. Dieser - in der Jerusalemer Urgemeinde erfahrenen und verwirklichten - *»koinônia«* sind spezifische Züge zu eigen, die von der Herkunft dieser Gemeinschaft aus dem Mysterium Christi herrühren[136].

---

[131] Vgl. DD 410; Religieuses dans l'Église 31-36. Tillard nimmt hier einen Bildvergleich Dietrich Bonhoeffers auf, den dieser allerdings in einem ganz anderen Zusammenhang entwickelt. Siehe dazu: Bonhoeffer D., Widerstand und Ergebung. Briefe und Aufzeichnungen aus der Haft. Hg. v. E. Bethge, München [7]1971, 330-332.

[132] Vgl. Charisme 125; Religieux sur les chantiers 233.

[133] Siehe dazu: Religieux au coeur 55.

[134] Vgl. Le fondement 955 und den Titel der Aufsatzsammlung: »Les religieux au coeur de l'Église«.

[135] Siehe dazu: Le fondement 935.940f.

[136] Zum Folgenden vergleiche besonders: La communauté religieuse 501-510.

Was Tillard zunächst ins Auge springt, ist die in den sogenannten Summarien der Apostelgeschichte bezeugte *Gütergemeinschaft* (Apg 2,45; 4,34f)[137]. Innerhalb des lukanischen Doppelwerkes erinnert sie an das Lukasevangelium, das den Ruf in die Nachfolge Jesu eng mit der Aufforderung Jesu, alles zu verlassen, verknüpft. Auch in der Apostelgeschichte zeigt sich das »neue Leben« der Christen besonders nachdrücklich an der Gütergemeinschaft. Dabei ist auffallend, daß Lukas nur in den Summarien die Christen »Gläubige« nennt. Das zeigt, daß für den Verfasser der Apostelgeschichte der Verzicht auf das Eigentum zugunsten der Gemeinschaft nicht bloßer Reflex eines zeitgenössischen humanistischen Ideals ist (obwohl für Tillard durchaus Ähnlichkeiten feststellbar sind), sondern seine tiefste Motivation im Glauben findet. Er ermöglicht eine neue Beziehung zu den materiellen Gütern und zwischen den Menschen. Für Tillard ist damit offensichtlich, daß die *»koinônia«* der Apostelgeschichte bereits in bezug auf die bloß materielle Gütergemeinschaft *wesentlich* auf der Annahme Jesu Christi im Glauben gründet[138].

Der gemeinsame Besitz ist also das sichtbare Zeichen einer »inneren« *communio*, die ihren Grund in der gemeinsamen Annahme des Glaubens und nicht bloß in menschlicher Freundschaft besitzt. In Taufe und Eucharistie ist allen Christen der eine und unteilbare Geist gegeben als ein gemeinsames Gut, das sie nur als »Miterben« (»co-héritiers«; *»syn-klêronomoi«* vgl. 1 Petr 3,7; Eph 3,6) empfangen können. Sie sind deswegen *»syn-koinônoi«* (Phil 1,7; Apk 1,9) - mit Christus und untereinander[139]. Während im griechischen Denken der Ausdruck *»koinônia«* einen Zusammenschluß, einen gemeinsamen Plan, einen gemeinsamen Besitz bezeichnet, bedeutet christliche *»koinônia« Teilnahme* an einer radikal unteilbaren Gabe, die aus dem Geist Gottes stammt. Diese Gabe des Geistes zielt in erster Linie auf ein Leben aus der Liebe. Die Liebe aber ist zuallererst Charakteristikum Gottes und hat sich zuletzt und unüberbietbar in Jesus Christus geoffenbart. Die Liebe Gottes selbst ist deswegen der tiefste Grund christlicher *»koinônia«*, ihrer Solidarität, ihrer Einmütigkeit, ihres brüderlichen Teilens[140].

Um die charakteristischen Züge der *»agapê toû Theoû«*, die dann auch sofort Konsequenzen für das Leben der christlichen *»koinônia«* hat, herauszuarbeiten, greift Tillard vor allem auf Eph 1,3-2,22 zurück. In diesem Text wird das »Mysterium« (der Liebe) geradezu mit Christus identifiziert. Durch ihn und in ihm wird alles, werden vor allem aber die Menschen, die durch die Sünde in einen Zustand des Bruchs mit Gott, mit den Mitmenschen, ja mit der ihnen eigenen Natur geraten sind, wieder in die Einheit zurückgeführt. Das charakteristische Merkmal der Liebe in Jesus Christus besteht demnach in der *Versöhnung mit dem Vater* und in der *Versöhnung der Menschen untereinander*. Dieses Merkmal zeigt sich zugespitzt im Tod Jesu am Kreuz. Der auferstandene Christus ist dann der »Ausgangspunkt« versöhnten Menschseins, das seither den Menschen im Heiligen Geist als neue Lebensmöglichkeit angeboten ist. Kennzeichen der christlichen *»koinônia«*, die auf die Liebe Gottes gegründet ist, ist deswegen ein *»versöhntes« Leben*. In diese *»koinônia«* treten die Gläubigen durch die Taufe ein. In ihr empfangen sie das »Angeld« ihres

---

137 Wohl wird das Bild der Urkirche hier augenscheinlich idealisiert, doch äußert Tillard - im Anschluß an J. Dupont - die Vermutung, daß es sich um die »Generalisierung einer exemplarischen Haltung« handelt, die vielleicht in den ersten Tagen der jungen Kirche wirklich dominierend war. Siehe dazu La communauté religieuse 501f.

138 So in: La communauté religieuse 503.

139 Vgl. La communauté religieuse 504.

140 Vgl. La communauté religieuse 505f.

Erbes, in ihr werden sie zu Söhnen und Töchtern Gottes, aber im gleichen Moment auch zu versöhnten Brüdern und Schwestern[141].
Tillard geht noch einen Schritt weiter. Gott selbst ist *communio*, eine Gemeinschaft in Liebe, deren Zentrum der Vater ist. Die Sendung Christi bestand deshalb nicht nur darin, die Menschen untereinander und mit Gott zu versöhnen, sondern die trinitarische »*koinônia*« Gottes als tiefsten Grund der menschlichen »*koinônia*« aufleuchten zu lassen[142]. In ihr ist die *communio* des Vaters, des Sohnes und des Geistes wie ein Siegel eingeprägt. Das wird in der »himmlischen Kirche« vollendet sein. Sie wird eine *communio* sein, die aus der trinitarischen »*koinônia*« Gottes kommt und in ihr ihre Erfüllung findet[143]. Auf dem Wege dorthin nimmt in der christlichen »*koinônia*« die durch Gott in Jesus Christus geschenkte Versöhnung Gestalt an. Die christliche Gemeinde ist deswegen *das* Zeichen des Gottesreiches. Sie ist nicht nur Effekt, Konsequenz, sondern *Unterpfand* des Reiches Gottes, »*sacramentum* der *'agapê'* Gottes«[144]. Zugleich aber gilt: Als »Angeld« ist die eschatologische Gemeinschaft zwar *schon* jetzt gegeben, ihre letzte Erfüllung steht aber *noch* aus. Sie wird schon gelebt, aber in Armut und Gebrochenheit[145].

Wie vor allem die Apostelgeschichte zeigen will, lebte die Urkirche ganz aus der Erfahrung dieser endzeitlichen »*koinônia*«. Mit der Ausbreitung der Kirche, dem Hineinwachsen in andere Kulturen, der Herausforderung durch neue Situationen geschah, so führt Tillard aus, mit dem Ideal der »*koinônia*« jedoch Ähnliches wie mit dem Ideal der *sequela*: Die Lebensweise der kleinen Gruppe in Jerusalem konnte bald nicht mehr in dieser Form, besonders nicht als Gütergemeinschaft, verwirklicht werden. Dennoch blieb in der Kirche stets eine Sehnsucht danach wach, diese ideale Gemeinschaft der Urkirche in möglichst handgreiflicher Form neu zu realisieren. Zu den Gruppen, die in der Geschichte der Kirche danach trachteten, in dieser Weise nach dem Evangelium zu leben, gehören auch die Ordensgemeinschaften[146]. Als Gruppen, die intensiver, beständiger, wahrnehmbarer die Realität der »*koinônia*« leben möchten, tragen sie die wesentlichen Züge der urkirchlichen »*koinônia*« an sich. Zugleich prägen sie auf besondere Weise deren transzendente Dimension, d.h. deren Beziehung zu Gott als Quelle und »Schlußstein« aus[147]. Diese theozentrische Ausrichtung

---

[141] Siehe ebd. 506.

[142] Vgl. La communauté religieuse 509f sowie Charisme 98.

[143] Tillard in: Religieux au coeur 57f; La communauté religieuse 510.

[144] La communauté religieuse 510.

[145] Vgl. Religieux au coeur 14f.

[146] Siehe dazu: Le fondement 942f; La communauté religieuse 510-519. - Die Verbindung von Ordensgemeinschaften und urkirchlicher »*koinônia*« zeigt sich für Tillard u.a. darin, daß jede Reform der Orden sich später auf die Summarien der Apostelgeschichte zurückbezog - bis hin zu PC 15! Vergleiche dazu: Le fondement 943-953.

[147] Vgl. La communauté religieuse 513; Art. Koinônia 1766f.

der Ordensgemeinschaft zeigt sich an konkreten Punkten ihres Lebens und bestimmt wesentlich ihre Sendung in der Kirche:
(1) Die Ordensleute bezeugen die absolute Priorität des Gottesbezugs bereits durch ihre Existenz in Gemeinschaft, die ihren letzten Grund nicht in menschlichen Affinitäten, sondern im Ruf Gottes findet. Eine gewisse Heterogenität innerhalb der Ordensgemeinschaft ist deswegen geradezu ein Unterpfand für ihre Authentizität als *»koinônia«*[148].
(2) Die Gemeinschaft im Ordensleben ist auf diese Weise wahrhaft ein »Ereignis des Glaubens«, konkret: des Glaubens an die versöhnende Macht der Liebe Gottes, wie sie sich am Kreuz Jesu manifestiert hat[149]. Von hierher versteht sich auch der besondere Platz, der im Entwurf des Ordenslebens der Eucharistie als Sakrament der Versöhnung und der Gemeinschaft zukommt[150].
(3) Die Gemeinschaft sowie das einzelne Mitglied möchten und sollen mit ihrem ganzen Leben zum Ausdruck bringen, daß Gott für sie das »einzig Notwendige« ist. Ordenschristen tun dies besonders, indem sie auf eine bestimmte Verwirklichung menschlicher Grundwerte verzichten (Gelübde)[151].
(4) Die Unsicherheit, die viele Ordensgemeinschaften in den letzten Jahren ergriffen hat, stellt sich Tillard geradezu als Chance dar: Im Aufgeben der alten gesicherten Positionen kann den Ordensgemeinschaften neu ihre Verankerung allein in einem Leben aus dem Glauben bewußt werden[152]. Wenn sich die Ordensleute voll Vertrauen auf diese Ungesichertheit einlassen, werden sie für alle Christen zum Zeichen rückhaltloser Verfügbarkeit Gott gegenüber[153].
(5) Durch seine Konzentration auf die unverfügbare transzendente Liebe Gottes bezeugt das Ordensleben auch, daß Christsein sich nicht in »Nützlichkeit« erschöpft. Paradox gesprochen besteht die »Nützlichkeit« des Volkes Gottes gerade darin, daß es sich eben nicht in den engen Grenzen der Brauchbarkeit und Funktionalität erschöpft. Gerade wenn die Ordensleute einer - auch in der Kirche weitverbreiteten - Mentalität der Nützlichkeit widerstehen, legen sie den »doxologischen

---

148 Zu diesem bei Tillard zentralen Aspekt vergleiche: Religieux au coeur 16.24-28; Vertrauen 69; La communauté religieuse 517.152.161; Religieux, dans la société nouvelle 290; DD 297; Religieux - un chemin 38-40; Art. Koinônia 1766f.

149 Siehe: La communauté religieuse 513.163; Art. Koinônia 1766.

150 Vgl. Religieux au coeur 59; La communauté religieuse 175-185.

151 So Tillard in: Religieux au coeur 19f; La communauté religieuse 514; Frei sein 102. Im besonderen zur Armut: Frei sein 38. Zur Konzeption von Räteleben und Gelübde bei Tillard vgl. oben 84-85.

152 Siehe dazu: Vivre l'insécurité 236f.

153 Vgl. Vertrauen 139.141.155; DD 195.

Aspekt« des Christseins frei[154]. Dieser Aspekt, fast nur am Rande von Tillard markiert, wehrt einem Mißverständnis der Zeichenfunktion der Orden, dem auch die Konzilsaussagen ausgesetzt sind. Es kann für die Orden keinesfalls darum gehen, das Zeichensein zu »leisten« und sich dadurch in der Kirche als nützlich und brauchbar zu erweisen. Denn die Zeichenhaftigkeit des Ordenslebens siedelt sich auf einem anderen Niveau als dem des Nützlichen und Moralischen an.
(6) Aus der verschiedenen Gewichtung der beiden Koordinaten der *»koinônia«* - theozentrische Ausrichtung und versöhnte Brüderlichkeit - entstehen für Tillard die Unterschiede zwischen den einzelnen Gemeinschaften[155].
Wesentlich ist also für Tillard, daß die Orden gerade durch ihr gemeinschaftliches Leben zu einem Zeichen in der Kirche werden, nicht erst durch ihre apostolische oder caritative Tätigkeit. Ordensgemeinschaften sind in der Kirche - als Aktualisierung der *»koinônia«* - Zeichen der gemeinschaftsstiftenden Liebe Gottes[156]. Sie realisieren so auch in aller Gebrochenheit die Wirklichkeit der *schon* anbrechenden Gottesherrschaft, die für Tillard wesentlich als versöhnte *communio* zu verstehen ist[157].
Diese *eschatologische Zeichenfunktion* nimmt in der Konzeption Tillards einen breiten Raum ein. Besonders aufschlußreich sind hier die Hinweise, die Tillard zur Interpretation dieser auch in den Konzilstexten angesprochenen Zeichenhaftigkeit der Orden (vgl. LG 44,3) gibt. Er bemerkt, daß sich im Verständnis dieser Qualifizierung des Ordenslebens oftmals zwei verschiedene Konzeptionen von Eschatologie überschneiden, die unterschieden und bewußt gemacht werden müssen[158]. Die erste Konzeption ist die der futurischen Eschatologie. Sie konzentriert sich auf eine Betrachtung der »Letzten Dinge«, die in Zukunft ge-

---

[154] Tillard in: DD 300.

[155] Tillard nennt drei Konzeptionen (La communauté religieuse 515f):
1. Die *»koinônia«* wird als Wert in sich verstanden. Sie ist Ort der Anbetung Gottes. Die Berufung des einzelnen besteht wesentlich darin, diese *»koinônia«* zu leben.
2. Die *»koinônia«* übt vor allem eine Funktion den Mitgliedern gegenüber aus. Sie ist Ort der Begegnung des einzelnen mit Gott. Durch das Leben in Gemeinschaft wird in erster Linie die Berufung des einzelnen gestärkt.
3. Gemeinschaft und einzelner stellen sich unter der Perspektive des apostolischen Engagements dar. Dieses hat den Vorrang. Die brüderliche *»koinônia«* soll den spezifischen Dienst in der Kirche ermöglichen und unterstützen.
Zu ungenügenden Gemeinschaftskonzeptionen siehe: Religieux au coeur 63-69. - Zum Verhältnis einzelner - Gemeinschaft vergleiche: La communauté religieuse 150-167.

[156] Siehe: La communauté religieuse 510.

[157] Vgl. Religieux au coeur 16; La communauté religieuse 518 und passim; Art. Koinônia 1768f.

[158] Siehe dazu DD 318-321; Nécessité du prêtre et du religieux dans l'Église, in: AAVV., La vocation religieuse et sacerdotale (PVR 28), Paris 1969, 69-91, hier 83-85.

schehen werden, für die Gegenwart folglich etwas Neues, anderes darstellen, ein »Jenseits«, das in das »Diesseits« einbricht. In dieser - statischen - Interpretation läßt sich das Ordensleben als Ergebnis der Gnade verstehen, auf das hin die Kirche als ganze noch unterwegs ist. Es ist Antizipation, Vorgriff auf das noch ausstehende Zukünftige. Die altchristlichen Themen vom Mönchsstand als *vita angelica* oder *vita paradisi* haben für Tillard hier ihren Ort. Diesem Verständnis des Ordenslebens sind jedoch ähnliche Schwierigkeiten zu eigen wie einer futurischen Eschatologie als »Lehre von den Letzten Dingen«, die vorgibt, präzises Wissen vom Kommenden zu besitzen[159].

Demgegenüber optiert Tillard für ein anderes Konzept von Eschatologie, das heutiger Theologie und heutigem Glaubensbewußtsein besser entspricht. Gemäß diesem theologischen Denken steht die Geschichte der Kirche in einer Dynamik von *schon* gegebenem Angeld am kommenden Reich und *noch* ausstehender Erfüllung. Die entsprechende Haltung des Christen ist nicht, das Zukünftige »bloß« zu erwarten, sondern alles kommt darauf an, sich »schon jetzt« dem anbrechenden Reich zuzuwenden[160]. In einer solchen Konzeption von Eschatologie zeigt auch das Ordensleben als eschatologisches Zeichen nicht, wie das zukünftige Leben *sein wird*, sondern es offenbart, daß dieses Leben bereits jetzt in Kirche und Welt *im Keimen* ist. Es streicht nicht in erster Linie heraus, daß auf eine zukünftige Welt zu warten sei, sondern fordert dazu heraus, sich *hier und jetzt* zu Gott und seinem bereits im Angeld gegebenen Reich zu bekehren[161].

Blickt man von dieser Option Tillards zurück auf die Konzilstexte, so erweist sich, daß auch dort eine eschatologische Zeichenhaftigkeit der Orden im Sinne Tillards angelegt ist, jedoch leicht überlesen werden kann. In LG 44,3 heißt es ausdrücklich: Der Ordensstand, »der seine Glieder von den irdischen Sorgen mehr befreit«, macht »mehr die himmlischen Güter, die *schon in dieser Zeit gegenwärtig sind*, ... allen Gläubigen kund«[162].

Eschatologische Zeichenhaftigkeit der Orden heißt also für Tillard: Die Lebensform der Ordensleute unterstreicht die Ausrichtung der ganzen kirchlichen Gemeinschaft auf die Vollendung im Eschaton und läßt so

---

[159] Vgl. dazu die reichen Literaturangaben in DD 318f, Anm. 75 sowie Frank K.S., Angelikos Bios. Begriffsanalytische und begriffsgeschichtliche Untersuchung zum »engelgleichen Leben« im frühen Mönchtum (Beiträge zur Gesch. des Alten Mönchtums und des Benediktinerordens 26), Münster 1964; Parenteau 2, 55-67.

[160] Tillard verweist hierzu in DD 321, Anm. 78 auf Moltmann J., Theologie der Hoffnung. Untersuchungen zur Begründung und zu den Konsequenzen einer christlichen Eschatologie (Beiträge zur evangelischen Theologie 38), München 1965.

[161] Vgl. DD 320. Siehe auch Charisme 42.

[162] Hervorhebung im Text von A.H.

die Kirche selbst mit größerer Deutlichkeit den Samen des Gottesreiches, das »Schon«, das bereits in ihr wohnt, erkennen[163]. Daß der eschatologische Charakter der Orden bei Tillard vor allem mit ihrem Leben als »*koinônia*« verbunden ist, wird an verschiedenen Punkten deutlich:

- Die Kirche selbst ist eschatologische Gemeinschaft der Versöhnung und bemüht sich, dieses Ideal zu realisieren. Jedoch vermag sie wegen der Einbindung ihrer Glieder in die Welt die »*koinônia*« nicht in voller Entfaltung zu leben. Die Ordensgemeinschaft aber legt gerade auf die Verwirklichung der typischen Züge der endzeitlichen *communio* besonderen Nachdruck. Darin legt sich für Tillard auch die - in der Literatur im übrigen wenig beachtete - Passage aus PC 15,1 aus: »Die Einheit der Brüder macht das Kommen Christi offenbar (vgl. Jo 13,35; 17,21)«[164].
- Mit ihrem speziellen Lebensstil in Armut, Keuschheit und Gehorsam weisen die Ordensleute darauf hin, daß die materielle Entsagung und Keuschheit, die allen Christen aufgegeben sind, ihre Daseinsberechtigung allein aufgrund des schon gegebenen »Angelds« des eschatologischen Gottesreiches haben[165]. Das Leben der Ordensleute ist deswegen das *sacramentum* einer »sich über sich selbst hinausspannenden Wirklichkeit«[166].

Einer der hervorstechendsten Züge jener *communio*, welche die »himmlische Kirche« auszeichnen wird, ist, daß sie ihre tiefste Einheit in der vorbehaltlosen Übereignung aller ihrer Glieder an Gott findet. Genau dies zeichnet im Konzept Tillards die Lebensform der Orden aus: Sie konzentrieren alles um den Gottesbezug christlichen Lebens und übergeben ihr Leben völlig an Gott.

Ordensleben ist so eschatologisches Zeichen bis zur Wiederkunft des Herrn, während »der verheiratete Christ vor allem Symbol der pilgernden Kirche« ist. Ordensleben ist ein »prophetisches Zeichen der Gegenwart der eschatologischen Kirche in der pilgernden Kirche«[167]. Die beiden Zeichen sind zueinander komplementär: »Zusammen geben sie ein Bild von der Situation des Gottesvolkes: *Schon* besitzt es das Unterpfand des Reiches, aber *noch nicht* seinen vollen Genuß; *noch* ist es an das Schicksal der Welt gebunden, aber *schon* von einer anderen Dimension geprägt«[168].

---

[163] So etwa in: Religieux au coeur 51; DD 312f.

[164] Vgl. L'adaptation 153f.

[165] Vgl. DD 321f.

[166] Vertrauen 168.

[167] Religieux au coeur 57. Zum Ganzen siehe: Ebd. 51-61.

[168] Frei sein 72. Zur Komplementarität der christlichen Lebensformen siehe auch: DD 295.432.440 und passim sowie Charisme 126f. Allerdings ist auffallend, daß Tillard in den Publikationen vor DD stärker zu einer Zeichenhaftigkeit des Ordenslebens für die

»Prophetisches Zeichen« und Träger der »Gesinnungsethik«

In engem Zusammenhang mit ihrer eschatologischen Ausrichtung sieht Tillard die Orden als *prophetisches Zeichen* in der Kirche. Diese Bezeichnung ist in den Konzilstexten nicht enthalten, sie wurde jedoch, so Tillard, nachkonziliar manchmal zu einem beliebten Modewort, um die Rolle des Ordenslebens in der Kirche zu umschreiben. Durch einen zu unkritischen Gebrauch aber steht der Terminus für Tillard in Gefahr, zu einem nichtssagenden Klischee zu werden[169]. Nichtsdestoweniger vermag er wesentliche Züge des Ordenslebens zum Klingen zu bringen, die den Ort der Orden in der kirchlichen Gemeinschaft konkretisieren.
Der prophetische Charakter stellt - ähnlich wie die Idee des Charismas - die geistgewirkte Herkunft des Ordenslebens in den Vordergrund. Zugleich ruft er eine alte Tradition der monastischen Theologie in Erinnerung, die in den alttestamentlichen Propheten, besonders in Elija, ein Paradigma der Ordensberufung sah. Für die Funktion des Propheten ist es typisch, mit seinem ganzen Leben den Anspruch Gottes auf den »ersten Platz« in Erinnerung zu rufen. Genau dies trifft auf die Lebensform der Ordensleute zu, wie Tillard in der Beschreibung des Ordenslebens als »transzendent-eschatologisches Zeichen« aufweist[170]. »Prophetisch« ist das Ordensleben auch insofern zu nennen, als ihm - in der Nachfolge der Märtyrer und Bekenner - die Rolle der Bekenner und Zeugen zukommt[171].
In eigentümlicher Weise prägt sich der prophetische Charakter des Ordenslebens bei Tillard in der Funktion der Ordensleute als Träger der »conviction évangélique« (deutsch oft »Gesinnungsethik« genannt) aus. Hierin kommt - auf theologischer, nicht auf juridischer Ebene - auch das Verhältnis der Ordensgemeinschaften zur kirchlichen Hierarchie zur Sprache, das schon auf dem Konzil die Gemüter bewegt hatte.

Tillard übernimmt von *Paul Ricoeur* die Unterscheidung von Trägern der Gesinnungsethik und Trägern der Verantwortungsethik, die Ricoeur im Anschluß an *Max Weber*[172] benutzt hat. Nach Ricoeur unterscheidet Weber im Kontext der Frage von Macht und Gewaltsamkeit zwei Ebenen von Moralität: die Gesinnungsethik als »Projektion grundlegender Zielvorstellungen« und die Verantwortungsethik als »Vollzug der Handlung selbst im Zeichen des Möglichen und Vernünftigen inner-

---

»Fülle der Kirche« tendiert. Vergleiche dazu etwa: Vertrauen 168; Religieux au coeur 178.

169 Vgl. DD 313.

170 Siehe dazu DD 313-315.322.

171 Vgl. Charisme 104-110. In DD 322-325 weist Tillard auf den Zusammenhang von prophetischem Charakter des Ordenslebens und dem in der monastischen Tradition weitverbreiteten Topos der *peregrinatio* hin. Dazu siehe auch Parenteau 2, 31-51.

172 Weber M., Politik als Beruf, München 1919.

halb der zur Verfügung stehenden Machtmöglichkeiten«[173]. Die Grenze zwischen diesen beiden Ethiken verläuft bei Ricoeur augenscheinlich zwischen dem Auftrag der staatlichen Autorität und der Sendung des Christen[174]. Wenn die Gesinnungsethik »von Individuen und Gruppen getragen wird, die sich der Faszination der Macht und des größtmöglichen Genusses entziehen und gemeinsam die Vorzüge der Abhängigkeit und des Gehorsams entdecken«, dann kann im Namen der Utopie Druck auf die Moral der Verantwortung ausgeübt werden[175].

Gerade diese letzte Formulierung Ricoeurs, welche Assoziationen an die Lebensform der evangelischen Räte wachruft, könnte Anlaß dazu gewesen sein, daß Tillard die Unterscheidung von »éthique de responsabilité« und »éthique de conviction«, die Ricoeur zwischen dem Staat und christlichen Personen oder Gruppen bzw. der Kirche trifft, nun dazu benützt, die Rolle der Orden *innerhalb* der Kirche zu bestimmen[176]. Tillard setzt diese beiden Ethiken in Parallele zu den Haltungen des Königs und des Propheten im Alten Testament:

> »Der König berücksichtigt die Situationen, paßt sein Verhalten und seine Entschlüsse den Möglichkeiten an und läßt sich auf Kompromisse ein. Der Prophet dagegen verkündet unnachgiebig die Forderungen von Gerechtigkeit und Wahrheit, ohne sich allzu viel Gedanken über die unmittelbaren Folgen oder die konkreten Möglichkeiten zu machen. Er sagt, was zu sagen ist, und klagt die unvermeidliche Mittelmäßigkeit an«[177].

Für Tillard haben die Orden durch ihre eigentümliche Lebensform, die auf den Gottesbezug des christlichen Lebens konzentriert ist, die Möglichkeit, mehr als die anderen Christen im Rahmen der Gesinnungsethik zu handeln und das Evangelium stets neu einzuklagen[178]. Das ist ihre spezifische Berufung. Ein Familienvater jedoch gehört auf die Seite derer, die »als Realisten ständig an die möglichen Folgen ihre Handelns für jene denken müssen, für die sie verantwortlich sind«[179]. Fruchtbares Leben in der Kirche erwächst nur aus der Spannung dieser beiden Be-

---

[173] Ricoeur P., Ökonomische Voraussicht und ethische Wahl, in: ders., Geschichte und Wahrheit, München 1974, 193-312, hier 308. Vgl. dazu Weber 56-67.

[174] Ricoeur spricht auch von »Ethik der Barmherzigkeit« (»éthique de la charité«) und »Ethik des Zwanges« (»éthique de la coercition«), in: Ricoeur P., Staat und Gewalt, in: ders., Geschichte und Wahrheit, München 1974, 232-248, hier 245.

[175] Ricoeur, Ökonomische Voraussicht 308f.

[176] Für diese Vermutung spricht Frei sein 77: Der Lebensentwurf der Ordensleute »stellt ... ein Hinterfragen dieses Höchstmaßes an Macht, Genuß und Besitz dar, der eigentlichen Ursache für die Entfremdung unserer Welt«. Besonders die Sequenz »Macht, Genuß und Besitz« erinnert an Ricoeur. Zum Ganzen vergleiche: DD 302-304.315; Frei sein 72-80; Art. Obéissance 554-556.

[177] Frei sein 73.

[178] Vgl. z.B. Frei sein 65-71.

[179] Frei sein 72.

rufungen[180]. Als Träger der »conviction évangélique« haben die Orden die Funktion, diese Spannung innerhalb der Kirche wachzuhalten, damit die kirchliche Gemeinschaft nicht von den Realitäten dieser Welt absorbiert wird[181].

Diesen prophetischen Dienst erfüllen die Ordensgemeinschaften speziell gegenüber der kirchlichen Hierarchie:

> »Während die Verantwortlichen der Hierarchie ... sich auf den rauhen Wegen der Verantwortungsethik halten müssen, weil die Kirche sonst in ein Chaos geriete, sollen die Ordensleute durch ihr Leben und Handeln den Anspruch des Evangeliums und der Gesinnung vertreten. ... Die Kirche braucht die Kritik der 'leidenschaftlichen Verfechter' des Evangeliums«[182].

Aus der Grundspannung von Gesinnungs- und Verantwortungsethik sind auch die Konflikte zu verstehen, die es im Lauf der Kirchengeschichte immer wieder zwischen Orden und Hierarchie gegeben hat. Sie traten besonders dann auf, wenn die Orden in die pastorale Tätigkeit eintraten; dabei gab es auf beiden Seiten Übertreibungen[183].

Als »Menschen der Gesinnung« erinnern die Ordensleute die »Menschen der Verantwortung« an die Grundforderungen des Evangeliums, damit diese sich nicht von dem materiellen Dienst an der Welt so sehr faszinieren lassen, daß sie unter seine Herrschaft gelangen. So gesehen übt das Ordensleben in der Kirche einen »Dienst der Freiheit« aus, der ein unverzichtbares Element in der Dynamik des Gottesvolkes darstellt[184]. Ihre Lebensform ermöglicht ihnen auch, »Pionierdienste« in der Kirche zu leisten, »einmal um gegen gewisse Tendenzen zu protestieren, ein andermal, um ihre Zeit für die Erforschung einer Wahrheit zu opfern, die andere nicht angehen wollen, dann wieder, um in einem kühnen Vorgriff Ideen in der Kirche zu verbreiten, die morgen zum Allgemeingut werden«[185]. Nehmen die Ordensleute diesen Dienst wahr, so werden sie in der ganzen Kirche von neuem zum »Ferment und prophetischen Zeichen«[186].

---

180 Vgl. Frei sein 73; DD 303; Art. Obéissance 556.

181 Siehe dazu DD 304 sowie Art. Obéissance 556: »A l'intérieur de l'obéissance du peuple de Dieu, donc dans la tension entre l'obéissance selon la conviction et l'obéissance selon la responsabilité, l'obéissance des religieux représente un cas typique du comportement de la conviction«.

182 Frei sein 80.

183 Vgl. DD 327: »Du côté de la hiérarchie, désir, inconscient très souvent, de réduire les communautés à la simple fonction de 'corps apostoliques spécialisés' et sous leur coupe; du côté des religieux revendication, d'une exemption exagérée«.

184 Vgl. Frei sein 75-88.

185 Frei sein 79.

186 Religieux au coeur 177.

Tillard bringt schließlich einen weiteren Aspekt in bezug auf den Zeichencharakter der Orden ein, der in den Konzilstexten - wie sich in der Einleitung zu diesem zweiten Fragenkreis gezeigt hat - nicht thematisiert wurde. Er weist darauf hin, daß die Rede von Zeichenhaftigkeit und antizipatorischen Gesten wenig zum tatsächlichen Verständnis des Ordenslebens beiträgt, wenn nicht zugleich deutlich wird, wie diese Zeichen und Gesten erkannt werden können[187]. Wenn das Zeichen, das die Ordensleute sind, nicht »dechiffriert« wird, kann das Ordensleben seine Sendung nicht erfüllen. Das erfordert zunächst einmal, daß der Lebensentwurf der Orden in der Kirche überhaupt wahrgenommen, bekanntgemacht und in seiner Eigentümlichkeit ernstgenommen wird.
Die Zeichenhaftigkeit wird jedoch auch durch die Ordensleute selbst verdunkelt. Gerade wenn Ordensleben, wie so oft, unter dem Aspekt menschlicher Großzügigkeit Gott gegenüber vorgestellt wird, läßt sich, so Tillard, die Frage kaum vermeiden, ob denn die Ordensleute wirklich die »großzügigeren« Glieder der Kirche sind[188]. Sie sind und bleiben ja sündige Menschen; in ihren Gemeinschaften geschieht vieles nicht im Sinn des Evangeliums; einzelne und Gemeinschaften leben mehr die Mittelmäßigkeit, als daß sie dem hohen Anspruch des in der Ordenstheologie gezeichneten Ideals gerecht würden. Ist damit die Zeichenhaftigkeit der Orden nicht endgültig desavouiert und als anmaßendes Etikett demaskiert?
Für Tillard ist schon die Blickrichtung dieser Fragen falsch. Er betont, daß die Ordensberufung primär nicht menschliche, sondern göttliche »Großzügigkeit« ist, Geschenk aus der allmächtigen Barmherzigkeit und Liebe Gottes[189]. Was zählt, ist weniger Heroismus, sondern radikale Verfügbarkeit Gott gegenüber, so daß sich seine Macht in der freiwillig übernommenen Armut des menschlichen Herzens einprägen kann[190]. Das Ordensleben, das auf diese Weise Zeichen und Sakrament der Macht Gottes wird, die sich in menschlicher Schwachheit offenbart (vgl. 2 Kor 12,9f), ist deshalb wesentlich ein Mysterium der *Armut*.
Armut freilich in einem zweifachen Sinn: als freiwillig übernommene und als Armut des Sünders. Der unendliche Abstand zwischen Ideal und tatsächlicher Verwirklichung müßte gerade den Ordenschristen deutlich vor Augen stehen und sie von der stets latenten Versuchung

187 Vgl. DD 340f.
188 Zum Ganzen vergleiche besonders: Religieux au coeur 35-50.
189 Vgl. Religieux au coeur 36.
190 Siehe dazu Religieux au coeur 40-43.

zur Überheblichkeit befreien. Der spezifische Dienst der Orden bestünde für Tillard deswegen gerade darin, an der eigenen Armseligkeit nicht zu verzweifeln. Die Armut, die ihnen als sündigen Menschen zu eigen ist, sollte für sie aufgrund ihrer freiwillig gelobten Armut durchlässig sein für die verzeihende Macht Gottes. Im Glauben an die Auferstehung und die siegreiche Macht der Gnade und Liebe Gottes können die Ordensgemeinschaften zu einem »Zeichen der Hoffnung« werden[191]. Wo sie sich auf Gott als Grundachse ihrer Existenz ausrichten, finden sie sich mit dem eigenen Elend nicht ab und geben im Kampf gegen das Böse nicht auf. So erst bleiben sie selbst in ihrer Gebrochenheit und ihrer sündhaften Existenz *Zeugen der Gnade*, die sich durch alle menschliche Sündigkeit hindurch durchsetzt. In den Orden müßte

> »in deutlich sichtbarer Weise das Wesen der Kirche sichtbar werden, einer Kirche, die ständig der Erinnerung bedarf, einer Kirche der Armen, einer Kirche der Sünder, die dennoch immerdar durch die Liebe Gottes gehalten und durch diese Liebe über sich selbst hinausgehoben wird«[192].

Dieser Ansatz Tillards steht in engem Zusammenhang mit seinem Verständnis der eschatologischen Zeichenhaftigkeit der Orden. Oft wird »die eschatologische Dimension des Ordenslebens mit erlangter Heiligkeit« verwechselt, »obwohl es sich doch ... um das langsame und schwierige Vordringen der dynamischen Kraft des eschatologischen Reiches mitten durch die sündige Situation des Menschen, der sich auf besondere Weise dem Herrn geweiht hat, handelt«[193]. Gerade im Leben der Ordensgemeinschaften wird so die Spannung von Heiligkeit und Sündigkeit, in der die Kirche selbst steht (vgl. LG 8), nicht aufgehoben, sondern verschärft und in besonderer Weise zur Darstellung gebracht. Dieser Aspekt, von Tillard in das Gespräch eingebracht, bringt die durchwegs affirmativen Aussagen des sechsten Kapitels der Kirchenkonstitution mit der Realität des Ordenslebens in Einklang.

Das Ordensleben als Charisma

Das in der Tradition oft spannungsgeladene Verhältnis von Orden und Hierarchie, das im Konzil vor allem in der Diskussion um die Exemtion zutage trat, hat seinen Grund auch darin, daß die Initiative zur Gründung einer Ordensgemeinschaft normalerweise nicht »von oben«, von

---

191 Vgl. Religieux au coeur 32f.44-46.

192 Vertrauen 153; vgl. Religieux au coeur 46; Nécessité du prêtre et du religieux 85-87.

193 Nécessité du prêtre et du religieux 87.

der Hierarchie entspringt, sondern gleichsam »von unten«. Es fließt heraus aus einem Wirken des Geistes und realisiert sich auf einer anderen Ebene als der sakramentalen und hierarchischen. Deswegen gehört das Ordensleben für Tillard nicht zur hierarchischen, sondern zur pneumatischen, zur charismatischen Struktur der Kirche. Es steht nicht im Dienst der hierarchischen Gliederung, sondern im Dienst des Aufbruchs des Gnadenlebens[194]. Der Hierarchie bleibt zwar die Aufgabe, die vielfältigen Charismen in der Kirche zu ordnen, aber sie hat diese zu respektieren und darf den »Geist nicht auslöschen« (vgl. 1 Thess 5,19)[195].

Tillard spricht in diesem Zusammenhang ausdrücklich vom »charisme religieux«[196]. Es besteht darin, daß die Ordensleute in der Kirche diejenigen sind, die ihr Leben auf die transzendente Achse der Taufe hin konzentrieren[197]. Mit der Einführung des Begriffs Charisma will Tillard die wechselseitige Verwiesenheit der einzelnen christlichen Lebensformen zum Ausdruck bringen. Durch die unterschiedlichen Charismen, in denen sich jeweils ein bestimmter Aspekt des Evangeliums kristallisiert, ist es möglich, daß sich die Fülle des Evangeliums in der Kirche aktualisiert. Die einzelnen Lebensformen sind etwas Ähnliches wie »corporate personalities«, die - als Gruppe - das jeweilige »Charisma« ausprägen. Die Präsenz des Ordenslebens in der Kirche und ihrer Pastoral »erlaubt, wie der *cantus firmus* der Polyphonie, den anderen Stimmen, sich mutig zu behaupten und manchmal bis zur Grenze des Möglichen vorzudringen«[198].

Zusammenfassung anhand der Leitfragen

Nach der Entfaltung der großen Linien des Konzepts Tillards hinsichtlich des ekklesiologischen Ortes der Orden, können die vielfältigen Aspekte, die angeklungen sind, nun auf die Leitfragen dieses Kapitels hin konzentriert werden.

---

[194] Vgl. Religieux au coeur 109; Vertrauen 55f. Zur »charismatischen Struktur« der Orden siehe besonders: Charisme.
Tillard bemerkt, daß die Zugehörigkeit der Orden zur charismatischen Ordnung der Kirche die Ordensleute in der Tradition von Anfang an besonders für den Dienst der geistlichen Führung prädestiniert hat: DD 328-335.

[195] Vgl. DD 340-351.

[196] So etwa in DD 326.341f.351; Religieux, dans la société nouvelle 282f.290.

[197] Vgl. DD 287.293; Vertrauen 56.158.

[198] DD 413.

1. Orden und Heiligkeit in der Kirche

Die Berufung aller zur Heiligkeit bildet für Tillard - ganz auf der Linie von *Lumen gentium*, Kapitel V. - den selbstverständlichen Hintergrund jedes christlichen Lebens. Das »projet religieux« scheint bei ihm aber nicht in *besonderer* Weise mit dem Thema »Heiligkeit« verbunden[199]. Der Grund hierfür dürfte darin zu finden sein, daß für Tillard »sainteté«, »perfection«, »sanctification personelle« der Ebene der Moral angehören, während er das Ordensleben von dieser Ebene gerade abheben möchte[200]. Im Streben nach Heiligkeit ist für Tillard nicht der Daseinsgrund von Orden in der Kirche zu finden. Vielmehr gehört das Phänomen Orden in eine charismatische, theologale Ordnung; es ist zunächst und grundlegend Erfahrung, Begegnung mit Gott, Angerufensein.

2. Zeichenhaftigkeit des Ordenslebens

Die Sendung der Orden in der Kirche wird von Tillard - in Übereinstimmung mit dem Konzil - mit Hilfe der Kategorie des Zeichens bestimmt. Die gewählte Terminologie erweist, daß für Tillard mit der Zeichenkategorie vor allem die Notionen *Sichtbarkeit*, *Erkennbarkeit* und *Ausdrücklichkeit* verknüpft sind. Es geht nicht darum, etwas Fremdes und radikal Neues zu signalisieren, sondern bestimmte, »verhüllte« Aspekte ins helle Licht zu stellen. »Zeichen« hat also bei Tillard wesentlich *epiphanischen* bzw. *kognitiven* Charakter. Das Zeugnis anderer christlicher Lebensformen ist genauso konstitutiv für die Kirche. Tillard denkt von einer *Komplementarität* der Berufungen im Leib Christi her.

Durch die ausdrückliche Reflexion auf die zugrundeliegenden Konzeptionen von Eschatologie und durch die Bestimmung der christlichen »*koinônia*« wird der konziliare Ansatz von der transzendent-eschatologischen Zeichenhaftigkeit der Orden ausdifferenziert und konkretisiert. Dazu tritt die prophetische Zeichenhaftigkeit, die in der Kennzeichnung der Orden als Träger der »conviction évangélique« eine eigen-

---

199 Allgemein vergleiche: Le fondement 918-923; DD 133-142. Siehe nur: Religieux au coeur 57f: »Si nous lisons attentivement l'Écriture, nous découvrons en effet que l'Église céleste a pour caractéristique essentielle d'être la communion joyeuse et bienheureuse d'hommes et de femmes tout entiers livrés au Père ... . C'est vraiment le Peuple saint, au sens biblique de la sainteté, c'est-à-dire non pas d'abord le Peuple ayant accompli de grandes oeuvres dans la fidelité à la volonté divine ..., mais le Peuple tout entier à Dieu, tout entier saisi par la bienveillance et la puissance du Père. ... Mais ce don total et inconditionné de soi au Père, cette vie toute centrée sur le service et le louange de Dieu ..., n'est-ce pas ce que la communauté religieuse cherche déjà *hic et nunc* à actualiser?«.

200 Etwa durch die Gegenüberstellung von *imitatio* und *sequela* in DD 167f. Siehe dazu auch in dieser Arbeit: 81f.

tümliche Färbung annimmt und mit besonderem Nachdruck das Verhältnis der Orden zur kirchlichen Hierarchie bestimmt.
Aus der vorgelegten Interpretation der Zeichenhaftigkeit ergibt sich, daß die kirchliche Gemeinschaft selbst der primäre Adressat des durch die Orden gegebenen Signals ist. Als Christen aber, die der Kirche ihre wahre Natur vor Augen halten, geben die Ordensleute mit der Kirche und gibt die Kirche durch sie der Welt Zeugnis[201].

3. Gebrochenheit des Zeichens
Die faktische Gebrochenheit des Zeichens der Orden wird von Tillard in die Konzeption des Ordenslebens und seiner Zeichenhaftigkeit miteinbezogen. Gerade wenn die Ordensleute am »garstig tiefen Graben« zwischen Ideal und Realität nicht verzweifeln, sondern sich stets neu glaubend auf Gottes Barmherzigkeit hin ausrichten, werden sie zu Zeugen der Hoffnung für alle Menschen, zum Zeichen der (vergebenden) Macht Gottes inmitten menschlicher Schwäche.

4. Das Ordensleben als Charisma
Das Ordensleben ist für Tillard unter die vielfältigen Charismen einzuordnen, die - aufeinander verwiesen - zum Aufbau des Leibes Christi beitragen. Er verwendet ausdrücklich die Bezeichnung »charisme religieux«.

Ähnliche Positionen

Eine Auswahl aus der Fülle der Arbeiten, in denen sich Bezüge zur Ordenstheologie Tillards feststellen lassen, zu treffen, muß notwendig beliebig bleiben. Um die breite Basis der für Tillard typischen Argumentation in der übrigen Theologie des Ordenslebens anzuzeigen, seien deshalb (pars pro toto) einige wenige Arbeiten herausgegriffen.
Was wir bei Tillard als »epiphanische« Zeichenhaftigkeit bezeichnet haben, findet sich auch - auf je ihre Weise - bei *Corona Bamberg*, *Raphael Schulte* und *Gisbert Greshake*[202]. Wie Tillard betonen etwa *Albert Schneider* und *Alois Kraxner*[203], daß die eschatologische Zeichenhaftigkeit der Orden nicht als »Antizipation« der himmlischen Existenz zu verstehen ist, sondern als Verweis auf das bereits *jetzt* keimende

[201] Vgl. Religieux au coeur 25.27.29.

[202] Bamberg C., Vom Sinn klösterlicher Existenz - biblisch und theologisch gesehen, in: AAVV., Frauenorden vor der Gegenwart. Überlegungen zu Standort und Funktion in der heutigen Kirche (Konzil konkret 2), Friedberg 1967, 9-32; Schulte, Das Ordensleben als Zeichen; Greshake, Erwartungen der Kirche.

[203] Schneider A., Auf Christus kommt es an. Gedanken zum Zeichencharakter des Ordenslebens, in: OK 11 (1970) 52-64, besonders 61-63; Kraxner A., Der kirchliche Auftrag der Orden, in: ON 24 (1985) 115-125.

und sich durchsetzende Gottesreich. *Thaddée Matura*[204] vertritt in Übereinstimmung mit Tillard den engen Zusammenhang zwischen dem gemeinschaftlichen Leben der Orden (als *»koinônia«*) und ihrer eschatologischen Zeichenhaftigkeit. Für *Stephan Wisse*[205] liegt im gemeinschaftlichen Leben der Ordensleute ihr Spezifikum. Er spricht sogar von einem »evangelischen Rat« der *»koinônia«*. Gegenüber einer bloß funktionalen bzw. auf das Individuum bezogenen Sicht der Gemeinschaft wird für *Jean-Claude Guy*, *Emmanuel von Severus* und *Jules Cambier*[206] das Leben der Orden selbst zum Zeichen in der Kirche. *Guy* weist außerdem wie Tillard darauf hin, daß eine Ordensgemeinschaft nicht aufgrund natürlicher Anziehungskraft und freundschaftlicher Verbundenheit entsteht, sondern sich aus der gemeinsamen Berufung herleitet[207]. Die Bezeichnung des Ordenslebens als »mémoire évangélique de l'Église«[208] erinnert an Tillards »mémorial«.

Einige Anfragen an Tillard

Im Entwurf Tillards ist die ekklesiologische Einbindung der Orden besonders hervorgehoben. Dabei wird jedoch nicht nur die Hinordnung der Orden auf Kirche deutlich, sondern auch deren Verwiesenheit auf die Orden. Grundsätzlich denkt Tillard von einer »Communio-Ekklesiologie« her, die das Zueinander und die wechselseitige Verwiesenheit aller Glieder der Kirche betont[209]. Theologisch bedeutsam ist vor allem die Reflexion Tillards auf eine angemessene Konzeption von Eschatologie und auf die Wesenszüge christlicher *»koinônia«*. Gerade vom Entwurf der *»koinônia«* könnten wertvolle Impulse für eine tiefgreifende Erneuerung der Orden ausgehen. Gegenüber anderen ordenstheologischen Entwürfen (auch gegenüber den Konzilsdokumenten!) kommt Tillard das Verdienst zu, der »Gebrochenheit« des Zeichens der Orden in der Konzeption selbst Raum gegeben zu haben. Bei allen wertvollen Beiträgen Tillards zu einem vertieften Verständnis des Verhältnisses von Kirche und Orden drängen sich jedoch auch einige problematische Seiten auf, die kritisch zu hinterfragen sind.

---

204 Matura, Célibat et communauté.

205 Wisse S., Geistliches Leben und evangelische Räte, in: Geist und Geistesgaben. Die Erscheinungsformen des geistlichen Lebens in ihrer Einheit und Vielfalt. Seminar Spiritualität 2. Hg. v. A. Rotzetter, Zürich 1980, 59-76.

206 Guy J.-C., Les traits majeures de la vie religieuse, in: ders., La vie religieuse mémoire évangélique de l'Église, Paris 1987, 140-142; Severus E. von, Ordensleben heute innerhalb der Kirche, in: OK 17 (1976) 37-42; Cambier J., Théologie de la vie religieuse aujourd'hui, Bruxelles 1971, hier 60.

207 Guy J.-C., La vie religieuse en crise?, in: ders., La vie religieuse 143-157, hier 155: »Fraternité non pas de sélection mais d'acceuil, non pas choisie mais reçue«.

208 Etwa ebd. 150-152.

209 Siehe dazu: Église d'églises; Das II. Vatikanum und die nachkonziliare Zeit.

Das Thema »Heiligkeit, Heiligung« wird von Tillard selbst einige Male auf die Ebene der Moral verwiesen und nimmt deshalb keinen bestimmenden Platz in Tillards »theologalem« Entwurf des Ordenslebens ein. Es ist jedoch zu fragen, ob dieses Verständnis von Heiligkeit nicht schon ein abgeleitetes ist. Allem persönlichen Streben nach Heiligkeit liegt stets das Tun des allein (absolut) heiligen Gottes in Jesus Christus zuvor, der die Kirche geliebt und sich für sie hingegeben hat, um sie zu heiligen (Eph 5,25f, vgl. LG 39). Alles Bemühen des Christen ist Entfaltung dieser ihm *schon* geschenkten Heiligung, ist Antwort auf das radikale »Zuvor« des Tuns Gottes und erst durch dieses ermöglicht. Damit aber stünde eine Konzeption des »Rätelebens« als »Zeugnis der Heiligkeit« (vgl. LG 39) dem Entwurf Tillards nicht mehr ferne. Es zeigt sich sogar die gleiche Struktur: Von Gott gerufen, von ihm »geheiligt«, von seinem Geist ergriffen, gibt der Mensch Antwort, indem er sein Leben um die grundlegende Achse des christlichen Lebens - die Ausrichtung auf Gott - rankt. Ähnlich wie die *vita religiosa* aufgrund ihres eschatologischen Charakters das »schon« geschenkte Angeld gegenüber dem immer wieder erfahrenen »Noch nicht« betont, gibt sie angesichts erfahrener Sündigkeit und Gebrochenheit Zeugnis von der bereits geschenkten Heiligkeit, die heiliges Leben ermöglicht.

Tillard spricht an einigen Stellen davon, daß die Berufungen in der Kirche *komplementär* zueinander sind. Diese - gegenüber einem »hierarchischen«, wertenden Verständnis der verschiedenen christlichen Lebensformen - glückliche Formulierung, die vor allem die gegenseitige Verwiesenheit zum Ausdruck bringt, ist jedoch nicht so zutreffend, wie es auf den ersten Blick scheint. Der Begriff »komplementär« läßt zunächst - auf die einfachste Formel gebracht - an zwei Hälften denken, die zusammen erst ein Ganzes ergeben. Ist dies aber wirklich ein angemessenes Bild für die Wirklichkeit christlicher Berufungen? In jeder Lebensform muß und wird doch auf gewisse Weise das *Ganze* des christlichen Lebens gelebt und nicht nur ein Ausschnitt davon. Im Bild der Komplementarität dagegen liegt jedoch die Gefahr, daß die verschiedenen Aspekte des Evangeliums nur mehr in der höheren Instanz Kirche vereinigt sind, ansonsten jedoch auf einzelnen Lebensformen gewissermaßen »aufgeteilt« sind[210].

Diese Mißverständlichkeit deutet sich bei Tillard konkret in der Unterscheidung von »conviction évangélique« und »conviction de responsabilité« an, die er ausdrücklich »intra-ekklesial« anwenden will[211]. Ziemlich

210 Vgl. den schon erwähnten Einwurf bei Gutiérrez Vega 69.

211 Vgl. DD 302.

einseitig[212] schreibt er hier der kirchlichen Hierarchie die »Verantwortungsethik« zu. Wird diese Zuordnung überbetont, entsteht unweigerlich die Gefahr, die kirchliche Hierarchie von einer »Gesinnungsethik« zu dispensieren. Nach dem bei Tillard zugrundeliegenden Ansatz von Paul Ricoeur hätte jedoch die ganze Kirche (und darin wohl auch die Kirchenleitung) diese Sendung zu erfüllen. Außerdem hat man den Eindruck, daß für Tillard die »Verantwortungsethik« der »Gesinnungsethik« untergeordnet ist. Ist es jedoch in der Praxis nicht notwendig, daß die Gesinnung im Rahmen der konkreten Möglichkeiten auch wirklich realisiert wird? Fällt nicht erst hier die letzte Entscheidung über ihre Qualität und kreative Kraft[213]?

Blickt man zudem auf Max Webers »Politik als Beruf«, das die Quelle der Unterscheidung bei Ricoeur bildet, so wird deutlich, daß von ihm her die Gegenüberstellung von Gesinnungsethik und Verantwortungsethik gar nicht das letzte Wort hat. Im Vortrag Webers werden zwar zunächst die beiden Ethiken konfrontiert, die Ausführungen Webers gipfeln jedoch schließlich in einer Synthese: »Gesinnungsethik und Verantwortungsethik sind nicht absolute Gegensätze, sondern Ergänzungen, die zusammen erst den echten Menschen ausmachen, den, der den 'Beruf zur Politik' haben *kann*«[214]. Es wäre prekär, stünden sich hierarchische und charismatische Ordnung der Kirche »nur« komplementär gegenüber. Die vielfältigen Überschneidungen - etwa in der Person des Ordenspriesters oder des Amtsträgers als charismatisch begabter Persönlichkeit - müßten, stärker als es Tillard tut, beachtet werden. Das haben die Notae directivae *Mutuae relationes* eindeutig zum Ausdruck gebracht (vgl. etwa MR 9).

---

212 Die Einschränkung, die Tillard in Frei sein 73 selbst macht (Die Unterscheidung zwischen Gesinnungsethik und Verantwortungsethik gilt, »ohne zu leugnen, daß jeder normale Mensch etwas von dem einen und dem anderen hat!«), kommt eigentlich nicht zum Tragen.

213 Vgl. dazu das Zueinander von »Orthodoxie« und »Orthopraxie« bei Metz, unten 206.

214 Weber 65. Tillard zit. diese Aussage Webers in Art. Obéissance 556, interpretiert aber: »Il nous semble possible de gloser: elles [i.e. l'éthique de la conviction et l'éthique de la responsabilité] font de l'Église, Corps du Christ, dans la complémentarité des appels et des fonctions, le lieu de l'obéissance de l'homme authentique, 'c'est-à-dire un homme qui peut prétendre à la vocation d'image de Dieu, intendant de Dieu dans le monde'. Car il n'existe d'obéissance plénière que dans la *communion* de toutes les obéissances. ... S'il existe donc entre chrétiens de la conviction et chrétiens de la responsabilité une *tension*, celle-ci pourtant permet au peuple de Dieu *comme tel* de vivre concrètement son obéissance«.

2. Johann Baptist Metz: Orden als »Kirche im Brennpunkt«[215]

Von anderer Art als die bisher vorgestellten Entwürfe ist der Versuch einer Ortsbestimmung der Orden in der Kirche, die der Fundamentaltheologe Johann Baptist Metz vorgelegt hat. Hier redet ein »Nicht-Ordensmann« über die Orden und zu ihnen. Dabei begibt er sich nicht eigentlich auf das Terrain der Ordenstheologie, sondern bleibt seinem eigenen Fach - der Fundamentaltheologie - treu. Metz sucht auch keine gründliche Auseinandersetzung mit Theologie und Geschichte des Ordenslebens: Was er über die Orden sagt, trägt den Charakter des Zufälligen, Beiläufigen[216]. Das Anliegen und die Sorge von Metz gilt nicht in erster Linie den Orden selbst, sondern der Kirche in heutiger Gesellschaft. Das läßt auch verstehen, warum für ihn weder die Konzilstexte über die Orden noch der Synodenbeschluß »Die Orden und andere geistliche Gemeinschaften. Auftrag und pastorale Dienste heute« eine bestimmende Rolle spielen. Den Hintergrund seiner Ausführungen bildet demgegenüber die von ihm vertretene »Politische Theologie« bzw. ihre (kritische) Weiterführung als »praktische Fundamentaltheologie«. Was Metz als Funktion und Auftrag der Orden in der Kirche postuliert, kann deshalb nur in diesem konkreten Rahmen verstanden werden. Dabei erweist sich, daß - trotz ihres Charakters als Gelegenheitsarbeiten - der Beitrag »Zeit der Orden?« und der zugehörige Aufsatz »Zeit der Kirche - Zeit der Orden?« keineswegs als erratischer Block in Metz' theologischem Prozeß stehen, sondern durchaus ein »Vor- und Nachspiel« haben. Das Verständnis der Orden ist dabei wesentlich von den Wandlungen der politischen Theologie Metz' mitbestimmt.

In Ordenskreisen hat diese Interpretation der Orden - vorzüglich in der Gestalt des Büchleins »Zeit der Orden?« - ein breites Echo gefunden. Das eigentlich apologetisch-fundamentaltheologische Anliegen von Metz wird dabei jedoch selten mitbedacht, obwohl es für die Interpretation seines Ordensverständnisses grundlegend

215 Metz J.B., Zeit der Kirche - Zeit der Orden?, in: Mitten unter den Menschen, Spiritualität, Aufgaben und Probleme der Priester und Ordensleute. Hg. v. F. Wulf, Düsseldorf 1979, 79-95 (= ZdK), hier 79.

216 So ist auch seine einzige Monographie zum Thema, »Zeit der Orden«, aus einem Vortrag vor der Jahreshauptversammlung 1976 der Vereinigung Deutscher Ordensoberen entstanden. Metz wurde damals gebeten, die Impulse aus dem Synodendokument »Unsere Hoffnung« auf das Ordensleben hin zu konkretisieren. Siehe dazu: Metz J.B., Zeit der Orden? Zur Mystik und Politik der Nachfolge, Freiburg 1977 (= ZdO), 5 sowie den teilweisen Vorabdruck: Zeit der Orden?, in: OK 17 (1976) 420-428 und: Zeit der Orden? Fragen und Thesen im Anschluß an den Synodentext »Unsere Hoffnung«, in: HerKorr 30 (1976) 617-619. Zuletzt: Zeichen der Zeit - Antwort der Orden. Orden in Kirche und Gesellschaft, in: OK 31 (1990) 418-425.

ist[217]. Dieses Bild spiegelt sich - mit umgekehrten Vorzeichen - in der Literatur, die sich mit der Theologie von Metz auseinandersetzt: Das Thema »Orden« wird hier weitgehend ausgeklammert. Das hat zunächst damit zu tun, daß die grundlegende Diskussion der Thesen von Metz *vor* dem Erscheinen von »Zeit der Orden?« ausbrach[218]. Aber auch neuere Veröffentlichungen übergehen die Thematik der Orden bei Metz[219]. Angesichts dieser Konstellation soll im folgenden der Versuch unternommen werden, Funktion und Ort der Orden bei Metz innerhalb der politischen Theologie und ihrer Weiterentwicklung als praktischer Fundamentaltheologie zu interpretieren.

Als Leitfaden der Darstellung dient die Entwicklung der Theologie von Metz in jenen Phasen, die - mehr oder minder ausgeprägt - auf den Ort der Orden in der Kirche reflektieren. Durch diese Eingrenzung können die von der Transzendentaltheologie geprägte Zeit sowie die Entwicklungsstufe der »Säkularisierungsthese« hier ausfallen[220]. Die nachfolgende Zeit läßt sich - etwas vereinfacht - in drei große Abschnitte strukturieren:

- die Phase der Grundlegung der »politischen Theologie« (etwa 1965-1969)[221],

---

217 Siehe dazu die Rezensionen: Lippert P., in: OK 18 (1977) 351f; Balthasar H.U. v., in: ThRv 73 (1977) 423f; Wulf F., Die Orden, gefragt und nicht gefragt. Zu zwei unterschiedlichen Stimmen, in: GuL 50 (1977) 295-307; Renwart L., in: VieCon 50 (1978) 56f. Den Kontext der Theologie von Metz zieht als einziger heran: Frank I., Die Orden - Subjekt der Heilsgeschichte?, in: ON (1978) Heft 108, 209-213.

218 Vergleiche dazu: Diskussion zur »politischen Theologie«. Hg. v. H. Peukert, Mainz 1969; Berdesinski D., Die Praxis - Kriterium für die Wahrheit des Glaubens? Untersuchungen zu einem Aspekt politischer Theologie, München 1973; Ganoczy A., Sprechen von Gott in heutiger Gesellschaft. Weiterentwicklung der »Politischen Theologie«, Freiburg 1974, bes. 11-69; Bauer G., Christliche Hoffnung und menschlicher Fortschritt. Die politische Theologie von J.B. Metz als theologische Begründung gesellschaftlicher Verantwortung des Christen, Mainz 1976 (Lit.!); Wiedenhofer S., Politische Theologie, Stuttgart 1976 (Lit.!); Spülbeck V., Neomarxismus und Theologie. Gesellschaftskritik in Kritischer Theorie und Politischer Theologie (FThS 107), Freiburg 1977 (Lit.!).

219 Schaeffler R., Was dürfen wir hoffen? Die katholische Theologie der Hoffnung zwischen Blochs utopischem Denken und der reformatorischen Rechtfertigungslehre, Darmstadt 1979, dort 35-43.70-96.145-174.223-247; ders., Die Wechselbeziehungen zwischen Philosophie und Katholischer Theologie, Darmstadt 1980, dort 272-285; Ancic N., Die »Politische Theologie« von Johann Baptist Metz als Antwort auf die Herausforderung des Marxismus (Europ. Hochschulschriften. Reihe 23, 155), Frankfurt 1981 (Lit.!).

220 Vergleiche dazu die Dissertation von Metz J.B., Christliche Anthropozentrik. Über die Denkform des Thomas von Aquin, München 1962. Zur Säkularisierungsthese siehe: ders., Weltverständnis im Glauben. Christliche Orientierung in der Weltlichkeit der Welt heute. Erstmals veröffentlicht in: GuL 35 (1962) 165-184, aufgenommen in: Metz J.B., Zur Theologie der Welt, Mainz 1968 (= TW), 11-45. Zu dieser Phase vergleiche auch: Ganoczy 20-25; Bauer 9-18; Spülbeck 20-24; Ancic 27-46.

221 Vgl. besonders: Kirche und Welt im eschatologischen Horizont, in: TW 75-89; Kirche und Welt im Lichte einer »politischen Theologie«, in: TW 99-116.

- die Phase der Ausarbeitung des unterscheidend Christlichen dieser Theologie (etwa ab 1969)[222],
- die jüngste Phase, in der Metz verstärkt Impulse aus den armen Kirchen in seine Theologie aufnimmt (etwa ab 1980; »Polyzentrismusthese«)[223].

Das Hauptaugenmerk dieses Überblicks wird auf dem Bild von Kirche liegen, das sich in der jeweiligen Phase artikuliert; von ihm ist das Verständnis der Orden wesentlich beeinflußt. Auf diesem Hintergrund mag dann doch ein von Metz zwar nicht angesprochener, aber sachlich gegebener Anknüpfungspunkt an die Konzilstexte erkennbar werden.

Die Orden als »kritische Öffentlichkeit« in der Kirche[224]

In den Jahren 1966 und 1967 trat Metz mit dem Anliegen der »politischen Theologie« an die Öffentlichkeit. Es geht ihm dabei um die Verantwortung des christlichen Glaubens angesichts einer seit der Aufklärung gewandelten Situation. Metz konstatiert, daß die von der Aufklärung aufgeworfenen Fragestellungen bis in die Gegenwart hinein noch nicht wirklich von der Theologie aufgenommen wurden, sondern entweder in bloßer Frontstellung abgelehnt oder - in der transzendentalen, personalistischen Richtung der Theologie - unterlaufen wurden. Demgegenüber kann für Metz Glaubensverantwortung redlich nur in der Weise geschehen, daß Theologie die vorgegebenen Fragestellungen aufgreift und in ihnen und durch sie die Botschaft des Christentums vermittelt. Dabei erweist sich für ihn, daß Christentum und Neuzeit durchaus miteinander versöhnt werden können. »Apologetik« und

222 Der Beitrag von »Politische Theologie« in der Diskussion, in: Diskussion 267-301 kündigt diese Phase bereits an. Gründlichste Ausformung und Zusammenfassung in: Glaube in Geschichte und Gesellschaft. Studien zu einer praktischen Fundamentaltheologie (= GGG), Mainz 1977.

223 Metz J.B., Jenseits bürgerlicher Religion. Reden über die Zukunft des Christentums, München 1980; Unterbrechungen. Theologisch-politische Perspektiven und Profile, Gütersloh 1981; Unterwegs zu einer nachidealistischen Theologie, in: Entwürfe der Theologie. Hg. v. J.B. Bauer, Graz 1985, 209-223; Im Aufbruch zu einer kulturell polyzentrischen Weltkirche, in: Kaufmann F.X./Metz J.B., Zukunftsfähigkeit. Suchbewegungen im Christentum, Freiburg 1987, 92-123; Suchbewegungen nach einem neuen Gemeindebild, in: Zukunftsfähigkeit 148-165.
Eine vollständige Darstellung und Auseinandersetzung mit der Theologie von Metz wird im Kontext dieser Arbeit nicht angestrebt. Wohl aber soll versucht werden, den unerläßlichen Interpretationsrahmen für Stellung und Funktion der Orden zu skizzieren. Für das Übrige wird auf die Sekundärliteratur zu Metz verwiesen, vgl. Anm. 218 und 219.

224 Metz J.B., Exkurs 4: Über Institution und Institutionalisierung, in: TW 122-127, hier 127.

Hermeneutik sind deshalb bei Metz aufs engste und bleibend miteinander verknüpft[225].

In einem ersten Anlauf verwirklicht Metz dieses Programm in Dialog und Auseinandersetzung mit dem »Pathos der Zukunft«, vor allem in der Gestalt der Philosophie der Hoffnung von Ernst Bloch[226]. Prägend für die weitere Ausarbeitung der Theologie von Metz bleibt aus dieser Phase, daß christlicher Glaube und Kirche - bereits von der biblischen Botschaft her auf Zukunft orientiert - nicht bloß in einem kontemplativen, rezeptiv-erwartenden Verhältnis zur entstehenden und noch ausstehenden Zukunft stehen dürfen, sondern sich diesem »Noch-nie-Dagewesenen« gegenüber operativ, aktiv mitgestaltend »in Widerstand und schöpferischer Erwartung«[227] zeigen müssen. Christliche Theologie muß ausdrücklich als »produktive« und kritische Eschatologie entfaltet werden. Da sich die schöpferisch-kritische Hoffnung christlichen Glaubens ihrem Wesen nach auf die Welt als Gesellschaft bezieht[228], präsentiert sich eine »Theologie der Welt«, die von dieser Art Eschatologie geprägt ist, für Metz vor allem als *»politische Theologie«*.
Nach diesen »Prolegomena« legt Metz sein (vorläufiges) Konzept politischer Theologie ein Jahr später in einem zweiten Anlauf vor[229]. Theologie muß sich der Religionskritik der Aufklärung und des Marxismus stellen, die sich beide als Ideologiekritik entfaltet haben und Religion als ideologischen Überbau über gesellschaftliche Praxen zu entlarven suchten. Das kann sie nur, wenn sie deren gesellschaftlich-politische Implikationen miteinbezieht. Genau dies sieht Metz in den vorliegenden theologischen Paradigmen - der klassischen metaphysischen Theologie, der transzendental, existential oder personalistisch ausgerichteten Theologie - nicht gegeben, da sie mehr oder minder im Bereich des Privaten verharren. Politische Theologie muß sich demzufolge als kritisches Korrektiv dieser Privatisierungstendenzen artikulieren. Zugleich ist ihr auch eine durchaus positive Aufgabe zu eigen: »Sie sucht das Verhältnis zwischen Religion und Gesellschaft, zwischen Kirche und gesellschaftlicher Öffentlichkeit, zwischen eschatologischem Glauben und gesellschaftlicher Praxis neu zu bestimmen«, jedoch »nicht vorkritisch, mit der Absicht auf eine neue Identifizierung beider Wirklichkeiten, sondern nachkritisch, im Sinne

---

225 Vgl. dazu Wiedenhofer 31f; Bauer 18.

226 Bloch E., Das Prinzip Hoffnung. In fünf Teilen. Kapitel 1-55. 2 Bde., Frankfurt 1959; Metz J.B., Gott vor uns. Statt eines theologischen Arguments, in: Ernst Bloch zu ehren. Beiträge zu seinem Werk. Hg. v. S. Unseld, Frankfurt 1965, 227-241; ders., Kirche und Welt im eschatologischen Horizont, in: TW 75-89.

227 Metz weiß sich hier Moltmann J., Theologie der Hoffnung. Untersuchungen zur Begründung und zu den Konsequenzen einer christlichen Eschatologie (Beiträge zur evangelischen Theologie 28), München 1964 verbunden. In TW 87 zitiert er Moltmann, Theologie der Hoffnung 304. Das vollständige Zitat lautet: »Sich nicht dieser Welt gleichzustellen, bedeutet nicht nur, sich in sich selbst zu verändern, sondern in Widerstand und schöpferischer Erwartung die Gestalt der Welt zu verändern, in der man glaubt, hofft und liebt«.

228 Siehe dazu besonders: TW 84-89. - Der schillernde Begriff »politisch« wird bei Metz nicht im Sinn des Handelns im Rahmen staatlicher Institutionen verwendet, sondern zielt auf gesellschaftliches Handeln in einem weiteren Sinn. Vergleiche dazu vor allem die Anfrage von Maier H., »Politische Theologie«? Einwände eines Laien, in: Diskussion 1-25, hier 4-8 und die Antwort von Metz, in: Diskussion 268-279.

229 Vgl. Metz J.B., Kirche und Welt im Lichte einer »politischen Theologie«, in: TW 99-116 (= bis dahin unveröffentlichter Vortrag von 1967).

einer *'zweiten Reflexion'«*[230]. Aufgrund des hermeneutischen Anliegens von Metz muß sich auch das neue Verständnis von Theorie und Praxis, das sich in der Frage nach der Wahrheit bei Karl Marx zuspitzt, bestimmend auf das theologische Bewußtsein auswirken. Da seit dem Umbruch des Denkens, der mit der »Kritik der praktischen Vernunft« Kants einsetzte, nur jene Vernunft als aufgeklärt gelten kann, die zugleich um die Schaffung jener politisch-gesellschaftlichen Voraussetzungen bemüht ist, unter denen allein Aufklärung möglich wird, und da der Vernunft seither ein Rückzug auf »reine Theorie« verwehrt ist, muß »die praktische Vernunft künftig an allen kritischen Reflexionen der Theologie beteiligt sein«[231]. Dieses Verständnis der Zuordnung von Theorie und Praxis läßt für Metz durchaus ein biblisches Fundament erkennen: Die Verheißungen des Glaubens erweisen sich als kritisch-befreiender Imperativ in jeder geschichtlichen Situation und »zwingen immer neu in die gesellschaftliche Verantwortung«[232]. Gegenüber jeder Verabsolutierung pochen sie auf den »eschatologischen Vorbehalt« und stellen kritisch die Vorläufigkeit und Kontingenz der gesellschaftlichen Gegenwart heraus. Die Wahrheit der Verheißungen des Glaubens hat sich je neu unter den gegebenen Bedingungen zu »bewahrheiten«, ihre Wahrheit muß *getan* werden. Jede eschatologische Theologie muß deshalb für Metz *»zu einer politischen Theologie als einer (gesellschafts-)kritischen Theologie werden«*[233].

Um die »kritische Freiheit des Glaubens« stets neu zu artikulieren, ist die Kirche als *Institution* gefordert, da der einzelne Gläubige kaum wirksamer und verbindlicher Träger dieser Freiheit gegenüber der Welt als gesellschaftlicher Wirklichkeit sein kann[234]. Kirche kann diese Funktion erfüllen, weil sie selbst *als* Institution unter dem eschatologischen Vorbehalt steht. Sie erweist sich dann als »Institution kritischer Freiheit«[235], wenn sie gegen die Tendenzen, den Menschen zum Material der Geschichte herabzuwürdigen, aufsteht und für den einzelnen, besonders den Armen und Bedrängten eintritt, wenn sie gegenüber allen Verabsolutierungen den eschatologischen Vorbehalt, unter dem die gesamte Geschichte steht, einklagt und wenn sie die gesellschaftliche Dimension der Liebe zur Geltung bringt.
Metz weiß freilich auch, daß die Kirche als Institution längst nicht diese kritische Aufgabe wahrnimmt und fragt, wie Kirche diese »Institution zweiter Ordnung«, die sie noch nicht ist, werden kann. Er sieht dazu

---

230 TW 103.

231 TW 104. Zur Frage des Theorie-Praxis-Verhältnisses in dieser Phase politischer Theologie von Metz vergleiche besonders Wiedenhofer 31-40. Kritisch zu Metz in dieser Hinsicht: Berdesinski.

232 TW 105.

233 TW 106. Mit der »politischen Theologie« will Metz nicht »eine neue zusätzliche theologische Disziplin« fordern, sondern »in erster Linie einen Grundzug im theologischen Bewußtsein überhaupt aufdecken«: TW 106f; vgl. Metz J.B., Art. Politische Theologie, in: SM 3, 1232-1240, hier 1234.

234 Vergleiche dazu TW 107-116.

235 TW 108.

zwei Wege. Will Kirche konkrete gesellschaftskritische Aussagen machen, ist sie zwingend auf außertheologische Informationen angewiesen. Wo sie deren Gedankengut aufnimmt, eröffnet sich zugleich die Möglichkeit, daß ihre eigene doktrinelle Starrheit aufgebrochen und Raum für eine neue Sprechweise geschaffen wird. Als zweite Möglichkeit, die besonders für unsere Frage nach dem Ort von Orden virulent ist, postuliert Metz den Aufbau einer innerkirchlichen »kritischen Öffentlichkeit«. Diese soll dafür Sorge tragen, daß die Kirche nicht im Binnenraum das praktiziert, was sie an der Gesellschaft kritisiert.

Als konkrete Aufgaben dieser kritischen Öffentlichkeit formuliert Metz den Einspruch gegen jede »ideologische Selbstermächtigung« der Kirche, d.h. gegen jeden Versuch der Kirche, mit institutionellen Mitteln konkrete inhaltliche Vorstellungen gesellschaftspolitischer und ökonomischer Art durchzudrücken; das Bemühen um Abbau jeder Verabsolutierung bestimmter gesellschaftlicher Schichten innerhalb der Kirche; den Aufweis, daß auch in der Kirche gesellschaftliche Vorstellungen geschichtlich bedingt sind; den kritischen Einspruch gegen den kirchlichen Kampf an falschen Fronten und schließlich die Kritik an einem geringen Maß an Versöhnung und Toleranz im Christentum selbst[236].

Im grundlegenden Aufsatz »Kirche und Welt im Licht einer politischen Theologie« vertritt Metz nur die Notwendigkeit einer solchen kritischen Öffentlichkeit in der Kirche, ohne mögliche Träger einer solchen Funktion zu nennen. Erst in dem zugehörigen Exkurs »Über Institution und Institutionalisierung«[237] erwähnt Metz die *Orden* als diejenigen, denen in der Geschichte die Aufgabe zukam, in der Kirche die

> »kritische Freiheit des eschatologischen Gewissens zur Geltung zu bringen, die Kirche und ihre etablierten Ordnungen unter den eschatologischen Vorbehalt Gottes zu rücken und von hier aus auch konkrete Erscheinungsformen kirchlichen Lebens zu kritisieren und Anzeichen der ideologischen Selbstinthronisierung der irdischen Kirche zu bekämpfen«[238].

Diese kirchenkritische Funktion, die sich die Orden wieder stärker bewußt machen sollten, kommt ihnen vor allem wegen ihrer betont endzeitlichen Orientierung zu. Metz versteht allerdings ausdrücklich die Orden nicht als einzige, exklusive Träger der innerkirchlichen Kritik, sondern möchte die innerkirchliche »kritische Öffentlichkeit« von verschiedenen Instanzen getragen sehen, nennt aber hier keine konkreten anderen Gruppierungen.

In der ersten Phase politischer Theologie von Metz, die noch vieles offen und unaufgearbeitet läßt, sind die Orden ganz in den Horizont der

---

[236] Siehe dazu TW 113f.

[237] In: TW 122-127.

[238] TW 127.

gesellschaftskritischen Funktion der Kirche eingebettet. Diese Entwicklungsstufe der Theologie Metz' weist ein positiv-hoffnungsvolles Bild der Kirche auf. Metz traut der Kirche durchaus zu, »Institution der kritischen Freiheit des Glaubens« zu sein. An der einseitig kritischen Interpretation von Kirche, die für Metz notwendig ist, um Kirche und Theologie jeglichen Ideologieverdachts zu entheben, entzündete sich ein Teil der nachfolgenden Diskussion um die politische Theologie[239]. Ähnlich teilt Metz den Orden in dieser Phase eine rein korrigierende, aber nicht produktive Funktion in der Kirche zu. Die in der Diskussion um den Kirchenbegriff geäußerten Bedenken einiger Theologen dürften sich deshalb - cum grano salis - auf die einseitige Funktionsbestimmung der Orden übertragen lassen. So etwa, daß die Orden einseitig auf *ein* bestimmtes Verhalten, nämlich die Kritik, festgelegt werden, während die Wirklichkeit ungleich differenzierter ist; daß sie somit in der Kirche nur (auf Mißstände) reagieren, nicht aber positive Signale setzen könnten; daß die effektvolle kritische Funktion nicht das Engagement im Kleinen übertönen und ausblenden dürfte. Einem triumphalistischen Ordensverständnis könnte so leicht eine moderne Variante folgen: die »kritisch triumphierenden« Orden[240].
Die mehr beiläufige Erwähnung der Orden in diesem Zusammenhang darf im übrigen in ihrer Bedeutung nicht überzogen werden. Außerdem stellt diese Phase im Gesamt der politischen Theologie von Metz nur ein relativ kurzes Vorspiel dar, das mit dem Erscheinen des Diskussionsbandes bereits überholt ist. Das kritische Element wird zwar der Theologie Metz' zu eigen bleiben, wird aber von ihm durch positiv-produktive Aspekte von Kirche (und Orden) ergänzt werden.

Die Orden als »angebbare Subjekte der Nachfolge«[241]

Durch seine Kritiker - von theologischer Seite vor allem durch Karl Lehmann - angeregt und herausgefordert, wendet sich Metz schon in seinem Beitrag im Diskussionsband zur politischen Theologie und verstärkt in den folgenden Jahren von der formalen einer materialen Bestimmung politischer Theologie als *christlicher* Theologie zu. Er antwor-

239 Vgl. Maier, in: Diskussion 8-17; Lehmann K., Die »politische Theologie«: Theologische Legitimation und gegenwärtige Aporie, in: Diskussion 185-216. - Zum philosophischen Hintergrund in der »Kritischen Theorie« der Frankfurter Schule und bei Herbert Marcuse siehe bei: Bauer 188-209 und besonders Spülbeck passim.

240 Vgl. Maier, in: Diskussion 17: »... nicht mehr die alte *ecclesia triumphans*, sondern ihre moderne Nachfolgerin - die *kritisch triumphierende Kirche*«.

241 Vgl. ZdO 6.

tet damit auf den Vorwurf, seine bislang entwickelte Theologie entbehre genuin christlicher Elemente.

Eine Schlüsselstellung in der differenzierenden Phase der Theologie von Metz nimmt der Begriff *memoria* ein. Formal gesehen greift Metz hier vor allem auf Gedankengut Walter Benjamins, Herbert Marcuses und der Frankfurter Schule zurück[242]. Die Themen von der »Gefährlichkeit« der Erinnerung, ihre kritisch-befreiende Kraft, ihr konstitutiver Beitrag zur Identitätsbildung sind hier grundgelegt. Für eine politische Theologie, die christlich sein will, muß es jedoch um jene *bestimmte Erinnerung* gehen, die für Metz in der »memoria passionis, mortis et resurrectionis Jesu Christi« besteht[243]. Gerade als solche aber ist christliche *memoria* die »gefährliche Erinnerung der Freiheit Jesu Christi«[244], welche die gegenwärtige Situation nicht legitimiert oder ideologisch überformt, sondern sie bedrängt und in Frage stellt, indem sie an die Zukunft Christi als einer Zukunft der Hoffnungslosen und Bedrängten erinnert[245].

Die Vermittlung von Erinnerung geschieht nicht in erster Linie durch Argumentation, sondern narrativ in »gefährlichen Geschichten«[246]. Gegenüber der heute gegebenen Gefahr, die Kunst des Erzählens verkümmern zu lassen, ist für Metz der »praktische« und »performative« Sinn der Erzählung für die Theologie zu retten. Erzählung deutet Metz als »Medium von Heil und Geschichte«, dem der Zuhörer nicht unbeteiligt gegenüber bleiben kann, sondern unmittelbar befreiend miteinbezogen wird. Erzählen und Erinnern tritt dabei als »kritische Instanz gegenüber einer historischen Vernunft« auf, »die ohne jede Narrativität ist und deshalb weder ein Erinnern noch ein Vergessen als kognitives Prinzip kennt«[247]. Gerade um Freiheits- und Leidensgeschichte für die Gegenwart zu retten, muß erzählend erinnert werden. Argumentative Theologie behält zwar ihren Stellenwert, ist in ihrer Bedeutung jedoch relativiert. Sie hat primär eine »apologetische« Funktion: als Schutz für die erzählende Erinnerung des Heils in unserer wissenschaftlichen Welt und als stets neue Anleitung zum Erzählen des Heils, damit so auch die Erfahrung des Heils wach bleibt.

Auch auf den grundsätzlichen Ansatz von Metz bei der »intelligiblen Kraft der Praxis« ist im Rahmen unseres Themas hinzuweisen. Christliche Praxis ist für ihn in einer Theorie-Praxis-Dialektik nicht ein Epitheton der Theologie, sondern gehört in deren Grundvorgang selbst hinein. Sie ist nicht nur »Anwendung« von Theorie, sondern ermöglicht selbst erst die Ausarbeitung einer Theorie. Wenn Metz Fundamentaltheologie unter dem »Primat der Praxis« treiben will, möchte er ausdrücklich an den Kant der praktischen Vernunft anknüpfen, dessen Ansatz bei der sittlichen

---

[242] So Metz selbst in: Diskussion 286, Anm. 48. Er verweist dort auf: Benjamin W., Geschichtsphilosophische Thesen, in: ders., Zur Kritik der Gewalt und andere Aufsätze, Frankfurt 1965, 78-94; Marcuse H., Der eindimensionale Mensch, Neuwied 1967. Siehe dazu vor allem Spülbeck 33.193-197.

[243] Metz zum ersten Mal in: Diskussion 284-291; vergleiche dazu Bauer 142f; Spülbeck 231-234.

[244] Siehe hierzu: GGG 77-86; Metz J.B., Befreiendes Gedächtnis Jesu Christi, Mainz 1970.

[245] Etwa ab 1971 bezieht Metz sehr stark die Leidensgeschichte der Menschheit mit ein. Vergleiche dazu später: Unterwegs zu einer nachidealistischen Theologie 217-220 sowie zum Ganzen: Metz J.B., Art. Erinnerung, in: HphG 2, 386-396.

[246] Angeregt wurde Metz zu diesem Gedanken vor allem von Weinrich H., Narrative Theologie, in: Conc 9 (1973) 329-334; vgl. dazu Metz J.B., Erzählung, in: GGG 181-194.

[247] GGG 191, hier mit Bezug auf Th.W. Adorno.

Praxis (des mündigen Subjekts) aber um die gesellschaftliche Praxis (im Anschluß an die Philosophie von Karl Marx) erweitert wissen. Deshalb ist der praktischen Verfassung der Theologie - als Metanoia, Exodus, Nachfolge - wesentlich eine gesellschaftlich-politische Struktur zu eigen. Das zugrundeliegende Praxisverständnis darf dabei aber nicht aktivistisch mißverstanden werden; christliche Praxis als gesellschaftliche schließt durchaus auch eine »pathische Verfassung« ein: Praxis ist nicht nur Handeln, sondern auch Leiden[248].

Öffentliche Tradentin der gefährlichen Freiheitserinnerung in den Systemen unserer Gesellschaft ist die Kirche. Sie erinnert an eine verdankte Freiheit, »an die in Kreuz und Auferweckung Jesu eingeräumte eschatologische Befreiungsgeschichte Gottes«[249]. Das geschichtlich-faktische Scheitern der Kirche angesichts dieser anspruchsvollen Aufgabe darf für Metz nicht vorschnell mit dem (theologischen) Hinweis auf die bleibende Angefochtenheit der Kirche in der Welt wegerklärt werden. Vielmehr stellt die enttäuschende Erfahrung mit der Kirche in der Geschichte das vordringliche hermeneutische Problem gegenwärtiger Theologie dar. Dieses hermeneutische Problem kann nicht durch eine neue Theorie, sondern nur durch eine *neue Praxis* in der Gegenwart gelöst werden[250]. Diese neue Praxis des Glaubens bestimmt sich für Metz wesentlich als *Nachfolge*. Um in heutiger Gesellschaft glaubwürdig die »gefährliche Erinnerung« Jesu Christi zu vermitteln, muß Kirche »Kirche der Nachfolge« werden[251]. Die Krise des Christentums in der Gegenwart besteht für Metz nicht in einer Krise der Glaubensinhalte, sondern in einer Krise »der christlichen Subjekte und Institutionen, die sich dem praktischen Sinn dieser Inhalte, der Nachfolge, versagen«[252], nicht in einer Krise der Orthodoxie, sondern in einer Krise der »Orthopraxie«[253]. Die Praxis der Nachfolge darf dabei nicht in einem privatistisch-verinnerlichten Sinn mißverstanden werden, sondern ist stets in ihrer »mystisch-politischen« Doppelverfassung zu begreifen, d.h. als gesellschaftlich verantwortete Praxis des Glaubens[254].
In diesen Rahmen sind auch die Orden einzuordnen. Das aus einem Vortrag vor der Vereinigung der deutschen Ordensoberen hervorge-

---

248 Vgl. besonders GGG 47-57.

249 GGG 79.

250 Vgl. GGG 82; dazu: Spülbeck 28-35.204-218, der hier den Einfluß von Jürgen Habermas auf Metz vermerkt.

251 Vgl. besonders den Synodentext »Unsere Hoffnung«, dessen geistiger Vater Metz ist, dort II,3. Dazu: Schaeffler, Was dürfen wir hoffen 223-247. Siehe auch ZdO 27-36.

252 GGG 147.

253 Zum Begriff der »Orthopraxie«, von Metz bereits 1965 in die Diskussion geworfen, siehe: Bauer 211-225.

254 Vgl. auch GGG 203; siehe auch schon: Die Theologie der Welt und die Askese, in: TW 92-95, bes. 95.

gangene Büchlein »Zeit der Orden?« stellt - entgegen dem äußeren Anschein - nicht Wegweisung für die Orden allein dar, sondern möchte eine »Orientierungsversuch über Kirche und Christsein im Brennpunkt der Ordensfrage« sein[255]. Den Ausgangspunkt bildet dabei der Synodenbeschluß »Unsere Hoffnung«, dessen geistiger Vater (und primärer Autor) Metz selbst ist. Metz sieht in diesem Text viele Hinweise auf eine religiöse Identitätskrise »im Volk selbst«[256]: lautloser Abfall vom Glauben, Schwund an verinnerlichten Glaubensüberzeugungen, Indifferenz, Widerstand gegen die institutionell verfaßte Kirche, Fehlen einer unerschütterlichen Erlösungszuversicht angesichts anstürmender Sinnlosigkeit. Instinktiv reagiert die Kirche auf diese Situation mit Angst und restriktiven Maßnahmen. Das »Hoffnungspapier« der Synode weist aber einen anderen Weg - den Weg in die Nachfolge. Kirche muß entschiedener zu einer *Kirche der Nachfolge* werden. Dieser Imperativ gilt nicht nur einigen elitären Sondergruppen, sondern allen Christen. Metz drückt es folgendermaßen aus: Aus einer »traditionalistischen 'Kirche für das Volk'« soll eine »lebendige 'Kirche des Volkes'« werden[257]. Dabei genügt es nicht, Jesus bloß »zum Vorbild zu nehmen« - wie in einer »bürgerlichen« Theologie und Religion. Nur wenn Christen und Kirche wirklich »christusförmig« werden, Christus »anziehen«, entsprechen sie der gegenwärtig geforderten »praktischen Hermeneutik« des Christentums[258].
Hier liegt nach Metz der entscheidende kirchliche Auftrag der Orden: Eine verbürgerlichte, privatistische, in eine Glaubenskrise als Krise der Orthopraxie verstrickte Kirche ist angewiesen auf einen geradezu schockartigen Anstoß in Richtung Nachfolge. Und eben hier sind die Orden

> »eine Art *Schocktherapie des Heiligen Geistes für die Großkirche*: Gegen gefährliche Arrangements und fragwürdige Kompromisse ... klagen sie die Kompromißlosigkeit des Evangeliums und der Nachfolge ein. Sie sind in diesem Sinn die institutionalisierte Form einer gefährlichen Erinnerung inmitten der Kirche«[259].

Auf diese Weise nehmen die Orden innerhalb der »Großinstitution Kirche« dieselbe Funktion wahr, welche die Kirche selbst gegenüber der Gesellschaft zu erfüllen hat. Zugleich wird damit die ursprüngliche

---

[255] ZdO 6.

[256] Vgl. ZdO 29f sowie auch schon Metz J.B., Art. Apologetik, in: SM 1, 266-276, hier 269f.

[257] ZdO 32; vgl. Unsere Hoffnung II,4.

[258] Siehe ZdO 32-34. Metz greift hier (und an anderen Stellen) auf Gedanken Kierkegaards zurück.

[259] ZdO 10.

Interpretation der Orden als »kritischer Öffentlichkeit innerhalb der Kirche« auf die neue Entwicklungsstufe der Fundamentaltheologie von Metz transformiert[260]. Ein solcher lebendiger »Antagonismus zwischen Orden und Großkirche«[261] bringt Bewegung in eine spätbürgerlich angepaßte und der Versuchung zur Sektenmentalität ausgesetzten Kirche.
Ähnlich aber wie in dieser Phase der Theologie Metz' der Kirche nicht mehr nur eine kritische Funktion gegenüber der Gesellschaft zukommt, sondern sie als Tradentin der *memoria Jesu Christi* auch positive Impulse zu setzen hat, sind die Orden in ihr nicht mehr bloße Korrektive, sondern auch »produktive Vorbilder«[262]. Als Bewegungen, die nicht von der Hierarchie, sondern »von den Rändern« her, wo sich gesellschaftlicher Wandel zuerst bemerkbar macht, ausgehen, wirken sie »innovatorisch« und unterstützend auf die Großkirche, die sich in neue sozioökonomische und geistig-kulturelle Situationen einzuleben hat. Ihre Aufgabe ist es, »die Großkirche antizipierend mit gesellschaftlichem Wandel und neuen Lebenssituationen vertraut zu machen«[263].

Als Beispiel führt Metz an, daß die Orden ein Gespür für »Religion in nachreligiöser Zeit« zu entwickeln hätten. Sie könnten den »Spuren von Religion« (Hunger nach Gerechtigkeit, Trauer, Sehnsucht nach neuem Leben) nachgehen und deren Sprachlosigkeit sowie auch die Hilflosigkeit der institutionellen Kirche diesen Strömungen gegenüber überwinden helfen[264].

Die Orden müssen sich aber »dagegen verwehren, daß sie ... als die 'eigentlichen' und schließlich alleinigen Träger der Nachfolge angesehen werden und dadurch als Alibi- und Entlastungsinstitutionen für die Großkirche in Sachen Nachfolge fungieren«[265]. Sie können und dürfen sich nur als Initiatoren für entschiedenere Nachfolge in der Kirche überhaupt verstehen und haben diese unerbittlich an die unauflösliche Verknüpfung von Christsein und Nachfolge zu erinnern. Als Grundsatz hat stets zu gelten: »Nachfolge ist zunächst ein gesamtchristlicher Auftrag und dann und darin erst ein Ordensauftrag, und nicht umgekehrt!«.

---

[260] In einigen früheren Ansätzen hatte Metz von »marginalen Bewegungen« gesprochen, die »heilsamer Schock« für die Großkirche gewesen seien und in denen das Nachfolgemotiv dominierte. In diesem Zusammenhang nannte er auch die franziskanische und dominikanische Bewegung. Vergleiche GGG 129 (von 1974) und GGG 185 (von 1973).

[261] ZdO 14. Den Ausdruck »Großkirche« möchte Metz nicht dogmatisch, sondern »primär historisch und deskriptiv« gebraucht sehen (ZdO 101, Anm. 2).

[262] Siehe dazu ZdO 10.12-14.37f.40-44. Zur »Initiative der Kirche« vergleiche auch den Aufsatz Metz J.B., Vergebung der Sünden. Theologische Überlegungen zu einem Abschnitt aus dem Bekenntnistext der Deutschen Synode »Unsere Hoffnung«, in: StZ 195 (1977) 119-128.

[263] ZdO 12.

[264] Vgl. ZdO 13.

[265] ZdO 37.

Eine generelle Dispens von der Nachfolge kann es für Metz nicht geben, wohl aber »Stufungen« und »Arbeitsteilungen«[266]. An diesem Punkt wird einmal mehr deutlich, daß das Interesse von Metz primär auf eine erneuerte Praxis der *Kirche* zielt, nicht auf die Orden selbst und *ihren* Weg zur Erneuerung, wie es das Anliegen des Konzils sowie des Großteils nachkonziliarer Ordenstheologie ist.
Auch gegenüber der Theologie können die Orden aufgrund ihrer Praxis der Nachfolge eine inspirierende Funktion einnehmen, denn »Nachfolgepraxis ist selbst ein zentrales Stück Christo-logie«[267]. Aufgrund der wesentlich gesellschaftlich (»politisch«) verfaßten Struktur der Nachfolge könnten sie so eine »politische Nachfolgechristologie« ausarbeiten. Eine solche Christologie jedoch bildet und tradiert sich nicht in erster Linie in Begriff und Argumentation, sondern in Nachfolgegeschichten als »gefährlichen Geschichten«[268]. Ähnlich wie die Kirche selbst sind auch die Ordensgemeinschaften für Metz eine Art von »Erzählgemeinschaften«, die in ihrer je eigenen »Familiengeschichte« ein Stück narrativ-praktischer Theologie vermitteln. Indem die Orden in diesen Nachfolgegeschichten »ein Stück jenes praktischen Wissens um Jesus den Christus« weitererzählen, »das in die Mitte der Christologie gehört«, klagen sie im gesamtkirchlichen Leben die Nachfolge als Strukturprinzip jedes christlichen Lebens ein[269].
Entsprechend der praktisch-politischen Intention von Metz, die sich in allen seinen Arbeiten äußert, ist - wie erwähnt - der Nachfolge eine gesellschaftliche Komponente wesentlich zu eigen, da, wie für Metz spätestens seit der Philosophie Karl Marx' offensichtlich ist, auch individuelles sittliches Handeln keineswegs gesellschaftlich neutral oder politisch unschuldig ist. »Politisch« wird hier - wie auch sonst - von Metz in einem umfassenden Sinn von »gesellschaftlich«, »situativ« gebraucht. Als Nachfolge Jesu Christi, der inmitten der individuellen und gesellschaftlichen Widersprüche des menschlichen Lebens sich für die Ehre Gottes eingesetzt hat, hat die Nachfolge jedoch auch ein »mystisches« Element zu integrieren. »Mystik« und »Politik« schließen einander nicht nur nicht aus, sondern wachsen »gleichsinnig proportional«. Deshalb darf Nachfolge für Metz weder in diese noch in jene Richtung halbiert wer-

[266] ZdO 37f.
[267] ZdO 41. Siehe dazu das Stichwort von der »intelligiblen Kraft der Praxis«, oben 205f.
[268] Siehe dazu ZdO 40-44; GGG 129.185.
[269] Vgl. ZdO 22-26.

den. Ihr ist durchgängig und unabänderlich eine »mystisch-politische Doppelstruktur« zuzuschreiben[270].

Diese Doppelstruktur der Nachfolge prägt auch Metz' Verständnis des »Rätelebens« der Orden: Armut, Ehelosigkeit und Gehorsam sind als »Einweisungen« und Wege in die von ihm vorgestellte Nachfolge zu verstehen. Metz übernimmt bewußt die »klassischen« drei Räte und ihre faktische Praxis im gegenwärtigen Ordensleben, ohne auf Fragen der Rätetheologie zu reflektieren[271].

Am deutlichsten tritt die mystisch-politische Doppelstruktur an der *Armut* zutage[272]: Das mystische Element äußert sich in der radikalen Hingabe, die nichts für sich zurückbehält und gerade so dagegen ankämpft, daß auch die Nachfolgenden von der Diktatur des Besitzens und Habens überrannt werden. Zugleich aber drängt die Nachfolge in ihrer politischen Komponente in die praktische Solidarität mit den Armen und läßt für sie Partei ergreifen. Sie widersteht einer herrschenden Bedürfnis- und Tauschgesellschaft[273], die gerade den Armen und Unterdrückten in seinem Elend verfestigt. Nachfolge ist für Metz allein schon dadurch politisch, »daß sie die Würde der Person, das Subjektsein aller Menschen vor Gott proklamiert«[274]. Die Zeugen des Evangeliums müssen stets neu dafür einstehen, daß dieses Subjektsein aller möglich wird. Das verlangt von ihnen einen Stellungswechsel, gerade auch in Gebet und Spiritualität: es gilt, nicht *für* die »Unmündigen«, sondern *mit* ihnen zu beten. Um das »heimliche Schisma zwischen Kirche und Volk« zu heilen, könnten und müßten für Metz den ersten Schritt diejenigen tun, »die um ihrer Nachfolgearmut willen buchstäblich 'nichts' zu verlieren haben«[275].

Gegenüber der ausführlichen Ausarbeitung der Armut tritt die *Ehelosigkeit* um des Reiches Gottes willen in den Hintergrund[276]. Ehelosigkeit ist Ausdruck einer »apokalyptischen Kompromißlosigkeit der Nachfolge«. Sie steht in der doppelten Ausrichtung zwischen einem »radikalen Ergriffensein von und einem ebenso vorbehaltlosen Einstehen für die nahe herbeigekommene Herrschaft Gottes«[277]. Das ist ihr mystisches Element. In praktisch-politischer Hinsicht drängt sie dagegen in die Solidarität mit den Vereinsamten, Alleingelassenen, Resignierten.

---

[270] Vgl. ZdO 46-47. Eine solche »halbierte« Nachfolge hat ihre christologische Entsprechung für Metz einerseits in einem »modernen Monophysitismus«, andererseits in einer »transzendenzlosen Jesulogie« (ZdO 47). Metz grenzt sich auch von D. Bonhoeffer und S. Kierkegaard ab. Für diese ist zwar die Nachfolgepraxis ein Element der Christologie, sie kennen aber letztlich solche Praxis nur als individuell-sittliche. Vergleiche dazu GGG 51, Anm. 12.

[271] Im folgenden werden ausführlich nur jene Elemente der Räte genannt, die auf eine Aufgabe der Orden in der Kirche hinweisen. Zur Bedeutung der evangelischen Räte bei Metz siehe: Scheuer 275-335.

[272] Zur Armut: ZdO 48-63.96f. Siehe auch: Metz J.B., Armut im Geiste, München 1962; ders., Mystik und Mythos. Kleine Bemerkungen zu »Armut im Geiste«, in: Weite des Herzens - Weite des Lebens. Beiträge zum Christsein in moderner Gesellschaft. Hg. v. M. Langer und A. Bilgri. 1, Regensburg 1989, 251f.

[273] Zu »Tauschgesellschaft« siehe GGG 70.

[274] ZdO 56; vgl. auch GGG 57-67.

[275] ZdO 61.

[276] Siehe ZdO 63-67.98.

[277] ZdO 64.

Hier wie im Synodentext »Unsere Hoffnung« ist der *Gehorsam* die erste und entscheidende Nachfolgehaltung[278]. Gemeint ist nicht so sehr der Gehorsam gegenüber kirchlicher Autorität, sondern »Nachfolgegehorsam« mit seiner mystischen und gesellschaftlichen Komponente. Die Nachfolge führt in den Gehorsam Jesu seinem Vater gegenüber, der in Jesu Leiden und Tod gipfelte. Gerade dieser Gehorsam zeigt aber auch ein praktisch-politisches Element: Er führt auf den Weg der Menschenfreundlichkeit, in die Nähe der Unterdrückten und Gedemütigten, »für die Gehorsam gerade keine Tugend, sondern Zeichen der Unterdrückung, der Bevormundung und Entmündigung ist«[279]. Die »gleichsinnig wachsende Proportionalität« zwischen der mystischen und politischen Radikalität der Nachfolge zeigt sich im Phänomen des Gehorsams am deutlichsten. Je entschiedener der Nachfolgegehorsam Gott gegenüber praktiziert wird, umso beunruhigender wirkt er sich mitten im kirchlichen und gesellschaftlichen Leben aus.

Was Metz hier und anderswo als »Nachfolge« vorlegt, scheint zunächst für Orden und Kirche eine Zumutung und Überforderung zu sein; dessen ist sich auch Metz bewußt. »Nachfolge radikal verstanden ... ist auch nicht lebbar - 'wenn die Zeit nicht abgekürzt wird'«[280]. Nachfolge und Naherwartung gehören untrennbar zusammen wie die zwei Seiten einer Medaille. Als Nachfolgegemeinschaften sitzt den Orden deswegen ein »apokalyptischer Stachel« im Fleisch[281]. Er läßt sie neu und unerbittlich gegen eine schleichende Erwartungslosigkeit, ein blutleeres Evolutionsdenken, eine privatistische Verengung der Erwartung Gottes protestieren. Als solche, die sich konsequent auf Nachfolge eingelassen haben, versetzen sie der Kirche einen »apokalyptischen Schock«. Eine solche Naherwartung, die nicht zu einer »Stetserwartung« uminterpretiert wird, gibt gerade nicht die gesellschaftliche Verantwortung preis, sondern setzt sie zuallererst frei und begründet sie. Metz greift in diesem Zusammenhang auf den Gedanken eines operativen Verhältnisses des Christen zur Zukunft zurück, zu dem ihn vor allem Ernst Bloch inspiriert hatte. Diese Praxis ist allen Christen aufgetragen, doch braucht die Kirche angstfreie, »apokalyptische Menschen ..., die ihr die Radikalität christlicher Hoffnung ad oculos und unübersehbar demonstrieren: nicht, um die 'Normal-Christen' nun von dieser Radikalität zu entlasten, sondern um die ganze Kirche anschaulich auf den Anspruch

---

[278] Vgl. dazu ZdO 67-77.98. Siehe auch Unsere Hoffnung III: Der Gehorsam Jesu ist »das zentrale Thema der Nachfolge ... . Aus ihm ergeben sich jene anderen Haltungen, die man unserem kirchlichen Leben oft nicht oder nur wenig ansieht und zutraut: Armut, Freiheit, Freude«.

[279] ZdO 72.

[280] ZdO 78. - Vergleiche auch Metz J.B., Hoffnung als Naherwartung oder der Kampf um die verlorene Zeit. Unzeitgemäße Thesen zur Apokalyptik, in: GGG 149-158, besonders die These XXVI in GGG 155.

[281] Vgl. dazu ZdO 78-88.

ihres Credo zu verpflichten«[282]. Die Kirche findet diese Menschen in den Orden.

Ein zweiter Beitrag von Metz zum Verständnis des Ordenslebens in der Kirche geht auf einen Vortrag in der Münchener Katholischen Akademie im November 1977 zurück, erschien aber erst 1979 unter dem Titel »Zeit der Kirche - Zeit der Orden?«[283]. Er vertieft und differenziert den Ansatz von »Zeit der Orden?«. Noch betonter tritt die Verschränkung von Kirche und Orden hervor. Metz formuliert ausdrücklich, daß er die Kirche und ihre Situation meint, wenn er von den Orden spricht.
Für Metz bilden die Orden aufgrund ihrer Radikalität eine gewisse Elite. Sie müssen und sollen sich ihrer »religiösen Kompetenz«, die ihnen aus radikaler Nachfolge zukommt, bewußt werden. Metz will das »tridentinische Plus« unbedingt festgehalten wissen. Es darf aber nicht privatistisch mißverstanden werden, sondern muß in der gegenwärtigen Situation für die Kirche fruchtbar gemacht werden[284].
Die vom Konzil hervorgehobene Anschaulichkeit und Zeichenhaftigkeit des Ordenslebens (vgl. LG 44,3) tritt in diesem Referat bestimmter als im Buch von 1977 zutage, während die kritische Funktion der Orden zwar weiterhin präsent ist, aber noch stärker als in »Zeit der Orden?« gegenüber der ersten Phase politischer Theologie zurücktritt. Neu hinzu kommt die Dimension von *Gemeinschaft* (»Wo gibt es bei uns die sozial gemischte Lebensformen, die uns ... bitter not täten, gemischt aus Studenten, Arbeitern, Mönchen?«)[285]; neu ist auch der Gedanke einer »stabilisierenden Funktion« der Orden im Blick auf eine »praktische Spiritualität« in der Kirche[286].
Unter der kryptisch anmutenden Überschrift »Einige quasistrategische Anmerkungen«[287] redet Metz schließlich von der Not der Orden in der gegenwärtigen Situation. Erneuerung ist notwendig und zwar nicht nur für den einzelnen Ordenschristen, sondern als Orts- und Stellungswechsel der Ordensgemeinschaften selbst.

Ähnlich wie Metz in der ersten Phase seiner »politischen Theologie« die Kirche als »Institution gesellschaftskritischer Freiheit des Glaubens« und in ihr die Orden als Träger einer »kritischen Öffentlichkeit« in der Kirche bestimmt hatte, ist auch in der Phase »praktischer Fundamentaltheologie« die Parallelität von Kirchenverständnis und Ordensverständnis nicht zu übersehen. Metz schreibt der Kirche nun durchaus die Aufgabe zu, in der Gesellschaft Initiative zu ergreifen und produktiv an ihrem Aufbau mitzuwirken. Gleichzeitig erweitert er auch seine Auffassung vom Ordensleben um positiv-produktive Elemente, die neben die kritisch-korrigierende Funktion treten und diese schließlich

---

282 ZdO 87.

283 Siehe dazu: ZdK.

284 Metz ZdK 85f wendet sich hier gegen die Rezension von Wulf, der darauf insistierte, daß Nachfolge »auf leisen Sohlen« geht. Vgl. Wulf, Die Orden, gefragt und nicht gefragt 302.

285 ZdK 89; vgl. auch ebd. 93.

286 Vgl. ZdK 91.

287 ZdK 93f.

immer stärker in den Hintergrund rücken. Als Grundsatz ist jedenfalls festzuhalten: Was die Kirche insgesamt für Welt und Gesellschaft bedeutet, das bedeuten die Orden für Kirche. Unter ekklesiologischem Gesichtspunkt stehen die Orden gewissermaßen an der Schaltstelle zwischen der kritischen Zustandsbeschreibung der Kirche und dem hohen Anspruch, den Metz' Theologie an die Kirche (als Institution) stellt. Der Begriff »Avantgarde« umgreift diese Funktion der Orden besonders gut, da in ihm sowohl ein kritisches als auch ein produktiv-ansteckendes Element enthalten ist. Das »Nachspiel« des Ordensverständnisses von Metz in Veröffentlichungen bis 1990 bringt nur eine neue Variante ins Spiel, ohne die betont intra-ekklesiale Funktion der Orden anzutasten.

Die Orden als »Geburtshelfer«[288] einer basisgemeindlichen Kirche

Das brennende Anliegen, daß aus einer »protektionistisch anmutenden 'Kirche für das Volk'« eine lebendige »Kirche des Volkes« entstehen soll[289], sieht Metz in den Basisgemeinden der jungen Kirchen in der Dritten Welt verwirklicht. Sie werden von ihm immer stärker in die Reflexion miteinbezogen. Es hat den Anschein, daß Metz vieles, was er zuvor den Orden als kritischen Korrektiven und produktiven Vorbildern zugesprochen hatte, nun auf die Basisgemeinden überträgt: Der Aufbruch in und aus den armen Kirchen wirkt wie ein »charismatischer Schock« für die Gesamtkirche[290]. Inmitten einer Identitätskrise der christlichen Subjekte sind sie »Orte kollektiver Identitätsbildung« aus der ungeteilten, d.h. aus mystisch-politischer Nachfolge[291]. Die Basisgemeinden dürfen sich nicht als isolierte Gruppen verstehen, sondern sollen anschaulich zeigen, daß die ungeteilte Nachfolge keine »elitäre« Angelegenheit für einige wenige, sondern gewissermaßen eine »populäre« Angelegenheit ist, die alle angeht[292]. In ihrer Konzentration auf die Nachfolge des armen, heimatlosen und gotthörigen Jesus und der sich daraus nährenden politischen Spiritualität, deren hervorstechendstes

---

288 Im Aufbruch 113.

289 Vgl. Metz J.B., Kirche und Volk oder der Preis der Orthodoxie, in: StZ 192 (1974) 797-811, aufgenommen in GGG 120-135 sowie Unsere Hoffnung II,4.

290 Siehe dazu: Unterwegs zu einer nachidealistischen Theologie 222.

291 Vgl. Metz J.B., Die Zielperspektive: Identitätsbildung aus Nachfolge, in: Mit der Gemeinde predigen. Hg. v. R. Zerfaß, Gütersloh 1982, 13-21, hier 17f; Im Aufbruch 105.111. Siehe auch Ancic 212-224.

292 Vgl. Im Aufbruch 112f sowie Metz J.B., »Aufstand der Hoffnung«. Eine Rückbesinnung auf das »Hoffnungsdokument« der Gemeinsamen Synode, in: HerKorr 36 (1982) 503-508, hier 506.

Kennzeichen die »Option für die Armen« ist, rufen sie stets neu die Erinnerung an den »gefährlichen Jesus« wach, die auch in der Tradition der Orden einen zentralen Platz einnimmt[293]. Basiskirche und Gesamtkirche stehen in einem ähnlich spannungsgeladenen Verhältnis wie Ordenskirche und Großkirche[294].
Trotz dieser neuen Akzentsetzungen kommt Metz auch in der dieser Phase wieder auf die Funktion der Orden zu sprechen. Die neue innovatorische Funktion der Orden besteht für ihn nun darin, daß sie »Geburtshelfer«, »Entwicklungshelfer« für jene basisgemeindlichen Aufbrüche sind, die sich als Versuche einer Verlebendigung der Kirche zur Nachfolgegemeinschaft darstellen[295]. Bemerkenswert ist, daß der kritische Charakter der Orden in den neueren Veröffentlichungen von Metz praktisch nicht mehr zum Tragen kommt.
Schien also in den vorangegangenen Phasen der Theologie von Metz die Aufgabe der Orden gewissermaßen »direkt« auf die Kirche als solche zu zielen, wirken in der neueren Entwicklung seines Denkens die Basisgemeinden gleichsam als »Katalysatoren«. Wie die Orden leben diese Gemeinden ebenso radikal die ungeteilte Nachfolge und tragen zur »beharrlichen Subjektwerdung« aller, auch der Kleinen und Geringen bei. Bei ihnen besteht aber weniger als in den Orden die Gefahr der besserwisserischen, überlegenen Abkapselung vom Volk Gottes, die oft zu einer gefährlichen »Arbeitsteilung zwischen Ordenskirche und Volkskirche« geführt hatte[296]. Darin wird aber noch einmal überdeutlich, daß das leitende Interesse von Metz nicht auf die Orden selbst ausgerichtet ist, sondern auf den Aufbau einer Kirche der Nachfolge. Die »angebbaren Subjekte« dieser Nachfolge können demgegenüber wechseln. In diesem Prozeß spielen die Orden zwar eine initiierende Rolle, die ihnen jedoch nicht exklusiv zukommt. Neben sie und zum Teil sogar an ihre Stelle treten die Basisgemeinden. Durch sie wird in gewisser Weise das frühe Postulat von Metz verwirklicht, daß die aufzubauende »kritische Öffentlichkeit« in der Kirche nicht nur von den

---

[293] Vgl. Unterwegs zu einer nachidealistischen Theologie 222; Im Aufbruch 106f.

[294] Siehe Unterbrechungen 35; Identitätsbildung 20. Sowohl hinsichtlich der Orden als auch hinsichtlich der Basisgemeinden bleibt das Verhältnis zur Kirche in einer gewissen Schwebe, da einerseits die unverhohlene Sympathie Metz' für die Basisgemeinden und die »Ordenskirche« hervorsticht, er andererseits wiederholt betont, daß nicht die ganze Kirche zur »Basiskirche« werden muß. Vergleiche etwa Suchbewegungen 161; Identitätsbildung 20.

[295] Vgl. »Aufstand der Hoffnung« 506; Im Aufbruch 113f; Suchbewegungen 161, Anm. 19 sowie Metz J.B., Función paradigmatica de la vida religiosa, in: Vida Religiosa 60 (1986) 405-408.

[296] Vgl. Im Aufbruch 113.

Orden, sondern auch von anderen Instanzen und Gruppen getragen wird[297].

Wiederum auf Einladung der deutschen Ordensoberen hat sich Metz 1990 erneut mit dem Ordensleben beschäftigt[298]. Dabei treten zwei Aspekte in den Vordergrund, die bislang nur eine marginale Rolle spielten:
- Deutlicher erfüllen die Orden gegenüber der Gesellschaft eine »prophetisch-kritische Aufgabe ...: Gotteszeugenschaft in einer Welt der religionsfreundlichen Gottlosigkeit, in einem Zeitalter der Religion ohne Gott«[299].
- Die »Neuevangelisierung Europas« kann nur auf dem Weg »neuer Gestaltungen der vita communis« geschehen. Hier könnten gerade die Orden die Rolle produktiver Vorbilder übernehmen. Im Blick auf die Weltkirche gilt auch, daß die internationalen Ordensgemeinschaften »natürliche Keimzellen für gelingendes interkulturelles Zusammenleben« sein können[300].

Zusammenfassung anhand der Leitfragen

Nach diesem Überblick über den Ort der Orden in den verschiedenen Phasen der Theologie von Metz, der auf eine Rückkoppelung an die konziliaren Texte zum Ordensleben verzichten mußte, da diese für Metz kaum relevant sind, soll nun doch der Versuch unternommen werden, die Aussagen von Metz in Beziehung zu den - vom Konzil her aufgegebenen - Leitfragen dieses Kapitels zu setzen.

1. Ordensleben und Heiligkeit in der Kirche

Das Thema »Heiligkeit« wird von Metz nirgends im Zusammenhang mit den Ordensgemeinschaften angeschnitten. Der Sache nach leuchtet es jedoch in der mystisch-politischen Doppelstruktur der Nachfolge auf. In anderem Kontext wird nämlich deutlich, daß »Heiligkeit« - in Parallele zu Nachfolge - für Metz nicht als strikt privates Ideal, sondern als »Bündnis von Mystik und kämpferischer Liebe« verstanden werden will[301]. Die Formulierung läßt vermuten, daß die Rede von Mystik und Politik der Nachfolge, die der ganzen Kirche aufgetragen ist, Pendant zur konziliaren Betonung der Berufung aller zur Heiligkeit (LG 39-42) ist. Die Orden als »angebbare Subjekte« der mystisch-politisch strukturierten Nachfolge leisten somit einen unverzichtbaren Beitrag zur »vol-

---

297 Vgl. TW 127.

298 Siehe dazu: Zeichen der Zeit, das eine Zusammenfassung eines Vortrags darstellt.

299 Ebd. 418.

300 Ebd. 425.

301 Siehe dazu Jenseits bürgerlicher Religion 21f, dort bezogen auf die »armen Kirchen«, und Metz J.B., Vorwort, in: Sie leben im Herzen des Volkes. Lateinamerikanisches Martyrologium. Hg. v. Instituto Historico Centroamericano. Mit einem Vorw. v. J.B. Metz, Düsseldorf 1984, 7-12.

leren Heiligkeit der Kirche« (vgl. LG 47). Ein eigenständiger, vom Weg anderer Christen unterschiedener Bezug der Orden zu einer so verstandenen Heiligkeit ist nicht festzustellen; die Orden bleiben ganz eingebettet in den Raum der Kirche.

2. Zeichenhaftigkeit des Ordenslebens

Metz kennt eine Zeichenhaftigkeit der Orden, ohne allerdings die Zeichenkategorie näherhin zu definieren und ohne im Normalfall überhaupt den Begriff »Zeichen« anzuwenden. Der Sache nach läßt sich, jedoch nur in der zweiten Phase, eine Palette von Begriffen beibringen, die auf den »Zeichencharakter« der Orden hinweisen: Dabei spielt die Anschaulichkeit der Radikalität von Nachfolge eine hervorgehobene Rolle. Daneben klingt auch im Begriff der »Produktivität« bei Metz Zeichenhaftigkeit mit an, da die Orden als »produktive Vorbilder« Hinweise und Wegweiser sind für situations- und nachfolgebezogenes Handeln der Kirche. Andere Formulierungen, die auf einen Bezug zu dem vom Konzil herausgestrichenen Zeichencharakter hinweisen, sind: Zeugnis (Bezeugung), Signale setzen, Avantgardismus, demonstrieren, soziale Greifbarkeit.

Die »innovatorische« Funktion der Orden als »produktive Vorbilder«, die ab der zweiten Phase neben die kritisch-korrigierende Funktion tritt, erweist sich bei näherem Zusehen als genuine Auslegung des ersten Gliedes der konziliaren Aussage über die Zeichenhaftigkeit des Ordenslebens: »So erscheint das Bekenntnis zu den evangelischen Räten als ein Zeichen, das alle Glieder der Kirche wirksam zur eifrigen Erfüllung der Pflichten ihrer christlichen Berufung hinziehen kann und soll« (LG 44,3; vgl. LG 13). Gerade diese in der übrigen Literatur oft als »moralisch« abqualifizierte Zeichenhaftigkeit steht im Konzept von Metz im Vordergrund. In diesem Rahmen kommt auch - unter dem Stichwort »Avantgardismus« - so etwas wie eine stellvertretende Funktion der Orden in der Kirche in Sicht.

Strukturell gesehen sind dabei Zeugnis und Kritik der Orden in erster Linie auf die (Institution) Kirche selbst ausgerichtet. Im allgemeinen kommt ein Zeichen- und Zeugnischarakter der Orden gegenüber der Gesellschaft erst (inhaltlich) vermittelt über ihre Praxis der evangelischen Räte in den Blick.

Das Leben der Orden ist schließlich mit dem apologetisch-hermeneutischen Anliegen von Metz verknüpft. Das für Metz gegenwärtig vordringlichste kirchliche Glaubwürdigkeitsproblem ist der Verlust der (praktischen) Christusförmigkeit. Sie betrifft für ihn längst nicht mehr nur die Nichtglaubenden, sondern ist zum Problem der Gläubigen

selbst geworden. Ihm kann nur durch eine neue »apologetische Praxis«[302] begegnet werden. Gerade als »angebbare und anrufbare Subjekte der Nachfolge« üben die Orden solche »praktische Hermeneutik« des christlichen Glaubens aus, nun nicht der Gesellschaft, sondern der Kirche selbst gegenüber. Die Nachfolge der Orden läßt für die ganze Kirche erfahrbar werden, daß Nachfolge identitätsbildend wirkt und daß eine solche Nachfolgeexistenz - als praktisch, gesellschaftlich verantwortliches Handeln, »das sich aus der Tiefe der Mystik der Passion Jesu nährt«[303] - möglich und in der kirchlichen Situation der Gegenwart notwendend ist. Die Orden könnten so als Träger einer von Metz schon früh formulierten *»apologia ad intra«* gelten[304], die als Praxis der Nachfolge die Hoffnung des Glaubens vor den Gläubigen selbst in der Krise der »Orthopraxie« verantwortet.
Schließlich betont auch Metz - in Übereinstimmung mit dem Konzil - die wesenhaft eschatologische Ausrichtung der Orden. Sie gehört bei ihm jedoch weniger selbst zur Zeichenhaftigkeit, sondern ist vielmehr deren Grundlage und *Voraussetzung*.

3. Gebrochenheit des Zeichens

Metz weiß um das Zurückbleiben der Orden hinter dem von ihm aufgestellten Anspruch[305]. Trotzdem überwiegt eine grundsätzlich positive Sichtweise, die ihn an eine Überwindung der Krise glauben läßt, wenn sich die Orden wieder auf ihre »historisch vorgezeichnete Funktion« besinnen und als Gemeinschaften entschieden in die Nachfolge umkehren. Ähnlich wie hinter der »kirchenkritischen Attitüde« steht auch hinter den ordenskritischen Aussagen von Metz ein grundsätzlich affirmatives Kirchen- und Ordensbild, das positiv-herausfordernd wirken soll. Metz warnt vor einer vorschnellen Versöhnung mit der Angefochtenheit und Fehlerhaftigkeit, auch wenn ihr Vorhandensein theologisch begründet werden kann. Es geht ihm darum, daß sich weder Kirche noch Orden vor dem Anspruch der Nachfolge wieder in die Idylle eines verinnerlichten Lebens flüchten[306].

---

302 Vgl. GGG 9.

303 ZdK 90.

304 Metz J.B., Art. Apologetik, in: SM 1, 266-276, hier 269f. Zum Anliegen von Metz vergleiche auch: Schaeffler, Was dürfen wir hoffen 226f.

305 Siehe besonders ZdO 16f.62f.95; ZdK 93-95.

306 Vgl. GGG 81f.

4. Das Ordensleben als Charisma
Metz anerkennt die Orden als *»geistgewirkte Einrichtungen, charismatische Zeichen* in der Kirche«[307], ohne diese »formale Wesensbestimmung« im einzelnen theologisch zu begründen. Die Rede von einem »Charisma *des* Ordenslebens« ist ihm jedoch nicht geläufig. Grundsätzlich tritt die pneumatologische Dimension des Ordenslebens bei Metz in den Schatten der christologischen Sichtweise als mystisch-politische Nachfolge.

Norbert Lohfink und Paul M. Zulehner

Ähnlich wie Metz strukturieren auch der Jesuit und Alttestamentler *Norbert Lohfink* sowie der Wiener Pastoraltheologe *Paul M. Zulehner* das Verhältnis von Kirche und Orden, setzen aber doch eigene Akzente, die von der Eigenart ihrer theologischen Ausrichtung und Disziplin herrühren.
Norbert Lohfink hat über seine exegetische Arbeit hinaus in den letzten Jahren auch zu Fragen kirchlicher Spiritualität und Praxis sowie zur Zukunft der Ordensgemeinschaften Stellung genommen. Inspiriert wurde er dazu nicht nur durch die eigene wissenschaftliche Forschung im Bereich des Alten Testaments, sondern auch durch seine Erfahrungen in und mit der Münchener »Integrierten Gemeinde«[308]. Den Kern seines Ansatzes bildet ein Anliegen, das uns mehrfach schon bei Metz begegnet ist: Gegenüber einer verbürgerlichten Innerlichkeit, einer Individualisierung und »Verjenseitigung« des Heils pocht N. Lohfink auf das Erbe des Alten Testaments, dessen Hoffnung »erdenschwer« ist[309]. Der Wille Gottes mit seinem Volk zielt für Lohfink auf die Schaffung einer neuen Gesellschaft, deren Zentrum Gott selbst ist. Ein radikal anderer Lebensstil herrscht in ihr. Auf diese Weise wird sie zum *Kontrast* der Gesellschaft gegenüber, zugleich aber zum anziehenden *Modell* für die Völkerwelt (vgl. Jes 2,1-5)[310]. Daß dies für das Alte Testament gilt, darüber besteht weitgehender Konsens. Für N. Lohfink tendiert jedoch auch das Neue Testament auf die Errichtung einer solchen »Kontrastgesellschaft« hin[311], die nach dem Willen Gottes in der Kirche bereits verwirklicht ist, wenn auch anfanghaft und samengleich[312].

---

[307] ZdO 18-22.

[308] Lohfink N., Die messianische Alternative. Adventsreden, Freiburg 1981; Kirchenträume. Reden gegen den Trend, Freiburg 1982; Der Geschmack der Hoffnung. Christsein und christliche Orden, Freiburg 1983; Die Orden als Gottes Kirchentherapie: Biblische Überlegungen zur Not der Kirche und zur Not vieler Orden, in: OK 27 (1986) 31-64; Deutsche Kirche - wohin? Apostolische Orden - für welche Kirche?, in: GuL 60 (1987) 358-374.

[309] Geschmack der Hoffnung 34.

[310] Messianische Alternative passim; Kirchenträume passim; Geschmack der Hoffnung 21-40.

[311] Vgl. dazu Lohfink G., Wie hat Jesus Gemeinde gewollt? Zur gesellschaftlichen Dimension des christlichen Glaubens, Freiburg 1982. N. Lohfink bezieht sich wiederholt auf dieses Buch seines Bruders (etwa: Kirchenträume 7; Geschmack der Hoffnung 11).

[312] Vgl. Geschmack der Hoffnung 41-57.

An diesem Punkt setzt die These N. Lohfinks über die Orden in der Kirche ein: Wenn Kirche ihre Berufung zur »Kontrastgesellschaft« und »Modellgesellschaft« vergessen, ja geradezu verraten hat, »verordnete ihr Gott die Orden als 'Kirchentherapie'«[313]. Mitten in einer Kirche, die sich der ihr von Gott zugedachten Aufgabe verweigert, stellen die Orden den notwendigen gesellschaftlichen Kontrast dar, an dem die Kirche selbst gesunden und ihr eigenes Wesen wieder entdecken kann. Wie bei Metz kommt dabei auch bei N. Lohfink nur die einseitige Wirkungsrichtung Orden - Kirche in den Blick.

Lohfink kennt auch den Gedanken der Stellvertretung, der sich bei Metz als Avantgardismus artikuliert hatte. Die Existenz der Orden ist für Lohfink »Stellvertretung für die Kirche, wenn diese als große Kirche in ihrer eigentlichen Aufgabe versagt. ... In ihnen wenigstens soll sich verdichten, was an sich Aufgabe der ganzen Kirche wäre: Gottes Zeichen für die menschliche Gesellschaft sein«[314].

Vom Bild der Therapie her ist die These Lohfinks stringent, daß die Orden in der Kirche nicht mehr nötig wären, wenn sie ihre therapeutische Aufgabe einmal voll erfüllt hätten oder wenn Gott andere Wege für eine Rückkehr der Großkirche »in den Glanz ihres Anfangs« eröffnen würde[315]. Für Lohfink gehört das Ordensleben also nicht »inconcusse« (LG 44,4) zum Leben der Kirche, sondern hat - so könnte man interpretieren - nur eine »subsidiäre« Funktion.

Die These von Kirche und Orden als »Kontrastgesellschaft« ist nicht unproblematisch. Es stellt sich vor allem die Frage, wie das Anderssein der Kirche in den gesellschaftlichen Horizont hinein vermittelt werden kann. Genügt es hier, bloß auf das Kontrastierende zu pochen, oder muß nicht auch versucht werden, dieses Andersartige verständlich zu machen? Nach der Überzeugung des Zweiten Vatikanums ist außerdem die menschliche Gesellschaft nicht das schlechthin zu Negierende und zu Überwindende. Die Kirche und in ihr die Ordensgemeinschaften können von den positiven Kräften, die in der Gesellschaft am Werk sind, für ihr eigenes Leben lernen (vgl. LG 13,2; AG 22,1; SC 37.38; GS 41.42.44,2.58)[316].

Die Veröffentlichungen des auch in Ordenskreisen weithin bekannten Pastoraltheologen *Paul M. Zulehner* zu Fragen des Ordenslebens und der evangelischen Räte weisen wie die Arbeiten Norbert Lohfinks Konvergenzen mit dem Ansatz von J.B. Metz auf[317]. Ähnlich wie Metz, an dessen Konzept nicht wenige Formulierun-

---

313 Kirchentherapie 41. - Zum Folgenden siehe ebd. 41-50.

314 Kirchentherapie 44; vgl. Geschmack der Hoffnung 10.

315 Kirchentherapie 44. - Lohfink sieht in der Grundgestalt der Orden als gesellschaftlichem Kontrast auch die Spannungen zwischen Orden und Kirche vorgezeichnet, da sich jede Großgesellschaft von einer Kontrastgesellschaft in ihrer Mitte angegriffen fühlt, sobald sie sich nicht von der Großgesellschaft vereinnahmen und domestizieren läßt. Vergleiche dazu Geschmack der Hoffnung 81-85.

316 Kritisch zu Lohfink auch: Lippert P., Kirche als Kontrast und Modell?, in: Pastoralblatt 35 (1983) 266-271; ders., Rezension zu Lohfink, Geschmack der Hoffnung, in: OK 25 (1984) 231.

317 Zulehner P.M., Leibhaftig glauben. Lebenskultur nach dem Evangelium. Unter Mitarb. v. J. Brandner und J. Fischer, Freiburg 1983; Ordenschristen und ihr prophetischer Dienst. Menschliches im Dienst Gottes und der Menschen, in: GuL 58 (1985) 29-40; Missionsorden in einer ihrem Wesen nach missionarischen Kirche, in: OK 26 (1985) 129-140; Gottgeweiht. Zur Berufung der Orden in Gottes Kirche heute, in: ON 27 (1988) Heft 1, 29-48; Art. Evangelische Räte / Prophetische Lebensstile, in: PLSp 352-356; ders. / Haas J., Damit die Kirche lebe. Zur Berufung von Ordenschristen in Gottes Kirche heute, Meitingen 1989.

gen erinnern[318], sind Ordensbild und Kirchenbild eng verschränkt, wobei jedoch über Metz hinaus neue Elemente ins Spiel kommen und der Entwurf vom pastoralen Interesse Zulehners gekennzeichnet ist.
Zulehner betont, daß Pastoraltheologie nicht nur in »Kairologie« (Situationsanalyse) und »Praxeologie« (Entwicklung methodischer Schritte) zu bestehen hat, sondern wesentlich »Kriteriologie« sein muß, d.h. daß sie eine »Vision« von Kirche zu entwickeln hat, an der sich kirchliche Praxis allererst ausrichten kann[319]. Als Schlüsselwörter dieser »Kirchenvision Gottes« nennt Zulehner: Mystik, Geschwisterlichkeit, und Politik[320]. Nicht die Doppelstruktur »Mystik und Politik« (Metz) prägt also das Bild von Kirche und christlichem Glauben, sondern eine triadische Struktur. Durch den Einbezug der Geschwisterlichkeit wird die bei Metz weithin ausfallende Dimension der *communio* so bei Zulehner ausdrücklich zur Sprache gebracht.
Dieser »Triade« in der Kirche entspricht die Trias der klassischen evangelischen Räte, die ihrerseits »Kultivierung« der drei menschlichen Urwünsche Name - Macht - Heimat bedeutet[321]. Jungfräulichkeit als »sehnsüchtiges Aussein« des Menschen nach Gott (Mystik), Gehorsam als Horchen auf die je persönliche Berufungsgeschichte, das zum Respekt vor der Gottunmittelbarkeit des anderen führt (Geschwisterlichkeit)[322], und Armut als Freiheit den Dingen gegenüber, die dazu drängt, sich auf die Seite der Armen zu stellen (Politik). Die »evangelischen Ratschläge«[323] sind für Zulehner »innere Momente jedes christlichen Glaubens«, deren Verwirklichung unabdingbar ist für dessen Leibhaftigkeit. Einigen Christen aber ist ein »prophetischer Lebensstil« aufgetragen. Für ihn sind die Symbol*handlungen* der Propheten vorbildhaft. Diese Gläubigen leben nicht nur »der Tendenz nach« jungfräulich, arm und gehorsam, sondern auch wirklich, in einer zugespitzten, verrückten, »extravaganten« Art ehelos, machtlos und besitzlos[324]. Sie halten dadurch den Blick auf

---

318 Etwa die Stichworte: Erinnerung, Mystik und Politik, Kirche für das Volk - Kirche des Volkes, »praktische Gottesauslegung«.

319 Zulehner P.M., Das Gottesgerücht. Bausteine für eine Kirche der Zukunft - mit Texten v. J. Fischer und einer Meditation v. R. Zerfaß, Düsseldorf 1987, 8. Vergleiche auch ders., Pastoraltheologie. Bd. 1 Fundamentalpastoral. Kirche zwischen Auftrag und Erwartung. Unter Mitarb. v. J. Haas u.a., Düsseldorf 1989, 47-136.

320 Vergleiche Gottesgerücht 8.43.62f. In Ansätzen schon in: Zulehner P.M., »Leutereligion«. Eine neue Gestalt des Christentums auf dem Weg durch die 80er Jahre?, Wien 1982 sowie in: Mystik und Politik, in: GuL 62 (1989) 405-415; Damit die Kirche lebe 11.29-35.38.64f. - Zum Stichwort »Geschwisterlichkeit« verweist Zulehner auf: Weß P., Ihr alle seid Geschwister. Gemeinde und Priester, Mainz 1983.

321 Diese und ähnliche Triaden in: Leibhaftig glauben; »Leutereligion« 9-19; Art. Evangelische Räte; sowie Zulehner P.M., Helft den Menschen leben. Für ein neues Klima in der Pastoral, Freiburg 1978, 12f.37-42; ders., Kirche - Anwalt des Menschen. Wer keinen Mut zum Träumen hat, hat keine Kraft zum Kämpfen, Wien 1980,15-23.123-138; ders., Evangelische Räte, in: ders., Ungehaltene Hirtenreden. Menschlichkeit darf maßlos sein, Freiburg 1988, 66-77; Damit die Kirche lebe 16-18.62.

322 In der Bedeutung des Gehorsams läßt sich bei Zulehner eine Akzentverlagerung feststellen: In »Leibhaftig glauben« legt er Gehorsam vor allem als Machtlosigkeit aus, während später die geschwisterliche Dimension vorherrschend wird, etwa in: »Gottgeweiht«; Damit die Kirche lebe.

323 Diese Bezeichnung findet sich etwa in: Leutereligion 16-18; Art. Evangelische Räte 352f; Ungehaltene Hirtenreden 66f.

324 Vgl. Leibhaftig glauben 75-89; »Leutereligion« 18; Ordenschristen und ihr prophetischer Dienst 39; sowie Zulehner P.M., Priestermangel praktisch. Von der versorgten zur sorgenden Pfarrgemeinde, München 1983, 151f; Von der versorgten zur missionarischen Gemeinde, in: OK 25 (1984) 52-68, dort 66.

Gott als die letzte und endgültige Erfüllung der Urwünsche des Menschen radikal offen und *erinnern* so alle Menschen anschaulich daran, daß Gott selbst die Erfüllung aller menschlichen Sehnsucht ist. Ohne Menschen, die nach den drei »Losigkeiten«[325] leben (Ehe-losigkeit, Macht-losigkeit, Besitz-losigkeit), ginge der Kirche etwas Wesentliches verloren. Sie sind kostbare Gabe Gottes, »Charismen« an die Kirche »*Gottes charmante Art, sich bei den Menschen als ihre Glückseligkeit in Erinnerung zu halten*«[326]. Zulehner erwartet von den Orden, daß sie in der Kirche diesen prophetischen Dienst ausüben. An ihnen, deren Leben von den drei evangelischen Räten geformt ist (vgl. LG 32,1; PC 1), wird sichtbar, daß Kirche aus der mystischen Verwurzelung im dreifaltigen Gott lebt (Jungfräulichkeit) und sich als geschwisterliche (Gehorsam) und politische (an der Seite der Armen) darstellt. Wer erfahren will, worum es bei der Kirche geht, kann das an den Orden erkennen. Auch die Kirche selbst kann an den Orden lernen, aus welchem Grund sie lebt und wie sie das ihr geschenkte Leben zu gestalten hat. Orden sind deshalb eine »*Schule christlichen Lebens*«, eine »*Schule der Kirche*«[327].
Die Verschränkung von Orden und Kirche tritt bei Zulehner auch am »*marianischen Charakter*« beider zutage. Maria als Grundtypus von Kirche ist »mystisch« (jungfräulich), »geschwisterlich« und »politisch« zugleich. Wo Ordenschristen in dieser Weise echt »marianisch« leben, tragen sie dazu bei, daß auch die Kirche »marianischer« wird[328].
Die Verwandtschaft der Skizze von Zulehner mit der Konzeption von Metz ist unverkennbar. Zulehners Ordensverständnis erweist sich aber im Vergleich mit Metz praxisnäher und handlungsorientierter. Das zeigt sich z.B. an der ausdrücklichen Einbeziehung des gemeinschaftlichen Lebens der Ordensleute (vgl. PC 15,1). Ebenso werden einzelne Begriffe, die bei Metz konstitutiv sind, eindeutiger und konkreter gefaßt: So legt sich etwa »Politik« als Einsatz für mehr Gerechtigkeit in der Welt aus.
Im Horizont der Frage: »Welche Orden braucht die Kirche heute?«[329] finden historische Fragestellungen und ein ungetrübter Blick auf die Gestalt des Ordenslebens, wie es sich von sich her zeigt, bei Zulehner kaum Platz. Orden sind, ähnlich wie bei Metz und Lohfink, strikt Bilder des »eigentlichen Wesens« von Kirche, die angesichts einer selbstvergessenen Kirchengemeinschaft zu »Gegenbildern« und anschaulichen Modellen werden. Wie in den Konzepten von Metz und Lohfink bleibt auch bei Zulehner die Beziehung Orden - (konkrete) Kirche eine »Einbahnstraße«[330].

---

325 So Zulehner in: Leibhaftig glauben 77-81.

326 Leibhaftig glauben 82; siehe auch: Damit die Kirche lebe 9.

327 Gottgeweiht 29.36; Art. Evangelische Räte 355f; Ungehaltene Hirtenreden 77; Damit die Kirche lebe 9.41-46.66f. Zum Ganzen siehe Gottgeweiht 35-40.

328 Vgl. Gottgeweiht 40f; Damit die Kirche lebe 59-61.68.

329 Gottgeweiht 29f; vgl. Damit die Kirche lebe 10.

330 »Heilsame Konkurrenz« für die Orden sind für Zulehner nur Basisgemeinden und geistliche Bewegungen. Siehe dazu: Damit die Kirche lebe 11.

Für das von Johann Baptist Metz vorgelegte Konzept (und die ähnlichen Entwürfe von N. Lohfink und Zulehner) ist die enge Verknüpfung von Orden und Kirche besonders charakteristisch. Was die Anforderungen und den Anspruch der Nachfolge betrifft, merkt Metz keinen entscheidenden Unterschied zwischen Nachfolge in der Kirche überhaupt und Nachfolge in den Orden an. Deswegen erscheinen die Orden als besonders geeignete »Avantgardisten« für den Aufbau einer Kirche, die sich von einer nur »geglaubten« zu einer in die Praxis umgesetzten Nachfolge bekehrt.

Die starke Verschränkung von Kirche und Orden bringt Metz in die Nähe desjenigen Traditionsstranges, welcher Ordensleben als die »eigentlich« christliche Existenz versteht. Dabei stellt sich die Frage, wie eine solchermaßen univok veranschlagte Nachfolge den unterschiedlichen Lebensbedingungen der Christen gerecht wird und sich in ihnen ausdifferenzieren kann. Bedenken bleiben trotz der Beteuerungen von Metz, daß die Nachfolgeexistenz aller Christen keinesfalls als verdünnte Form der Ordensnachfolge zu verstehen ist[331].

Die modische Sprache von Metz sollte im übrigen nicht darüber hinwegtäuschen, daß es sich im Grunde um ein eher traditionelles Ordensverständnis handelt, das hier vorlegt wird. Dies wird an mehreren Punkten deutlich. Metz knüpft - im Gegensatz zu den meisten nachkonziliaren Ordenstheologien - fast exklusiv an jene Funktionen der Orden an, die meist als »moralische« bzw. »apologetische« - beides in pejorativem Sinn! - apostrophiert werden. Metz scheut auch nicht davor zurück, die Orden als kirchliche Elite zu sehen. Das »tridentinische Plus« muß für ihn unbedingt gewahrt bleiben. Der Elitecharakter der Orden erwächst jedoch nur aus der Radikalität ihrer Nachfolgeexistenz. Sie sind also eine Elite, die »ganz unten« ansetzt, eine Elite, die sich nur aus der Teilnahme an der Kenosis Jesu Christi begreifen läßt und nicht als besserwisserische Erhabenheit[332].

Wird Metz' Büchlein »Zeit der Orden« nicht isoliert gelesen, sondern in den Kontext seiner Theologie gestellt, so zeigt sich, daß das von Metz propagierte Verständnis der Orden - formal gesehen - Transformation seiner theologischen Option auf den »Sonderfall« Orden ist. Dies tritt nicht nur an der Parallelisierung von Kirchenbild und Ordensbild hervor, sondern auch an vielen Einzelzügen. Erinnert sei nur an die Kategorie der Erinnerung, an die mystisch-politische Doppelstruktur der

[331] Siehe dazu ZdO 23.

[332] Zum Begriff der »Elite« vergleiche: Dreitzel H.P., Art. Elite, in: HWP 2, 443-445.

Nachfolge, an Solidarität, Narrativität, Intelligibilität der Praxis etc. Erst angeregt durch einen Anstoß von außen reflektiert Metz im Rahmen seiner Theologie über die Orden[333].
Nach dem Blick auf die formale Struktur des Ansatzes von Metz muß noch der materiale Gehalt seines Ordensverständnisses diskutiert werden[334]. Das grundlegende Problem ist der schillernde *Kirchenbegriff* von Metz. Zwei verschiedene Aspekte der Kirche stehen bei Metz relativ unvermittelt nebeneinander: ihre Verfaßtheit als Institution und ihr Wesen als Volk Gottes[335]. Die enge Verknüpfung von Kirche und Orden führt dazu, daß durch diese begriffliche und sachliche Unklarheit auch das Ordensverständnis affiziert wird. Zumindest dem äußeren Eindruck nach steht die Funktionalität der Orden so sehr im Vordergrund, daß Metz diesen Eindruck auch nicht durch die Betonung der »mystischen« bzw. »charismatischen« Komponente zurückzudrängen vermag. Bestätigung findet diese Vermutung auch in dem wiederholt gebrauchten Begriffspaar »Ordenskirche« und »Großkirche«, die einander als zwei institutionell verfaßte Größen gegenüberstehen. Metz redet hier zwar von einem »lebendigen Antagonismus«, de facto aber üben nur die Orden einen positiven Einfluß auf die Kirche aus. Die Rückwirkung von Kirche auf Orden dagegen sieht Metz rein negativ als »großkirchliche Einebnung« und Vereinnahmung. Auch darin wird noch einmal deutlich, daß Metz stark von einem gesellschaftlich, soziologisch verfaßten Kirchenbild her denkt und weniger von einem Begriff der Kirche als Mysterium, als »Zeichen und Werkzeug« des Heils (vgl. LG 1.8).

---

333 Als einziger scheint Isnard Frank, Die Orden - Subjekt der Heilsgeschichte?, in: ON (1978) Heft 108, 209-213 den Versuch unternommen zu haben, die Aussagen von Metz über das Ordensleben in den größeren Kontext von dessen Theologie zu stellen. Die Überschrift gibt bereits den Kern von I. Franks Ansatz an: Es gehe Metz um die Frage nach dem Heil in der Geschichte und den Trägern der in Christus konkret einsetzenden Heilsgeschichte. Solche »Träger des Heils« seien die Orden aufgrund ihres Nachfolgelebens aus dem »eschatologischen Gedächtnis« heraus. Es ist aber nicht zu sehen, wo Metz explizit von den Orden als »Subjekt« (Singular?) der Heilsgeschichte redet. Sie sind für ihn (nur!) »angebbare und anrufbare Subjekte (Plural!) der *Nachfolge*«. »Subjekt der Heilsgeschichte« im strengen Sinn kann für Metz nur Gott sein (vgl. Metz, Diskussion 281; Spülbeck 237). Selbst die Kirche wird von Metz gewöhnlich nur als Tradentin, Zeugin oder auch »Trägerin des eschatologischen Gedächtnisses« bestimmt. Metz setzt sich in dieser Hinsicht eindeutig von seinen marxistischen und neomarxistischen Gesprächspartnern ab (vgl. Spülbeck 235-242). I. Frank 211 scheint dagegen gerade in dieser Frage eine Beeinflussung Metz' durch die Theorie der Frankfurter Schule vorauszusetzen.

334 Für die grundsätzlich theologische und philosophische Auseinandersetzung mit Metz, die freilich gerade wegen der genannten formalen Übereinstimmung nicht übersehen werden darf, sei auf die in den vorangegangenen Anmerkungen mehrfach genannte Sekundärliteratur verwiesen. Dem Ziel dieser Arbeit entsprechend werden hier nur Elemente diskutiert, die unmittelbar für das Ordensverständnis prägend sind.

335 Kritisch zum Kirchenbegriff bei Metz auch: Wulf, Die Orden, gefragt und nicht gefragt 298, Anm. 5; Spülbeck 279-281.

Durch das weitgehende Fehlen der pneumatologischen Dimension fällt die - zumindest für die Orden im engeren Sinn - konstitutive Dimension der *communio* auf weiten Strecken aus[336]. Darüber sollte auch die wiederholte Rede von den Orden als »Nachfolgekollektiven« nicht hinwegtäuschen: ihr scheint ein streng funktionales Interesse zugrundezuliegen, das die »zweckfreie« Dimension christlicher *communio* ausblendet. Zudem bieten sich »die Orden« bei Metz gleichsam als »namenlose« Gruppen dar. Entgegen dem äußeren Anschein bekommen sie wenig eigenes Profil, das ihre Eigentümlichkeit von einer »Kirche der Nachfolge« bzw. von den Basisgemeinden abheben würde. »Orden« scheint für Metz fast nur eine Chiffre für die Lebensform der Nachfolge in ihrer mystisch-politischen Doppelstruktur zu sein. Was Karl Lehmann schon 1969 in anderem Kontext angemerkt hat, dürfte auch hier kritisch einzuwenden sein: Im Metz'schen Pathos schwinden die konkreten Subjekte gegenüber »gesellschaftlichen Großsubjekten« leicht aus den Augen[337]. Symptomatisch dafür ist, daß Metz fast immer von »den Orden« redet und selten von den Ordens*leuten*. Er bemüht sich - abgesehen von einigen allgemeinen Bemerkungen zur »Familiengeschichte« der Orden - nicht um eine Differenzierung zwischen verschiedenen Typen des Ordenslebens. Die Frage ist, ob er damit der realen Vielfalt von Ordensleben und kirchlichem Leben gerecht wird. Es muß Metz allerdings zugestanden werden, daß er selbst die Problematik einer solchen Vereinfachung erkennt. Auch scheint eine solche Differenzierung für das vordringliche Anliegen von Metz - die Umkehr der Kirche in die Nachfolge - gar nicht notwendig.

Bleibendes Problem der Theologie von Metz ist die plakative Sprache, die Begriffe einsetzt, oft ohne sie biblisch, theologisch bzw. philosophisch zu reflektieren und zu begründen[338]. Dadurch bleibt vieles in einer eigenartigen Schwebe und Unbestimmtheit. Für die Fragestellung der Orden sind dafür die im Konzept wichtigen Termini »mystisch« (als Chiffre für den Transzendenzbezug, die Gottesbeziehung?), »Apokalyptik« (als Chiffre für Naherwartung?), »prophetisch« (als Chiffre für kritisch?), »(evangelische) Tugend«, »Subjektsein bzw. -werdung vor Gott« zu nennen.

---

336 Vgl. nur ZdK 89; Zeichen der Zeit; Spülbeck 276. Ein wesentlicher Bezug von *communio* und der von Metz postulierten »Kirche des Volkes« leuchtet auf in: »Aufstand der Hoffnung« 506f.

337 Vgl. Lehmann, in: Diskussion 206: »Die 'politische Theologie' lebt von der Vorwegnahme gesellschaftlicher Groß-Subjekte, während ihr die konkreten Subjekte leicht aus den Augen schwinden«.

338 Vergleiche schon die Anfragen von H. Maier, G. Ermecke und K. Lehmann, in: Diskussion.

In Hinblick auf kontemplative Gemeinschaften wäre zu fragen, ob der Praxisbegriff von Metz für sie zu greifen vermag. Freilich versteht Metz Praxis nicht aktivistisch, sondern bezieht ausdrücklich eine pathische Verfassung mit ein. Speziell angesichts der kontemplativen Lebensform, aber auch für die christliche Glaubensexistenz überhaupt, scheint aber ein Praxisbegriff notwendig, dem auch eine kontemplativ-empfangende Dimension zu eigen ist[339].

Schließlich erstaunt von der so »kritisch« verfaßten Theologie Metz' her, daß die Orden von dieser Kritik weitgehend ausgenommen sind. In der ersten Phase politischer Theologie hatte sich Metz noch ähnlich über die Kirche als ganze geäußert, während in seinen späteren Arbeiten die Kirche (als Institution) scharfer Kritik unterzogen wird und die Orden (später die Basisgemeinden) zwischen den Anspruch an Kirche und ihren faktischen, hinter dem Anspruch zurückbleibenden Selbstvollzug als notwendige, vermittelnde Gruppen und kirchliche Avantgardisten eingesetzt werden. An dieses »elitäre« Verständnis von Orden in der Kirche schließen sich jedoch aus der Sicht der Ordenstheologie zwei Fragen an:

- Wie kommen - angesichts der faktischen Situation der Orden, die auch Metz beim Namen nennt - die Orden selbst zu der ihnen - rechtens! - abverlangten und zugetrauten radikalen Nachfolge? Die Ausführungen von Metz gehen in dieser Hinsicht kaum über Appelle an die Orden hinaus. Bedenkenswert scheint allein die angesprochene »Hörsamkeit und Lernfähigkeit 'nach außen', gegenüber neuen Herausforderungen und neuen Erfahrungen«, die in etwa der von Metz postulierten »kognitiven Fremdbestimmung der Theologie« entspricht[340].
- Damit hängt eine zweite Frage zusammen: Kann es im Konzept von Metz überhaupt so etwas geben wie erneuernde Impulse *für* die Orden, die von der hierarchischen Kirche ausgehen? Augenscheinlich nicht. Dies läßt auch erklären, warum die im Zweiten Vatikanum angestoßene Erneuerung der Orden für Metz nur geringe Bedeutung hat.

Eine solche positive, elitäre Sicht von Orden läßt wenig Raum für den Gedanken an eine bleibende Gebrochenheit des Zeichens der Orden in der Kirche. Von daher ist vermutlich auch der Eindruck einer Überforderung der Orden zu verstehen, wie er von Ordensleuten geäußert wird,

---

[339] Vgl. dazu Muschalek G., Die theologische Wahrheit zwischen Theorie und Praxis, in: ZKTh 93 (1971) 129-147, dort 142; Lehmann K., in: Diskussion 214f hat z.B. auf die »andere« Art von Praxis der Kleinen Brüder Jesu von Charles de Foucauld hingewiesen.

[340] ZdO 25. Zur kognitiven Fremdbestimmung vergleiche Spülbeck 178-180 mit Hinweis auf Metz J.B., Zu einer interdisziplinär orientierten Theologie auf bikonfessioneller Basis, in: Die Theologie in der interdisziplinären Forschung. Hg. v. J.B. Metz und T. Rendtorff, Düsseldorf 1971, 10-26.

die um die faktische, in der ganzen Ordensgeschichte zu beobachtende Mittelmäßigkeit und Fehlerhaftigkeit der Ordensgemeinschaften wissen[341]. Hier macht sich auch der Ausfall des historischen Rückbezugs bei Metz bemerkbar.
Trotz dieser kritischen Anmerkungen ist und bleibt der Versuch von Metz eine der anregendsten und interessantesten Ortsbestimmungen von Orden in der nachkonziliaren Kirche. Der hier gestellte Anspruch könnte und müßte den Ordensgemeinschaften zumindest »Stachel im Fleisch« sein, der sie in Übernahme und kritischer Auseinandersetzung zu einem neuen Bewußtsein ihrer Stellung in der Kirche führen könnte.

3. Peter Lippert: »Funktion« und »Dienst« als Daseinsgrund der Orden in der Kirche

Der Moral- und Pastoraltheologe *Peter Lippert*, Angehöriger der Kongregation der Redemptoristen, hat in der nachkonziliaren Zeit zu Fragen der evangelischen Räte und des Ordenslebens kontinuierlich Stellung genommen[342]. In Auseinandersetzung mit verschiedenen Ansätzen

---

[341] Vgl. die Rezensionen von Lippert, I. Frank, Wulf.

[342] Die wichtigsten Arbeiten: Müssen Ordensleute sich unterscheiden? Bemerkungen zum Selbstverständnis und Zeugnis des Ordensstandes, in: OK 10 (1969) 182-201; Überlegungen zur Stellung der kontemplativen Orden in der Kirche und Welt von heute, in: OK 11 (1970) 36-51; Heutige Welterfahrung als christliche Situation und als Aufgabenfeld für die Erneuerung des Ordenslebens, in: OK 11 (1970) 157-169; »Funktion« und »Dienst« als mögliche Schlüsselbegriffe für Mitwirkung und Selbstdarstellung der Orden auf der Synode '72, in: OK 12 (1971) 3-14; Die »Evangelischen Räte« - Grundprinzip oder Sonderform christlicher Spiritualität?, in: Die Kirche im Wandel der Zeit. Festschrift für Josef Kard. Höffner. Hg. v. F. Groner, Köln 1971, 659-669; Art. Evangelische Räte, in: Lexikon der Pastoraltheologie (=HPTh 5), 125f; Zum Selbstverständnis des Ordenspriesters, in: OK 14 (1973) 32-45; Zwischen Umbruch und Selbstbestimmung. Die Orden im gegenwärtigen Wandel von Kirche und Gesellschaft, in: HerKorr 29 (1975) 346-353; »... wie er dem Herrn gefalle«. Pastoraltheologische Bemerkungen zu Theorie und Praxis des ehelosen Lebens in den Orden heute, in: In libertatem vocati estis. Hg. v. H. Boelaars und R. Tremblay (Studia Moralia 15), Rom 1977, 759-791; Seelsorgsorden in der Kirche - Eigenart und Sendung, in: In Gemeinschaft leben - der Gemeinde dienen. Hg. v. K. Jockwig u. P. Lippert, Stuttgart 1978, 9-25; Ohne den Gott der Verheißung ... von vornherein sinnlos. Zum Gesichtspunkt des »menschlich Sinnvollen« im geistlichen Leben - am Beispiel des Ordenslebens, in: OK 20 (1979) 278-289; Ordensgemeinschaften - Zeugen des Lebens in der Kirche Christi, in: Orden als Lebensmodell. Erwartungen - Ansprüche - Tendenzen. Mit Beiträgen v. G. Greshake u.a. Hg. v. W. Herbstrith (Reihe Edith-Stein-Karmel Tübingen 13), München 1983, 29-77; Ordensleben als Thema theologischen Lernens. Aspekte einer Theologie des Ordenslebens innerhalb des theologischen Studiums, in: OK 25 (1984) 170-179; Schritte zu einer Theologie der evangelischen Räte. Thesen zur Hinführung, in: OK 26 (1985) 141-146; Die Identität des Ordensbruders. Einige Überlegungen zum Selbstverständnis des Ordenslebens in Brüderorden, in: OK 26 (1985) 257-264; Zur besonderen Berufung des Ordenspriesters in der Kirche, in: OK 27 (1986) 55-64; Art. Gelübde, in: PLSp 491-494; Art. Ordensspiritualität/Ordensleben, in: PLSp 951-958; Ordensleute in Deutsch-

einer Theologie des Ordenslebens entwickelte er Ende der 60er und in den 70er Jahren eine Position, die für die Frage nach dem »Ort« von Orden in der Kirche mit den beiden Schlüsselwörtern »Funktion« und »Dienst« umrissen werden kann[343].

Gegen den »breiten Strom« nachkonziliarer Ordenstheologie äußert sich Lippert - wie vor ihm schon *Otto Hermann Pesch*[344] - kritisch gegen die These von der besonderen Zeichenhaftigkeit des Ordenslebens (LG 44,3), wenn sie den eigentlichen Daseinsgrund für die Existenz des Ordenslebens in der Kirche angeben soll. Neben der Frage der offensichtlichen Gebrochenheit dieses Zeichens lautet der Haupteinwand Lipperts (und Peschs), daß eine isoliert auf den Zeichencharakter ausgerichtete Konzeption des Ordenslebens die Motivation des einzelnen, sich für diese Lebensform zu entscheiden, nicht mehr zu umgreifen vermag, da es ein Unding sei, den Ordensberuf zu ergreifen, *um* Zeichen zu sein. Außerdem wäre damit die Zeichenhaftigkeit eo ipso schon desavouiert. Lippert möchte demgegenüber die subjektive Motivation so ernst genommen wissen, daß sie sich aus dem »objektiven« Entwurf des Ordenslebens ergeben kann[345]. Von dieser Voraussetzung her optiert Lippert für eine Interpretation, die das Ordensleben als *Dienst* und *Funktion* in der Kirche versteht.

Dienst und Charisma der Orden

Im Zusammenhang mit der Vorbereitung der Ordensgemeinschaften auf die Gemeinsame Synode der Bistümer in der Bundesrepublik Deutschland hat Lippert die seinem Ansatz zugrundeliegende (soziologische) Bedeutung von »Funktion« entfaltet. Er möchte im ständigen Wechselspiel von soziologischen und theologischen Aussagen die Wirk-

---

land. Situationen und Perspektiven, in: OK 30 (1989) 129-140. Für die übrigen Veröffentlichungen Lipperts zum Ordensleben siehe: Literaturverzeichnis.

343 Im Zentrum der folgenden Überlegungen stehen jene Äußerungen Lipperts aus dem genannten Zeitraum, die sich von der »Zeichenhaftigkeit« des Ordenslebens absetzen. Obwohl Lippert seither seine Position differenziert hat, bemerkt er noch 1982: »Lange habe ich mich dieser [i.e. der mehr funktionalen] Sicht zugerechnet, und ich habe mich immer noch nicht ganz von ihr getrennt« (Ordensgemeinschaften - Zeugen des Lebens 46).

344 Pesch O.H., Ordensleben und Verkündigung, in: OK 9 (1968) 365-382, bes. 373-376.

345 Vgl. Müssen Ordensleute sich unterscheiden 190f; Überlegungen zur Stellung der kontemplativen Orden 51; Ordensgemeinschaften - Zeugen des Lebens 48. Pesch 374f weist darauf hin, daß die traditionellen Deutungen des Ordensstandes (etwa: Streben nach Vollkommenheit) zugleich als Motiv wirkten.

lichkeit »Ordensleben« in den Begriffen »Funktion« und »Dienst« einfangen[346].

Lippert legt dar, daß der Begriff »Funktion« nur in bezug auf ein gegliedertes Ganzes, auf ein »System« verstanden werden kann: Funktion ist der Beitrag, den ein Teil zum Ganzen beisteuert. Aus diesem Grundansatz ergeben sich für Lippert verschiedene Konsequenzen, die auch auf das Verständnis des Ordenslebens in der Kirche Einfluß nehmen:

- Es kann unterschieden werden zwischen funktionellen, nicht-funktionellen und dysfunktionellen (störenden) Elementen.
- De facto gibt es immer Teilbereiche in Individuen und Gruppen, die sich nicht voll funktionell verhalten (z.B. das Privatleben).
- Das System »Kirche« muß so definiert sein, daß in ihm auch Platz für Konflikte ist. Im Blick auf die Kirche darf »funktionieren« nicht bloß als »reibungsloses, widerstandsloses Ablaufen« interpretiert werden. Auch kritische Instanzen haben eine »Funktion« in der Kirche.
- Lippert differenziert weiterhin zwischen latenten und manifesten Funktionen.
- Die Tragweite und Bedeutung der Funktion ergibt sich nicht aus ihr selbst, sondern aus der Tragweite und Bedeutung des Systems, auf das sie bezogen ist.
- »Zweck« und »Sinn« dürfen für Lippert nicht gegeneinander ausgespielt werden: Etwas ist sinnvoll, weil und insofern es zweckmäßig, d.h. zielgerichtet ist[347].

Die »theologische Kehrseite« des so bestimmten Begriffs »Funktion« läßt sich für Lippert als *Dienst* umschreiben. Dienst bzw. *Diakonia* bedeutet, daß die je eigene Funktion nicht in selbstischer Weise wahrgenommen wird, sondern in steter und bewußter Hinordnung auf die anderen »Funktionen« im System Kirche, also in jenem System, das seinen »Zweck« und »Sinn« darin hat, daß es die Menschen zur *humanitas* (in umfassender Bedeutung) führt[348].

Lippert sichert damit theoretisch ab, was er schon einige Jahre zuvor als »Diskussionsvorschlag« zum Ort der Orden in der Kirche eingebracht hat:

---

[346] Zum Folgenden vergleiche: »Funktion« und »Dienst« sowie: Zum Selbstverständnis des Ordenspriesters 39.

[347] Lippert verweist darauf, daß das Begriffspaar »Sinn« und »Zweck« vor allem in der gegenwärtigen deutschsprachigen Welt ideologisch befrachtet scheint. Die Scholastik etwa kannte diesen Gegensatz nicht und sprach ununterschieden von *finis*. Siehe dazu: »Funktion« und »Dienst« 6; Ohne den Gott der Verheißung 283f.

[348] Vgl. »Funktion« und »Dienst« 6f; Seelsorgsorden 14.

»Eine Ordensgenossenschaft ist eine Gruppe von Christen, zusammengeführt zur Lösung einer kirchlichen Aufgabe, die nur oder wenigstens besser von einer Gruppe geleistet werden kann«[349].

Dabei versteht Lippert »unter 'kirchlicher Aufgabe' ... eine Teilhabe an der Gesamtaufgabe der Kirche an der Menschheit«[350]. Aus diesem Programm sind bei Lippert die kontemplativen Orden nicht ausgeschlossen, wenn sie auch zu den (nur) »mittelbar funktionalen« Gemeinschaften zählen, deren Aufgabe nicht unmittelbar greifbar und einsichtig ist[351]. Eine reflexe Ekklesiologie wird aber nicht umhinkönnen, die Sendung der kontemplativen Orden im Wirkzusammenhang des Ganzen der Kirche zu reflektieren. Daran wird sich zeigen, daß beschauliches Klosterleben ebenso wie die »aktiven« Orden eine Aufgabe und Funktion in der Kirche hat[352].

Auf jeden Fall ist bis in die Jahre nach der Deutschen Synode hinein für Lippert mit den Kategorien von »Funktion« und »Dienst« nicht nur ein untergeordneter Teilbereich des Ordenslebens umschrieben, sondern das Wesentliche dieser Lebensform[353]. Lippert beklagt die unglückliche Frontstellung zwischen »funktionaler« und »zweckfreier« Deutung des Ordenslebens. Sie kann und muß durch den Blick auf die Person Jesu, der in und aus der betenden Vereinigung mit dem Vater seine Sendung für die Welt lebt, überwunden werden[354].

In den letzten Jahren scheint Lippert die ausdrückliche Rede von der »Funktion« der Orden wegen ihrer Mißverständlichkeit im heutigen gesellschaftlichen Kontext aufgegeben zu haben. Er hat sich weithin das Konzept der *Würzburger Synode* zu eigen gemacht: Das Wesentliche und das Grundziel des Ordenslebens ist für ihn nun ein »geistliches Leben«, das als solches eo ipso Dienst und Zeugnis für andere sowie Lebenserfüllung für den einzelnen Ordenschristen bedeutet[355]. Der Sache nach bleibt bei Lippert jedoch weiterhin die Priorität des Dienstes *vor* der Zeichenhaftigkeit der Orden bestehen. Ebenso verwirklicht sich erst in

---

349 Müssen Ordensleute sich unterscheiden 194.

350 Ebd.; vgl. auch: »Funktion« und »Dienst« 14; Zum Selbstverständnis des Ordenspriesters 35.

351 Siehe dazu Müssen Ordensleute sich unterscheiden 196f.

352 Vgl. besonders den Aufsatz: Überlegungen zur Stellung der kontemplativen Orden.

353 Vgl. »Funktion« und »Dienst« 10; Zum Selbstverständnis des Ordenspriesters 35. Dieses pointiert vorgebrachte Anliegen Lipperts dürfte - biographisch - seinen Sitz im Leben in der Zugehörigkeit Lipperts zu einer Gemeinschaft sein, die stark vom seelsorglichen Dienst geprägt ist.

354 So in Seelsorgsorden 12f.

355 Lippert möchte damit eine »verbesserte Sicht des im Grund gleichen Ansatzes« vorlegen, in: Ordensgemeinschaften - Zeugen des Lebens 46. Zum Ganzen siehe: Ebd. 49-52; Schritte zu einer Theologie der evangelischen Räte 144. Allgemein zum Verständnis geistlichen Lebens bei Lippert: Spiritualität des Alltags, Freiburg 1985.

und durch den konkreten Dienst die enge Christusbeziehung des einzelnen. Auch die Praxis der evangelischen Räte ist nicht primär aszetische Hochleistung, sondern Ermöglichung der Freiheit für den Dienst[356]. Alle Lebensfunktionen der Orden sind auf die Erfüllung der den Orden in der Kirche gestellten Aufgaben hin ausgerichtet. So werden sie entideologisiert oder auch neu legitimiert[357].

In anderer Weise und Begrifflichkeit äußert sich diese Option Lipperts auch in der Bezeichnung des Ordenslebens als *Charisma*, d.h. als Geistesgabe, die hingeordnet ist auf die Auferbauung der Gemeinde (vgl. 1 Kor 12,7.14,26; LG 12)[358]. Das Ordensleben ist ein Charisma, eine Berufung zum Nutzen aller Gläubigen, es ist eine »Sonderform« christlichen Lebens mit stimulierender, bewußtseinsbildender, kritischer und dienender Funktion am Ganzen des Leibes Christi, in dem die einzelnen Gemeinschaften ihren je eigenen Dienst der Brüderlichkeit wahrnehmen. Dieser Dienst der Orden an der Kirche legt sich für Lippert in vielfältiger Weise aus. Er wendet sich gegen jede Vereinseitigung im Konzept des Ordenslebens. Neben der Aufgabe zur mahnenden Kritik gegenüber Kirche und Gesellschaft moniert Lippert auch eine bestärkende, ergänzende und (geistlich) vertiefende Funktion der Orden. Den Orden darf nicht schon a priori die eine oder andere Wirkweise exklusiv zugeschrieben werden; sie richtet sich nach dem Charisma der jeweiligen Gemeinschaft sowie nach den Anforderungen der geschichtlichen Situation[359]. Über diese Funktion der Orden *für* die Kirche hinaus betont Lippert aber auch, daß die Ordensgemeinschaften ebenso *von* Kirche und Gesellschaft lernen und positive Impulse empfangen können und müssen[360].

Die hier in den Grundstrukturen vorgelegte Konzeption Lipperts - sie wird von ihm stets von Praxis her und auf Praxis hin konkretisiert - setzt

---

356 Vergleiche: Müssen Ordensleute sich unterscheiden 198f; Zum Selbstverständnis des Ordenspriesters 39; Schritte zu einer Theologie der evangelischen Räte 143; Art. Evangelische Räte 125f. Zur Dienstfunktion von Verzicht und Askese siehe auch: Lippert P., Wer sein Leben retten will. Selbstverwirklichung und Askese in einer bedrohten Welt, Mainz 1978 (dort 49f zur »Verzichtsituation« des Ordenschristen als Paradigma einer Grundsituation christlichen Lebens).

357 Vgl. Müssen Ordensleute sich unterscheiden 198-201.

358 Siehe dazu Grundprinzip oder Sonderform 666.669; Schritte zu einer Theologie der evangelischen Räte 145; Zur besonderen Berufung des Ordenspriesters 56.

359 Vgl. Grundprinzip oder Sonderform 668f; Heutige Welterfahrung 169; Seelsorgsorden 20f; Ordensgemeinschaften - Zeugen des Lebens 51f; Zur besonderen Berufung des Ordenspriesters 61f sowie »... wie er dem Herrn gefalle« 782-785, wo Lippert die Orden als »Eliten« (verstärkenden oder kritischen Charakters) bezeichnet. Elite bedeutet ihm in diesem Zusammenhang »ein Gruppe, welche sich innerhalb einer Großgruppe von der Mehrzahl der Gruppenmitglieder unterscheidet« (ebd. 782).

360 Vgl. Zwischen Umbruch und Selbstbestimmung 352. Zur Situation der Orden in heutiger Gesellschaft siehe besonders: Ordensleute in Deutschland.

sich vor allem mit der Zeichenhaftigkeit des Ordenslebens auseinander (*Leitfrage 2*), sie bildet aber auch eine Verdeutlichung der Frage nach dem »Charisma« des Ordenslebens (*Leitfrage 4*). Dagegen wird die Thematik »Heiligkeit« (*Leitfrage 1*) nicht angeschnitten. Nicht eine wie immer geartete Zeichenhaftigkeit ist für Lippert der spezielle Dienst der Orden in der Kirche. Erst aus dem in restloser Hingabe und Treue gelebten Dienst in seinen vielfältigen Formen - je nach Art und Berufung der Gemeinschaft - erwächst, geradezu unbeabsichtigt, der Zeugnis- und Zeichencharakter des Ordenslebens. Sachlich gesehen schließt sich Lippert in seiner Interpretation des »Ortes« der Orden in der Kirche weniger an LG 44,3 an; sein Konzept konvergiert vielmehr mit dem vorangehenden Absatz LG 44,2, der davon spricht, daß das geistliche Leben der Orden auf das Wohl der Kirche ausgerichtet sein muß. In diesem Dienstcharakter der Orden als Teilhabe und Mitwirken am Dienst der Kirche sieht Lippert den Daseinsgrund von Orden in der Kirche.

Der Dienstcharakter des Ordenslebens in anderen Beiträgen

Mehrfach und zwar durchwegs positiv bezieht sich Lippert auf den bereits genannten Aufsatz von *Otto Hermann Pesch*[361]. Für Pesch ist das Ordensleben nicht mehr »deduktiv«, d.h. ausgehend von theologischen Prinzipien, zu begründen, da diese Deutungsspielarten - traditionellen oder »modernen« Zuschnitts - zu viele Fragen unbeantwortet lassen. Dies treibt Pesch dazu, »den unangreifbaren Boden einfältiger Zweckmäßigkeitsüberlegungen zu betreten«. Seine Arbeitshypothese zur Wesensbestimmung (!) des Ordenslebens lautet daher: »Ein Orden ist eine für bestimmte Aufgaben der Kirche, besonders solche der Verkündigung, aus Zweckmäßigkeitsgründen und praktischen Notwendigkeiten zusammengebrachte Dienstgemeinschaft, die ihren eigenen Pragmatismus transzendiert«[362]. Pesch führt zu dieser These aus, daß manche Aufgaben in der Kirche zweckmäßiger von Ordensgemeinschaften übernommen werden. Das Modell der Dienstgemeinschaft erklärt zugleich die Vielfalt der Gemeinschaften, die sich auf die Verschiedenheit der kirchlichen Aufgaben zurückführen läßt. Schließlich fehlt ihm auch nicht die Motivationskraft: Menschen ergreifen den Ordensberuf um eines bestimmten Dienstes willen.

Pesch betont, daß diese Deutung zwar zunächst bloß »pragmatisch« erscheint, aber dennoch zutiefst theologisch ist, da sie - als Bestimmung des Ortes der Orden hier und heute - das Strukturprinzip »*Inkarnation*« ernstnimmt. *Wenn* nun eine Kommunität diese ihre Aufgabe in der Kirche tatsächlich in Treue und christlicher Vorbildlichkeit wahrnimmt, *dann erst* wird sie wie von selbst zum Zeichen, dann »transzendiert« sie ihren eigenen Pragmatismus[363]. Eine solche Interpretation des

---

[361] Pesch O.H., Ordensleben und Verkündigung, in: OK 9 (1968) 365-382.

[362] Pesch 376f.

[363] Vgl. Pesch 377f.

Ordenslebens, die für Pesch auch die kontemplativen Gemeinschaften miteinschließt (auch sie leisten »Verkündigungsdienst«), wehrt jeder, auch nur scheinbaren »Introvertiertheit« des Ordenslebens. Anstatt sich aus der Welt davonzustehlen, müssen die Ordensleute gerade in der Welt ihre Mitmenschen auf die Nähe Gottes aufmerksam machen. Die Orden sind für Pesch deshalb keine »potentielle Elite des Christseins überhaupt«, sondern eine »Elite an [sic!] zweckmäßig formierten Dienstgemeinschaften«[364].

Aufbauend auf einem Verständnis der Nachfolge als »Ruf des Herrn zum Dienst« möchte auch *Josef Sudbrack* 1969 die Dienstfunktion der Orden neben die Interpretation des Ordenslebens als Zeichen stellen[365]. Die Zeichenhaftigkeit »des Lebens nach den drei Gelübden« hat für Sudbrack zwar bleibende Bedeutung, »aber die Funktion des Dienstes [scheint] das Gebot der Stunde zu sein«[366].

Wie Lippert sieht der Franziskaner *Engelbert Grau* in der Interpretation des Ordenslebens als Charisma das »erlösende Wort von dem alten Dilemma der Zweigleisigkeit: Ordensleben auf der einen, Tätigkeit auf der anderen Seite« gesprochen[367]. Der Ordenschrist ist »durch das ihm von Gott verliehene Charisma ... primär und wesentlich auf den Dienst an der Kirche ausgerichtet«[368].

Einen radikaleren Schnitt als die bisher genannten Autoren vollziehen der Dominikaner *Jan Ernst* und *Alfred Dubach*[369]. Dubach etwa formuliert als »Arbeitshypothese«: »Der Orden ist eine Gemeinschaft, die entstanden ist aus praktischer Notwendigkeit zu funktionalem Dienst an Kirche und Gesellschaft«. Wo eine Kommunität ein »glänzend zusammenarbeitendes Team« ist, ihre Aufgabe vorbildlich erfüllt und christliche Existenz exemplarisch vorlebt, wird sie zum existentiell ansprechenden eschatologischen Zeichen[370].

Diskussion der Position Lipperts

Die »funktionale« Bestimmung der Orden beim (frühen) Lippert (und anderen Autoren) bildet eine Art »gesundes Gegengewicht« zu einer nachkonziliar zu sehr strapazierten Zeichentheorie des Ordenslebens. In ihrer eher pragmatisch, realistisch-nüchternen Ausrichtung vermag die Konzeption Lipperts andere Theorien des Ordenslebens gleichsam zu »erden« und der Utopie zu entkleiden. Im Drängen auf die »Motiv-

---

364 Pesch 382.

365 Sudbrack J., »Letzte Norm des Ordenslebens ist die im Evangelium dargelegte Nachfolge Christi«, in: GuL 42 (1969) 431-448. Vergleiche auch: ders., Das Neue wagen - und das Alte gewinnen. Zur Selbstbesinnung der Ordensgemeinschaften, in: GuL 41 (1968) 176-193; ders., Thesen zur Spiritualität religiöser Gemeinschaften, in: OK 13 (1972) 125-133, dort 126f.

366 »Letzte Norm ...« 445.

367 Grau E., Ordensleben als Charisma in der Kirche und für die Kirche, in: Grundfragen des Ordenslebens. Werkwoche der Franziskanischen Arbeitsgemeinschaft 1969 (Wandlung in Treue 11), Werl 1970, 92-107, hier 106.

368 Grau 104.

369 Ernst J., Ordensleben in einer weltlichen Welt, in: ChG 21 (1969) 249-350; Dubach A., Ordensfrau heute und morgen, in: OK 12 (1971) 45-55.

370 Dubach 54.

fähigkeit« einer Theologie des Ordenslebens zeigt sich das Anliegen des Moral- und Pastoraltheologen ebenso wie im ständigen Rekurs auf die gegenwärtige Situation der Praxis. Der Begriff Funktion bzw. Dienst schließt die Vielfalt von Ordensgemeinschaften bereits im Ansatz mit ein, während andere Theorien gewissermaßen erst im Nachhinein die Auffächerung in verschiedene Gemeinschaften erklären müssen. Dies bedeutet aber auch, daß für Lippert die allen Orden gemeinsame ekklesiologische Bedeutsamkeit nur *formal* als Dienst zu fassen ist, wogegen etwa eine eschatologisch gewendete Zeichenhaftigkeit auch *material* eine Gemeinsamkeit der verschiedenen Weisen des Ordenslebens behauptet.

Bedenkenswert ist der kritische Einwurf Lipperts gegen eine nutzlose, ideologisch belastete Antinomie von Sein und Tun, Sinn und Zweck. Dem ist insofern zuzustimmen, als auch im einzelnen Menschen Sein und Tun nicht säuberlich getrennt werden können, sondern, wie das Sein auf das Wirken, *auch* das Wirken auf das Sein und Wesen zurückwirkt[371]. Was im Bereich des Individuums stimmig ist, darf mit gewisser Berechtigung auch auf das »Sein« einer Gruppe übertragen werden: Wesen und Dienst können nicht gänzlich voneinander getrennt werden. Manche Formulierungen Lipperts dürfen wohl zugespitzt dahingehend interpretiert werden, daß der Dienst der Orden ihr Sein und ihr Wesen ist und umgekehrt[372].

Bei aller Unterscheidung und »geistlicher Durchdringung« der Kategorien »Funktion« und »Dienst« bleibt aber die Frage zurück, ob damit wirklich nicht nur der Ort von Orden in der Kirche erfaßt ist, sondern ob auch und gerade darin der Hauptgrund dafür liegt, daß überhaupt diese Lebensform in der Kirche existiert. Wird dadurch nicht doch das Gottesverhältnis des einzelnen (und der Gemeinschaft) im landläufigen Sinn »funktionalisiert« und gewissermaßen an die zweite Stelle abgedrängt? Gerade um der Frage nach dem Motiv willen wird man fragen müssen, wie ein Mensch bzw. eine Gruppe dazu kommt, einen kirchlichen Dienst anzustreben. Müßte nicht die Gottes- bzw. Christusbeziehung als das transzendentale Apriori, als die bleibend sprudelnde Quelle jedes Dienstes ausdrücklicher, als es Lippert tut, dargestellt werden? Zudem ist es gar nicht so selbstverständlich, daß die Ausübung eines Dienstes an der Kirche wirklich *die* durchgängige Motivation für das Ergreifen des Ordensberufes bildet. Einerseits wird es sich bei den

---

371 Vgl. dazu: Die Identität des Ordensbruders 262.

372 Siehe etwa: Müssen Ordensleute sich unterscheiden 194; Ordensgemeinschaften - Zeugen des Lebens 51: »Das Erstbedeutsame am Ordensleben ist es, daß hier eine Gruppe von Menschen im Glauben an eine bestimmte, an sie ergangene Berufung zusammenlebt und gemeinsam tätig ist«.

einzelnen wohl eher um ein ganzes Bündel von Motiven handeln, in dem der Dienst in und an der Kirche einen, vielleicht gar nicht immer vorrangigen, Platz einnimmt[373]. Andererseits ist zu fragen, ob es christlich gesehen nicht berechtigterweise auch so etwas wie ein Ausgerichtet-Sein des Menschen auf Gott hin allein um seiner selbst willen gibt, aus dem *dann* freilich eine Öffnung zu Kirche und Welt folgen muß. Gegenüber dem - sicher berechtigten! - Anliegen Lipperts, die Dichotomie von geistlichem Leben und Dienst aufzubrechen und den Gottesbezug *in* den Dienst zu integrieren, muß als Gegengewicht mit gleicher Berechtigung festgehalten werden, daß die Gottesbeziehung nicht nur eine Funktion des Dienstes ist, sondern - als Gottesdienst - durchaus aus sich selbst heraus sinnvoll ist und Stand hat. Das heißt konkret: Stärker als es Lippert auf weiten Strecken tut, wird auch die »dienst-freie« Anbetung und Verherrlichung Gottes, die erst *als solche* »Dienst« an der Kirche ist[374], in den Entwurf des Ordenslebens und in die Bestimmung seines ekklesiologischen Ortes miteinzubeziehen sein. Der Dienst der Orden heißt nicht nur *Diakonie* (im Sinn der christlich motivierten Zuwendung zum Menschen), sondern auch ausdrücklich gemachter *Gottesdienst*, unbeschadet dessen, daß auch Diakonie »Gottesdienst« ist. Grundsätzlich gilt, daß es sich im christlichen Verständnis nur um eine Art »Perichorese«, d.h. um ein lebendiges Hin- und Herfließen zwischen Gottesdienst (Liturgie) und Dienst am Menschen (kirchliche Funktion) handeln kann. Es bliebe dann nur die Frage, ob die Ordensleute in diesem Prozeß einen eigentümlichen Schwerpunkt bzw. Akzent setzen, wie es etwa Tillards Theorie von der eschatologischen Zeichenhaftigkeit der Orden und ihres ausdrücklichen Transzendenzbezugs nahelegt.

Im Ganzen muß man bedauern, daß von Lippert kein geschlossenes Konzept einer Ordenstheologie vorliegt, sondern nur viele einzelne Skizzen, die zum größten Teil auf Vortragstätigkeit zurückgehen. Daraus erwächst eine starke Situationsgebundenheit, die den Grundzug schwer fassen läßt. Mit einer gewissen Berechtigung kann man sagen, daß Lippert den »Dienst« der Orden wieder »theologiefähig« machen will. Hingegen verflüchtigen sich die *konkreten* Dienste der Orden dort allzu leicht, wo die Zeichenhaftigkeit des Ordenslebens im Zentrum seiner ekklesiologischen Bedeutsamkeit steht. Sie sind dann zwar ein

[373] Vgl. dazu auch die Kritik an Pesch (und Lippert) von: Lauter H.-J., Engagement und Gemeinschaft. Zum Selbstverständnis der aktiven Orden in unserer Zeit, in: OK 11 (1970) 267-273.

[374] Siehe dazu auch den Synodenbeschluß »Orden und andere geistliche Gemeinschaften. Aufgaben und pastorale Dienste heute« 2.1.1.

vom christlichen Glauben gefordertes, vom Konzept des Ordenslebens her aber akzidentelles, sekundäres Moment.

III. Systematische Zusammenfassung und Ausblick

Wie schon auf dem Konzil selbst steht die Frage nach dem »Ort« der Orden in der Kirche auch im Zentrum der nachkonziliaren Diskussion zum Ordensleben. Die vielfältigen Impulse des Konzils wurden dazu bereitwillig aufgegriffen und verstärkt. Für nachkonziliare Entwürfe ist es geradezu zur Selbstverständlichkeit geworden, das Ordensleben primär unter der Perspektive seiner Kirchlichkeit zu sehen und nicht - wie noch Jahre zuvor - unter dem Blickwinkel des persönlichen Strebens nach Vollkommenheit. Die Konzilstexte sind in dieser Hinsicht im größtmöglichen Maß rezipiert worden. Es wurden jedoch einige neue Akzente gesetzt, Aussagen des Konzils vertieft, zusätzliche Aspekte eingebracht. Signifikant ist auch das, was nicht mit *dem* Gewicht rezipiert wurde, das ihm in den Konzilstexten zukam. Die Linien, die schon jeweils bei den einzelnen Autoren angeklungen sind, sollen nun nochmals - reliefartig - hervorgehoben werden. Dabei werden sowohl Konvergenzen als auch Differenzen zwischen den einzelnen Strömungen ansichtig werden.

1. Orden und Heiligkeit in der Kirche

Im großen und ganzen hat in den vorgestellten theologischen Ansätzen die konziliare Zuordnung der Orden zur Heiligkeit in der Kirche wenig Nachhall gefunden. Auch in der übrigen Literatur des bearbeiteten Sprachbereichs spielt diese Frage bestenfalls eine periphere Rolle[375]. Diese auffallende »Abstinenz« scheint aus verschiedenen Faktoren zu erwachsen: Erhalten bleiben soll die Priorität der Kirchlichkeit der Orden vor der persönlichen Vervollkommnung des einzelnen. Dem Begriff der Heiligkeit haftet de facto aber noch immer der Geruch von individueller Moralität und frömmelndem Leistungsstreben an, was gerade in der ersten Hälfte unseres Jahrhunderts zu ungesunden Aus-

[375] Dagegen gibt es zu dieser Thematik einige Stimmen aus dem spanischen und italienischen Sprachraum. Etwa: Bandera A., El misterio de la vida religiosa. Una toma de contacto con el Concilio Vaticano II, in: Teologia Espiritual 9 (1965) 439-486, bes. 462-479; ders., Presencia de la vida religiosa en un tratado de Ecclesia, in: Angelicum 43 (1966) 377-392, dort 381-383; Ciappi L., Vita religiosa e santità, Milano 1970.

wüchsen in den Ordensgemeinschaften geführt hatte. Verknüpft mit der Angst vor einer neuerlichen Moralisierung des Ordenslebens ist auch der Wille, die früher so pointiert hervorgehobene »moralische Beispielhaftigkeit« der Ordensleute für die anderen Christen zurückzudrängen, die auch noch in den Konzilstexten präsent ist (vgl. etwa LG 31.44,3). Das erneuerte Verständnis des Ordenslebens ist ganz in den Horizont des 5. Kapitels von LG, das die (gleichrangige) Berufung *aller* Christen zur Heiligkeit herausstreicht, eingebettet. Eine »besondere« Beziehung zur Heiligkeit in der Kirche[376] hat darin keinen rechten Ort.

Nachdem jahrhundertelang von katholischer Seite im Gegenschlag zum reformatorischen Pathos von der Sündigkeit der (institutionellen) Kirche die Rede von der Heiligkeit der Kirche dominiert hatte, scheint man im Zeitalter des ökumenischen Dialogs bestrebt zu sein, jeden Triumphalismus und jede Hervorhebung einer »heiligen« Kirche zu vermeiden. Dies hat dann auch Auswirkungen auf die Diskussion um das Ordensleben. Das Thema »Heiligkeit« wird oft weniger der theologisch-dogmatischen als der ethisch-moralischen Reflexion zugeordnet. So kommt aber auch das transzendentale Apriori jeder »ethischen« Heiligkeit, nämlich die Heiligung der Kirche durch Jesus Christus (vgl. LG 39) nicht in seinem ganzen Gewicht zum Tragen. »Heilig« ist die Kirche zunächst und grundlegend als heilig »Gemachte«. Diese Heiligkeit kann und muß sich dann auch in der Heiligkeit ihrer Glieder kundtun und stets neu erweisen (ebd.). Als geschenkhafte Heiligkeit fordert sie also eine »heilig-mäßige« Antwort der Kirche in ihren Gliedern heraus. So ist die Kirche zwar tatsächlich heilig, sie muß aber ihre Vollgestalt stets neu anstreben.

In diesem Prozeß der Einholung hat auch das Zeugnis der Ordensleute seinen Platz, allerdings weniger ihr Zeugnis qua *Ordensleute*, sondern als Christen, die sich auf die Praxis der *evangelischen Räte* verpflichtet wissen. Auch LG (39.42.47) sah den Zusammenhang zwischen Orden und Heiligkeit offensichtlich über die Räte gegeben. Von fundamentaltheologischer Seite hat erst vor kurzem Hermann Josef Pottmeyer herausgestellt, daß es zur vollen Zeichenhaftigkeit der Kirche gehört, daß es in ihr solche gibt, »die in der *besonderen Nachfolge* Jesu unter Verzicht auf Familie und Besitz ihr Leben ganz für das Kommen des Reiches Gottes einsetzen«. Er zählt diese Christen unter jene Zeichen, die »als Zeichen des Reiches Gottes ... Kennzeichen der wahren Kirche des eschatologischen Gottesvolkes« sind[377].

---

[376] Unter Heiligkeit »in der Kirche« verstehen wir im folgenden - in Absetzung von der Heiligkeit »der Kirche« - die je persönliche Heiligkeit der Glieder der Kirche.

[377] Pottmeyer H.J., Die Frage nach der wahren Kirche, in: HFTh 3, 212-241, hier 234.

Die spezifische Ordenstheologie tut also recht daran, keinen *besonderen* Bezug der Orden zur Heiligkeit (in) der Kirche herauszustellen. Sie könnte es nur dann, wenn sie Ordensleben als Räteleben und vice versa Räteleben als Ordensleben verstehen würde. Das wäre jedoch von beiden Seiten her gesehen eine ungebührliche Verkürzung. Im Bezeugen der Heiligkeit der Kirche und der Heiligkeit in der Kirche kann deshalb nicht die spezifische Sendung der Ordensgemeinschaften qua Ordensgemeinschaften in der Kirche gefunden werden. Die Frage nach dem ekklesiologischen Ort der Orden wurde deswegen von den meisten nachkonziliaren Entwürfen zur Ordenstheologie nicht auf der Ebene der Heiligkeit, sondern unter der Thematik der Zeichenhaftigkeit verhandelt.

2. Das Ordensleben als »Zeichen« in der Kirche

Abgesehen von den kritischen Bemerkungen, die von Lippert, O.H. Pesch und einigen anderen geäußert wurden, nimmt - ausgehend von den Konzilstexten - die Entfaltung des Zeichencharakters der Orden in der nachkonziliaren Ordenstheologie einen breiten Raum ein. Deutlicher als zur Zeit des Konzils wird dabei die genuin *theologische* Qualität der Zeichenkategorie vorausgesetzt (vgl. vor allem die Würzburger Synode). Sie steht im Kontext einer Aufwertung des Zeichen- bzw. Symbolbegriffs in Theologie (besonders Sakramententheologie und Ekklesiologie) und Philosophie. In bezug auf die Orden sind der Zeichenkategorie dabei vor allem die Notionen *Ausdrücklichkeit, Sichtbarkeit, Öffentlichkeit und Evokation* zugeordnet. Außerdem weist sie oftmals »epiphanische« Züge auf (Tillard), das heißt: Die Lebensform der Orden stellt als Zeichen in der Kirche etwas reliefartig in aller Öffentlichkeit heraus und wirkt damit herausfordernd auf die anderen Glieder der Kirche und auf die Welt. Wie vor allem MR deutlich gemacht hat, handelt es sich dabei um eine Partizipation an der Zeichenhaftigkeit der ganzen Kirche. Orden bringen nicht der Kirche fremde Elemente ins Spiel, sondern machen etwas ausdrücklich, was der ganzen Kirche zu eigen ist. Deshalb bedeutet die Existenz der Orden keine »Entlastung«, sondern eine herausfordernde Erinnerung der Kirche an ihr eigenes Wesen.
Wie schon in den Konzilstexten zieht sich auch durch die nachkonziliaren Entwürfe zur Ordenstheologie wie ein roter Faden die *eschatologische* Qualität der Zeichenhaftigkeit. In der Bestimmung des Adjektivs »eschatologisch« lassen sich jedoch auch Differenzen zwischen kirchli-

chen Dokumenten und verschiedenen Autoren ausmachen. So legt z.B. Tillard (ferner die Würzburger Synode, N. Lohfink), den Tendenzen neuerer Eschatologie entsprechend, den Akzent auf das hier und jetzt sich bereits durchsetzende Gottesreich. Dafür steht das Bild des Keimes. Die römischen Dokumente dagegen bestimmen die eschatologische Qualität bevorzugt als »Antizipation« des Reiches Gottes (vgl. etwa EE 8). Ganz anders wiederum bei Metz: als Hoffnungsexistenz mit »apokalyptischem Stachel« protestieren die Orden gegen die in Kirche und Welt herrschende Erwartungslosigkeit und klagen die Hoffnung auf den Anbruch der Parusie ein.

In der nachkonziliaren Diskussion treten zwei Momente hervor, die über die in den Konzilstexten - vor allem in LG 44,3 - dargelegte Zeichenhaftigkeit hinausweisen. Besonders wichtig erscheint hierbei der Einbezug des *gemeinschaftlichen Elements* des Ordenslebens in dessen Zeichenhaftigkeit (besonders Tillard, Würzburger Synode, Zulehner, RPU). Es wurde zunehmend deutlich, daß das Leben in Gemeinschaft nicht eine bloße äußerliche Zutat oder Hilfe für das persönliche Leben des einzelnen Ordenschristen ist, sondern theologische Qualität besitzt (Wulf). Vor allem die Würzburger Synode stellte heraus, daß gerade durch die *vita communis* dem Ordensleben eine betont *ekklesiale* Zeichenhaftigkeit zukommt (vgl. auch die Konzeption bei Tillard, die von der *»koinônia«* ausgeht). Das kommuniale Element des Ordenslebens kann sich dabei auch mit einem Ausblick auf die eschatologische Gestalt der Kirche verbinden bzw. Hinweischarakter auf die »Gemeinschaftlichkeit« des trinitarischen Gottes annehmen (Tillard). In den Bereich dieser ekklesialen Zeichenhaftigkeit gehört auch der wichtige - in den Konzilstexten so nicht belegte - Hinweis aus MR, daß die Ordensgemeinschaften vor allem dort, wo sie international geprägt sind, das spannungsgeladene Zueinander von Universalkirche und Ortskirche zum Ausdruck bringen, das seit dem Konzil eines der zentralen Themen der kirchlichen Diskussion darstellt.

Der zweite Aspekt, der ergänzend zu den Konzilstexten hinzutritt, ist die Charakterisierung des Ordenslebens als *prophetisch-kritische* Existenz. Der Begriff bleibt jedoch meist ziemlich unbestimmt und kann als Chiffre für verschiedene Anliegen dienen. Er umgreift die Geistgewirktheit des Ordenslebens und ihr Handeln aus der »Gesinnungsethik« (Tillard) ebenso wie das Leben in ständiger *conversio* (RPU) oder die »kritische Haltung» der Ordensleute (besonders Metz). Nicht primär in der Wortverkündigung, sondern im Symbol*handeln* der Propheten sieht Zulehner die Analogie zum prophetischen Lebensstil der Ordensleute. Das »kritische« Element, das in der nachkonziliaren Zeit steigende Be-

deutung gewinnt, realisiert sich vor allem der Kirche gegenüber (Tillard, Metz, Lohfink), es gilt aber auch in bezug auf die Gesellschaft.
Vor allem durch den in Ordenskreisen viel beachteten (wenn auch zugleich vielkritisierten) Beitrag von Metz ist - aller sonstigen Zurückhaltung in der nachkonziliaren Ordenstheologie zum Trotz - die *Elitefunktion* der Orden wieder in den Blickwinkel gerückt worden. Von unerwarteter Seite wird hier darauf gepocht, daß die Orden eine »Vorreiterposition« in der Kirche einzunehmen hätten, jedoch nicht aus Hochmut oder Besserwisserei, sondern - und damit trifft sich Metz mit dem Anliegen der Zeichentheorie - mit dem Ziel, das ausdrücklich und anschaulich zu leben, was Inhalt der *sequela Christi* ist.
Auf die eine oder andere Weise beherrscht also die Theorie von der Zeichenhaftigkeit der Orden die nachkonziliare Reflexion über Ort und Sendung der Orden (noch *vor* ihren vielfältigen Diensten) in der Kirche. Der kritische Einspruch von Lippert (und Pesch) erscheint demgegenüber peripher, jedoch anregend.
In den meisten Entwürfen ist die Kirche selbst der erste »Adressat« dieser Zeichenhaftigkeit. Sekundär zielt das Zeugnis der Orden jedoch auch auf das Zeichensein vor der Welt, nämlich dann, wenn sie zu einer »volleren« Gestalt von Kirche (vgl. Würzburger Synode 2.1.7.) beitragen oder wenn sie für eine ihre Sendung verfehlende Kirche in die Bresche springen (N. Lohfink) bzw. als »Schaltstelle« zwischen Zustand und Anspruch der Kirche vor der Welt fungieren (Metz).

3. Gebrochenheit des Zeichens?

Die Betonung der Zeichenhaftigkeit der Orden warf immer wieder die Frage auf, wie damit die offensichtlichen Schwächen der in dieser Lebensform lebenden Christen zu vereinbaren sind. Ist es überhaupt legitim und sinnvoll, vom »Zeichen« der Ordensleute zu sprechen, wenn dieses kaum erkennbar erscheint - sei es, daß der Inhalt dieses Zeichens vielen Menschen, auch Christen, nicht mehr zugänglich ist, sei es, daß es durch die Praxis der Gemeinschaften verdunkelt wird. Das Zweite Vatikanische Konzil ließ die Frage nach der Erkennbarkeit des Zeichens im Prinzip offen[378]. Die meisten der nachkonziliaren Entwürfe folgten ihm darin und thematisierten die Frage kaum. Während die Würzburger Synode auf das »Vorläufige und Versuchhafte« des Lebens der Ordensleute hinwies (2.1.8.), scheint Tillard der einzige zu sein, der

[378] Siehe dazu die abgelehnten *modi* zu PC; vgl. oben 133, Anm. 19.

tatsächlich die »Gebrochenheit« in die Konzeption der Zeichenhaftigkeit mit hinein nimmt: noch in ihrer Fehlerhaftigkeit legen die Ordensleute ein ihnen gemäßes Zeugnis ab, indem sie gerade dadurch auf die je größere Barmherzigkeit Gottes verweisen, der sündige Menschen in seinen Dienst nimmt.

Das Grundproblem stellt sich dabei folgendermaßen dar: Ist der Ordens*stand*[379] - objektiv - ein deutliches Zeichen, während die Gebrochenheit des Zeichens allein - subjektiv - den Ordens*leuten* anzulasten ist?

Man kann sagen, daß die nachkonziliaren theologischen Entwürfe (zusammen mit vielen praktisch ausgerichteten Arbeiten) geradezu unerbittlich auf die vielfältigen Fehlhaltungen von Ordensleuten und Gemeinschaften hinweisen. Doch stellte man sich nur zögernd die Frage, was die Sündigkeit und Mittelmäßigkeit der einzelnen Glieder für die Lebensform als solche bedeutet. Unverkennbar ist die Scheu, auch dem Ordens*stand* eine aufgrund menschlicher Schwäche und Sündigkeit bleibende Mangelhaftigkeit zuzusprechen. Diese Scheu scheint aus ähnlichen Ängsten und Bedenken zu erstehen wie die Scheu der nachreformatorischen Theologie, von der Sündigkeit der Kirche zu sprechen. Je mehr die Reformatoren den Blick auf die Sündigkeit der Kirche lenkten, umso mehr strichen katholische Theologen ihre Heiligkeit heraus. Es scheint, daß für die Orden eine ähnliche einseitige Betonung zutrifft, die durch den Protest der Reformatoren gegen das Ordensleben noch verschärft wurde[380].

Gerade die neuzeitliche »Wende zum Subjekt« verbietet es, die Grenze zwischen objektiver (gelungener) Zeichenhaftigkeit des »Standes« und subjektiver (angefochtener) Zeichenhaftigkeit der einzelnen Glieder allzu scharf zu ziehen. Wie Hermann Josef Pottmeyer in anderem Zusammenhang bemerkt, kann gerade auf der Ebene der Zeichenhaftigkeit nicht zwischen objektiver und subjektiver Vollkommenheit unterschieden werden: die volle Zeichenhaftigkeit verlangt nach beidem[381]. So wird auch von der Zeichenhaftigkeit der Ordensleute in einem wechselseitigen Prozeß von Indikativ und Imperativ gesprochen werden müssen.

---

[379] Grundlegend zum Thema »Stand« in der Kirche immer noch: Albrecht B., Stand und Stände. Eine theologische Untersuchung, Paderborn o.J. [um 1962].

[380] Zur Problematik der »sündigen« Kirche vergleiche grundlegend: Rahner K., Kirche der Sünder, in: Schriften 6, 301-320; ders., Sündige Kirche nach den Dekreten des Zweiten Vatikanischen Konzils, in: ebd. 321-345; Balthasar H.U. v., Casta meretrix, in: ders., Sponsa Verbi. Skizzen zur Theologie 2, Einsiedeln 1960, 203-305.

[381] Vgl. Pottmeyer, Die Frage nach der wahren Kirche 228-230.

Entlastung für die Frage brächte eine vertiefte philosophische Besinnung auf die Wirklichkeit des Zeichens bzw. Symbols[382]. Obwohl in ihm tatsächlich die bezeichnete Wirklichkeit gegenwärtig gesetzt wird, *ist* das Zeichen bzw. Symbol nicht schon das von ihm Symbolisierte. Ebenso geht das Symbolisierte nicht restlos im Symbol auf. Zum Wesen des Symbols gehört geradezu eine unaufhebbare Differenz zum Symbolisierten[383]. Mit Jörg Splett läßt sich sagen:

> »Das Symbol als Versinnlichung eines geistigen Gehalts bleibt wesensnotwendig seinem Inhalt unangemessen und aus diesem Grund zweideutig. Da es nämlich eine eigene Gestalt besitzt, die sich vom Symbolisierten unterscheidet, verdeckt es dieses stets zugleich«[384].

Dies hat auch für das Ordensleben als Zeichen zu gelten: Gerade die Qualifikation als »Zeichen« weist eo ipso (!) schon auf jene Differenz hin, die sich in der Mangelhaftigkeit der Ordensleute gleichsam inkarniert und dort greifbar wird[385].

4. »Charisma« des Ordenslebens?

Neben die Kategorie des Zeichens trat in der Zeit nach dem Konzil die Deutung des Ordenslebens als »Charisma« in der und für die Kirche. Durch die Applikation des Terminus »Charisma« auf das Ordensleben sind die kirchlichen Dokumente nach ET und weite Teile der Ordenstheologie begrifflich über die Konzilstexte hinausgegangen, da diese nur die offenere Bezeichnung *donum (divinum)* wählten, weil man dem Begriff *»charisma«* reserviert gegenüberstand. Nach dem Konzil setzte sich jedoch - auch in anderen kirchlichen Bereichen - der Begriff des Charismas durch, so daß man fast von einem inflationärem Gebrauch reden kann[386]. Bezogen auf die Theologie des Ordenslebens schien die Bezeichnung als »Charisma« hervorragend geeignet, die »Kirchlichkeit« der Ordensberufung und ihre Geistgewirktheit auszudrücken. Besser

---

382 Manche Autoren, etwa Paul Ricoeur und Jörg Splett, unterscheiden zwischen Zeichen und Symbol, wobei sich das Symbol durch eine größere Nähe zum Bezeichneten und geringere Beliebigkeit auszeichnet.

383 Vgl. Splett J., Art. Symbol, in: SM 4, 784-789, hier 786.

384 Splett, Sakrament der Wirklichkeit 15.

385 Die weitgehende Ausblendung der »negativen« Seite des Zeichens könnte möglicherweise aus einer zu starken Parallelisierung mit dem Zeichencharakter der Sakramente erwachsen sein, bei dem der Ton - vor allem bei der Eucharistie - auf der tatsächlichen Vergegenwärtigung durch das Zeichen liegt.

386 Kritisch gegen den derzeitigen Sprachgebrauch: Baumert, Das Fremdwort 'Charisma' 415.

noch als durch die Zeichentheorie war dadurch die Gleichwertigkeit aller christlichen Berufungen betont und das Ordensleben in das Gefüge kirchlicher Gnadengaben eingeordnet (besonders ET, Lippert), zugleich aber eindeutig nicht der hierarchischen Struktur der Kirche (als »Zwischenstand« zwischen Laien und Klerikern; vgl. LG 43,2; 44,4), sondern der »charismatischen« Ebene zugerechnet. Außerdem tritt mit der Interpretation des Ordenslebens als Charisma die besonders von Lippert urgierte Dienstfunktion der Orden anschaulich zutage.
Der Begriff »Charisma« muß aber differenziert werden, wenn er auf das Ordensleben (als Lebensform) bezogen wird. Die Bezeichnung des Ordenslebens als Charisma in der Kirche weist schon auf jenes Problem voraus, das im 4. Kapitel »Typus und Eigenart« aufbrechen wird. Inwiefern kann - angesichts der augenscheinlichen Verschiedenheit der Ordensgemeinschaften - von *einem* Charisma des Ordenslebens geredet werden? Gibt es tatsächlich *einen* (bestimmten?) Dienst, den die Orden zur Auferbauung der Kirche ausüben, oder sind es nicht vielmehr verschiedene Dienst*e*, je nach Eigenart der Institute? Die Würzburger Synode hat versucht, diese Problematik durch die »Verzahnung« von Wesen (Grundauftrag) und konkreten Diensten zu lösen. Analog hieße das: Das Charisma des Ordenslebens konkretisiert sich in den Charism*en* der Ordensinstitute und wird in ihnen greifbar.
Nun stellt sich aber die Frage, *wem* dieses »Charisma des Ordenslebens« verliehen ist. Ist es - wie die biblische Herkunft des Wortes zunächst nahelegt - der einzelne Christ, der zu dieser Lebensform berufen ist? Oder die Gruppe der Ordensleute, so daß der einzelne an diesem Charisma partizipiert? Der Einsatz des 6. Kapitels von LG bietet dazu eine überraschende, in der nachkonziliaren Diskussion zum Ordensleben kaum fruchtbar gemachte Lösung, die mit Jean-Claude Guy als »kopernikanische Wende« bezeichnet werden kann[387]. Die evangelischen Räte, hier als Wurzelgrund der *vita religiosa* verstanden, sind gemäß LG 43,1 eine »göttliche Gabe, welche die Kirche von ihrem Herrn empfangen hat«. Übertragen auf unsere Frage bedeutet dies, daß primär nicht der einzelne ein Charisma des Ordenslebens von Gott empfängt, sondern daß das Ordensleben eine Gabe ist, die *der Kirche* als solcher (auf)gegeben ist (vgl. EE 38). In etwas anders gewendeter Weise taucht der Gedanke in der nachkonziliaren Literatur bei Zulehner auf: Jene Christen, welche die Lebensform der Räte ergreifen, sind selbst »Charismen« in Person, die der Kirche geschenkt sind. Eine solche

[387] Guy J.-C., La vie religieuse en crise?, in: ders., La vie religieuse mémoire évangélique de l'Église, Paris 1987, 143-157, hier 149; vergleiche auch ders., Réflexions sur le document *Mutuae relationes*, in: ebd. 98-106, dort 105f.

Sicht hat Konsequenzen für das Verhältnis von Kirche und Orden. Jede einlineare Bedeutsamkeit von Orden für die (Groß)kirche (besonders Metz, Lohfink) wird aufgebrochen zugunsten einer wechselseitigen Verantwortlichkeit: Die Orden müssen sich tatsächlich als Charisma für den Aufbau der Kirche erweisen, die Kirche aber hat die ihr gegebene Gnadengabe des Ordenslebens zu kultivieren, zu fördern, ihr Raum zu geben und sie immer neu zu entfachen.

5. »Stellvertretung«

Als Nebenlinie nachkonziliarer Ordenstheologie taucht in zwei sehr gegensätzlichen Kontexten der Gedanke einer »Stellvertretung« der Ordensleute in der und für die Kirche auf. Er begegnet auf der einen Seite im »avantgardistischen« Ordensverständnis bei Metz[388] und ausdrücklich bei Norbert Lohfink[389]. Auf der anderen Seite spricht das apostolische Rundschreiben RD davon, daß die Ordensleute mit ihrer Christusliebe gleichsam die Liebe der ganzen Kirche auf Jesus Christus hin ausrichten (vgl. RD 14). In der Frage, was der »Inhalt« der stellvertretenden Funktion ist, differieren RD und Metz / Lohfink. Ist es in der Passage aus RD vorzüglich der Transzendenzbezug, d.h. die Gottes- bzw. Christusliebe der Ordensleute, so ist es für Metz die Radikalität der Nachfolge und für Lohfink die Sendung der Kirche als »gesellschaftlicher Kontrast«.
Der Begriff der Stellvertretung dürfte tatsächlich eine noch weithin ungenützte Quelle für die Bestimmung des Dienstes von Orden an der Kirche darstellen. Um nicht dem Mißverständnis des »Ersatzdenkens« zu verfallen, ist es jedoch notwendig, daß der Gedanke der Stellvertretung von seinem Ursprung in der Christologie und Soteriologie her bedacht wird. Wie Jesus unser »Stell-Vertreter« ist, »d.h. er hat uns die

[388] Metz, ZdO 73: »Sind ... nicht die Orden aus der Radikalität ihres Nachfolgegehorsams auf eine 'Stellvertretung' und auf einen Avantgardismus, der ansteckt, verpflichtet?«.

[389] Lohfink N., Kirchentherapie 44: Die Existenz der Orden »ist Stellvertretung für die Kirche, wenn diese als große Kirche in ihrer eigentlichen Aufgabe versagt. ... In ihnen wenigstens soll sich verdichten, was an sich die Aufgabe der ganzen Kirche wäre: Gottes Zeichen für die menschliche Gesellschaft zu sein«. - Die hier zitierte Aussage Lohfinks muß im Kontext der Idee der Orden als »Kirchentherapie« gelesen werden. Der Wortlaut allein könnte dem Mißverständnis einer »Ersatzfunktion« der Orden ausgesetzt sein. Lohfink geht es nicht um Ersatz für eine selbstvergessene Kirche, sondern darum, daß die faktische Kirche durch die Orden »geheilt« wird.
Zur Idee einer Stellvertretung der Orden in der Kirche siehe auch Schulz, Die kirchentheologische Bedeutung des Ordenslebens 168-173. Die Interpretation von Schulz neigt jedoch gefährlich einem Ersatzdenken zu: Die Orden verwirklichen für Schulz, was als »Gebot nüchterner Redlichkeit« von der »Großkirche« aus vielfältigen Gründen nicht an Miteinander und *vita communis* erwartet werden kann (169).

Stelle geöffnet und hält sie uns offen, an der die Welt einzig ihre Identität findet«[390], kann analog dazu auch eine stellvertretende Funktion von Orden in der Kirche nur die Bedeutung haben, daß die Ordensgemeinschaften »eine Stelle offenhalten«, damit diese von der Kirche selbst je neu eingenommen werden kann. Der Stellvertretungsbegriff steht damit dem evokativen Charakter der Zeichenhaftigkeit des Ordenslebens nahe (Stellvertretung, die zum Mittun herausfordert). Auch die »Dienstfunktion« der Orden in und an der Kirche ist damit klar umrissen. Stellvertretende Existenz der Ordensleute heißt: Alle Lebensäußerungen, nicht nur die konkreten Dienste, müssen von einer »Spiritualität des Für-Seins«[391] durchwaltet sein. Das kommt jedoch den Ordensleuten nicht exklusiv zu: Die Haltungen von Stellvertretung und Sühne sind für die christliche Spiritualität überhaupt neu zu gewinnen.

6. »Signum Ecclesiae« oder »signum in Ecclesia«?

In der Zusammenfassung des 1. Kapitels wurde als »Grundfrage« der Ordenstheologie formuliert, ob die Ordensberufung Grundprinzip oder Sonderform christlicher Existenz sei[392]. Auf die in diesem Kapitel behandelte Thematik gewendet lautet die im Prinzip gleiche Frage: Ist das Ordensleben Zeichen *der* Kirche (*signum Ecclesiae*) oder Zeichen *in der* Kirche (*signum in Ecclesia*)? Verdeutlichen die Orden also zeichenhaft, was Kirche insgesamt ist oder verdeutlichen sie nur bestimmte, wenn auch wesentliche Züge von Kirche? Die vorgestellten nachkonziliaren theologischen Reflexionen über das Ordensleben stellen sich in diesem Punkt divergent dar: Die Würzburger Synode sowie die Theologen Metz, N. Lohfink und Zulehner zielen - je auf ihre Weise - tendenziell auf eine »ekklesiale Zeichenhaftigkeit« der Orden ab, d.h. sie betonen, daß die Orden abbildhaft vergegenwärtigen und ausdrücklich machen, was Kirche als solche ist bzw. sein soll. Demgegenüber neigen die offiziellen kirchlichen Verlautbarungen sowie die Autoren Tillard und

[390] Greshake G., Erlösung und Freiheit. Eine Neuinterpretation der Erlösungslehre Anselms von Canterbury, in: ders., Glück und Heil des Menschen. Theologische Perspektiven, Freiburg 1983, 80-104, hier 104. - Zum Thema Stellvertretung vgl. u.a.: Ratzinger J., Art. Stellvertretung, in: HThG 2, 566-575 (Lit.!); Scheffczyk L., Art. Stellvertretung, in: SM 4, 730-733 (Lit.!); Ullrich L., Art. Stellvertretung, in: LkD 479-482 (Lit.!); Menke K.-H., Art. Stellvertretung, in: PLSp 1225-1230; Sölle D., Stellvertretung, Stuttgart 1965; Hoffmann N., Sühne. Zur Theologie der Stellvertretung (Sammlung Horizonte N.F. 20), Einsiedeln 1981 (Lit.!); Werbick J., Soteriologie (Leitfaden Theologie 16), Düsseldorf 1990, 226-274.

[391] Menke, Art. Stellvertretung 1229.

[392] Vgl. oben 127-129.

Lippert eher einer Idee der Zeichenhaftigkeit zu, die nur bestimmte Aspekte der Kirche betrifft[393].

Wie die Diskussion der Zeichenhaftigkeit gezeigt hat, stellen die Orden gewiß bestimmende Züge kirchlichen Lebens heraus (etwa den eschatologischen Charakter, die *communio*, den Transzendenzbezug ...) und machen sie ausdrücklich. Es ist aber nicht zu übersehen, daß anderes gerade *durch* diese Ausdrücklichkeit in den Schatten gestellt wird (etwa der Immanenzbezug, die Verleiblichung des Glaubens im Sakrament der Ehe ...). Diese Zweipoligkeit liegt bereits im Begriff des endlichen Zeichens: Eine geschaffene Wirklichkeit ist gerade dadurch Zeichen, daß sie etwas ins helle Licht setzt, während sie andere Züge des Bezeichneten außer acht läßt. Unter dieser Perspektive scheint es also angebrachter, das Ordensleben als (ein) *signum in Ecclesia* anzusehen.

Aber auch, wenn man das Ordensleben als *symbolum* bzw. *signum Ecclesiae* deutet, braucht damit noch nicht die ganze Breite kirchlichen Lebens umfaßt zu sein. Denn im »Symbol setzt *sich* eine Wirklichkeit, die darin da und gegenwärtig ist, ohne in dieser Setzung restlos aufzugehen«[394]. Das Ordensleben, als *symbolum Ecclesiae* verstanden, ist somit einer jener Lebensvollzüge, in denen sich die Kirche selbst setzt und doch nicht ganz in ihm aufgeht. Vielleicht kann als Analogie dazu die Leibhaftigkeit des Menschen gelten. Wenn der Leib als (Real-) Symbol des Menschen bestimmt wird[395], dann läßt sich zwar mit einer gewissen Berechtigung sagen: »Ich *bin* mein Leib« und trotzdem gilt auch: »Mein Leib ist nicht ich«[396]. Auf die Frage der Orden in der Kirche gewendet bedeutete dies: Die Orden sind zwar wirkliches Symbol, d.h. Selbstvollzug, Selbstsetzung *der* Kirche, aber das, was Kirche ist, geht nicht in dieser Lebensform auf. Ordensleben als *symbolum Ecclesiae* wird so zu einem *signum in Ecclesia*, das die Kirche auf ihr eigenes Geheimnis hinweist[397].

---

[393] Weismayer J., Art. Räte, in: Lexikon der christlichen Moral 1363-1369 weist hin auf das unterschiedliche Gefälle zwischen der Konzeption von Balthasars, der im Rätestand die Darstellung der innersten Lebensform der Kirche (als marianischer) sieht, und dem Verständnis K. Rahners, der die eschatologische Zeichenfunktion (also einen Aspekt) in den Vordergrund stellt. Dieses verschiedene Gefälle dürfte sich in der nachkonziliaren Ordenstheologie widerspiegeln. Dafür sprechen etwa auch die vielfältigen Bezüge zwischen Rahner und Tillard. Vergleiche auch Weismayer J., Leben in Fülle. Zur Geschichte und Theologie christlicher Spiritualität, Innsbruck 1983, 208.

[394] Splett, Art. Symbol 785.

[395] Vgl. dazu grundlegend Rahner K., Zur Theologie des Symbols, in: Schriften 4, 275-311, bes. 304-311 (Lit.!).

[396] Splett J., Liebe zum Wort. Gedanken vor Symbolen, Frankfurt 1985, 21.

[397] Vgl. auch Galot, Porteurs du souffle 138: »Signe de l'Église, la vie religieuse est également un signe dans l'Église«.

Diese Überlegungen führen zu der abschließenden Frage nach dem »Ort« der *Theologie* des Ordenslebens im Gefüge der theologischen Disziplinen. Die Thematik der »Orden« darf jedenfalls nicht nur in einem spirituell-frommen Ghetto angesiedelt werden. Sie ist vielmehr in eminenter Weise »theologiefähig« und »theologiewürdig«. Ein Signal dafür hat bereits das Konzil gesetzt, als es in der *dogmatischen* Konstitution über die Kirche das Kapitel *De religiosis* vorsah. Die (dogmatische) Theologie scheint jedoch im allgemeinen - zumindest was den deutschsprachigen Raum betrifft - diesen Impuls noch kaum rezipiert zu haben[398].

Als einer der wenigen hat sich Peter Lippert dem Anspruch gestellt, das Ordensleben (wieder) zu einem »Thema theologischen Lernens« zu machen. Einen eigenen Traktat *De vita religiosa* (etwa innerhalb der geistlichen Theologie bzw. der theologischen Ethik) lehnt er ab. Dagegen schlägt er - neben anderem - vor, die Einzelthemen des Ordenslebens in den entsprechenden Orten im Gang der theologischen Studien zur Sprache zu bringen. Als »gegebenen Ort« für die Thematisierung der Lebensform »Orden« als solche bezeichnet Lippert schließlich die Ekklesiologie und zwar, gemäß seiner Konzeption, »näherhin die Lehre von den Charismen«[399]. Die heilsgeschichtliche Dogmatik *Mysterium Salutis* ordnet die »Theologische Phänomenologie des Ordenslebens« von F. Wulf in das Kapitel »Kirchliche Existenzformen und Dienste« ein. Die Thematik Ordensleben zählt damit zu den konkreten Fragen der Ekklesiologie (zusammen etwa mit den Sakramenten sowie der Theologie des Laientums, der Ehe und der kirchlichen Ämter), die nach der Grundlegung des Mysteriums Kirche im zweiten Halbband des vierten Bandes thematisiert werden[400]. Erwähnenswert ist auch der Versuch einiger spanischer Theologen (etwa von Armando Bandera), das Ordensleben mit den sogenannten *notae Ecclesiae* zu verknüpfen[401]. Damit ist die Thematik »Orden« auch mit einer apologetischen Fragestellung in Zusammenhang gebracht (vgl. Metz).

---

398 Vgl. den gerafften Überblick über neuere ekklesiologische Entwürfe, oben 130f.

399 Lippert, Ordensleben als Thema theologischen Lernens 178. Zur Einordnung der Ordensthematik in die Ekklesiologie vergleiche auch Schulte, Das Ordensleben als Zeichen 385 und ebd. Anm. 7 sowie Gutiérrez Vega, Teología sistematica 19; Löser W., Art. Mönchtum/Orden, in: LkD 378f.

400 Zum Aufriß der Ekklesiologie in MySal vergleiche die Einführung der Herausgeber in: MySal 4/1, 13-19.

401 Siehe dazu: Bandera A., El misterio de la vida religiosa. Una toma de contacto con el Concilio Vaticano II, in: Teologia Espiritual 9 (1965) 439-486; ders., Presencia de la vida religiosa en un tratado de Ecclesia, in: Angelicum 43 (1966) 377-392; ders., ¿Radicalismo evangelico o pluralismo de la santidad? Sobre el origen de la vida religiosa en la Iglesia, in: Confer 17 (1972) 7-60; ders., Apostolicidad de la Iglesia y vida religiosa, in: Teologia Espiritual 26 (1982) 403-427; Llamera F.G., El estado religioso, ser y misión esencial del misterio de la Iglesia, Madrid [2]1965; Asiain M.A., La vida religiosa en la Iglesia: Contribución a una Eclesiologia de la vida religiosa, Salamanca 1977. Vergleiche auch Pfab, Universalkirche und Priesterorden 416-419.

Auf jeden Fall hat sich in der nachkonziliaren Entwicklung die Theologie des Ordenslebens klar als Teil der Ekklesiologie herauskristallisiert[402].

Wenn auch der Bezug zur Kirche eine, wenn nicht *die* wesentliche »Koordinate« für die Standortbestimmung der Orden ausmacht, so darf doch nicht der Eindruck entstehen, als wäre mit der Bestimmung dieses Verhältnisses schon alles geleistet. Konstitutiv für den Entwurf des Ordenslebens in der kirchlichen Tradition war stets auch seine eigentümliche Beziehung zur »Welt«. Wie sich dieses Konstitutivum in nachkonziliarer Ordenstheologie darstellt, ist Thema des folgenden Kapitels.

[402] Zu einigen Konsequenzen aus der Theologie des Ordenslebens für die Theologie siehe in dieser Arbeit: 419-422.

Drittes Kapitel

Orden und Welt: Die Frage nach dem Weltverhältnis der Ordensleute

Die Frage nach dem Verhältnis der Ordensleute zur »Welt« warf lange Zeit für die Theologie des Ordenslebens keine besondere Schwierigkeit auf. Weitgehend stand fest, daß die Ordensleute der »Welt entsagen«. So sehr war das Verständnis des Ordenslebens davon geprägt, daß »die Welt verlassen« zum Synonym für »in ein Monasterium, in eine Ordensgemeinschaft eintreten« werden konnte. Dies gilt auch und gerade für das 19. Jahrhundert, obwohl es eine Überfülle caritativ-apostolisch ausgerichteter Institute hervorgebracht hat. Für viele dieser Gemeinschaften brachte das Auseinanderklaffen von spiritueller Grundhaltung der Weltentsagung und äußerstem Einsatz in der »Welt« eine fast unerträgliche Spannung mit sich: Vor allem die weiblichen Genossenschaften zeichneten sich bis tief in das 20. Jahrhundert hinein durch eine offenkundige »Weltfremdheit« aus; die Klagen so mancher Konzilsväter geben davon ein beredtes Zeugnis; die Kluft zwischen Kloster und »Welt« schien nahezu unüberbrückbar[1].

Auch der erste Entwurf der Konzilskommission zum Ordensdekret im Jahr 1963[2] bewegte sich in den Bahnen jener Distanzhaltung zur Welt. In aller Klarheit hieß es dort: »Es ist notwendig, daß jeder, der die evangelische Vollkommenheit verfolgt, sich von dieser Welt zurückzieht und trennt«[3]. Die zugehörige Anmerkung wirkt noch verstärkend. Ausdrücklich wird erläutert, daß hier mit »Welt« nicht bloß die sündenverfallene gemeint ist, sondern auch alles Gute in ihr, das zwar der göttlichen Liebe nicht zuwider sei, die »Übung der evangelischen Vollkommenheit« jedoch behindere[4].

---

1 Vergleiche dazu pars pro toto: Suenens L.-J., Promotion apostolique de la Religieuse, Paris 1962 (dt. Krise und Erneuerung der Frauenorden, Salzburg 1962).

2 Vgl. AS 3/7, 751-781.

3 AS 3/7, 771.

4 Vgl. AS 3/7, 773: »Segregatio a mundo professione perfectionis christianae imposita non est tantum a maligno, quod est in mundo, sed etiam ab honesto«.

Die intendierte Festschreibung der totalen Weltabwendung der Ordensleute blieb nicht unwidersprochen[5]. Doch die Auseinandersetzung zwischen jenen, die aus Angst vor einer undifferenzierten Zuwendung der Ordensleute zur Welt vor allem vor dem »Weltgeist« warnen wollten, und jenen, die die Weltfremdheit der Ordensleute, besonders der Ordensfrauen, beklagten und deswegen für eine Öffnung zur Welt eintraten, zog sich durch die gesamte konziliare Diskussion zum Ordensleben hindurch[6]. Im großen und ganzen scheint jene Strömung die Oberhand gewonnen zu haben, die sich vehement für eine größere Weltoffenheit der Ordensleute einsetzte. Beispiel dafür ist der Artikel 2d des Ordensdekretes. Er verlangt, daß die Ordensleute

> »die Lebensverhältnisse der Menschen, die Zeitlage sowie die Erfordernisse der Kirche wirklich kennen, damit sie die heutige Welt im Licht des Glaubens richtig beurteilen und den Menschen ... wirksamer helfen können«.

Auffallend ist aber, daß die zugehörigen Ausführungsbestimmungen in ES II gerade zu PC 2d schweigen und dies, obwohl doch viele Konzilsväter im Überbrücken des Grabens zwischen »Welt« und »Kloster« eines der drängendsten Anliegen der nachkonziliaren Reform sahen - ein Zeichen dafür, wie wenig geklärt das (neue) Verhältnis der Orden zur »Welt« noch war.

Auch eine Wendung aus dem zentralen Artikel PC 5 zeigt, daß das Umdenken erst recht zaghaft begonnen hatte: »Die Mitglieder aller Institute sollen sich bewußt bleiben, daß sie durch ihr Gelöbnis der evangelischen Räte vor allem einem göttlichen Ruf geantwortet haben und dadurch nicht nur der Sünde gestorben sind (Röm 6,11), sondern auch der Welt entsagt haben, um Gott allein zu leben«[7]. Die Formulierung erinnert an das Schema »*De statibus perfectionis acquirendae*« von 1963, das sich noch weitgehend in den Bahnen der althergebrachten »separatio a mundo« bewegt hatte. Im Gesamt des Dekrets erfüllt der Artikel 5

---

5 Siehe dazu etwa die Kritik von Kard. Döpfner am ersten Entwurf der Konzilskommission zum Ordensdekret (1963) im Auftrag der Koordinierungskommission, zusammengefaßt bei: Wulf, Einführung zum Ordensdekret 251; ebenso die Rede Döpfners in der Konzilsaula am 11.11.1964: »Non obstante necessario manente regressu religiosorum ex mundo, tamen religiosi debent sentire se ad hunc mundum eiusque homines vere pertinere et mundum etiam positive videre. Nam quomodo signa temporis cognosci et accomodationes necessariae inveniri possunt nisi ex libera et aperta habitudine ad mundum modernum?« (AS 3/7, 431-436, hier 432).

6 Vergleiche dazu Wulf, Einführung zum Ordensdekret 262. Zu den Promotoren der ersten Gruppe gehörte u.a. Kard. Spellmann; siehe dazu seine Rede vom 10.11.1964 (AS 3/7, 159-162), in der er betont, daß die Erneuerung der Ordensgemeinschaften nicht so konzipiert werden darf, daß sie die Ordensleute an der Loslösung von der Welt hindert. Vergleiche dagegen die Stellungnahmen von Kard. Döpfner (AS 3/7, 431-436) und Kard. Suenens (ebd. 439-442).

7 In Anlehnung an Thomas von Aquin, Contra impugnantes c.1. Vgl. auch PC 7.

(zusammen mit PC 6) die Funktion, die gemeinsame Wurzel der im einzelnen sehr verschiedenen Institute (vgl. PC 7-11) herauszuarbeiten. Im Zentrum dieses Abschnittes des Ordensdekretes steht die Bestimmung des Verhältnisses zwischen Ordensberufung und Taufe; es scheint so, als werde hier für die Ordensleute ein *qualitativ* anderes Verhältnis zur »Welt« behauptet[8]. Berechtigterweise stellt dazu F. Wulf in seinem Konzilskommentar die Frage: »Kann man heute noch ohne Unterscheidung sagen, durch das Gelöbnis der evangelischen Räte entsage der Ordenschrist nicht nur der sündigen Welt, sondern der Welt überhaupt?«[9].

Es gibt im Ordensdekret jedoch auch Indizien für das Bemühen, der Weltzuwendung größeres Gewicht zu geben. Signifikant dafür ist neben PC 2d die Aufwertung der apostolischen und caritativen Institute (vgl. PC 8), für die nach den Konzilstexten gilt, daß ihre Tätigkeit »zum eigentlichen Wesen des Ordenslebens« gehört.

Im Prinzip spiegelt sich in diesen Meinungsverschiedenheiten eine der großen grundsätzlichen Fragen des Konzils wider: die Frage nach dem Verhältnis von Kirche und Welt. Gerade zur Zeit der Diskussion über das Ordensdekret wurde auch am sogenannten »Schema XIII« (der späteren Pastoralkonstitution über die Kirche in der Welt von heute) gearbeitet. An diesem Schema war nahezu alles ungewohnt: das Thema, die Methode und vieles mehr[10]. Joseph Ratzinger bemerkt dazu treffend: »Frühere Konzilien, die sich wie dieses [i.e. das Zweite Vatikanum] als Reformkonzilien verstanden, traten der Verweltlichung der Kirche entgegen, ... Jene Konzilien, so könnten wir also sagen, waren beseelt vom Drang nach Vergeistlichung, nach der Radikalität des Christlichen, das sich vom Weltlichen reinigt«[11]. Dieses Konzil aber war in einem entscheidenden Punkt anders: Nicht Entweltlichung, sondern Öffnung zur »Welt« war sein Thema. Im Entstehen der Pastoralkonstitution rang das Konzil um das rechte Verständnis einer solchen Welt-

---

8 Das angegebene Schriftzitat aus Röm 6,11 stammt aus einem der zentralen neutestamentlichen Abschnitte über die Taufe. Die Formulierung in PC 5,1 »non solum« - »sed etiam« nimmt dabei gewissermaßen eine Stufung zwischen dem Weltverhältnis aller Getauften und dem der Ordensleute vor.

9 Wulf, Kommentar zum Ordensdekret 276.

10 Zur Pastoralkonstitution vergleiche besonders: Weltverständnis im Glauben. Hg. v. J.B. Metz, Mainz 1965; Die Kirche in der Welt von heute. Kommentar zur Pastoralkonstitution »Gaudium et spes« des II. Vatikanischen Konzils. Hg. v. G. Baraúna, Salzburg 1967; Oelinger J., Christliche Weltverantwortung. Die Kirche in der Welt von heute (Kommentarreihe zur Pastoralkonstitution des Zweiten Vatikanischen Konzils 1), Köln 1968; Grillmeier A., Wandernde Kirche und werdende Welt (Kommentarreihe zur Pastoralkonstitution des Zweiten Vatikanischen Konzils 4), Köln 1968; Ratzinger J., Weltoffene Kirche? Überlegungen zur Struktur des Zweiten Vatikanischen Konzils, in: ders., Das neue Volk Gottes. Entwürfe zur Ekklesiologie, Düsseldorf 1969, 282-301.

11 Ratzinger, Weltoffene Kirche? 282.

zuwendung der Kirche. An dieser Dynamik des »aggiornamento« partizipierte auch die Diskussion über die Orden. Die Frage nach dem Verhältnis zur »Welt« stellt sich hier aufgrund des geschichtlichen Befundes verschärft.
So ist von den Texten des Konzils her einer Theologie des Ordenslebens die Aufgabe gestellt, den traditionellen Topos von der »Weltentsagung« der Ordensleute mit dem erneuerten kirchlichen Kontext zu vermitteln. Die Entscheidung, welche Richtung hier eingeschlagen wird, steht in Korrelation mit dem Begriff von »Welt«, welcher der jeweiligen Konzeption zugrundeliegt. In der Darstellung und Diskussion nachkonziliarer Ansätze der Ordenstheologie zu dieser Frage muß deswegen auf dem jeweiligen »Weltverständnis« besonderes Augenmerk liegen[12].
Wie ein Blick auf den Kerntext in PC 5,1 lehrt, hängt das Weltverhältnis der Ordensleute eng mit ihrem »*soli Deo (vacare)*« zusammen, das in der Tradition der Ordenstheologie einen gewichtigen Platz einnimmt. Die Interpretation dieses althergebrachten Charakteristikums der *vita religiosa* wird weitgehend mitbestimmt durch das Verhältnis von Gottesliebe und Nächstenliebe bzw. von Kontemplation und Aktion. Von der thomanischen Tradition her kommend, war de facto Gottesliebe mit Kontemplation und Nächstenliebe mit Aktion parallelisiert worden[13]. Zudem wurden die Komponenten der beiden Begriffspaare in einem gewissen Konkurrenzverhältnis gesehen. Besonders deutlich wird dies darin, daß die Aktion, der »Weltdienst«, als Hindernis der Kontemplation galt und landläufig noch gilt. Basis des gesamten Fragenkomplexes ist die grundsätzliche Bestimmung des Verhältnisses von Gott und Welt (Mensch), Schöpfer und Geschöpf, das für viele Bereiche der Theologie entscheidend ist.
Auf diesem Hintergrund können nun für dieses Kapitel zwei *Leitfragen* formuliert werden, mit denen wir an nachkonziliare Entwürfe zur Ordenstheologie herangehen und untersuchen können, wie mit dem Erbe des Konzils, das gerade für die Frage nach dem Verhältnis von Orden und Welt vieles offenließ, weitergearbeitet wurde.

1. Separatio a mundo?

Welche Bedeutung wird der »renuntiatio mundi« bzw. der »separatio a mundo« in nachkonziliarer Ordenstheologie (noch) zugesprochen? Welcher Begriff von »Welt« verbirgt sich hinter dem jeweiligen Ver-

---

12 Zu verschiedenen Begriffen von »Welt« vergleiche etwa: Ratzinger J., Der Christ und die Welt von heute. Überlegungen zum sogenannten Schema 13 des Zweiten Vatikanischen Konzils, in: Weltverständnis im Glauben 146-151.

13 Vgl. dazu von Balthasar, Kommentar 463f; Jelich 14-17 und den Exkurs zur thomanischen Ordenstheologie in dieser Arbeit 10-16.

ständnis? Stehen die Ordensleute in einem qualitativ anderen Verhältnis zur »Welt« als die übrigen Christen?

2. Soli Deo?
Wie wird der traditionelle ordenstheologische Topos des *soli Deo* der Ordensleute mit der vom Konzil angestoßenen Öffnung der Orden zur »Welt« vermittelt? Welche Rolle spielt darin die Bestimmung des Verhältnisses von Gottes- und Nächstenliebe, von Aktion und Kontemplation?

I. Kirchliche Dokumente zum Ordensleben

Ein erster Überblick über die in der Nachkonzilszeit veröffentlichen kirchlichen Dokumente läßt - was die Frage des Weltverhältnisses der Ordensleute betrifft - einen zwiespältigen Eindruck zurück. Auf der einen Seite wird die »Trennung« der Ordensleute von der »Welt« vorausgesetzt und als Spezifikum der *vita religiosa* (auch im Unterschied zu den Instituta saecularia) festgehalten. Lapidar etwa stellt c. 607 §3 des neuen kirchlichen Gesetzbuches fest:

> »Das öffentliche Zeugnis, das die Ordensleute für Christus und die Kirche ablegen sollen, bringt jene Trennung von der Welt (illam a mundo separationem) mit sich, die der Eigenart und dem Zweck eines jeden Institutes eigentümlich ist« (vgl. auch EE Normae II §11; IX §35; RC I,4)[14].

Auf der anderen Seite zieht sich durch alle nachkonziliaren Dokumente auf die eine oder andere Weise der Aufruf an die Ordensleute, ihre Berufung für die Kirche und die Welt fruchtbar zu machen, sich auf die Erfordernisse der Gesellschaft einzulassen und an der Umgestaltung der Welt, freilich auf ihre Weise, mitzuwirken. Ja, die »Aufforderung zu einer wachsenden aktiven Beteiligung innerhalb der heutigen geschichtlichen Situationen, in denen sich die Sendung der Kirche entwikkelt, erscheint überall als eine Konstante der Erneuerung, um die sich die Ordensleute bemühen« (RPU 1).
In vielen Formulierungen dieser Dokumente hat man den Eindruck, daß sich die »Trennung« von der Welt mehr auf das persönliche und »innergemeinschaftliche« Leben der Ordensleute bezieht, während die Öffnung zur Welt sich (nur?) auf der Ebene des Apostolates ansiedelt. Vermitteln die kirchlichen Dokumente zum Ordensleben zwischen die-

[14] Vgl. das informative Dokument der SCRIS »Die Säkularinstitute« II,6.

sen beiden Ebenen oder verfestigt sich die Zweipoligkeit[15]? Die Frage ist sicher nicht global zu beantworten, sondern allein im Blick auf die einzelnen Texte, wobei nicht jedes Dokument der Frage nach dem Weltverhältnis der Ordensleute den gleichen Stellenwert zumißt. Bewegen sich etwa das päpstliche Mahnschreiben *Evangelica testificatio* und das Dokument der SCRIS *Essential Elements* in durchaus gewohnten, nicht besonders akzentuierten Bahnen, so ragen für die hier anstehende Frage gleichsam als gegensätzliche Pole *Venite seorsum* (VS) und *Das Ordensleben und die Förderung des Menschen* (RPU) heraus. Für die zweite Leitfrage dieses Kapitels nach dem Verhältnis von Aktion und Kontemplation bietet besonders das Schreiben der Kongregation für die Ordensleute und Säkularinstitute *La dimensione contemplativa della vita religiosa* (DCV) einige interessante Aspekte. Ein Hinweis auf *Redemptionis donum* beschließt dann die Darstellung der kirchlichen Dokumente in diesem Kapitel.

1. Die Instruktion »Venite seorsum« und ihre Problematik

Die von der Religiosenkongregation erlassene Instruktion *Venite seorsum* vom 15.8.1969 wendet sich an die sogenannten kontemplativen Ordensgemeinschaften und behandelt im besonderen die (»päpstliche«) Klausur der Nonnenklöster. Dieses Schreiben erfuhr von verschiedensten Seiten härteste Kritik und löste zugleich viele Ängste aus, so daß sich die zuständige Kongregation zu einer zusätzlichen Interpretationshilfe genötigt sah[16]. Dennoch blieben bei vielen Kommentatoren tiefsitzende Zweifel an Opportunität, theologischer Grundlage und Sinnhaftigkeit dieser Instruktion[17]. Woran entzündete sich die Diskussion?
Venite seorsum legt einen besonders starken Akzent auf die »Trennung« der beschaulichen Ordensleute von der »Welt«. Der erste Teil der Instruktion sucht dafür die theologischen Grundlagen zu legen und ver-

[15] Zu diesem Auseinanderklaffen vergleiche auch Tillard, in: L'adaptation 113-115.

[16] Brief des Kardinalpräfekten der Kongregation für die Ordensleute und Säkularinstitute vom 2.1.1970, in: NKD 23, 80-83.

[17] Hierzu und zum Folgenden vergleiche die Kommentare: Severus E. von, in: NKD 23, 9-29; Droste B., Gedanken und Fragen zur Instruktion »Venite seorsum«, in: OK 11 (1970) 232-235; Pennington M.B., Venite seorsum: Le sens et la portée d'un texte, in: VieCon 43 (1971) 213-228; Schwendenwein H., Gitter und Scheidewand. Überlegungen zur Instruktion der Religiosenkongregation über die Klausur rein kontemplativer Frauenklöster, in: ThpQ 118 (1970) 364-367; Lagier A. / Israel P., Sinn und Grenzen des Rechts in klausurierten Gemeinschaften. Fragen um Mündigkeit und »Venite seorsum«, in: OK 14 (1973) 186-201; Wulf F., Die Sorge der Kirche um die beschaulichen Orden. Zur Instruktion der Religiosenkongregation »Venite seorsum«, in: GuL 42 (1969) 460-466.

steht das Leben in Weltabgeschiedenheit als besondere Form, am österlichen Paschamysterium teilzuhaben. Als Interpretament des christlichen Heilsmysteriums dient das Motiv des »Exodus«. In Jesu Einsamkeit in der Passion sowie in seinem »Hinübergang« zum Vater findet der »Exodus« seine äußerste Erfüllung (VS I). Der zweite Teil klärt dann sozusagen das »anthropologische Vorfeld«[18] des beschaulichen Lebens. Die Abgeschiedenheit von der Welt wird hier vor allem als Erleichterung und Sicherung der Sammlung dargestellt (VS II). Anschließend behandelt *Venite seorsum* die Bedeutung der kontemplativen Gemeinschaften für Kirche und Welt, um danach in einem vierten (kürzeren) Teil die besondere Affinität der Wesensart der Frau auf das beschauliche Leben hin darzulegen. Der fünfte und sechste Teil heben die Zeichenhaftigkeit des beschaulichen Lebens bzw. die von dieser Lebensform besonders erforderte Prüfung der Kandidatinnen hervor. Die Instruktion schließt mit »Normen für die päpstliche Klausur der Nonnenklöster«.

Für die Frage nach dem Weltverhältnis der Ordensleute, hier am exponierten Beispiel der Kontemplativen, läßt sich an der Instruktion ein Zweifaches beobachten:

- Die »Trennung« von der »Welt« wird vor allem unter dem »materiellen« Aspekt der Klausur gesehen. Sie erscheint als vorzügliches Instrument der kontemplativen Lebensform und als Schutz der beschaulichen Ordensfrauen, den ihnen die »mütterliche Sorge der Kirche« zuteil werden läßt (VS Einl.; IV)[19]. Die Instructio steht dabei nicht an, bis in Einzelheiten der Gestaltung der Klausur zu gehen (besonders Normae 3; 4).
- Zugleich erweckt der Text den Eindruck, als sei beschauliches Leben eo ipso mit dem Leben in Klausur gleichzusetzen und nur durch diese »Sicherstellung« gewährleistet. Der eigenen Verantwortlichkeit der Ordensfrauen wird dabei äußerst wenig zugemutet[20].

Zwar bringt auch *Venite seorsum* zum Ausdruck, daß die Kontemplativen nicht von Kirche und Welt abgesondert und abgeschnitten seien (VS III; vgl. auch LG 46), sondern geradezu im »Herzen der Welt« leben und an den Nöten und Sorgen der Menschen teilnehmen (ebd.), die Argumentation verläuft jedoch auf einer formal-abstrakten Ebene. Die Instruktion vermag, wie E. von Severus bemerkt, keine »Möglich-

---

[18] Von Severus, Kommentar 17.

[19] Vgl. auch ES II,30 (Zitiert als Einleitung zu den Normae von VS): »Clausura papalis Monasteriorum consideranda est tamquam institutum asceticum quod cum Monialium peculiari vocatione singulariter cohaeret, quippe quae signum, protectio et peculiaris forma exstet earum secessus a mundo«.

[20] Siehe dazu vor allem Droste, Gedanken und Fragen.

keiten zur realen Welt- und Menschenbegegnung in neuen Formen« aufzuzeigen[21]. Bezeichnend dafür sind die teilweise äußerst restriktiven Vorschriften der das Dokument beschließenden »Normae« (bes. 10-12). In VS wird die »Trennung« der kontemplativen Ordensfrauen von der Welt auf eine breite Basis gestellt. Ganz allgemein gilt, »daß eine gewisse Abgeschiedenheit von der Welt und eine gewisse Beschaulichkeit sich in jeder christlichen Lebensform finden müssen« (VS I)[22]. Durch »ihre Zurückgezogenheit im Kloster« aber verwirklichen die beschaulichen Ordensleute diesen Wesensbestandteil christlichen Lebens in vollkommenerer Weise (ebd.). So können sie durch ihre Lebensform sich »Gott ... besser hingeben und für ihn dasein (*melius dicandi, perfectius Deo vacandi*)« (VS II).
Die äußere Trennung von der Welt durch die Klausur ist gemäß VS nicht nur die Aufgipfelung eines allgemein christlichen Erfordernisses, sondern auch die äußerste Zuspitzung des traditionellen Ideals des Ordenslebens als *»soli Deo vacare«*. Wenigstens für die Kontemplativen bedeutet dies »Trennung von den Umtrieben der Welt« (VS Einl.). Sie wählen eine Lebensform, »in der man nur Christus und himmlischen Werten« anhängt (VS VI). Trennung von der Welt heißt für sie tatsächliche Abgeschlossenheit, die sich bis in bauliche Maßnahmen und »streng im Gewissen« (VS Normae 13) verpflichtende Ausgangs- und Klausurregeln auswirkt. Dabei umgreift der Weltbegriff in VS nicht bloß die Welt als von der Sünde affizierte, sondern zielt auch auf die Welt als »normale« Lebenswelt des Menschen, gekennzeichnet von Familie, Beruf und gesellschaftlichem Leben (vgl. etwa VS I; III)[23].

2. Präsenz als »gottgeweihte« Menschen (RPU)

Ein ganz anderes Bild bietet sich in dem 1980 veröffentlichen Schreiben der Kongregation für die Ordensleute und Säkularinstitute *Religiosi e promozione umana*. Dieses Dokument hat sich zur Aufgabe gesetzt, das Ordensleben unter der Perspektive der Beteiligung der Ordensleute am Prozeß der »Förderung des Menschen« zu reflektieren[24]. An den vier

---

21 Von Severus, Kommentar 23.

22 Vgl. auch »Die Säkularinstitute« II,2, wo betont wird, daß jeder Getaufte grundsätzlich in einem neuen Verhältnis zur Welt steht, das auch einen »Bruch« beinhaltet.

23 Im lateinischen Text der Instruktion steht sowohl *saeculum* wie *mundus* für das Gemeinte.

24 Siehe dazu den Kommentar: Scheuermann A., Wesentliche Komponenten des Ordenslebens, in: OK 22 (1981) 293-300. Der Kritik Scheuermanns an der deutschen Übersetzung (bes. 297f) kann man nur beipflichten.

»Hauptproblemkreisen«, die aus einer internationalen Umfrage bei Bischöfen und Ordensleuten als vordringlichste Fragen hervorgegangen sind[25], zeigen sich bereits zwei Prämissen, auf denen das Schreiben der Religiosenkongregation aufbaut: Wollen die Ordensleute ihrer Sendung in der Kirche treu bleiben, haben sie sich den Herausforderungen der gegenwärtigen Weltsituation mutig zu stellen. Dieses Engagement für Welt und Mensch kann jedoch nur mit Rücksicht auf die dem Ordensleben eigene Lebensform geschehen.
Angesichts der schwierigen Probleme, denen sich die Ordensleute unter veränderten Gegebenheiten ausgesetzt sehen, versucht der zweite Teil des Dokuments »Allgemeine Unterscheidungskriterien« zu entwickeln, die auf den Grundsätzen von PC 2 aufbauen. Motivation und rechte Ordnung des Engagements der Ordensleute muß von einer »vierfachen Treue« geleitet werden, an deren Spitze die »Treue zum Menschen und zu unserer Zeit« steht (RPU 13-16; vgl. PC 2d). Die Geschichte der Welt und in ihr die konkrete Existenz eines jeden Menschen werden auch für die Ordensleute zu einem »offenen Buch der Meditation« (RPU 15 mit Verweis auf RH 14), das sie zu einer Überprüfung ihres Lebens und ihrer Aufgaben drängt. Sie müssen erkennen, daß sie nur in dem Maß am Aufbau einer gerechteren Welt mitwirken können, als sie sich selbst »zum ursprünglichen Plan Gottes mit den Menschen 'bekehren'« (ebd.). Unabdingbare Voraussetzung für diesen Umkehrprozeß der Ordensleute ist eine tatsächliche Kenntnis der menschlichen Situation und die Fähigkeit, sie im Licht des Glaubens zu beurteilen (RPU 16 mit Zitat aus PC 2d).
Die zweite Form der Treue besteht in der Orientierung an Leben und Lehre Jesu Christi (RPU 17-19; vgl. PC 2a). Besonders der »Geist der Seligpreisungen« kennzeichnet Berufung und Sendung der Ordensleute. Nur wenn sie diesen Geist bejahen und besonders die Seligpreisung der Armen in ihrem Leben verwirklichen, erfüllen sie den ihnen gestellten Auftrag, die Priorität des Gottesreiches und seine umwandelnde Kraft mitten in ihrem Engagement zu bezeugen (RPU 19).
Die »Treue zur Kirche und ihrer Sendung in der Welt« (RPU 20-27; vgl. PC 2c) lenkt dann den Blick auf die vielfältigen, einander ergänzenden Berufungen und Dienste in der Kirche, in deren Mitte sich auch die *vita religiosa* ansiedelt. Aufgrund ihrer Entscheidung für das Ordensleben stellen sich die Ordensleute zwar »außerhalb der weltlichen Strukturen«, sind aber »auf eine ihnen eigene Weise« in der irdischen

[25] 1. Das bevorzugte Eintreten für die Armen und für die Gerechtigkeit heute. 2. Die Tätigkeiten und sozialen Werke der Ordensleute. 3. Die Einfügung in die Welt der Arbeit. 4. Das Eingreifen in die »politische Praxis«.

Gesellschaft präsent. Diese eigentümliche Form ihrer Präsenz hängt vor allem mit dem gemeinschaftlichen Charakter des Ordenslebens zusammen (RPU 23). Apostolat und Präsenz der Ordensleute ist nicht mehr nur von ihrer eigenen Entscheidung abhängig, sondern vom Programm des Instituts und der Entscheidung der Oberen. Dieser »gemeinschaftliche Lebensplan« ist es auch, der ein wesentliches Unterscheidungskriterium der *vita religiosa* gegenüber dem Leben der Laien und der Säkularinstitute darstellt (RPU 25; vgl. auch EE 26). Die neue Weise der Präsenz der Ordensleute im Einsatz für die Förderung des Menschen kann jedoch nur, und das ist die vierte Form der Treue, bei voller Wahrung der Eigenart des Ordenslebens und des besonderen Charakters des Instituts verwirklicht werden (RPU 28-31; vgl. PC 2b).

Die Verbindung des Einsatzes in und für die Menschheit mit der ausgeprägten »religiösen« Dimension ihrer Berufung (RPU 8c) mag den Ordensleuten als Quadratur des Kreises erscheinen, sie haben aber gerade diese Herausforderung anzunehmen. Dazu ist im Hinblick auf die Ausbildung (RPU 32-35) eine »tiefreichende Formung der Mentalität und des Lebensstiles« erfordert. So sollen die Ordensleute befähigt werden, »auch in neuen Formen der Präsenz sie selbst zu bleiben«. Das bedeutet: Es muß sich bei ihnen stets um eine »Präsenz als 'gottgeweihte Menschen'« handeln (RPU 32).

Von einer »Trennung von der Welt« ist in dem Schreiben der Religiosenkongregation kaum die Rede[26]. Es geht vielmehr um eine *positive Beziehung* zu Welt und Menschen, wenn dieser auch eine eigene, aus der Natur des Ordenslebens entspringende Form zukommt. Dabei wird der Begriff »Welt« relativ selten verwendet und wenn, dann in dem Sinn, daß sie Raum der Heilssendung der Kirche ist, innerhalb derer auch die Ordensgemeinschaften die ihnen eigene Aufgabe zu erfüllen haben (RPU Einf.).

3. Durchdringung von Aktion und Kontemplation (DCV)

Als Fortführung des Schreibens *Das Ordensleben und die Förderung des Menschen* und in ausdrücklicher Komplementarität zu ihm versteht die Kongregation für die Ordensleute und Säkularinstitute das Dokument

[26] Vergleiche nur RPU 23: »Wenn sich die Ordensleute ... aufgrund der Lebensentscheidung, die sie kennzeichnet, außerhalb der weltlichen Strukturen stellen, werden sie dadurch nicht dem Wirken der anderen Gruppen der Kirche entfremdet, wo es um den Aufbau der irdischen Gesellschaft geht als Ort, der das Reich Gottes aufnehmen kann«.

Die kontemplative Dimension des Ordenslebens, das aus ihrer Vollversammlung im März 1980 hervorgegangen ist (DCV Einl.). Anliegen des Schreibens ist es, die »grundlegende Bedeutung des geistlichen oder innerlichen Lebens für jede Form gottgeweihten Lebens« zu thematisieren und so beizutragen, daß »die schädliche Zweiteilung zwischen Innerlichkeit und Tätigkeit im persönlichen und im gemeinschaftlichen Leben der Ordensleute« überwunden wird (ebd.). Nach einer allgemeinen »Beschreibung der kontemplativen Dimension« (DCV I) stellt das Schreiben sowohl »Richtlinien für die Institute des tätigen Lebens« (II) als auch »für die spezifisch kontemplativen Institute« (III) auf.

Das Kapitel über die kontemplative Dimension des christlichen Lebens trägt mit voller Absicht (wie im übrigen das ganze Schreiben) eher einen deskriptiven als einen theologischen Charakter an sich. Die Kontemplation wird beschrieben als »Geschenk Gottes«, als »gnadenhafte Antwort von Glaube, Hoffnung und Liebe«, als »Aufschwung des Menschen zu Gott hin«, der sich in verschiedenen Formen von Gebet, Gottesdienst, Schriftlesung und Hingabe an die Mitmenschen kundtut. Daraus erwächst in den Ordensleuten eine Haltung ehrfürchtigen Wahrnehmens der Gegenwart Gottes in Personen, Dingen und Ereignissen. Jedes Ordensleben hat von dieser kontemplativen Dimension gekennzeichnet zu sein (DCV 1).

In den »Richtlinien für die Institute des tätigen Lebens« ist programmatisch die »gegenseitige Durchdringung von Aktion und Kontemplation« (DCV II.A), von Weihe und Sendung (vgl. auch EE 23f) an den Anfang gestellt. Den Ordensleuten muß dabei vor allem bewußt bleiben, daß ihre Tätigkeit apostolischer oder caritativer Art in der Teilhabe an der Sendung Jesu wurzelt, die ihren Ursprung vom Vater nimmt (DCV 4; vgl. MR 16). Gerade deshalb sind sie unabdingbar auf Gebet und Betrachtung verwiesen (DCV 5). Denn: »Eine ständige Gefahr für die apostolisch Tätigen besteht darin, sich derartig von der eigenen Tätigkeit für den Herrn einnehmen zu lassen, daß sie darüber den Herrn jeder Tätigkeit vergessen« (DCV 4)[27].

Das Schreiben der Religiosenkongregation versteht aber das Verhältnis von Kontemplation und Aktion nicht als »Einbahnstraße«. Der Einsatz der Ordensleute ist nicht nur Konsequenz ihrer Gottverbundenheit, sondern »enthält einen eigenen Reichtum, der die Verbindung mit Gott nährt« (DCV 6). Wenn sich die Ordensleute dessen stets neu bewußt werden und ihre Tätigkeit in rechter Weise ordnen und heiligen, wird sie ihnen zu einer »Quelle der Verbindung mit Gott« (ebd.; vgl. auch LG 41; PO 14; OT 19). Erst in diesem Zueinander von Aktion und Kontemplation kann das Leben der apostolisch oder caritativ tätigen Ordensleute zu einer tatsächlichen Einheit finden, in der das »Leben im

[27] Zitat aus der Papstbotschaft an die Plenaria 1980.

Geist« (das auch den Dienst miteinschließt; vgl. den Verweis von DCV 17 auf MR 4) den Primat einnimmt.

Die weiteren Richtlinien für die tätigen Ordensgemeinschaften lenken den Blick auf verschiedene, für das Ordensleben zentrale Vollzüge des geistlichen Lebens (Schriftlesung, Eucharistie, Bußsakrament, Seelenführung, Stundengebet, Marienverehrung, Aszese; DCV 8-14) sowie auf die Bedeutung des Gemeinschaftslebens und der Ausbildung für die kontemplative Ausrichtung des Ordenslebens (DCV 15-20) und auf die Eingliederung der Ordensinstitute in die Ortskirche (DCV 21-23).

Die Richtlinien für die spezifisch kontemplativen Institute erneuern die Hochschätzung, welche die Kirche für diese Ordensgemeinschaften hat und ermutigen sie zu dem ihnen eigenen Weg. Der Text ist dabei mehr oder weniger eine Kompilation verschiedener kirchlicher Dokumente (PC; VS; MR) und bietet keine wesentlich neuen Elemente. DCV 29 bekräftigt die »Trennung von der Welt«, deren ausgezeichnetes Zeichen und Mittel die Klausur ist, als zum Wesen des kontemplativen Lebens gehörig, ohne daß der Text allerdings wie VS in die Quasi-Gleichsetzung von Klausur und beschaulichem Leben verfiele.
Am Ende des Dokuments wird noch einmal die Einheit von Tätigkeit und Innerlichkeit thematisiert. Die Pflege der kontemplativen Dimension verhilft nämlich zu einem »Glaubensblick«, der »den göttlichen Heilsplan in der Geschichte zu entdecken« vermag und den einzelnen dazu befähigt, diesen Plan Gottes auch »in wirksamer und ausgewogener Weise zu verwirklichen« (DCV 30).

4. Umwandlung der Welt (RD)

Im päpstlichen Schreiben von 1984 *Redemptionis donum* wird das Weltverhältnis der Ordensleute vom Mysterium der Erlösung her verstanden. In RD 9 legt der Papst dar, daß als Folge der »Ursünde« die Beziehung des Menschen zur Welt (*mundus*), die von Gott geschaffen und der Herrschaft des Menschen anvertraut wurde (Gen 1,28), auf vielfache Weise entstellt ist. Zu dieser verhängnisvollen »Erbschaft« gehört auch die »dreifache Begierde«, von der 1 Joh 2, 15-17 (Vg) handelt. Ihr entsprechen gemäß den Worten des Papstes die evangelischen Räte der Keuschheit, der Armut und des Gehorsams. Sie sind die »radikalsten Mittel«, welche die Beziehung des Menschen zur Welt von innen heraus umgestalten. So soll die »Welt« - damit ist hier sowohl die äußere Welt als auch das eigene Ich gemeint - durch die Praxis der Räte dem Menschen neu unterworfen werden. Auf diese Weise ermöglicht gerade der Abstand von der durch die Sünde und ihre Folgen verderbten Welt eine erneuerte Beziehung zu dieser Welt (vgl. RD 10). Was dies jedoch konkret für den Lebensvollzug der Ordensleute bedeutet, wird in dem mehr meditativ gehaltenen Schreiben des Papstes nicht ausgeführt.

5. Zusammenfassung anhand der Leitfragen

Venite seorsum, *Das Ordensleben und die Förderung des Menschen*, *Die kontemplative Dimension des Ordenslebens*, *Redemptionis donum* sind vier sehr unterschiedliche kirchliche Dokumente zum Ordensleben, die ihrerseits auf anderen, ebenso unterschiedlichen aufbauen. Gibt es in ihnen eine Weiterentwicklung der vom Konzil aufgegebenen Fragen bezüglich des Weltverhältnisses der Ordensleute? Wenn man einmal von RPU absieht (dessen Thematik aus dem üblichen Genre von kirchlichen Schreiben zum Ordensleben herausragt), sind keine großen Neuerungen zu entdecken. Einige Akzente wurden jedoch gesetzt.

1. Separatio a mundo?
Die kirchlichen Dokumente halten durchgängig an einer gewissen »Trennung« der Ordensleute von der »Welt« fest, die ihre äußerste Zuspitzung in der päpstlichen Klausur der Nonnenklöster findet. Dieser Abstand wird vorausgesetzt, nicht erörtert. Der Begriff »Welt« zielt dabei in erster Linie auf die »Menschen-Welt«, die von der Sünde verwundet ist und auf Erlösung und Gerechtigkeit harrt oder zumindest dem »Aufschwung« zu Gott Hindernisse in den Weg stellt. Gerade aus dem Abstand heraus, aus der besonderen Berufung und Sendung der Ordensleute erwächst ihr »Hineingehen« in diese Welt, das jedoch seine Grenze in der Eigenart des Ordenslebens in seinen vielfältigen Formen findet.

2. Soli Deo?
Das *soli Deo* des Ordenschristen wird mit der Öffnung zur Welt insofern vermittelt, als die Ordensleute an der Sendung Christi und der Kirche für die Welt teilhaben. Bedeutend ist der Hinweis von DCV 6, daß für die Ordensleute auch die eigene Tätigkeit zur Quelle der Gottverbundenheit werden muß.

6. Einige kritische Anmerkungen

Überblickt man das ganze Spektrum der nachkonziliaren kirchlichen Verlautbarungen zum Ordensleben, fällt (mit Ausnahme vielleicht von VS) eine im Vergleich zu früher positivere Sicht der Öffnung der Ordensgemeinschaften zur »Welt« hin auf. Die Warnung vor dem »Weltgeist« spielt jedenfalls, wie schon in den Konzilstexten, keine zentrale Rolle mehr. Festgehalten aber wird eine anders gefärbte Beziehung der Ordensleute zur Welt, die nicht primär dem natürlichen In-der-Welt-Sein des Menschen entspringt, sondern der Teilhabe an Christi Sendung in die Welt.

Die »Weltoffenheit« der Ordensleute bleibt in den kirchlichen Dokumenten jedoch, wie schon angemerkt, weitgehend auf der Ebene des Apostolates stecken, während ihre Rückwirkung auf das Leben des einzelnen und der Gemeinschaft kaum angesprochen wird. Dort wird dann stärker die »Andersartigkeit« des Ordenslebens gegenüber der »Welt« betont. So bleibt im Prinzip immer noch die Gefahr eines »zweigeteilten« Lebens: hie weitestgehende Öffnung und Engagement, da Rückzug. Einen Versuch, diese Differenz zu überwinden, unternimmt am ehesten noch DCV 4-6.

Die »Welt« - so hat man den Eindruck - wird vordringlich als unerlöste Welt begriffen, der die Lebensweise der Ordensleute als Bild für die erlöste Welt gegenübersteht (RD). Ist es aber wirklich so, daß einer heilen Welt der Ordensgemeinschaften eine vom unheilen Geist geprägte Welt gegenübersteht[28]? Gilt für die Ordensleute nicht, was für die ganze Kirche gilt, nämlich daß sie durch Welt und Gesellschaft Bereicherung für ihr eigenes Leben erfährt (vgl. GS 40.44)? Gibt es nicht auch Felder, in denen die Ordensleute von gesellschaftlichen und kulturellen Entwicklungen profitieren könnten? Besteht nicht sonst, wie oft in der Geschichte des Ordenslebens, die Gefahr, daß auch überlebte äußere Formen mit der »Andersartigkeit« des Ordenslebens abgedeckt werden könnten?

Abgesehen von den - fragwürdigen - Äußerungen von *Venite seorsum* zur Klausur der Nonnenklöster bleibt schließlich, vor allem im Blick auf die »aktiven« Ordensgemeinschaften, die Frage, was die Trennung von der Welt im konkreten Vollzug tatsächlich zu bedeuten hat. Hängt sie an der Profeß der Räte (vgl. etwa RD; c. 607) oder an der gemeinschaftlichen Lebensform im Kloster (RPU; c. 665)? Hat sie sich im Ordenskleid auszudrücken (ET 22) oder etwa im eingeschränkten Ge-

[28] Vgl. dazu Lippert P., Ordensleute in Deutschland 129-131.

brauch sozialer Kommunikationsmittel (c. 666)? Was ist wirklich unter »Trennung von den weltlichen Gewohnheiten« (RC 4) zu verstehen?
Ein Kernproblem besteht darin, daß in der kirchlichen Lehrverkündigung (zugespitzt in VS) die »Trennung von der Welt« besonders als Mittel und Sicherung eines authentischen Ordenslebens, vor allem in seiner kontemplativen Dimension, akzentuiert wird. Eine solche Konzeption steht in der Gefahr zu vergessen, daß christlich gesehen auch die »Weltentsagung« zunächst und grundlegend im Kontext des Antwortcharakters des Glaubens begriffen werden muß. Sie ist so weder Mittel noch Sicherung der Gottesbeziehung, sondern in erster Linie Konsequenz und Frucht einer radikal zuvor liegenden Zuwendung Gottes[29].
Nachkonziliare kirchliche Lehrverkündigung zum Ordensleben und seinem Bezug zur »Welt« - enttäuschend (VS) und ermutigend (RPU) zugleich: An dem Spektrum möglicher Akzente spiegeln sich die grundsätzlichen Schwierigkeiten einer im Wandel begriffenen Theologie des Ordenslebens, die zwischen Tradition und gegenwärtiger theologischer und gesellschaftlicher Situation ihren Weg sucht.

II. Theologische Literatur zum Ordensleben

Die Frage nach dem spezifischen Weltverhältnis der Ordensleute spielt in der nachkonziliaren Literatur zum Ordensleben keine geringe Rolle. Sie artikulierte sich auf der Ebene praktischer Probleme um Ordenskleidung, Organisation des Gemeinschaftslebens, Ausübung säkularer Berufe, Umgang mit Menschen, Gestaltung der Freizeit der Ordensleute und anderes mehr. Dieses Suchen der Orden nach einem neuen, der Gegenwart angepaßten Lebensstil geht aber einher mit einer theologischen Reflexion über das Verhältnis der Ordensleute zur »Welt«. Wiederum greifen wir - exemplarisch - die Stimmen dreier Theologen heraus, die sich besonders der Frage »Orden und Welt« gewidmet haben. Neben den bereits in früheren Kapiteln vorgestellten Entwürfen von *Pie-Raymond Régamey* und *Jean Marie Roger Tillard* bieten sich vor allem die Arbeiten des brasilianischen Franziskaners *Leonardo Boff* an, die mittlerweile ins Deutsche übersetzt worden sind. Gerade bei ihm wird sich die »Kontextualität« der Ordenstheologie, ihre Abhängigkeit von theologischen Optionen deutlich zeigen.

[29] Das betont vor allem Alszeghy Z., Art. Fuite du monde, in: DSp 5, 1575-1605.

1. Pie-Raymond Régamey: Ordensleben als »Stand der separatio«[30]

»So verschieden die Ordensleute auch sind, sie alle unterscheiden sich von der Mehrzahl der Gläubigen durch eine gewisse 'Lebensform'. Mehr oder weniger ausgeprägt, und ob sie wollen oder nicht, sie [i.e. diese Lebensform] sondert sie ab. Hierin besteht, der Erfahrung nach, die erste Tatsache«[31]. Mit dieser Feststellung eröffnet Régamey (nach einer kurzen Einführung) das erste Kapitel von *L'exigence de Dieu*: »Separatio der Ordensleute und allgemeines christliches Leben« - und damit seine dreiteilige Studie über das Ordensleben. Er macht auf diese Weise bereits deutlich, daß die *separatio a mundo* für ihn ein wesentliches Element des Ordensstandes ist. Régamey pocht erneut darauf, daß das Konzil Ordensleben unter dem Gesichtspunkt seiner eigentümlichen und absondernden (»originale et séparante«) Lebensform erörtert habe. Dagegen scheinen ihm die drei hauptsächlichen Einwände gegen eine solche Lebensform der Orden - Erfordernis von Brüderlichkeit, Furcht vor Pharisäismus, inkarnatorischer Charakter des Christentums - letztlich nicht überzeugend zu sein, da sie zwar manchen wahren Aspekt enthalten, aber oft zu überzogenen Schlüssen verführen[32].

Begründung und Ausdruck der »separatio«

Worin gründet aber nun für Régamey die *separatio* der Ordensleute? Wie bereits in der Darstellung Régameys im ersten Kapitel »Christ und Ordenschrist« deutlich wurde, sieht Régamey das Leben des Christen als Leben in zwei Herrschaftsbereichen, in zwei »Rhythmen«: Der Christ ist zum einen verwiesen auf das ganz konkrete Leben hier auf dieser Erde, zum anderen aber gehört er bereits zum »himmlischen Jerusalem«[33]. Christus nachfolgen heißt in dieser Weltzeit zugleich, ihm, dem in die Herrlichkeit des Vaters Erhöhten, im Herzen nachfolgen (»suivre«) *und* sein Werk in dieser Welt fortsetzen (»poursuivre«), heißt im »Rhythmus« zwischen Gott und den Brüdern (= der Welt), konkret also: zwischen »Bruch« und »Engagement« leben. Dieser Rhythmus kann und muß aber von Christ zu Christ variieren[34]. Bei den Ordens-

---

[30] L'exigence 182: »Un état de séparation«.

[31] L'exigence 17.

[32] Vgl. dazu L'exigence 19-23.

[33] Siehe dazu in dieser Arbeit 60f.

[34] Vgl. L'exigence 24-28.41-44.60f; La consécration religieuse 274f.

leuten steht für Régamey eindeutig ihre Gottesbeziehung, ihre Offenheit »nach oben« im Vordergrund sowie ihre Hinordnung auf die eschatologische Vollendung des Menschen und auf sein »ad Deum«. Um diese Ausrichtung tatsächlich leben zu können und sie im konkreten Vollzug zu erleichtern, gibt sich das Ordensleben eine eigentümliche Lebensform. Durch sie bezeugt der Ordensstand sichtbar der ganzen Kirche, daß auch sie selbst im Auslangen auf ihre endgültige Bestimmung zu leben hat[35]. Dennoch bleiben die Ordensleute wie alle Christen grundsätzlich der dramatischen Spannung zwischen den zwei »Welten«, zwischen dem paulinischen »Fleisch« und »Geist« verhaftet. Diese Spannung erlebt der Christ deswegen vielfach dramatisch, weil seine menschliche Natur von der Sünde verletzt ist und ständig zwischen den zwei Bereichen hin- und hergerissen wird.

Der »Bruch« mit der Welt gehört nicht erst zum Leben des Ordenschristen, sondern muß in jedem christlichen Leben Gestalt annehmen, wenn auch nicht als spezifische *separatio*, die nur den Ordensleuten aufgrund ihrer besonderen Berufung abverlangt ist. Durch diese von der Lebensordnung her festgelegte Trennung, die gleichsam die Außenseite des inneren »Bruchs« mit dem Geist der »Welt« ist, akzentuieren die Ordensleute augenscheinlich jenen »Bruch«, der zum Rhythmus des christlichen Lebens überhaupt dazugehört[36].

Ziel und Ideal des Lebens ist für Régamey die immerwährende Zugehörigkeit zur neuen Welt Gottes. Nur darin liegt der Sinn des »Bruches« mit der vergänglichen Welt. Ohne diesen ständig sich manifestierenden Bruch kann die Welt Gottes nicht errungen werden. Diese Wahrheit sowie das Geheimnis des Kreuzes müssen durch die Ordensleute in der Kirche wachgehalten und geschürt werden. Sie stehen damit in der direkten Nachfolge der Jünger und der Urkirche, für deren Lebensentwurf die »eschatologische Mystik«[37] und der Bruch mit den allgemeinen Lebensbedingungen zum Aufbau eines neuen Lebenskontextes charakteristisch ist. Erst dieser neue Rahmen der Existenz ermöglicht ein wahrhaft christliches Leben. Durch ihre »existentielle Loslösung«[38], in die sie durch den Ruf Christi zur Nachfolge geführt werden und die sich in ihrer Lebensführung äußert, bezeugen die Or-

---

[35] Siehe dazu L'exigence 31f; La consécration religieuse 278-280.

[36] Siehe etwa: L'exigence 43; La voix 257; La rénovation 111f; La vie religieuse dans la mutation 128.

[37] Zu »eschatologische Mystik« vgl. L'exigence 56f; La consécration ... contestée 420f.

[38] »Décrochage existentiel«. Siehe dazu L'exigence 60f; La vie religieuse dans la mutation 126-128; La rénovation 66. Den Ausdruck »décrochage existentiel« übernimmt Régamey von: Martelet G., Le chapitre VI de »Lumen gentium« sur les religieux, in: Vocation n° 283 (1967) 65-86, dort 83.

densleute die Souveränität und Priorität des verherrlichten Christus. Es geht dabei keineswegs um eine Verachtung (mépris, *contemptus*) der Welt im strengen Sinn. Was »Verachtung« genannt wird, bedeutet vielmehr »Überschreitung« der relativen Werte der Welt auf die Absolutheit Gottes hin[39].

Woran wird dieser »Bruch« mit der Welt, der nach Régamey so unabdingbar für das Ordensleben festgehalten werden muß, manifest? Er zeigt sich

> »durch die Klausur und das Schweigen, durch die Strenge der Lebensführung, durch eifrige Annahme der Bedrängnisse und Entbehrungen, in denen die Armut schmerzlich erfahren wird, durch das Opfer des eigenen Willens, das unter Umständen der Gehorsam auferlegt, und nicht nur durch das radikale Opfer der Keuschheit, auf das sich letztendlich dieser negative Aspekt für viele reduziert«[40].

Die »Absonderung« von der Welt ist Frucht der *consecratio* der Ordensleute. Sie bezieht sich nicht bloß auf jene Bereiche des Lebens, die von der Sünde affiziert sind, sondern auch auf durchaus positive Werte, auf welche die Ordensleute verzichten, um das allgemeine Gesetz des Bruches mit der Welt deutlicher und handgreiflicher herauszustellen, und zwar sowohl im positiven Auslangen auf die Vollendung hin wie auch im negativen Sinn als Verzicht[41]. In der gegenwärtigen Situation gilt es für Régamey umso mehr, die eigentümlichen, aber konstitutiven Aspekte der Trennung von der Welt zu betonen, als die Ordensleute gezwungen sind, sich der Welt zu öffnen. Sie müssen wieder mehr Mut bekommen, zu ihrem Lebensstand zu stehen und »in ihrem Herzen und ihrem tatsächlichen Verhalten das, was ihren *Stand* (*état*) vom allgemeinen christlichen *Zustand* (*condition*) unterscheidet«, zu bejahen[42].

Konsequenzen für das Weltengagement der Ordensleute

Aus diesem Grundansatz Régameys ergeben sich einige Konsequenzen für den Beitrag der Ordensleute zur Gestaltung der Welt. Zunächst und prinzipiell geht es um ein »geistliches Zusammenwirken« der Ordensleute mit den anderen Christen (vgl. LG 46,2). In allen menschlichen Aktivitäten sollen die Ordensleute aufgrund ihrer »engeren« Christusnachfolge Christus als deren Fundament und Ziel (*fin*) herausstrei-

---

39 Vgl. L'exigence 63. Zum Folgenden siehe: ebd. 182-187.189f.

40 L'exigence 183. - Zu den Räten als »Bruch« vergleiche auch: L'exigence 67.

41 Régamey in: L'exigence 164; La voix 167f; La rénovation 111f; La consécration ... contestée 394; Art. Consacrazione religiosa 1607f.

42 L'exigence 186.

chen[43]. Gerade das aber ist den Ordensleuten nur möglich, wenn sie sich nicht unterschiedslos der »Welt« anpassen (vgl. Röm 12,2)[44]. Natürlich muß das Zeugnis der Orden im zeitgenössischen Kontext auch *verstehbar* sein. Die Schwierigkeit besteht darin, daß die Existenzweise der Orden deswegen einerseits der veränderten Weltsituation entsprechen muß, andererseits aber eine undifferenzierte Einebnung ihres Lebens auf das herrschende »Man« nicht mehr deutlich zu machen vermag, *wofür* hier eigentlich noch Zeugnis abgelegt werden soll[45]. Aus der spezifischen Lebensform der Ordensleute kann und darf deshalb nur eine *spezifische Weise* der Präsenz und des Einsatzes für die Welt folgen.

Die Lebensform der Ordensleute steht in krassem Gegensatz zu einem Weltverhältnis, das am Rand zum Säkularismus steht[46]: Sucht sich eine säkularisierte Welt von ihrer Gottesbeziehung zu emanzipieren, wird das Ordensleben als ganzes konstitutiv von seinem Gottesbezug her bestimmt. Deshalb gilt:

> »Das Ordensleben wird sich an eine säkularisierte Welt anpassen müssen, aber wenn es *sich* selbst *säkularisiert*, verliert es seine Identität«[47].

Nur wenn die Orden wieder neu den Mut dazu finden, sich von *dieser* Welt zu emanzipieren, werden sie gerade jene Werte des Glaubens wachhalten, die derzeit besonders gefährdet sind: die Transzendenz Gottes, »vertikale« (?) Eschatologie, Bewußtsein von der Sündhaftigkeit des Menschen, Gesetz Gottes. Gerade auch das Leben nach den evangelischen Räten erhält in diesem Zeugnis der Orden neue Aktualität[48].

Régamey insistiert, daß es Mensch und Welt nichts hilft, wenn sie in den Ordensleuten nur wieder ihrer eigenen verwirrten, in sich gekrümmten Situation begegnen. Vielmehr haben die Orden der Welt das vor Augen zu halten, »was droben ist« (vgl. Kol 3,1-3)[49], stets müssen sie auf die letzte und eigentliche Bestimmung des Menschen bei Gott hinweisen[50]. Der eigentliche Beitrag der Ordensleute zur aktuellen Weltsituation ist für Régamey nur in einem Paradox zu formulieren: Die

---

43 Vgl. L'exigence 185f. Zum geistlichen Dienst der Orden vergleiche auch: Vie »pneumatique« 212f.

44 Siehe dazu La voix 47f; La vie religieuse dans la mutation 125f, Anm. 9.

45 Vgl. La voix 43-45; La vie religieuse dans la mutation 124-126.

46 Vgl. dazu La voix 107-130.

47 La voix 109.

48 So in La voix 118-121.

49 So in La voix 207.

50 Vgl. La voix 115.

»Aktualität des Ordenslebens« bestimmt sich nur »nach Maßgabe seiner offenbaren Inaktualität«[51].

Ähnliches gilt für den »Evangelismus« bzw. »Eschatologismus«, deren Proklamation von den Ordensleuten erwartet wird[52]. Als Komplementärbegriff nennt Régamey den »Messianismus«, der auf die Hoffnungen der *Menschen* Antwort zu geben sucht. Dagegen klagt der »Evangelismus« den Anspruch *Gottes* ein. Die messianische Komponente darf bei den Orden zwar nicht ganz fehlen, der Sinn ihrer Existenz liegt aber nicht in ihr, sondern im Zeugnis der Ordensleute für die »Mystik des Evangeliums«. Sie ist es, die zum »Bruch« der Orden mit der Welt führt.

Als Schlüsseltext für die Frage nach dem Weltengagement der Ordensleute gilt Régamey LG 46,2. Auf diese Passage der dogmatischen Konstitution über die Kirche bezieht er sich wiederholt[53]:

> »Denn, wenn sie [i.e. die Ordensleute] auch zuweilen ihren Zeitgenossen nicht in unmittelbarer Weise hilfreich sind, haben sie diese doch *auf tiefere Weise (profundiore modo) in der Liebe Christi (in visceribus Christi) gegenwärtig* und wirken *geistlich* mit ihnen zusammen, daß der Bau der irdischen Gesellschaft immer in Gott gründe und auf ihn ausgerichtet sei und seine Erbauer nicht vergeblich arbeiten«.

Régamey fordert eine genaue Lektüre des Konzilstextes. Es ist nach LG 46 für ihn nicht so, als müßten die Ordensleute den Menschen gegenwärtig sein. Im Gegenteil: die Menschen sollen den Ordenschristen *profundiore modo* präsent sein. Daraus erst kann dann auf verschiedene Weise auch eine Präsenz der Ordenschristen *bei* den Menschen wachsen[54]. Warum aber können die Menschen gerade jenen, die zumindest in gewissen Hinsichten sich von den normal-alltäglichen Lebensbedingungen getrennt haben, in der Tiefe ihres Herzens präsent sein? Die Antwort liegt für Régamey auf der Hand:

> »*Höhe* und *Tiefe* stimmen miteinander überein, weit davon entfernt, einander entgegengesetzt zu sein: Die himmlische Bürgerschaft hilft dazu, auf *tief-innerliche Weise* das derzeitige Geschick der Menschen abzulesen. Die Menschen leben in ihrer Mehrzahl zu sehr an der Oberfläche, als daß sie es ablesen könnten«[55].

---

[51] La voix 159: L'actualité de la vie religieuse »est à la mesure de son inactualité apparente«. Vergleiche auch ebd. 115; Vie »pneumatique« 197f.

[52] Siehe dazu La voix 219-228.

[53] Etwa in La voix 193; La vie religieuse dans la mutation 122f; La consécration ... contestée 391; La consécration religieuse 350f. - Hervorhebungen im Text von A.H., um die bei Régamey zentralen Termini herauszustreichen.

[54] Vgl. dazu: La vie religieuse dans la mutation 122, Anm. 4; L'exigence 190, Anm. 20; La voix 45f. So aber noch nicht in La consécration ... contestée 391: La consération »est de nature à assurer à ces religieux 'une présence plus profonde aux [!] hommes dans le Coeur du Christ - *in visceribus Christi*'«. Siehe auch ebd. 394f; La voix 164f.

[55] La voix 195. Vgl. auch ebd. 244f.

Den Ordensleuten können (und müssen!) also auf »tiefere Weise« Menschen und Welt gegenwärtig sein, weil sie in zugespitzter Form »nach oben hin«, auf Gott bzw. die eschatologische Vollendung ausgerichtet sind. Deshalb (und *nur* so) können sie das in der Gegenwart waltende Geheimnis Gottes für ihre Brüder und Schwestern »dechiffrieren«. Das allerdings ist nicht Zweck (*but*) ihres Daseins, sondern geschenkhaftes Ziel (*fin*), das die Ordensleute nur aufgrund der Treue zu ihrer Berufung erreichen können[56]. Auch bezüglich des Engagements der Orden für die *promotio humana* gilt, daß sie nicht nur oberflächlich, äußerlich daran mitwirken, sondern »en profondeur«, von innen her. Das bedeutet: Gewaltlosigkeit gegen jede Form von Gewalt, Friede, Gerechtigkeit, universale Brüderlichkeit, ein Kampf mit den »Waffen des Lichts« (vgl. Röm 13,12; Eph 6,14-16; 1 Thess 5,8)[57].

Ordensleben ist Leben im Rhythmus von »Bruch« und »Engagement«. Die Ordensleute haben deswegen für Régamey die strenge Verpflichtung, die grundlegende Fähigkeit der Menschen, wie »Amphibien« in verschiedenen Lebensbereichen leben zu können, zu kultivieren[58]. »Amphibie« zu sein heißt für die Ordenschristen: Je nach Art ihrer Berufung sollen sie in erster Linie dem geistlichen Leben jene Bedingungen schaffen, die zu dessen Wachstum erforderlich sind. Das sind andere als jene, nach denen die äußeren Aktivitäten verlangen. Zugleich bleiben die Ordensleute aber den Vorgaben unterworfen, welche die gegenwärtige Welt aufstellt. Ordenschristen sollen imstande sein, mit Leichtigkeit von den einen Umständen in die anderen überzuwechseln. »*Darin liegt das Heil für das Ordensleben*. Es disqualifiziert sich selbst, wenn es alles vermischt«[59].

Wie im einzelnen auch immer der Dienst der Orden aussehen mag: Er würde ohne ihre *separatio*, ohne ihr »décrochage existentiel« für Régamey schlichtweg jeder Grundlage entbehren. Das Argument, eine ernsthafte Gemeinschaft mit den Menschen erfordere auf jeden Fall, deren Existenzbedingungen voll und ganz zu teilen, kann Régamey nicht überzeugen. Statt einer oft bloß »materiellen« Solidarität ist und bleibt es für ihn das Spezifikum der Orden, jene »tiefinnerliche« Gegenwart bei den Menschen zu leben, die nicht aus materieller Nähe entspringt, sondern von Christus und vom Geist ermöglicht ist und der die

---

56 Zur Unterscheidung von *but* und *fin* siehe: La voix 162.251f.

57 Vergleiche La voix 239-256. Zur Gewaltlosigkeit, die zentrales Anliegen Régameys ist, siehe auch: Non-violence et conscience chrétienne.

58 Siehe La voix 48-50; L'exigence 186; Paul VI. 112.

59 La voix 125. - Vergleiche auch La voix 199 für die Situation jener Ordensleute, die zwar in traditionellen Kommunitäten leben, aber in profanen Berufen außerhalb des Klosters arbeiten.

separatio der Ordenschristen nicht entgegensteht, sondern sie zuallererst ermöglicht[60].

Zusammenfassung anhand der Leitfragen

Für die *Leitfragen*, die wir von den Konzilstexten her formuliert haben, um das »Weltverhältnis« der Ordensleute in den Blick zu bekommen, ergeben sich aus der Konzeption Régameys folgende Antworten:

1. Separatio a mundo?
Die eigentümliche Trennung von der Welt, die sich in einer bestimmten Lebensordnung manifestiert und nicht nur die sündhafte Existenz des Menschen, sondern auch an sich positive Werte betrifft, gehört für Régamey in das »Herz« einer Theologie des Ordenslebens (vergleiche auch den Zusammenhang mit der bei Régamey zentralen *consecratio*[61]). Die *separatio* akzentuiert den »Bruch«, den alle Christen - innerlich - mit der »Welt« zu vollziehen haben.
»Welt« ist für Régamey in erster Linie die vom Menschen und seiner Ratio gestaltete Welt. Damit hängt zusammen, daß die (gegenwärtige) Welt im Entwurf des französischen Dominikaners meist als eine dargestellt wird, die virulent in der Versuchung steht, Gott aus ihr herauszudrängen. Gerade darauf antwortet das spezifische Zeugnis der Ordensleute: Es ist Zeugnis von Transzendenz und eschatologischer Vollendung der Welt durch Gott.

2. Soli Deo?
Die für das Ordensleben zentrale Gottesbeziehung verleiht auch dem Engagement der Ordensleute in der Welt eine besondere Färbung. Mensch und Welt sind den Ordensleuten auf eine tiefinnerliche Art gegenwärtig. Aus dieser »Tiefe« heraus gestaltet sich die eigentümliche Präsenz der Ordenschristen in der Welt. Durch sie leisten sie vor allem einen »geistlichen« Beitrag zur Weltgestaltung (vgl. LG 46). Ordensleute leben als »Amphibien« in *ihrer* Welt mit den ihr eigenen Bedingungen und in den Umständen gegenwärtiger Weltsituation.

---

60 Vgl. La voix 164.

61 Siehe dazu oben 66-71.

Kontemplation und Aktion nennt Régamey zwei dialektische Pole. Die Priorität aber hat eindeutig die Liebe zu Gott inne, die sich vor allem in den geistlichen Vollzügen ausdrückt[62].

Theologische Auswertung und Kritik

Das Ende der 60er und Anfang der 70er Jahre, also in einer Zeit des Umbruchs, der augenscheinlichen Krise der Orden[63] entstandene Konzept Régameys ist von der Sorge geprägt, daß das »Wesentliche« des Ordenslebens erhalten bleibt und nicht einer übersteigerten Experimentierfreudigkeit und Weltoffenheit zum Opfer fällt. Daraus erklärt sich die auffällige Betonung der Andersgeartetheit der Lebensform *vita religiosa*. Prinzipiell ist die Warnung Régameys vor einer Nivellierung der verschiedenen kirchlichen Lebensstände auf ein gesichtloses »Man« ernst zu nehmen, ebenso wie sein Versuch, den Ordensleuten in einer Zeit, die vehement Angleichung fordert, Mut zu machen, zur eigenen Lebensordnung zu stehen. Seit dem Erscheinen der Arbeiten Régameys ist aber mittlerweile ein fundamentaler Mentalitätsumschwung in Kirche und Gesellschaft eingetreten, in dessen Umfeld die Hervorhebung von *separatio* und Innerlichkeit geradezu fatal erscheint[64]. Nach den Jahren der konziliaren Aufbruchsstimmung scheint sich nun wieder eine massive »Rückzugsbewegung« breitzumachen. Der Ruf nach »neuer Innerlichkeit« birgt in der derzeitigen Form die Gefahr in sich, daß der »Weltauftrag« der Kirche wieder in Vergessenheit gerät, zumindest im

---

[62] Vgl. La rénovation 223-225; La consécration religieuse 357. Vergleiche auch die Anmerkungen Régameys zu Thomas von Aquin, STh II-II q.182 a.2 ad3, in: L'exigence 107, Anm. 18; ebd. 129, Anm. 11, wo Régamey betont, daß auch jede apostolische Aktion letztendlich in die Kontemplation einzumünden habe.

[63] Es war dies die Zeit der großen Austrittszahlen, zu denen der »Knick« in den Eintrittszahlen trat, die Zeit der Experimente und Infragestellungen. Vergleiche dazu etwa: Van der Leeuw J.T., Ordensleben im Umbruch. Warum Ordensfrauen ihre Gemeinschaft verlassen. Eine psychologische Studie, Kevelaer 1968; AAVV., Das Schicksal der Orden - Ende oder Neubeginn, Freiburg 1971.

[64] Siehe dazu schon: Lippert P., Neue Innerlichkeit - Anrufe und Gefahren, in: Signum 4 (1976) 97-101; ders., Christlicher Pessimismus? Anmerkungen zu einem Mentalitätsumschwung, in: ThG 22 (1979) 33-38. Die »neue Innerlichkeit« manifestiert sich außerkirchlich derzeit in der New-Age-Bewegung, innerkirchlich beispielsweise in manchen Strömungen der charismatischen Gemeindeerneuerung oder im Widerhall, den die tiefenpsychologische Exegese E. Drewermanns findet. Vergleiche dazu aus der abundanten Literatur: Sudbrack J., Neue Religiösität - Herausforderung für die Christen, Mainz 1987; ders., Die vergessene Mystik und die Herausforderung des Christentums durch New Age, Würzburg 1988; Tiefenpsychologische Deutung des Glaubens? Anfragen an Eugen Drewermann. Hg. v. A. Görres und W. Kasper (QD 113), Freiburg 1988 (bes. den Beitrag von F. Furger: Psychoanalyse und christliche Ethik. Zur Auseinandersetzung mit Eugen Drewermann aus moraltheologischer Sicht, in: ebd. 67-80).

Kontext »westlicher« Theologie und Praxis[65]. Das Pendel droht erneut in die andere Richtung auszuschlagen. Es muß deshalb vor einer neuen Ghettomentalität eher gewarnt werden, als daß, wie es Régamey de facto tut, die »Absonderung« der Orden zu akzentuieren ist. Allzu leicht könnte diese nämlich ins »Absonderliche« führen.

Das bedeutet jedoch nicht, daß die Orden nicht ihre eigene Lebensordnung entwickeln sollten und müßten. Fraglich ist nur, ob dies unter dem Titel *separatio* laufen sollte und wie die Vermittlung von eigener Existenzform und Auftrag in der »Welt« gedacht werden muß.

Régameys Konzept vom »Amphibiendasein« des (Ordens-)Christen scheint für dieses zweite Problem keine hinreichende Lösung zu sein. Was Régamey dazu schreibt, weist zu sehr in die Richtung einer Zweiteilung des Lebens. Kann die Einheit des Lebens wirklich durch einen gewissen (zeitlichen?) Rhythmus von Bruch und Engagement, Zuwendung zu Gott und Zuwendung zur (Menschen-)Welt wachsen? Es gibt auch in den Arbeiten Régameys Linien, die ein stärkeres Ineinander bzw. die Einheit von Aktion und Kontemplation im (wahrhaft) apostolischen Tun proklamieren[66]. Sie müßten - zumindest ergänzend zu den Aussagen über Bruch und »Amphibiendasein« - noch deutlicher ausgezogen werden.

Neben dieser fundamentalen Frage nach der Vermittlung von Bruch und Engagement (die sich bei Régamey vom Bruch her darstellt[67]!) müssen, mehr überblicksartig, noch einige andere kritische Einwendungen zu Régameys Entwurf angemerkt werden:

- Manche Termini scheinen überstrapaziert zu werden: so etwa das *profundiore modo* oder die *viscera Christi* aus LG 46,2. Hier wird ein Begriff aus einem Ganzen isoliert und an ihm eine ganze Theologie »aufgehängt«, während andere Konzilstexte vernachlässigt werden (etwa PC 8).
- Die Lektüre der Arbeiten Régameys wirft die Frage auf, ob bei ihm die Kontinuität von gegenwärtig erfahrbarer Welt und der neuen, endgültigen Welt Gottes gewahrt bleibt (vgl. LG 48; GS 39). Streckenweise wird die Diskontinuität so stark akzentuiert, daß der Zusammenhang

---

65 Von den Theologien der Dritten Welt, besonders der lateinamerikanischen Theologie der Befreiung, wurde indes der Weltauftrag des Christentums wieder massiv eingeklagt. Für das Thema »Orden« siehe dazu in dieser Arbeit unten 289-309 (L. Boff).

66 Zu dieser Problematik siehe: L'exigence 27f; La rénovation 223f. - Das Interesse Régameys geht in der Hauptsache dahin, gegen einen puren Aktivismus wieder Gottesbeziehung, Kontemplation, Gebet zu betonen. Dieser Akzent geht aber teilweise auf Kosten der Einheitlichkeit des Lebens. Gegen eine Teilung des Lebens vergleiche auch GS 43.

67 Vergleiche dagegen unten 272-289 zu Tillard, der ausgehend von der Notwendigkeit des Engagements nach der Möglichkeit fragt, die Distanz zur »Welt« zu leben.

zwischen gegenwärtiger und vollendeter Welt sich fast ganz verflüchtigt. Es drängt sich die Vermutung auf, daß von diesem theologischen Akzent her der ganze Entwurf Régameys beeinflußt ist: so etwa die »Kluft« (*clivage*) zwischen Gläubigen und Ordenschristen und daraus folgend die objektive Höherbewertung des Ordensstandes als Antizipation der eschatologischen Vollendung, der Rhythmus zwischen »Bruch« und Engagement sowie die eher pessimistische Sicht von Kirche, christlichem Leben im allgemeinen und Welt. Dahinter steht mutmaßlich auch das fundamentale theologische Problem des Verhältnisses von Gott und Mensch, Schöpfer und Geschöpf. Régamey scheint dieses Verhältnis tendenziell als Konkurrenz zu bestimmen.
Eine zusammenfassende Charakterisierung der ordenstheologischen Arbeiten des französischen Dominikaners könnte folgendermaßen umschrieben werden: Das Konzept Régameys scheint sich in erster Linie nicht aus einem positiven Anliegen heraus zu entwickeln, sondern steht in dauernder »Abwehrstellung« gegen bestimmte, von ihm als bedenklich und dem Ordensleben abträglich eingestufte Positionen. Der Entwurf Régameys ist zuallererst »Gegenentwurf«. Manche Akzentsetzungen, die sich oft als Einseitigkeiten darstellen, dürften sich aus dieser oppositionellen Frontstellung heraus erklären und damit zugleich relativieren.

2. Jean Marie Roger Tillard: »Vor Gott und für die Welt«[68]

In den Arbeiten Tillards zur Ordenstheologie taucht die Frage nach dem Verhältnis der Ordensleute zur »Welt« immer wieder auf, ja sie scheint in den neueren Veröffentlichungen, besonders im Hinblick auf die »aktiven« Ordensgemeinschaften verschärft und noch ausdrücklicher gestellt zu sein[69]. Dabei greift Tillard auf die traditionelle Ordenstheologie zurück, thematisiert aber zugleich die gewandelte Weltsicht der Kirche und sucht nach einer Synthese. Ausgangspunkt und bleibende Grundlage dafür ist ein spezifischer Entwurf des Ordenslebens. Nur im Licht dessen, was im ersten und zweiten Kapitel über das Besondere des Ordenslebens und seinen ekklesiologischen Ort in der Sicht

[68] Vergleiche den Titel des Hauptwerkes Tillards zur Ordenstheologie: »Devant Dieu et pour le monde«.
[69] Siehe dazu vor allem: Appel (1978), Dans le monde (1981).

Tillards dargelegt wurde, kann auch das Verhältnis der Ordensleute zur »Welt« entwickelt werden[70].
Tillard geht davon aus, daß die gewandelte Welt- und Glaubenssituation und die Erfahrung des Nachwuchsmangels die Orden zu einer Überprüfung ihres Lebensentwurfes drängen[71]. Der Klärung bedarf das Verhältnis von Orden und Welt jedoch vor allem aufgrund einer »theologischen relecture« der Sendung der Kirche in der »Welt« . Diese hat ihren Niederschlag im besonderen in der Pastoralkonstitution *Gaudium et spes* gefunden. In dieser »relecture« entdeckte die Kirche, daß der inkarnatorische Zug des christlichen Glaubens in seinem vollen Gewicht zum Tragen kommen muß. Dann werden »Welt« und Dinge nicht mehr von vorneherein als Hindernisse für die Gottesbeziehung wahrgenommen, sondern zeigen sich sogar selbst als Wege zu Gott[72].
Von diesen neuen theologischen Akzenten her stellt sich auch für die Orden die Frage nach ihrem »In-der-Welt-Sein« und ihrem »Welt«-Verhältnis neu. Da traditionellerweise das Ordensleben mit »Weltflucht« (*fuga mundi*), »Weltverachtung« (*contemptus mundi*), »Bruch« mit der Welt und Abgeschiedenheit (*separatio a mundo*) assoziiert, ja gleichgesetzt wurde, spitzt sich die Frage nach der »neuen« Beziehung der Kirche zur Welt im Fall Ordensleute zu.

In seinem Buch »Vertrauen zur Gemeinschaft« setzt sich Tillard mit einer von Robert Bultot aufgestellten These auseinander[73]. Bultot vertrat die Ansicht, daß die Welt des Mönchtums zutiefst von Weltverachtung geprägt sei. Auch Tillard konstatiert, daß sich in der Tradition des Mönchtums bzw. des Ordenslebens ein starker Zug zu einem gewissen »Mißtrauen« der »Welt« gegenüber feststellen läßt. Die Neigung, die »Welt« nur als Ort der Verbannung zu sehen, entsprang - so Tillard - jedoch nicht einem apriorisch negativen Urteil über die Schöpfung (Weltverachtung), sondern der Erfahrung der Gebrechlichkeit des Menschen im Umgang mit der »Welt«. Aus der unzweifelhaften Erfahrung des Unheils und des Bösen in der Welt entwickelte sich eine Theorie, die »Welt« nun fast ausschließlich in ihrem Zustand der Sünde sah. Von ihrem Grundansatz her sind *fuga* bzw. *contemptus mundi* ein Protest gegen diese konkrete sündenverfallene Welt. Daß dem so ist, läßt sich für Tillard auch von der positiven Seite her aufzeigen: Spätestens seit den Zönobiten ging das Streben der Mönche de facto danach, innerhalb des Klosters eine neue,

---

70 Vgl. DD 399 und in dieser Arbeit 76-99.177-197.

71 Dazu: DD 15-58.

72 Vgl. Appel 14-16; Religieux au coeur 170-173.

73 In: Vertrauen 71-77. Tillard bezieht sich auf: Bultot R., Christianisme et valeurs humaines. La doctrine du mépris du monde, en Occident, de S. Ambroise à Innocent III., Löwen 1963; ders., Christianisme et valeurs du monde. La doctrine du mépris du monde. A.4. Le XIe siècle. T.1. Pierre Damien, Löwen 1963; T.2. Jean de Fécamp, Hermann Contract, Roger de Caen, Anselme de Canterbury, Löwen 1964. Weitere Literatur zu Bultot und dem Thema des *contemptus mundi*: DD 401f. Mit der These Bultots setzt sich auch auseinander: Grégoire R., Terrena despicere et amare caelestia. Note à propos d'une thèse récente, in: Studia monastica 7 (1965) 195-200.

gottgewollte Ordnung der »Welt« aufzubauen; eine neue »Welt«, ermöglicht durch die »Flucht« vor der alten.
Rein faktisch entsprach das konkrete Leben der Ordensleute jedoch nicht immer den Ideologien[74] von Weltverachtung und Weltflucht. Stets hat auch das Mönchtum auf die eine oder andere Weise der Welt einen Dienst geleistet, ja oft auf »säkularen« Gebieten Pionierarbeit betrieben.

Tillard weist darauf hin, daß aufgrund der Spannung zwischen traditioneller Theoriebildung über das Weltverhältnis der Ordensleute und der vom Konzil angestoßenen Öffnung von Kirche (und Orden) zur Welt die Diskussion um das spezifische »In-der-Welt-Sein« der Orden seit dem Zweiten Vatikanum nicht mehr verstummt ist. In der Zeit nach dem Konzil zeigte sich deutlich die Notwendigkeit, das Ordensdekret *Perfectae caritatis* nicht nur im Licht von *Lumen gentium* zu lesen und zu interpretieren, sondern auch von der (später dekretierten) Pastoralkonstitution *Gaudium et spes* her. Die Suche nach einer neuen Beziehung der Orden zur Welt kristallisierte sich für Tillard so als einer der Knotenpunkte der Ordenserneuerung heraus[75].
Wie aber denkt nun Tillard selbst das Verhältnis der Ordensleute zur »Welt«? Den »Schlüssel« zur Lösung dieser Frage kann jene Formulierung bieten, die auch dem Hauptwerk Tillards zur Theologie des Ordenslebens den Namen gegeben hat: »*Devant Dieu et pour le monde*« - »Vor Gott und für die Welt«. Aus diesem Begriffspaar ergibt sich einerseits die unbedingte Hinordnung der Ordensleute auf die Proexistenz für die Welt, andererseits aber zeichnet sich im radikalen »Vor-Gott-Stehen« auch das Spezifikum der Ordensberufung gemäß Tillard ab. Dazu zählt ebenso ein gewisser, noch zu differenzierender »Bruch« mit der Welt. Diese These hat sich im Blick auf die theologischen Grundlagen des Weltengagements der Kirche und ihren Konsequenzen für das *projet religieux* zu bewahrheiten.

Theologische Grundlagen (gesamt-)kirchlicher Proexistenz für die »Welt«

Tillard macht darauf aufmerksam, daß sich die Diskussionen in der Konzilsaula über die Sendung der Kirche in der Welt keineswegs nur

[74] So in Vertrauen 77.

[75] Vgl. Appel 14: »En sorte que l'un des axes centraux du renouveau a été pour les congrégations, comme pour l'ensemble des Églises locales et des groupes chrétiens, la recherche d'une nouvelle relation avec le monde« sowie Religieux au coeur 170-173.

auf pragmatischer oder appellativer Ebene bewegt haben[76]. Im Mittelpunkt der Erörterungen stand vielmehr ein theologisches Problem: Zu welchem Einsatz, zu welchem Engagement für die Welt ist die Kirche aufgrund der ihr eigenen Natur verpflichtet? Zur Beantwortung dieser Frage, die auch für das Ordensleben Bedeutung hat, zeigt Tillard mehrere Zugänge auf. Sie sind zwar untereinander verknüpft, können jedoch um der größeren Klarheit willen als je einzelne in den Blick genommen werden. Ihre gemeinsame Grundlage ist das Wesen der Kirche als *»ekklêsia tou Theou«* (1 Kor 1,2. 10,32. 11,22. 15,9; 2 Kor 1,1; Gal 1,13; 1 Tim 3,5.15), d.h. als Gemeinschaft, die sich nicht vom Verhältnis ihrer Glieder zueinander definiert, sondern von ihrem »Verwachsensein ... als 'Tochter Gottes' mit der Dreieinigkeit«[77] her. Das bedeutet, daß die Kirche als *»ekklêsia tou Theou»* zugleich *»ekklêsia tou Christou«* (vgl. Röm 16,16) in der Kraft des Geistes ist und es sein muß (vgl. LG 1-8)[78]. Aufgrund der theologalen Herkünftigkeit erwächst auf verschiedene Weise der Imperativ an die Kirche, für die »Welt« Sorge tragen zu müssen.

Einen ersten Zugang zu einem theologischen Verständnis des Engagements der Kirche für und in der »Welt« bildet die wesentliche Einheit von Schöpfungs- und Erlösungsordnung (vgl. GS 41)[79], deren Wurzel in der Einheit Gottes selbst liegt, der Schöpfer und Erlöser zugleich ist. Diese Einheit manifestiert sich für Tillard im gemeinsamen und gleichen Ziel von Schöpfungs- und Erlösungshandeln Gottes. In seinem Tun intendiert Gott immer, den Bund mit den Menschen aufzurichten, d.h. den Menschen in seine »familiarité« einzuführen. Gott ist nicht einfach nur Schöpfer oder nur Erlöser. In beiden Ordnungen erweist er sich primär als »Gott-mit-dem-Menschen« (*»Dieu-avec-l'homme«*)[80]. Das Gut der Schöpfung wird durch die Erlösung nicht aufgesogen, sondern zu seiner Vollendung geführt[81]. In der hypostatischen Union Jesu

---

76 Hierzu und zum Folgenden vergleiche: Tillard J.M.R., Die Kirche und die irdischen Werte, in: Die Kirche in der Welt von heute. Kommentar zur Pastoralkonstitution »Gaudium et spes« des II. Vatikanischen Konzils. Hg. v. G. Baraúna, dt. Salzburg 1967, 95-137. - Die Anmerkungen in diesem Abschnitt werden auch auf Passagen aus den Arbeiten Tillards zur Ordenstheologie hinweisen, um die Zusammenhänge bereits jetzt deutlich zu machen.

77 Irdische Werte 97.

78 Dazu: Irdische Werte 96-100.

79 Vgl. Irdische Werte 101-108.131; Frei sein 24f. Auch hier zeigen sich die Verbindungslinien zu Rahner, vgl. etwa: Rahner K., Erlösungswirklichkeit und Schöpfungswirklichkeit, in: ders., Sendung und Gnade. Beiträge zur Pastoraltheologie, Innsbruck 1959, 51-88; ders., Grundsätzliches zur Einheit von Schöpfungs- und Erlösungswirklichkeit, in: HPTh 2/2, 208-228.

80 Siehe Appel 55: »Dieu veut introduire l'homme dans sa familiarité, au point qu'il n'est pas simplement le Créateur ni même le Rédempteur, mais Dieu-avec-l'homme«.

81 Vgl. Dans le monde 34f.

Christi, im Immanuel (»Gott-mit-uns«), erfährt die Einheit von Schöpfungs- und Erlösungsordnung ihre letzte Zuspitzung. In ihm, von dem die Schöpfung ihren Ursprung genommen hat, findet sie auch ihr Ziel: Die Erlösung ist 'Rekapitulation', das heißt »Wiederherstellung im Haupt«. Von der Dynamik dieser durch die göttliche Liebe vorangetriebenen »Rekapitulation« muß für Tillard auch das Wirken der Kirche als *»ekklêsia tou Theou«* und *»ekklêsia tou Christou«* mitgerissen werden. Das kirchliche Engagement in der Welt muß dergestalt sein, daß in der Schöpfung der Plan Gottes, auf den sie hingeordnet ist, zur Entfaltung kommen kann. Der Gottes-dienst, welcher der Kirche aufgegeben ist, fordert von ihr den Dienst an der Schöpfung, will sie nach dem Willen Gottes leben. Das Handeln der Kirche liegt also nicht auf zwei voneinander getrennten Ebenen, der »natürlichen« und der »gnadenhaften«, sondern diese beiden durchdringen einander wechselseitig und bedingen sich gegenseitig[82].

Neben dieser theo-logischen Fundierung des christlichen Weltengagements nimmt bei Tillard eine in der Inkarnation wurzelnde christo-logische Begründung eine zentrale Stellung ein[83]. Im Rückgriff auf Irenäus von Lyon und Athanasius[84] rückt Tillard den Gedanken der *communio* (*»koinônia«*) von Gott und Mensch in der Person Jesu Christi in das Zentrum. Auf je eigene Weise legt sich die Heilsbedeutung dieser *communio* in den zwei großen Traditionssträngen alexandrinischer und antiochenischer Christologie aus. Beide Akzentsetzungen führen für Tillard zu einem spezifischen Imperativ an die Kirche zum Dienst an der Welt.

---

82 Vgl. Religieux au coeur 135.
Da Gottes Für-Sein für die Welt in seinem Mit-Sein, das er den Menschen gewährt, besteht, erweist sich für Tillard die zuweilen angestellte Konfrontation zwischen Für-Sein (Einsatz für Welt und Menschen) und Mit-Sein (Leben in Solidarität mit den anderen) als falsch. Denn: Sich auf Gemeinschaft einlassen, heißt immer, sich auf konkrete Personen und Situationen einlassen, heißt sich ihre Mühen und Anstrengungen, ihre Leiden zu eigen machen, um sie *mit* ihnen *für* sie zu tragen und zu bewältigen. Das wird vor allem an der Person Jesu Christi deutlich, in dessen Mit-Sein mit den Menschen (Inkarnation) sich Gott als Gott *für* die Menschen erwiesen hat (Erlösung). Das »Mit« und das »Für« gehören deshalb auch für die, die ihm nachfolgen, untrennbar zusammen. Vgl. dazu Dans le monde 36-41.
Vor allem in der lateinamerikanischen Theologie der Befreiung wird die Ablösung des »Für-Seins« durch das »Mit-Sein« bzw. das »Wie-Sein« proklamiert. Für unser Thema etwa: Boff, ZGW 302-306.

83 Vgl. dazu Irdische Werte 108-115; Religieux, dans la société nouvelle 266f.

84 Irenäus von Lyon, Adversus haereses V., bes. 14,2 und 14,3, (=SChr 153, 188-193); ders., Demonstratio apostolicae praedicationis 6.31.40 (in: Ter-Merkerttschian K. / Ter-Minassiantz E., Des hl. Irenäus Schrift zum Erweis der apostolischen Verkündigung in armen. Version, entdeckt, hg. u. ins Deutsch übers. Mit einem Vorw. u. Anm. v. A. Harnack <TU 31,1>, Leipzig 1907, 4f.18.22); Athanasius, Oratio de Incarnatione Verbi (= SChr 199), passim.

Die vom Gedanken der Deszendenz, des Herniedersteigens und Eintauchens der Gottheit des Sohnes in das Menschliche geprägte Christologie alexandrinischen Zuschnitts macht deutlich, daß das Menschsein grundsätzlich auf Gemeinschaft mit Gott hin ausgerichtet ist. In dieser Sicht der Inkarnation ist der Kirche - als *»ekklêsia tou Theou«* - der Auftrag gestellt, am gemeinschaftsstiftenden Heilshandeln Gottes an der Welt teilzunehmen. Ihr Dienst besteht darin, die in der Person Jesu verwirklichte *communio* in der Kraft des Heiligen Geistes universal, »katholisch« zu machen[85].
Einen anderen Akzent setzt die aus der antiochenischen Tradition kommende Aszendenzchristologie. Wie Christus gleichsam »aus der Welt« zu Gott »aufgestiegen« ist, muß sich auch die Kirche bewußt sein, daß ihr die Welt nicht fremd ist, daß auch sie »von der Welt« ist und in und mit ihr zum Vater aufsteigen darf[86].
Neben diesen mehr dogmatisch geprägten Zugängen zum Weltengagement der Kirche weist Tillard auch auf die einfache Tatsache hin, daß Jesus während seines irdischen Lebens die Verkündigung der Gottesherrschaft mit dem Setzen von Zeichen an Armen, Kranken und Leidenden verbunden, ja die anbrechende Gottesherrschaft an diese Zeichen gebunden hat (vgl. etwa Lk 11,20). Als *»ekklêsia tou Christou«* ist die Kirche deswegen gehalten, sich nicht idealistisch von der Welt und ihren Menschen zurückzuziehen, sondern sich in der Nachfolge ihres Herrn das Anliegen der leidenden Menschheit zu eigen zu machen und so den Willen des Vaters zu erfüllen, indem sie in seine Option für die Armen und Bedrängten eintritt[87].
Auch im Blick auf die Person Jesu Christi gilt also: Das Weltengagement der Kirche ist nicht bloßes Zugeständnis oder pures Mitleid, sondern gehört zu ihrem Dienst als Dienst im Auftrag Gottes[88].
Das Engagement der Kirche für den Menschen erwächst für Tillard außerdem aus der Gottebenbildlichkeit des Menschen (vgl. Gen 1,26)[89]. Der Begriff des Bildes (*»eikôn«*)[90] muß dabei in seiner biblischen Fülle, nämlich als Epiphanie verstanden werden. Der Mensch als Ikone Gottes ist »jener, in dem Gott sich in seiner Schöpfung 'gegenwärtig macht'«, er ist das »Sakrament« von Gottes Macht, »eine Ausstrahlung

[85] Vgl. Irdische Werte 112; L'adaptation 115; Religieux au coeur 171; DD 31.
[86] Siehe dazu Irdische Werte 113-115.
[87] Vgl. Charisme 113.
[88] Eine ähnliche Folgerung zieht Tillard aus dem Auftrag der Kirche zur Feier des zentralen Mysteriums der Eucharistie, in: Le mémorial dans la vie de l'Église 34f.
[89] Vgl. Irdische Werte 115-119.
[90] Dazu grundlegend: AAVV., Art. *»eikôn«*, in: ThWNT 2, 378-396.

des Gottesplanes«[91]. Die Liebe zu Gott kann deshalb nicht ohne die Liebe zu seiner *»eikôn«*, dem Menschen, bestehen. Im Dienst am Menschen liebt man »Gott-in-seinem-Bild«. Ohne die *communio* mit seinem Bild gelangt die Kirche nicht zur vollen *communio* mit dem Vater. Das trinitarische Denken Tillards ordnet auch die in Mt 25 bezeugte Gegenwart Christi, des »Menschensohnes«, im »geringsten Bruder« in diesen größeren Kontext ein[92].
Aus der theologischen Grundlegung des christlichen Welt- und Menschenengagements[93] ergibt sich für Tillard die wesentliche *Einheit* des menschlichen Handelns in einer zugleich auf Gott und auf den Menschen bezogenen Liebe. Christliches Leben ist Einheit von Bekenntnis zum Evangelium und Einsatz für die »Welt«. Tillard betont, daß die Liebespraxis des Christen nicht nur Konsequenz oder Bewährung seines Glaubens ist, sondern selbst noch einmal zum Ort der Gotteserkenntnis werden kann. *Im* Handeln nach dem Evangelium erkennt der Christ die Person Jesu Christi und in ihm den Willen des Vaters deutlicher und tiefer und erfährt so Stärkung seines Glaubens. Das Tun selbst wird für den Gläubigen zum Ort der Heiligung, da er im Dienst an den Menschen zugleich in die Gemeinschaft mit dem Heiland Christus Jesus tritt[94]. Das Engagement von Kirche für die »Welt« ist deshalb ganz und gar auf einer *theologalen* Ebene angesiedelt und überschreitet jede pure »Ethik« oder Moralität. Das »Für-die-Welt« der Kirche erwächst aus ihrem »Vor Gott«, aus ihrer Berufung als *»ekklêsia tou Theou«*. Sie ist in erster Linie nicht der Welt, sondern Gott gegenüber verantwortlich, wenn sie ihre Berufung und Sendung verfehlt, weil sie damit seinem Liebesplan mit der Welt, seinem Willen nach *communio* nicht entspricht[95].

---

[91] Irdische Werte 117.

[92] Zum Einsatz für die Armen siehe: Irdische Werte 115f; Vertrauen 74.121-137; La pauvreté 940; DD 24f; Frei sein 15-22; Appel 69-93.
Für Tillard sollte wegen der Mißverständlichkeit (eucharistische Realpräsenz?) besser nicht von einer »wirklichen Gegenwart« Jesu im Armen gesprochen werden. Es darf aber auch nicht die »mystische Beziehung« zwischen Jesus und dem Armen geleugnet werden. Vgl. Vertrauen 128f.

[93] Schon 1964 versuchte Alfons Auer einen ähnlich gegliederten Weg zur »theologischen Aufwertung des tätigen Lebens«, das in Schöpfungsmysterium, Christusgeschehen und in den Gerichtsschilderungen des Evangeliums (etwa: Mt 25,31-40) wurzelt: Auer A., Theologische Aufwertung des tätigen Lebens, in: Moral zwischen Anspruch und Verantwortung. Festschrift f. W. Schöllgen. Hg. v. F. Böckle u. F. Groner, Düsseldorf 1964, 27-51.

[94] Vgl. Charisme 30. Siehe auch Vertrauen 73f; Frei sein 16-18; DD 337f.

[95] Vgl. Religieux au coeur 26; DD 409f; Frei sein 102f; Charisme 114; Appel 18-21.57-59.

Was Tillard an neuen, vom Konzil her aufgegebenen Akzentsetzungen im Verhältnis von Kirche und Welt entfaltet, hat unmittelbar Konsequenzen für das Ordensleben als kirchliche Existenzform. Als *sequela Christi* und radikaler Akzent des Glaubens (vgl. erstes Kapitel), als Zeichen der *»koinônia«* im Herzen der Kirche (vgl. zweites Kapitel) darf für die Orden die Öffnung zur Welt, welche die Kirche im Zweiten Vatikanum vollzogen hat, nicht einfach als Zugeständnis oder Kompromiß gelten, sondern muß bei ihnen geradezu noch radikalisiert werden. Jegliche Weltflucht oder Weltverachtung erscheint demgegenüber als Flucht vor dem Gesetz der Inkarnation[96]. Wie die theologische Grundlegung der Proexistenz, wie sie von der ganzen Kirche gefordert ist, zeigt, können auch die Ordensleute nur in einer echten Verbundenheit mit »Welt« und Menschen ihrer Berufung als Zeichen und Zeugen treu bleiben. Ihr Stehen vor Gott erweist sich wie das Wesen der Kirche als *»ekklêsia tou Theou«* grundlegend im Dienst an der »Welt« und empfängt von dort zugleich Bekräftigung und Bestätigung. Aufgrund dieser wechselseitigen Beziehung von *»devant Dieu«* und *»pour le monde«* kann das Leben der Ordensleute nicht in zwei Bereiche - der Hinordnung auf Gott (als »Primärziel«) und dem Einsatz für die Welt (als »Sekundärziel«) - geschieden werden, sondern soll immer mehr zu einer *Einheit* werden[97].

Die Ordensleute können in ihrem Einsatz für die Welt sehr weit gehen, solange sie nur überall dort, wo sie stehen, dem *»devant Dieu«* verhaftet bleiben. Gegenüber einer Kirche, die gerade im Bereich des Weltengagements oft versucht ist, einem »praktischen Atheismus« zu verfallen, lassen die Orden im Raum der Kirche den Gott Jesu Christi als Quelle und Ziel jeglichen Handelns hervortreten. Dafür sind sie aufgrund ihres spezifischen Lebensentwurfes, der sich nach Tillard um den »transzendenten Pol« der Taufgnade zentriert, als Zeugen prädestiniert. Das Leben der Ordenschristen ist Sakrament der Bezogenheit auf den Gott Jesu Christi, der die Kirche dazu bewegt, sich für den Menschen und seine Welt einzusetzen. Jedoch nicht durch »Flucht« vor der Welt, sondern durch eigenes Engagement machen die Ordensleute in der Kirche ausdrücklich, daß die ganze *»ekklêsia tou Theou«* zum Dienst an Gott und *seinem* Plan für die Welt berufen ist (vgl. LG 46,2)[98].

---

[96] So in Vertrauen 75.

[97] Vergleiche DD 335-339; Frei sein 34-36.

[98] In diesem Zusammenhang ist auch kurz ein Wort dazu zu sagen, was für Tillard das »Neue« an der gegenwärtigen Situation ist. Seit jeher übten die Ordensleute (auch) »säkulare« Berufe aus und waren hierin sogar in vielen Bereichen fachlich führend.

Als Weg in der Nachfolge Christi, der die ganze Welt in seine Herrschaft überführen will (vgl. 1 Kor 15,23-28), darf der Entwurf des Ordenslebens die Welt und ihren heillosen Zustand nicht ausklammern oder sich in eine idealistische Überwelt zurückziehen, sondern muß gerade *diese* Welt und ihre Menschen in einer »*Flucht-nach-vorne-mit-der-Welt*« auf den eigenen Weg mitnehmen. Dieser Weg weist in die Zukunft Christi, die in seiner Auferstehung schon angebrochen ist. Darin finden auch die Sehnsüchte und Hoffnungen des Menschen und seine ureigenste Bestimmung von Gott her ihre letzte und einzig gültige Erfüllung[99].

Ihr Einstimmen in den Plan Gottes treibt die Ordensleute auch dazu, Gottes Option für die *Armen* zu übernehmen und diese Option in ihrem Lebensvollzug gleichsam zu »inkarnieren«. Vor allem durch die Übernahme der drei Gelübde, deren innere Mitte bei Tillard die Armut bildet, werden die Ordensleute in die Welt der Armen hineinverwiesen[100].

Von diesem Ansatz her ist für Tillard eindeutig, daß das *projet religieux* nicht mehr in den Kategorien einer ideologisch befrachteten Weltflucht oder Weltverachtung gedacht werden darf[101]. Bleibt in seinem »weltoffenen« Konzept dennoch etwas von der traditionellen »Trennung« der Ordensleute von der »Welt«, der »Weltentsagung« (PC 5,1)

Dennoch geschah dies normalerweise im Rahmen des Klosters bzw. in eigenen Institutionen. Das »Neue« heute besteht für Tillard darin, daß Ordensleute einen säkularen Beruf auch in einer *säkularen Umgebung* ausüben. Gerade von hier her stellt sich die Frage nach dem Verhältnis der Orden zur »Welt« mit größerer Schärfe als dies je der Fall gewesen ist. Vgl. etwa La pauvreté 927; Vie religieuse »active« et insertion dans le monde du travail, in: VieCon 49 (1977) 259-279; Vent'anni di grazia o di disgrazia?, in: La vita consacrata a vent'anni dal Concilio. A cura di L. Guccini (Collana Cammini dello Spirito), Bologna 1986, 25-46, hier 29-32.

99 Vgl. Religieux - un chemin 35f; Religieuses dans l'Église 26-31; Dans le monde 40f; DD 316.400.408.414. Den Begriff »Flucht nach vorne« übernimmt Tillard von Metz, TW 93: »Nicht Flucht aus der Welt, sondern Flucht mit der Welt 'nach vorn' ist die Grundbewegung asketischer Weltflucht: Flucht also aus der ins nur Gegenwärtige und nur Verfügbare verfestigte Welt, 'deren Stunde immer da ist' (vgl. Jo 7,6)«.
Mit der theologischen Parole »Flucht nach vorn« setzt sich H.U. von Balthasar, Cordula oder der Ernstfall, Einsiedeln ²1967, 97-101 auseinander. Er unterstreicht, daß diese »Flucht« erstens nur auf *Christus* als den Zukünftigen hinzielen kann und zweitens keine Flucht »vor dem Kreuz« sein darf, sondern eine Flucht »zu ihm«. Denn »Christus ist ... der Künftige, indem er der ausgelegte Vergangene ist - videbunt in quem transfixerunt« (101). Die christologische Ausrichtung ist auch der Konzeption Tillards zu eigen, doch scheint seine Position nicht so stark von der Kreuzestheologie geprägt zu sein wie die von Balthasars.

100 Vgl. Appel 81. Zur Konzeption der Gelübde siehe in dieser Arbeit 84-86.
Im Anschluß an die Unterscheidung von Paul Ricoeur zwischen »langen« und »kurzen« Beziehungen appelliert Tillard an die Orden, auch den »langen« Beziehungen, d.h. etwa gesellschaftlichen Strukturen, Aufmerksamkeit zu schenken und sich nicht nur auf die »kurzen« Beziehungen unmittelbarer Hilfe zu beschränken. Vgl. Appel 21f; Frei sein 77-88; DD 42-50.437f; Vie religieuse »active« 267f. Zu Ricoeur siehe: Geschichte und Wahrheit 109-147.

101 So etwa in DD 400; Vertrauen 95.

gewahrt? Es wird zu zeigen sein, daß Tillard versucht, einen bestimmten Modus des In-der-Welt-Seins der Ordensleute zu entwickeln, der auch ihren »Bruch« mit der »Welt« miteinbezieht.

»Bruch« und »Präsenz«: In der Welt, aber nicht von der Welt

Der - theologisch motivierte - Appell Tillards an die Orden, sich freimütig auf ein Engagement in, mit und für die Welt einzulassen, wäre gänzlich mißverstanden, wollte man darin eine sich anpassende Einebnung der spezifischen Lebensweise der Ordensleute sehen. Einen nicht geringen Stellenwert nimmt in den Arbeiten des Dominikaners der »Bruch« (*rupture*) der Ordensleute mit den normalen, alltäglichen Lebensbedingungen ein, aus dem erst ihr spezifisches »In-der-Welt-Sein« erwächst. Ein solcher »Bruch« kann für Tillard jedoch nur unter zwei Voraussetzungen gedacht und gelebt werden:

- Nicht der »Abstand« von der Welt ist das Erste und Originäre des Ordenslebens. Die Entscheidung, in einem gewissen Bruch zur »Welt« zu leben, ist nur die »Rückseite«, die Konsequenz der radikalen Zentrierung der Ordensleute auf den Gott Jesu Christi. Die »Trennung« von der »Welt« ist dafür Zeichen und Ausdruck.
- Wie alle Christen leben auch die Ordensleute unabdingbar »in der Welt« und nicht ihr gegenüber. Mit der »Welt« zu brechen, ist deshalb auch nur »innerhalb« der Präsenz in der »Welt« möglich[102].

Deswegen gilt das johanneische Begriffspaar »in der Welt, aber nicht von der Welt« (vgl. Joh 17,11.14), welches das Leben der ganzen Kirche prägt, in zugespitzter, zeichenhafter Weise für das Leben der Ordensleute als Zeugen der Transzendenz[103]. Diese Spannung christlichen Glaubens und Lebens zwischen Immanenz und Transzendenz, Gegenwart und »Bruch« ist für Tillard christologisch verankert. Christus, dem die Kirche dient, ist aufgrund der hypostatischen Union untrennbar derjenige, der als Menschgewordener »in allem den Menschen gleich ist außer der Sünde« (vgl. Hebr 4,15), *und* derjenige, der in der Herrlichkeit Gottes lebt und den Namen besitzt, der »über allen Namen ist« (Phil 2,9):

> »Er ist heute nur lebendig in der Spannung von *in der Welt* und *nicht von der Welt*. Weder einzig und allein Mensch, noch einzig und allein Gott. Geheimnisvolles Zusammentreffen zwischen der Wahrheit des Menschen und der

[102] Vgl. DD 400; siehe auch: Frei sein 32.
[103] Siehe dazu Frei sein 31; Appel 51f; Dans le monde 42f.

Wahrheit Gottes. Von Ostern bis zur Parusie ist das Leben des Glaubens die Epiphanie dieser Situation Christi in seinem Leib, der Kirche«[104].

Aufgrund des Bekenntnisses zur hypostatischen Union kann der Glaube der Kirche demnach nur in dem Maß lebendig bleiben, als er die Spannung zwischen dem »In-der-Welt« und dem »Nicht-von-der-Welt« durchträgt und aushält. Für den Glauben ist das »et incarnatus est« unauflöslich mit dem »sedet ad dexteram Patris« verbunden und bleibt getrennt von ihm genauso unverständlich wie ein »In-der-Welt« ohne das »Nicht-von-der-Welt«[105]. Diese Spannung auszuhalten, bedeutet für den Christen einen steten »Drahtseilakt«, der sich meist nicht in einem gänzlich ausgewogenen Gleichgewicht abspielt. Gefährdungen sind nach beiden Seiten hin gegeben[106]. Auch die Ordensleute können sich dieser Spannung nicht entziehen. Durch ihren spezifischen Lebensentwurf bekommt ihr »In-der-Welt-Sein« jedoch eine eigentümliche Färbung.

In diesen Zusammenhang gehört auch die gegenläufige Lebensbewegung von Ordensleuten (von Gott her auf die Welt zu) auf der einen und übrigen Christen (von der Welt auf Gott hin) auf der anderen Seite, die Tillard von H.U. von Balthasar übernimmt: Die Ordensleute nehmen teil an der Sendung des Sohnes vom Vater (terminus a quo) in die Welt (terminus ad quem), während für alle anderen Christen gilt, daß sie sich von der Welt her (terminus a quo) auf Gott hin (terminus ad quem) ausstrecken[107].

Zur Lebensform der Ordensleute gehört konstitutiv auch jener »Bruch« mit den allgemeinen Lebensbedingungen, der bereits mit dem Projekt der *sequela Christi* (im Sinne Tillards[108]) gegeben ist. Er zählt so sehr dazu, daß ohne ihn die Orden einem langsamen Tod entgegenstürben[109]. Für Tillard kristallisieren sich zwei Bereiche heraus, in denen sich das Ordensleben von der »Welt« distanziert.

Der erste Bereich betrifft den Umgang mit wesentlichen Gütern des menschlichen Lebens. Wegen ihrer Konzentration auf das »Eine Notwendige« verzichten die Ordenschristen darauf, wichtige Sektoren des menschlichen Lebens in Anspruch zu nehmen: eheliche Liebe, Besitz

---

[104] Appel 61.

[105] Vgl. Appel 53.

[106] Dazu: Appel 62-65.

[107] Vgl. DD 295f und oben die Darstellung der Konzeption Tillards im Kapitel »Christ und Ordenschrist«, bes. 86.

[108] Siehe dazu besonders Le fondement 933-940.

[109] Vergleiche DD 33: Es muß für das Ordensleben weniger um Anpassung (*adaptation*) als um Übersetzung (*traduction*) angesichts der veränderten Weltbedingungen gehen, denn: »... dans l'adaptation la référence est surtout à ce à quoi on s'adapte, dans la traduction elle est surtout à ce que l'on traduit«. Siehe auch DD 414.424f.

und freien Gebrauch des Geldes sowie die volle Unabhängigkeit der eigenen Schritte und Entscheidungen[110]. Neben diesem mehr persönlich-individuellen Bereich betrifft der andere »Bruch« das Leben in Gemeinschaft. Die Kommunität hat sich einen Lebensbereich zu sichern, der ihr die gemeinsame (!) Begegnung mit dem Herrn ermöglicht[111]. Diese »Sicherung« darf jedoch für Tillard nicht auf äußere Gegebenheiten wie Gebäudeformen oder Wohnorte eingeschränkt werden. Sie hängt mehr noch am Verhalten und der inneren Einstellung der Ordenschristen selbst. Wesentliche Elemente eines solchen Lebensmilieus sind Nüchternheit, Mäßigkeit, Entäußerung, Stille und Schweigen, die in ihrer Konkretheit je nach der Eigenart der Gemeinschaft zu gestalten sind[112].
Der Kernbegriff dieser »Distanz« der Ordensleute zur »Welt« ist bei Tillard die *Armut*. Erst wenn die Ordenschristen in der Haltung der Armut gegenüber Menschen und Dingen verharren und diese im Leben der Gelübde und der Gemeinschaft inkarnieren, können sie ihrem »In-der-Welt-Sein« seine eigentümliche Qualität verleihen. Nur dann dienen sie tatsächlich der »Welt« mit jenem besonderen Auftrag, der ihnen aufgrund ihrer Berufung gegeben ist[113].
Der gewisse Abstand zur »Welt« ist für Tillard ein wichtiges Element der Zeichenhaftigkeit des Ordenslebens für die Transzendenz und Absolutheit Gottes. Die Ordenschristen protestieren durch ihre Weltdistanz gegen jede Verabsolutierung der »Welt«, die stets in Gefahr steht, sich mit den eigenen Grenzen zu begnügen[114].

Dieser Grundansatz legt sich bei Tillard auf vielfältige Weise aus: Die Ordensleute bezeugen durch ihren Lebensstil, daß Mensch und Welt allein das Heil nicht erreichen können, sondern radikal auf die Macht Gottes verwiesen sind[115]. Sie sagen »Nein«, wo es zu falschen Verabsolutierungen und zu »unevangelischen« Lebenshaltungen kommt[116]. Durch ihre Lebensordnung, die auf den Plan Gottes mit den Menschen hingeordnet ist, wird ihnen die Freiheit geschenkt, angesichts der konkreten Welt nicht zu resignieren, sondern sie in einer »Flucht nach vorne« dem entgegenzuführen, zu dem Gott sie machen möchte[117]. Gegen eine »eindimensionale«

---

110 Vgl. Vertrauen 91; Religieux au coeur 20f; Religieux, dans la société nouvelle 266.

111 Zu bemerken ist hier, daß für Tillard der Unterschied von *vita religiosa* und *instituta saecularia* nicht auf der Ebene des Weltverhältnisses liegt, sondern im gemeinschaftlichen Leben der Ordensleute, das *alle* Lebensvollzüge mitbestimmt. Etwa: DD 405.427.

112 Siehe dazu Vertrauen 90f.

113 So in DD 415. - Zum Zusammenhang von Gelübden und Tätigkeit der Ordensleute vergleiche auch Dans le monde 9-32; Charisme 59f, dort mit besonderer Betonung, daß im *projet religieux* Sein (être) und Tun (action) nicht getrennt werden können.

114 Siehe dazu DD 422f; Frei sein 32; Charisme 111f.

115 Vgl. DD 412f; Religieux - un chemin 38; Frei sein 32f; Dans le monde 42.

116 Dazu: Vertrauen 110; Frei sein 33; Dans le monde 43; Appel 92f.

117 Vgl. DD 407f. Ähnlich in Dans le monde 48-60; Appel 18-21.24-26.

Welt rufen sie dieser Welt stets neu jene »andere«, transzendente Dimension in Erinnerung, die dem Leben des Menschen erst Würde und Sinn verleiht[118].
Das Leben der Ordensleute in der Welt ist in besonderer Weise vom Gesetz der »*gratuité*« ausgezeichnet. Dieser nahezu unübersetzbare französische Begriff umgreift etwa das Begriffsfeld »unentgeltlich, freiwillig, grundlos, zwecklos, absichtslos, ungeschuldet«. Die »*gratuité*« drückt sich in vielerlei Formen im Leben der Ordensleute aus. Etwa in ihrer Haltung zur Arbeit: Die Ordensleute sehen in ihr nicht bloß einen Weg zu Lebenserhaltung oder gar der gemeinschaftlichen Bereicherung, sondern sie erfüllen sie um Christi willen in der Perspektive des Reiches Gottes. Das gilt auch und gerade für das Apostolat. Im Vordergrund sollte für die Ordensleute auch hier nicht der Erfolg stehen, sondern das einfache Tun, weil »die Liebe Christi drängt« (2 Kor 5,14). Deshalb können die Ordensleute in allem Freimut auch undankbare, nicht unmittelbar erfolgreiche Aufgaben übernehmen[119].
Einen besonderen Akzent bekommt die »gratuité« im Leben der monastischen und kontemplativen Gemeinschaften. Bei ihnen wird das, was für alle Ordensleute gilt, noch einmal in verschärfter Form dargestellt. Indem sie sich nicht um die apostolische Wirksamkeit ihrer Existenz kümmern und ihre radikale Armut sie sogar zum Verzicht auf äußere Tätigkeiten führt, setzen sie inmitten der Kirche (und inmitten ihrer Brüder und Schwestern in den »aktiven« Gemeinschaften) ein Zeichen evangelischer Freiheit gegen eine überängstliche Sorge um neue, erfolgreichere Methoden der Verkündigung[120].
Zur »gratuité« gehören weiter auch die Gemeinschaft, das Fest, die Versöhnung, die Freude[121].

Das «Nicht-von-der-Welt-Sein« der Ordensleute ist in der Sicht Tillards weit entfernt von jeglicher Weltverachtung oder Weltflucht. Was traditionell *fuga mundi* heißt, kann sich in dieser Perspektive nur als entschlossene Abwendung von allem auslegen, was den Menschen versklavt und an diese Welt kettet, anstatt ihn seinem eigentlichen Sinnziel Gott näherzubringen. Letztlich leisten so die Ordensleute einen Dienst der Unterscheidung für die ganze Kirche. Ihre Lebensform verleiht ihnen eine Freiheit,

> »die ohne Kleinmut einen kritischen Blick auf das Gute und das weniger Gute zu werfen weiß, das Letzere entschlossen meidet, ohne sich jedoch so sehr durch das Erste gefangennehmen zu lassen, so daß sie dabei 'das einzig Notwendige' vergäße, dem sie sich aus freien Stücken geweiht hat«[122].

Das Ordensleben protestiert nicht gegen die Welt, die gute Schöpfung Gottes ist, sondern gegen eine Welt, die sich in sich selbst verschließt, gegen eine »eindimensionale« (Marcuse), von der Sünde gezeichnete

118 Siehe besonders Vertrauen 97-119; DD 316.416-428; Charisme 120f. Tillard bezieht sich hier auf Marcuse H., Der eindimensionale Mensch, Neuwied 1967.

119 Vgl. Vertrauen 116f; Religieuses dans l'Église 37-43; DD 418f; Frei sein 34f; Charisme 115f.126; Appel 27f; Dans le monde 165f.

120 Siehe dazu Vertrauen 92-95.117f; DD 428-444.

121 Vgl. DD 421-428.

122 DD 428.

Welt. Damit bringt es zugleich die »wirklichen« weltlichen Werte zu Gehör, wie sie vom Plan Gottes her gewollt sind. Die Wege und Formen, die das Ordensleben für diesen Protest und dieses Zeugnis ergreift, mögen auf den ersten Blick fremd und einseitig erscheinen. »In einem gewissen Sinn extrem zu sein« gehört aber für Tillard »zum Wesen prophetischer Zeichen« und damit auch zum Ordensleben[123].

Zusammenfassung anhand der Leitfragen

Auf dem Hintergrund der vielfältigen Reflexionen Tillards über das Weltverhältnis der Ordensleute läßt sich der Beitrag Tillards zur nachkonziliaren Diskussion über das Thema »Orden und Welt« anhand der zwei Leitfragen dieses Kapitels folgendermaßen präzisieren:

1. Separatio a mundo?
Das Besondere im Weltverhältnis der Ordensleute besteht für Tillard gerade in der organischen Verbindung und Einheit von »In-der-Welt« und »Nicht-von-der-Welt«, von radikalem »devant Dieu« und unabdingbaren »pour le monde«. Gilt diese bipolare Spannung grundsätzlich für alle Christen, bekommt sie im *projet religieux* durch die Zentrierung auf das Geheimnis Gottes ihre besondere Färbung und paradigmatische Bedeutung.
Der Begriff »Welt« wird bei Tillard in zweierlei Hinsicht gebraucht:
- als auf Gott hingeordnete Schöpfung. Diese haben die Ordensleute in ihre »Flucht nach vorne«, auf Gott und die eschatologische Vollendung hin mitzunehmen.
- als in ihren Grenzen befangene und von der Bosheit infizierte. Von dieser Welt nimmt das *projet religieux* Abstand und vermag sie gerade so aufzubrechen auf das je Größere der Dimension des liebenden Gottes hin.

2. Soli Deo?
Tillards Ordenstheologie ist zutiefst von der radikalen Konzentrierung der Ordensleute auf Gott geprägt. Die Öffnung zum Weltengagement steht dem nicht entgegen, sondern gründet darin, hat aber dadurch einen besonderen Akzent. Die Einheit des Lebens der Ordensleute - als Einheit von Kontemplation und Aktion, Gottes- und Nächstenliebe - erwächst aus der theologisch-christologischen Begründung von Weltengagement *und* Distanz zur Welt.

[123] Vertrauen 80.

In gut ignatianischer Tradition urgierte der 1990 verstorbene »Altmeister« gegenwärtiger deutschsprachiger Ordenstheologie, der Jesuit *Friedrich Wulf*, schon vor und während des Konzils eine größere Weltoffenheit und Weltzugewandtheit der Ordensgemeinschaften. Das Anliegen prägt darüber hinaus das gesamte Schrifttum des Jesuiten[124]. Die meisten seiner Arbeiten sind zwar äußerlich eher praxisorientiert bzw. spirituell ausgerichtet, doch wird an zentralen Punkten die solide theologische Basis deutlich.

Theologische[125] und christologische[126] Grundlegung der Öffnung der Orden zur Welt haben in der Ordenstheologie Wulfs selbstverständlich einen Platz. Das konkrete Verhältnis der Ordensleute zur Welt ist wie das aller Christen allerdings nicht eindeutig bestimmbar. Es ergibt sich aus den verschiedenen »Gesichtern« von Welt. Sie ist von Gott geliebte und gewollte Schöpfung, zugleich aber in Sünden gefallene und heillose, schließlich erlöste Welt[127]. Die Dialektik der Räte als Entäußerung und Zeichen der Hoffnung[128] spiegelt dabei im Leben der Ordensleute die Dialektik von »Weltentsagung« und »Weltengagement« wider. Die Räte sind Ausdrucksformen für die Nachfolge des Gekreuzigten, in der die Ordensleute stehen. Sie bringen »das Sterben des alten Menschen ins Bild«[129] und sind »Konsequenz der sich verschenken wollenden und darum sich entäußernden Liebe«[130]. Zugleich aber führen die Räte in eine Freiheit hinein, die Ausdruck der Erlösung ist und die Ordensleute zu einem befreiten Umgang mit den Dingen befähigt. Die Sendung der Ordensleute in (Kirche und) Welt faßt Wulf dabei mit den drei Stichworten *Gemeinschaft*, *Solidarität* und *Transzendenz* zusammen, die je auf ihre Weise mit jedem der drei Räte verbunden sind[131].

Für Wulf kann und darf sich das »Gott allein« der Ordenschristen nur auf jenen Gott beziehen, der ein Gott mit der Welt und den Menschen ist. Er ist der Jahwe, der Da-Seiende (Ex 3,14) und zwar nicht über, sondern *in* dieser Welt. Nur dann, »wenn der Mensch seine ganze Kraft für das einsetzt, was Gott mit der Welt vorhat, wenn er den Nächsten vollkommen liebt und mit dem Einsatz seines Lebens für die

---

124 Als Fixpunkte vergleiche pars pro toto: Wulf F., Geistliches Leben in der heutigen Welt. Geschichte und Übung der christlichen Frömmigkeit, Freiburg 1960 (dort besonders: Falsche Innerlichkeit 276-285); ders., Ordensleben und Welt. Theologische Neubesinnung und einige Folgerungen, in: OK 5 (1964) 219-230; ders., Gott begegnen in der Welt. Erfahrungen des Glaubens, Würzburg 1988.

125 Etwa in: Ordensleben und Welt 225; Gott allein. Zur Deutung eines christlichen Grundwortes, in: GuL 44 (1971) 161-169, dort 166-169 (jetzt auch in: Gott begegnen in der Welt 9-20); Theologische Phänomenologie 459-461.465; Nachtrag 71.

126 Vergleiche: Falsche Innerlichkeit; Gott allein 168; Theologische Phänomenologie 463, Anm. 49. 481f; Ordensleben und Welt 227; Die Orden in der Kirche, in: HPTh 4, 545-572, dort 547f.565-568; Die Orden 15 Jahre nach Abschluß des Konzils 165f; Ordensreform 366.

127 Zum Folgenden: Ordensleben und Welt 225-228.

128 Vgl. Wulf, Entsagung. Wulf teilt dieses Verständnis der Räte vor allem mit: Rahner, Zur Theologie der Entsagung; ders., Über die evangelischen Räte.

129 Wulf F., Die Orden auf der Suche nach ihrem Ort in Welt und Kirche von heute, in: NaZ 324-339, hier 337; vgl. auch Ordensleben und Welt 226; Die Orden in der Kirche 567.

130 Theologische Phänomenologie 471.

131 Vergleiche Nachtrag 72-77.

Einheit der Menschen in der Liebe bemüht ist ..., gibt er ... 'Gott allein' die Ehre«[132]. Deshalb müssen sich im Leben der Ordensleute Beschauung und Tätigkeit durchdringen und im existentiellen Lebensvollzug zu einer Einheit werden. Diese Einheit von Aktion und Kontemplation, von Gottesliebe und Nächstenliebe, die eines der zentralen Anliegen Wulfs ist[133], wird dabei - ähnlich wie die Räte - zuletzt und zutiefst im *Kreuzesgeschehen* verankert. Denn hier, am Kreuz, erscheint Jesus Christus als »Vorbild höchster Aktivität und tiefster Kontemplation«[134].
Am Kreuz zeigt sich auch, daß Gott stets die Prärogative zukommt: weil er sich dem Menschen zuwendet, kann und muß sich der Gläubige, der Ordenschrist Gott *und* den Menschen zuwenden[135]. Man könnte auch sagen: Weil Gott in Jesus Christus nicht aus der Welt geflüchtet ist, darf auch der Ordenschrist, der in der Nachfolge steht, nicht aus der Welt flüchten, wohl aber die Relativität der Welt sehen und bezeugen.
Was die Beziehung der Orden zur »Welt« angeht, liegt auch *Jean Galot* auf der Linie Tillards. Bereits im Jahr 1968 hat der Jesuit und Theologe an der Päpstlichen Universität Gregoriana in Rom den Versuch unternommen, die Pastoralkonstitution *Gaudium et spes* für Theorie und Praxis des Ordenslebens fruchtbar zu machen[136]. Galot plädiert für ein wachsendes Engagement der Orden in der Welt, wobei für ihn jedoch unmißverständlich klar ist, daß das Lebensprojekt der Ordensleute als Leben der evangelischen Räte und der Gemeinschaft auch von Verzicht geprägt ist.
Anders als Tillard argumentiert Galot stark von der *Ordensweihe* her. Das wird u.a. schon daran deutlich, daß er mit Vorliebe den Begriff *vie consacrée* verwendet. Wie auch bei anderen Autoren ist bei Galot die *consecratio* - als »eine gewisse Absonderung zum Nutzen Gottes«[137] - eng mit *missio*, Sendung verbunden[138]. Das wird grundlegend an der Person Jesu Christi deutlich. Die Inkarnation des Gottessohnes ist »Prototyp« jeder *consecratio*. In ihr hat die zweite göttliche Person die menschliche Natur angenommen, so daß sie »göttliches Eigentum« wurde. Diese »Weihe« der menschlichen Natur hat aber nur Sinn im Hinblick auf Jesu Engagement für die Menschheit. Ja, die Solidarität und der Einsatz für die Menschen kommt nicht zur Weihe *hinzu*, sondern ist in ihr bereits impliziert. Wenn schon jeder Christ durch Taufe und Firmung »geweiht« und aus der Welt der Sünde genommen ist, gerade so aber sich in und für die Humanisierung der Welt engagiert, gilt die Verbindung von

[132] Gott allein 169.

[133] Vgl. etwa: Gott allein 166; Die Orden auf der Suche 329.338; Theologische Phänomenologie 481; Wesen und Aufgabe der Säkularinstitute, in: GuL 40 (1967) 442-458, dort 456; Die Orden 15 Jahre nach Abschluß des Konzils 165f.177-180; Ordensreform 366; Art. Orden 182.

[134] Art. Orden 182 mit Berufung auf H.U. von Balthasar.

[135] Vgl. Die Orden auf der Suche 338f. Die Betonung der Kreuzesfrömmigkeit als genuin christlichem Ausdruck der »Weltflucht« auch bei Rahner K., Die ignatianische Mystik der Weltfreudigkeit, in: Schriften 3, 329-348.

[136] Galot J., Consécration au coeur du monde. Gaudium et spes et la vie consacrée, Gembloux 1968. Siehe auch Vers une parfaite charité, in: VieCon 38 (1966) 150-165, dort 156-159; Porteurs du souffle 140-152; Foi et vie consacrée, in: VieCon 40 (1968) 3-23.76-92, dort 83f.

[137] Consécration au coeur du monde 10. Vgl. auch Porteurs du souffle 60-75. Zur Konzeption der Ordensweihe bei Galot siehe auch oben 72f.

[138] *Consecratio* als *missio* besonders bei Wulf, Boff sowie in EE. - Zum Folgenden siehe: Consécration au coeur du monde 9-12; Porteurs du souffle 145-147.

consecratio und *missio* umso mehr für die Ordensleute, die Gott »inniger« geweiht sind (vgl. LG 44,1). Galots Ansatz kulminiert in der Formulierung: »Je mehr Weihe, umso mehr weitet sich und verstärkt sich die Solidarität mit den Menschen«[139].

Der Entwurf Tillards im Licht des Weltverhältnisses der Orden

Ohne die Thematisierung des spezifischen Weltverhältnisses der Orden bliebe die Darstellung der Ordenstheologie Tillards ein Torso. Wichtige Linien seines Entwurfs werden erst hier bis in ihre letzten Konsequenzen ausgezogen und eindeutig gemacht. So vor allem das, was sich bei Tillard stets neu als Kernpunkt des *projet religieux* herauskristallisiert hatte und in vielerlei Nuancen das Konzept beherrscht: das radikale Stehen der Ordensleute »vor Gott«, ihre unbedingte Hinordnung auf die Transzendenz. Und doch - der Titel des Hauptwerkes Tillards »Devant Dieu et pour le monde« weist bereits darauf hin -, ohne die Proexistenz der Ordensleute für die Welt ist das, was Ordensleben will und soll, noch nicht voll erfaßt. Zu den zwei Elementen der Konzentration auf den »transzendenten Pol« der Taufgnade (erstes Kapitel) sowie der »*koinônia*« (zweites Kapitel) gehört als drittes, wesentliches Merkmal der *vita religiosa* die »Hingabe im Dienst an den Menschen« (drittes Kapitel). Von diesen drei Angelpunkten her will Tillard das »tiefe Wesen des Ordenslebens« verstehen. Sie entsprechen den Grundlinien des Geheimnisses der Kirche: »*martyria*», »*koinônia*«, »*diakonia*« - Verkündigung, Gemeinschaft, Dienst[140].
Die in den jüngeren Veröffentlichungen zum Ordensleben immer stärker in den Vordergrund tretende Option für ein Engagement der Ordensleute in Welt und Gesellschaft rückt Tillards Aussagen von der Hinordnung der Ordenschristen auf den »transzendenten Pol« der Taufe erst ins rechte Licht, differenziert sie und stellt sie in einen größeren Kontext. Der kritische Einwurf Gutiérrez Vegas, daß bei Tillard die Orden auf die Bezeugung der Transzendenz »festgenagelt« seien und die Einheit der zwei Pole der Taufgnade nur in der höheren Instanz Kirche zu finden ist[141], ist dadurch im Prinzip entkräftet, die zunächst konstatierte tendenzielle Einseitigkeit des Tillardschen Entwurfs aufgebrochen. Gerade *aus* dem Stehen »vor Gott« erwächst der radikale Einsatz »für die Welt«. Tillard geht es grundlegend um die

[139] Consécration au coeur du monde 10. Siehe auch: Porteurs du souffle 143.
[140] Vgl. Vertrauen 167f.
[141] Siehe dazu Gutiérrez Vega 69.

Einheit des Lebens in Kontemplation und Aktion, Gottes- und Nächstenliebe.

Im ganzen gesehen wird man sagen müssen, daß der Entwurf Tillards zum Weltbezug der Ordensleute in der nachkonziliaren Theologie gewiß der fundierteste und weitestgespannte ist. Das erweist sich u.a. darin, daß in ihm die »gänzlich auf die Kontemplation hingeordneten Gemeinschaften« (PC 7) ebenso ihren Platz finden wie die seelsorglich oder caritativ tätigen Institute oder das monastische Leben. Die Ausgewogenheit wird auch an der Differenzierung des Begriffs von »Welt« deutlich, aufgrund derer sich ein je spezifisches »Welt«-Verhältnis ergibt, sowie in der zwar nicht ablehnenden, aber maßvoll-kritischen und realistischen Haltung zur »Säkularisierung« der Welt. Bestechend ist vor allem die konsequente Herleitung eines offenen und mutigen Weltengagements der Ordensleute gerade aus (und nicht in Konkurrenz zu) ihrem *soli Deo*, dem der Entwurf Tillards zutiefst verpflichtet bleibt. Der Anspruch von PC 5,1, daß die Ordensleute »nicht nur der Sünde gestorben sind (vgl. Röm 6,11), sondern auch der Welt entsagt haben, um Gott allein zu leben«, wird so von Tillard eingeholt, durch eine Interpretation des Ordensdekretes im Licht der Pastoralkonstitution *Gaudium et spes* aber differenziert und ergänzt.

3. Leonardo Boff: »Zeugen Gottes in der Welt«[142]

Als Ergebnis eines komplizierten Übersetzungsprozesses[143] erschien 1985 die deutsche Ausgabe einer Sammlung von Aufsätzen, die Leonardo Boff, in Europa einer der bekanntesten Vertreter lateinamerikanischer Befreiungstheologie, zu Fragen des Ordenslebens vorgelegt hat. Der zeitliche Abstand der deutschen Übersetzung zur ursprünglichen Publikation der einzelnen Arbeiten ist ziemlich groß, da die Aufsätze aus den Jahren 1971-1976 stammen. Dazu kommt, daß die Gesamtredaktion der spanischen Originalausgabe nicht von Boff selbst stammt, sondern mit seinem Einverständnis von Diez Presa, Claretiner, Professor am »Instituto Teológico de la Vida Religiosa« in Madrid und Mitarbeiter der spanischen Ordenszeitschrift *Vida Religiosa*, vorge-

[142] Boff L., Zeugen Gottes in der Welt. Ordensleben heute, Zürich 1985 (=ZGW); span. Original: Testigos de Dios en el corazon del mundo, Madrid 1978; frz. Ausgabe: Témoins de Dieu au coeur du monde. La vie religieuse, expérience actuelle, Paris 1982.

[143] Einige Aufsätze waren bereits spanisch vorhanden, andere wurden aus dem Portugiesischen ins Spanische übersetzt. Die deutsche Ausgabe ist eine Übertragung der französischen Übersetzung. Vergleiche dazu ZGW 9.16.

nommen wurde. Wiederholungen ließen sich bei dieser losen Aufsatzsammlung bei allem Bemühen um einen geschlossenen Gesamteindruck nicht vermeiden.
Auffallend ist auch eine Verlagerung der Akzente zwischen älteren und jüngeren Arbeiten, die sich in unterschiedlich gefärbten Weltbegriffen kristallisiert und zugleich Boffs Entwicklung auf einen befreiungstheologischen Ansatz hin signalisiert. Dominiert in zwei Aufsätzen aus dem Jahr 1971 der Blick auf die »säkularisierte« Welt[144], so tragen spätere Beiträge[145] untrüglich die Züge der Theologie der Befreiung an sich und stellen pointiert das Verhältnis von Orden und »Welt« der Armen, »Welt« der unterjochenden Gesellschaftsstrukturen heraus.
Offensichtlich ist, daß die Beziehung der Ordensleute zur »Welt« im Zentrum der Überlegungen Boffs steht. Programmatisch zeigt das schon der Titel: »Zeugen Gottes in der Welt«. Praktisch alle wichtigen und traditionellen Themen des Ordenslebens (Weihe, Gelübde, Gebet, Evangelisierung, Caritas) gruppieren sich um diesen Kernpunkt. Auch dort, wo Boff von der Zeichenhaftigkeit des Ordenslebens bzw. von seinem Zeugnischarakter spricht, ist die »Welt« der erste Adressat dieses Zeichens.
Durch die Redaktion in Spanien sowie durch die französische und deutsche Übersetzung hat Boffs Buch über das Ordensleben ein breites Leserpublikum auch in Europa erreicht. Es stellt deswegen mittlerweile ein wesentliches Element unseres eigenen Gesprächszusammenhangs dar und ist deswegen für die vorliegende Untersuchung relevant.

Die »ars combinatoria«[146] der Ordensleute zwischen Gott und Welt

Wie kaum ein anderer Entwurf zur Ordenstheologie steht die Konzeption Boffs in der Spannung zwischen den beiden Polen Gott und Welt. Einerseits hebt Boff wiederholt auf die Gotteserfahrung als »Grundlage« allen Ordenslebens ab, ja er bezeichnet die Ordensleute als »Spezialisten für Gott«[147], andererseits pocht gerade er unnachgiebig auf die

---

[144] Ordensleben und Säkularisierung, in: ZGW 203-233, veröffentlicht 1971 von der brasilianischen Konferenz der Ordensleute CRB in Río de Janeiro; Das Gebet in einer säkularisierten Welt: Herausforderung und Risiko, in: ZGW 235-270, Erstveröffentlichung in: AAVV., A Oraçao no Mundo secular, Petrópolis 1971, 13-48.

[145] Unterentwicklung, Befreiung, Evangelisierung und Ordensleben, in: ZGW 273-320, veröffentlicht in: A vida religiosa e a Igreja ho proceso de libertaçao. Hg. von CRB (Vozes 1), Petrópolis 1975, 11-61; Ordensleben und Befreiungsprozeß, in: ZGW 321-340: Vortrag vom 3.11.1974, publiziert u.a. in: Vida Religiosa 37 (1975) 438-440.

[146] Boff L., Theologie hört aufs Volk. Ein Reisetagebuch, dt. Düsseldorf 1982, 92.

[147] Vgl. ZGW 28.100.294. - Zu Boff siehe auch: Scheuer 336-380.

Weltzuwendung der Ordensleute. Boff sieht darin keinen Gegensatz, im Gegenteil: Wer jenen Gott erfahren hat, der sich für die Befreiung einsetzt, der - unüberbietbar in der Person Jesu Christi - die Not des Volkes zu seiner eigenen Sache gemacht hat, kann gar nicht anders, als sich zusammen mit diesem Gott in dieser Welt für und mit den Armen zu engagieren. Damit rührt die Ordenstheologie Boffs an eines der Grundaxiome der Theologie der Befreiung, das aus dem Gottesbegriff selbst den oft konstatierten Graben zwischen mentalem Glauben und konkreter Praxis überwinden will. Einer der »Väter« der Befreiungstheologie etwa, Gustavo Gutiérrez, weist mit Nachdruck darauf hin, daß Gott sich zuerst mit der Sache der Armen identifiziert hat. Deshalb führt seither der Weg des Menschen zu Gott über den Einsatz für den Armen; der Arme wird zum Ort der Gottesbegegnung[148]. Auch Boff selbst spricht an einigen Stellen vom Armen (bzw. vom Menschen überhaupt) als »Sakrament Gottes« oder - christologisch gewendet - als »Sakrament Christi«[149]. Fundament dieser Überzeugung ist in erster Linie das Gerichtsgleichnis aus Mt 25, in dem sich der »Menschensohn« mit seinen »geringsten Brüdern« identifiziert. Boff sieht diese Gegenwart Jesu Christi im Armen, im geringsten Bruder so greifbar, daß er sogar von der »Identität« von Gottesliebe und Nächstenliebe spricht:

> »Das Neue am Christentum liegt in der Aussage, daß Gottesliebe und Nächstenliebe identisch sind. ... Der Weg zu Gott führt über den Weg der Menschen. ... Das christliche Ordensleben als Thematisierung der Erfahrung Gottes, der Mensch geworden und nun als Auferstandener gegenwärtig ist, kann sich weder bestätigen noch verwirklichen, wenn es sich in seinem wesentlichen Inhalt nicht als Nächstenliebe erweist«[150].

---

148 Gutiérrez G., Theologie der Befreiung. Mit einem Vorw. v. J.B. Metz (Systematische Beiträge 11), München 1973, 179-190. Weitere Belege bei: Hofmann M., Identifikation mit dem Anderen. Theologische Themen und ihr hermeneutischer Ort bei lateinamerikanischen Theologen der Befreiung, Stockholm 1978, 60f.79f.

149 Vergleiche etwa: Die Kirche als Sakrament im Horizont der Welterfahrung. Versuch einer Legitimation und einer struktur-funktionalistischen Grundlegung der Kirche im Anschluß an das II. Vatikanische Konzil (Konfessionskundliche und kontroverstheologische Studien 28), Paderborn 1972, 411; Aus dem Tal der Tränen ins Gelobte Land. Der Weg der Kirche mit den Unterdrückten, dt. Düsseldorf [2]1984, 220; Theologie der Befreiung - die hermeneutischen Voraussetzungen, in: Befreiende Theologie. Der Beitrag Lateinamerikas zur Theologie der Gegenwart. Hg. v. K. Rahner u.a., Stuttgart 1977, 46-61, hier 58; ZGW passim; Kleine Sakramentenlehre, dt. Düsseldorf [7]1984 (1. Aufl. 1976), 45; Jesus Christus, der Befreier, dt. Freiburg 1986, 152f; Boff L. und C., Wie treibt man Theologie der Befreiung?, dt. Düsseldorf 1986, 12.58.

150 ZGW 36; vergleiche zum Ganzen auch: Boff L., Die Theologie der Befreiung post Ratzinger locutum, in: Mystik und Politik. Theologie im Ringen um Geschichte und Gesellschaft. Johann Baptist Metz zu Ehren. Hg. v. E. Schillebeeckx, Mainz 1988, 287-310. Boff bezieht sich in diesem Punkt ausdrücklich auf Rahner K., Über die Einheit von Gottes- und Nächstenliebe, in: Schriften 6, 277-298.

Jene »Identität« von Gottesliebe und Nächstenliebe erfährt bei Boff noch von einer anderen, im Kontext seiner Theologie zentralen Seite her ihre Begründung: Sie leitet sich aus der grundsätzlichen *Transparenz* (*dia-phanie*) Gottes in der Welt und - zugespitzt - im Mitmenschen ab[151].

Bereits in Boffs Dissertation »Die Kirche als Sakrament im Horizont der Welterfahrung« erscheint jenes Verständnis von Welt, das eng mit den Begriffen »Symbol« und »Transparenz« verbunden ist und von ihm in verschiedenen anderen Arbeiten aufgegriffen und auf das jeweilige Thema hin entfaltet wird[152].
Boff ist der grundlegenden Überzeugung, daß das Verhältnis Gottes zur Welt nicht adäquat mit dem Begriffspaar Transzendenz (Gott über der Welt) und Immanenz (Gott in der Welt) eingefangen werden kann. Wie er später präzisiert, verlangt gerade der inkarnatorische Charakter des christlichen Glaubens nach einer »dritten« Kategorie: In der Person Jesu Christi erscheinen Transzendenz und Immanenz Gottes in einer unüberbietbaren »Kopräsenz«[153]. Für diese »dritte« Kategorie führt Boff im Rückgriff auf Thorleif Boman den Terminus *Transparenz* ein. Transparent heißt ein Seiendes, »insofern es in sich selbst und durch sich selbst hindurch die Transzendenz in Erscheinung treten läßt«[154].
Von dieser Transparenz ist für Boff die ganze Wirklichkeit der Dinge gekennzeichnet: Alles vermag Hinweis, Bild und Zeichen Gottes zu sein. Boff sieht sich hier der vor allem von Bonaventura geprägten franziskanischen Tradition verbunden. Er spricht von einem »sakramentalen« Wirklichkeitsverständnis, das seinen Höhepunkt in der Person des Menschgewordenen findet. Wo Welt so erscheint, ist sie *sym-bolisch*, d.h. zusammengefügte oder eigentlich zusammen*fügende*: Im Sakrament »Welt« werden die zwei zunächst getrennten Dimensionen der Wirklichkeit, Transzendenz und Immanenz, miteinander vermittelt, ohne daß das eine im anderen aufgeht.

Noch auf eine dritte Weise sucht Boff einen Zugang zur dialektischen Spannung der Ordensleute zwischen radikaler Gottgehörigkeit und radikalem Weltengagement zu erschließen. Er findet ihn in der *Weihe* der Ordensleute, die er grundlegend als *Sendung* (in die Welt) versteht. Wie eine (in der deutschen Ausgabe nicht angeführte) Anmerkung zeigt, ist dieser Gedanke Boffs in der johanneischen Theologie verwurzelt[155]. Christus selbst ist derjenige, der geweiht und in die Welt gesandt ist (Joh 10,36); das gleiche gilt für die Jünger (Joh 17,17-19). Die Verknüp-

---

151 Siehe dazu ZGW 51-55.81-83.

152 Boff selbst betont in: Vorweggenommene Fragmente des endzeitlichen Heils, in: Theologie der Befreiung im Gespräch. Hg. v. P. Eicher, München 1985, 81-106, dort 84f die zentrale Stellung der Transparenz für seinen Ansatz.
Für das Folgende: Die Kirche als Sakrament 125-130; Kleine Sakramentenlehre passim; ZGW 51f. Vergleiche auch die Anwendung der Triade Transzendenz - Immanenz - Transparenz auf die Trinität, in: Boff L., Der dreieinige Gott, dt. Düsseldorf 1987, 37-39.

153 Vgl. Vorweggenommene Fragmente 84.

154 Boman T., Das hebräische Denken im Vergleich mit dem griechischen, Göttingen 1965, 167f, zit. von Boff in: Die Kirche als Sakrament 126.

155 Vgl. Témoins 173, Anm. 3.

fung von Weihe und Sendung trifft ebenso für die »Weihe« der Ordensleute zu. Auch wenn mit ihrer Weihe ein gewisser Verzicht auf die Welt verbunden ist, ein »Vorbehaltensein« für Gott, so gilt doch: »Ordensleute werden aus der Welt genommen, um in die Welt zurückgeschickt zu werden«[156].

Boff ist sich auch der Schwierigkeiten bewußt, die den Ordensleuten im konkreten Lebensvollzug aus dem »spannungsgeladenen« Ort zwischen den beiden Polen, Gott und Welt, erwächst. Die aktuelle Herausforderung besteht für ihn deshalb gerade darin, daß die Ordensleute die *ars combinatoria* zwischen Gott und Welt, vor allem der Welt der Armen, erlernen und ausüben.

Trotzdem ist mit alldem noch nichts über die »Qualität« der Weltzuwendung der Ordensleute gesagt. Ebenso auffallend wie die Betonung des notwendigen Engagements in und für die Welt ist, daß Boff massiv die »Andersartigkeit« des Weltverhältnisses der Orden zu wahren sucht und sich in dieser Frage in den großen Strom der Tradition einordnet. Immer wieder hebt er hervor, daß die Ordenschristen ihrer Beziehung zur Welt eine andere »Färbung« zu geben hätten[157]. Was Boff jedoch strikt ablehnt, ist eine »Flucht« aus der Welt, eine Isolierung vor den Herausforderungen der Gegenwart. Eine solche Fluchthaltung ist für ihn eine der großen Versuchungen des Ordenslebens. Die Vernachlässigung der irdischen Pflichten sieht er aufs schärfste durch das Zweite Vatikanische Konzil verurteilt (vgl. GS 43)[158]. Diese Verurteilung gilt für Boff in gleichem Maß auch für jene Ordensleute, die ihre Gottesbeziehung auf Kosten der Welt verabsolutieren.

Gerade von hier her stellt sich aber nun mit größerer Schärfe die Frage, wie Boff auf diesem Hintergrund den traditionellen ordenstheologischen Topos von der »Weltentsagung« mit der vom Konzil und von seinen eigenen theologischen Grundlagen her geforderten Zuwendung zur Welt vermittelt. Ein Studium der Texte Boffs läßt dabei zwei große Linien erkennen, die von zwei verschiedenen - nicht widersprüchlichen! - Begriffen von »Welt« herrühren. »Welt« als säkulare Wirklichkeit und »Welt« als herrschendes Gesellschaftssystem, das von Ungerechtigkeit gekennzeichnet ist.

---

156 ZGW 205.

157 Etwa in: ZGW 100.117.205. Für das Folgende: ZGW 214-216.

158 Vgl. GS 43,1: »Die Wahrheit verfehlen die, die im Bewußtsein, hier keine bleibende Stätte zu haben, sondern die künftige zu suchen, darum meinen, sie könnten ihre irdischen Pflichten vernachlässigen, und so verkennen, daß sie, nach Maßgabe der jedem zuteil gewordenen Berufung, gerade durch den Glauben selbst um so mehr zu deren Erfüllung verpflichtet sind«, zit. in ZGW 43.

Mit Paul VI. nennt Boff die Ordensleute »Spezialisten für Gott«. Das beinhaltet für Boff ähnlich wie für Tillard[159], daß die Ordensleute die Gotteserfahrung in Jesus Christus als »Achse« nehmen, um die sich das ganze Leben dreht; als Orientierungspunkt und Perspektive, unter der alles in neuem, anderem Licht erscheint. Ihre Beziehung zur Welt sowie ihr ganzes Handeln erhalten dadurch eine neue Färbung. Ihre »grundlegende Haltung muß die Haltung Christi sein: eine kontemplative Haltung, die in allen Dingen die geheimnisvolle Gegenwart des dreifaltigen Gottes sehen, entdecken, erleben und kosten läßt«[160]. Wo sich die Ordensleute diesem Anspruch stellen, wächst ihnen die Aufgabe zu, inmitten einer vom säkularen Denken geprägten Welt, aber auch in einer sich nach Sinn sehnenden Welt die Gotteserfahrung in Jesus Christus, die Basis ihres ganzen Lebens ist, zu *»thematisieren«*[161].

Der Umbruch in neuzeitlichem Denken und neuzeitlicher Welterfahrung, der mit dem Schlagwort »Säkularisierung« umschrieben werden kann, stellt für Boff eine der großen Herausforderungen an Theologie und Kirche dar[162]. Mit anderen Theologen, wie etwa auch dem »frühen« J.B. Metz[163], betont Boff, daß die Säkularisierung der Welt an sich stringent aus der biblischen Botschaft folgt: In der Schöpfung wird Welt freigesetzt und dem Schaffen des Menschen anvertraut. Sie wird in die Autonomie entlassen, wird zum Nicht-Göttlichen, zum Profanen, zum *saeculum*. Im Unterschied zu einem strikt sakramentalen Denken, wie es etwa noch das Mittelalter und in ihm die Scholastik prägte, stellt das *saeculum* und nicht das *numinosum* den Orientierungspunkt des neuzeitlichen Menschen dar. Er denkt und handelt in der Welt und von der Welt her. Er betrachtet die Welt nicht primär in ihrem Gottesbezug als geschaffene, sondern in ihrem Eigenstand, wodurch schließlich der Weg zu den empirischen Wissenschaften frei wurde. Der Mensch gestaltet die Welt um und prägt ihr sein Bild auf.

Säkularisierung ist für Boff ein grundsätzlich positives oder, besser gesagt, ein nicht mit ethischen Maßstäben zu messendes Phänomen. In ihr drückt sich die Befreiung des Menschen von einer ihn versklavenden Weltsicht aus. Erst im und durch den Säkularisierungsprozeß wurde der Mensch wirklich zum Herrn der Welt befreit. Nun macht er sich diese durch seine menschlichen Fähigkeiten dienstbar. Säkulari-

---

[159] Zu Tillard vgl. oben 83f.

[160] ZGW 100.

[161] Ebd. - Zum Ganzen: ZGW 45-110.
Siehe auch das Dokument von Puebla Nr. 726-729, in: Die Evangelisierung Lateinamerikas in Gegenwart und Zukunft. Dokument der III. Generalkonferenz des lateinamerikanischen Episkopats in Puebla (Stimmen der Weltkirche 8), 13. Feb. 1979. Zur Darstellung des Ordenslebens im Dokument von Puebla vgl.: Guerrero J.M., Puebla et les religieux, in: VieCon 51 (1979) 266-286; Antoncich R., Vie religieuse et option pour les pauvres à la lumière de Puebla, in: VieCon 52 (1980) 298-305. Zur »Gotteszeugenschaft« der Ordensleute siehe auch: Metz, Zeichen der Zeit.

[162] Bei Boff vergleiche dazu: Die Kirche als Sakrament 500-513; ZGW 203-213; Erfahrung von Gnade. Entwurf einer Gnadenlehre, dt. Düsseldorf 1978, 45 sowie Puebla Nr. 434f.

[163] Siehe dazu in dieser Arbeit 199, Anm. 220.

sierung ist kein dekadentes Phänomen, sondern bezeugt im Gegenteil »den Sieg der biblischen Prinzipien«[164]. Erst dort, wo sie in *Säkularismus* umschlägt, wird sie eindeutig negativ. Das ist der Fall, wenn die Welt nur mehr »eindimensional« (Marcuse) und ausschließlich von der Beziehung Mensch-Welt her gesehen wird. Im strikten Sinn ist von Säkularismus für Boff erst dort zu sprechen, wo die transzendente Dimension aller Wirklichkeit nicht nur als wissenschaftlich nicht verifizierbar ausgeblendet bzw. verschwiegen wird, sondern dort, wo ausdrücklich jeder Gottesbezug von Welt und Mensch geleugnet wird.

In einer säkularisierten und vom Säkularismus bedrohten Welt hat das Ordensleben *Sakrament Gottes, Zeichen* und *Instrument* seines Handelns zu sein[165]. Dabei geht es Boff nicht um eine Apologie des Ordenslebens. Die Berechtigung einer solchen Lebensform auch in einer vom säkularen Denken geprägten Welt steht für ihn indiskutabel fest. Er möchte vielmehr die spannungsgeladene Beziehung von Ordensleben und Säkularisierung und die wechselseitige Beeinflussung aufzeigen, die sich aus einer verschiedenartigen Sicht der irdischen Wirklichkeiten ergeben. Traditionellerweise sehen nämlich viele Ordensleute die »Welt« nicht so sehr in ihrem Eigenstand, sondern sie entdecken in ihr primär den Hinweis auf ihren Schöpfer, begreifen sie als Sakrament Gottes. In ihrer ganzen Lebensform bewegen sie sich mehr in einer gewissen Sakralität, die sich etwa auch in Gebet und Kult äußert. Dennoch - so sehr das Ordensleben von dieser »sakralen Weltsicht« herkommt, kann es das Zeugnis für die Transzendenz nicht gleichsam von einem Punkt außerhalb der säkularen Welt geben. Um wirklich Sakrament Gottes *in* der Welt zu sein, müssen sich die Ordensleute mitten in die säkularen Strukturen hineinbegeben. Für alle Menschen, »und umso mehr« für die Ordensleute gilt, daß sie eine geheimnisvolle »Dialektik« auszuhalten haben: Sohn / Tochter gegenüber Gott zu sein, Herr / Herrin-Sein gegenüber der Welt auszuüben und den Mitmenschen Bruder / Schwester zu sein[166]. Auch die Ordensleute haben in dieser Dialektik zu leben, andernfalls geben sie der ständig virulenten Versuchung nach, sich in eine idealistische Überwelt zurückzuziehen. Nur wenn sich das Ordensleben wirklich der modernen säkularen Welt öffnet, kann es dieser Welt ein Zeugnis Gottes geben und sie vor dem Verfall in einen atheistischen Säkularismus bewahren.
Boff spielt dieses »Eintauchen« der Ordensleute in die säkulare Welt an den für ihn zentralen Elementen des Ordenslebens durch:

---

[164] ZGW 209.
[165] Zum Folgenden siehe: ZGW 204-208.
[166] Vgl. ZGW 215.

- Die Ordensleute dürfen ihre *Weihe* nicht (mehr) primär und vor allem nicht nur als Hingabe an Gott sehen, »um ihm allein zu leben« (PC 5,1), sondern müssen den Schwerpunkt gleichsam auf die »Außenseite« dieser Weihe, die *Sendung* verlegen. »Die konkrete Form der Weihe ist heute nicht die *Weltflucht*, sondern die *Teilnahme* durch Arbeiten, die im Rahmen der säkularen Strukturen verwirklicht werden«[167]. Genau *in diesen Strukturen* sind die Ordensleute berufen, Zeugen der Transzendenz, Zeugen des Gottes Jesu Christi zu sein.
- Auch das Leben nach den *Gelübden* muß sich innerhalb einer säkularen Weltsicht auslegen. Sie sind wesentlich von der durch die Weihe konstituierten Sendung geprägt. In diesem Horizont erscheint die Keuschheit als jene Form der Liebe, die um des Zeugnisses willen universal verfügbar bleibt. Die Armut gestaltet sich als Solidarisierung mit den Armen und ihrer Auflehnung gegen das Elend sowie als Teilnahme am allgemeinen Arbeitsprozeß. Das Gehorsamsgelübde schließlich bedeutet für die Ordensleute, dem Beispiel Christi gemäß die »Zeichen der Zeit« zu lesen und den irdischen Realitäten gegenüber »gehorsam« zu sein[168].

»Mitten in der profanen Wirklichkeit Zeichen Gottes zu sein« fordert von den Ordensleuten also keineswegs, eine eigene, isolierte »sakrale« Welt aufzubauen, sondern gerade »die säkulare Wirklichkeit mit Freude« zu leben[169]. Gleichzeitig aber sind sie durch ihre Gotteserfahrung berufen und befähigt, die Relativität und Vorläufigkeit aller Strukturen aufzuzeigen und demgemäß zu handeln. Die Ordenschristen können von den Dingen lassen, weil sie wissen, daß diese Welt erst noch von Gott verwandelt werden muß und wird. Sie befreien sich von jeglicher Versklavung an die Dinge und werden so zu einem eschatologischen Zeichen, das Mensch und Welt auf ihre ureigenste Bestimmung hinweist. Dazu ist es nötig, daß die Ordensleute selbst immer wieder an die Quelle ihres Lebensentwurfs zurückgehen, zu jener Gotteserfahrung, die stets neuer Vertiefung bedarf[170]. Boffs Denken zielt also gerade von der Betonung des Wirkens der Ordensleute in einer als säkular erfahrenen Welt auf die Dimensionen des Gebets und der Meditation, die auch für ihn typische Merkmale des Ordenslebens sind[171].

---

167 ZGW 223. Ähnliches sagt Boff in seiner Gnadentheologie auch von der »Weihe« des Menschen an Gott in der Taufe, in: Erfahrung von Gnade 231-233. Siehe dazu auch Puebla Nr. 754.

168 Vgl. ZGW 224-226. Zu den Gelübden siehe auch ebd. 113-200.

169 ZGW 226.

170 Vgl. ZGW 35.226-228.

171 Zum Gebet vergleiche etwa ZGW 235-270 und beispielsweise die mehr spirituell geprägten Arbeiten Boffs: Vater unser. Das Gebet umfassender Befreiung, dt. Düsseldorf

Wenn die Ordensleute die Herausforderung der geschichtlichen Situation annehmen, werden sie für Boff zu einem *Korrektiv* gegenüber den Exzessen und Verabsolutierungen einer säkularen Weltsicht[172]. Gegen eine funktionale Sicht der Wirklichkeit und des Menschen, die nur auf eine Steigerung der Produktion abzielt, setzen sie pointiert die Würde des Menschen und die Sorge um ein *qualitatives* Anwachsen des Menschseins. Strukturelle Ungerechtigkeit decken sie schonungslos auf und sind bereit, sich selbst solidarisch in jene Strukturen hineinzubegeben, um sie von innen heraus zu bekämpfen. Gegen eine Zerstückelung und Funktionalisierung der Welt, die den Menschen nach dem Sinn des Ganzen fragen läßt, bezeugen sie jenen Sinn, der den Namen Gottes trägt, und jene Hoffnung, die auf die Vollendung und endgültige Befreiung der Welt im Reich Gottes blickt. In einer durch Leiden und Mißerfolg bedrückten Welt können sie »Propheten der Lebensfreude« sein, die aus der Teilhabe an Gott erwächst. Gegen eine säkulare Welt schließlich, die jeglichen Sinn für die Transzendenz zu verlieren scheint, geben die Ordensleute durch ein Leben des Gebetes und der Verinnerlichung Zeugnis für die Gegenwart Gottes in der Welt. In all dem geht es letztlich um die Befreiung des Menschen von jenen Strukturen, die er zwar zunächst geschaffen hat, die ihn nun aber beherrschen und versklaven. Der Beitrag der Ordensleute in der gegenwärtigen Weltsituation besteht also darin, »die Strukturen zu vermenschlichen und ihnen einen transzendenten Geist und Horizont zu geben«[173].
Die »anders gefärbte Beziehung« der Ordensleute zur Welt, die sich aus ihrem Lebensentwurf ergibt[174], bedeutet bei Boff, daß ihr Weltverhältnis nicht primär dem mit dem Menschsein gegebenen (natürlichen) Verhältnis zur Welt entspringt, sondern ihrem Verhältnis zu Gott. Die Ordensleute gehen praktisch von Gott her auf die Welt zu[175] und offenbaren mitten in ihr die Zuwendung des Gottes Jesu Christi. Man könnte auch sagen: Im Leben der Ordensleute kreuzen sich eine theologische

[3]1984; Zärtlichkeit und Kraft. Franz von Assisi, mit den Augen der Armen gesehen, dt. Düsseldorf 1983; Die befreiende Botschaft. Das Evangelium von Ostern, dt. Freiburg 1987. Für die Theologie der Befreiung im allgemeinen siehe: Gutiérrez G., Aus der eigenen Quelle trinken. Spiritualität der Befreiung, Mainz 1986; Sobrino J., Geist, der befreit. Lateinamerikanische Spiritualität, Freiburg 1989.

172 Vgl. ZGW 228-233.

173 ZGW 232f.

174 Siehe dazu ZGW 100.117.

175 Vgl. dazu auch von Balthasar, Vom Ordensstand 20f; Christlicher Stand 111-115 sowie Tillard, DD 295.

und eine säkulare Weltsicht, die jeweils füreinander Korrektiv gegenüber möglichen Verabsolutierungen sind[176].

Ordensleben und Welt als herrschendes Gesellschaftssystem: »Auszug« durch alternatives Handeln

Der zweite Weltbegriff, der den Ausführungen Boffs über das Weltverhältnis der Ordensleute zugrundegelegt ist, ist enger gefaßt als der erste und zielt auf die »Welt« als das Gesamt gesellschaftlicher Bedingungen, das für den brasilianischen Theologen auf vielfache Weise von Unterdrückung und Ungerechtigkeit gekennzeichnet ist. Dieses Verständnis von Welt und Gesellschaft bildet eine der Grundlagen jeder *Theologie der Befreiung*.
Deren »hermeneutischer Ort der Reflexion« ist grundlegend die geschichtliche Situation in Lateinamerika, bei Boff speziell in Brasilien, seinem Heimatland[177]. In und für diese Situation wurden auch die Aufsätze Boffs über das Ordensleben geschrieben. Dabei ist zu beachten, daß auch die Arbeiten Boffs zur Theologie des Ordenslebens von jenem methodischen Dreischritt geprägt sind, der für die Vorgangsweise der Theologie der Befreiung typisch ist:

---

[176] Diese Dialektik von Weltzuwendung und Weltabwendung ist, wie Boff in: Die Kirche als Sakrament 493-496 zu zeigen sucht, der ganzen Kirche zu eigen. Wenn die Kirche vergißt, daß sie Zeichen Gottes und Zeichen der Welt ist, um entweder an die Stelle Gottes oder an die Stelle der Welt zu treten, wird diese Spannung einseitig aufgehoben, und die Kirche verfehlt ihren Zeichencharakter.

[177] Vergleiche dazu für die Gnadentheologie Boffs: Erfahrung von Gnade, 101-104; für die Christologie: Jesus Christus, der Befreier 212-215. Siehe auch Boff C., Theologie der Befreiung. Eine Einführung in ihre Grundlagen, in: ders., Die Befreiung der Armen. Reflexionen zum Grundanliegen der lateinamerikanischen Befreiungstheologie, Freiburg/Schw. 1986, 11-39.
Im folgenden werden die Ausdrücke »Theologie der Befreiung« bzw. »Befreiungstheologie« als Kurzformel und Oberbegriff für die verschiedenen Ausprägungen, die diese theologische Richtung in den letzten Jahren entwickelt hat, verwendet. Exakter müßte mittlerweile von den »Befreiungstheolog*ien*« gesprochen werden. Vgl. etwa die Instruktion *Libertatis nuntius* III,3 und VI,8 (Sacra Congregatio pro doctrina Fidei, Instructio: De quibusdam rationibus »Theologiae Liberationis«, in: AAS 76 <1984> 876-909) und zusammenfassend Kessler H., Reduzierte Erlösung? Zum Erlösungsverständnis der Befreiungstheologie, Freiburg 1987, 10.53, Anm. 3.
J.C. Scannone, Theologie der Befreiung - Charakterisierung, Strömungen, Etappen, in: Probleme und Perspektiven dogmatischer Theologie. Hg. v. K.H. Neufeld, dt. Leipzig 1986, 401-439, dort 418-420 ordnet die Theologie L. Boffs der »Theologie aus der historischen Praxis« zu, die in ihren gesellschaftlichen Entwürfen radikal ist, sich zugleich aber der kirchlichen und theologischen Tradition verpflichtet weiß. Diese Zuordnung wird durch die hier vorgestellten Arbeiten Boffs zum Ordensleben bekräftigt. Auch hier geht es Boff um eine radikale Öffnung zur Welt, innerhalb derer er die traditionellen Topoi des Ordenslebens neu auslegt.

- sozialanalytische Vermittlung der Theologie,
- hermeneutische Vermittlung der Theologie (Konfrontation der Wirklichkeit mit dem Wort Gottes),
- praktische Vermittlung der Theologie[178].

Für die Interpretation der Theologie der Befreiung muß außerdem das Selbstverständnis dieser Theologie beachtet werden: Sie versteht sich als »kritische im Horizont christlichen Glaubens durchgeführte Reflexion auf die Praxis«, die dort, wo sie nicht wieder zur »Bereicherung des Befreiungsprozesses« führt, in »Ideologie« ausartet[179]. Dies gilt prinzipiell auch für Boffs Ordenstheologie als Teilbereich seines theologischen Denkens.

Wie Boff - zusammen mit anderen lateinamerikanischen Theologen - nicht müde wird zu betonen, muß sich die Theologie den Herausforderungen der gesellschafts- und kulturpolitischen Situation der Länder Lateinamerikas stellen. Die Welt, der sich die Theologie der Befreiung gegenübersieht, ist primär die Welt der Armen, Unterdrückten, Gefangenen. Nur von diesem Kontext her ist das Anliegen der Theologie der Befreiung zu verstehen. Dabei setzt sie die Sinnhaftigkeit des Glaubens voraus; wesentlich schärfer als die europäische Theologie stellt sie die Frage nach der Bewährung des Glaubens im Prozeß der Befreiung. Denn ihr Gesprächspartner ist ein grundlegend anderer als jener der europäischen Theologie. Ist diese auf den neuzeitlich-säkularisierten, weithin glaubens-gleichgültigen Menschen verwiesen und hat sich vor ihm zu verantworten, so fragt Theologie der Befreiung nicht in erster Linie nach dem Sinn von Glauben, sondern ihre Grundfrage lautet:

> »Bis zu welchem Punkt hilft der christliche Glaube - unter Wahrung seiner Identität und seines Transzendenzbezugs - zum Aufbau einer menschlicheren Welt?«[180].

Ähnliches gilt vom christlichen Ordensleben. Boff sagt selbst, daß die Berechtigung des Ordenslebens für ihn »indiskutable Voraussetzung«

---

[178] Dazu: Boff C., Theologie und Praxis. Die erkenntnistheoretischen Grundlagen der Theologie der Befreiung, München 1983; Boff L. und C., Wie treibt man Theologie der Befreiung? 34-55; Boff L., Aus dem Tal der Tränen 186-193. - L. Boff betont, daß das Methodenschema auf die Konzilskonstitution *Gaudium et spes* zurückgeht und bei den großen Versammlungen des lateinamerikanischen Episkopats in Medellín und Puebla von der lateinamerikanischen Kirche offiziell anerkannt wurde. Beziehungen bestehen auch zum Dreischritt »Sehen-Urteilen-Handeln« des Gründers der kath. Arbeiterbewegung Joseph Cardijn. Siehe dazu: Boff L., Theologie der Befreiung - die hermeneutischen Voraussetzungen 46f; Aus dem Tal der Tränen 69-71; ders., Und die Kirche ist Volk geworden. Ekklesiogenesis, dt. Düsseldorf 1987, 128f.139.

[179] Vgl. Theologie der Befreiung - die hermeneutischen Voraussetzung 47f; Boff L. und C., Wie treibt man Theologie der Befreiung? 33.

[180] Aus dem Tal der Tränen 169.

ist[181]. Die Kernfrage aber lautet (in beachtenswerter Parallele zur Grundfrage der Theologie der Befreiung als solcher):

> »Bis zu welchem Punkt hilft das Ordensleben in seiner wesentlichen Identität - und ohne sie zu beeinträchtigen - den Menschen, sich zu befreien?«[182].

Der christliche Glaube demaskiert die in der »sozialanalytischen« Erforschung der Wirklichkeit offengelegten Strukturen als Situation der »sozialen und strukturellen Sünde«[183] und klagt sie als Zustand an, in welcher der Plan Gottes mit der Menschheit pervertiert wird. Dennoch oder gerade deswegen dürfen die Ordensleute nicht vor dieser Welt der Gefangenschaft und Unterdrückung fliehen. Vielmehr gilt hier die These (die strukturell ähnlich ist wie diejenige in den früheren Arbeiten Boffs bezüglich des Verhältnisses der Ordensleute zur säkularisierten Welt): Die Ordensleute müssen sich zunächst auf diese Strukturen einlassen und ihr Ordensleben gerade *in* ihnen verwirklichen, jedoch in einer kritischen Haltung, um das sündige Ordnungsgefüge von innen heraus zu verwandeln[184]. Das Zeugnis, das sie geben, geschieht dabei nicht erst durch die Übernahme bestimmter Arbeiten oder Einsätze, sondern verwirklicht sich bereits durch die eigentümliche Daseinsweise der Ordenschristen, die Gott und Jesus Christus in die Mitte ihres Lebens stellen. Damit dieses Zeugnis des Lebens jedoch tatsächlich ergehen kann, fordert Boff die von einem großen geschichtlichen Erbe geprägten Ordensgemeinschaften (in Lateinamerika) zu einer »tiefen strukturellen Umkehr« heraus[185]. Eine solche Umkehr bedeutet für die Ordensleute, sich von herrschenden Beziehungsformen und gesellschaftlichen Zwängen zu befreien und sich radikal auf die »Sache Jesu« einzulassen[186]. Erst dann lassen sich wirklich die »Gesichter der Armen«[187] wahrnehmen.

Boff verläßt mit dieser Interpretation der »Welt« als von Unterdrückung gezeichneter Gesellschaft nicht die sonst von ihm pointiert herausgestellte »symbolische« Sicht von Welt, die von der Transparenz Gottes geprägt ist. Vielmehr zeigt sich hier

[181] ZGW 204.

[182] ZGW 322.

[183] Vgl. ZGW 284. Siehe auch: Beschluß von Medellín (1968) 2.I.1., dt. in: Dokumente von Medellín. Sämtliche Beschlüsse der II. Generalversammlung des Lateinamerikanischen Epsikopates. Medellín 24.8.-6.9.1968. Hg. v. ADVENIAT (Dokumente / Projekte 1-3), Essen o.J.; Puebla Nr. 281.1258; Congregatio pro doctrina Fidei, Instructio: De libertate christiana et liberatione *Libertatis conscientia*, in: AAS 79 (1987) 554-599, dort Art. 75, dt. in: Verlautbarungen des Apostolischen Stuhls 70.

[184] Vgl. ZGW 229f. Grundlage des Folgenden bildet ZGW 273-340.

[185] Vgl. ZGW 294f.

[186] Siehe ZGW 288-290. Ähnlich auch in: Die Kirche als Sakrament 519f, wo Boff die Haltung Jesu zur bestehenden Welt als »Bruch« bezeichnet.

[187] Vgl. Puebla Nr. 31-39.

die Versuchung und die Schattenseite jedes Symbols: Was zusammengefügt ist (»*sym-bolon*«), kann auch auseinanderfallen, kann zerrissen werden und bekommt so statt des sym-bolischen einen *dia-bolischen* Charakter, es wird statt zum Zeichen zum Gegenzeichen und Skandalon. Boff führt diesen Gedanken vor allem für die Sakramentalität der Kirche aus[188]; das Gegensatzpaar von sym-bolisch und dia-bolisch scheint jedoch auch dort, wo Boff die lateinamerikanische Wirklichkeit analysiert, zugrundezuliegen. »Die gute Schöpfung Gottes« - die Welt als Symbol und Sakrament Gottes - »wird von dem Diabolischen beherrscht, das unser Leben bedrängt und unsere Hoffnung bedroht«[189].
Für Boff ist aber kein »sauberer Trennungsstrich« zwischen einer sym-bolischen und einer dia-bolischen Welt zu ziehen. Beide Erfahrungen gehören zur Realität der irdischen Wirklichkeit[190]. Die konkrete Welt ist nur als Paradoxon zu haben. Dort aber, wo jene dia-bolische Seite der Welt eindeutig offenbar wird, muß in radikaler Umkehr mit ihr gebrochen werden.

Boff thematisiert zwar in seinem Buch über das Ordensleben den Umkehrprozeß der Ordensleute nicht ausdrücklich unter der Thematik des »Weltverzichts«, ein Blick auf ein Jahre später erschienenes Werk Boffs läßt jedoch den Zusammenhang mit diesem traditionellen Topos deutlich werden: In seinem Buch über Franziskus von Assisi zeigt der Franziskaner Boff am Beispiel seines Ordensvaters eine Deutung der »Trennung« von der Welt auf, die in Sprache und Duktus der Theologie der Befreiung nahesteht[191].
Franziskus beschreibt seine Bekehrung als ein »*exire de saeculo*«. Boff interpretiert den Begriff *saeculum* in diesem Zusammenhang als das »Gesamt der Bedingungen und Beziehungen, die eine konkrete Gemeinschaft bildet«[192]. Dies bedeutet dann, daß Franziskus nicht »die Welt« in einem pauschalen Sinn, sondern »*diese Welt*«, d.h. konkret die feudalistische Gesellschaft des Mittelalters verließ[193]. Er tat dies, indem er Abschied nahm von seiner gesellschaftlichen Klasse und sich für ein Leben mit den Armen und wie die Armen entschied. Doch nicht nur

---

188 Vgl. Die Kirche als Sakrament 476f; zur Sakramentenlehre: Kleine Sakramentenlehre 106-113.

189 Vater unser 43.

190 Vgl. Erfahrung von Gnade 125-132, bes. 127.

191 In: Zärtlichkeit und Kraft. - Mit der franziskanischen Spiritualität beschäftigt sich Boff auch in: Pueblas Herausforderungen an die Franziskaner, Bonn [ca. 1980]; Die franziskanische Armut im Kontext der Dritten Welt, in: Baue meine Kirche auf. Franziskanische Inspirationen aus der Dritten Welt. Hg. v. L. Boff u. W. Bühlmann, Düsseldorf 1983, 40-56; Und die Kirche ist Volk geworden 189-191.
Gleichzeitig wird auch deutlich, wie sehr die Befreiungstheologie des Franziskaners Boff von einer bestimmten Interpretation franziskanischer Spiritualität beeinflußt ist. Dazu: Boff L., Franziskus - Bruder der Armen. Die Theologie der Befreiung und die franziskanische Tradition, in: Boff L. u.a., Werkbuch Theologie der Befreiung. Anliegen - Streitpunkte - Personen, Düsseldorf 1988, 135-145.

192 Zärtlichkeit und Kraft 104, in Abhebung von einem physisch-kosmologischen oder moralischen Weltbegriff.

193 Vgl. ebd. 135; siehe auch: Die franziskanische Armut 45-50.

dies: Auch eine nach dem gleichen System organisierte Kirche ließ er hinter sich und wollte schlicht »Bruder« aller sein. »Er verließ die Gesellschaft der *maiores* ... und wollte entschieden ein *minor* sein«[194].

Dieser »Auszug« des Franziskus aus der Welt von Herrschaft und Macht befreite ihn und seine Gefährten zugleich für eine neue Form des Zusammenlebens. Franziskus und die ersten Brüder lösten sich von allen Bindungen an die zeitgenössische Gesellschaftsordnung und verwirklichten eine Bruderschaft utopischer Art, in deren Zentrum die radikale Gleichheit aller stand, die sich etwa in einer neuen Konzeption von Leitung niederschlug[195]. Diese Brüderlichkeit gilt jedoch nicht nur innerhalb der Gemeinschaft der Minderbrüder. Sie öffnet sich auch nach außen: für die Menschen, denen die Brüder begegnen, besonders für die Armen, die für Franz nicht bloß Objekte der Fürsorge sind, sondern Sakramente Christi; für die »Ungläubigen« und in letzter Radikalität für die ganze Schöpfung.

An diesem zentralen Punkt und an anderen Momenten im Leben des Franziskus wird für Boff deutlich, daß *exire de saeculo* nicht Flucht vor der Wirklichkeit sein darf, sondern im Gegenteil zu einem neuen Weltverhältnis befreit. Der »Auszug« aus dem herrschenden System legt sich aus als *alternatives Handeln*, »das mehr Zuwendung zu den Mitmenschen, mehr Zärtlichkeit für die Armen und mehr Achtung vor der Natur bringt«[196].

Boff schlägt an dieser Stelle keine unmittelbare Brücke zum Ordensleben als solchem, doch die Terminologie (*exire de saeculo*) lädt zu diesem Brückenschlag ein. Die wenigen Andeutungen in »Zärtlichkeit und Kraft« können deshalb - im Rückblick - gewisserweise als Interpretament des Weltverzichts der Ordensleute, wie er sich in ZGW darstellt, dienen. Dort erhebt Boff sehr konkrete Umkehrforderungen, die dazu führen sollen, daß die Ordensleute mit dem »herrschenden System« brechen. Dieser Bruch betriff drei Bereiche: Lebensart, apostolisches Handeln und Reden[197].

Bildete etwa das Ordensleben »herkömmlicher Art« in Aufbau und Zusammenleben nur die Herrschaftsstrukturen der Gesellschaft ab, so hat gegenwärtiges Ordensleben genau solchen Strukturen der Unterdrückung in Gesellschaft und Politik einen neuen Stil der Gemeinschaftlichkeit und der Mitverantwortung aller entgegenzusetzen.

Zentral ist für Boff vor allem der Gedanke, daß die Orden einen *Wechsel des »Standortes«* vorzunehmen haben: Sie müssen sich radikal zu den Armen bekeh-

---

194 Zärtlichkeit und Kraft 104f.

195 Zum Folgenden: vgl. Zärtlichkeit und Kraft 135-140.

196 Zärtlichkeit und Kraft 218.

197 Für das Folgende: ZGW 294-314.

ren[198]. Die von der lateinamerikanischen Ortskirche getroffene *Option für die Armen*[199] gilt auch und in vorzüglicher Weise für die Ordensleute. Ihr Verhältnis zu den Armen kann am besten mit dem Dreiklang *für, mit* und *wie* die Armen umschrieben werden. Armut heißt dabei zunächst und grundlegend, sich mit denjenigen zu solidarisieren, die gesellschaftlich arm sind. Sie besteht in erster Linie in einer Haltungsänderung. Erst daraus können dann »greifbare« Konsequenzen folgen, wie etwa eine neue Verteilung der Güter oder materielle Armut. Zu dieser Bewußtseinsänderung zählt auch der Abbau von Denkkategorien, welche die Ordensleute hindern, wirklich an die Seite der Armen zu treten.
Dennoch darf aus dieser Bekehrung der Ordensleute für Boff keine »Ideologie der Armut«[200] folgen. Die gesellschaftliche, materielle Armut (in Lateinamerika), die von Boff als Verarmung bestimmt wird, ist und bleibt ein Übel, das objektiv dem Willen Gottes widerspricht und deswegen von den Christen bekämpft werden muß. Gerade das ist den Ordensleuten aber nur möglich, wenn sie wirklich in die Welt der Armut eintauchen. Dann wird ihnen auf seine Weise der Arme zur »Christophanie« bzw. zur »Theophanie«. Er weist nämlich unüberhörbar und unübersehbar darauf hin, daß die Gesellschaft unerlöst ist und noch auf die vollgültige und ganzheitliche Befreiung durch Gott wartet.
Auch auf das »Verstummen des Volkes«, das für Boff einen typischen Zug lateinamerikanischer Gesellschaft ausmacht, haben die Ordensleute zu reagieren, indem sie sich in aller Freiheit des Wortes bedienen, sei es in Gespräch, Information oder Kritik, und die »biblische Redefreiheit« wiedergewinnen. Dies gilt nicht nur der Gesellschaft, sondern auch der institutionellen Kirche gegenüber.

Die Triebkraft zu dieser Befreiung aus den ungerechten Strukturen und die Möglichkeit zu einem befreiten Leben in ihnen erwächst für Boff aus dem Zentrum des Ordenslebens, aus jener Gotteserfahrung nämlich, die - im lateinamerikanischen Kontext - Gott vornehmlich als »Gott der Gerechtigkeit für die Armen, als Gott der Hoffnung für die Verzweifelten, als Gott der Befreiung für die Unterdrückten, als Gott der Zukunft für die, die keinen Horizont haben, als Gott des Trostes für die, die mit Gewalt unterdrückt werden«, erfahren läßt[201]. Gott wird für Boff so geradezu zum Gegenpol dessen, was sozialwissenschaftliche Analyse als herrschende Gesellschaftsstrukturen ans Licht gebracht hat.

---

198 Diese Perspektive auch betont bei: Azevedo M., Vision und Herausforderung. Ordensleben heute, Innsbruck 1989, bes. 57-74.156-163: »Den sozialen Ort zu wechseln, bedeutet für die Kirche und die Ordensleute in ihr, daß sie sich ernsthaft bemühen, die Welt, die Gesellschaft, die Kirche selbst und die ganze Menschheit *von den Armen aus* zu betrachten« (69).

199 Siehe dazu: Medellín 14; Puebla Art. 733-735.1134-1165; Boff L., Aus dem Tal der Tränen 114-123; Boff L. und C., Wie treibt man Theologie der Befreiung? 56-62; Boff C. / Pixley J., Die Option für die Armen. Gotteserfahrung und Gerechtigkeit, Düsseldorf 1987.

200 ZGW 306.

201 ZGW 324f.

Boff bemerkt an einer Stelle beiläufig, daß den Ordensleuten als Zeugen der Transzendenz und des Gottesreiches im »Befreiungsprozeß« eine bedeutsame Funktion zukommt, da sie in besonderer Weise dazu befähigt und bestellt sind, »die Dimensionen des Gottesreiches aufzuzeigen und zu enthüllen, das sich in jedem wirklichen Schritt in Richtung auf die Befreiung realisiert«[202]. Hier zeigt sich, daß für Boff der Entwurf des Ordenslebens und seines Verhältnisses zur Welt in enger Verbindung steht mit einer der zentralen Thesen lateinamerikanischer Befreiungstheologie: Jeder echte Befreiungsprozeß ist *Vorschein* jener endgültigen Befreiung durch Gott, die in der Geschichte durch vielfältige Konkretisierungen und Fragmente antizipiert wird[203]. Das Reich Gottes wird zwar nicht durch das Handeln des Menschen allein aufgerichtet, es wächst aber auch nicht ohne das Mittun des Menschen.

Grundlage dieses Axioms ist einerseits ein prozessuales Verständnis der eschatologischen Erlösung, die als solche nicht wie etwas vollkommen Fremdes und Neues in diese Welt einbricht, andererseits eine Theologie, die durchgängig von einem sakramentalen Denken bestimmt wird. Strukturell besitzt die »sakramentale Funktion« menschlicher Befreiungstaten Ähnlichkeit mit dem Wesen des Symbols, das seinen Eigenstand behält, zugleich aber gerade in und durch seine Eigenart transparent wird für etwas anderes. Es gilt daher: »Sie [i.e. die menschlichen Befreiungstaten] besitzen ihr eigenes Gewicht, zugleich bezeichnen und konkretisieren sie vorwegnehmend aber auch, was Gott den Menschen endgültig bereitet hat«[204].

Das Ordensleben siedelt sich nach Boff mitten in dieser Dialektik an: Als berufene Zeugen der Transzendenz und der eschatologischen Erfüllung haben die Ordensleute einerseits die verhüllte und fragmentarische Gegenwart des Gottesreiches im menschlichen Bemühen um eine gerechte Ordnung der Wirklichkeit anzuzeigen und zu enthüllen, wodurch sie eine wichtige hermeneutische Aufgabe im Befreiungsprozeß wahrnehmen. Andererseits arbeiten sie an jenem Prozeß der Umstrukturierung der Wirklichkeit mit und können gerade aufgrund ihrer Gotteserfahrung die Gestaltung der Welt so vorantreiben, daß darin - wenn auch in aller Gebrochenheit - wirklich und wahrhaft die endgültige Erlösung durch Gott antizipiert und dargestellt wird[205].

---

[202] Theologie hört aufs Volk 92f. - Vgl. auch Antoncich R., Die Unterscheidung in der Geschichte: Eine Aufgabe für das Ordensleben, in: UISG-Bulletin n° 77 (1988) 17-26.

[203] Vgl. Erfahrung von Gnade 123.223.226; Vater unser 105.113-115; Boff L. und C., Wie treibt man Theologie der Befreiung? 66; sowie Medellín Einl.5.;4.II.9; Puebla Art. 193.

[204] Erfahrung von Gnade 223. Zur Auffassung Boffs siehe auch: Scannone 414f.

[205] Bemerkenswert ist, daß tatsächlich die Ordensleute in Theologie und Praxis der Befreiung in Lateinamerika keine unbedeutende Rolle spielen. Daß so etwas wie Ordensleben und Theologie des Ordenslebens im Rahmen der Befreiungstheologie Platz

Dieses vielfältige Zeugnis in der Welt ist den Ordensleuten jedoch gerade nur dann möglich, wenn sie sich von den herrschenden Strukturen, von allen dem Gott des Christentums widersprechenden Gefügen von Unterdrückung und Macht emanzipieren. Der Topos »Verzicht auf die Welt« erscheint auf diesem Hintergrund nicht als unglückliches Erbe der Vergangenheit, sondern siedelt sich im Herzen des Konzepts »Ordensleben« an und gehört konstitutiv dazu.

Zusammenfassung anhand der Leitfragen

Nach dieser Übersicht, die den Ansatz Boffs für das eigentümliche Verhältnis der Ordensleute zur Welt im Kontext seiner Theologie zu interpretieren suchte, läßt sich der Beitrag des brasilianischen Franziskaners zu den *Leitfragen* dieses Kapitels folgendermaßen zusammenfassen:

1. Separatio a mundo?
Im Konzept Boffs hat das, was PC 5,1 »der Welt entsagen« nennt, einen festen Platz. Dieser traditionelle Topos legt sich bei Boff in zweifacher Weise aus:
- als kritisch-engagierte Haltung einer säkularen Welt gegenüber, in der die Ordensleute aufgrund ihrer Gotteserfahrung Zeichen der Transzendenz aufrichten und auf die Relativität der irdischen Dinge hinweisen.
- als »Auszug« aus den herrschenden Strukturen der Ungerechtigkeit und als Aufbau eines alternativen Lebensstils, der dem Evangelium entspricht. Damit geht eine radikale Zuwendung zur »Welt der Armen« einher.

---

findet, ist gerade unter dem Aspekt ihrer »hermeneutischen Funktion« im Befreiungsprozeß wichtig für die Frage nach der christlichen Authentizität der Befreiungstheologie. Hier gilt Ähnliches wie für das Martyrium in lateinamerikanischer Glaubenspraxis und Theologie. Vergleiche dazu: Boff L., Und die Kirche ist Volk geworden 165-180 sowie Rahner K., Nachwort, in: Christenverfolgung in Südamerika. Zeugen der Hoffnung. Hg. v. M. Lange u. R. Iblacker, 2. erw. Aufl. Freiburg 1981, 179-182 (181: »Kann man, wenn man dieses Buch gelesen hat, die Theologie der Befreiung noch in Bausch und Bogen als modernen Säkularismus ablehnen?«).
Zum Verhältnis von menschlicher Befreiungspraxis und Erlösung durch Gott siehe: Kessler, Reduzierte Erlösung? 43-48; Internationale Theologenkommission, Theologie der Befreiung (Sammlung Horizonte N.F. 10), Einsiedeln 1977, dort 173-195 das Schlußdokument »Zum Verhältnis zwischen menschlichem Wohl und christlichem Heil« (auch in: Stimmen der Weltkirche 3).

2. Soli Deo?
Im Rahmen der Theologie Boffs zeigt sich am Beispiel der Ordensleute verstärkt, daß Gotteserfahrung und Weltengagement nur zwei Seiten ein und derselben Medaille sind. Das traditionelle *soli Deo* der Ordensleute, das Boff auf seine Weise festhält (»Spezialisten für Gott«), wird zur *Bedingung* ihrer Teilnahme am Befreiungsprozeß. Über PC 6,1 hinaus (aus der Liebe zu Gott »fließt die Nächstenliebe zum Heil der Welt und zum Aufbau der Kirche«) spricht Boff sogar von der *Identität* von Gottes- und Nächstenliebe.

Einige kritische Anmerkungen

Was Boff über das spezifische Weltverhältnis der Ordensleute vorlegt, baut sich auf Voraussetzungen auf, die bereits bei anderen Autoren herausgearbeitet wurden, so vor allem auf dem ausdrücklichen Transzendenzbezug der Ordenschristen oder der Interpretation ihrer »Weihe« als »Sendung«. Jedenfalls bietet der Entwurf Boffs für diese Grundlagenfragen des Ordenslebens keine wesentlich neuen Aspekte. »Neu« ist jedoch die konsequente Auslegung aller traditionellen Elemente des Ordenslebens auf das Weltverhältnis der Ordensleute hin und - in den Arbeiten jüngeren Datums - ihre Thematisierung im Rahmen der Theologie der Befreiung. Gerade von hier ergeben sich jedoch einige Anfragen an Boff und seine Darstellung des Verhältnisses der Ordensleute zur »Welt«[206].
Schillernd ist zunächst einmal der Säkularisierungsbegriff, und zwar dort, wo Boff etwa von den »säkularen Aspekten der Gelübde« redet[207]. Es scheint, daß an diesem Punkt »Säkularisierung« mehr als Gegen-Chiffre zu einem verinnerlichten und individualistischen Verständnis der Ordensgelübde steht und weniger im Sinn eines - zuvor von Boff dargelegten - Terminus technicus. In der Reflexion über die Säkularisierung der Welt schließt sich Boff jener Richtung an, die im säkularisierten Weltbegriff der Neuzeit eine genuine Konsequenz aus dem christlichen Schöpfungsglauben sieht. Diese These wurde seit dem Ende der 60er Jahre auf vielen Ebenen der Theologie heftig diskutiert und

[206] Im Rahmen dieser Arbeit ist es nicht möglich, auf alle mit der Theologie Boffs verbundenen Probleme einzugehen, so etwa auf die Frage, ob die gesellschaftlichen Analysen Boffs zutreffend sind.
[207] Vgl. ZGW 224-226.

dürfte heute in der damals auch von Boff vertretenen Form nicht mehr haltbar sein[208].

F. Wulf hat in seiner Rezension zur deutschsprachigen Ausgabe[209] die von Boff angesprochene »Identität« von Gottes- und Nächstenliebe kritisch vermerkt. Dieser Pointierung liegt die von Boff stark akzentuierte Rede von der »Sakramentalität« des anderen, besonders des Armen, zugrunde. Dahinter steht auch Boffs theologischer Ansatz bei der »Transparenz« Gottes in Welt und Mensch[210]. »Identität« von Gottesliebe und Nächstenliebe bedeutet dennoch keineswegs, daß Boff Gottesliebe in Nächstenliebe oder Nächstenliebe in Gottesliebe auflösen wollte. Dennoch mag der Ausdruck »Identität« solches zunächst insinuieren und sollte vielleicht durch den offeneren Begriff »Einheit« ersetzt werden[211].

Grundsätzlicher ist jedoch kritisch zu fragen, ob Boff die »Christophanie« bzw. »Theophanie« im Armen nicht so strikt faßt, daß sich die Frage stellt, was »darüber hinaus« die Gegenwart Christi in den Sakramenten, besonders in der Eucharistie, noch zu bedeuten hat. Damit soll keineswegs unterstellt werden, daß Boff die Wichtigkeit dieser kirchlichen Vollzüge anzweifelt. Noch viel weniger soll damit die Bedeutsamkeit der Umkehr zu den Armen untergraben werden. Es ist zudem in Rechnung zu stellen, daß die so stark akzentuierte Präsenz Christi bzw. Gottes im anderen, im Armen vermutlich in polemischem Gegenschlag zu einer Verabsolutierung und praktisch oft ausschließlichen Fixierung der Gegenwart Christi in den Sakramenten erfolgt.

Für die Orden stellt sich jedenfalls angesichts des Gefälles der Ordenstheologie Boffs die Frage, welchen Ort darin noch die »gänzlich auf die Kontemplation hingeordneten Institute« (PC 7), die doch auch in La-

---

208 Siehe dazu etwa: Ruh U., Säkularisierung, in: CGG 18, 59-100 (Lit.!); Figl J., Art. Säkularisierung, in: NHThG 4, 84-94.

209 In: ThRv 82 (1986) 495f.

210 »Transparenz« ist *bei Boff* tatsächlich eine theologische und nicht nur, wie F. Wulf in seiner Rezension meint, eine spirituelle Kategorie. Davon ist die Frage zu trennen, zu welchem Bereich die Kategorie der Transparenz in der theologischen Tradition gehört.

211 Zur Konzeption der »Identität« von Gottesliebe und Nächstenliebe bei K. Rahner, auf den sich Boff beruft, kritisch besonders H.U. von Balthasar, in: Cordula oder der Ernstfall 84-96. Von Balthasar pocht vom Christusgeschehen her auf die absolute Priorität der Gottesliebe vor der Nächstenliebe: »Die Identität ist also wohl da, aber nur christologisch, und mit der absoluten Priorität der Gottesliebe (Genetiv im subjektiven und objektiven Sinn), die dann von Gott her und mit Gott zusammen zum Nächsten überquillt. ... Was ist eine karmelitanische Existenz? Angebot des gesamten eigenen Seins an den Gott Jesu Christi, damit er dieses Sein nach seinem liebenden Wohlgefallen für das Erlösungswerk verwende und verzehre. Man erkennt an ihr die wahre Identität der Nächstenliebe mit der Gottesliebe, aber nicht so, wie K. Rahner sie schildert: der 'religiöse Akt als solcher' ist gerade primär« (95).

teinamerika existieren[212], haben könnten. Für die Frage nach den kontemplativen Gemeinschaften dürfte der *Praxisbegriff* entscheidend sein. Ist »Praxis« bei Boff vom Begriff her offen für Fürbitte, stellvertretendes Gebet usw.? Im Blick auf sein Werk »Zeugen Gottes in der Welt« läßt sich diese Frage nicht ganz eindeutig beantworten. Das Interesse Boffs richtet sich hier und an anderen Stellen[213] vorrangig darauf, die tatsächlich notwendige *Synthese* von »Mystik und Politik« herauszuarbeiten und auf die mögliche Begegnung mit Gott in der Zuwendung zu den Armen zu insistieren. Dennoch: die Sinnhaftigkeit der Existenz von kontemplativen Gemeinschaften zweifelt Boff an keiner Stelle an. Das Problem ergibt sich auch daraus, daß Boff kaum zwischen verschiedenen Gemeinschaften differenziert und generell von »den Ordensleuten« spricht, wobei sich der Eindruck nicht vermeiden läßt, daß damit de facto vor allem die apostolisch und caritativ tätigen Gemeinschaften gemeint sind[214].

Boffs ausdrücklich an der lateinamerikanischen, noch spezifischer der brasilianischen Situation orientierten Aufsätze sind durch die Redaktion in Madrid sowie durch die Übersetzungen ihres Ursprungsmilieus enthoben. Bedeuten sie wegen ihrer Kontextualität nun nichts weiter als eine interessante Information darüber, wie ein lateinamerikanischer Theologe in Fragen des Ordenslebens denkt, oder können aus seinen Entwürfen auch Impulse für Ordenstheologie überhaupt und in ihr besonders für die Frage nach dem Verhältnis der Ordensleute zur Welt erwachsen? Vor allem der Grundansatz Boffs, daß das *soli Deo*, die Priorität der Gottesbeziehung im Leben der Ordensleute geradezu die Zuwendung zur Welt erfordert (und nicht nur nicht ausschließt), könnte für Theologie und Spiritualität des Ordenslebens wegweisend sein. Darüber hinaus greift Boff das »alte« Anliegen des *exire de saeculo* auf und verleiht ihm durch seine Interpretation des Weltbegriffs (als des Gesamt gesellschaftlicher Beziehungen) neue Aktualität. Er fördert damit eine kritische Einstellung der Orden zur »Welt«, nachdem es in der anfänglichen Euphorie der ersten Nachkonzilsjahre auch eine *unkritische* Öffnung der Orden zur Welt hin gab. Jedenfalls weist Boff mit seinen Überlegungen darauf hin, daß gerade das Weltverhältnis der Ordensleute von einem permanenten Prozeß der »Unterscheidung der

[212] Vgl. auch Puebla Nr. 123.738.

[213] Etwa: Aus dem Tal der Tränen 214-227, bes. 219.

[214] Eine der seltenen Differenzierungen in: ZGW 338: »Jede wahre Kontemplation ihrerseits wird ihre Praxismomente haben und zum prophetischen Zeugnis und zum Engagement führen müssen - wenn auch nicht bei allen Ordensleute auf die gleiche Weise -, wenn die Kontemplation christlich und evangelisch sein und Christus nachahmen und ihm nachfolgen will«.

Geister« begleitet sein muß, der sich an der jeweiligen geschichtlichen bzw. gesellschaftlichen Situation zu orientieren hat.

III. Systematische Zusammenfassung und Ausblick

In der Frage nach dem Verhältnis der Ordensleute zur Welt spiegelt sich vielleicht am deutlichsten das Ringen nachkonziliarer Ordenstheologie, die Theorie des Ordenslebens den neuen kirchlichen und gesellschaftlichen sowie theologischen Gegebenheiten anzupassen, ohne dadurch mit den wesentlichen Elementen der Tradition zu brechen. Zu ihnen gehört seit den allerersten Ursprüngen des Mönchtums eine gewisse Distanz zur »Welt«. Für beides - die neue »Weltzugewandtheit« der Orden *und* ihren eigentümlichen »Abstand« von der Welt - bedient sich nachkonziliare Ordenstheologie der Arbeitsergebnisse verschiedener dogmatischer Traktate, insbesondere der Christologie (Betonung des irdischen Lebens Jesu und seiner Heilsbedeutung), der Schöpfungstheologie (vgl. sakramentales Wirklichkeitsverständnis) oder der Eschatologie (Verhältnis von gegenwärtiger und zukünftiger Welt, von »präsentischer« und »futurischer« Vollendung). Dazu tritt auch die Übernahme grundlegender exegetischer Einsichten (Gott als Jahwe, vgl. Ex 3,14; Einheit der Schrift in Schöpfungs- und Erlösungsordnung; Verknüpfung von Reich-Gottes-Predigt und Taten Jesu).
Es kommt hinzu, daß das spezifische Weltverhältnis der Orden gleichsam in einem »hermeneutischen Zirkel« steht mit anderen (im ersten und zweiten Kapitel dargelegten) Komponenten des Ordenslebens. Zum einen ist die Weise des Weltverhältnisses abhängig von der Bestimmung der anderen Elemente (vgl. etwa das Konzept der Räte, der *sequela Christi* oder der Weihe). Zum anderen wirkt eine bestimmte Konzeption der Beziehung von Orden und Welt wieder zurück auf das Verständnis von Räte, Weihe, Gemeinschaft, Art des Zeugnisses der Orden. Gerade am Weltverhältnis entscheidet sich so nochmals und vertieft die Frage nach dem Spezifikum der Ordensleute. Dies erweist auch schon die weithin (zumindest im »vortheologischen« Bereich) gebräuchliche Terminologie von »Weltchristen« und »Ordenschristen«, Weltstand und Ordensstand. Eine solche Redeweise steht hier mit auf dem Spiel.
Im folgenden sollen noch einmal - systematisierend - jene Kernthemen dieses Kapitels aufgegriffen werden, die sich aus der Analyse der Konzilstexte ergeben hatten und deren nachkonziliare Entwicklung wir ver-

folgt haben. Aus dem derzeitigen Diskussionsstand können dann u.U. Wege für die Weiterarbeit ersichtlich werden oder zumindest das Gelände für eine künftige theologische Arbeit abgesteckt werden.

1. Der Begriff von »Welt«

Schon am Schriftbefund[215], in dem sich eine facettenreiche Palette des Verständnisses von »Welt« zeigt, wird mehrfach deutlich, daß der Begriff »Welt« nicht nur auf *eine* bestimmte Bedeutung reduziert werden darf. Neben der eher deskriptiv orientierten Unterscheidung von »Welt« als Natur, Mensch, Gesellschaft, Geschichte hat für das Thema dieses Kapitels besonders eine an der Heilsgeschichte ausgerichtet Dyade (gute Schöpfung - gefallene Schöpfung) bzw. Triade (gute Schöpfung - gefallene Welt - erlöste Welt) Bedeutung[216]. In einer solchen differenzierten Weltsicht hat sich auch das Weltverhältnis der Ordensleute unterschiedlich darzustellen und darf sich nicht auf eine aszetisch gefärbte Weltabwendung beschränken, die sich letztlich nur auf die »sündige« Welt beziehen kann. Praktisch und absolut gesehen war das auch nie wirklich der Fall. Selbst das altkirchliche Anachoretentum stand, aller äußeren Absonderung zum Trotz, in vielfältiger Verbindung zu den Menschen und zur Gesellschaft ihrer Zeit[217]. Jedoch stellt sich die Theorie von Mönchtum und Ordensleben oft einseitig unter dem Gesichtspunkt des »Verlassens« der Welt dar, so daß im gängigen Sprachgebrauch die (noch heute, allerdings meist in abschätzigem Sinn verbreitete) Wendung »die Welt verlassen« zum Synonym für den Eintritt in eine Ordensgemeinschaft werden konnte. Die großen Linien der abendländischen Ordensspiritualität (etwa die franziskanische und ignatianische Tradition) haben sich diese einseitige Tendenz nie ganz zu ei-

[215] Siehe dazu: Mußner F., Art. Welt. I. In der Schrift, in: LThK 10, 1021-1023; Brox N., Art. Welt. I. Biblisch, in: HThG 2, 813-822; Haeffner G., Art. Welt, in: SM 4, 1300-1302; Goffi T., Art. Monde, in: Dictionnaire de la vie spirituelle 712-722; Leclercq J., Art. Mondo, in: DIP 6, 53-67; Grelot P., Art. Monde. I. Le monde dans l'Ecriture Sainte, in: DSp 10, 1620-1633; Sasse H., Art. »*kosmos*«, in: ThWNT 3, 867-896; Balz H., Art. »*kosmos*«, in: EWNT 2, 765-773; Auer A., Art. Welt, in: Bibeltheologisches Wörterbuch 2, 805-810; Eid V., Art. Welt / Weltverhältnis, in: PLSp 1424-1430.

[216] Gebräuchlicher erscheint die Dyade, die sich in erster Linie an johanneische und paulinische (»*pneuma*« - »*sarx*«) Theologie anschließt. Die Triade wird besonders von Wulf vertreten. Siehe dazu auch: Congar Y., Kirche und Welt, in: Weltverständnis im Glauben 102-126, dort 109-111; Auer A., Art. Welt. III. Weltverantwortung, Weltfrömmigkeit, in: LThK 10, 1026f; Galot, Consécration au coeur du monde 35-38.

[217] Vgl. dazu Frank K.S., Geschichte des christlichen Mönchtums. Grundzüge, Darmstadt 1988, 21f; ders., Ordensreform und Verlust der gesellschaftlichen Funktion im späten Mittelalter, in: Kloster Amelungsborn. 1135-1985. Hg. v. G. Ruhbach u. K. Schmidt-Clausen, Kloster Amelungsborn 1985, 133-159.

gen gemacht. Gewisse »Rückzugsbewegungen« der Kirche in der Neuzeit (als Reaktion gegen eine immer »weltlicher« werdende Welt) haben die Überzeugung, für die Ordensleute sei es notwendig und angebracht, sich von der »verderbenbringenden« Welt abzusondern, noch verstärkt. Gerade die Orden konnten so zu einem »Bollwerk« gegen die Verweltlichung von Kirche werden. Dieser einseitige Standpunkt wurde vom Zweiten Vatikanum nun von offiziell-kirchlicher Seite aufgebrochen.

Das Problem besteht darin, für das Weltverhältnis einen Dreh- und Angelpunkt zu finden, der sowohl Präsenz in der Welt als auch Bruch mit der Welt zu integrieren vermag. Für die meisten Theologen ist dieser integrierende Faktor das Christusgeschehen, vor allem unter dem Gesichtspunkt der *Inkarnation*. Der Begriff der Inkarnation wird dabei nicht nur im Sinne eines eng gefaßten Terminus technicus verwendet, sondern als »Antonomasie«, d.h. als Begriff, der das allgemein Gültige - die Solidarität Gottes mit der von ihm geschaffenen Welt - mit Hilfe seiner äußersten Zuspitzung und Aufgipfelung - der Menschwerdung der zweiten göttlichen Person - benennt. In der Nachfolge Jesu Christi stehend, haben die Ordensleute sich also gleichsam in das Weltverhältnis Gottes hineinzustellen, in seine dynamische Solidarität mit der Welt, die bis zum »Ärgernis des Kreuzes« (vgl. 1 Kor 1,23) geht[218]. Ein einziger Ausdruck, also etwa *separatio* oder *fuga* vermag von daher die Beziehung der Ordensleute zur Welt nicht adäquat wiederzugeben. Die Skala reicht von Abstand und Absage bzw. realistischer Anerkenntnis der Relativität der irdischen Welt über »Weltfrömmigkeit« und restlosen Einsatz in der Nachfolge Jesu Christi und im Dienst der Gottesherrschaft bis zur dankbaren Annahme der »schon« keimenden Erlösungswirklichkeit und zum sehnsuchtsvollen Ausharren auf die endgültige Durchsetzung der Herrschaft Gottes und die Vollendung und Verwandlung der Welt (bes. Wulf, Tillard).

Dem ist aber noch dreierlei hinzuzufügen:

- Das verschieden sich darbietende Weltverhältnis läßt sich nicht auf einzelne Lebensbereiche oder gar Zeiten aufteilen.
- Von Gemeinschaft zu Gemeinschaft wird und kann es dabei verschiedene Akzentsetzungen geben, die nicht nur auf die jeweilige Weltsituation antworten, sondern durch die besondere gemeinsame Berufung gleichsam »institutionalisiert« sind.

[218] Christozentrisches und theozentrisches Konzept des Ordenslebens überschneiden sich hier. Zu diesen beiden Konzepten vergleiche: Wulf, Wesen und Bedeutung des Ordensstandes 6f.

- Auf dieser noch formalen Ebene ist es offensichtlich, daß die Ordensleute zunächst in keinem anderen Verhältnis zur Welt stehen als alle anderen Getauften. Wie diese sind sie »in der Welt, aber nicht von der Welt« (Joh 17,11.14.16; vgl. besonders Tillard). Durch das Sakrament der Taufe steht grundsätzlich jeder Christ in einem »neuen« Verhältnis zur Welt, indem er in die Sendung Jesu Christi mithineingenommen ist[219]. Für das Weltverhältnis der Ordensleute ist dann allerdings in Rechnung zu stellen, was im 1. und 2. Kapitel entwickelt wurde: Das Spezifikum des Ordenslebens im Sinne einer durchgängigen »Färbung«, die den ganzen Lebensentwurf affiziert, sowie besonders der ekklesiale Zeichencharakter des Ordenslebens.

Bevor wir der Frage nach einem eigentümlichen Verhältnis der Ordensleute zur Welt weiter nachgehen können, ist es nötig, einige terminologische Abklärungen vorzunehmen. Aus Tradition und gegenwärtiger Literatur bieten sich vier Termini an, um die Distanz der Ordensleute zur Welt ins Wort zu bringen: *(ab)renuntiatio*, *contemptus*, *separatio*, *fuga*. In diesen vier Termini kommen verschiedene Aspekte ins Spiel, die für die Konzeption des Weltverhältnisses der Orden von Bedeutung sind[220].

Die *(ab)renuntiatio* (*»apotaxis«*) gehörte von Anfang an so sehr zu den wesentlichen Komponenten des Mönchtums, daß dieser sowohl für die Lossagung im Taufritus als auch allgemein für den aszetischen Verzicht des Christen gebräuchliche Begriff zum Synonym für *»monachari«* werden konnte[221]. Die *abrenuntiatio* bezieht sich zunächst auf den Akt, der den Eintritt in die mönchische Lebensform markiert. Einen besonderen Platz nimmt darin der Verzicht auf Familie und Eigentum ein, doch verzichtet der Mönch auch auf sein früheres Leben überhaupt, auf Bequemlichkeit, Eingebundensein in die menschliche Gesellschaft und auf den Eigenwillen. Diesen Akt der anfänglichen *abrenuntiatio* gilt es aber immer wieder im Leben einzuholen. Was »materiell« geschehen ist, muß »spirituell« stets neu vertieft werden. Die *»apotaxis«* bezeichnet somit nicht nur den äußeren Verzicht, sondern verlangt vom Mönch ein ständiges geistiges Sich-Ablösen, das auch Gedanken, Phanta-

---

[219] Vgl. das informative Dokument der SCRIS »Die Säkularinstitute« II,2: »Aus der Taufe ergibt sich somit für jeden Christen ein neues Verhältnis zur Welt. ... Das neue Verhältnis zur Welt entzieht ... der Naturordnung nichts. Auch wenn es einen Bruch mit der Welt bedeutet, sofern sie dem Gnadenleben und der Erwartung des Reiches Gottes zuwider ist, bedeutet sie gleichzeitig den Willen, in der Liebe Christi für das Heil der Welt zu wirken«.

[220] Orientierung für den folgenden groben Überblick bieten: Alszeghy Z., Art. Fuite du monde, in: DSp 5, 1575-1605 (Lit.!); Lambert A., Art. Apotactites et Apotaxamènes, in: DACL 1/2, 2604-2626; Rothenhäusler M. / Oppenheim P., Art. Apotaxis, in: RAC 1, 558-564; AAVV., Art. Contemptus mundi, in: Lexikon des Mittelalters 3, 186-194; Goffi T., Art. Monde, in: Dictionnaire de la vie spirituelle 712-722, bes. 714-716; Leclercq J., Art. Mondo, in: DIP 6, 53-67; Le mépris du monde. La notion de mépris du monde dans la tradition spirituelle occidentale, Paris 1965; Lozano, Discipleship (2. Aufl.) 72-84.

[221] *»Apotassesthai«* im Sinn von *»monachari«* vor allem in der ägyptischen Mönchsliteratur des 6. Jh. Etwa Palladius von Helenopolis, Historia Lausiaca 19,4.35,1.44,1 (in: Butler Cuthbert, The Lausiac History of Palladius. II. <Texts and Studies 6/2>, Hildesheim 1967 <Reprograph. Nachdruck d. Ausg. 1904>); Johannes Cassianus, De institutis coenobiorum et de octo principalium vitiorum remediis. Liber IV. (= SChr 109).

sien, Vorstellungen, Erinnerungen ... betrifft[222]. Sie ist aber kein Selbstzweck, sondern wesentlich hingeordnet auf die Ausrichtung des Geistes auf Gott (*»theôria«*, *contemplatio*).
Der zweite Begriff ist der des *contemptus mundi*. Der Akzent liegt hier zuerst auf einer inneren Haltung den Dingen dieser Welt gegenüber, die aber dann konkrete Entscheidungen nach sich ziehen muß. Das Verhalten des *contemptus mundi* betont den »provisorischen« Charakter der Welt und lenkt den Blick über das Vorhandene hinaus auf das je Größere Gottes. Der *contemptus mundi* bezieht sich nicht auf einen abstrakten Weltbegriff, sondern auf *diese* Welt, insofern sie den Blick auf Gott verstellt und den Weg zur vollkommenen Gottesliebe behindert[223]. Der *contemptus mundi* kann dabei in der Tradition auch die Form des *contemptus sui*, d.h. konkret der *humilitas* annehmen[224]. Die christliche Konzeption der »Weltverachtung« kann keinesfalls bloß aus einer dualistischen Weltsicht abgeleitet werden, sondern stützt sich im wesentlichen auf die biblische Erfahrung der Relativität der Welt gegenüber der Absolutheit ihres Schöpfers und betrachtet die Welt vor allem unter der Perspektive ihrer Vergänglichkeit[225]. Freilich war eine Spiritualität des *contemptus mundi* de facto oft nicht frei von dualistischen, materiefeindlichen Einflüssen mannigfacher Art.
Der Begriff *separatio a mundo* bringt stärker die »Außenseite« zur Geltung. Der Weltbegriff hat dabei seine Sinnspitze im Verständnis der Welt als menschlicher Gesellschaft, die es hinter sich zu lassen gilt. Die Trennung von der Welt hat in der Geschichte verschiedene Ausformungen gefunden. Dazu zählt zum einen der Auszug der Anachoreten in die Einsamkeit der *Wüste*, zum anderen wurde besonders der Einschnitt bei Basilius und Pachomius wichtig, von dem her das *Kloster* als gemeinsamer, aber »von der Welt« abgetrennter Lebensbereich erscheint. Das Konzept des Ordenslebens als von der Welt abgetrenntes Leben im Kloster blieb im großen und ganzen äußerst bestimmend und zwar cum grano salis für alle Formen des Ordenslebens.
Fuga mundi bezeichnet jedes Verhalten gegenüber der »Welt« und ihren äußeren (materiellen und geistigen, individuellen und sozialen) Werten, durch das sich der Mensch um eine »Trennung« von ihr, d.h. um ein Enthalten von den »Weltdingen« bemüht und dies nicht nur *affektiv* (dem Willen nach), sondern auch *effektiv* (konkret, materiell), gemäß den Möglichkeiten des einzelnen. Dabei ist vor allem zu beachten, daß Ausgangspunkt und Ziel der *fuga mundi* die Begegnung mit Gott in ihrer vielfältigen Ausformung ist[226].

---

[222] Vgl. besonders Johannes Cassianus, Conlationes Patrum 3,6 (= SChr 42, 145-146). Frank, Angelikos bios 18-23 stellt den Zusammenhang zwischen *»apotaxis«* und *vita angelica* bzw. der eschatologischen Ausrichtung des frühen Mönchtums heraus.

[223] Wichtig für die Konzeption des *contemptus mundi* ist vor allem Johannes Cassianus. Siehe dazu Guy J.C., La place du »mépris du monde« dans le monachisme ancien, in: Mépris du monde 5-17.

[224] Siehe dazu: Lazzari F., Le »mépris du monde« chez St Bernard, in: Mépris du monde 59-72.

[225] Deshalb findet die Notion der »Weltverachtung« auch einen Platz in der Ars-moriendi-Literatur. Siehe dazu Art. Contemptus mundi 187.

[226] Das betont vor allem Alszeghy 1604.

Von diesen vier Begriffen, die innerlich miteinander in Beziehung stehen, und von ihrer Geschichte her ergeben sich für unser Thema wichtige Einsichten:
- *Affektive* und *effektive* Distanz zur Welt müssen in jedem christlichen Leben verwirklicht werden. Der Unterschied zwischen einzelnen »Lebensständen« liegt in einer bestimmten Akzentsetzung bzw. in einer bestimmten Form, vor allem, was die *effektive* Distanz (*separatio*) betrifft.
- Keine Form der Weltdistanz ist ein Wert an sich. Christlich gesehen sind alle vier Verhaltensweisen nur in Hinblick auf das Gottesverhältnis zu verstehen. *Abrenuntiatio, contemptus, separatio* und *fuga* sind dabei zunächst und grundlegend Frucht und Konsequenz der Gotteserfahrung und erst dadurch auch »Mittel« für eine je neue und intensive Begegnung mit Gott.

2. »Separatio a mundo« und Präsenz der Ordensleute

Tillard spricht von einer kritisch-engagierten Präsenz der Orden in der Welt. Sie stehen damit in der Nachfolge dessen, der Mensch geworden und gestorben ist (Präsenz), zugleich aber gerade als solcher bleibend »zur Rechten des Vaters sitzt« (Transzendenz, Distanz zur Welt). Damit wird aber noch nicht hinreichend deutlich, was den Auftrag der Ordensleute vom Weltauftrag der ganzen Kirche unterscheidet. Dazu muß auf das zurückgegriffen werden, was im 2. Kapitel zur Zeichenhaftigkeit des Ordenslebens als Ausdrücklichkeit, Sichtbarkeit, Öffentlichkeit, Evokation entwickelt worden ist. Auch was das Verhältnis zur Welt betrifft, haben die Ordensleute durch ihr Weltverhältnis »zeichenhaft« der Kirche einen wesentlichen Aspekt ihrer eigenen Sendung vor Augen zu halten. Zugleich aber geben die Orden damit selbst ein Zeugnis vor der Welt.
Damit das Zeichen, welches das Ordensleben ist, wirklich an sein Ziel kommen, d.h. die Adressaten erreichen kann, ist beides, Präsenz und Bruch, notwendig. Präsenz, weil das Zeugnis der Ordensleute sich im Dienst an Mensch und Welt inkarnieren muß, um verstehbar und erkennbar zu sein; Präsenz als Zeichen für Gott, der sich auf vielerlei Weise, zuletzt und endgültig im Sohn, mit Mensch und Gott solidarisch gemacht hat (vgl. besonders Boff und die Option für die Armen); Präsenz auch, um die Welt tatsächlich in die »Flucht nach vorne« *mit*zunehmen (Tillard). Zugleich aber verlangt gerade die eschatologische Zeichenhaftigkeit auch nach einem »Bruch« mit der vorhandenen Welt,

nach einer gewissen Distanz zu ihr. Würde Ordensleben ganz in »Welt« aufgehen, könnte das »Darüberhinaus« der Welt von ihm nicht mehr ansichtig gemacht werden (vgl. Régamey; c. 607 §3).

Separatio a mundo und (spezifische) *praesentia in mundo* der Orden sind also beide je auf ihre Weise *Ausdruck* (für Berufung und Lebensentscheidung der Ordensleute) und zeichenhafte *Ausdrücklichkeit*. Beide sind implikative Elemente der *vita religiosa*[227]. Tillard hat darauf hingewiesen, daß es prophetischen Zeichen zu eigen ist, manches zu überspitzen, zu übersteigern, um die gemeinte Sache möglichst handgreiflich zu machen. In diesem Sinn ist auch die eigentümliche Distanz der Ordensleute zur Welt zu verstehen, die nicht nur Momente der in Sünden befangenen Welt meint, sondern sich auch auf *Schöpfungswerte* bezieht. Wenn man will, kann man auf dieser Ebene und in diesem Sinn auch von einem Weltverhältnis der Ordensleute sprechen, das sie von den anderen Christen unterscheidet, darf dabei aber nicht übersehen, daß Verzicht in allen Schattierungen zum Christenleben an sich gehört[228]. Deshalb muß zu der »negativen« Abgrenzung über die Weltdistanz immer noch deren »positive« Seite, die den Ordensleuten eigene Präsenz in der Welt, treten. Sie haben nämlich derart in der Welt präsent zu sein, daß sie durch die ihnen eigene Lebensform die Welt auf Gott hin ausrichten (vgl. LG 46). Sie haben so an der Weltgestaltung mitzuwirken, daß die endgültige Erlösung der Welt bereits jetzt anfanghaft spürbar werden kann (Boff). Entscheidend für eine solche Konzeption ist, wie das Verhältnis von gegenwärtiger und vollendeter Welt, menschlichem und göttlichem Schaffen, humanem Fortschritt und Reich Gottes, letztlich das Verhältnis Geschöpf - Schöpfer gedacht wird (vgl. GS 33-39 und besonders die Problematik bei Boff). Eine Theologie des Ordenslebens muß deshalb für jene theologischen Fragen besonders sensibel und aufmerksam sein.

Nur im Blick auf »Bruch« *und* »Präsenz« kann also so etwas wie ein spezifisches Weltverhältnis der Ordensleute zutage treten. Es ist dabei fraglich, ob die »Trennung» der Ordensleute von der »Welt« vorzüglich als Mittel für ein auf Gott ausgerichtetes Leben zu sehen ist (wie dies von der kirchlichen Lehrverkündigung vor allem für die kontemplativen Gemeinschaften festgehalten wird). Eine solche Konzeption vermag zwar der Versuchung zu wehren, die *separatio a mundo* zum Selbstzweck zu erheben. Andererseits liegt darin auch die Gefahr, daß die Weltabgeschiedenheit als *alleinige*r Weg zur intensiven Gottesbegegnung be-

---

227 Darauf weist für die benediktinische Tradition auch hin: Böckmann A., Weltoffenheit und Weltdistanz nach der Regel Benedikts, in: EuA 63 (1987) 107-120.

228 Vgl. Lotz J.B., Art. Verzicht, in: PLSp 1372-1374.

griffen wird. Dann würde jedoch übersehen, daß Gott in seiner Zuwendung und Offenbarung frei ist (und also auch *in* der Welt begegnen kann) und daß Weltentsagung allein noch nicht vertiefte Gottesbeziehung garantiert[229]. Deshalb muß die Distanz der Ordensleute *theologisch* in erster Linie als *Ausdruck* verstanden werden. Mittel kann sie vor allem auf psychologischer Ebene sein, als Hilfe, sich für die freie Offenbarung Gottes offenzuhalten.
Als »Wurzel« dieser *separatio* der Ordensleute wird in der nachkonziliaren Literatur zum Ordensleben Unterschiedliches namhaft gemacht. Abgesehen von den kirchlichen Dokumenten zum Ordensleben, die hierin nicht so eindeutig sind, kommen die Entwürfe, so verschieden sie auch sein mögen, darin überein, daß die »Trennung« von der Welt primär in einer spezifischen Erfahrung Gottes, in einem Anruf und Handeln Gottes wurzelt und dies zum Ausdruck bringt. Im Rahmen dieser grundsätzlichen Übereinkunft setzen die Theologen dann aber unterschiedliche Akzente. So kann die Distanz zur Welt
- von der *Weihe* der Ordensleute herrühren (Régamey, Galot);
- sich aus der Existenz der Ordensleute als *sequela Christi* herleiten (Tillard) und hierin besonders aus der Nachfolge des Gekreuzigten (Wulf);
- sie kann sich als Abkehr von der in Sünden verstrickten Welt und ihren Strukturen äußern, die jedoch als solche nur in der Perspektive Gottes und des Glaubens erkannt werden (Boff).

Unterschiedlich stellen sich in den nachkonziliaren Veröffentlichungen zum Ordensleben auch die konkreten Formen der *separatio a mundo* dar. Der »Bruch« der Ordensleute mit der Welt manifestiert sich z.B. in der dem Ordensleben eigenen Form des Rätelebens, besonders unter der Perspektive des Verzichts (Régamey, Tillard, Wulf). Er kommt im Leben der Ordensgemeinschaft mit seinen spezifischen Ordnungen und Anforderungen (RPU, Régamey, Tillard) zum Ausdruck und damit verbunden im Aufbau eines neuen Lebenskontextes, eines »alternativen« Lebensstiles, der von herrschenden Gesellschaftsstrukturen Abschied nimmt (auf sehr verschiedene Weise Régamey, Boff).
Besonders für einige Gemeinschaften zeigt sich die Weltdistanz auch in einer räumlichen Abtrennung von der »Welt«, d.h. im (verpflichtenden) Leben in der klösterlichen Niederlassung (c. 665-667; VS).
Wenn man vom letzten Punkt absieht, wird an der so gefaßten Weltdistanz deutlich, daß sie »nur« die negative Seite des affirmativen Zeugnisses der Ordensleute für das erlösende Handeln Gottes ist. Gerade so

[229] Siehe dazu Rahner, Die ignatianische Mystik.

aber gehört sie als Zeichen der Freiheit von einer sich selbst genügenden, in sich gekrümmten Welt in das Zeugnis der Ordensleute hinein (RD, Wulf, Tillard, Boff).
Mit all dem ist noch keinerlei Entscheidung getroffen über traditionelle Formen der Weltdistanz der Ordensleute. Es wird kaum möglich oder sinnvoll sein, sie einseitig etwa an Klausurbestimmungen, Ausgangsregeln, Umgang mit technischen Errungenschaften, modernen Kommunikationsmitteln oder Kleidervorschriften festzumachen. Gerade in diesem Themenbereich kann eine Theologie des Ordenslebens nur Grenzmarkierungen setzen bzw. Postulate erstellen. Es bleibt in vielen konkreten Fragen den Gemeinschaften selbst überlassen, über die ihnen eigene äußere Form der Distanz zur Welt zu entscheiden und darin auch zu neuen Ausdrucksmöglichkeiten zu finden[230].

3. »Soli Deo«

Besonders F. Wulf hat darauf hingewiesen, daß das rechte Verständnis der traditionellen (Kurz-)Formel für das Mönchtum *soli Deo* (*vacare, vivere*)[231] von der Konzeption des zugrundeliegenden Gottesbegriffs abhängig ist. Wulf, Tillard und Boff leiten - wie bereits gezeigt - gerade *aus* dem *soli Deo* den Dienst und das Engagement der Ordensleute in der Welt ab. Jenem Gott, der an und in der Welt handelt, kann nur »allein« anhangen, wer sich in seine liebende Bewegung hineinnehmen läßt.
Hierin scheint sich in der Ordenstheologie nach dem Konzil ein tiefgreifender Wandel vollzogen zu haben. Die Passage aus PC 5,1 (»... ita ut, non solum peccato mortui <cf. Rom 6,11> sed etiam mundo renuntiantes, soli Deo vivant«) wird nunmehr nicht isoliert interpretiert, sondern man versucht, sie in das Ganze der Konzilstexte hineinzustellen (etwa auch in einer grundsätzlichen »relecture« von LG Kap. VI und PC im Licht von GS: Tillard, Galot). Diese Interpretation des traditionellen *soli Deo* der Ordensleute stößt auf einen ziemlich breiten Konsens bei den Theologen, die sich mit dem Ordensleben beschäftigen.
Zugleich aber kommen die Strömungen nachkonziliarer Ordenstheologie darin überein, daß die Gottesbeziehung der Ordensleute nicht gänzlich in Nächstenliebe bzw. im Weltengagement aufgehen kann und

[230] Auch das kirchliche Ordensrecht überläßt die konkrete Ausgestaltung dem Partikularrecht. Der CIC 1983 räumt dem Eigenrecht einen breiten Raum ein. Vergleiche dazu Dortel-Claudot M., Das Neue Ordensrecht, in: UISG-Bulletin n°63 (1983) 40-58.

[231] Siehe PC 5,1, dort für alle Formen der *vita religiosa*.

darf, sondern daß die Akte der Gottesverehrung im herkömmlichen Sinn (Liturgie, Gebet, Lectio divina, Sakramentenempfang; vgl. besonders DCV) ihren unaufgebbaren Platz im Leben des Ordenschristen haben. Aber die Begegnung mit Gott wird nicht auf diese Vollzüge fixiert. In diesem Zusammenhang nimmt auch die Frage nach dem Verhältnis von Gottesliebe und Nächstenliebe einen breiten Raum ein und in ihr vor allem die theologische Deutung von Mt 25.

Weitgehende Einigkeit besteht darin, daß in der Hinwendung zum Nächsten, zum »geringsten Bruder«, eine *wirkliche* Begegnung mit Christus stattfindet, der ein (quasi-)sakramentaler Charakter zu eigen ist[232]. Deshalb trägt diese Art der Hinwendung zum Menschen auch etwas für den Glauben des (Ordens-)Christen selbst aus und ist nicht bloß dessen Frucht (Tillard). Boffs zugespitzte und radikalisierte Rede von der Identität von Gottes- und Nächstenliebe stößt jedoch auf Bedenken (Wulf, Tillard). Man fürchtet, daß damit allzu leicht das »geistliche Leben« (in der engumgrenzten Bedeutung als Gebetsleben und Gottesdienst) preisgegeben werden könnte (was nicht in der Intention Boffs liegt). Statt von Identität sollte deswegen besser von einer *dynamischen Einheit* von Gottesliebe und Nächstenliebe gesprochen werden. Dynamisch, das heißt, daß es sich um keine »tote« Identität handelt, sondern um eine lebendige *Wechsel*beziehung: Gottesliebe als Quelle der Nächstenliebe und Nächstenliebe als konkreter Ort von Gottesliebe und Christusbegegnung.

In diesen Fragenkomplex hinein gehört auch jene Interpretation des Weltverhältnisses der Ordensleute, die von Hans Urs von Balthasar ihren Ausgang nehmen dürfte (Tillard, Boff, zum Teil auch in den kirchlichen Dokumenten). Was die Beziehung zur Welt angeht, findet von Balthasar bereits im Evangelium einen sichtbaren Unterschied zwischen den Jüngern und dem »Volk«. Das dient ihm als Paradigma für die unterschiedliche »Lebensbewegung« von Ordensleuten und »Weltchristen«:

> »Die Unterscheidung zwischen den Jüngern und dem Volk ist so deutlich, daß sie zu einer geradezu entgegengesetzten Lebensbewegung führt: die Jünger, die ein für allemal aus ihrer Welt heraus getreten sind und ihren Standort bei Christus haben, beschreiben - immer neu - die Bewegung des Ausgesendetwerdens von Christus in die Welt und der Rückkehr aus der Welt zu ihrem Ruhepunkt in Christus, während das Volk umgekehrt immer neu die von der

[232] Von Mt 25 her wird man in erster Linie streng christologisch interpretieren müssen. Einen anderen Weg gehen Tillard (Begründung aus der biblischen Konzeption des Menschen als *»eikôn«* Gottes) und Boff, der neben der Christusbegegnung auch vom »Sakrament der *Gottes*begegnung« spricht. Auch bei Tillard mündet aber letztlich das *»eikôn«*-Sein des Menschen in *die »eikôn«* Gottes Jesus Christus ein. Die christologische Interpretation ist daher auf alle Fälle vorzuziehen.

Welt her suchende Bewegung zum Herrn hin vollzieht und nach irgendeiner gnadenhaften Berührung oder Begegnung mit ihm, nach dem Empfang einer Heilung, Sündenvergebung, Speisung oder Belehrung an seine weltlichen Standorte zurück entlassen wird. ... Beide Stände berühren Welt und Überwelt; aber der Ordensmann mitvollzieht die Bewegung der Sendung Christi aus der Überwelt in die Welt und zurück zum Vater; der Weltchrist vollzieht die Bewegung der Welt, die kraft der Gnade die Überwelt sucht und beschenkt mit der Gnade Christi zurückkehrt zur Welt«[233].

Diese These von Balthasars steht in enger Verbindung mit dem »Geweihtsein« der Ordensleute[234] und ist auf andere Weise implizit auch dort präsent, wo die Weihe (*consecratio*) fundamental als Sendung (*missio*) bestimmt wird (Boff, Wulf, Régamey, EE)[235].

Im Rahmen einer Theologie des Ordenslebens stellen sich dazu zwei Fragen, die unter anderen Gesichtspunkten bereits im 1. und 2. Kapitel aufgebrochen sind:

- Wenn »Weihe« Sendung bedeutet und wenn bereits die Taufe eine »Weihe« verleiht (vgl. LG 44,1), kann man dann exklusiv von einer »Sendung« der Ordensleute sprechen, während die anderen Gläubigen gleichsam nur aufgrund ihrer Geschöpflichkeit »von unten«, von der Welt her auf Gott zu leben? Muß man nicht vielmehr sagen, daß prinzipiell jeder Getaufte in die Sendung Christi in und für die Welt mithineingenommen ist?
- Tillard hat zu Recht angemerkt, daß die Ordensleute nicht in einem reinen »Gegenüber« zur Welt leben, sondern immer schon »in der Welt« sind. Heißt das aber nicht, daß - um mit den Worten von Balthasars zu sprechen - auch die Ordensleute jene suchende Bewegung der Welt zum Herrn mitzuvollziehen haben?

Wenn dies tatsächlich zutrifft, wird man zunächst festhalten müssen, daß prinzipiell jeder Getaufte, auch der Ordenschrist, in *beide* Lebensbewegungen (als *eine* kreisförmige Bewegung) hineingestellt ist. Trotzdem wird es im konkreten Lebens- und Glaubensvollzug Schwerpunkte, Akzentsetzungen geben, die auch gewissermaßen »institutionalisiert« und damit öffentlich sichtbar werden können[236]. *Nur in diesem Sinn* ist

[233] Balthasar H.U. v., Vom Ordensstand, in: Die großen Ordensregeln. Hg. v. H.U. v. Balthasar, Einsiedeln ^{2}1961, 7-31, hier 20f.

[234] Vgl. von Balthasar, Vom Ordensstand 20: »Dieses Sein ist eben Geweihtsein ...«.

[235] Geradezu gegenläufig konzipiert Schulte, Das Ordensleben als Zeichen 398f: Während alle anderen Christen das »Hin-zu-den-Menschen« Gottes zu leben haben, prägen die Ordensleute das »*pros ton Theon*« Jesu Christi aus. Auf diese Weise werden sie »notwendiger Wesensausdruck« der Kirche in ihrer Bewegung auf Gott hin.

[236] Auch von Balthasar hat seine Position später differenziert. Siehe dazu: Christlicher Stand 111-115 und ebd. 169: »Weil aber der eine und unteilbare Stand Christi die Bewegung von Gott zur Welt und von der Welt zu Gott in sich enthielt, darum kann jetzt die Differenzierung der Stände zu keiner Aufteilung dieses unteilbaren Weges führen.

das Weltverhältnis der Ordensleute primär (ausdrücklich, augenscheinlich, öffentlich, sichtbar) von der Bewegung Gottes auf die Welt zu bestimmt. Das darf jedoch nicht verdecken, daß - wie vor allem die Theologie der Befreiung unablässig betont - die Ordensleute nicht nur *für* (Sendung), sondern *mit* den und *wie* die Armen (und allgemeiner gesagt: mit den und wie die Menschen) zu leben und damit auch deren suchende Bewegung auf Gott hin mitzutragen und oft auch zu durchleiden haben. Zugleich aber ist die (schwerpunktmäßige) Lebensbewegung der anderen Gläubigen von der Welt her auf Gott zu genauso ein »Zeichen«. Sie erinnern die Ordensleute daran, daß sie selbst wie alle anderen noch immer auf dem Weg sind und auch ihr Lebensentwurf nicht in einem - ideologisiert-überhöhten - Sendungsbewußtsein aufgehen darf.

Hierher gehört auch die schwierige Frage nach einer der theologischen Entwicklung angepaßten Terminologie. Sie scheint längst noch nicht gelöst.
- Der vom CIC 1983 gewählte Oberbegriff *vita consecrata* wirft die Frage nach der Bedeutung und dem Gewicht der Ordens*weihe* auf, die wir als offenen Diskussionspunkt angemerkt haben.
- Wo von »Klerikern, Ordensleuten und Laien« (*clerici*, *religiosi*, *laici*) gesprochen wird, tritt nicht die Unterschiedenheit von hierarchischer und charismatischer Struktur der Kirche hervor. Der Ordensstand erscheint der klaren Formulierung aus LG 43,2 zum Trotz de facto als »Zwischenstand«.
- Auf dem Hintergrund der bisherigen Darstellung dieses Kapitels wird aber auch jede Gegenüberstellung der Bezeichnung *religiosi/-ae* und Benennungen, die mit dem Zusatz »Welt-« verbunden sind (Welt-christen, Welt-stand, Welt-priester) fraglich. Einerseits wird damit eine gewisse Dichotomie von Orden und Welt insinuiert, andererseits werden andere christliche Lebensformen einseitig vom Weltengagement her definiert.

Die terminologische Frage ist somit weiterhin offen. Über die Ebene des Deskriptiven hinaus scheint (in theologischer Perspektive) keine »Definition«, also: Festlegung, möglich.

Zusammenfassend läßt sich sagen, daß das traditionell theo-logisch interpretierte *soli Deo* von der Ordenstheologie radikal *christo-logisch* ausgelegt werden muß. Darin wären dann beide Bewegungen umfangen: die Sendung Christi (als Selbstoffenbarung des liebenden Gottes) und seine »Rückkehr« zum Vater »aus der Welt« (vgl. Joh 16,28). Letztlich kann - christlich gesehen - der Gott des *soli Deo* der Ordensleute kein anderer sein als der, der sich als Vater, Sohn und Geist (der die Welt durchdringt) geoffenbart hat. Das »Gott allein« ist deshalb zuletzt nur in *trinitätstheologischer Perspektive* aufrechtzuerhalten.

Das bedeutet, daß *beide Stände beide Bewegungen* in einer Einheit *in sich zu enthalten vermögen*, beide, wenn auch auf verschiedene Weise, die Ganzheit des Standes Christi in sich darstellen müssen«.

4. Aktion und Kontemplation, »vita activa« und »vita contemplativa«

Die Frage nach Aktion und Kontemplation und ihrem Verhältnis zueinander wird in den neueren Arbeiten zur Theologie des Ordenslebens immer wieder angeschnitten, aber nicht eigentlich durchdacht. Traditionell ist sie eng verknüpft mit dem Zueinander von Gottesliebe und Nächstenliebe bzw. mit der Unterscheidung von »aktiven« und »kontemplativen« Ordensgemeinschaften[237]. Von der kirchlichen Lehrverkündigung wird dabei stets neu die enge Zusammengehörigkeit von kontemplativem Leben und »Trennung« von der Welt eingeschärft, welche die »gänzlich auf die Kontemplation hingeordneten Institute« (PC 7) in größerem Maß als die anderen Institute betrifft (vgl. c. 667 §2 und §3; VS; DCV 29). Auch der traditionelle »Vorrang« dieser Institute findet Bekräftigung. Er wird normalerweise mit dem Hinweis auf die kontemplative Ausrichtung des ganzen Lebens begründet (vgl. PC 7; DCV 25f; c. 674). Eine spezifische Auslegung von Lk 10,38-42 (Maria-Martha-Perikope) spielt dabei eine entscheidende Rolle (vgl. DCV 25; VS IV.). Neben dieser, hauptsächlich in den kirchlichen Dokumenten zum Ordensleben vertretenen Linie ist jedoch im Gesamt der theologischen Entwicklung ein Zweifaches auffällig:

- Mit Nachdruck verlangen auch die kirchlichen Dokumente von den »tätigen« Instituten eine Vertiefung der »kontemplativen Dimension« des Ordenslebens und deren organische Verbindung mit den Tätigkeiten (vgl. DCV 4-23). Ferner erwarten sie von den kontemplativen Instituten, daß sie ihre spezifische Berufung für die Welt fruchtbar machen (vgl. MR 25; DCV 26)[238].
- In der theologischen Literatur der Zeit nach dem Konzil ist die Höherbewertung der *vita contemplativa* als solcher wie auch der beschaulichen Ordensinstitute nahezu verschwunden.

Beides dürfte zu einem guten Teil mit einer gewandelten Sicht des Verhältnisses von Aktion und Kontemplation im allgemeinen zusammenhängen. In dieser neuen Perspektive werden stärker das Ineinander und die Einheit von beiden in der christlichen Spiritualität betont (vgl. besonders Wulf)[239].

[237] Siehe dazu den Exkurs zur thomanischen Ordenstheologie, in dieser Arbeit: 10-16. Die Konzilstexte übernehmen die »Grobeinteilung« von »aktiven« und »kontemplativen« Gemeinschaften nicht, sondern greifen in PC 7-10 eine verfeinerte, beschreibende Gliederung auf. Vgl. dagegen die Einteilung in DCV!

[238] Vgl. dazu auch 3.1.3. des Synodenbeschlusses.

[239] Zum Thema Kontemplation und Aktion siehe: Halder A., Aktion und Kontemplation, in: CGG 8, 71-98; Schalück H., Art. Aktion / Kontemplation, in: PLSp 14-19; Bernard Ch.A., Art. Contemplation in: Dictionnaire de la vie spirituelle 177-187; Kerstiens L.,

Die dialektische Einheit von Aktion und Kontemplation hat mit unüberbietbarer Deutlichkeit Hans Urs von Balthasar herausgestellt. Stellt man sich für gewöhnlich vor, daß christlich gesehen alle Aktion aus der Kontemplation erfließt und erfließen soll und von ihr ständig befruchtet wird, erhält

> »diese erste Regel, die in keiner Weise zu beanstanden ist, ... im Christentum eine wesentliche Modifikation dadurch, daß der Quell der Gnade, an dem ich zuerst trinken soll, selber schon der absolute Einsatz, die absolute Aktion Gottes für die Welt ist. ... Und nie kann ich von der dramatischen Aktion Gottes in Menschwerdung, Kreuz und Auferstehung Christi abstrahieren, um 'dahinter' ein in sich ruhendes, ewig seliges urgründiges 'Wesen' Gottes zu kontemplieren. ... In der Kontemplation sehen wir plötzlich, daß wir in der totalen Aktion immer schon Mitgespielte und daher Mitspieler sind, die Praxis Gottes 'drängt uns' in die Praxis: sofern er sein Leben für uns dahingegeben hat, müssen auch wir unser Leben für die Brüder dahingeben (1 Joh 3,16). ... Aber wenn wir auf die *rechte* Weise in die Praxis ausgehen, drängen wir immer auch tiefer in den Quell hinein«[240].

Diese gegenseitige Durchdringung von christlicher *actio* und christlicher *contemplatio* hat für alle Formen des Ordenslebens (freilich nicht nur für dieses, sondern für christliches Leben überhaupt) zu gelten. Auch kontemplative Gemeinschaften können von daher gar nicht »an der Welt vorbei« existieren, werden aber die ihnen eigenen Formen von *actio* und Präsenz in der Welt entwickeln müssen. Ihre Trennung von der Welt darf deswegen nicht ideologisiert oder von bestimmten Bräuchen und Formen abhängig gemacht werden[241].

Im neu gewonnenen Horizont der Einheit von Aktion und Kontemplation wird eine Höherbewertung der »gänzlich auf die Kontemplation hingeordneten Institute« (PC 7) nicht zu halten sein. Entgegen landläufigen Vorstellungen stellt sich etwa auch die thomanische Konzeption (welche die Theologie des Ordenslebens auf weiten Strecken geprägt hat) wesentlich differenzierter dar[242]. Zudem zeigt die neutestamentliche Exegese, daß die Maria-Martha-Perikope (Lk 10,38-40) nicht zwei »Lebensstände« intendiert und von daher als Schriftfundament für eine Vorrangstellung der *vita contemplativa* nicht geeignet ist[243].

Art. Kontemplation, in: HWP 4, 1024-1026; Zapf J., Art. Meditation / Kontemplation, in: NHThG 3, 74-83.

[240] Von Balthasar, In Gottes Einsatz leben 54f.

[241] Vgl. auch 3.1.3. des Synodenbeschlusses.

[242] Siehe dazu von Balthasar, Kommentar 454f.

[243] Zur Auslegung der Perikope in der Tradition vergleiche: Csányi D.A., Optima Pars. Die Auslegungsgeschichte von Lk 10,38-42 bei den Kirchenvätern der ersten vier Jahrhunderte, in: Studia monastica 2 (1960) 5-78; Kemmer A., Maria und Martha. Zur Deutungsgeschichte von Lk 10,38ff im alten Mönchtum, in: EuA 40 (1964) 355-367; Mieth D., Die Einheit von vita activa und vita contemplativa 75-83.182-233.

5. Differenzierung: die Vielfalt der Gemeinschaften

Vielfach ist bereits angeklungen, daß die *vita religiosa* kein strikt in sich uniformes und geschlossenes Phänomen ist, sondern eine Fülle von Variationen zeigt. Das gilt auch für das Weltverhältnis der Orden: Wer kann auf der Ebene der Erfahrung bezweifeln, daß etwa ein kontemplativer Frauenorden, der in päpstlicher Klausur lebt, und eine apostolisch tätige Priester- oder Laienkongregation sich in dieser Hinsicht so unterschieden wie irgendmöglich darstellen? Das bedeutet, daß sich von der Frage »Orden und Welt« her verschärft ein Problem stellt, das F. Wulf folgendermaßen formuliert hat: Ist angesichts der Vielfalt überhaupt noch etwas wie eine Theologie *des* Ordenslebens zu treiben oder kann es vielmehr nur um eine »Theologische Phänomenologie des Ordenslebens« gehen[244]? Wulf selbst entscheidet sich für den zweiten Weg, während die meisten anderen Theologen wie auch das kirchliche Lehramt stärker die gemeinsamen Elemente in den Vordergrund stellen, ohne damit die vielfältige Ausformung zu leugnen.

Wenn aber jede Gemeinschaft letztlich das Ordensideal auf ihre eigentümliche Weise lebt, so muß gefragt werden, wo sich diese Eigenart herleitet, wie sie zu definieren ist und woran sie sich zeigt. Das 4. und letzte Kapitel stellt sich diesen Fragen und geht ihrer Bearbeitung in nachkonziliarer Ordenstheologie nach.

[244] Vgl. Wulf, Theologische Phänomenologie des Ordenslebens.

Viertes Kapitel

Typus und Eigenart: Die Frage nach der Eigentümlichkeit der Institute

Immer deutlicher, zuletzt an der Frage des konkreten Verhältnisses der Orden zur Welt, hat sich im Verlauf dieser Arbeit gezeigt, daß eine fundamentale Schwierigkeit der Ordenstheologie darin besteht, die allgemeingültigen Grundlagen der *vita religiosa* mit ihrer historisch gewachsenen Vielfalt zu vermitteln. Das Problem ist nicht neu[1]. Es stellte sich im Lauf der Ordensgeschichte vor allem dort, wo die Frage nach der Authentizität neu entstandener Ordenstypen, die zuerst fremd und dem tradierten Ordensideal abträglich schienen, aufbrach[2]. Immer wieder wurden Versuche unternommen, neu entstandene Formen gleichsam zu »domestizieren«. In besonderem Maß dürfte das für die »tätigen« Frauengemeinschaften gelten, denen eine möglichst hohe Angleichung an das monastische Ideal »trotz« ihres (meist caritativen) Einsatzes als Ziel vor Augen gestellt wurde. Dieser Prozeß der Uniformierung wurde durch juridische Einebnung und Schematisierung, die besonders im 19. Jahrhundert einsetzte und weithin die Zeit bis zum Zweiten Vatikanum bestimmte, unterstützt und gefördert[3]. Wie im einleitenden Kapitel über den Umbruch der Ordenstheologie auf dem Zweiten Vatikanischen Konzil deutlich wurde, war es eines der Verdienste des Vatikanum II, den Blick wieder ausdrücklich auf die Vielfalt der Institute gelenkt zu haben. Dieses Anliegen zieht sich durch das ganze Ordensdekret hindurch, fehlt aber auch im theologischen Grundtext LG 43-47 nicht und wird besonders spürbar in den mündlichen und schriftlichen Interventionen der Konzilsväter[4]. Dabei kristallisierten sich

---

1 Vgl. auch schon Thomas von Aquin, STh II-II q.188 a.1: »Utrum sit tantum una religio«, besonders ad 2.

2 Vgl. etwa die Auseinandersetzungen um die Regularkanoniker im 12. Jahrhundert und um die Mendikantenorden ein Jahrhundert später. Für einen ersten Überblick: Frank K.S., Geschichte des christlichen Mönchtums 66-108; Rocca G., Art. Molteplicità degli istituti, in: DIP 5, 1658-1672. Zur Fragestellung im Mittelalter siehe auch Anselm von Havelberg, Dialoge, in: SChr 118, 34-45, dt. in: Quellen geistlichen Lebens. 2. Das Mittelalter. Hg. und eingel. v. G. Greshake und J. Weismayer, Mainz 1985, 68-71.

3 Siehe dazu Grillmeier, Erwägungen 102.

4 Vgl. Jelich 274-277 und oben 35f.

zwei Fragenkomplexe heraus, die zwar letztlich miteinander verbunden sind, doch unterschiedliche Aspekte herausstellen.

(1) Der erste Fragenkomplex betrifft die *Typologie* der Ordensinstitute. Das Ergebnis der konziliaren Arbeit liegt in PC 7-11 vor. Den größten Raum in der Diskussion nahm die - zur Zeit des Konzils - drängende Frage nach Unterschiedenheit und Zuordnung von *vita religiosa contemplativa* und *vita religiosa activa* ein[5]. Das Problem spitzte sich vor allem nach der Erstellung des Entwurfs zu PC im April 1964 zu (Text C). Boten nämlich die vorangegangenen Schemata A und B des Ordensdekretes noch eine breitgefächerte Palette von »Typen« des Ordenslebens, begnügten sich die Redaktoren in diesem Text C damit, zwischen *Instituta vitae contemplativae* (Art. 5; zu ihnen wurde auch das monastische Ordensleben gezählt) und *Instituta vitae activae* (Art. 6) zu unterscheiden. Diese - wie sich zeigen sollte - kurzschlüssige Gegenüberstellung war nicht zuletzt durch die der Kommission auferlegte drastische Kürzung des Schemas bedingt. Auch der nachfolgende *Textus emendatus* (Text D) kam nicht darüber hinaus[6].

Viele Konzilsväter aber lehnten die Einteilung der Orden in kontemplative und aktive Gemeinschaften ab; zunächst aus dem einfachen Grund, weil sie nicht dem konkreten Erscheinungsbild »Orden« entspricht[7]. Daneben aber fürchteten einige, daß durch die Gegenüberstellung von *vita activa* und *vita contemplativa* das apostolisch-tätige Ordensleben als unvollkommene Form des Ordenslebens verstanden werden könnte, da traditionell das kontemplative Leben als höherwertig betrachtet wurde[8]. Ein Akzent der konziliaren Diskussion lag deswegen auf der Frage nach dem Verhältnis von apostolischer (und caritativer) Tätigkeit und *vita religiosa*.

Für die Weiterentwicklung des Textes und für die Bewußtseinsbildung der Konzilsväter erwies sich dabei die Wortmeldung von P. Joseph van

---

5 Zum Folgenden: Hausman, Vie religieuse apostolique et communion de l'Église. L'enseignement de Concile Vatican II, Paris 1987; Tillard, L'adaptation 229-240.

6 Vgl. dazu AS 3/7, 145.

7 Zu Text C des Ordensdekretes: Kard. Richaud (AS 3/7, 781); Erzb. de Provenchères (ebd. 783); Bisch. Sauvage (ebd. 788). Zu Text D: Kard. Richaud (ebd. 430). Daß das Problem auch von den Redaktoren durchaus gesehen wurde, zeigt die lange Nota 2 zum *Textus emendatus* (Text D) sowie der Einschub in Art. 5, daß auch das kontemplative Leben »plene totaque apostolica« ist (AS 3/7, 145.151f).

8 Zum Begriff »apostolisch tätiges Ordensleben« vergleiche die minutiöse Untersuchung zum Gebrauch des Adjektivs »apostolisch« in den Konzilstexten bei: Hausman, Vie religieuse apostolique 29-31.113-144. - In unserem Zusammenhang sind mit dieser Bezeichnung in erster Linie die in der Neuzeit entstandenen Gemeinschaften (klerikaler und laikaler Art) angesprochen, die sich apostolischen bzw. caritativen Tätigkeiten widmen. Zur Frage nach dem Verhältnis zu den Mendikantenorden und Regularkanonikern siehe den Kommentar von Wulf zu PC 8-10 (Wulf, Kommentar zum Ordensdekret 283-286) und Hausman, Vie religieuse apostolique passim.

Kerckhoven, damals Generalsuperior der Missionare vom Heiligsten Herzen Jesu, als besonders wirkmächtig. Der Kern des späteren Artikels PC 8 geht auf seine Konzilsrede zurück[9]. Van Kerckhoven hob hervor, daß in den »tätigen« Ordensgemeinschaften die *actio apostolica* nicht etwas Sekundäres, Zusätzliches, Hinzukommendes ist, sondern wesentlich zu ihrem Leben, zu ihrer innersten Natur gehört. Deshalb muß ihr ganzes Ordensleben vom apostolischen Geist beseelt, aber auch ihr apostolisches Tun vom Geist des Ordenslebens geprägt sein[10]. Da diese Ausprägung des Ordenslebens noch immer nicht genügend gewürdigt werde, forderte van Kerckhoven die Ausarbeitung einer »Theologie des aktiven Lebens« und seiner Spiritualität[11].
Formulierungen aus dieser Intervention van Kerckhovens gingen zum Teil wörtlich in den Text von PC 8 ein. In diesem Artikel sind neben den auf van Kerckhoven zurückgehenden Wendungen auch die Verweise auf Röm 12,5-8 und 1 Kor 12,4 und der damit gegebene Bezug auf die paulinische Charismentheologie bemerkenswert. Damit wird deutlich, daß die verschiedenen Formen des Ordenslebens nicht bloße, aufgrund einer veränderten gesellschaftlichen und kirchlichen Situation sich ergebende Derivate des Mönchtums sind, sondern vom Mönchtum zwar inspirierte, letztlich jedoch vom Geist Gottes gewirkte Lebensformen in der Kirche[12]. Für die konkrete Erarbeitung einer Ordenstheologie drängt sich von PC 8 her vor allem die Frage auf, was die These bedeutet, die »apostolische und caritative Tätigkeit« gehöre in diesen Instituten »zum eigentlichen Wesen des Ordenslebens«. Hier wird als konstitutives Element dieses Ordenslebens etwas genannt, das *so* (als *»actio« apostolica*) nicht für alle Ordensgemeinschaften gilt. Ist es von daher überhaupt noch möglich und zulässig, von *einer* Theologie *des*

---

9 In: AS 3/7, 486-488.

10 AS 3/7, 486: »In hac forma vitae religiosae ... actio apostolica non est aliquid superadditum, secundarium vel accessorium sed ad ipsam intimam naturam huius formae vitae pertinet. ... Proinde actio apostolica ad intimam huius vitae religiosae constitutionem pertinet. ... In his ergo Institutis vitae activae, tota vita religiosa spiritu apostolico imbuatur, totaque actio apostolica spiritu religioso informetur oportet«.
Vergleiche auch die schriftlichen Interventionen von Generalsuperior Degrijse (AS 3/7, 606-608) und verschiedener Generaloberer (ebd. 660-663) sowie die bei Tillard, L'adaptation 233 überlieferte Stellungnahme eines Konzilsvaters und die ebd. 238 zitierte Nota der am Konzil zugelassenen Auditorinnen aus dem Ordensstand.
Implizit ist damit die stets latente Frage nach *finis primarius* und *finis secundarius* (*finis generalis* / *finis specialis*) des Ordenslebens angesprochen. Siehe dazu etwa van Kerckhoven und die eben genannte Intervention verschiedener Generaloberer. Beachtenswert ist auch, daß die apostolische Ausrichtung der Institute auch Auswirkungen auf das Verständnis der Ordensweihe hat.

11 Vgl. AS 3/7, 487. - Hausman, Vie religieuse apostolique, 106 Anm. 77 überliefert, daß van Kerckhoven vor allem intendierte, vor einer für den apostolischen Elan unzuträglichen Betonung des Gemeinschaftslebens zu warnen.

12 Siehe dazu Wulf, Kommentar zum Ordensdekret 283f; Tillard, L'adaptation 233.

Ordenslebens zu sprechen oder gibt es nur mehrere mögliche Theolog*ien*, »die zwar auf die gleiche Wurzel zurückgehen mögen und im tiefsten eins sind, in ihrer konkreten Konzeption und ihren Ideen aber ... sehr erheblich voneinander differieren können«[13]?

Interessanterweise haben die Redaktoren des Konzilstextes aus der Rede van Kerckhovens zwar die Passage übernommen, daß die apostolische Tätigkeit zur innersten Natur der Lebensform der apostolisch tätigen Gemeinschaften gehört, nicht aber die vorangestellte Verdeutlichung, die *actio apostolica* sei nicht etwas Hinzugefügtes (*superadditum*), Sekundäres (*secundarium*) oder Hinzukommendes (*accessorium*). Der Konzilstext ist dadurch offener und unverbindlicher. Deswegen scheint PC 8 auch zwei Möglichkeiten, Einheit und Vielfalt des Ordenslebens zu konzipieren, zuzulassen:

- Eine Theologie des Ordenslebens kann gemeinsame Elemente der Ordensberufung entwickeln, zu denen je nach »Typus« noch verschiedene, für diese oder jene Lebensform wesentliche Komponenten hinzutreten[14].
- Sie kann aber auch von Anfang an jene spezifizierenden Elemente miteinbeziehen und von hierher die - unzweifelhaft vorhandenen - Konnotationen des allgemeinen Phänomens »Orden« reflektieren.

Es wird zu untersuchen sein, welcher dieser Wege in der nachkonziliaren Ordenstheologie eingeschlagen wurde.

(2) Über die Frage nach einer »Typologie« des Ordenslebens hinaus richtete sich das Interesse der Konzilsväter auch auf die Eigenart jedes einzelnen Instituts. Von allem Anfang an wurde eine Rückbesinnung auf die Eigentümlichkeit der jeweiligen Ordensgemeinschaft als unumgänglicher Schritt für eine Erneuerung des Ordenslebens betrachtet[15]. Als Fixpunkte erwiesen sich dabei der »Geist« der Gründer und ihre eigentümlichen Absichten (*propria proposita*), zu denen die »gesunden Traditionen« treten. Sie machen zusammen das Erbe (*patrimonium*) jedes Instituts aus (PC 2b)[16].

---

[13] Wulf, Theologische Phänomenologie 451.

[14] Das dürfte auch der Weg des Konzils selbst gewesen sein: Auf PC 2-6 folgen die spezifizierenden Artikel PC 7-11.

[15] Vgl. schon das vorbereitete Schema zum Ordensdekret (AD Series II 3/1, 433-495). Die Rückkehr zu den Quellen des Instituts war auch eines der zentralen Anliegen von Papst Pius XII. Siehe dazu etwa: AAS 43 (1951) 33f.

[16] Text B sprach noch von »venerabiles traditiones«. Aufgrund der Kritik (AS 3/7, 115) ging man zur Wendung »sanae traditiones« über.
Für »propria proposita« dürfte - entgegen dem offiziellen deutschen Text - eher die Übersetzung »charakteristische, eigentümliche« Absichten angemessen sein. Das deutsche Wort »eigentlich« wird zu leicht mit dem Gegensatz »uneigentlich« assoziiert, eine Gegenüberstellung, die hier vom Text nicht intendiert sein dürfte.

Bevor wir auf die Probleme eingehen, die sich aus dem Axiom von PC 2b ergeben, mag (bereits in Rücksicht auf die nachkonziliare Diskussion) ein rascher Überblick über die in Konzilstexten und -diskussion verwendete Terminologie nützlich sein. Die Eigentümlichkeit des jeweiligen Instituts wird hier durchgehend als »*(propria) indoles*« bezeichnet (PC 1,4.2b.3,1.9,1.11,1.20; LG 44,2). Daneben erscheint auch die Wendung »*vita sua*« (etwa PC 10,1) bzw. »*sua forma vitae*« (PC 9,2). Zugleich aber ist auch vom »*spiritus*« des Instituts die Rede (PC 20,1; vgl. auch 21.22)[17]. Derselbe Terminus »*spiritus*« dient aber in erster Linie dazu, die Bedeutung des Gründers für sein Institut herauszustellen (PC 2b; LG 45,1)[18]. In den Interventionen der Konzilsväter taucht dann auch der Begriff »Charisma des Gründers« (bzw. »*dona charismatica*«) auf, der im Text selbst vermieden wurde[19]. Von einigen Interventionen her legt sich nahe, auch die Eigenart des Instituts als »Charisma« in der Kirche zu beschreiben[20].

Für die nachkonziliare Ordenstheologie ergeben sich aus Geschichte und Begrifflichkeit der Konzilstexte zwei Fragen:
- Ist besser von *spiritus* oder von »*charisma*« eines Ordensgründers bzw. einer Ordensgemeinschaft zu reden? Sind die beiden Begriffe untereinander austauschbar oder haben sie verschiedene Nuancen?
- In welchem Verhältnis stehen *spiritus Fundatoris* und *spiritus Instituti*? Geht das eine im anderen auf? Wird der Geist des Gründers durch den Geist des Instituts in der Kirche lebendig erhalten[21]? Ist der »Geist des Instituts« die institutionalisierte Form des Geistes des Gründers[22]? Grundlegend ist schließlich der Zusammenhang zwischen dem »patrimonium« eines Instituts (PC 2b) und dessen Eigenart zu klären.
- Der Inhalt der diesbezüglichen mündlichen und schriftlichen Interventionen der Konzilsväter wirft auch jene Schlüsselfrage auf, die für die praktische Weiterarbeit der Institute nach dem Konzil besonders bedeutungsvoll wurde: Wie ist es überhaupt möglich, den Geist des Gründers und seine ursprünglichen Absichten zu erheben und für die Gegenwart fruchtbar zu machen? Dieses hermeneutische Problem wurde schon im Konzil vom chilenischen Kardinal Silva Henriquez sowie von Kardinal Döpfner angeschnitten. Kardinal Silva Henriquez hob vor allem die Unterscheidung zwischen dem »Geist« des Gründers und den jeweils zeitbedingten äußeren Formen dieses Geistes hervor. Er wies auch darauf hin, daß der Geist des Gründers durch eine lebendige Tra-

---

17 Vgl. auch Text B., Art. 13 (AS 3/7, 762) sowie die Intervention von Kard. Bea (ebd. 443f).

18 Siehe dazu Kard. Silva Henriquez (AS 3/7, 571.579); Bisch. Van Lierde (ebd. 652).

19 Aus den Interventionen vergleiche: Kard. Bea (AS 3/7, 443); Bisch. De Wilde (ebd. 613); Indones. Bischofskonferenz (ebd. 657); Abt Kleiner (AS 2/4, 232f) und vor allem Kard. Silva Henriquez (AS 3/7, 571).

20 Vgl. Kard. de Barros Câmara (AS 3/7, 422); Erzb. Perantoni (ebd. 459).

21 So Kard. Bea (AS 3/7, 443f).

22 Vgl. Abt Kleiner (AS 2/4, 232); Bisch. De Wilde (AS 3/7, 613).

dition erhalten werden müsse[23]. Der Münchener Kardinal Döpfner schlug vor, die Gemeinschaften sollten sich die Frage stellen, wie ihr Gründer in der Situation der Gegenwart handeln würde[24].

In diesen Zusammenhang gehört auch die Frage, wie die in PC 2b erwähnten »gesunden Traditionen« eines Instituts als solche erkannt werden können[25]. Der nachkonziliaren Ordenstheologie waren und sind demzufolge zwei, in Hinblick auf die praktische Erneuerung der Ordensinstitute wesentliche Aufgaben gestellt:

- die Erarbeitung einer »*Hermeneutik*« des »Geistes« der Gründer;
- die Erstellung von Kriterien für die Benennung von authentischen *traditiones* einer Gemeinschaft.

Methodische Zwischenbemerkung

Nicht mehr die einzelnen Autoren und ihre Entwürfe, sondern die Fragen, die sich aus der Konzilsdiskussion ergeben haben, bilden in diesem Kapitel - wie z.T. schon bisher bei den kirchlichen Dokumenten zum Ordensleben - im Abschnitt über die theologische Literatur das Prinzip der Gliederung. Dadurch entfallen die »Leitfragen«, mit deren Hilfe die einzelnen Konzepte diskutiert wurden. Dieser Methodenwechsel von einer mehr exemplarischen zu einer mehr systematischen Vorgehensweise ergibt sich aus dem anstehenden Thema selbst, da die Frage nach Typus und Eigenart in den Beiträgen zur Ordenstheologie nur eine periphere Rolle spielt und somit keine größeren Entwürfe, die eine eigene Besprechung ermöglichen würden, vorliegen. Neben beiläufigen Erwähnungen findet sich hier vor allem Aufsatzliteratur. Untersuchungen über einzelne Gründergestalten oder Ordensspiritualitäten werden nur dort beigezogen, wo sie ausdrücklich auf hermeneutische Prinzipien reflektieren.

Konkret ergibt sich daraus folgende Vorgangsweise für dieses Kapitel: Die Übersichten über kirchliche Dokumente und nachkonziliare theologische Literatur zum Ordensleben werden jeweils von zwei größeren Fragenkomplexen bestimmt:

1. Die Frage nach dem *»apostolischen« Ordensleben*. Dieser Diskussionsschwerpunkt legt sich aus verschiedenen Gründen nahe. Die kritische Nachfrage nach bestimmten Eigentümlichkeiten der Ordensinstitute entzündete sich - historisch gesehen -

---

[23] Vgl. AS 3/7, 570-579, bes. 571: »Necessarium evadat profunde reconsiderare charisma sui Fundatoris ad clare perspiciendum eius 'spiritum', qui per vivam traditionem servari debet, sed simul ad vere innovandas eius formas externas secundum exigentias historiae«.

[24] Vgl. Adnotationes Emmi. card. Julii Doepfner circa Schema emendatum De Religiosis, d. 18 aprilis 1963, ad punctum II, De adaptatione, n°11, zit. bei: Tillard, L'adaptation 101f. - Zur Problematik siehe auch Wulf, Kommentar zum Ordensdekret 270f; Besret B., Critères pour une rénovation, in: Les religieux aujourd'hui et demain (PVR 20), Paris 1964, 137-156.

[25] Siehe dazu auch die Konzilsrede von Kard. Moors (AS 3/7, 452). Bemerkenswert ist ebenso die Nota 3 zum Art. 6 des *Textus emendatus* (AS 3/7, 152), wo die »venerandae [!] traditiones« neben der Gründung als Quelle für die »opera propria« vorgestellt werden. Diese Nota hat das Adjektiv »venerandae« beibehalten, obwohl Art. 2 seit Text C von »sanae traditiones« spricht. Vgl. auch noch ES I,28.

nach den Regularkanonikern und Mendikantenorden besonders an dieser Form des Ordenslebens. Auch ein guter Teil der Diskussion während des Konzils drehte sich um die apostolisch tätigen Gemeinschaften. Die Formulierung aus PC 8: »In diesen Instituten gehören die apostolische und die caritative Tätigkeit zum eigentlichen Wesen des Ordenslebens« wirft das Problem besonders deutlich auf. Der »Fall« der *vita religiosa apostolica* soll dabei ausdrücklich als *ein* Beispiel erscheinen, wobei für andere Formen des Ordenslebens analoge Untersuchungen zu betreiben wären.
2. Die Probleme, die mit einer Rückbesinnung auf den *»spiritus Fundatoris«* (PC 2b) und dessen Beziehung zum *»spiritus instituti«* (PC 20) gegeben sind. Zu dieser Thematik stellen sich einige Unterfragen.
Den Abschnitt über die theologische Literatur beschließt ein Blick auf Stellungnahmen zum Problem: Theologie oder Theologi*en* des Ordenslebens?

I. Kirchliche Dokumente zum Ordensleben

Eine Durchsicht durch die zentralen nachkonziliaren kirchlichen Dokumente zu Fragen des Ordenslebens erweist, daß in fast allen dieser Schreiben und Verlautbarungen die »Eigenart der Institute« eine Schlüsselrolle spielt. Die *indoles* kann sich dabei entweder auf das je einzelne Institut oder auf bestimmte »Ordenstypen« beziehen. Bemerkenswert ist, daß sich in diesen offiziellen Dokumenten überraschend einhellig eine zweipolige Typologie eingependelt hat, die - mit Ausnahme von ET 8-10 - nur dort aufgebrochen wird, wo ein Text in ausdrücklicher Parallelität zu PC 7-10 formuliert ist (vgl. c. 674-676 und implizit - durch Verweis auf PC 7-10 - MR 11). Ansonsten herrscht das Begriffspaar *communitates vitae contemplativae* und *religiosi actioni apostolicae dediti* vor (MR 16; vgl. auch ES I,36 §1; RC 1.5; EE 24; RD 2). Das Schreiben »Die kontemplative Dimension des Ordenslebens« (DCV) dagegen greift die bereits in der Konzilsdiskussion umstrittene Unterscheidung von *vita activa* und *vita contemplativa* auf und erhebt sie sogar zum Gliederungsprinzip des Schreibens (vgl. auch MR 27). Erstaunlich ist, daß abgesehen vom neuen Ordensrecht z.B. das monastische Ordensleben oder die Mendikantenorden unerwähnt bleiben. Man kann nur vermuten, daß sie der einen oder anderen Gruppe zugerechnet werden sollen.

1. »Instituta operibus apostolatus dedita« (vgl. PC 8)

Bei der Lektüre der kirchlichen Dokumente zum Ordensleben springt ins Auge, daß sie im allgemeinen die eher beschreibende und umständliche Benennung aus PC 8 bzw. synonyme Varianten aufnehmen und eine direktere Terminologie (etwa: *vita religiosa apostolica*) vermeiden[26]. Diese Formulierung dürfte Rücksicht auf die historische Entwicklung nehmen. Der Ausdruck *vita apostolica* hat nämlich im Laufe der Ordensgeschichte nicht unbeträchtliche Wandlungen durchgemacht[27]. Er verweist auf verschiedene Paradigmen des Ordenslebens: Es ist *vita apostolica*, weil es in der Nachfolge der Apostel steht, die um Christi willen alles verlassen haben und von ihm mit der Reich-Gottes-Verkündigung betraut wurden. Ordensleben ist »apostolisch«, weil es das Leben der Jerusalemer Urgemeinde, das in der Apostelgeschichte geschildert wird, aktualisiert. Allgemein qualifiziert das Adjektiv »apostolisch« das Ordensleben als evangelische Lebensform. Der Akzent kann dabei aber auch auf den Aposteln als zu allen Völkern gesandte Zeugen Christi und seiner Auferstehung liegen. Daraus wird schließlich die Charakterisierung »apostolisch« zunehmend zur Chiffre für jegliches Tun, das auf die Verbreitung des Evangeliums angelegt ist. In einem gewissen Sinn sind deshalb alle Formen des Ordenslebens »apostolisch« (vgl. RD 15). Die Bezeichnung *instituta operibus apostolatus dedita* für den Ordens*typ* ist deshalb exakt: Die fraglichen Institute übernehmen *opera*, äußere Tätigkeiten im Namen der Kirche, die dem »Apostolat«, d.h. der Verbreitung des Evangeliums, auf vielfältige Weise dienen.

Aus den verschiedenartigen Dokumenten kristallisieren sich einige Akzente heraus, welche die nachkonziliare Entwicklung markieren.

(1) Die Aussage von PC 8,2, daß die apostolische (und caritative) Tätigkeit in den apostolischen Ordensgemeinschaften »zum eigentlichen Wesen des Ordenslebens« gehört, wird auf vielgestaltige Weise konkretisiert, indem der prägende Einfluß des apostolischen Charakters jener Institute auf das ganze Leben der Ordensgemeinschaft geltend gemacht wird. Denn: »Es gibt konkret kein Ordensleben 'an sich', das gleichsam wie ein Zusatz das besondere Ziel und eigene Charisma jedes Instituts überlagern würde« (PI 17). So soll etwa die *vita communis* gemäß der besonderen Berufung dieser Institute gestaltet werden (ES II,25; EE 21). Bereits im Noviziat sowie auch in der weitergehenden Ausbildung muß sich die apostolische Ausrichtung der Gemeinschaft auswirken (RC 5.13,II; MR 27; EE 46; PI 47). Die »Weihe« der Ordensleute

[26] Ausnahmen bilden: DCV 4: »Religiosi di vita apostolica« (als Zitat aus der Papstbotschaft an die Plenaria); EE 49: »apostolic religious«; siehe auch das Schreiben Papst Johannes Pauls II. an die Bischöfe der USA Art. 4: »institutes of apostolic life«. - Zum Folgenden vgl. Hausman N., La vie religieuse apostolique selon Vatican II, in: NRTh 107 (1985) 658-674, dort 670-674.

[27] Vgl. dazu Lozano J.M., De vita religiosa ut vita apostolica, in: CRM 53 (1972) 3-23.124-136; Frank K.S., Vita apostolica als Lebensnorm in der Alten Kirche, in: IKaZ Communio 2 (1979) 106-120.

erhält dadurch eine besondere Note (EE 12; vgl. PI 17). Zu diesen expliziten Erwähnungen treten auch jene Vorschriften und Empfehlungen, die sich allgemein auf die »Eigenart« des Instituts beziehen und damit für diese Gemeinschaften auch deren apostolischen Charakter miteinschließen[28]. So steht etwa das konkrete Leben nach den evangelischen Räten unter dem prägenden Einfluß von Eigenart und Ziel der Gemeinschaft (c. 598 §1; vgl. ES II,23; ET 21; PI 16). Die Eigenart des Instituts bringt einen bestimmten Stil der Heiligung und des Apostolats mit sich (MR 11; EE 11; PI 17). Sie bestimmt auch die jeweilige Form der Trennung von der Welt (c. 607 §3), ja die ganze Lebensart und das Zeugnis (RD 7).

Kritisch erwähnt werden muß RC 2. In diesem Artikel der Instruktion über die zeitgemäße Erneuerung der Ausbildung zum Ordensleben wird zwar PC 8,2 (»In diesen Instituten gehören die apostolische und caritative Tätigkeit zum eigentlichen Wesen des Ordenslebens«) zitiert, im gleichen Atemzug aber auch relativiert. Es sei nämlich darauf hinzuweisen, »daß diese Tätigkeiten nicht das Hauptziel der Ordensprofeß« sind und sein dürfen. Hier kommt erneut die fragwürdige Gegenüberstellung von Primär- und Sekundärziel des Ordenslebens ins Spiel, die gerade durch PC 8,2 anfanghaft aufgebrochen schien. RC 2 dagegen führt wieder hinter diese vorsichtige Öffnung zurück.

(2) Nicht einhellig interpretieren die kirchlichen Dokumente die konkreten, mit dem Adjektiv »apostolisch« umschriebenen Tätigkeiten. Häufig bildet die »apostolische Tätigkeit« einfachhin das Gegenüber zur »Kontemplation«. Das Gemeinte deckt mithin im großen und ganzen ab, was die gängige Formulierung *vita activa* ausdrückt. Also sind damit auch die vielfältigen Formen caritativen Tuns umgriffen (etwa in RC; RD; DCV). In ET 9 dagegen ist »Apostolat« strikt mit Wortverkündigung verknüpft und wird in ET 10 von »anderen Bereichen im Dienst am Menschen« (»vita pastoralis, sacrae missiones, institutio scholastica, caritatis opera hisque similia«) abgehoben. Anders wieder EE 12. Dort wird in Anschluß an PC 8 die Berufung der »apostolischen Institute« als »aktive Verkündigung des Evangeliums 'durch Werke der Liebe, die dem Institut von der Kirche anvertraut und in deren Namen auszuüben sind'« verstanden[29]. Der Artikel aus EE zielt darauf ab, das Tun dieser Gemeinschaften als wahrhaft ekklesiales Tun und nicht als

[28] Dieser Bezug ist deswegen möglich, weil *indoles* sich nicht nur auf die je einzelne Gemeinschaft beziehen kann, sondern auch auf einen bestimmten Ordenstyp. Vgl. etwa MR 11 durch Verweis auf PC 7-10. Im übrigen wird in PC 1,4 *indoles* auch für die Unterschiedenheit von *vita religiosa, instituta saecularia* und *societates vitae communis sine votis* verwendet.

[29] So die dt. Übersetzung in OK. Im engl. Original scheint die weiter gefaßte Bezeichnung »institutes dedicated to works of the apostolate« auf.

bloß menschliches Bemühen um das Gute zu erweisen. Diese Sinnspitze soll durch den Zusatz »apostolisch« angezeigt werden.

(3) Die *Essential Elements* verdeutlichen den engen Zusammenhang zwischen Ordensweihe und apostolischer Tätigkeit. In den apostolisch tätigen Instituten hat die allen Ordensgemeinschaften gemeinsame Weihe »noch einen weiteren Aspekt (a further note): Die Teilnahme an der Sendung Christi ist spezifisch und konkret«. Die apostolische Tätigkeit solcher Institute

> »ist Ausdruck einer Weihe durch Gott, welche die Ordensleute sendet, Christus in seinen Gliedern in konkreten Formen zu dienen (vgl. EN 69), wie es der Gründungsgnade des Institutes entspricht (vgl. MR 15)« (EE 12 vgl. auch EE 4.25; DCV 4)[30].

EE 24 und 25 verdeutlichen diesen Ansatz. EE 24 betont nochmals die konkret umschriebene Art der Tätigkeiten, die in den Konstitutionen festgelegt sind. Diese *Konkretheit* bedeutet für die Sendung dieser Ordensleute zugleich eine Beschränkung, die sich aus der Weihe in einem bestimmten Institut ergibt (EE 24). Jenes konkrete, allen Gliedern des Instituts gemeinsame Apostolat steht in so engem Zusammenhang mit der Identität des Institutes, »daß es nicht geändert werden kann, ohne die Eigenart des Institutes selbst zu beeinträchtigen«[31]. Erneuerung oder Revitalisierung der apostolischen Werke sowie neue Wege, sie zu erfüllen, sind damit allerdings nicht ausgeschlossen. Das von der Kirche anerkannte Apostolat einer Gemeinschaft bleibt aber »Prüfstein« für alle neuen Aufgaben (EE 25)[32].

(4) Unter die wesentlichen Elemente des Ordenslebens zählt EE 4 für die Institute mit apostolischen Tätigkeiten ein »gemeinschaftliches Apostolat« (»a corporate apostolate«; vgl. auch EE 10). Das bedeutet: Das Spezifikum dieser Institute liegt nicht in den Tätigkeiten der einzelnen Ordensmitglieder, die untereinander differieren können, sondern in einer dem ganzen Institut übertragenen Aufgabe, zu der das Tun aller Mitglieder in einem »direkten Bezug« stehen muß (vgl. EE 25).

---

30 Übers. v. A.H. Zur Konzeption der Weihe in EE vgl. oben 49-51.

31 »This common and constant apostolate is part of the institute's sound traditions. It is so closely related to identity that it cannot be changed without affecting the character of the institute itself«. Übers. v. A.H. »Character« muß hier m.E. richtiger mit »Eigenart« als mit »Wesen« (so in OK) wiedergegeben werden.

32 ES I,28 und im Anschluß daran MR 57a kennen einen Unterschied zwischen »opera propria alicuius Instituti« und »opera concredita ab Ordinario«. Aus dem Gesamt der kirchlichen Bestimmungen wird man jedoch folgern müssen, daß auch der Bischof nur nach Maßgabe des eigentümlichen Ziels einer Gemeinschaft Aufgaben übertragen sollte.

(5) EE 26 stellt einen signifikanten Unterschied zwischen dem Apostolat der Ordensleute und dem der Laien heraus (vgl. RPU 22; AA 2.7.13. 25), der eng mit dem gemeinschaftlichen Charakter dieses Apostolats zusammenhängt. Die apostolische Tätigkeit der Ordensangehörigen findet ihren Ursprung im *Ordensgehorsam*, d.h. die Ordensleute nehmen teil an der kirchlichen Sendung ihrer Gemeinschaft und ordnen sich dem spezifischen Ziel des Instituts unter. Einmal Mitglied einer konkreten Gemeinschaft geworden, entscheiden sie nicht mehr selbst über ihre Tätigkeit, sondern geben sich hinein in jene Aufgaben, die ihrer Gemeinschaft als »heiliger Dienst und Liebeswerk« (PC 8,2) von der Kirche anvertraut sind. Ihre wahre Apostolizität liegt nicht darin, daß sie ein »Apostolat« ausüben, sondern darin, daß sie leben wie die Apostel, indem sie sich ganz in den Dienst Christi und seiner Kirche stellen (EE 26)[33].

(6) Den apostolisch tätigen Instituten kommt es schließlich in besonderer Weise zu, Apostolat und innerliches Leben miteinander zu verbinden und diese von allen Christen anzustrebende Einheit konkret in der Kirche darzustellen (vgl. RC 5; DCV 4.17). Zugleich gilt aber nach DCV 6, daß das apostolische und caritative Tun die »Verbindung mit Gott nährt« (vgl. PI 17f)[34].

Das Phänomen der apostolisch tätigen Gemeinschaften als eigenständiger Form des Ordenslebens wurde also in den nachkonziliaren kirchlichen Dokumenten eindeutig wahrgenommen. Besonders bedeutsam für die Weiterentwicklung der Ordenstheologie auf diesem Gebiet sind die Aussagen über die *Gemeinschaftlichkeit* und *Konkretheit* des Apostolats in diesen Gemeinschaften (vor allem in EE).

2. Die Eigenart der Institute: Wurzeln und Konsequenzen

Auf vielfältige Weise und mit zahlreichen Termini beziehen sich die nachkonziliaren kirchlichen Dokumente auf die Eigenart der einzelnen Institute. Neben dem am häufigsten anzutreffenden Begriff *indoles* weisen etwa auch *vocatio*, *natura*, *finis*, *opera propria*, *vita propria*, *propositum*, *identitas*, *traditio*, *spiritus*, *ratio*, *missio*, *munus* und nicht zuletzt *charisma* auf den spezifischen Charakter der einzelnen Institute hin, durch

[33] Kritik an dieser Konzeption übt Lozano, The Theology 130. Die Redaktoren von EE übersähen hier die semantische Entwicklung des Terminus *vita apostolica*: »Our communities are apostolic because we follow Christ in his proclamation of the Kingdom, with our apostolates and our lives«.

[34] Vgl. auch den Synodenbeschluß 2.2.3., wo die Einheit von Grundauftrag und konkreten Diensten in Kirche und Gesellschaft betont wird.

den ihre Lebensform wesentlich geprägt wird. Die mittlerweile gängig gewordene Bezeichnung »Charisma des Instituts« taucht zum ersten Mal in einem offiziellen Dokument in ET 32 auf (vgl. RPU 4c.13; PI 17.69). Diesen Terminus zeichnet vor den meisten anderen aus, daß er die Geistgewirktheit der Vielfalt der Ordensgemeinschaften und somit die Positivität dieser Vielfalt betont. Lohnender als die Auflistung verschiedener, meist wohl eher zufällig verwendeter Termini, und lohnender auch als eine Diskussion über die Opportunität der verwendeten Begrifflichkeit[35] ist es, die »Wurzeln« dieser Eigenart, wie sie in den kirchlichen Dokumenten gesehen werden, bloßzulegen.

Grundsätzlich läßt sich sagen: Die »Eigenart« eines Instituts steht in unauflöslichem Zusammenhang mit seiner Gründung, ist aber auch von der nachfolgenden Entwicklung nicht unberührt geblieben. Dabei steht einmal mehr die Person des Gründers im Mittelpunkt, ein andermal der ganze »Gründungszusammenhang«.

Wie wir in der Einleitung zu diesem vierten Kapitel gesehen haben, war bereits in der Konzilsdiskussion vom *»Charisma des Gründers«* die Rede[36]. Im Konzilstext wurde jedoch der Begriff *»Fundatorum spiritus«* bevorzugt (PC 2b). Zum ersten Mal in einem offiziellen Schreiben wurde das »Charisma der Gründer« in ET 11 erwähnt: Gemäß dem »Charisma« der Gründer und Gründerinnen sollen die Ordensleute die »Menschen zur Annahme der göttlichen Wahrheit und Liebe zuführen«. Wo Paul VI. im Anschluß daran die von PC 2b ausgehende Grundlinie der Erneuerung der Ordensgemeinschaften anspricht, bedient er sich jedoch nicht des Begriffs »Charisma« (des Gründers), sondern einer deskriptiven Formulierung, die Elemente aus LG 45,1, PC 2b und LG 46,2 aufnimmt:

> »Das Konzil schärft mit Recht den Ordensmännern und Ordensfrauen die Pflicht ein, den Geist (spiritus [LG 45,1; PC 2b]) der Gründer und Gründerinnen, ihre am Evangelium ausgerichteten Zielsetzungen (horum proposita evangelica [PC 2b]) und das Beispiel ihrer Heiligkeit (exempla sanctitatis [LG 46,2]) treu zu bewahren«.

---

[35] Bemerkenswert sind nur einige Beobachtungen: 1. Die im Zuge der konziliaren Diskussion aus dem Konzilstext verschwundene Sequenz »finis, natura, indoles« und ihre Varianten tauchen wieder auf (ES II,6; EE 12.16.46; c. 578. 588 §3; PI 93). 2. Relativ häufig wird *finis* bzw. *fines* verwendet. Damit dürfte (im Vergleich zu *indoles*) stärker der zielgerichtete und ekklesiale Charakter der Gemeinschaften ausgedrückt sein. 3. Auffallend ist auch der Gebrauch von *spiritus* (EE passim; VS Norma 9; MR 14b.28; DCV 26.29; PI 93) im Zusammenhang mit der Eigenart eines Instituts. Er könnte darauf hinweisen, daß sich die Gemeinschaften nicht nur durch geringfügige Äußerlichkeiten unterscheiden, sondern auf einer tieferen Ebene. 4. Die Geläufigkeit des Terminus »Charisma« zeigt sich etwa auch daran, daß in deutschen Übersetzungen sogar *indoles* mit »Charisma« wiedergegeben wurde. Vgl. etwa den Text von MR 41.52 in den AAS mit der Übersetzung in OK.

[36] Vgl. oben 328f.

F. Viens weist darauf hin, daß der hier verwendete Ausdruck »proposita evangelica [i.e. Conditorum]« PC 2b und PC 2a miteinander verknüpft und dadurch dem Mißverständnis einer Art »Zweiquellentheorie« (Evangelium *und* Gründer) wehrt[37]. Aus dem Charisma »erwächst jeder Ordensgemeinschaft ihre je eigene Dynamik« und »eine gewisse sich durchhaltende Grundrichtung« (ET 12).
Ausführlicher mit dem Charisma der Stifter befassen sich MR 11 und 12. Das Charisma der Gründer wird als »gewisse *Erfahrung des Geistes*« bestimmt, »die den eigenen Schülern überliefert wurde, damit sie danach leben, sie hüten, vertiefen und ständig weiterentwickeln in der gleichen Weise, wie auch der Leib Christi ständig wächst« (zit. auch in PI 67).
Die darauf gründende Eigenart des Institutes bewirkt einen eigentümlichen Stil der Heiligung und des Apostolates, in dem sich die bestimmte Tradition des Instituts objektiviert und greifbar wird (MR 11).
Kriterien für die Echtheit eines Charismas (sowohl des Instituts als auch des Gründers) listet MR 12 auf. Dazu zählen eine »echte Neuheit im geistlichen Leben der Kirche«, eine »besondere Tätigkeit« sowie die Treue zum Herrn, kluge Beobachtung der Umstände, Gehorsam gegenüber der Kirche und andere Prüfungskriterien. MR 51 nimmt den Gedanken auf und wendet ihn auf das Urteil über die Neugründung einer Ordensgemeinschaft an. Als Kriterien fungieren hier: die eindeutige Herkunft vom Geist; der Wille zur Gleichgestaltung mit Christus; eine aufbauende Liebe zur Kirche und Gelehrigkeit der Stifter gegenüber der Hierarchie. Bemerkenwert ist außerdem noch MR 23f, das von der »charismatischen, lebhaften und erfindungsreichen Originalität« der Stifter spricht, die auch heute von den Ordensleuten erwartet wird. In MR 14b wird der ekklesiale Charakter des Ordenslebens dahingehend konkretisiert, daß jedes Institut sogar die *Pflicht* hat, die Kirche durch die ihm eigenen Merkmale zu bereichern. Auf diese Weise bekommt der konziliare Auftrag der Rückkehr zum »Geist des Ursprungs«, in dem diese Eigenheit keimhaft grundgelegt ist, deutlicher noch als in PC 2b eine eminent ekklesiale Dimension (vgl. MR 11).
Einen etwas anderen Akzent setzen die *Essential Elements*. Hier fungieren weniger die Person des Gründers und sein Charisma als Wurzel der Eigenart eines Instituts, sondern ein *»Gründungscharisma«* (»founding charism«) bzw. eine *»Gründungsgnade«* (»founding gift«; vgl. etwa EE 11.25). Dieser geistgewirkten Gründungsgnade entspringt die Identität eines Instituts. Sie schafft eine bestimmte Art von Spiritualität, Le-

[37] Vgl. Viens 83.

ben, Apostolat und Tradition (EE 11 mit Verweis auf MR 11; vgl. auch EE 12.25). Das Gründungscharisma vermittelt den Gliedern eines Instituts das Evangelium (EE 45). Das Urteil über die Authentizität eines solchen Charismas kommt in erster Linie der Hierarchie zu (EE 41). Die Persönlichkeit der Gründer und Gründerinnen erfährt im Ganzen des Dokuments nur in EE 40 Beachtung. Die Stifter »bitten die hierarchische Kirche, die Echtheit der Gnade Gottes, von der die Existenz ihrer Institute abhängt, öffentlich zu bestätigen«. Auch hier bleiben die Gründer eher im Schatten ihres Werkes. Der Gründungszusammenhang ist in EE also gewissermaßen »entpersonalisiert«.

Neben diesen Aussagen, welche die Beziehung von Gründercharisma bzw. Gründungscharisma und Eigenart (Charisma) des Instituts betonen, läßt sich in den kirchlichen Dokumenten noch eine zweite Linie erkennen: Auch der weitergehenden *Geschichte* einer Ordensgemeinschaft wird ein hoher Stellenwert beigemessen. So gilt etwa nach ES I,28, daß die »opera propria« eines Instituts sowohl durch die Gründung selbst als auch durch verehrungswürdige (*venerandae*) Traditionen bestimmt werden[38]. Nach DCV 26 können sich die kontemplativen Ordensgemeinschaften in Treue zum eigenen Geist und den Traditionen ihres Instituts für die Welt öffnen und den Menschen geistliche Hilfe anbieten. Unter den gleichen Voraussetzungen haben sie auch ihre »eigentümliche Trennung von der Welt« treu zu bewahren (DCV 29 vgl. auch VS, Norma 4). Nach EE 4 bestimmen die gesunden Traditionen im Verein mit der speziellen Gründungsgnade die apostolische Tätigkeit einer Ordensgemeinschaft. Auch der laikale bzw. klerikale Charakter eines Instituts wird von der »legitimen Tradition« mitbestimmt (c. 588 §2 und §3). Die *traditiones* sind - neben anderen Elementen - ein tragendes Moment der »inneren Kohärenz« eines Instituts (PI 93).

Während in den bisher genannten Texten die *traditiones* als *Wurzel* für die Eigenart eines Instituts erscheinen, findet sich auch der Gedanke, daß die Traditionen selbst *Ausdruck* von »Wesen, Ziel, Geist und Charakter des Instituts« sind (EE 16; vgl. auch EE 25). Für beide Seiten der *traditiones* aber gilt, daß sie nicht schon als faktisch bestehende normierend sein dürfen, sondern sich erst in einem Prozeß der Unterscheidung als »gesunde«, »legitime« erweisen müssen. Vor überholten, ungesunden äußeren Formen wird deshalb wiederholt gewarnt (etwa: ES II,17; ET 2.5).

Auch der Begriff *patrimonium instituti*, der in PC 2b den Geist der Gründer, ihre eigentümlichen Absichten und die gesunden Traditionen

[38] Siehe auch schon Anm. 3 zu Art. 6 des Textes D zum Ordensdekret, in: AS 3/7, 152.

zusammenfaßt, begegnet wieder in den nachkonziliaren kirchlichen Dokumenten (vgl. EE 11.44.51; c. 578.631; RD 7, dort als *»hereditas spiritualis«*; PI 93). In EE 11 bekommt er allerdings eine andere Färbung. Hier werden Wesen, Geist, Ziel und Charakter als »geistliches Erbe« bezeichnet[39].

Auffallend ist, daß die kirchlichen Dokumente neben dem von PC 2b herrührenden Plural *traditiones* (passim) auch den Singular *traditio* verwenden (vgl. MR 11; EE 11,37.36. Normae §17; c. 588 §2 und §3). Ähnliches gilt von *proposita* (passim) und *propositum* (MR 13b). Der Wechsel zwischen den beiden Formen könnte mit einer Unsicherheit in der Interpretation von PC 2b stehen, auf die Rudolf Mainka hingewiesen hat[40]. PC 2b ist im Plural abgefaßt: »Es ist der Kirche zum Nutzen, daß die Institute ihre Eigenart ... haben. Darum sind der Geist und die eigentlichen Absichten der Gründer wie auch die gesunden Überlieferungen ... treu zu erforschen und zu bewahren«. Versucht man, das Gleiche für ein einzelnes Ordensinstitut auszusagen, stellt sich die Frage, ob nun auch *proposita* und *traditiones* in den Singular zu setzen sind, so daß der Satz dann lauten würde: »Darum sind der Geist und die eigentümliche Absicht des Gründers bzw. der Gründerin wie auch die gesunde Tradition ... treu zu erforschen und zu bewahren«. Dies würde bedeuten, daß *propositum* und *traditio* weniger ganz konkrete, faßbare Grundsätze und Gebräuche sind, sondern eher Ideale, die erst zu entsprechenden Ausdrucksformen finden müssen. Die von den meisten kirchlichen Dokumenten vertretene Interpretation geht jedoch dahin, *traditiones* und *proposita* im Plural zu belassen[41]. Die vereinzelte Verwendung des Singular deutet aber auf eine andere mögliche Auslegung hin.

Zusammenfassend ergibt sich für die Frage der Eigenart eines Instituts aus der kirchlichen Lehrverkündigung zum Ordensleben: Die Eigenart eines Instituts, sein »Charisma«, wird in einem dynamischen Prozeß über Vermittlung der Tradition(en) vom »Charisma des Anfangs« bestimmt, bringt aber zugleich selbst *traditiones* hervor, die wiederum die künftige Eigenart mitgestalten. Prägend für diesen ganzen Prozeß bleibt

---

39 EE 11 schließt sich damit früheren Redaktionen von PC an; etwa Text B, Art. 13, in: AS 3/7, 762; Text C/D Art. 2, in: ebd. 144.

40 Vgl. Mainka R., Charisma und Geschichte im Ordensleben, in: UISG-Bulletin n°58 (1982) 23-36, dort 35f, Anm. 11.

41 Siehe dazu c. 578: »Fundatorum mens atque proposita a competenti auctoritate ecclesiastica sancita circa naturam, finem, spiritum et indolem *instituti* necnon *eius* sanae traditiones ... ab omnibus fideliter servanda sunt« legt PC 2b durch die Einfügung des »eius« eindeutig in diesem Sinn aus. Hervorhebung v. A.H.

das Charisma des Gründers bzw. das Gründungscharisma. Es ist Prüfstein für die Authentizität der Traditionen.
Schließlich geht aus den kirchlichen Dokumenten eindeutig hervor, daß das konkrete Leben eines Instituts vom Zueinander der prägenden Elemente Charisma des Gründers bzw. Gründungscharisma und Tradition(en) beeinflußt ist. Sie stehen im Prozeß der Erneuerung an entscheidender Stelle (vgl. ET 11; ES II,12a), sind in ganz besonderer Weise der Sorge der Oberen und der Generalkapitel anvertraut (vgl. MR 14c; EE 51; c. 619.631), bestimmen die konkrete Form der Präsenz einer Ordensgemeinschaft (RPU 6; DCV 26.29), seine apostolischen Werke (ES I,28; EE 4.12.25; RD 15). Sie prägen maßgeblich Spiritualität, Heiligung, Apostolat eines Instituts (MR 11; EE 11), legen den klerikalen bzw. laikalen Charakter einer Gemeinschaft fest (c. 588) und sollen nachhaltig Einfluß auf die Ordensausbildung ausüben (EE 44.47; PI passim).

3. Offene Fragen

Die kirchlichen Dokumente aus der Zeit nach dem Konzil haben sehr deutlich die Impulse des Zweiten Vatikanums aufgenommen und damit den Weg zu einer als legitim verstandenen Vielfalt von Ordensgemeinschaften geebnet. Wesentlich ist, daß diese Vielfalt sich nicht auf kleinliche Äußerlichkeiten beschränkt, sondern aus der geistgewirkten Wurzel eines Instituts erwächst. Diese kirchlichen Dokumente sind nicht nur für die Ordensgemeinschaften selbst wichtig, sondern können als Exempel für den Umgang mit Vielheit und Einheit, mit Gleichheit und Unterschiedenheit dienen und sind deshalb von allgemeiner ekklesiologischer Bedeutung für die Frage nach der geistgewirkten Vielfalt von Lebensformen in der Kirche.
Diese Bedeutsamkeit kommt der kirchlichen Lehrverkündigung auch in einer zweiten Hinsicht zu: MR 11 vergleicht zu Recht das geschichtliche Wachstum und die Weiterentwicklung einer Gemeinschaft auf der Basis ihres vom Geist Gottes hervorgebrachten Ursprungs mit dem ständigen Wachstum des Leibes Christi. Damit ist zugleich die Frage nach der *Tradition* gestellt. Sie verschärft sich dort, wo das Verhältnis von *traditio* und *traditiones* zur Diskussion steht. Die zwei Probleme, die sich daran anschließen, betreffen im Grunde nicht nur die Ordensgemeinschaften, sondern die ganze Kirche:
- Welche *traditiones* sind legitim und wie kann diese Legitimität erwiesen werden?

- Gibt es *traditiones*, die zwar *so* am Anfang noch nicht vorhanden waren, sich erst im Lauf der Geschichte entwickelt haben, nun aber als solch konkret gewachsene konstitutive Bedeutung haben? Ist es möglich, von geschichtlicher Kontingenz abzusehen und einen »inneren«, bleibenden Kern herauszuschälen? Oder müssen jene Traditionen gerade als so gewordene beibehalten werden[42]?

Zur Beantwortung dieser Fragen geben die kirchlichen Dokumente zum Ordensleben wenig Hilfestellung. Es wird zwar darauf verwiesen, daß »gesunde« und schon »veraltete« Traditionen zu unterscheiden sind. Aber neben dem negativen Kriterium der Unzeitgemäßheit und Kraftlosigkeit wird positiv nur auf das Charisma des Gründers bzw. das Gründungscharisma zurückverwiesen. Damit ist das Problem jedoch lediglich verschoben, denn auf eine »Hermeneutik« des Gründercharismas gibt es in den kirchlichen Dokumenten keine Hinweise. Die Aussagen von MR 12 und 51 beziehen sich weniger auf den Inhalt eines Charismas als auf den Erweis seiner Geistgewirktheit. So wichtig also der Verweis auf die »Quellen« jedes Instituts ist - für die konkrete Erforschung (PC 2b) dieser Quellen bieten die kirchlichen Dokumente keine Kriterien.

Ungeklärt bleibt auch, welche Elemente das »Charisma des Gründers« enthält. Betrifft es das ganz persönliche Leben des Gründers? Oder ist dieses Charisma strikt auf die Gründung eines Instituts hingeordnet (vgl. die entpersonalisierte Form »founding charism« in EE)? Wir werden sehen, daß diese Frage in der theologischen Literatur klar gesehen und diskutiert werden wird[43].

Ähnliches gilt für den Terminus *fundator*. Er ist in kirchlicher Lehrverkündigung ein univoker Begriff und kommt ununterschieden und in gleichem Maß und Sinn allen zu, die auf irgendeine Weise ein Ordensinstitut ins Leben gerufen haben. Gerade hier wird die Ordenstheologie Differenzierungen anbringen.

Kritisch anzumerken ist die häufig anzutreffende Verengung der Ordenstypologie auf »kontemplative« und »apostolisch tätige bzw. aktive« Institute. Die zweigliedrige Typologie stellt aber z.B. angesichts der monastischen Lebensform und der Mendikantenorden eine Verarmung dar[44].

---

[42] Zu diesem Problem siehe etwa: Rahner K., Grundsätzliche Bemerkungen zum Thema: Wandelbares und Unwandelbares in der Kirche, in: Schriften 10, 241-261.

[43] Vgl. unten 354-365. - Eine Differenzierung scheint sich nur in der von PC 2b herkommenden Formulierung »spiritus (mens) propriaque proposita« anzudeuten.

[44] Kontroversen innerhalb der betroffenen Ordensgemeinschaften über ihre eigene Zuordnung hat F. Wulf bereits in seinem Kommentar zu PC 8 vermutet. Vgl. Wulf, Kommentar zum Ordensdekret 283.

Schließlich ergibt sich für die »apostolisch tätigen« Institute noch immer - auch nach CD 33-35, ES und MR - die Frage, in welchem Verhältnis ihre spezifische Tätigkeit zur apostolischen Tätigkeit des Amtes in der Ortskirche (und Universalkirche) steht. Ist sie ihr von dieser »anvertraut« (ES; vgl. PC 8) oder wird sie von der Kirche zuerst als vom Geist gewirkte Gabe entgegengenommen, als solche dann geprüft und approbiert? Das Problem wird dort akut, wo eine Gemeinschaft die Übernahme von Arbeiten mit dem Hinweis auf ihre Eigenart verweigert. MR hat für die Praxis gute Richtlinien gegeben, auf theologischer Ebene sind aber noch Fragen offen[45].
Insgesamt wird man sagen müssen, daß gerade jene Dokumente, die einen eher lehrmäßigen Charakter an sich tragen (etwa MR, EE), mehr auf die Vielfalt und Eigenart von Ordenstypen und einzelnen Instituten rekurrieren als stärker spirituell orientierte (etwa RD). Die Probleme jedenfalls sind klar gestellt und wir werden zu überprüfen haben, wie sich die Thematik in der theologischen Reflexion entwickelt hat.

II. Theologische Literatur zum Ordensleben

Herausgefordert durch den konziliaren Auftrag zur Erneuerung des Ordenslebens durch »Rückkehr zu den Quellen jedes christlichen Lebens und zum Geist des Ursprungs der einzelnen Institute« (PC 2) hat sich auch die nachkonziliare theologische Literatur der Frage nach Eigenart und Ursprung der Ordensgemeinschaften gestellt. Über die kirchlichen Dokumente hinaus, die sich weitgehend mit der Feststellung der Eigenart der Institute und ihrer Auswirkung auf das Leben der einzelnen Gemeinschaften begnügten, wurden hier auch die Schwierigkeiten dieses Fragenkomplexes aufgezeigt und Einzelheiten herausgearbeitet. Klar wurde zudem auf die Zweideutigkeit der Forderung einer Rückkehr zum Ursprung und auf die Gefahr eines »Archäologismus«

[45] Hausman, Vie religieuse apostolique et communion de l'Église 180-186 sieht in ihrer Interpretation der betreffenden Konzilstexte die »actio apostolica« der apostolischen Ordensleute aus dem Apostolat des Amtes hervorgehen (mit Berufung auf CD 33-35). Sie unterscheiden sich so nicht nur von den Mendikantenorden (welche die *vita apostolica* nur »verbinden« mit monastischen Oberservanzen), sondern auch vom laikalen Ordensleben (PC 10), dessen Tätigkeit nur dem Seelsorgsauftrag der Kirche »dient«, während den apostolischen Ordensgemeinschaften ihre Sendung von der Kirche direkt »anvertraut« ist (PC 8). Sie stehen damit in äußerster Nähe zu den Regularklerikern, denen in der Textgeschichte von PC zunächst ein »sanctum ministerium« zugeschrieben worden war. M.E. dürfte Hausman hier jedoch (wie an manchen anderen Stellen) die Interpretation der Konzilstexte überziehen.

hingewiesen[46], ohne damit den anderen Gefahrenpol, die Entwurzelung, außer acht zu lassen.

Gleichzeitig griff die nachkonziliare Theologie des Ordenslebens die Frage nach den »apostolischen« Ordensgemeinschaften auf. Aber auch andere Formen der *vita religiosa*, insbesondere die monastische Lebensform, wurden auf ihre Eigenart hin befragt[47]. Die vorliegende Literatur zum Thema zeigt sich hier jedenfalls wesentlich differenzierter als die sich meist auf die Zweiteilung *vita (mere) contemplativa - vita apostolica / activa* beschränkenden kirchlichen Dokumente. Es ist jedoch nicht zu übersehen, daß die Arbeiten zum sogenannten »apostolischen« Ordensleben einen anderen Charakter an sich tragen als etwa Untersuchungen zum beschaulichen oder monastischen Ordensleben. Die Literatur zum Mönchtum gibt sich weitgehend mit einer darstellenden Vorgangsweise zufrieden, indem sie die traditionell wesentlichen Elemente wie Chorgebet, Regel, Gehorsam, *stabilitas loci* ... aufzeigt, ohne diese Elemente erst noch als vereinbar mit der *vita religiosa* zu erweisen. Anders die Veröffentlichungen zum »apostolischen« Ordensleben: Als dessen jüngste Form scheint es immer noch unter Rechtfertigungsdruck zu stehen. Das zeigt sich einerseits daran, daß der Vergleich mit älteren Organisationsformen der *vita religiosa* einen breiten Raum einnimmt, andererseits daß man sich bemüht hat, die herausgearbeiteten Eigenarten dieses Ordenstyps als »kompatibel« mit dem »ursprünglichen Ideal« des Ordenslebens darzustellen. Aus diesem Grund ist der »Fall« des apostolischen Ordenslebens für unser Thema besonders interessant, weil hier die Frage nach dem Zueinander von Eigenart und allgemeinem »Wesen« des Ordensstandes immer implizit mitgestellt ist.

Im Fortschreiten vom Umfassenderen (Ordenstypus) zum Speziellen (Eigenart eines einzelnen Instituts) stellen wir also im folgenden die wichtigsten Arbeitsergebnisse nachkonziliarer Ordenstheologie zu diesem Themenkomplex vor.

---

46 Vgl. Tillard, L'adaptation 109 und zuvor schon Besret B., Critères pour une rénovation, in: Les religieux aujourd'hui et demain (PVR 20), Paris 1964, 137-156, dort 148-150.

47 Siehe dazu besonders die Veröffentlichungen von Jean Leclercq, etwa: Aspects du monachisme hier et aujourd'hui, [Paris] 1968; La défi de la vie contemplative, Gembloux 1970; Moines et moniales ont-ils un avenir? (Tradition et renouveau 6), Brüssel 1971; Tendances monastiques actuelles, in: NRTh 100 (1978) 90-102; Vie religieuse et vie contemplative, Gembloux 1969; Mönchtum und Contemplatio im Gespräch mit einer sich wandelnden Welt, in: GuL 42 (1969) 117-137. Vgl. auch Miquel P., Etre moine, Paris 1982; ders., La voie monastique (Vie monastique 18), Bégrolles-en-Mauges 1986; Consider Your Call. A Theology of Monastic Life Today. Publ. by D. Rees, London 1980; Roy O. du, Moines aujourd'hui, Paris 1972.

1. Das »apostolisch tätige Ordensleben«

Noch 1987 beginnt Noëlle Hausman ihre Untersuchung über das apostolische Ordensleben gemäß der Lehre des Zweiten Vatikanums mit der Feststellung:

> »Durch die Päpste und Bischöfe gedrängt, seine Aufgabe in der Erneuerung der Evangelisierung wahrzunehmen, sieht sich das apostolische Ordensleben heutzutage vor die dringende Notwendigkeit gestellt, über seine theologischen Grundlagen zu reflektieren, da seine pastorale Situation und seine lehrmäßige Identität erheblich differieren«[48].

Die Klage über dieses Auseinanderklaffen und das Fehlen einer Theologie des »apostolischen« Ordenslebens zieht sich ausgesprochen[49] oder unausgesprochen[50] wie ein roter Faden durch die Bemühungen der Theologie, ein tragfähiges Fundament für diese Form des Ordenslebens zu erarbeiten, das sowohl der praktischen Realität und der geschichtlichen Entwicklung dieser Institute als auch den allgemein gültigen Erfordernissen des Ordenslebens gerecht wird. Vielen Theologen scheint das apostolische Ordensleben noch immer zu sehr im Schatten des Mönchtums zu stehen. Die »monastische Überformung«, die sich vor allem in den weiblichen Gemeinschaften unvorteilhaft ausgewirkt hatte, dürfte noch nicht überwunden sein. Einerseits zeigt sich das an neueren kirchlichen Dokumenten wie EE und Pars II von DCV, die explizit an die apostolisch tätigen Ordensleute gerichtet sind[51], andererseits macht sich auch in den Kreisen dieser Ordensleute selbst eine Tendenz bemerkbar, die apostolische Aktivität zugunsten von Gebetsgruppen (cha-

---

48 Hausman, Vie religieuse apostolique et communion de l'Église 23. - Der Meinung Hausmans (ebd.), daß die »Festigkeit« der Lehre des Zweiten Vatikanums zum apostolischen Ordensleben nur nicht genügend wahrgenommen worden sei, kann ich mich allerdings nicht anschließen. Vergleiche dazu die einleitenden Bemerkungen zu diesem Kapitel: 325-327.
Auffallend ist, daß im Gegensatz zu den kirchlichen Dokumenten in der theologischen Literatur »apostolisches Ordensleben«, »vie religieuse apostolique« zu einer durchgängigen Bezeichnung wird.

49 Vgl. etwa Beyer J., Vie religieuse ou Institut séculier?, in: NRTh 92 (1970) 505-535, hier 524; ders. Premier bilan des chapitres du renouveau, in: NRTh 95 (1973) 60-86, hier 63; Viard C., Introduction, in: AAVV., La présence au monde comme expérience de Dieu. Sens de la vie religieuse »apostolique« dans l'Église, Paris 1985, 5-14, hier 6; Vita religiosa apostolica. Fondamenti e note distintive. Documento dell'Unione Internazionale Superiore Generali (Hg.) e suo commento (Collana Testimoni 34), Bologna 1984, dt.: Theologische Gedanken über Grundlagen und besondere Kennzeichen des Apostolischen Ordenslebens: Grunddokument, in: UISG-Bulletin n°62 (1983) 14-34, dort: Einf.; Art. 16.18 (im folgenden zit. als: UISG-Dokument).

50 Etwa im Bemühen Tillards um eine theologische Fundierung in Appel und Dans le monde.

51 Siehe dazu die amerikanische Kritik zu EE, in: Religious Life in the U.S. Church. The New Dialogue. Publ. by R.J. Daly, New York 1984; Viard 7 (zu DCV).

rismatischen Charakters) oder selbstzufriedenem Gemeinschaftsleben zurückzuschrauben. Zu dieser eigenen Sehnsucht nach neuer Innerlichkeit und Geborgenheit tritt bestärkend die Erfahrung, daß gerade monastische und kontemplative Gemeinschaften für junge Leute anziehend wirken, während die eigene Gemeinschaft vielleicht unter permanentem Nachwuchsmangel leidet[52]. Demgegenüber versuchen manche Theologen im Anschluß an PC 8,2 verstärkt, die »apostolische und caritative Tätigkeit« als zum Wesen dieser Form des Ordenslebens gehörig auszuweisen. Vor allem geht es darum, jede Dichotomie zwischen seelsorglich-caritativem Tun und einem vom *soli Deo* gekennzeichneten Leben zu vermeiden, wiewohl Spannungen in der Lebenspraxis nicht geleugnet werden.

Im Zentrum der theologischen Überlegungen steht dabei eine *christologische Fundierung* des apostolischen Ordenslebens, die ihrerseits auf eine *theo-logische Wurzel* zurückverweist. Den Ausgangspunkt dafür bildet die in den Evangelien bezeugte Einheit von Wort und Wirken im Leben des irdischen Jesus. Seine Heilungen, Wundertaten, seine Zuwendung zu den Menschen, vor allem zu den Armen, sind integraler Bestandteil seiner Verkündigung vom Reich Gottes (vgl. etwa Lk 11,20; Mt 11,2-6). Jesus versteht sich darin als der *Gesandte* des Vaters, in dessen Auftrag er handelt und dessen Liebe er durch seine Taten sichtbar und erfahrbar macht (vgl. Lk 7,11-17; Joh 5,17.36). In diesem öffentlichen Leben Jesu liegen die Wurzeln des apostolischen Ordenslebens[53]. Die apostolischen Ordensleute aktualisieren auf sehr konkrete Weise die Liebe Christi, die sich in seinem Umgang mit den Menschen zeigte, und manifestieren so sein erlösendes *Handeln* in Kirche und Welt[54]. Dazu zählt in besonderer Weise die Zuwendung zu den *Armen*, von der die Ordensgeschichte ein sprechendes Zeugnis gibt. Wie die Verkündigung des Evangeliums an die Armen im Leben Jesu nicht ein Element seiner Botschaft unter anderen ist, sondern deren letzte Zuspitzung oder, anders gewendet, deren innerster Kern, so ist auch das caritative und verkündigende Tun der apostolischen Ordensleute nicht nur eine Randerscheinung in der Kirche, nicht nur das Aufgreifen einer Notlage, sondern Erfüllung einer der drängendsten Anforderungen des Evange-

[52] Vgl. Viard 5f; Beyer, Premier bilan 83f.

[53] So u.a. bei Beyer, Vie religieuse ou Institut séculier 528f; UISG-Dokument Art. 2.3.19.21.34.

[54] Vgl. Tillard, Vent'anni 35f; Hausman, Vie religieuse apostolique et communion de l'Église 183.189.

liums[55]. Die tätigen Ordensgemeinschaften halten so der Kirche vor Augen, daß ihre Verkündigung ohne die konkrete, liebende Hinwendung zu den Armen ein Torso bliebe.
Doch gilt es, wie vor allem *Tillard* zeigt, diese christologische Fundierung auf ihre theologische Tiefe hin auszuloten. In Jesus Christus, in seiner Zuwendung zu den Menschen leuchtet die Liebe Gottes zur Welt auf. Er ist der »Gott-mit-den-Menschen«, der sich gerade so, in Jesus Christus, als »Gott-*für*-die-Menschen« erweist[56]. Das letzte Charakteristikum des apostolischen Ordenslebens in seiner vielfältigen Auffächerung (vgl. PC 8) liegt deshalb darin, daß es sich in die Bewegung des Vaters, der seinen Sohn dahingibt (vgl. Joh 3,17; Röm 8,32), und des Sohnes, der sich für die Welt hingibt, einordnet. Die Gemeinschaft Jesu mit Gottes »Option« für die Armen entwirft sich für Tillard bereits in seiner Menschwerdung. Sie ist nicht in der Gestalt der Herrlichkeit, sondern in der Gestalt der Armut geschehen (vgl. Phil 2,6-8; 2 Kor 8,9). Tillard, in dessen Räteverständnis die Armut eine zentrale Stelle einnimmt[57], folgert daraus, daß die Übernahme der Lebensform der evangelischen Räte (als Eintreten des Menschen in die Armut der Inkarnation) und apostolische Aktivität (als konkretes Sich-Einfügen in Gottes eigenes Tun) einander nicht entgegenstehen[58]. Für Tillard ist das Engagement der Ordensleute deswegen nicht auf einer ethischen Ebene, sondern tatsächlich auf der Ebene des *Glaubens* anzusiedeln ist. Ihr Tun wurzelt zutiefst im Geheimnis des Menschgewordenen selbst[59].
Die bis jetzt aufgezeigte christologisch-theologische Fundierung des apostolischen Ordenslebens zielte in erster Linie darauf ab, diese Lebensform als genuin evangeliums- *und* »ordensgemäß« aufzuweisen. Zugleich bietet sie aber auch einen Ansatzpunkt, die Ausdifferenzierung des Phänomens »Ordensleben« in die Vielfalt verschiedener Typen zu begreifen: Das Leben der Ordensleute ist hier grundlegend als (eine) Form der *sequela Christi* konzipiert. Diese eine Nachfolge verwirklicht sich jedoch in vielfältiger Weise. Der Reichtum des Lebens Christi läßt zu, ja verlangt geradezu danach, daß verschiedene Akzente gesetzt werden. Aus dem Leben Christi greift das sogenannte apostolische Ordensleben vor allem jene Elemente heraus, die den Menschen-

[55] Vgl. Renwart L., La vie religieuse »active« a-t-elle encore sa raison d'être?, in: VieCon 50 (1978) 7-21, hier 15 (mit Rückbezug auf M. Dortel-Claudot); Tillard, Religieux au coeur 135-137; Appel 20.73.

[56] Vgl. Tillard, Dans le monde 16.38-41 und passim; Beyer, Vie religieuse ou Institut séculier 526.

[57] Siehe dazu in dieser Arbeit: 84f.

[58] Vgl. Tillard, Appel 77-82; Dans le monde 11; Charisme 59.

[59] Vgl. Tillard, Appel 7.

sohn als Gesandten (*»apostolos«*) des Vaters zum Heil und zur Erlösung der Menschen bezeichnen. Gerade so, in und mit diesem Schwerpunkt, verwirklichen die apostolisch tätigen Ordensleute die eine und ganze Nachfolge (vgl. auch LG 46,1).

In der nachkonziliaren Ordenstheologie läßt sich schließlich auch der Versuch orten, die Entwicklung unterschiedlicher Typen des Ordenslebens aus einer jeweils *andersgearteten Beziehung zur Welt* zu erklären. So stand etwa eine Konferenz französischer Ordensleute unter dem bezeichnenden Titel: »Präsenz in der Welt als Erfahrung Gottes. Der Sinn des apostolischen Ordenslebens in der Kirche«[60]. Die 1985 veröffentlichten Vorträge dieser Konferenz(en) kreisen um die enge Beziehung von Welterfahrung und Gotteserfahrung, die das apostolische Ordensleben auszeichnet. Wie *Claude Viard* in seiner Einführung darlegt, gibt es kein Ordensleben, das nicht von der Erfahrung Gottes getragen ist. Jedes Ordensleben ist ein auf Gott hingeordnetes und ihm hingegebenes, »geweihtes« Leben. Das kommt jedoch nicht allein im strikt kontemplativen Leben zum Ausdruck. Ebenso wäre es fatal, »innerhalb« des apostolischen Ordenslebens eine Grenze zu ziehen zwischen Orten der Gotteserfahrung (Gebet, Gemeinschaft) einerseits und dem Einsatz in und für die Welt andererseits. Für diese Ordensform stellt gerade ihre Präsenz in der Welt ein konstitutives Element ihrer Gotteserfahrung dar. Apostolisches Ordensleben heißt,

> »die Erfahrung Gottes leben nicht wider die Gegenwart in der Welt, nicht trotz dieser Gegenwart in der Welt, sondern gerade innerhalb dieser Präsenz in der Welt und sogar mittels dieser Präsenz in der Welt«[61].

Michel Rondet zieht die von den anderen Referenten (Jacques Trublet, Jean-Claude Guy, Christiane Hourticq) vorgegebenen Linien unter dem Titel »Das apostolische Ordensleben - Zeugnis für die Kirche von einer Erfahrung Gottes« aus[62]. Er geht dabei von der Beobachtung aus, daß die apostolischen Ordensleute gegenwärtig in einer Welt leben, die augenscheinlich *nicht* von der beglückenden Erfahrung Gottes gekennzeichnet ist, sondern unter der Erfahrung seiner Abwesenheit leidet. Sie fliehen aber *nicht* aus dieser Welt, teilen vielmehr die leidvolle Erfahrung der Menschen, lassen ihren Glauben in Frage stellen, halten in

---

60 AAVV., La présence au monde comme expérience de Dieu. Sens de la vie religieuse »apostolique« dans l'Église, Paris 1985. - Hier zeigt sich der äußerst enge Zusammenhang der Frage nach dem apostolischen Ordensleben mit dem Thema das vorangegangenen Kapitels »Orden und Welt«. Vergleiche dazu auch schon: Beyer J., La vie consacrée dans l'Église, in: Gr 44 (1963) 32-61, dort bes. 56-58.

61 Viard 10. Vgl. auch Beyer, Vie religieuse ou Institut séculier 525.

62 Rondet M., La vie religieuse apostolique - témoignage pour l'Église d'une expérience de Dieu, in: La présence au monde 59-66.

Treue an den »Brennpunkten« dieser Welt aus. Diese paradoxe Erfahrung Gottes in seiner Abwesenheit[63] bringen die apostolischen Ordensleute auch in ihr Gebet ein. Sie nehmen darin teil an den Leiden und Zweifeln der Menschheit und bringen sie vor Gott. Es ist dies ein Gebet der Hoffnung und der Sehnsucht nach Gerechtigkeit und Schalom, ein Gebet, das sich an der Klage des Psalmisten »... man sagt zu mir den ganzen Tag: 'Wo ist nun dein Gott'?« (Ps 42,4b) inspiriert. Den apostolischen Ordensleuten kommt die unabwälzbare Verantwortung zu, *dieses* Gebet in der Kirche wachzuhalten. Ein Gebet, das Alltag und Leiden in sich aufnimmt, Raum gibt für Fest und Trauer; ein Gebet, das ganz nahe am Leben der Menschen steht[64]. Ebenso erinnert der apostolisch-caritative Einsatz der Ordenschristen die Kirche daran, daß sie hinauszugehen hat »bis an die Grenzen der Erde« (vgl. Apg 1,8). Die Berufung der apostolischen Orden unter ihrem zweifachen Aspekt, Ordensleben und Apostolat, stellt sie »in das Herz der Kirche, ihres Lebens, ihrer Heiligkeit«, verbindet sie »mit ihr durch starke institutionelle und spirituelle Bande« und schickt sie zugleich »an die Grenzen, in eine Welt der Abwesenheit Gottes, des Unglaubens, der menschlichen und spirituellen Armut, der erlittenen Unterdrückung«[65]. Diese Spannung von »innen« und »außen«, »Herz« und »äußersten Grenzen« hat sich vor allem an der dem apostolischen Ordensleben eigenen Gemeinschaftskonzeption zu zeigen. Wie für sie, so gilt für die ganze Kirche: Gemeinschaft ist kein Selbstzweck, sondern Christen werden vom Geist versammelt, um wieder zerstreut zu werden. Ein oft schmerzhafter Prozeß, der jedoch deutlich macht, daß die Kirche (und in ihr jede Gemeinschaft) nicht selbst schon das vollendete Reich Gottes ist, sondern (nur) Zeichen und Sakrament für dieses Reich. Gerade in einem Augenblick, wo die Kirche versucht ist, sich auf sich selbst zurückzuziehen, ist für Rondet dieses Zeugnis der apostolischen Ordensleute besonders wichtig.

An ihrem Leben wird auch deutlich, daß das Heil nicht in einer neuen Gnosis bzw. in einem Rückzug von der Welt zu finden ist, sondern daß das Leben (in der Welt) selbst heiligt und weiht. Im apostolischen Or-

---

63 Vgl. auch schon Viard 13, der Claude Geffré (in: Incroyance et foi n° 23 <1982> 16) zitiert: »L'expérience spirituelle de notre temps consiste à vivre devant Dieu l'absence de Dieu. Là est le paradoxe de cette expérience spirituelle. ... Vivre une soumission priante à Dieu alors que j'expérimente tous les jours de ma vie et dans le monde son inutilité«.

64 Zur besonderen Gestalt des Gebetes in den apostolischen Ordensgemeinschaften siehe auch: Beyer, Vie religieuse ou Institut séculier 530-533 (»Contemplation 'monastique' et contemplation 'apostolique'«); Tillard, Dans le monde 29.61-86; UISG-Dokument Art. 41-46.

65 Rondet, La vie religieuse apostolique 63.

densleben zeigt sich unübersehbar, daß christlich verstanden »Weihe« nur als »Sendung« zu begreifen ist und daß die Begegnung mit Gott nicht in einem imaginären Raum stattfindet, sondern sich mitten im Leben ereignet. Schließlich klagt für Rondet diese Ordensform jede Nostalgie an, die einseitig auf das Vergangene blickt. In der Verkündigung des kommenden Reiches, in ihrem mutigen Blick auf Gegenwart und Zukunft manifestieren die apostolischen Ordensleute auf ihre Weise die eschatologische Ausrichtung jedes Ordenslebens[66].

An dem Beitrag Rondets wird eines sehr deutlich: Er greift »traditionell« gemeinsame Elemente des Ordenslebens - Gebet, Zeugnis in der Kirche, Weihe, eschatologische Orientierung - auf, gibt ihnen aber für das apostolische Ordensleben einen eigenen Akzent, der *so* in anderen Formen der *vita religiosa* nicht aufscheint.

In etwas anderer Terminologie entwickelt auch *Tillard* einen ähnlichen Ansatz für die Eigenart apostolischen Ordenslebens. Grundlegend bleibt bei ihm die spannungsgeladene Einheit von »vor Gott« und »für die Welt«, deren Kern und Grundzüge bereits im vorangegangenen Kapitel dargestellt wurden. Dort, wo die apostolischen Ordensleute ihre Berufung durch Gott und ihre Hingabe in Treue leben, wird ihr Tun selbst zum Akt der »Anbetung«. In der Treue zu ihrem apostolischen Dienst verwirklichen und konkretisieren sie ihre Treue zu Gott. Während z.B. der Mönch vorzüglich durch sein Gebet Gott verherrlicht und sein ganzes Leben um dieses Gebet ordnet, verherrlicht der apostolisch tätige Ordenschrist Gott gerade in und durch seinen Einsatz, ohne allerdings zu vergessen, daß Zeiten »ausdrücklichen« Gebets unabdingbar sind[67].

Die Unterschiedenheit der *vita religiosa apostolica* zeigt sich für Tillard nicht zuletzt an der Konzeption von Gemeinschaft, die für die meisten dieser Gemeinschaften bestimmend ist. Bei ihnen ist die »*koinônia*« nicht selbst zentraler Wert und erstes Zeugnis für die Kirche, sie steht auch nicht im Dienst der einzelnen Glieder, damit diese ihre je persön-

66 Vgl. Rondet, La vie religieuse apostolique 64f.

67 Vgl. Tillard, DD 338 und die Darstellung Tillards im 3. Kap. (272-289). - Siehe auch Tillard, Dans le monde 26; Renwart, La vie religieuse »active« 19; Beyer J., Prière et apostolat en vie consacrée, Rom 1977; ders., Vie religieuse ou Institut séculier 529; Lozano, Theology; Buckley, Reflections.
Tillard, Appel 55; Charisme 59.117f bezieht sich auf die Maria-Martha-Perikope Lk 10,38-42. In Charisme 117f beruft er sich auf Louis Chardon, Dominikaner aus dem 17. Jahrhundert. Nach ihm hat Martha zwar die Kontemplation unterbrochen, aber nicht das Objekt ihrer Kontemplation - die Person Jesu - verlassen. Tillard schließt daraus: »L'action des religieux menée *devant* Dieu a cette qualité de l'attitude de Marthe *devant* le Seigneur. Elle n'est pas une distraction« (118).

liche Berufung leben können, sondern ist primär Stütze, Ermöglichung und wesentliches Element ihres Apostolats[68].

Diese Überlegung Tillards führt zu einem letzten, von *Léon Renwart*, *Michel Dortel-Claudot*, *Tillard* selbst und in etwa *Jean Beyer* herausgestellten »Spezifikum« des apostolischen Ordenslebens. Von den bisher besprochenen charakteristischen Zügen unterscheidet sich dieser Aspekt dadurch, daß er nicht die Vielfalt innerhalb des Phänomens *vita religiosa* betrifft, sondern vielmehr auf die Frage eine Antwort zu geben sucht, was das seelsorglich-caritative Tun der apostolischen Ordensleute vom Einsatz der hierarchischen Kirche und aller Christen einerseits und den Mitgliedern der Säkularinstitute andererseits unterscheidet. Die Antwort dieser und anderer Theologen lautet, daß die Eigenart des Apostolats der Orden in seinem *kommunitären* Charakter begründet liegt. Als Glied einer Gemeinschaft, dieser durch das Gelübde des Gehorsams verpflichtet, entscheidet der einzelne nicht mehr eigenständig und im Alleingang über die konkrete Antwort, die er auf die Nöte der Zeit geben zu müssen meint, sondern stellt sich hinein in die Sendung der Gemeinschaft, sucht gemeinsam mit ihr (vor allem mit den Oberen) den Willen Gottes für sein Leben und seinen Dienst zu entdecken (vgl. auch EE 26). Hierin - und nicht schon in der Treue zu den alltäglichen Lebensgesetzen einer Ordensgemeinschaft - liegt der tiefste und radikalste Aspekt des Ordensgehorsams[69].

Der Zusammenhang von Dienst und Gemeinschaft macht deutlich, daß das Apostolat einer Ordensgemeinschaft ihr nicht vom Amt übertragen ist, sondern dem Charisma entspringt, das dem Institut geschenkt ist. Darin konkretisiert sich der charismatische Charakter des Ordenslebens, den die nachkonziliare Ordenstheologie so deutlich herausgestellt hat. Aufgabe der institutionellen Kirche ist es, dieses Charisma zu prüfen und die verschiedenen Charismen zu ordnen. Gerade an diesem Punkt werden unmittelbar auch praktische Konsequenzen für das Verhältnis von Hierarchie und Orden greifbar (vgl. MR), die bis in das kirchliche Recht hineinreichen[70].

---

[68] Vgl. Tillard, DD 226-229. Zur spezifischen Gemeinschaftskonzeption im apostolischen Ordensleben siehe auch: Linscott M., Gemeinschaft im Dienst der Sendung, in: UISG-Bulletin n° 58 (1982) 37-56.

[69] So Tillard, Dans le monde 27-31; Renwart, La vie religieuse »active« 19f; Beyer, Vie religieuse ou Institut séculier 515; Dortel-Claudot M., L'obéissance dans les nouvelles Constitutions des Instituts religieux de vie active, in: VieCon 48 (1976) 285-295; ders., Évangélisation et vie religieuse apostolique, Paris 1987.

[70] Zu den Konsequenzen für das Ordensrecht siehe Beyer, Vie religieuse ou Institut séculier 525.533-535. Zur Frage des Kirchenrechts auch: Lafont G., L'Esprit-Saint et le droit dans l'institution religieuse, in: VSp.S 20 (1967) 473-501.594-639, hier bes. 616-625.

In einer kurzen Passage nimmt auch *Régamey* auf das »apostolische« Ordensleben Bezug[71]. Er spricht sich vor allem gegen einen zu undifferenzierten Gebrauch des Adjektivs »apostolisch« aus. Beim Apostolat handelt es sich nicht um jedwede, aus Motiven der Frömmigkeit heraus geleistete Tat, sondern um ein strikt auf Glauben hingeordnetes Geschehen. Deswegen möchte Régamey zwischen »apostolischen« und »aktiven« Gemeinschaften unterscheiden. Der Hinweis ist nicht unwesentlich, übersieht aber die Mehrfachbedeutung des Wortes »apostolisch« und besonders die von anderen Theologen herausgestrichene evangelische Verwurzelung dieser Ordensform in Leben, Wort und *Tat* Christi und der von ihm Gesendeten (»*apostoloi*«), die eine strenge Unterscheidung von Glaubensverkündigung und caritativem Tun transzendiert[72].
Unbefriedigend bleibt auch die Typologie bei *Matura*, zumindest in seinen älteren Arbeiten. Er führt die Vielfalt der Ordensgemeinschaften auf zwei Grundkategorien zurück: dem Ordensleben »an sich« und dem funktionalen (oder diakonischen) Ordensleben[73]. Während das eine sich auf das »Sein« bezieht, sind die »funktionellen Gruppen« auf das »Tun«, auf eine bestimmte, fest umrissene Arbeit ausgerichtet. Innerhalb dieser beiden Gruppen gibt es eine Fülle von Diversifikationen. Der Raster scheint dennoch zu grob angelegt. Vor allem ist fraglich, ob »Sein« und »Tun« (Funktion) so gegeneinander ausgespielt werden können.

In der theologischen Literatur der Zeit nach dem Konzil kristallisierte sich also, angeregt nicht zuletzt durch PC 8, ein gewisses eigenständiges Profil der apostolischen Ordensgemeinschaften heraus. Die große Linie, die auch in den kirchlichen Dokumenten (etwa EE 11.16.37; PI 17) angedeutet ist, geht dahin, daß es sich bei den »Spezifika« dieser Ordensform nicht um Merkmale handelt, die zu einem »allgemeinen« Ideal des Ordenslebens hinzukommen, sondern um eine gewisse »Färbung« des ganzen Lebens, die allem ihr Prägemal aufdrückt[74]. Das gilt auch für die anderen Ordenstypen. Eine starre Typologie, die sich notgedrungen auf *äußere*, konkret benennbare Kennzeichen konzentrieren muß, kann das ganze Spektrum des Ordenslebens deswegen nicht adäquat einfangen. Das gilt besonders für eine zweipolige Typologie von

71 Régamey, L'exigence de Dieu 115.129, Anm. 10.

72 Régameys Bezugspunkt ist dagegen ein Abschnitt aus der STh des Thomas von Aquin: STh II-II q.182 a.2 (in: L'exigence de Dieu 129, Anm. 11).

73 Vgl. Matura, Célibat et communauté 36f.83-89; Scheideweg 109; differenzierter in: Suivre Jésus 90-92.

74 Man könnte einmal fragen, ob die deutsche Übersetzung des »pertinet« aus PC 8,2 mit »gehören ... zu« ebenso wie die französische mit »appartenir« den Text nicht schon in eine bestimmte Richtung interpretiert. Das lat. Verb *pertinere* hat auch die Bedeutung: betreffen, berühren, beeinflussen, Bedeutung haben, so daß auch die Übersetzung möglich wäre: »In diesen Instituten betrifft / berührt / beeinflußt die apostolische und caritative Tätigkeit das Wesen des Ordenslebens selbst«. Eine solche, vom lat. Text her m.E. mögliche Übersetzung würde der Deutung des Spezifikums als »Färbung« besser entsprechen. Besonders klar hierzu auch das UISG-Dokument Art. 11: Man könnte »von einer apostolischen Ordensperson sagen, daß sie die Realität des Menschseins durch ihr Christsein, das Christsein durch ihr Ordensleben und, noch spezifischer, als apostolische Ordensperson, Mitglied eines bestimmten Instituts, ausdrückt«.

vita religiosa contemplativa und *vita religiosa activa*. Vielleicht kann man eher von Kristallisationspunkten reden, um die herum sich die anderen Elemente des Ordenslebens in unterschiedlicher Gewichtung ordnen[75]. Versuche, verschiedene Typen des Ordenslebens zu umschreiben, können den einzelnen Instituten als Richtmaß konkreter Lebensgestaltung und als Inspiration hilfreich sein sowie einen gewissen äußeren Rahmen des Orts und der Sendung der jeweiligen Gemeinschaften in der Kirche abstecken.

An der Problematik des apostolischen Ordenslebens wird exemplarisch deutlich, daß keine Ordenstheologie von der Vielfalt des Phänomens »Ordensleben« absehen kann. Die Frage nach dem Grund dieser Vielfalt sowie nach einer - möglichen - gemeinsamen Wurzel stellt sich bereits hier, verschärft sich aber noch beträchtlich, wenn darüber hinaus die je eigene Note der einzelnen Institute in den Blick kommt. Dieser Fragenkomplex wurde in der nachkonziliaren theologischen Literatur vor allem unter dem Gesichtspunkt des »Charismas« eines Instituts bzw. seines Gründers, seiner Gründerin abgehandelt. Ausgehend von PC 2b und den nachfolgenden kirchlichen Dokumenten (besonders ET 11; MR 11) wurde eine fast verwirrende Fülle von Differenzierungen angebracht, die Thema des nächsten Abschnitts sind.

2. Die Eigenart der Institute und ihre Wurzeln[76]

»Wunderbare Vielfalt« (PC 1)

Nicht immer im Lauf der Geschichte wurde die mittlerweile unübersehbar gewordene Vielfalt von Ordensgemeinschaften positiv beurteilt.

---

[75] So wird man etwa sagen müssen, daß auch die kontemplativen Ordensleute auf ihre Weise genauso wie die apostolischen Ordensleute an der gegenwärtigen Erfahrung der Gottferne und Agonie der Welt teilhaben (müssen); auch sie erfahren nicht nur die heile Welt beglückender Gotteserfahrung. Vielleicht gilt hier Ähnliches wie im 3. Kapitel vom »Abstand« der Orden zur Welt, nur in umgekehrter Richtung: Während apostolische Ordensleute *effektiv* am Leben und Leiden ihrer Mitmenschen teilnehmen (und von daher auch affektiv betroffen sind), müssen kontemplative Ordenschristen zumindest *affektiv* an der Situation der Welt teilhaben und diese in ihrem Gebet vor Gott hintragen.
Vgl. auch Tillard, DD 92; Les moines 254; Lippert, Die Identität des Ordensbruders 259; Jetté F., Le Retour au fondateur, in: La vie des communautés religieuses 26 (1968) 307-316, hier 311.

[76] Für einen ersten Überblick siehe: Viens 136-172; Ruiz Jurado M., Vie consacrée et charismes des fondateurs, in: Vatican II. Bilan et perspectives. Vingt-cinq ans après (1962-1987). Publ. par R. Latourelle. 3, Paris 1988, 13-35; wir zit. nach der italienischen Ausgabe: Vita consacrata e carismi dei fondatori, in: Vaticano II. Bilancio e prospettive venticinque anni dopo (1962-1987). A cura di R. Latourelle. 2, Assisi 1988, 1063-1083.

Besonders die seit dem letzten Jahrhundert auftauchende Fülle von kleineren, lokalen, manchmal nur auf eine einzige Diözese bezogenen (Frauen-)Gemeinschaften, die einander oft zum Verwechseln ähnlich waren, ließ bisweilen zweifeln, ob solche Vielgestaltigkeit noch wünschenswert ist. Verdunkelt eine solche »partikularistische« Vielfalt nicht das Zeugnis der Ordensleute? Wären nicht weitgehende Zusammenschlüsse gerade in der derzeitigen »Diaspora« des Ordenslebens ein kräftigeres Zeichen für Kirche, Welt und nicht zuletzt für die Ordensleute selbst? Zeigt sich nicht bei den einzelnen Gemeinschaften eine krampfhafte, geradezu krankhafte Suche nach Identität, die oft an Nebensächlichkeiten haftenbleibt - und die noch dazu mit dem Hinweis auf den konziliaren Auftrag aus PC 2b verbrämt wird[77]?
Trotz aller Bedenken, die in der nachkonziliaren theologischen Literatur übrigens weitaus greifbarer sind als in den kirchlichen Dokumenten der Nachkonzilszeit, hat die Ordenstheologie jedoch an einer grundsätzlich positiven Wertung der Vielfalt des Ordenslebens festgehalten. Sie hat die Gemeinschaften ermutigt, sich auf ihre Eigenart zu besinnen, und hat dazu auch Hilfestellungen gegeben. Einen hervorragenden Platz nahm in diesen Überlegungen der Zusammenhang von gegenwärtiger Eigenart und Ursprung einer Gemeinschaft ein. Die »Grundintention«[78], der (ursprüngliche) »Plan Gottes«[79], die »Gabe« am Ursprung einer Gemeinschaft[80], das »Charisma«, das dem Gründer bzw. für die Gründung gegeben ist[81], bleiben normativ für die tatsächliche Eigentümlichkeit eines Instituts. Deshalb kann eine Gemeinschaft nur im Blick auf ihre Ursprünge und - so lautet eine wichtige Ergänzung - im

---

77 Vgl. dazu etwa Matura, Scheideweg 106f. - In den 70er Jahren gab es einige Vorstöße, die Vielfalt der Orden einzudämmen. Vergleiche etwa den Kurzbericht in OK 11 (1970) 245 mit besonderem Verweis auf Klagen über eine übersteigerte Mannigfaltigkeit während des holländischen Pastoralkonzils. Siehe auch PC 21 und 22, die in bestimmten Situationen zu verschiedenen Formen des Zusammenschlusses raten.

78 Diese Terminologie bei: Ciardi F., Menschen des Geistes. Zu einer Theologie des Gründercharismas, Vallendar-Schönstatt 1987 (I fondatori, uomini dello spirito. Per una teologia del carisma di fondatore <1982>, dt.); Régamey, L'exigence de Dieu 97-120; Tillard, Religieux - un chemin 169; Schillebeeckx, Das Ordensleben in der Auseinandersetzung; Olphe-Galliard M., Le charisme des fondateurs religieux, in: VieCon 39 (1967) 338-352; Ochoa X., Modus determinandi patrimonium constitutionale cuiusvis instituti perfectionis proprium, in: CMR 46 (1967) 337-350. 47 (1968) 97-111; Labonté L., Charisme du Fondateur et »souci primordial« d'un institut, in: AAVV., L'esprit des Fondateurs et notre renouveau religieux, Ottawa 1976, 373-399.

79 So Ledochowska T., A la recherche du charisme d'un institut religieux, in: VieCon 49 (1977) 7-23.

80 Vgl. Lafont, L'Esprit-Saint; Isaac J., Réévaluer les voeux. A vin nouveau, outres neuves (PVR 35), Paris 1973.

81 Siehe Lafont, L'Esprit-Saint; Ochoa, Modus determinandi 97f; Olphe-Galliard, Le charisme des fondateurs; Ledochowska, A la recherche; Boff, ZGW 103.275; Mainka R., Charisma und Geschichte im Ordensleben, in: UISG-Bulletin n°58 (1982) 23-36; Renwart, Vie religieuse »active« 17f.

Blick auf ihre weiterlaufende Geschichte die eigene »Identität« entdekken. Ein solcher Prozeß ist dabei analog zur Identitätsfindung eines einzelnen Menschen zu verstehen.

Besonders *Peter Lippert* hat hierzu einige von der Psychologie herkommende hilfreiche Überlegungen angestellt[82]. Davon sind für die Frage dieses Kapitels vor allem vier Gedanken wichtig:
(1) Identität ist nicht in erster Linie durch Unterschiedenheit definiert. Diese *kann* zwar ein Element sein, muß es aber nicht. »Das 'Profil' eines Menschen, mehr noch einer Gemeinschaft, kommt ... vielmehr dadurch zustande, daß er bzw. sie einige umrissene, beschreibbare Merkmale aufweist, die in einer sinnvollen und durchschaubaren Weise einander zugeordnet sind«[83].
(2) Die eigene Geschichte bildet ein unverzichtbares Stück der Identität. Dazu gehört nicht nur die »Siegergeschichte«, sondern auch Mißlingen, Verfall, Sünde.
(3) Die »fragende Reflexion« stellt nur in bestimmten Situationen (etwa auf einem Generalkapitel) ein »Hauptmittel« zur Identitätsfindung dar. »Vielmehr werden sich Reflexion, Gebet und Tun sowie Auswertung der Erfahrungen zu einem Ganzen verbinden müssen. So wird Identität auch gewissermaßen 'indirekt' gefunden«[84].
(4) Identität entsteht auf Beziehungsebene und Sachebene. Das heißt: Sein und Tun stehen miteinander in Interferenz und können nicht gegeneinander ausgespielt werden. Sein führt zu einem entsprechenden Tun und ein bestimmtes Tun gibt Aufschluß über das Sein.
Der Hinweis auf die Analogie zur Identitätsfindung eines Menschen und deren Bedeutung für eine positive Grundbefindlichkeit des Lebens bestärkt von humanwissenschaftlicher Seite den Konnex zwischen Eigenart einer Gemeinschaft und ihrer Geschichte, wobei darin der Gründungsgeschichte ein »normativer Rang« zukommt[85].

Theologisch gesehen ist dieser Zusammenhang von Ursprung und Eigenart von der Überzeugung getragen, daß am Beginn einer Ordensgemeinschaft das Wirken des Geistes Gottes steht und nicht bloß eine menschliche Idee oder Aktion. Auf die eine oder andere Weise kommt dies bei allen Autoren zum Tragen: Nicht nur das Ordensleben als solches ist »geistgewirkt«, »charismatisch«, sondern jede Ordensgemeinschaft verdankt ihre Entstehung einem Antrieb des Geistes[86]. Das ist auch der Grund, warum die Vielfalt der Orden grundsätzlich positiv zu beurteilen ist. Denn in ihr kommt der Reichtum des Geistes zum Vor-

[82] Vgl. Lippert, Die Identität des Ordensbruders; ders., Zur besonderen Berufung des Ordenspriesters (bes. 58f).

[83] Lippert, Die Identität des Ordensbruders 259; vgl. auch: ders., Zur besonderen Berufung des Ordenspriesters 58; Jetté 311.

[84] Lippert, Zur besonderen Berufung des Ordenspriesters 59; vgl. ders., Die Identität des Ordensbruders 259.

[85] Vgl. Metz, ZdO 23.

[86] Das gilt zumindest für die Zeit der Gründung und präjudiziert nicht die Frage, inwieweit damit das andauernde Bestehen einer Gründung auch zu anderen Zeiten und in anderen Umständen gerechtfertigt ist. Siehe dazu grundlegend die Studie von: Hostie R., Vie et mort des ordres religieux. Approches psychologiques, Paris 1972.

schein und wird in der Kirche manifest. Sehr deutlich hat das *Marcel Domergue* herausgestellt[87]. Für ihn offenbart der Pluralismus der Gemeinschaften nicht nur die Einheit in der Verschiedenheit, die der ganzen Kirche wesentlich ist, sondern letztlich etwas von Gott selbst. Die vielfältigen Möglichkeiten des Ordenslebens, die vom Geist in der Geschichte der Kirche erwirkt wurden, zeugen vom tiefen Respekt, den Gott vor der Verschiedenheit der Menschen hat. Zuletzt aber sind sie ein Fingerzeig auf das trinitarische Geheimnis Gottes selbst, in dem das Eine und das Vielfältige zuinnerst vereint sind.

Blickt man auf die Geschichte eines Ordensinstituts, konkretisiert sich das Wirken des Geistes, das am Anfang einer Ordensgemeinschaft steht, zuerst in der Person der Gründers bzw. der Gründerin. Als vom Geist erweckte Menschen gaben sie »den Anstoß zu religiösen Gemeinschaften« und wirkten dadurch mit, daß die Kirche »mit den mannigfachen Gnadengaben ihrer Kinder wie eine Braut für ihren Mann geschmückt dasteht« (PC 1,2; vgl. Offb 21,2).

Gründer und Gründung

Sowohl in den Konzilstexten als auch in den nachkonziliaren kirchlichen Dokumenten zum Ordensleben wurde die Bezeichnung *fundator* bzw. *conditor* in univokem Sinn verwendet. Geschichtliche Umstände und Differenzierungen traten nicht in den Blick. Genau dies aber geschieht nun in jener theologischen Literatur, die sich dem Anspruch von PC 2b stellt. Sobald man nämlich fragt, welche Bedeutung die Gründer für ihre Gemeinschaften tatsächlich heute noch haben, muß unweigerlich die ganz konkrete Gründungsgeschichte eines Ordensinstituts berücksichtigt werden. Und hier zeigt sich, daß der Titel »Gründer« sehr Unterschiedliches beinhalten kann.

Für manche Gemeinschaften stellt sich bereits schlicht und einfach die Frage: Wer ist Gründer dieser Gemeinschaft[88]? Am Ursprung anderer

---

[87] Domergue M., Aux sources de la diversité, in: Christus 16 (1969) 186-198; vgl. auch Isaac 212; Ravier A., Des familles religieuses - pourquoi?, in: Vocation n° 270 (1975) 167-178.

[88] Vgl. dazu den grundlegenden Aufsatz von: Oesterley G., Fundatores ordinum et congregationum religiosarum quinam sint, in: CMR 27 (1948) 75-89. Den Ausgangspunkt für Oesterley bildet die Frage nach dem Gründer der Christlichen Schulbrüder vom Hl. Gabriel, die in der Literatur meist als Exempel verwendet wird (Ludwig Maria Grignion de Montfort oder Gabriel Deshayes?). Oesterley definiert den Gründer als »auctor intellectualis aut immediatus executor alicuius specialis rationis pro agenda vita religiosa« (87) und unterscheidet drei verschiedene Arten von Gründern (87-89): 1. Im strengen Sinn sind jene Gründer, die eine neue Form des Ordenslebens ins Leben gerufen haben. 2. Im weiteren Sinn dürfen jene Gründer genannt werden, die eine vorliegende Regel so angepaßt haben, daß neue Gemeinschaften entstanden sind. 3.

Gemeinschaften wiederum stehen mehrere Gründer oder ein Gründerpaar[89] oder der Gründer / die Gründerin ist maßgeblich von anderen Personen (etwa Bischöfen, Priestern) beeinflußt. Und schließlich ist die unterschiedlich große Wirkung, die einzelnen Gründerpersönlichkeiten zukommt, nicht zu übersehen: Darf der Titel »Gründer« in gleichem Sinn etwa einem Ignatius und einer Gründerin einer kleinen lokalen Gemeinschaft zuerkannt werden? Können und müssen der »Geist« eines Priesters, der mehr oder minder zufällig eine lokal bleibende Ordensgemeinschaft ins Leben gerufen hat, und der »Geist« eines Franziskus von Assisi in gleicher Weise bewahrt werden? Wie sind letztlich die so zahlreichen Gründungen vor allem des 19. Jahrhunderts zu bewerten, die nach einem sehr ähnlichen Schema abliefen und deren Gründer(innen) oft (aber beileibe nicht alle!) fast per Zufall eine Ordensgemeinschaft initiierten, die derjenigen in der Nachbardiözese, abgesehen vielleicht von einer Variation des Ordensgewandes oder einer bestimmten, engumgrenzten Devotionsform, fast aufs Ei glich[90]? Auf diese Fragen und historischen Probleme suchte eine Reihe von Theologen durch *terminologische Unterscheidungen* zu antworten.

So schlug etwa *Soeur Jeanne d'Arc* vor, zwischen »*F*ondateur« und »*f*ondateur« zu unterscheiden, ein Spiel mit Buchstaben, das aufgrund der grammatikalischen Regeln im Deutschen nicht nachvollziehbar ist[91]. Diese Unterscheidung basiert auf der Differenzierung von »fondateur de spiritualité« und »fondateur d'un institut religieux«[92]. Der Titel »*F*ondateur« kommt für Soeur Jeanne d'Arc nur jenen zu, die nicht nur ein Ordensinstitut ins Leben gerufen (= »fondateur d'un institut religieux«), sondern überdies durch ihr Charisma eine große spirituelle Bewegung ausgelöst haben, welche Jahrhunderte geprägt hat (= »fondateur de spiritualité«). Die Autorin vermutet, daß im Lauf der Kirchengeschichte nur etwa 10-15 solcher »Spiritualitäten« gewachsen sind. Allein für diese Gründer aber trifft eigentlich LG 45,1 zu, wo von »vortrefflichen (praeclari) Männern und Frauen« die Rede ist, deren Re-

---

Schließlich kommt auch jenen der Name »Gründer« zu, welche die Errichtung eines Instituts durchführten, dessen Konzept von anderen entwickelt worden war.

89 Etwa die Sieben Heiligen Gründer des Servitenordens oder Franz von Sales und Johanna Franziska von Chantal für den Orden der Heimsuchung.

90 Anschaulich dazu die etwas überzogene, typisierende Beschreibung von G. de Bertier de Sauvigny (La Restauration, Paris 1963, 312) über viele Gründungen des 19. Jahrhunderts, zit. in: Aubert R., Die Wiedergeburt der Alten Orden und das Aufblühen neuer Kongregationen, in: HKG(J) 6/1, 247-259, dort 257.

91 Soeur Jeanne d'Arc, Les congrégations à la recherche de leur esprit, in: VSp.S 20 (1967) 502-534, bes. 519-523.531-534. Zur Unterscheidung siehe auch Wulf, Kommentar zum Ordensdekret 270f und schon Oesterley.

92 Soeur Jeanne d'Arc fügt noch den »auteur spirituel« hinzu. Diese Unterscheidung ist für unser Thema jedoch nicht relevant.

geln von der kirchlichen Autorität appobiert wurden. Nur für sie trifft in vollem Sinn auch die Rede vom Erbe zu, das ein Institut vom Gründer empfangen hat und treu bewahren muß (vgl. PC 2b). Ein »*f*ondateur« dagegen ist jemand, der am Ursprung einer Ordensgemeinschaft steht, ohne eine große spirituelle Wirkung darüber hinaus zu entfalten. Manchmal übernehmen diese Gründer(innen) die Spiritualität eines anderen Ordens. In diesem Fall muß PC 2b ganz anders gedeutet werden. Die Suche nach einer eigenen »Spiritualität«, einem authentischen »Geist« erweist sich hier oft als müßig. Daher ist für Soeur Jeanne d'Arc in vielen Fällen Erneuerung nur als Rückkehr zum Evangelium »ohne Subtilitäten« zu bewerkstelligen, d.h. als einfache Bereitschaft zum Dienst in der Kirche. Gerade das bedeutet für eine solche Gemeinschaft tatsächlich, die tiefste Intention ihrer Gründung, nämlich den Dienst in der Kirche, zu verwirklichen.

Auch *Tillard* arbeitet mit einer ähnlichen Unterscheidung, setzt aber zugleich andere Akzente. Im Blick auf die verschiedenartigen Gründungssituationen und -intentionen fällt Tillard ein zu unkritischer Gebrauch der Rede vom »Charisma des Gründers« (»charisme *du* fondateur«) auf. Die Ordensgeschichte bringt ans Licht, daß es Gemeinschaften gibt, die auf eine eigentümliche Lesart des Evangeliums zurückgehen (Tillard nennt etwa Franziskaner und Dominikaner) und andere, die einer bestimmten, historischen Notsituation entsprechen wollten. Bei ihnen steht das Ordensleben - was die historische Entwicklung betrifft - oft an zweiter Stelle. Außerdem sind sie zum Teil von geschichtlich bedingten Devotionsformen gekennzeichnet, die auf ihre Wurzel im Evangelium zurückgeführt werden müssen. Deshalb sind für Tillard zwei Arten von Gründern auseinanderzuhalten: Zum einen die »großen Charismatiker«, »spirituelle« Propheten, zum anderen aber »großzügige Christen«, die Menschen um sich sammelten, um einen Dienst in der Kirche zu übernehmen[93].

Einige Jahre später verdeutlicht Tillard diese Differenzierung auch terminologisch[94]: *Gründungscharisma* (»charisme *de fondation*«) und *Charisma des Gründers* (»charisme *du fondateur*«) dürfen nicht miteinander verwechselt werden. Zwar steht am Anfang jeder Gründung ein »Initiator«, doch ist nicht jedem, der eine Ordensgemeinschaft ins Leben ruft, schon eine eigene spirituelle Idee gegeben. Hier darf nicht vorschnell von einem »Charisma des Gründers« geredet werden. Oft ging es nur um eine vom Geist inspirierte Wahrnehmung einer notvollen Situation in Kirche und Welt, auf die diese »Gründer(innen)«

93 Vgl. bes. Tillard, Religieux - un chemin 157-188; Frei sein 96.

94 Tillard J.M.R., Le dynamisme des fondations, in: Vocation n° 295 (1981) 18-33.

Antwort geben wollten. Solche Gründungen zielten vor allem auf das Heils*handeln* Jesu und siedelten sich damit auf der Ebene der Liebe an. Erneuerung bedeutet in diesen Instituten weniger Rückgang auf eine bestimmte Gründerpersönlichkeit als auf die Gründung und ihre Ziele selbst. Anders dort, wo ein (eher selten anzutreffendes) »Charisma des Gründers« vorliegt. Ein solcher Gründer stellt gemäß Tillard einen bestimmten Aspekt des Lebens und der Verkündigung Jesu heraus. Seine Gründung erwächst deshalb nicht aus der Not der Zeit, sondern aus einer »relecture« des Evangeliums. Im Licht dieses einen, zunächst partikulären Aspekts stellt sich das *ganze* Mysterium Jesu Christi in neuem Licht dar. Das »Charisma des Gründers« ist für Tillard deswegen gewissermaßen »Charisma des Verständnisses des Mysteriums«, während das »Gründungscharisma« als »Charisma des Handelns im Dienst des Geheimnisses« zu verstehen ist[95]. Gerade weil das Charisma des Gründers nicht nur einen spezifischen Punkt des Evangeliums betrifft, sondern über ihn und durch ihn das Ganze der Botschaft Jesu einbegreift, kann ein solches Charisma auch die Zeiten »transzendieren«. Hier befindet man sich dann eher auf der Ebene des Glaubens als der (tätigen) Liebe. Während dieses Charisma zur Struktur des ganzen Ordenslebens wird (und durchaus ein tatsächlich neues Gesicht von Ordensleben hervorbringen kann), geschieht dort, wo nur ein »Gründungscharisma« vorliegt, eine bloße Verbindung von Ordensleben und spezieller Sendung. Das Überleben mancher, zunächst zeitgebundener Institute ist nur auf die Koppelung mit einem von anderen übernommenen Ideal des Ordenslebens zurückzuführen.

Das, was der Gründer seinem Institut als »Mitgift« anvertraut, differenziert sich gemäß dieser Unterscheidung von Charisma des Gründers und Gründungscharisma aus. Bei dem einen ist es jener umfassende spirituelle Blickwinkel, von dem aus das integrale Verständnis des Evangeliums und das ganze Ordensleben seine Färbung bekommen. Dieses Charisma hat eine solche Ordensgemeinschaft unbedingt zu bewahren. Sie wird dadurch selbst zum »mémorial«, zum Träger dieses Charismas in der Kirche. Die hierin grundgelegte Spiritualität zieht meist weite Kreise und greift über die einzelne Ordensgemeinschaft hinaus auf andere Gemeinschaften über, so daß *Ordensfamilien* entstehen. Noch mehr: Auch Laien leben, allein oder in Zusammenschlüssen vielfältiger Art aus einer solchen Inspiration[96]. Tillard betont, daß die

95 Ebd. 23.

96 Vgl. Tillard, Religieux - un chemin 173; ders., Dynamisme 25. Dabei kommt lt. Tillard dem »Ersten Orden« eine besondere Verantwortlichkeit zu. Dennoch kann die ursprüngliche Intention auch von anderen Gruppierungen der Ordensfamilie treuer erhalten werden.

wesentlichen Züge dieses Charismas nicht bloß »innerlicher« Art sind und auf den »Geist« des Gründers reduziert werden können. Genauso zählen dazu z.B. ein konkreter Lebensstil oder auch zentrale Richtlinien für das Gemeinschaftsleben oder die Leitung der Gemeinschaft[97].
Die Botschaft eines »Nur-Ordensinitiators« hingegen ist ganz mit seiner Gründung und mit dem ihr eigenen kirchlichen Dienst oder auch einer bestimmten Devotionsform verwoben. Hier gilt es, die Gründungsintention, nämlich auf eine Notlage in der Kirche Antwort zu geben, im Blick auf die Gegenwart neu zu verwirklichen. Diesen Gemeinschaften stehen viele Wege offen. Das verlangt oft eine »Wiedergründung der Gründung«[98].
Das Verhältnis von Partikularität und Universalität, das bei Tillard anklingt, hat besonders deutlich *Marcel Domergue* herausgearbeitet[99]. Der Gesichtspunkt, unter dem das Evangelium gelesen wird, muß, gerade in und durch seine Partikularität, auf das Ganze des Evangeliums, auf die eine und ganze Nachfolge Christi zielen. Domergue macht deutlich, daß die Vermittlung dieses besonderen Aspekts durch den Gründer einer Ordensgemeinschaft nur die konkrete Anwendung eines Prinzips ist, das bereits bei der Redaktion der Evangelien waltete. Auch hier floß die Situation der Gemeinde und des Evangelisten in den Text ein, ohne daß man deshalb von einer Verfälschung der Botschaft Christi reden dürfte. Es handelt sich vielmehr um eine je verschiedene Auslegung der einen Fülle des Geheimnisses Jesu Christi, durch die seine Person und seine Botschaft in den vielfältigen Lebenskontexten lebendig bleibt. Was schon für die Entstehung der Evangelien gilt, ist für Domergue nun erst recht wichtig für Predigt und Lektüre der Schrift. Auch sie sind nur über die Vermittlung der gegenwärtigen Situation möglich. Der Gründer einer Ordensgemeinschaft vermittelt so gerade als »Kind seiner Zeit« eine neue Sicht des Evangeliums. Die Kernfrage, die sich dabei stellt - auch hinsichtlich des Überlebens eines Ordensinstituts und seiner speziellen Ausrichtung - ist die, ob der vom Gründer initiierte Blickwinkel tatsächlich über die Partikularität hinaus auf das Ganze des

---

97 Siehe dazu Tillard, Religieux - un chemin 160-164.

98 Vgl. Tillard, Dynamisme 29-31. - Andere Autoren, bei denen die von Soeur Jeanne d'Arc und Tillard vorgeschlagene Unterscheidung zwar sachlich präsent, aber nicht terminologisch fixiert ist: Ciardi 200; Matura, Scheideweg 27.105; Jetté 310f; AAVV., Art. Fondatore, in: DIP 4, 97-108.
Ein absoluter Gegensatz zwischen Gründungen, die aus der Lektüre des Evangeliums erwachsen, und Gründungen, die Antwort auf die Bedürfnisse von Kirche und Gesellschaft geben wollen, sollte jedoch nicht konstruiert werden. Beide erwachsen je auf ihre Weise aus der einen Nachfolge Jesu Christi. Auch die Sensibilität, die dazu führt, sich radikal auf den Anspruch der Zeit einzulassen, kann je nur auf dem Boden einer evangeliumsgemäßen Haltung gedeihen.

99 Siehe Domergue 187-196.

Evangeliums verweist bzw. ob er auch für Menschen folgender Generationen einen Weg des (Neu-)Verständnisses eröffnen kann. Freilich werden die Ausdrucksformen der ursprünglichen Inspiration auch wechseln und wechseln müssen; ohne Aktualisierung würde der geistliche Grundgedanke verlöschen. Der »Zugang zum Universalen über den Weg einer partikulären Spiritualität« muß jedoch für Domergue gewährleistet sein[100].

Man könnte also analog sagen: Ebensowenig wie Schrift und Tradition »zwei Quellen« von Glauben und christlichem Leben darstellen, gibt es im Ordensleben eine »Zweiquellentheorie« von Gründer und Evangelium. Die im Evangelium dargelegte Nachfolge Christi bleibt letzte Norm. Sie geschieht aber nicht in abstrakter Allgemeinheit, sondern in der Konkretheit des Lebens einer Ordensgemeinschaft. PC 2a und 2b gehören deswegen untrennbar zueinander und bleiben wechselseitig aufeinander verwiesen (vgl. ET 11: Conditorum »proposita evangelica«)[101].

Mit den Antwortversuchen auf die Frage: »Wer ist ein Gründer?« bzw. »In welchem Sinn ist jemand Gründer?« sind jedoch noch nicht alle Schwierigkeiten geklärt, die sich aus einer historischen Analyse von Ordensgründungen ergeben. Es gibt z.B. Gründer, die mehrere Gemeinschaften gegründet haben, von denen durchaus jede ihre spezifische Eigenart hat[102]. Es gibt Männer, die Frauengemeinschaften gegründet ha-

---

[100] Vgl. ebd. 194f.

[101] Zum Problem von Schrift und Tradition, das hier im Hintergrund steht, vergleiche: DS 1501 (Trient, Sessio IV); Beumer J., Die mündliche Überlieferung als Glaubensquelle (HDG 1/4), Freiburg 1962; Congar Y., Die Tradition und die Traditionen. 1, Mainz 1965; Rahner K. / Ratzinger J., Offenbarung und Überlieferung (QD 25), Freiburg 1965; Rahner K., Heilige Schrift und Tradition, in: Schriften 6, 121-138; Lengsfeld P., Tradition und Heilige Schrift, in: MySal 1, 463-496 (Lit.!); Kasper W., Das Verhältnis von Schrift und Tradition. Eine pneumatologische Perspektive, in: ThQ 170 (1990) 161-190. Konkretisiert auf die Ordensgemeinschaften: Gutiérrez Vega (2. Aufl.) 31.196-200; Midali M., Attuali correnti teologiche, in: Il carisma della vita religiosa. Dono dello spirito alla Chiesa per il mondo. Publ. dell'Unione dei Superiori Generali, Roma 1981 (Mschr.), 63-96.
Ohne hier auf die dogmatische Konstitution über die göttliche Offenbarung *Dei Verbum* umfassender eingehen zu können, ist doch eine Beobachtung am Rande interessant: Bereits in der Konzilsdiskussion zu DV 8 beanstandeten einige Konzilsväter, daß im Text die normativ-kritische Funktion der Schrift gegenüber der Tradition nicht genügend zum Ausdruck komme. Auch J. Ratzinger bedauert in seinem Kommentar zu DV 8, daß das Zweite Vatikanum hier das traditionskritische Moment so gut wie übergangen hat (Ratzinger J., Kommentar zum I. und II. Kapitel der Dogmat. Konstitution »Dei Verbum« über die göttliche Offenbarung, in: LThK E.2, 498-528, hier 519f); siehe auch: Kasper, Das Verhältnis von Schrift und Tradition 184. Genau dieses Moment ist jedoch im Ordensdekret durch die Vorordnung von PC 2a vor 2b präsent.

[102] Ciardi 20 stellt etwa die Figur Don Giacomo Alberiones (1884-1971) vor, der mehrere Ordensinstitute und Säkularinstitute gegründet hat.

ben und sogar umgekehrte Fälle[103]. Damit ist gegeben, daß diese Gründer *nicht* Mitglied (aller) ihrer Gemeinschaften sind. In welchem Sinn aber kann dann das »Charisma des Gründers« für diese Gemeinschaften bestimmend sein? Ist es überhaupt möglich, ein persönliches Charisma zu »übernehmen«? Muß ein Institut das »ganze« Charisma ihres Gründers bewahren? Und wie ist es möglich, daß Institute, die auf denselben Gründer zurückgehen, verschieden sind? Auf diese Fragen wollen die Autoren dadurch Antwort geben, daß sie zwischen persönlichen Gaben des Stifters und seiner (von Gott geschenkten) Befähigung zur Gründung einer Gemeinschaft differenzieren.

Ghislain Lafont dürfte einer der ersten gewesen sein, der eine solche Unterscheidung getroffen hat[104]. Er stellt dem »charisme d'enseignement« das »charisme de fondation ou d'institution« gegenüber, das er auch »charisme *de* fondateur« nennen kann. Vom »Charisma« unterscheidet er die Gnade (*»grâce«*), die auf die Heiligung der Person zielt und die Gabe (*»don«*), die - kurz gesagt - ein tieferes, bestimmtes Verständnis des Evangeliums schenkt sowie die Kraft, das Evangelium in dieser Form zu leben. Diese Gaben können grundsätzlich allen Christen geschenkt werden. Auch am Ursprung jeder Ordensgemeinschaft steht eine solche »Gabe« an den Gründer. Das *donum* kann jedoch auch von einem Charisma begleitet werden, das den Empfänger dazu befähigt, seine Gabe in der Kirche zum Strahlen zu bringen. Ein Charisma ist für Lafont dazu gegeben, die innere Inspiration des Geistes nach außen hin »umzustülpen« und sichtbar zu machen. Das Charisma »siedelt sich auf dem Niveau der äußeren Wirklichkeiten der Kirche an«[105]. Auf diesem Hintergrund ist auch die Unterscheidung von »charisme d'enseignement« und »charisme de fondateur« zu sehen. Während das erste darauf abzielt, eine geistliche Lehre in der Kirche zu verbreiten (Lafont nennt etwa Thérèse von Lisieux), ist das zweite darauf hingeordnet, eine Ordensfamilie zu gründen[106]. Dafür muß sich das »charisme de fondation« auf jeden Fall mit einem »charisme d'enseignement« verbinden,

---

[103] Vgl. dazu Lozano J.M., Founder and Community: Inspiration and Charism, in: RevRel 37 (1978) 214-236, dort 216. In unseren Tagen etwa die Gründung der »Missionare der Nächstenliebe« durch Mutter Teresa von Kalkutta (*1910). Bemerkenswert auch Dr. Hildegard Burjan (1883-1933), die als Ehefrau und Mutter die Schwesternschaft der »Caritas Socialis« ins Leben gerufen hat.

[104] Vgl. Lafont, L'Esprit-Saint, bes. 482-491.498.

[105] Ebd. 479.

[106] Lafont, L'Esprit-Saint 483-485 führt als Beispiel (wie auch andere Autoren) die Kleinen Schwestern und Kleinen Brüder von Jesus an. Lt. Lafont besaß Charles de Foucauld zwar ein »charisme d'enseignement«, aber kein »charisme de fondation«. Die eigentlichen Gründer der beiden Gemeinschaften sind René Voillaume bzw. Sr. Madeleine de Jésus.

das aber nicht unbedingt derselben Persönlichkeit gegeben sein muß[107]. Das ist deswegen notwendig, weil sich eine Ordensgründung im Prinzip nur auf jener evangelischen Basis entwickeln kann, die von einem »charisme d'enseignement« gelegt ist. Diese vom Evangelium inspirierte Lehre bleibt dann auch bestimmend für die Gemeinschaft. Sie hat ihren besonderen Niederschlag in der Regel gefunden. Zugleich aber drückt sich in den organisatorischen Vorschriften der Regel auch das »Charisma der Institution« aus. Beides ist für das Leben der Gemeinschaft unbedingt gleichgewichtig. So findet sich für Lafont in der Ordensregel der Ausdruck beider Charis*men* (!), »durch die der göttliche Geist eine Institution zum Wohl des Leibes der Kirche gründet und leitet«[108]. Spirituelles und juridisches Element gehören für Lafont eng zusammen. Organisatorische Vorschriften sind nicht dem »Geist« entgegengesetzt, sondern selbst Ausfluß eines Charismas, nämlich des »charisme de fondation«. Sie sind deshalb zu bewahren, wie sie die Gründer wollten bzw. sie sind nur mit Klugheit und in Bescheidenheit anzupassen.

Systematisch durchgeführt hat eine Theologie des »charisme de fondateur« *Fabio Ciardi*. Er unterscheidet in seiner Dissertation zwischen dem *»Charisma des Gründers«* (»carisma *del* fondatore«) und dem *»Gründercharisma«* (»carisma *di* fondatore«). Der erste Ausdruck bezeichnet den Inhalt einer persönlichen, geistgewirkten Erfahrung des Gründers. Es handelt sich dabei um ein existentielles Verständnis des Geheimnisses Christi, das die Art der Antwort auf die »Zeichen der Zeit« bestimmt. Diese Erfahrung wird der Gründer seinen Jüngern übermitteln. Mit »Gründercharisma« jedoch möchte Ciardi »das besondere Gnadengeschenk, das vom Geist einer Person verliehen wird, damit sie in der Kirche eine Ordensfamilie ins Leben ruft«, verstanden wissen. Allerdings muß man, wie Ciardi sagt, um das Charisma des Gründers wissen, um ein konkretes Gründercharisma zu begreifen. So stehen letztlich beide in einem unlösbaren Zusammenhang[109].

---

107 Lozano J.M., Foundresses, Founders and Their Religious Families, Chicago 1983 (= El fundador y su familia religiosa, Madrid 1978, engl.), spricht in diesem Fall von »Matriarchat« bzw. »Patriarchat«, das die Begründer der großen Spiritualitäten über Gemeinschaften ausüben, die von einem Ordensinitiator ins Werk gesetzt wurden. Dieser bleibt als Vermittler und unmittelbarer Gründer, etwa was Dienst und Ziel der Gemeinschaft betrifft, wichtig. Vgl. auch Midali, Attuali correnti 93.

108 Lafont, L'Esprit-Saint 490: »La doctrine spirituelle et les éléments de droit contenus dans la Règle doivent être référés en dernière analyse à l'Esprit-Saint qui en est le vrai responsable: ils sont l'expression des charismes par lesquels cet Esprit divin fonde et régit une institution pour le bien de tout le corps de l'Église«.

109 Ciardi 15.

Aus der Analyse verschiedener Gründergestalten ergeben sich für Ciardi vier Wesenszüge des »Gründercharismas« (»carisma di fondatore«):

(1) Pneumatischer Charakter: Der Gründer ist ein »Mensch des Geistes«. Er vollbringt die Gründung vom Geist inspiriert und angetrieben[110].

(2) Christologischer und evangelischer Charakter: Der Geist treibt den Gründer dazu, einen Aspekt des Mysteriums Christi in der Kirche durch die Gründung zur Darstellung zu bringen. Er und seine Gründung werden so zur »lebendigen Exegese« für die Kirche[111].

(3) Kirchlicher Charakter: In der »Grundinspiration« nimmt der Gründer in besonderer Weise die kirchliche und gesellschaftliche Situation wahr und gibt auf die Erfordernisse seiner Zeit Antwort. Die Echtheit des Gründercharismas erweist sich nicht zuletzt an der Bereitschaft des Gründers, sich dem Urteil der Hierarchie zu stellen und seine Gründung prüfen zu lassen[112].

(4) Fruchtbarer Charakter: Die Fruchtbarkeit ist der bezeichnendste Zug des Gründercharismas. Der Gründer wird befähigt, die zentralen Inhalte der Grundinspiration auch anderen zu vermitteln, so daß diese seine Sicht des Evangeliums gleichsam als »genetischen Code« übernehmen[113].

Über Ciardi und Lafont hinausgehend schlug der Claretiner *Rudolf Mainka* vor, drei Aspekte an der Person des Gründers zu unterscheiden. Die »*Spiritualität des Stifters*« ist für Mainka die Art und Weise, wie eine Person Gottes Wort und Anruf aufnimmt und darauf antwortet[114]. Sie ist wesentlich zeitgebunden und von vielen kontingenten Faktoren abhängig. Deshalb kann sie nicht schon als solche für alle Zeiten bestimmend sein. Anders verhält es sich mit dem »*persönlichen Charisma des Stifters*«, das sich nicht einfach aus der geschichtlichen Situation des Gründers ergibt. Dieses persönliche Charisma liegt für Mainka weniger in den konkreten Weisen, in denen sich die Spiritualität der Stifter aus-

---

110 So auch der Titel der Monographie. Vgl. Ciardi 43-130.363.

111 Siehe Ciardi 131-209.364. Der Begriff »lebendige Exegese« findet sich im selben Zusammenhang auch schon bei: Alvarez Gomez J., Storicità del Carisma: Legittimità e continuità, in: Il carisma della vita religiosa. Dono dello spirito alla Chiesa e per il Mondo. Fasc. 2: Verbale dell'incontro a Villa Cavaletti, Rom 1981 (Mschr.), 23-29, hier 25f.

112 Vgl. Ciardi 211-292.364f.

113 Siehe Ciardi 293-362.365f. Vergleiche auch Olphe-Galliard 345. - Den Aspekt der Fruchtbarkeit des Gründercharismas hat bereits 1964 Jean-François Gilmont im Hinblick auf die «Vaterschaft« des Gründers ausgearbeitet: Gilmont J.-F., Paternité et médiation du fondateur d'ordre, in: RAM 40 (1964) 393-426. Auf diese Arbeit wird in der Literatur wiederholt Bezug genommen.

114 Vgl. Mainka 28f.

drückt, sondern wesentlich in der Motivation, von der ihre Spiritualität lebt. Als dritten - und für die jeweilige Ordensgemeinschaft letztlich allein bestimmenden - Aspekt nennt Mainka das *»Charisma des Stifters als Stifter«*. Es ist dies jenes Moment des persönlichen Charismas, das der Gründer an seine Stiftung weitergegeben hat. Entdeckt werden kann es in den Worten und Schriften, die sich auf die Gründung beziehen, besonders in den Regeln und nicht zuletzt in den Dokumenten zur Approbation der Gemeinschaft. Dieses Charisma des Ordensstifters trägt wesentlich Gemeinschaftscharakter an sich, d.h. es ist kommunikabel. Zugleich ist es prophetisch, nicht nur weil der Gründer die Zeichen der Zeit deutet und dadurch zum oft unbequemen Rufer wird, sondern auch, weil dieses sein Charisma den ursprünglich eng umgrenzten Horizont seiner Zeit transzendiert[115].
Blickt man auf die verschiedenen Versuche, das »Charisma des Gründers« terminologisch und inhaltlich abzuklären, so lassen sich grundsätzlich zwei große Linien herausstellen: Die eine versteht »Charisma« vor allem als *Befähigung* des Gründers, eine bestimmte Sendung wahrzunehmen und zu verwirklichen[116]. Die andere Linie jedoch bezeichnet mit Charisma bereits die *Sendung selbst*, also etwa die konkrete Art, das Evangelium zu leben und zu verkündigen bzw. auf die Zeichen der Zeit Antwort zu geben[117]. Dort, wo in der theologischen Literatur die Thematik nicht unmittelbar im Zentrum der Reflexion steht, wird der Begriff »Charisma des Stifters« weitgehend als Chiffre für dessen Eigenart verwendet[118].
Nach den Antworten, die in der nachkonziliaren theologischen Literatur auf die Fragen »Wer ist ein Gründer?« und »Was gibt er seiner Gemeinschaft mit auf den Weg?« gegeben wurden, bleibt nun noch zu untersuchen, wie die *Weitergabe* an das Institut gedacht wird. Das Problem betrifft in besonderer Weise den ersten Kreis von Gefährten, ist aber analog auch auf alle folgenden Generationen zu übertragen. Auf den Punkt gebracht können wir die Frage so stellen: Treten die Glieder einer Gemeinschaft gleichsam in das Charisma ihres Gründers ein, *partizipieren* sie also an diesem Charisma (und haben sie »darüber hinaus« noch ein eigenes, persönliches Charisma)? Oder ist der Vorgang so zu

---

115 Vgl. ebd. 27.

116 So etwa Ledochowska, A la recherche; Lafont, L'Esprit-Saint; Olphe-Galliard M., Art. Fondatore. III. Aspetto ascetico, in: DIP 4, 102-108.

117 Vgl. Mainka; Ciardi; Ochoa; Tillard, Religieux - un chemin. - Lozano, Foundresses, Founders 33 geht davon aus, daß »Charisma« ursprünglich die Befähigung war, einen Dienst zu erfüllen, später aber sei der Terminus - auf der alten Bedeutung aufbauend - mit den Aktivitäten selbst identifiziert worden.

118 Etwa bei Boff, ZGW; Matura, Scheideweg.

denken, daß der einzelne ein Charisma besitzt, das mit dem des Gründers *konvergiert*, das diesem so ähnlich ist, daß es von ihm angezogen und auf diese Weise mit ihm verbunden wird? Die theologische Literatur bietet beide Verstehensmodelle.

Vom Paradigma *Partizipation* geht z.B. *Tillard* aus. Die ganze Geschichte eines Ordens »erscheint ... wie ein sukzessives Eintreten von Gruppen von Männern oder Frauen, mit ihrer Kreativität, in eine Gegebenheit, die ihnen vorausgeht«[119], d.h. in jene göttliche Gabe, die durch den Gründer vermittelt ist.

Das Partizipationsmodell stellt besonders deutlich den normativen Charakter des Charismas des Gründers (bzw. des Gründercharismas) heraus. Diese Normativität bleibt aber auch beim zweiten Paradigma, dem der *Analogie* und *Konvergenz* insofern erhalten, als der Gründer hier sozusagen als Katalysator für andere fungiert, das eigene Charisma zu entdecken. Ein Vertreter dieser Richtung ist *Ghislain Lafont*, wobei jedoch auf seine spezifischen Differenzierungen zwischen *»don«*, *»grâce«* und *»charisme«* zu achten ist[120]. Besonders deutlich wird das hier Gemeinte an den ersten Gefährten eines Gründers. Sie werden dadurch vom Beispiel des Gründers angezogen, daß sie an ihm gleichsam die »Außenseite« einer persönlichen göttlichen Gabe (*don*) entdecken, die längst schon, wenn auch verborgen, in ihrem eigenen Herzen schlummerte. Die Begegnung mit dem Gründer läßt sie das begreifen, was Gott ihnen in ihr Innerstes gelegt hat. Gründer und erste Gefährten haben also Gemeinschaft in der gleichen spirituellen Erfahrung, wenn sie auch dem Gründer in jener unvergleichlichen Intensität zu eigen ist, die nach äußerem Ausdruck drängt. Zugleich partizipiert die erste Gruppe auch am Charisma der Gründung, das zur Geburt einer neuen Gemeinschaft als Institution führt. Bei allen späteren Gliedern drückt sich dieses Charisma nicht in der Gründung, sondern im Eintritt aus, wodurch sie selbst Verantwortung für das Wachstum einer Gemeinschaft und die Fruchtbarkeit ihrer spirituellen Gabe in der Kirche übernehmen.

Während beim ersten Modell »Partizipation« die Sinnspitze darin liegt, den primordialen Charakter des Gründers herauszustreichen, dürfte beim Paradigma »Analogie« der Akzent darauf liegen, daß jeder einzelne eine Gabe »direkt« von Gott empfängt und so wirklich selbst zum Geistträger wird. Beide Modelle sind aufgrund ihrer Sinnspitze gleich wichtig und gleich berechtigt, haben aber auch ihre je spezifischen Einseitigkeiten. So läuft etwa das Partizipationsmodell Gefahr, das Cha-

---

[119] Tillard, Religieux - un chemin 159. Zum Ganzen siehe ebd. 79-81. 158-162 sowie Viens 223; Ruiz Jurado 1080; Ciardi 320-329.365f; Mainka.

[120] Siehe dazu Lafont, L'Esprit-Saint 485-487; siehe auch Ledochowska, A la recherche 16.

risma des Gründers zu hypostasieren und gleichsam von der konkreten Person abzulösen, während im Analogiemodell die Normativität des Ursprungs sich leichter verflüchtigen kann und nicht mehr deutlich wird, wozu eine Weitergabe und Bewahrung gerade des Charismas des Gründers (vgl. PC 2b) notwendig ist. Außerdem greifen beide Paradigmen dort weniger gut, wo kein ausgeprägtes Charisma des Gründers vorliegt. Entscheidend dürfte sein, weniger die Modelle selbst als deren theologischen Gehalt festzuhalten[121].

»Charisma« des Instituts?

Trotz der vielfältigen Differenzierungen und der unterschiedlichen Terminologie wird man sagen können, daß - cum grano salis - der Terminus »Charisma« als Bezeichnung für Eigenart und Berufung eines Gründers bzw. für seine Befähigung, ein Ordensinstitut ins Leben zu rufen, weithin akzeptiert ist. Nicht so klar ist jedoch, ob dieser Begriff in gleicher Weise auch auf eine ganze Gemeinschaft in ihrer Eigenprägung angewendet werden kann. Gibt es also ein *»Charisma des Instituts«*, ein gleichsam kollektives Charisma, das zwar mit dem Charisma des Gründers in Verbindung steht, aber von diesem verschieden ist? Etliche Autoren bejahen dies ausdrücklich[122], andere verwenden den Begriff »Charisma des Instituts«, ohne ihn zu problematisieren[123].
Jean Galot[124] betont, daß das »Charisma des Instituts« nicht mit dem »Charisma des Gründers« identisch ist. Es entsteht vielmehr erst mit der Gruppe der ersten Gefährten und ist ein gemeinschaftliches, kein persönliches Charisma wie das des Gründers. Genau dieser gemeinschaftliche Charakter ermöglicht die Permanenz des Charismas in den nachfolgenden Epochen des Instituts. Hier entfaltet sich das Ursprungscharisma und kann auch um neue Elemente bereichert werden, da sich der Geist am Ursprung noch nicht voll ausgesprochen hat[125]. Nach Galot hält sich ein gewisser Kern durch, der jedoch stets neue Formen der

---

121 Vgl. dazu auch Lozano, Foundresses, Founders 74-76. Lozano betont, daß ein Charisma stets eine Gabe ist, die direkt durch den heiligen Geist geschenkt wird. Weitergegeben wird für ihn sozusagen die »Kultivierung« der vom Gründer empfangenen Gabe.

122 Vgl. etwa Tillard, Religieux - un chemin 165; Beyer J., Sécularité et consécration de vie dans les instituts séculiers, in: Gr 51 (1970) 433-482, dort 456; Galot J., Visage d'Évangile des instituts religieux, Gembloux 1968, 16; ders., Il carisma della vita religiosa e le sue note specifiche, in: VitaCon 15 (1979) 501-511.

123 Siehe dazu die Arbeiten von Lippert; Boff, ZGW; Mainka.

124 Vgl. Galot, Visage d'Évangile; ders., Il carisma della vita religiosa.

125 Ähnlich auch Mainka 34.

Aktualisierung annimmt, nicht zuletzt durch das je eigene Charisma der Glieder einer Gemeinschaft. Jeder einzelne hat nach Galot zwar teil am »charisme communautaire«, aber verwirklicht durch die ihm eigene Gabe dieses gemeinschaftliche Charisma auf seine persönliche Weise.

Andere Theologen betonen demgegenüber stärker den normativen Charakter des Charismas des Gründers bzw. des Gründercharismas für das dem Institut eigene Charisma und seine wesentliche Selbigkeit. So ist etwa für *Fernande Viens* »das kollektive Charisma des Instituts ... grundlegend das Charisma des Gründers. Es ist jedem persönlich gegeben, damit er Glied eines Leibes sei«[126]. Deswegen geht die charismatische Berufung über die Zeit der Gründung hinaus und dauert so lange an, als Menschen von Gott in diese Gemeinschaft berufen werden (was eine Gemeinschaft durchaus durch Untreue zu ihrer Sendung verspielen kann). Dies bedeutet aber nicht, daß dieses Charisma etwas Statisches wäre: Das Charisma des Gründers, das im Charisma des Instituts weiterlebt, wird durch die Gaben der einzelnen angereichert und kann sich gerade so erst voll entfalten[127].

Auch *Tillard* spricht von einem »kollektiven Charisma«, verdeutlicht aber, daß dieses Charisma nur durch immer neue »Inkarnationen« in je neue Situationen existiert. Vergangene Erscheinungsbilder dürfen nicht zum *non plus ultra* erhoben werden. Der Blick auf sie kann nur dazu verhelfen, die heute angemessene Verkörperung des Charismas ausfindig zu machen. Auch das Ursprungscharisma ist für Tillard eine, wenn auch privilegierte Form der »Inkarnation«, welche die wesentlichen Züge auf einmalige Weise hervorhebt[128].

Neben dieser Affirmation eines gleichsam »kollektiven« Charismas, an dem das einzelne Glied der Gemeinschaft partizipiert und das es dadurch stets neu aktualisiert, lassen sich in der nachkonziliaren theologischen Literatur auch einige kritische Stimmen zu einem solchen »Charisma des Instituts« vernehmen. Besonders deutlich äußert sich dazu *Teresa Ledochowska*. Die Prädikation der Eigenart eines Instituts als »Charisma« ist für sie problematisch. Ist dieses Charisma das des Gründers oder eine Art Idee, die der Ordensgemeinschaft zugrunde liegt? Welcher Zusammenhang besteht mit der Notion des Charismas, das jedem Menschen *persönlich* gegeben ist? Ledochowska versucht eine Antwort vermittels des Gedankens vom »Plan Gottes«: Gott hat einen Plan mit den Menschen, und um ihn durchzusetzen, verteilt er durch

---

[126] Viens 223. Vgl. auch Beyer J., Les instituts religieux voués aux oeuvres d'apostolat, Rom 1978, 9.

[127] Vgl. Viens 223-225.

[128] Vgl. Tillard, Religieux - un chemin 164-170.

den Geist Christi die Charismen. Ähnliches gilt für eine Ordensgemeinschaft: Gott hat ihr eine bestimmte Sendung zugedacht und will, daß sie ausgeführt wird. Zur Ausführung dieses Planes gewährt er dem Ordensinstitut eine besondere Gnade: das Charisma des Instituts. Erst durch den Konnex zwischen Charisma und gemeinsamer Sendung wird für Ledochowska ein »überpersönlicher« Charakter des Charismas ansichtig: Jedes einzelne Ordensmitglied erkennt die Sendung seiner Gemeinschaft immer nur partiell (persönliches Charisma); erst in der Konvergenz dieser partikulären Sichten kann in etwa die volle Sendung deutlich werden, wie sie von Gott der Gemeinschaft zugedacht ist. Diese gemeinsame Berufung ist deswegen »charismatisch« zu nennen, weil sie über die Charismen der einzelnen Glieder vermittelt ist. In diesem Sinn kann man für Ledochowska von einem »Charisma des Instituts« reden, muß aber beachten, daß dies - gemessen am ursprünglichen Charismabegriff - nur eine *analoge* Verwendung ist. Ledochowska spricht deswegen von *»charisme-mission«*, wenn sie das »Charisma des Instituts« meint. Diese Sendung des Instituts unterscheidet sich - als Verwirklichung des Planes Gottes - je nach der geschichtlichen Etappe, in der sich die Gemeinschaft befindet. Das »charisme-mission« kann und darf deshalb nicht ein für alle Mal festgeschrieben, wohl aber können im Blick auf die Geschichte gewisse Konstanten erhoben werden[129]. Für eine nur analog verstandene Verwendung des Terminus »Charisma« in bezug auf das Institut plädiert auch *Laurier Labonté*, allerdings aus anderen Gründen als Ledochowska[130]. Ähnlich wie auch für Régamey[131] ist für ihn ein »Charisma« wesentlich eine *vorübergehende* Erfahrung des Geistes, eine zeitbegrenzte, auf einen bestimmten Ruf bezogene Gabe. Deshalb kann der Terminus »Charisma« nur im uneigentlichen Sinn als Bezeichnung für die *bleibende* Eigenart einer Gemeinschaft dienen. In diesem - uneigentlichen - Sinn ist das »Charisma des Instituts« bedeutungsgleich mit der *»intentio principalis«*[132], dem »aktiven Prinzip« der ganzen Organisation der Gemeinschaft, welches das ganze Leben des Instituts prägt und ihm eine bestimmte Eigenart verleiht. *Loci* dieses Charismas sind für Labonté sowohl der Gründer, seine Motivation, seine apostolische Ausrichtung und Erfahrung, als auch die Regel und ihre Approbation durch die Kirche und die ganze Geschichte des Instituts mitsamt den Strukturen, die sich entwickelt haben, den ge-

129 Siehe dazu Ledochowska, A la recherche 11-14.

130 Labonté 393-405.

131 Vgl. Régamey, Art. Carismi 313; ders., L'exigence de Dieu 97-107.

132 Vgl. Thomas von Aquin, STh II-II q.180 a.1.: »Vita contemplativa illorum esse dicitur qui *principaliter intendunt* contemplationi veritatis«. Hervorhebung v. A.H.

sunden Traditionen, sowie der Glaube und die Lebensform der Gemeinschaftsglieder[133].
Der von Labonté (und Régamey) behauptete vorübergehende Charakter eines Charismas ist umstritten. Man wird daher vorsichtig sein müssen, aus diesem Grund den Begriff »Charisma« für die Eigenart eines Instituts abzulehnen[134]. Überzeugender ist die Argumentation Ledochowskas, die auch von der neutestamentlichen Exegese her abgesichert ist. Zusammenfassend bedeutet dies: Der Begriff »Charisma« ist geeignet, das je Spezifische eines Instituts auszudrücken. Wie kein anderer betont er die Gottgewolltheit und Geistgewirktheit der vielfältigen Gemeinschaften und umgreift das ganze Leben der Institute, ihr »inneres Leben« genauso wie ihren Dienst in Kirche und Welt. Da aber vom neutestamentlichen Befund her ein Charisma (im Sinn der Gnadengabe zum Aufbau der Gemeinde) zunächst dem einzelnen verliehen ist, kann der Terminus nur in *analogem* Sinn verwendet werden, wo er sich auf eine Gruppe von Menschen, ja noch mehr: auf ein Generationen dauerndes Gebilde bezieht. Das »Charisma des Instituts« muß aber so konzipiert werden, daß es nicht gleichsam eine eigenständige Wirklichkeit vor und über dem Institut wird, trotzdem aber eine gewisse Gemeinsamkeit der Gabe gewahrt bleibt[135].

Eine Lösung dieses Dilemmas könnte über den Begriff der *corporate personality* versucht werden, der in anderem Zusammenhang bei Tillard fällt[136]: Man könnte eine Ordensgemeinschaft - samt ihrem Ursprung und ihrer Geschichte - als »korporative Persönlichkeit« verstehen, deren Entwicklung und Wandel in Identität mit der Entwicklung einer menschlichen Persönlichkeit verglichen werden kann. Im Modell der *corporate personality* stellt sich die Einheit der Gemeinschaft dergestalt dar, daß ihr - analog einer Einzelpersönlichkeit - *ein* Charisma verliehen ist. Das Modell könnte jedoch auch unter einer anderen Blickrichtung entwickelt werden. Dann wäre der Gründer die Person, in der die Gemeinschaft gleichsam versammelt ist; er wäre der hervorragende Repräsentant des von ihm gegründeten Gemeinwesens, dem das »Charisma« in einmaliger Weise, zugleich aber auch stellvertretend für seine Gemeinschaft verliehen ist. Freilich ist diese Lösung nur dort in vollem Maß zutreffend, wo der Gründer selbst Glied der Gemeinschaft war bzw. ist.

Von der Frage nach dem Charisma des Instituts und seines Zusammenhangs mit dem Charisma des Gründers öffnet sich der Blick bereits auf ein weiteres Thema, das in der nachkonziliaren theologischen Literatur im Anschluß an PC 2 diskutiert wurde: Welche Bedeutung kommt der

---

133 Vgl. Labonté 383.

134 Zur Kritik der Position Régameys vergleiche Viens 123-128.

135 Zu dieser Bedingung siehe auch: Midali M., La dimensione carismatica della vita religiosa, in: VitaCon 17 (1981) 549-564, hier 560.

136 Vgl. Tillard, DD 413.

weitergehenden Geschichte einer Ordensgemeinschaft zu, vor allem im Hinblick auf ihre faktische Eigenart?

»Gesunde Traditionen« und »Erbgut des Instituts«

Die Analogie zwischen der Identität eines Instituts und der Identität eines Menschen, wie sie Peter Lippert hervorhebt, macht auf die Bedeutung der Geschichte einer Ordensgemeinschaft aufmerksam[137]. Ebenso zwingt auch die Treue zum konziliaren Auftrag aus PC 2b, die Frage nach der Geschichte zu stellen. Sehr bald erkannte man in nachkonziliarer Zeit die Gefahr, die in einer Überidealisierung des Gründers und der Gründerzeit liegt. Die weiterlaufende Geschichte und Entwicklung eines Instituts erscheint dadurch allzu leicht als bloßer Verfall. Muß es das Ziel von Erneuerung sein, das Gründerideal in »ursprünglicher Reinheit« wiederzugewinnen? Kann Erneuerung unter unmittelbarem Rückgriff auf die Zeit des Gründers vollzogen werden? Die theologische Literatur zum Thema sagt dazu ein klares Nein. Etliche Autoren haben die unaufgebbare Bedeutung der Geschichte und deren positiven Wert eingeklagt. Sie versuchten dadurch, einen Beitrag zur Interpretation der in PC 2b genannten »gesunden Traditionen« bzw. des »Erbguts« des Instituts zu leisten.

Entgegen einer rein rational-logischen Sicht der Eigenart eines Instituts möchte etwa *Soeur Jeanne d'Arc* von einer »existentiellen« Perspektive ausgehen[138]. Das bedeutet, daß das Spezifikum einer Gemeinschaft sich nur im Blick auf ihr ganzes geschichtliches Werden erschließt. Ursprung, Entwicklung, unvorhergesehene Ereignisse, schicksalshafte Fügungen, herausragende Persönlichkeiten, verschiedenartige Einflüsse, die alltägliche oder gegebenenfalls heroische Treue der Mitglieder - all das prägt das Gesicht eines Instituts und macht es zu dem, was es ist. Aus all dem setzt sich auch das *patrimonium* eines Instituts zusammen, das von Generation zu Generation weitergegeben wird und wächst. Dieses Erbgut mitsamt den Grenzen und Fehlschlägen ist zunächst einmal wahrzunehmen. Erst dann kann eine Gemeinschaft gemäß PC 3 einen klugen Unterscheidungsprozeß einleiten, um die wahren Werte für die Gegenwart zu bewahren.

Ausführlicher und detaillierter hat sich *Xaverius Ochoa* mit dem *patrimonium* eines Instituts befaßt. Die jeweilige Eigenart einer Ordensgemeinschaft bestimmt sich für ihn durch eine »inspiratio primigenia« und

---

[137] Vgl. dazu oben 353.

[138] Siehe dazu Soeur Jeanne d'Arc, bes. 526-531.

durch den »spiritus«, die vor allem das geistliche Leben eines Instituts prägen, sowie durch die »forma vitae«, die theologisch-juridische Elemente umfaßt und das konkrete Leben der Gemeinschaft gestaltet, und durch das »munus«, das die kirchliche Sendung festlegt. Alle diese Komponenten werden für Ochoa von den zwei Grundbegriffen »Charisma« und »Patrimonium« umgriffen. Während das Charisma als Gabe des Geistes die Quelle für *indoles*, *spiritus*, *forma vitae* und *munus* des Instituts ist, bezeichnet *patrimonium* dieses Charisma,

> »wie es im *Lauf der Geschichte* sich *entwickelt* hat, entfaltet und bewahrt worden ist. Auf diese Weise kann das Wort '*patrimonium*' gleichsam für *die allgemeine Bezeichnung* gehalten werden, die alle vorhergenannten Elemente, Konzepte und Aspekte umfaßt, wie sie am *Ursprung* des Institutes und in dessen *Geschichte* festgelegt worden sind«[139].

Zu diesem Erbgut zählen auch die »*gesunden Traditionen*«. Der Begriff *traditiones* ist für Ochoa weitgespannt: Er umgreift Institution und Lehre bzw. ungeschriebenes Recht. Nicht alle Traditionen gehören tatsächlich zum *patrimonium* einer Gemeinschaft. PC 2b nennt jene Traditionen, die zum Erbgut gehören, »gesunde Traditionen«. Diese Terminologie wirft aber für Ochoa Schwierigkeiten auf, da nicht alle »gesunden« Traditionen schon zum *patrimonium* zu rechnen sind. Er schlägt daher vor, besser von »*traditiones patrimoniales seu constitutivae*« zu sprechen. Bei diesen kommen vier Komponenten zusammen: 1. Sie sind wahrhaft »Traditionen«, d.h. nicht in Regeln oder Konstitutionen enthaltene Elemente von Lehre, Disziplin, Kult oder Brauch. Sie müssen aber mit diesen Regeln oder den Konstitutionen übereinstimmen oder ihnen wenigstens nicht entgegenstehen. 2. Sie sind Traditionen, die zum Institut als Ganzem gehören und alle nur temporale, lokale oder persönliche Bezeugung übersteigen. 3. Sie müssen tatsächlich die Eigenart des Instituts betreffen, sein spezifisches Ziel also, seinen Geist, seine Art und Weise des Apostolats, seine Frömmigkeitsformen. 4. Sie erweisen sich dadurch als »gesund« und »konstitutiv«, daß sie von hervorragenden Gliedern des Instituts gepflegt und gelehrt wurden. Wo eines dieser Elemente nicht zutrifft, kann eine Tradition nicht für diese Gemeinschaft konstitutiv (»sana«) genannt werden. Dann (!) kann sie gemäß den allgemeinen Kriterien der Erneuerung, wie sie im Konzil aufgestellt wurden, entweder beibehalten oder aufgegeben werden[140].

---

[139] Ochoa 344.

[140] Siehe dazu Ochoa 106.109f. Ebd. 110, Anm. 19 stellt Ochoa fest, daß sich *sanae traditiones* in diesem Sinn eher bei monastischen oder konventualen Gemeinschaften finden, da bei ihnen nicht alle konstitutiven Elemente schon in den Regeln oder Konstitutionen festgelegt sind. Bei den *Instituta apostolica* fänden sich dagegen schwerer Traditionen, die tatsächlich zum *patrimonium* im Sinne Ochoas gehörten.

Auffallend (und zugleich kritisch zu vermerken) ist, daß bei Ochoa die *accomodata renovatio* gerade *nicht* die *traditiones patrimoniales* betrifft. Auf diese Weise rückt das Adjektiv *sana* in die Nähe des von den Konzilsvätern bei den Redaktionsarbeiten aufgegebene *venerabilis* bzw. *veneranda*. PC 2b wird also bei Ochoa aus dem Ganzen des Artikels PC 2 isoliert. Die »Gesundheit« einer Tradition erschließt sich ohne Blick auf die gegenwärtige kirchliche Situation bzw. auf theologische und humanwissenschaftliche Entwicklungen. Eine gewisse Gefahr der Ideologisierung der *traditiones patrimoniales* ist deshalb bei Ochoa nicht ganz auszuschließen.
Ein anderes Bild bietet sich bei einem der besten Kenner monastischer Theologie und monastischen Ordenslebens, *Jean Leclercq*[141]. Seine Überlegungen gehen zwar nicht direkt von PC 2b aus, bieten aber eine Interpretationshilfe für diesen Artikel des Ordensdekretes. Leclercqs Ausgangspunkt bildet die Unterscheidung von Tradition und Tradition*en*, von Evolution und Evolution*en*[142]. Die Tradition ist einem vitalen Strom zu vergleichen, der fähig ist, neue Elemente aufzunehmen und Abgestorbenes abzustoßen. Die Tradition*en* sind dagegen partikuläre geschichtliche Formen der Tradition. Ähnliches gilt für das Verhältnis von Evolution und Evolution*en*: Innerhalb einer großen Strömung, die das Wesentliche bewahrt, gibt es Platz für partielle Evolutionen. Eine wahre (Einzel-)Tradition ist deshalb jene, die transparent bleibt für die Tradition. Eine legitime (Einzel-)Evolution stellt genau diese Transparenz wieder her, indem sie verstellende Formen eliminiert und durchlässige einbringt. Gefahr droht, wo Traditionen und Evolutionen undurchsichtig werden und sich selbst als absolute und definitive Werte darstellen; wo sie das Leben des Geistes, der zu legitimen Auszeitigungen der Tradition verhelfen will, fesseln. Erneuerung bleibt deshalb für jede Ordensgemeinschaft wie für die ganze Kirche eine stets aktuelle Aufgabe. Aus dem Ansatz Leclercqs ist für die Frage nach den *sanae traditiones* eines Instituts zu lernen, daß jede (Einzel-)Tradition im Kontext des größeren Ganzen eines Instituts sowie letztlich der Kirche selbst gesehen werden muß. »Gesunde« Traditionen sind jene, die den

---

[141] Siehe dazu: Leclercq, Vie religieuse et vie contemplative 11-39 (»Tradition et évolution dans la vie religieuse«).

[142] Allgemein zu diesem Verhältnis siehe: Congar Y., Die Tradition und die Traditionen. 1, Mainz 1965; Balthasar H.U. v., Tradition, in: Homo creatus est. Skizzen zur Theologie 5, Einsiedeln 1986, 288-300; Kasper W., Tradition als Erkenntnisprinzip. Systematische Erwägungen zur theologischen Relevanz der Geschichte, in: ders., Theologie und Kirche, Mainz 1987, 72-100; O'Collins G., Kriterien zur Interpretation von Überlieferungen, in: Probleme und Aspekte der Fundamentaltheologie. Hg. v. R. Latourelle u. G. O'Collins, Innsbruck 1985, 384-389; Pottmeyer H.J., Normen, Kriterien und Strukturen der Überlieferung, in: HFTh 4, 124-152.

Durchblick auf die Tradition der Kirche und des jeweiligen Instituts offenhalten bzw. sich als deren zeichenhafte Ausformungen darstellen.
Einen besonderen Akzent auf die geschichtliche Entwicklung und ihre Bedeutung für die Eigenart eines Instituts legt *Rudolf Mainka*[143]. Nach ihm nehmen in diesem Prozeß die ersten Gefährten des Gründers eine Sonderstellung ein. Sie sind es, die gleichsam den Geist des Gründers einatmen und als »Tatzeugen« auftreten. Gleichzeitig aber haben gerade sie keinen unwesentlichen Einfluß auf die erste Entwicklung eines Instituts. An ihnen mußte sich das Charisma des Stifters zum ersten Mal in seiner Kommunikabilität bewähren. Bereichert durch das persönliche Charisma der ersten Gefährten wird das »Charisma des Stifters zum Charisma des Instituts«. Der geschichtliche und theologische Prozeß der Entstehung einer neuen Gemeinschaft kommt so erst mit dem Tod des Stifters und der ersten Gefährten zum Abschluß, nicht aber die Entfaltung des Instituts selbst. In der nun folgenden Entwicklung handelt es sich »um einen Prozeß, der das Charisma des Ursprungs nicht unberührt lassen kann: er kann es vertiefen und bereichern, er kann es aber auch verarmen und verknöchern lassen«[144]. Lebendig bleibt das Ursprungscharisma nur, wenn es nicht bloß bewahrt, sondern - Mainka weist auf MR 11 hin - tiefer erkannt und weiterentwickelt wird. Eine solche Bereicherung ist im Grunde jedoch nur »Klärung und Entfaltung der Kraft des Gottesgeistes ..., die das Charisma als Gabe Gottes von Anfang an in sich hatte, ohne daß der Stifter und seine ersten Gefährten sich dessen voll bewußt waren«[145]. Mainka bekräftigt damit die Selbigkeit des Charismas im Lauf der Zeiten und die bleibende Normativität des Ursprungs. Gleichzeitig aber ist die Geschichte des Ordens offen für Neues, freilich nicht im Sinn eines absolut Neuen, sondern im Sinn von Entfaltung und Ausfächerung.
Auf seine Weise bringt auch *Johann Baptist Metz* die Geschichte einer Ordensgemeinschaft als Element ihrer Identität ein. Was Metz hierzu darlegt, ist gewissermaßen die konkrete Anwendung seines Konzepts vom theologischen Rang der Erzählung und der Kirche als »Erzähl-

---

[143] Vgl. Mainka 31-35.

[144] Mainka 32. Wegen der Unmittelbarkeit ihres Zusammenlebens mit dem Stifter kann für Mainka von einem »Verrat« am Geist des Stifters durch die ersten Gefährten nicht die Rede sein. Die Gefahr stellt sich für ihn erst in der folgenden Generation, die stärker in der Versuchung steht, ihre Treue zum Gründer in kleinlicher Treue zum Buchstaben auszudrücken.

[145] Ebd. 34. Zur Notwendigkeit einer Weiterentwicklung des ursprünglichen Charismas, vor allem in Hinblick auf seine »Universalisierbarkeit«, vergleiche Jetté 312. Ebd. 315 verlangt Jetté »une fidelité non pas matérielle, mais 'proportionelle', à nos saints Fondateurs«. Midali, Attuali correnti 91 spricht von einer »Potentialität« der ursprünglichen Intention des Gründers, die sich im Lauf der Geschichte eines Instituts in vielfältigen Ausdrucksformen aktualisiert. Siehe auch Alvarez Gomez 29.

gemeinschaft«[146]. Für Metz findet eine Ordensgemeinschaft dadurch ihre Identität, daß sie ihre Geschichte erzählt, eine Geschichte, in welcher der Gründung ein normativer Rang zukommt. Diese Gründungsgeschichte ist aber nicht selbst *norma normans*, sondern immer schon *norma normata*, gemessen nämlich am Lebensgesetz der Nachfolge - »unter jenen besonderen Akzentuierungen, die in der Gründungsgeschichte gesetzt sind«[147]. Die Gründungsgeschichte wird aber nicht nur nacherzählt, »sondern weitererzählt: neue Geschichten kommen hinzu, und sie können durchaus orientierende und normierende Kraft für die Ordensgemeinschaft gewinnen - wenn sie Nachfolgegeschichten sind und als solche wirken«[148]. Orden verfehlen ihre Identität und ihre Sendung in der Kirche sowie letztlich auch die Treue zu ihren Grundintentionen, wo sie die Gründungsgeschichte mit der Offenbarungsgeschichte selbst verwechseln und sie deshalb für abgeschlossen und irreversibel halten.

Auch viele andere Arbeiten zum Thema »Charisma des Gründers bzw. des Instituts« stellen die wichtige Bedeutung der weiterlaufenden Geschichte heraus. Man kann hier von einem weitgehenden Konsens in der theologischen Literatur zum Ordensleben reden[149]. Die Frage nach Tradition und Traditionen einer Ordensgemeinschaft müßte jedoch in größerem Maß im Kontext der Frage nach kirchlicher *traditio* und kirchlichen *traditiones* überhaupt gesehen werden. Die theologischen Arbeitsergebnisse auf diesem Gebiet für das Problem von *sanae traditiones* und *patrimonium* einer Ordensgemeinschaft fruchtbar zu machen, ist eine noch kaum in Angriff genommene Aufgabe der Theologie des Ordenslebens[150].

Alle bisher getroffenen Unterscheidungen, Differenzierungen und Verdeutlichungen drängen auf jenes Thema hin, das immer dort aktuell wird, wo sich eine Erneuerung des Ordenslebens auf PC 2b beruft: die Hermeneutik des Ursprungscharismas. Der Ruf nach der Rückkehr zum »Geist des Ursprungs« (PC 2) bliebe bloßes Postulat ohne Chance

---

146 Vgl. dazu Metz , ZdO 22-26.92f. Zum »theologischen Rang der Erzählung« siehe: ders., GGG 181-203.

147 Metz, ZdO 23f.92.

148 Ebd. 24.

149 Vergleiche: Ledochowska, A la recherche 18; Gilmont 417; Lafont, L'Esprit-Saint 497; Labonté 379.392.399; Jetté 312f; Wulf, Wesen und Bedeutung des Ordensstandes 3f; Certeau M. de, L'épreuve du temps, in: Christus 13 (1966) 311-331, dort 326.

150 Außer der in Anm. 142 genannten Literatur siehe: AAVV., Art. Tradition, in: LThK 10, 290-299; Kampling R., Art. Tradition, in: NHThG 4, 221-235 (Lit.!); Weger K.H., Art. Tradition, in: SM 4, 955-965; Seckler M., Tradition und Fortschritt, in: CGG 23,5-53 (Lit.!); Wiederkehr D., Das Prinzip der Überlieferung, in: HFTh 4, 100-123; Lippert, Überlegungen zum Umsetzen von Traditionen in Kirche und Orden, in: OK 31 (1990) 257-271.

auf Verwirklichung, ließen sich nicht Kriterien entwickeln, dieses Charisma am Ursprung einer Gemeinschaft auszulegen und für die Gegenwart fruchtbar zu machen.

Hermeneutische Ansätze[151]

Sämtliche Ordensgemeinschaften sahen sich nach dem Konzil vor die Aufgabe gestellt, ihr Leben, ihre Konstitutionen, ihre Bräuche zu überprüfen und zu erneuern (vgl. PC 2 und 3). Gerade die unmittelbar in den Jahren nach dem Konzil abgehaltenen Generalkapitel mußten sich deswegen auch mit der Frage nach der ursprünglichen, vom Gründer vorgegebenen Zielsetzung ihrer Gemeinschaft befassen: ein Prozeß der Auslegung, der Interpretation. Wurde den Gemeinschaften dazu von theologischer Seite Hilfestellung geboten?

Ausführlich befaßt sich *Teresa Ledochowska*[152] mit dem Weg, das Charisma der eigenen Gemeinschaft zu entdecken. Sie legt Wert auf die Bedeutung der weitergehenden Geschichte eines Instituts und der ständigen Entfaltung seiner charismatischen Sendung, die sich nicht nur auf die Zeit des Gründers beschränkt. Um das aktuelle »charisme-mission« eines Instituts zu bestimmen, schlägt Ledochowska einen methodischen Weg vor, der - beginnend beim einzelnen Ordensmitglied - immer weitere Kreise zieht.

Für die persönliche Suche des einzelnen nach dem »charisme-mission« müssen ihm Hilfen an die Hand gegeben werden. Historische Studien nehmen darin einen breiten Platz ein. Sie erheben Konstanten, stellen Leben und Schriften der Gründer vor, versuchen, die spirituelle Intention des Gründers möglichst gut zu erfassen und verfolgen schließlich die geschichtliche Entwicklung des Instituts. Diese historische Methode muß aber gleichwohl theologisch vertieft und vom Gebet begleitet werden, da es nicht bloß um empirische Daten geht, sondern darum, einen gottgewollten Auftrag in der Welt zu verwirklichen. Schließlich gilt es noch, die »Konstanten« des Charismas mit der Gegenwart zu konfrontieren und zu untersuchen, ob sie auch in der gegenwärtigen Situation ihre Aktualität bewahren. Nach der persönlichen Auseinandersetzung der einzelnen Ordensmitglieder mit diesen Ergebnissen setzt dann ein gemeinschaftlicher Prozeß ein, der »von unten nach oben«, von kleinen

---

[151] Unter *Hermeneutik* verstehen wir hier zunächst sehr allgemein »Auslegungslehre«. Damit sind sowohl »methodische« Vorschläge als auch hermeneutische Vorbedingungen umfaßt.

[152] Ledochowska, A la recherche 20-23; vgl. auch dies., Histoire du charisme d'un Institut, in: VieCon 52 (1980) 348-358.

Gruppen bis zum Forum der Gesamtgemeinschaft, dem Generalkapitel, vordringt. Dort kann schließlich versucht werden, die gegenwärtige (!) Gestalt des »charisme-mission« in eine Formel zu kleiden, die wiederum für die einzelnen Glieder Hilfe ist, ihre eigene Identität und die des Instituts zu erfassen.

Ledochowskas Interesse liegt darauf, die *aktuelle* Sendung des Instituts in einem Prozeß der Unterscheidung zu entdecken. Darin spielt die Gründungsgeschichte nur eine eher untergeordnete Rolle. Um das Charisma des Gründers zu finden, genügt Ledochowska ausdrücklich eine »historische Methode«. Die Frage ist jedoch, ob nicht auch für die Erforschung des Gründungs- bzw. Gründercharismas ein *hermeneutischer* Zugang vonnöten ist.

Für diese eigentlich hermeneutische Aufgabe finden sich in dem in dieser Arbeit diskutierten Sprachraum nur ein paar Nebenbemerkungen. Einige dieser wenigen Randnotizen seien vermerkt:

Für *Lippert* etwa gibt es ebensowenig einen voraussetzungslosen, absolut objektiven Rückgriff auf den ursprünglichen Geist des Ordens wie es ein ganz voraussetzungsloses »Zurück zum Evangelium« gibt. Die Situation und der Lebensentwurf des Fragenden gehen in die Interpretation mit ein. Das Wissen um die eigene Subjektivität hindert eine größere Sachlichkeit gerade nicht, sondern bewahrt vor den gröbsten Fehleinschätzungen. Wenn für die Lektüre des Evangeliums gilt, daß der Fragende und Suchende auch bereit sein muß, sich und seine Fragestellungen korrigieren zu lassen, muß Ähnliches für den Umgang mit der eigenen Ordensgeschichte zutreffen[153].

Etwas ausführlicher widmet sich *Michel de Certeau* dem Umgang mit Tradition . Er stellt heraus, daß die Vergangenheit dem Menschen der Gegenwart ähnlich und vertraut, zugleich aber fremd ist. Für den Historiker ist es vornehmste Aufgabe, seinen Mitmenschen diese »Fremdheit« der Vergangenheit anzuzeigen. Das Staunen, das daraus erwächst, sperrt sich gegen die Logik des Systems der Gegenwart. Es läßt die vergangene Welt und ihre Menschen als »andere« wahrnehmen und nicht nur als das schon Bekannte, nicht nur als Spiegel der eigenen Vorstellungen und Wünsche.

Deswegen stellen die historischen Arbeiten ordensfremder Personen für de Certeau eine vorzügliche Möglichkeit dar, daß sich die Ordensleute von zur Ideologie gewordenen Aprioris befreien, die sonst unbe-

---

[153] Vgl. Lippert P., Erneuerung des Ordenslebens - Versuch einer Begriffserklärung, in: OK 9 (1968) 18-25, hier 23. Dabei stellt Lippert natürlich klar heraus, daß der Geschichte einer Ordensgemeinschaft nicht die gleiche Verbindlichkeit wie dem Wort der Schrift zukommt.

wußt verteidigt werden und in die Interpretation der Vergangenheit einfließen. Zugleich gilt für de Certeau: Wo Ordensleute ihre Vergangenheit verleugnen und schlichtweg abwerfen wollen, können Außenstehende sie auf ihre Prägung durch die Geschichte ihres Ordens aufmerksam machen. Im Hören auf andere widersteht eine Ordensgemeinschaft sowohl der Ideologisierung der Vergangenheit als auch einer ebenso fatalen Ideologisierung der Gegenwart[154].

Der »Widerstand« der Vergangenheit fordert für de Certeau dann aber auch den »Widerstand« der Gegenwart gegen die Vergangenheit heraus. Sie ändert das Vergangene selbst dort, wo sie sich darin einfügt. Das ist ein notwendiger Prozeß, denn Tradition bleibt nur lebendig, wo sie durch einen Akt der Neuschöpfung geändert wird, sie ist tot, wenn sie gänzlich unberührt bleibt. Das Verhältnis von Gegenwart und Tradition ist für de Certeau einem Gespräch zu vergleichen, in dem ein Neuankömmling (die Gegenwart) durch seine Fragen und allein schon durch seine Anwesenheit Aspekte ins Spiel bringt, die *so* bisher noch nicht das Gespräch bestimmt haben und den Gesprächspartnern neue Stellungnahmen herauslocken[155].

Aus den - primär für die Gesellschaft Jesu gedachten - Überlegungen de Certeaus werden drei wichtige hermeneutische Prinzipien ansichtig. Der Dialog der Ordensleute mit der Tradition wird bei ihm zu einem »Dreiecksgeschehen« ausgeweitet, dessen drei Pole sich folgendermaßen darstellen:

- die *Tradition* in ihrer Vertrautheit und Fremdheit;
- der in der Gegenwart lebende *Fragende*, der durch seine neuen Fragen aus der Tradition auch neue Antworten entbindet;
- die *»anderen«*, also etwa ordensunabhängige Beobachter, die aus der Voreingenommenheit befreien und einen weiteren Horizont aufreißen.

Für die konkrete Interpretation der ursprünglichen Inspiration einer Gemeinschaft dürfte auch der Hinweis *Mainkas* auf die hervorragende Stellung der ersten Gefährten und »Tatzeugen« des Geistes des Gründers sein. Dadurch käme zu der bisher entdeckten »Trilogie« Ursprung (Gründer) - Geschichte - Gegenwart ein neuer Knotenpunkt hinzu, der ein wichtiges Vermittlungsglied zwischen Gründer und Gemeinschaft bilden könnte[156].

[154] Vgl. de Certeau 321 sowie auch Metz, der in ZdO 24f von einer »Hörsamkeit und Lernfähigkeit 'nach außen'« spricht. Diese Aussage in bezug auf die Orden steht in Zusammenhang mit der von Metz postulierten »kognitiven Fremdbestimmung der Theologie«. Siehe dazu oben 225, Anm. 340.

[155] Siehe dazu de Certeau 330.

[156] Vgl. Mainka 31f.

Einen ähnlichen Stellenwert mißt auch *Labonté* dieser Phase im Werden eines Instituts zu. Er kennt aber noch ein weiteres »Schlüsselereignis«, wenn es darum geht, das ursprüngliche Charisma eines Instituts zu bestimmen: den Tod des Gründers. Dieser Tod kann auch ein »sozialer Tod« sein, d.h. daß der Gründer nicht mehr mit der Leitung betraut ist oder sogar aus der Gemeinschaft ausgeschlossen wird. Nach dem Tod ihres Stifters (ihrer Stifterin) tritt die Gemeinschaft in die Phase der Formgebung. Aus einer Gefährtengruppe rund um einen geistlichen Führer wird plötzlich eine brüderliche Gemeinschaft, aus der sich erst neue Führungspersönlichkeiten herauskristallisieren müssen. Die Lehre des Gründers, seine religiösen Ausdrucksformen werden in dieser Phase kodifiziert. Hier stellt sich heraus, was mit dem Gründer »begraben wurde, was von ihm bleibt und nach ihm fortdauert und auf welche Weise [das geschieht]«[157].
Seine Untersuchung über die missionarische Zielvorstellung und spirituelle Pluriformität der Steyler Missionsgesellschaft beschließt *Rudolf Pöhl* mit »Thesen und Arbeitshypothesen zur Gegenwart und Zukunft der Spiritualität in der SVD«. Eine dieser Thesen ist - in ihrer allgemeinen Form - auch für unsere Thematik von Bedeutung. Pöhl schreibt: »Der charismatische Kern eines Ordensgründers ist uns nie als reiner Fruchtkern gegeben, sondern immer nur in seiner natürlich-hartnäckigen Schale (historischem Gewand). Um aber den Kern und das Aroma der Frucht zu identifizieren, muß man davon kosten, um zu ahnen, von welchem Baume sie genommen ist«[158]. Das heißt, so können wir interpretieren, eine Gemeinschaft kann nicht bloß von außen, experimentierend an ihren Gründer herangehen, sondern dessen »charismatischer Kern« erschließt sich nur, wenn die Ordensleute bereit sind, sich tatsächlich darauf einzulassen, zu »kosten« und zu »schmecken«.
Während bei Pöhl der Akzent auf dem »Geist« des Gründers, auf dem Kern, der sich unter historischem Gewand verbirgt, liegt, setzt der Bischof von Aachen, *Klaus Hemmerle*, dem entgegen, daß sich die Ordensgemeinschaften »nicht nur durch den Geist des Gründers, sondern auch durch seinen Buchstaben ins Gericht nehmen lassen« sollten. Manchmal könnte das ursprüngliche Werk, das heute hinfällig erscheint, geradezu ein »hermeneutischer Schlüssel für Engführungen un-

---

157 Labonté 394. - Zum Ganzen vergleiche: Labonté 391-396. Grundlegend zum Geschehen nach dem Tod des Charisma-Trägers siehe: Weber M., Wirtschaft und Gesellschaft, Tübingen ^{5}1980, 140-148. Auch Labonté beruft sich auf Weber.

158 Pöhl R., Der Missionar zwischen Ordensleben und missionarischem Auftrag. Untersuchung zur missionarischen Zielvorstellung und zur spirituellen Pluriformität in der Gesellschaft des Göttlichen Wortes (S.V.D.) (Studia Instituti Missiologici Societas Verbi Divini 18), St. Augustin 1977, 141.

serer heutigen Situation« sein[159]. Hemmerle bedient sich zur Illustration des Gemeinten des Vergleichs mit der Sprache. Der Ausfall eines Wortes, einer Redeform kann u.U. auch Ausfall von Sprech- und Ausdrucksmöglichkeiten bedeuten. Ähnliches gilt für ursprüngliche Werke bzw. für den ursprünglichen Wortlaut der vom Gründer für die Gemeinschaft verfaßten Texte. Von ihnen her kann die Gegenwart neu aufgebrochen werden. Für die Ordensleute ergibt sich daraus die Konsequenz, in einem »hermeneutischen Zirkel« zu leben, die gegenwärtige Situation durch den ursprünglichen Wortlaut bzw. das Werk durch die gegenwärtige Situation zu interpretieren. Nur in dieser »doppelten Interpretationsbewegung« ist für Hemmerle gelebte Treue möglich, »die den Urtext als Urtext wahrt, aber im Heute verständlich macht«[160]. Als dritten »hermeneutischen Schlüssel« führt Hemmerle zuletzt den Ruf der Kirche an: Die Orden haben sich in der Suche nach ihrem je Eigenen in den größeren Lebenshorizont »Kirche« hineinzustellen[161].

Überraschenderweise geben die angeführten vielen kleinen Mosaiksteine miteinander nun doch ein relativ umfassendes Bild für eine Hermeneutik des Gründercharismas bzw. des ursprünglichen Charismas einer Gemeinschaft. Neben abundanten Hinweisen auf die Bedeutung des sozio-kulturellen Kontexts, geschichtlicher Knotenpunkte und Entscheidungssituationen findet sich eine erstaunliche Anzahl von Kriterien, die aus der philosophischen und theologischen Hermeneutik stammen. Da ist die Rede von der Subjektivität des Interpreten, von seiner Fragesituation, die den konkreten Blick auf die Tradition bestimmt; von der Fremdheit und Widerständigkeit der Tradition; vom Einbezug des einzelnen in den Horizont des Ganzen; von der Unterscheidung zwischen Gesagtem und Gemeintem und deren Infragestellung; von der Kirchlichkeit; vom Zusammenspiel der Interpretationen; von der nur durch Veränderung weiterlebenden Tradition. Auch die Notwendigkeit eines geistlichen Unterscheidungs- und Entscheidungsprozesses ist klar bezeugt. Eine wirkliche Synthese dieser Einzelelemente sowie eine bewußtere Nutzung der Ergebnisse philosophischer und theologischer Hermeneutik aber fehlt für den von uns untersuchten Sprachbereich[162].

---

159 Hemmerle K., Ortskirche und Priesterorden in der Bundesrepublik Deutschland, in: OK 21 (1980) 428-442, hier 440.

160 Ebd.

161 Siehe dazu ebd. 440f.

162 Die umfassendste derzeit vorliegende Spezialuntersuchung dürfte Lozano, Foundresses, Founders sein. Anregend auch: George F.E., Founding »Founderology«: Charism and Hermeneutics, in: RevRel 36 (1977) 40-48; Futrell J.C., Discovering the Founder's Charism, in: The Way. Suppl. 14 (1971) 62-70.

Am Ende dieses Überblicks muß an die nachkonziliaren Veröffentlichungen zum Ordensleben noch eine Frage gestellt werden, die im Anschluß an F. Wulf folgendermaßen formuliert werden kann: Gibt es überhaupt so etwas wie *eine* Theologie des Ordenslebens oder handelt es sich nicht vielmehr um verschiedene Theologi*en* (des monastischen, apostolischen ... Ordenslebens)?
Die meisten Untersuchungen machen die stillschweigende Voraussetzung, es gäbe so etwas wie eine Theologie *des* Ordenslebens. Ausgedrückt wird das Problem eigentlich nur von den Theologen, die Zweifel an dieser Voraussetzung anmelden. Auf diese expliziten Stellungnahmen beschränken wir uns im folgenden.
Friedrich Wulf vertritt eine »theologische Phänomenologie des Ordenslebens« und möchte dadurch die Vielfalt der Gemeinschaften in ihrer geschichtlichen Entwicklung als Ausgangspunkt markieren. Dennoch spricht er von einer »gemeinsamen Wurzel« und einer tiefen Einheit des Ordenslebens[163]. Ein fixes, von vorneherein feststehendes Konzept des Ordenslebens berücksichtigt aber für Wulf das Moment des Geschichtlichen zu wenig. Wer nach dem »Wesen« des Ordenslebens fragt, fragt immer schon von gewissen Voraussetzungen und von einem bestimmten Frage- und Erwartungshorizont her, von dem her die Unterscheidung zwischen Wesentlichem und Zweitrangigem mitgeprägt ist. Die »theologische Phänomenologie« Wulfs will aus diesem hermeneutischen Zirkel heraustreten und »ganz schlicht fragen«: Wo hat das Ordensleben (samt seiner Entwicklung) seinen Platz in der Heilsgeschichte? Und wo hat es seinen Ort in der Erfahrung des Glaubenden, in der Verwirklichung christlicher Botschaft? Die durch diese zweifache Frage vorgegebene Denkrichtung bedeutet für Wulf keinen Verzicht auf universalisierende theologische Aussagen über das, was Ordensleben intendiert und in der Kirche zur Darstellung bringt. Ein solcher Verzicht zöge für das Ordensleben den Verlust jener »Motivkraft« nach sich, »die es [i.e. das Ordensleben] auch in Zeiten der Dunkelheit und Prüfung durchhalten läßt«. Von einer Systematisierung der vorgelegten »Elemente einer Theologie des Ordenslebens« möchte Wulf allerdings ausdrücklich absehen, da er darin erneut die Gefahr einer statischen Wesensschau sieht[164].

[163] Vgl. Wulf, Theologische Phänomenologie 451.
[164] Ebd. 479. Zum Problem vergleiche auch schon: Wulf, Wesen und Bedeutung des Ordensstandes.

Einige Bemerkungen zu dieser Thematik finden sich auch in einem Aufsatz *Peter Lipperts*, dessen eigentliches Thema der Standort des Ordenspriesters ist. Die These, daß »'das' Ordensleben ein nach Gemeinschaften verschiedenes Charisma« ist[165], ist eine der Voraussetzungen dieser Arbeit Lipperts. Es gibt aber für ihn einen »wirklich gleichen Kern« des Ordenslebens, der sich jedoch in verschiedenen Formen konkretisiert. »Das« Ordensleben ist eine Abstraktion und angesichts der Gemeinschaftsvielfalt kann die Etikette »Ordensleben« nur im Sinne eines *analogen* Begriffs verwendet werden. Allgemeine theologische Aussagen behalten dennoch für Lippert ihre Gültigkeit: Sie sind *norma positiva*, d.h. geben eine grundlegende Richtung an, und zugleich *norma negativa*, indem sie Irrwege und Fehlverständnisse aufzeigen[166].
Einen ähnlich gelagerten Vermittlungsversuch zwischen Einheit und Vielheit des Ordenslebens schlägt auch *Tillard* vor[167]. Die althergebrachte Differenzierung von Primär- und Sekundärziel des Ordenslebens lehnt er als unzulänglich ab. Der konkreten Existenz entspricht die Vorstellung einer verschiedenen *Gewichtung* von Einzelelementen besser. Dem Ordensleben sind einige wesentliche Züge zu eigen[168], die in den Ordensfamilien verschieden kombiniert und gewichtet sind. Wo allerdings einige dieser Charakteristka fehlen, kann man für Tillard nicht mehr von einer Zugehörigkeit zum Ordensstand im strengen Sinn sprechen[169].
Vergleichbares gilt für *Jean Beyer*, der jedoch, anders als Tillard, seine Überlegungen auf alle Formen der *vita consecrata* (im Sinne des neuen CIC) ausweitet. Auch Beyer kennt verschiedene gemeinsame Elemente, deren tatsächliche Verwirklichung von der konkreten Existenz einer Ordensgemeinschaft beeinflußt wird[170]. Beyer weist nachdrücklich darauf hin, daß die Eigenart (*indoles*) einer Gemeinschaft nicht etwas Akzidentelles ist, das zu einem bereits bestehenden System hinzukäme, wie es manche allgemein gehaltene Ordenstheologie vorspiegelt. Die spezifische Eigenart muß für ihn vielmehr als *forma* verstanden werden,

[165] Lippert, Zur besonderen Berufung des Ordenspriesters 56.

[166] Vgl. ebd. 64.

[167] Siehe dazu Tillard, DD 84-94.

[168] Vgl. dazu die Darstellung Tillards in den vorangegangenen Kapiteln.

[169] Vgl. Tillard, DD 93. Konkret siehe etwa das unterschiedliche Gewicht und die verschiedene Stellung, welche die *»koinônia«* in den einzelnen Instituten einnimmt: ebd. 227-229. Von Gewichtung und Dosierung spricht auch Lippert, Zur besonderen Berufung des Ordenspriesters 62.

[170] Vgl. etwa Beyer J., Vie consacrée et vie religieuse de Vatican II au Code de Droit canonique, in: NRTh 110 (1988) 74-96 sowie auch schon: ders., La vie consacrée dans l'Église, in: Gr 44 (1963) 32-61.

welche die jeweilige Form der Nachfolge Christi, die Praxis der Räte und die Sendung des Instituts prägt und trägt[171].

Neben diesen, im Prinzip auf eine - wenn auch in sich differenzierte - »Theologie *des* Ordenslebens« hinauslaufenden Überlegungen äußerten sich einige Autoren auch kritisch zum Projekt einer solchen Theologie.

Zu ihnen zählt z.B. *Jean Isaac*[172]. Ordensleben ist für ihn nicht allgemein ein gemeinschaftliches Leben nach den Gelübden, zu dem im nachhinein das dem Institut eigene Charisma tritt. Er möchte vielmehr von den vielfältigen Charismen ausgehen, die ein je nach Instituten und Personen verschiedenes Gemeinschaftsleben zeugen.

Auch *Mainka* spricht davon, daß es »eigentlich« keine Theologie des Ordenslebens gibt, sondern nur eine je nach Gemeinschaften spezifizierte Ordenstheologie. Die Eigenart der einzelnen Institute ist für ihn ein konstitutives Element, das nicht vernachlässigt werden darf. Diese »Theologie ihres Soseins in der Kirche muß jede Gemeinschaft selbst erarbeiten im Zusammenwirken aller ihrer Mitglieder, fest gegründet in der Verbundenheit mit dem Ursprung und unter Beachtung der Zeichen der Zeit«[173].

Differenzierung und Kritik einer »allgemeinen« Theologie des Ordenslebens, so spärlich sie auch in der nachkonziliaren Literatur sein mögen, machen unübersehbar darauf aufmerksam, daß keine Ordenstheologie von der Eigenart der Institute absehen kann, will sie nicht den Boden der Realität verlassen. Die »wunderbare Vielfalt von Ordensgemeinschaften« (PC 1,2) hat sich jedenfalls aller Abstraktion zum Trotz einen Platz in der nachkonziliaren Theologie des Ordenslebens erkämpft, auch wenn die verschiedenen Ansätze nicht immer voll ausgezogen und fruchtbar gemacht worden sind.

III. Das Kernproblem einer nachkonziliaren Ordenstheologie

Hat sich die Theologie des Ordenslebens der Herausforderung des Konzils gestellt und eine Synthese aus »Altem« und »Neuem« versucht?

---

[171] Vgl. Beyer J., Ad documentum »Notae directivae pro mutuis relationibus inter Episcopos et Religiosos in Ecclesia«. Adnotationes, in: PRMCL 68 (1979) 563-611, hier bes. 585. Vergleiche auch Régamey, L'exigence de Dieu 126.

[172] Vgl. Isaac 197f.

[173] Mainka 26.

Mit dieser, an eine Formulierung von H.J. Pottmeyer anschließenden Frage waren wir an die nachkonziliaren Beiträge zur Ordenstheologie herangegangen[174]. Grundsätzlich ist die Frage positiv zu beantworten. Kirchliche Dokumente und Theologen haben die vom Zweiten Vatikanum vorgegebene Lehre in großem Maß rezipiert, zugleich aber entfaltet und weiterentwickelt. Dabei haben sich im Durchgang durch die nachkonziliaren Entwicklungen sowohl Konvergenzen als auch Differenzen, Impulse und Anfragen, Klärungen und neue Problemstellungen ergeben. Vieles konnte nur angedeutet werden. Insbesondere haben wir etwa die Thematik der *consecratio religiosa*, der *sanae traditiones* und der »Hermeneutik« des Charismas des Gründers bzw. des Instituts als noch offene Problembereiche angezeigt. Hier könnte und müßte in einer künftigen Ordenstheologie noch weiter gearbeitet werden.
Ein Problem, das zwar auf dem Konzil schon angerissen worden war, sich dort aber noch nicht als Infragestellung der bisher betriebenen Ordenstheologie erwiesen hatte, kristallisierte sich in der »Wirkungsgeschichte« der Konzilstexte immer deutlicher heraus: Wie ist angesichts der Vielfalt und Unterschiedlichkeit von Ordenstypen und -gemeinschaften überhaupt *eine* Theologie *des* Ordenslebens möglich?
Der Einbezug der Wirkungsgeschichte macht hier auf einen Aspekt der Konzilsdekrete aufmerksam, der nicht immer mit dem ihm zukommenden Gewicht wahrgenommen wurde und wird. Er drückt sich vor allem im Verhältnis von PC 5 und 6 zu PC 7-10 (und dort besonders zu PC 8 bezüglich der apostolisch und caritativ tätigen Gemeinschaften) aus: Wie verhält sich eine allgemeine Grundlegung des Ordenslebens zum konkreten Leben der einzelnen Institute und Ordenstypen? Welche Konsequenzen hat die - im Vergleich mit herkömmlicher Ordenstheologie gewagte - Passage aus PC 8, die apostolische und caritative Tätigkeit gehöre bei den betreffenden Ordensinstituten »zum *Wesen* (*natura*)« des Ordenslebens? Muß Analoges auch für andere Ordenstypen gesagt werden?
Die Grenzen einer allgemein gehaltenen Theologie des Ordenslebens zeigten sich im Hauptteil dieser Arbeit immer schärfer: Konnten wir im Bereich von Räten und Weihe (1. Kapitel) zunächst noch relativ ungezwungen von »dem« Ordensleben reden, kam bereits in der Diskussion des ekklesiologischen Orts von Orden (2. Kapitel) stärker die Frage nach unterschiedlichen Formen des Dienstes auf, nahm im Blick auf das Verhältnis von Orden und Welt (3. Kapitel) profiliertere Konturen an

[174] Vgl. oben 37f und Pottmeyer, Vor einer neuen Phase der Rezeption 49.

und brach angesichts von verschiedenen Ordenstypen und der Eigenart der einzelnen Ordensgemeinschaften (4. Kapitel) vollends auf.
Die Vielfalt innerhalb des Phänomens Ordensleben stand klar im Bewußtsein nachkonziliarer Ordenstheologie. Bezeichnend ist aber, daß sich diese Einsicht einerseits auf die bloße Konstatierung bzw. die praktische Ebene beschränkte (kirchliche Dokumente), andererseits in erster Linie Thema von Spezialuntersuchungen war und bei vielen Autoren keinen unmittelbaren Einfluß auf die Ausarbeitung einer Theologie des Ordenslebens selbst nahm. Dadurch kann der Eindruck entstehen, die Eigenart von Ordenstypen und -gemeinschaften sei etwas zum Ordensleben »an sich« Hinzukommendes.
Eine allzu leichtfertige Zersplitterung in mehrere Theologi*en* des Ordenslebens erweist sich bei genauerem Zusehen jedoch als ähnliche Sackgasse wie eine undifferenzierte Ordenstheologie, weil die Frage nach dem offensichtlichen Zusammenhalt des Phänomens »Ordensleben« nicht mehr beantwortet werden kann und es nicht mehr möglich ist, gültig zu umschreiben, was *vita religiosa* ist. Die Ordensgemeinschaften wären damit eines gewissen Regulativums beraubt.
Auf der Linie von Tillard, Wulf und Lippert, die sich bemühen, die unübersehbaren Eigentümlichkeiten mit allgemein gültigen Elementen einer Theologie des Ordenslebens zu vermitteln, kann eine Lösung dieses Dilemmas nur darin bestehen, die (geschichtlich gewachsene) Eigenart der Institute tatsächlich als *Konstitutivum* der Ordenstheologie zu betrachten und nicht als bloßes Accessoire anderen Elementen wie etwa den evangelischen Räten und der *consecratio religiosa* nachzuordnen. In der konkreten Erarbeitung einer Ordenstheologie müßte man dieses Konstitutivum sogar zur Vorbedingung jedes theologischen Sprechens über »das Ordensleben« machen[175]. Die Vorordnung der bestimmten *communio* ergibt sich dabei aus ihrer hervorragenden Rolle bei der konkret-praktischen Ausprägung der ganzen Lebensgestalt der Ordensgemeinschaften. Für eine Ordenstheologie, die so verfährt, wären die konkrete Geschichte des Ordenslebens und die Eigenart der Institute wirkliche *loci theologici* (analog den *loci* der theologischen Erkenntnislehre)[176].
Die Frage nach der Vermittlung von Einheit und Vielheit, gemeinsamen Grundlagen und »Spezifika« ist nicht nur im Fall des Ordenslebens

---

[175] Siehe auch Gutiérrez Vega 268-270. Mit PC 1,2 entspricht eigentlich auch das Ordensdekret diesem Postulat.

[176] Vgl. auch Midali, Attuali correnti 67f; Lozano, Foundresses, Founders 88: »The *locus theologicus* for this reflection ... is, within the tradition of the Church, the living history of this charism which begins in the founder or foundress and continues in successive generations down to us«.

aktuell, sondern erhält ihre Aktualität auch und gerade von daher, daß sie das kirchliche Leben als solches betrifft. Konkret etwa das Verhältnis von christlicher Spiritualität und Spiritualitäten[177], gemeinsamer Berufung in Taufe und Firmung und je persönlicher Sendung oder (analog) das Zueinander von Gesamtkirche und Ortskirchen. Letztlich gibt es auch Zusammenhänge mit dem christlichen Grundmysterium der Trinität, in der Einheit und Vielheit miteinander vermittelt sind[178].

Die Frage nach Gemeinsamkeit und Differenz zwischen *vita religiosa* und anderen kirchlichen Lebensformen sowie zwischen den verschiedenen Ausprägungen des Ordenslebens ist in diesen größeren theologischen Kontext einzuordnen. Das *Kernproblem der nachkonziliaren Ordenstheologie* besteht demgemäß darin, diese differenzierte Einheit adäquat zu artikulieren und theologisch einzuholen.

Dabei ist jedoch zwei gegensätzlichen Mißdeutungen zu wehren, gerade wenn die Ordenstheologie auf der Linie des Zweiten Vatikanums bleiben will:

- Die Aussage aus LG 40,2, daß »alle Christgläubigen jeglichen Standes oder Ranges zur Fülle des christlichen Lebens und zur vollkommenen Liebe berufen sind«, darf nicht unterboten werden. Wie die weitere Passage des gleichen Artikels zeigt, ist jeder Gläubige nicht nur zu dieser Vollkommenheit berufen, sondern auch - auf seine je eigene Weise - *befähigt*, sie zu erlangen[179]. Unterboten würde dies dort, wo Ordensleben (bzw. Räteleben) als schlechthin »Besseres« verstanden würde und damit exklusiv zum Vorbild von Christsein und Kirche avanciert. Ähnliches hat aber - cum grano salis - auch innerhalb der *vita religiosa* zu gelten: Kontemplatives Ordensleben ist nicht von vorneherein als vollkommeneres Ordensleben zu verstehen. Es ist nicht als solches Maß für alle anderen Formen der *vita religiosa*.

---

[177] Siehe dazu Vandenbroucke F., Spiritualität und Spiritualitäten, in: Conc 1 (1965) 735-742; Sudbrack J., Art. Spiritualität, in: SM 4, 674-691 (Lit.!); Greshake G., Art. Spiritualität, in: Handwörterbuch religiöser Gegenwartsfragen. Hg. v. U. Ruh u.a., Freiburg 1986, 443-448; AAVV., Art. Spiritualität, in: PLSp 1170-1216.

[178] Vgl. auch Domergue 198.
Vielleicht darf man sogar vermuten, daß die Vorbehalte gegenüber der Vielfalt von Ordensgemeinschaften, die in der Kirchengeschichte immer wieder laut wurden, auch mit der speziellen Versuchung westlicher Theologie, Gottes Dreifaltigkeit seiner Einheit unterzuordnen, zusammenhängen. Siehe dazu: Rahner K., Der dreifaltige Gott als transzendenter Urgrund der Heilsgeschichte, in: MySal 2, 317-401, hier 319-323; ders., Bemerkungen zum dogmatischen Traktat »De Trinitate«, in: Schriften 4, 103-133; Kasper W., Der Gott Jesu Christi, Mainz 1982, 319f; Moltmann J., Trinität und Reich Gottes. Zur Gotteslehre, München 1980, 17f.

[179] LG 40,2: »Zur Erreichung dieser Vollkommenheit sollen die Gläubigen die Kräfte, die sie nach dem Maß der Gnadengabe Christi empfangen haben, anwenden, um, seinen Spuren folgend und seinem Bild gleichgestaltet, dem Willen des Vaters in allem folgsam, sich mit ganzem Herzen der Ehre Gottes und dem Dienst des Nächsten hinzugeben«.

- Ebenso abzulehnen ist jedoch auch eine Konzeption, die das Phänomen »Ordensleben« unterschiedslos einebnet. Sei es, daß der Unterschied christlicher Lebensformen zur Nebensächlichkeit degradiert wird, sei es, daß die verschiedenen empirisch feststellbaren Ausformungen der *vita religiosa* zu letztlich unerheblichen Phänomenen deklariert werden.

Aufgabe einer Ordenstheologie, die das Erbe des Zweiten Vatikanums bewahren und fortführen will, wäre es also, einen Ansatzpunkt zu finden, der es möglich macht, Allgemeines und Besonderes, Universales und Konkretes bezüglich der *vita religiosa* miteinander zu vermitteln, ohne eines in das andere hinein zu verflüchtigen[180].

---

[180] Vgl. auch Wulf F., Zur katholischen Beurteilung des Artikels 27 der CA aus heutiger Sicht, in: Confessio Augustana. Bekenntnis des einen Glaubens. Gemeinsame Untersuchung luth. und kath. Theologen. Hg. v. H. Meyer und H. Schütte, Paderborn 1980, 308-316, dort 313f.

SCHLUSS

Im Fragment das Ganze leben[1] Orden in der Nachfolge des »universale concretum« Jesus Christus

Der Überblick über die nachkonziliare Entwicklung auf dem Gebiet der Theologie des Ordenslebens führte zu einem zweifachen Postulat:
(1) Die *vita religiosa* muß als *eine* christliche Lebensform unter anderen dargestellt werden, nicht als Ideal christlichen Lebens schlechthin.
(2) Zugleich muß die Ordenstheologie davon ausgehen, daß dennoch bestimmte Akzente für das Ordensleben charakteristisch sind und dieses sich nur in konkreten, vielfältigen Formen verwirklicht.
Eine theologische Ortsbestimmung des Ordenslebens, die diesem Postulat entspricht, kann beim Verständnis der *vita religiosa* als einer *konkreten Form der Nachfolge Jesu Christi* ansetzen (vgl. PC 1; 2a). Die zentrale *These* lautete dann:
Die Orden stehen - zusammen mit allen Christen (vgl. LG 41,1; GS 41,1; CD 11,3; AA 4,6) - in der Nachfolge Jesu Christi, des *universale concretum*. Das bedeutet, daß sie auf *konkrete* (und damit beschränkte) Weise Jesus Christus nachfolgen, gerade darin aber die *eine und ganze*, allen Christen aufgetragene Nachfolge verwirklichen. Im *Fragment* ihres Lebens, zu dem sie berufen sind, leben die Orden auf konkret-eingeschränkte Weise das *Ganze* des christlichen Lebens. Die Konkretheit verleiht dem Leben der Ordensleute eine *Gestalt*, die als Einheit wahrgenommen und dann auch auf ihre typischen Merkmale hin analysiert werden kann.
Diesen Ansatz gilt es nun im einzelnen zu entfalten.

[1] Formulierung im Anschluß an Balthasar H.U. v., Das Ganze im Fragment. Aspekte der Geschichtstheologie, Einsiedeln 1963.

1. Zum Begriff des »universale concretum«

Der Begriff *universale concretum* ist ein Schlüsselbegriff neuerer Theologie. In ihm wird gleichsam wie in einem Brennglas die Grundstruktur (jüdisch-)christlichen Glaubens zusammengefaßt. *Werner Löser* versteht ihn als »Grundgesetz der oeconomia revelationis«[2]. Die Offenbarungsgeschichte ist durch konkrete und je einmalige Ereignisse gekennzeichnet, in denen sich Gott offenbart. Diese Konkretheit steht nicht im Gegensatz zu deren universaler Bedeutung. Das partikuläre Geschehen *ist* vielmehr die Weise, in der sich diese mögliche universale Bedeutung realisiert und ausdrückt. Am reinsten ist diese Charakteristik im

> »zentralen Ereignis der Offenbarungsgeschichte, dem Christusereignis, ... gegeben. Das Christusereignis ist sozusagen *das* universale concretum, da in ihm der universelle Heilswille Gottes seine konkreteste Verdichtung erfahren hat. An ihm sind deshalb auch jene Strukturen, die für das ganze Offenbarungsgeschehen und die ganze Geschichte gelten, am deutlichsten ablesbar ... . Es ist ja gerade das Grundgesetz der oeconomia revelationis, daß sich die Selbstmitteilung Gottes in der Geschichte ereignet, daß also das Universale, das Wesenhafte, das Erlösende, das Normative im Konkreten liegt«[3].

Das Anliegen, das partikular Einmalige und das universal Bedeutsame in der Person Jesu Christi zusammenzudenken, prägt faktisch die ganze Theologiegeschichte bis hin zu heutigen christologischen Entwürfen. Für die spekulative Durchdringung des Problems ist besonders *Nikolaus von Kues* (1401-1464) von Bedeutung, in erster Linie durch sein Hauptwerk *De docta ignorantia* (1440). Seine Ausführungen können nicht nur Grundlage für das Verständnis der paradox klingenden Formel vom *universale concretum* sein[4], sondern in ihren Konsequenzen auch einen ersten Zugang für unsere Fragestellung nach dem Verhältnis von Allgemeinem und Besonderem des Ordenslebens bilden[5].

---

[2] Löser W., »Universale concretum« als Grundgesetz der oeconomia revelationis, in: HFTh 2, 108-121. Dieser Beitrag Lösers gab wesentlich Anstoß und Anregung für diesen Teil der vorliegenden Untersuchung.

[3] Löser, »Universale concretum« 108f. - Vergleiche auch Balthasar H.U. v., Theologie der Geschichte. Ein Grundriß. Neue Fassung, Einsiedeln ³1959, 18f (Wir zit. hier und im folgenden nach dieser - erweiterten - Auflage, die von Balthasar selbst als die maßgebliche bezeichnet, in: ders., Unser Auftrag 84); Rahner K., Grundkurs des Glaubens. Einführung in den Begriff des Christentums, Freiburg 1976, 179.

[4] Gerade von Balthasar, der sich häufig des Begriffs *universale concretum* bedient, verweist in diesem Zusammenhang auf den Cusaner. Siehe dazu: Theologie der Geschichte 53 sowie ders., Herrlichkeit. Eine theologische Ästhetik. 3/1, 30.552-592. Hinweise auch bei Löser, »Universale concretum« 109.116.

[5] Eine Studie über Theologie und Philosophie des Nikolaus von Kues ist im Rahmen dieser Arbeit natürlich unmöglich. Deshalb sollen nur die für unser Thema relevanten Strukturen aufgezeigt werden. Die Beschränkung auf *De docta ignorantia* (= DIgn) scheint insofern gerechtfertigt, als sie die Grundlage ist, auf der sich die Theologie des

Nikolaus von Kues verwendet nicht primär das Begriffspaar *universal - konkret*, sondern die Termini *absolutus* und *contractus*. Sie haben ihren Ort sowohl in der Darlegung des Schöpfer-Geschöpf-Verhältnisses als auch in der Trinitätslehre und in der Christologie. Der Begriff *absolutus* bezeichnet bei Cusanus die uneingeschränkte göttliche Wesensgröße sowie die »über alle Zusammensetzung und Abhängigkeit erhabene Freiheit oder Souveränität des göttlichen Seins«[6]. Demgegenüber besagt *contractus* die Einschränkung auf ein je spezifisches und individuell gesondertes Sein, also »Besonderung und Konkretisierung«[7]. Die Einheit des geschöpflichen (kontrakten) Seins, das Universum, ist deshalb eine aus verschiedenen Wesenselementen zusammengesetzte: »Die Welt ist Einheit in der Weise, daß sie eine Einheit von Einheiten ist«[8]. Sie ist »in Vielheit eingeschränkt«[9]. Das Universum ist dennoch nicht bloß die Summe seiner Glieder, sondern findet seine letzte Einheit in der göttlichen Einheit selbst[10]. Die Termini *complicatio* und *explicatio* ordnen bei Cusanus die (göttliche) Einheit und die (geschöpfliche) Vielheit einander zu. Die Aufnahme des Vielen in die Einheit, die das zahllos und »bloß« Viele erst zur Viel*heit* macht, nennt der Cusaner »Zusammenfaltung« (*complicatio*).

> »Die Zusammenfaltung des Vielen in die Einheit ist aber zugleich eine Auseinanderfaltung der Einheit in das Viele (explicatio). ... Die Vielheit ist die Einheit selbst, nämlich explicative, die Einheit ist die Vielheit selbst, nämlich complicative«[11].

Cusaners aufbaut. Die Ausführungen dieses Abschnitts basieren auf diesem Werk und auf folgender Sekundärliteratur: Volkmann-Schluck K.H., Nicolaus Cusanus. Die Philosophie im Übergang vom Mittelalter zur Neuzeit, Frankfurt ^{3}1984; Jacobi K., Die Methode der cusanischen Philosophie (Symposion 31), Freiburg [1969]; Haubst R., Die Christologie des Nikolaus von Kues, Freiburg 1956; Hummel Ch., Nicolaus Cusanus. Das Individualitätsprinzip in seiner Philosophie, Bern [1961]; Hoffmann E., Das Universum des Nikolaus von Cues, in: Sitzungsberichte der Heidelberger Akademie der Wissenschaften. Phil.-hist. Klasse. 3. Abh., Heidelberg 1930; Schönborn Ch., Die »Docta ignorantia« als christozentrischer Entwurf, in: Nikolaus von Kues. Hg. v. K. Jacobi, Freiburg 1977, 138-156.
Die DIgn wird im folgenden nach der im Auftrag der Heidelberger Akademie der Wissenschaften hg. Studienausgabe als lat.-dt. Parallelausgabe zitiert. Diese versteht sich als *editio minor* bis zum Erscheinen der Neubearbeitung der Heidelberger kritischen Ausgabe und wurde zum Teil (Buch III) bereits auf dieser Basis erarbeitet: Nikolaus von Kues, De docta ignorantia. Die gelehrte Unwissenheit. Lat.-deutsch. Bd. 1-3 (Philosophische Bibliothek 264 a.b.c.), Hamburg 1964-1977.

6 Haubst 139.

7 Ebd. 140.

8 Volkmann-Schluck 48.

9 DIgn I,2: »Cuius quidem unitas in pluralitate contracta est«. Vgl. DIgn III,1.

10 Vgl. DIgn II,2-3.

11 Volkmann-Schluck 49. Zum Ganzen: ebd. 48-52; Hoffmann 14-21.

Das eine und selbe Verhältnis von Einheit und Vielheit ist so im Blick auf Gott *complicatio*, im Blick auf die Welt aber *explicatio*. Das Geschehen dieser Ausfaltung der unendlichen Einheit in die Vielheit dieser Welt wird von Cusanus als *contractio* begriffen.

Grundlegend ist für ihn, wie er im 2. Buch der *Docta ignorantia* ausführt[12], daß das Universum[13] als das »kontrakt Größte« ein Abbild des »absolut Größten« ist, da dieses »kontrakt Größte« alles, was es ist, vom Absoluten hat[14]. »Kontrakt« aber ist das Universum deswegen, weil es nur in den konkret-individuellen Seienden existiert. Denn: »Einschränkung ... bedeutet Einschränkung zu etwas, d.h. um das oder jenes zu sein«[15]. Das heißt:

> »Die Welt kommt also zum Sein, indem das, was in Gott unendliche Einheit ist, zum Sein von diesem und jenem und allem zusammengezogen wird. Deshalb ist die Welt das Maximum selbst, aber nicht in absoluter, sondern in kontrakter oder, was dasselbe besagt, in konkreter Weise, nämlich in der Bestimmtheit des das und das«[16].

Jedes *actu* existierende Wesen ist somit für den Cusaner selbst eine konkrete Darstellung des Universums und enthält so - auf kontrakte Weise - das Universum in sich:

> »Das All ist nur in eingeschränkter Weise in den Dingen und jedwedes Ding, das wirklich existiert, zieht sämtliche Bestimmtheiten in sich zusammen (con-trahit universa), damit sie tatsächlich das seien, was es ist«[17].

Daraus ergeben sich zwei Folgerungen: Das Universum hat für Cusanus »keine Realität unabhängig von der Vielfalt der Dinge, es *ist real nur in den vielerlei Einzelnen*, die es kontrahieren«[18]. Zugleich ist damit das Einzelne in eminenter Weise aufgewertet. Im Sinn des Cusaners muß es nämlich weniger als Teil des Universums verstanden werden, sondern es

---

12 Zum Arbeitsplan des Werkes vgl. DIgn I,2.

13 Welt als *uni-versum* kann hier als »in die Einheit umgewendetes Vieles« verstanden werden (Volkmann-Schluck 57).

14 Vgl. DIgn II,4: »Nam ipsum contractum seu concretum cum ab absoluto omne id habeat quod est, tunc illud quod est maximum maxime absolutum quantum potest concomitatur. Igitur quae in primo libro de absoluto maximo novis nota facta sunt, illa ut absoluta absoluto maxime conveniunt, contracto contracte convenire affirmamus«.

15 DIgn II,4: »Contractio dicit ad aliquid ut ad essendum hoc vel illud«. Siehe auch Haubst 141.

16 Volkmann-Schluck 52f. Als Beispiel für den Unterschied zwischen Absolutem und Kontraktem siehe: DIgn II,4.

17 DIgn II,5.

18 Jacobi 275. - Das gilt im übrigen bei Cusanus für die ganze von ihm aufgestellte Stufenfolge des Seins in Art, Gattung und Zahl: DIgn II,6 vgl. auch III,1. Cusanus greift hiermit die Frage nach den Universalien auf. Er nimmt darin eine vermittelnd-integrierende Stellung ein. Vgl. dazu Anm. 63 zu DIgn II in der lat.-dt. Parallelausgabe sowie Hoffmann 22f.

ist »eher eine Repräsentation des Ganzen. Es ist 'contractio universi', faßt also punkthaft die universale Totalität in sich zusammen. ... Das Einzelne ist Konzentration des Ganzen auf sich«[19]. Die Singularität des Einzelnen wird hier also zwar äußerst eng mit dem Ganzen zusammengedacht, gerade dadurch aber nicht abgewertet. Im Gegenteil: Die Endlichkeit des »dies und das« enthält eine tiefe Würde. Die Begrenzung des Einzelnen auf sein je eigenes Wesen besagt keinen Seinsmangel. Denn gerade indem jedes Einzelwirkliche dieses und kein anderes ist, ist es auf seine Weise das Ganze[20].

Die vielfältigen Überlegungen des 1. und 2. Buches der *Docta ignorantia* münden schließlich in das (christologische) 3. Buch ein. Aufgrund der von Cusanus aufgestellten Stufenfolge des Seins, wodurch kein kontraktes Sein den Grad der Kontraktheit eines anderen Seins vollkommen erreichen kann[21], möchte der Cusaner »nach dem Einen, Größten forschen ..., in dem das Universum als in seinem Ziel in höchster und in vollendeter Weise aktuell subsistiert«[22]. Dies wäre das »maximum contractum«[23]. Das erste und zweite Kapitel des 3. Buches suchen zu erweisen, daß das Universum in seiner Stufenfolge von sich aus nicht das »größte Beschränkte« erreichen kann, sondern dieses nur in der (hypostatischen) Einigung mit dem absolut Größten realisierbar ist[24]. Im dritten Kapitel geht Nikolaus von Kues davon aus, daß allein die menschliche Natur zur Realisierung dieses »maximum contractum« geeignet ist:

> »Es ist aber die menschliche Natur, die über alle Werke Gottes erhoben ist und nur um ein wenig den Engeln nachsteht. Sie umschließt ja die vernunfthafte und sinnenhafte Natur und faßt alles in sich zusammen, so daß sie mit gutem Grund von den Alten als Mikrokosmos oder als kleine Welt bezeichnet wurde. Deshalb ist sie es, die, zur Einheit mit der Größe erhoben, die ganze Vollkommenheitsfülle des Universums und aller einzelnen Dinge sein würde,

---

19 Jacobi 294.

20 Vgl. Volkmann-Schluck 59; Schönborn 149.

21 Siehe DIgn III,1. Vgl. dazu Haubst 150-152.

22 DIgn I,2.

23 Vgl. DIgn III,2. - Haubst 142f bemerkt, daß Cusanus sowohl das Universum als auch dieses »innerkosmisch Größte« als »maximum contractum« bezeichnet. Haubst schlägt als unterscheidende Übersetzung vor, einmal (für das Universum) mit »beschränkt Größtes« und das andere Mal mit »das größte Beschränkte« zu übersetzen. Beides hängt aber eng zusammen: »Der logischen Ordnung nach tritt also die menschliche Natur Jesu, zunächst und vorläufig als solche betrachtet, als das *größte Beschränkte* ins Blickfeld. In dem göttlichen Selbstand ist sie - in weit prägnanterem Sinn als das Universum - das *beschränkt Größte*, in dem Sinne nämlich, daß Christus als Gott und Mensch das '*zugleich absolut* und *beschränkt Größte*' zu nennen ist«.

24 Siehe Haubst 143-154.

so daß in der Menschheit alles seine höchste Stufe erreichte. Die Menschheit existiert aber nur eingeschränkt in diesem oder in jenem«[25].

Daraus folgt, daß auch nur *ein* Mensch jenes »maximum contractum« darstellen kann. Geschichtlich verwirklicht und nicht mehr nur gedankliche Möglichkeit ist das für den Brixener Kardinal in Jesus, dem »deus et homo«[26]. Mit dem vierten Kapitel betritt Cusanus den Boden der Christusoffenbarung. Als Gott und Mensch ist Jesus Christus das »maximum«, »das eingeschränkt (contractum) und zugleich absolut ist«[27]. Dies ist für den Cusaner nur möglich aufgrund der hypostatischen Einheit Jesu Christi, einer Einung, die alle Fassungskraft unseres Geistes übersteigt[28]. Dabei betont Nikolaus von Kues die singuläre, universale Weite und Fülle der menschlichen Natur Jesu[29]. »Ist nämlich schon jeder Mensch ein Mikrokosmos, eine Welt im Kleinen, so ist Christus das in maximaler Weise und deshalb die Vollendung und das Ziel des Universums und vor allem des Menschengeschlechtes«[30]. An Christus als der »ipsa contractio«[31] scheint auf, was *contractio* als Seinsweise des Endlichen ist: *»An der maximalen Endlichkeit Jesu wird positiv bestimmbar, was Endlichkeit ist«*[32]. Am *maximum contractum* Jesus Christus läßt sich ablesen, daß Endlichkeit keine Defizienz ist, sondern eine Vollkommenheit eigener Art[33].

Neben der spekulativen Durchdringung der hypostatischen Union unter den Schlüsselworten *absolut* und *konkret* ist für unseren Zusammenhang der von Cusanus aufgezeigte Weg zur Vermittlung von Universalem und Gesondertem im Begriff der *contractio*[34] wichtig: Das Einzelne ist hier verstanden als kontrakt-konkrete Darstellung des Universalen, zu-

---

[25] DIgn III,3.

[26] Vgl. die Überschrift von DIgn III,4: »Quomodo ipsum est Iesus benedictus, deus et homo«.

[27] DIgn I,2: Illud maximum, »quod simul est contractum et absolutum, quod Iesum semper benedictum nominamus«.

[28] Vgl. DIgn III,2.

[29] Siehe besonders in DIgn III,3. Dazu Haubst 166-172, dort weitere Belege.

[30] Haubst 307. - Eine solche Aussage ist aber nur bei der Anwendung des »Maximitätsprinzipes« auf die Person Jesu Christi tragbar: »Dieses Prinzip besagt ..., daß die Maximität der menschlichen Eigenschaften Jesu nur dadurch erklärbar ist, daß Er zugleich auch mehr als Mensch und Geschöpf ist und nur in personaler Identität mit dem Absoluten den adäquaten Grund seiner geschichtlich in Erscheinung getretenen höchsten Vollendung haben kann. So wird die Menschheit Jesu zum 'Weg' zur Gottheit und die cusanische Methode zu einer 'Handleitung' (manuductio) über die Menschheit zur Gottheit« (Haubst 310).

[31] DIgn III,3.

[32] Schönborn 148.

[33] Vgl. ebd. 149.

[34] Haubst 141 nennt als Quellen für den Gebrauch des Begriffes *contractio* bei Cusanus Albert d. Großen, Thomas von Aquin, Johannes Duns Scotus, Raimundus Lullus.

gespitzt und unüberbietbar verwirklicht in der Person Jesu Christi. Das Einzelne verweist gerade *in* seiner »eingeschränkten« Form auf das Ganze. Das bleibt als wichtigstes Ergebnis für unsere Frage nach Ort und Bedeutung der konkreten Lebensform *vita religiosa* innerhalb kirchlicher Existenz festzuhalten.

Die Idee Jesu Christi als des Größten, das »eingeschränkt (*contractum*) und zugleich absolut ist«[35] ist nicht allein auf Nikolaus von Kues beschränkt. Sie findet sich auf die eine oder andere Weise an wichtigen Knotenpunkten der Theologiegeschichte[36], besonders aber in der gegenwärtigen Christologie.

Der Begriff *universale concretum* selbst ist nicht in allen derzeit vorliegenden Entwürfen in gleichem Maß präsent. Die Sache prägt aber die gesamte gegenwärtige christologische Diskussion[37]. Wie schon an der Christologie des Cusaners exemplarisch deutlich wurde, ist die konkrete Universalität bzw. universal bedeutsame Konkretheit Jesu Christi grundlegend von der in seiner Person verwirklichten hypostatischen Union her zu verstehen. Weil Jesus Christus der fleischgewordene Logos ist (vgl. Joh 1,14), zeigt sich sein geschichtlich-partikuläres Leben in unüberbietbarer Weise »universal«. Diese Überzeugung des Neuen Testamentes bündelt sich wie in einem Brennpunkt in der Lebenshingabe Jesu, in seiner Proexistenz bis zum (stellvertretenden) Kreuzestod[38].

Durch das Wirken des Geistes erfährt die »konkrete Universalität« Jesu Christi ihre Bestätigung und endgültige Offenbarung im Geschehen von Tod und Auferstehung (vgl. etwa Röm 1,4). Hier wird letztgültig deutlich, daß der konkrete Mensch Jesus von Nazaret zugleich der »absolute Heilbringer« (Karl Rahner[39]), das »universale concretum« (Hans Urs von Balthasar[40]) ist, dessen konkreter Anspruch sich als Norm aller Geschichte erweist. Die Universalität des Auferstandenen und somit auch der christliche Glaube bleiben aber unbedingt rückgebunden an die

---

[35] Vgl. DIgn I,2.

[36] Siehe dazu bei Löser, »Universale concretum« 115f.

[37] Innerhalb der Zielsetzung dieser Arbeit scheint es gerechtfertigt, mehr pauschal auf die großen Linien zu verweisen, die sich in neuerer Zeit katholischerseits in den beiden Namen Karl Rahner und Hans Urs von Balthasar bündeln (wobei wir als bekannte christologische Entwürfe noch die von Walter Kasper und Dietrich Wiederkehr hinzuziehen). Auf evangelischer Seite wäre sicher Wolfhart Pannenberg zu nennen. Vergleiche dazu Löser, »Universale concretum« 116-121.

[38] Siehe dazu das exegetische Standardwerk in dieser Hinsicht: Schürmann H., Jesu ureigener Tod. Exegetische Besinnungen und Ausblick, Freiburg 1975.

[39] Etwa Rahner , Grundkurs 230.250f.274f.

[40] Aus der Fülle der Belege vergleiche: Balthasar H.U. v., Merkmale des Christlichen, in: Verbum Caro 172-194, hier 183.

menschlich-einmalige Geschichte des Jesus von Nazaret[41]. Er ist der Universale, ohne aufzuhören, der Partikulär-Einmalige zu sein[42]. Das kommt besonders im Osterkerygma zum Ausdruck, das bekennt, daß der Auferstandene der Gekreuzigte und der Gekreuzigte der Auferstandene ist (vgl. etwa Mt 28,5f; 1 Kor 1,23).

Die Koinzidenz von *universal* und *konkret* in der Person Jesu Christi bildet die Grundlage für jegliche Soteriologie und Christologie, die dem neutestamentlichen Zeugnis gerecht werden will. Im Verständnis des Cusanus greifen in Jesus Christus als »maximum contractum« menschliche Natur und absolut Größtes ineinander und sind zutiefst (hypostatisch) geeint. In einer mehr dynamischen Sichtweise könnte man von zwei »Bewegungen« sprechen, die sich in Jesus Christus überschneiden und ihrerseits vom Paradox »konkret-universal« gekennzeichnet sind:

- Der konkrete Mensch Jesus von Nazaret mit seiner menschlichen Geschichte ist das unüberbietbare Realsymbol der Selbstmitteilung Gottes an die Welt. Deshalb wird an ihm, an seinem Leben, Sterben und Auferstehen Gottes Verhältnis zur Welt letztendlich greifbar.
- Zugleich ist im konkreten Gottesverhältnis Jesu das Verhältnis der Welt zu Gott - stellvertretend - zusammengefaßt[43].

Die Konkretheit des Heilsereignisses und der Heilsentscheidung am Zuspruch und Anspruch des Jesus von Nazaret begründet durch alle Zeiten hindurch *das* Ärgernis des Christlichen, das von Verkündigung und Theologie nicht unterschlagen werden darf[44]. Der eingangs zitierte Grundsatz der *oeconomia revelationis*, daß das Universale, das Erlösende und das Normative im Konkreten liegen, hat deswegen eine christologische Spitze: Dieses Konkrete, das zugleich universal ist, ist Jesus von Nazaret[45]. Aus dem Vorangegangenem wird aber deutlich, daß Jesus Christus als *universale concretum* letztlich nur *trinitarisch* zu denken ist: Er ist der fleischgewordene *Logos*, der den *Vater* auslegt (vgl. Joh 1,18) und sein Sohnesverhältnis (sakramental) in einem konkreten menschlichen Leben des Gehorsams vollzieht. Die »Universalisierung« des konkreten Christusereignisses ist schließlich Werk des *Geistes*.

---

[41] Vgl. von Balthasar, Theologie der Geschichte 61f.69f. Zum Wirken des Geistes siehe auch Kasper W., Jesus der Christus, Mainz 1974, 305f.

[42] Vgl. Balthasar H.U. v., Epilog, Einsiedeln 1987, 89.

[43] Im Entwurf von D. Wiederkehr bilden diese zwei »Bewegungen« das Gerüst: Wiederkehr D., Entwurf einer systematischen Christologie, in: MySal 3/1, 477-648.

[44] Vgl. Kasper, Jesus der Christus 231-245.

[45] Um diese Einmaligkeit Jesu Christi innerhalb der *oeconomia revelationis* zu kennzeichnen, verwenden etwa von Balthasar die Zusammenstellung »universalissimum - concretissimum« (Theodramatik 2/1, 246) und K. Rahner den Ausdruck »absolutum concretissimum« (Grundkurs 300.302; siehe auch Rahner K., Jesus Christus - Sinn des Lebens, in: Schriften 15, 206-216).

Gerade aufgrund der Singularität und unüberbietbaren Einmaligkeit Jesu Christi als *des* »universale concretum« stellt sich für unser Thema aber nun mit aller Schärfe die Frage, ob bzw. wie dieses Paradox Christi in der Kirche weitergehen kann. Erst wenn die Möglichkeit einer solchen Fortsetzung - für Kirche und den einzelnen Christen - positiv aufgewiesen ist, kann auch von »Orden in der Nachfolge des *universale concretum*« gesprochen werden[46].

2. Nachfolge und Kirche: »konkret« und »universal«

Am intensivsten hat sich vermutlich Hans Urs von Balthasar mit dieser Frage auseinandergesetzt, und dies in allen Phasen seines theologischen Schaffens. In seiner stark von den Kirchenvätern inspirierten Theologie[47] legt er den Akzent äußerst scharf auf die Unableitbarkeit der Person Jesu Christi, auf seine Einmaligkeit, die »eine in der Welt nicht vorkommende, aus der Welt nicht zu erklärende und für die Welt nicht zu fassende ist, weil sie die Einmaligkeit Gottes ist«[48]. Deshalb muß sich dem Basler Theologen umso stärker das Problem stellen, wie Kirche, wie der einzelne Christ überhaupt an dieser einmaligen Person Anteil erhalten kann. Beides ist für von Balthasar nur über ein gnadenvolles Gewähren Christi selbst möglich[49]. Durch das Wirken des Pneuma wird die Gestalt Christi in die Kirche hinein »universalisiert«. Diese »Inspiriertheit der Kirche Christi« erweist sich »darin als christlich echt, daß sie das Paradox Christi durch alle Geschichtszeiten hindurch fortführt: gleichzeitig endgültig gestalthaft (organisch) bestimmt und universal zu sein«[50]. Wie bei Christus selbst bedeutet das grundlegend, daß die Kirche einerseits

46 Vergleiche dazu auch Kehl M., Christliche Gestalt und kirchliche Institution (H.U. von Balthasar), in: ders., Kirche als Institution. Zur theologischen Begründung des institutionellen Charakters der Kirche in der neueren deutschsprachigen katholischen Ekklesiologie (FTS 22), Frankfurt 1976, 239-311, dort 283-285: »Das Paradox der Nachfolge«.

47 Grundlegend dazu: Löser W., Im Geiste des Origenes. Hans Urs von Balthasar als Interpret der Theologie der Kirchenväter (FTS 23), Frankfurt 1976.

48 Balthasar H.U. v., Wer ist die Kirche?, in: Sponsa Verbi 148-202, hier 184.

49 Balthasar H.U. v., Nachfolge und Amt, in: Sponsa Verbi 80-147, dort 97f. Vergleiche auch ders., Theodramatik 2/2, wo von Balthasar die »Nachahmbarkeit« dadurch begründet, daß die Trinität selbst den Raum in sich eröffnet, daß andere Personen an ihrem »Drama« teilnehmen können.

50 Balthasar H.U. v., Die christliche Gestalt, in: Pneuma und Institution 38-60, hier 54 und von Balthasar, Theologie der Geschichte 7.

- eine konkrete, geschichtlich bestimmte Gestalt hat und die äußere Gestalt ihrer Positivitäten nicht bloßes Beiwerk ist, das auch vernachlässigt werden könnte[51], andererseits aber
- gerade in dieser Konkretheit transparent (universal) bleiben muß auf ihren Ursprung hin: Die Kirche wird

> »umso glaubwürdiger erscheinen, je mehr sie zugleich ein Transparent Gottes ist (wie in Christus alles bis ins letzte durchsichtig ist auf den Vater) und ein Transparent der Welt für Gott (wie Christi Menschwerdung bis zum letzten Realismus geht, bis dahin, daß niemand den Menschen vor Gott so sehr vertreten und sein Wesen so klar vorweisen kann wie er). Damit ist gesagt, daß bei der Kirche analog wie bei Christus selbst alle historische Positivität dadurch ihren Zufälligkeitscharakter für die Welt verlieren kann und muß ..., daß sie diese ihre Positivität als den plausiblen Ausdruck des sich in Christus offenbarenden Gottes und wiederum des sich durch die Kirche und durch Christus Gott antwortend offenbarenden Menschen glaubhaft macht«[52].

Daraus ergibt sich, daß die Kirche sowohl Konkretheit wie Universalität nicht aus sich selbst entläßt, sondern beides aus der ihr geschenkten Teilhabe an der Gestalt Christi als *universale concretum* empfängt. Nur dort kann sie dieses Paradox authentisch leben und der Welt glaubhaft vorstellen, wo sie offen bleibt auf ihr »Urbild« hin, wo sie sich in immerwährender »Reduktion auf Christus«[53] darstellt. Nur dort ist sie dann auch »wie er ein partikulärer Leib mit universaler Sendung und Wirkung für die Welt«[54].
Was für die ganze Kirche Geltung hat, gilt für von Balthasar erst recht für das einzelne Kirchenglied. Wollte sich der einzelne Christ auf seine eigene Sendung, auf sein eigenes Charisma selbstgenügsam einschränken und sich nicht in die Kirchlichkeit hinein »enteignen« lassen, träte nur eine Karikatur christlicher Lebensgestalt zutage. Soll sich die »konkrete Universalität« Christi und der Kirche im Einzelnen fortsetzen, muß dieser sich mit seiner ganzen Existenz in die kirchliche Existenz hineinnehmen und zu einer *»anima ecclesiastica«* (deren reinstes Bild für von Balthasar Maria ist) umformen lassen. Das private Ich des einzelnen (Konkretheit) wird so in die *communio* hinein ausgeweitet

51 Vgl. dazu auch Kasper, Jesus der Christus 232f; Rahner K., Über das Ja zur konkreten Kirche, in: Schriften 9, 479-497 und ders., Grundkurs 337.

52 Von Balthasar, Herrlichkeit 1, 538f. Vergleiche auch ders., Das Ganze im Fragment 97-99; Theodramatik 2/2, 311-322.

53 Von Balthasar, Das Ganze im Fragment 98: »Ist schon der Gottmensch reine Reduktion, wie könnte die Kirche (als sein 'mystischer Leib') etwas anderes sein!«. In anderem Zusammenhang ähnlich in: Herrlichkeit 1, 535.

54 Von Balthasar, Epilog 91.

(Universalität)[55]. Dabei wachsen »Enteignung« und »Identität« im gleichen, nicht in entgegengesetztem Maß. Das gilt sowohl für die »Christusförmigkeit«[56] als auch für die »Kirchenförmigkeit«[57] des Christen. Besonders kommt dies im Gedanken der *Sendung* zur Geltung[58]:

> »Ein menschliches Geistsubjekt wird, indem es theologisch durch einmalige Berufung und Sendung zur Person wird, gleichzeitig entprivatisiert, sozialisiert, zu einem Raum und Träger von Gemeinschaft gemacht. Theologische Personen[59] sind nicht im gleichen Sinn wie natürliche Geistsubjekte als Monaden gegeneinander abgegrenzt, vielmehr greift die theologische Person so weit aus, als ihre Berufung und Sendung reicht ... Dies heißt so wenig wie bei Christus, daß das Personale und Einmalige des Gesendeten sich in ein Allgemeines auflöst und darin zerfließt«[60].

In der Sendung gibt Christus Anteil an seiner einmalig-universalen Hingabe »für die Vielen« und verleiht so der partikulären Sendung des einzelnen eine tendenziell universale Geltung[61].
Wir haben bisher vor allem die Möglichkeit bedacht, daß die konkrete Kirche bzw. der konkret-einmalige Christ auf partikuläre Weise teilhaben kann an der universalen Sendung und Bedeutung Christi. Es gilt jedoch, die bisher vorausgesetzte Konkretheit im Rahmen christlicher Sendung noch genauer zu bestimmen. Das führt dann auch zurück zu den vielfältigen »Ordensspiritualitäten«, die - wie wir gesehen haben[62] - bestimmte Aspekte des Lebens Jesu in den Mittelpunkt stellen und in konkreten Lebensgestalten auslegen. Ganz allgemein spricht etwa von Balthasar davon, daß der einzelne durch die Gnade Gottes »in bestimmte christologische Situationen« gestellt wird[63], daß er »so etwas

---

55 Vgl. von Balthasar, Wer ist die Kirche; ders., Spiritualität, in: Verbum Caro 226-244. - Von Balthasar zeigt an anderer Stelle, daß das Spannungsverhältnis von (christlichem) Individuum und Gemeinschaft ein »reales Gleichnis« der Trinität darstellt (Theodramatik 2/1, 381); in der Trinität selbst herrscht ein Ineinander von vollkommener »Durchsichtigkeit« und »unlüftbarem« personalen Geheimnis (ebd. 234).
Für den Ausdruck *anima ecclesiastica* beruft sich von Balthasar auf Origenes und Ambrosius. Gemeint ist damit die »Einzelseele, soweit und insofern sie wirklich Kirche sein wollte« (vgl. Frank K.S., Das Hohelied in der frühen Mönchsliteratur, in: EuA 61 <1985> 247-260, hier 247).

56 Etwa von Balthasar, Theodramatik 2/1, 246-259. »Und je mehr die Person, dem Ruf des Sohnes folgend auf dieses ihr Urbild im Sohn zuschreitet, desto einmaliger wird sie« (246).

57 Vgl. von Balthasar, Theodramatik 2/1, 380-382; Theodramatik 2/2, 321.393; sowie Rahner, Grundkurs 376f.

58 Vergleiche besonders von Balthasar, Theodramatik 2/2, 249-259.

59 Zu diesem Begriff siehe: von Balthasar, Theodramatik 2/2, 185-191.

60 Ebd. 249.

61 Vgl. von Balthasar, Theodramatik 2/1, 380-382.

62 Siehe dazu Kap. 4 des Hauptteiles, oben 324-385.

63 So von Balthasar, Theologie der Geschichte 56.

wie einen Standort im Kosmos der Geheimnisse haben« kann[64]. Dabei ist ihm vor allem der Gedanke wichtig, daß nicht der Mensch selbst diesen Ort bestimmt, sondern daß jener ihm zugewiesen wird. Dieser konkrete Standort bedeutet jedoch gerade nicht monadische Existenz. Von dem ihm zugewiesenen Ort und durch ihn soll und kann der Christ ausgreifen auf das Ganze des christlichen Lebens und der Geheimnisse Christi. Mehr noch: In und mit seiner konkreten Sendung realisiert der Glaubende gerade nicht nur einen »Teil« des Christusmysteriums, sondern erfaßt vielmehr das Ganze christlicher Existenz:

> »Es kann eine Einzelheit im Bildzusammenhang schärfer beleuchtet werden, vorwiegend durch den Heiligen Geist, der ein Charisma dafür verleiht, oder durch die Theologie ...: dieses Anleuchten eines Details betrifft immer das Ganze, wirkt sich auf das Ganze hin aus«[65].

Eine so gelebte »Sonderheit« macht Kommunikation mit anderen nicht unmöglich, sondern eröffnet sie. Die jeweils eigene Sendung kann geradezu zum Medium werden, »um die andere, ebenfalls besondere und geprägte, in ihrer Tiefe zu erfassen und an ihr teilzunehmen«[66]. Die *Kommunizierbarkeit* ist deswegen Kriterium der Echtheit eines Charismas. Wo sich dagegen ein »Besonderes« gegen andere Sendungen verschließt, erweist es sich als eigenmächtige Absonderung, als erfundene und nicht empfangene Sendung.

Christliche Existenz verwirklicht sich also nicht in gleichmacherischer Allgemeinheit, sondern nur in der partikulären Weise von Charisma und Sendung, die sich auf kirchliche Objektivität hin öffnen. Im Besonderen, im Gesonderten leuchtet so das Ganze auf, wird das Allgemeine greifbar und benennbar. Keiner kann die Fülle Christi ausschöpfen, das treu gelebte Fragment enthält aber *in nuce* das Ganze in sich. Von Gott her gesehen muß man letztlich sagen, daß er »im Glaubenden nicht einen Zug seines Sohnes« ausprägt, »sondern sein unteilbares Wesensbild, mag es auch in jeder Seele personal und charismatisch differenziert aufscheinen«[67].

So tritt im Begriff der »Sendung« besonders deutlich das christliche Paradoxon von »universal« und »konkret« zutage. Ähnlich wie Nikolaus von Kues das »Universum« als im Einzelnen »contractum« und das Einzelne als kontrakte Darstellung des Ganzen dachte, muß man auch

---

[64] Ders., Das Ganze im Fragment 326.

[65] Von Balthasar, Herrlichkeit 1, 531. Vergleiche auch ders., Theodramatik 2/1, 30: »Die Linse, die das universale Licht in sich sammelt, ist dann stärker und kann es wirksamer wieder verstreuen«.

[66] Von Balthasar, Spiritualität 243; vgl. auch ebd. 236f. - Zur Grundlegung der Kommunikabilität siehe auch ders., Epilog 44f.

[67] Von Balthasar, Herrlichkeit 1, 233.

für die Sendung im christlichen Sinn sagen: Es gibt die Möglichkeit, ja die Notwendigkeit, auf »kontrakte Weise«, d.h. in der partikulären Sendung, das Ganze der christlichen Berufung zu leben. Mit diesem Ansatz werden beide Pole als gleichberechtigt und gleichnotwendig beibehalten: Partikularität, Besonderheit, Individualität *und* Universalität, Allgemeinheit, allumfassende »communio«. Wesentlich ist auch die Einsicht von Balthasars, daß beide - obwohl echte Spannungspole - gleichsinnig wachsen und nicht miteinander konkurrieren.
Mit Dietrich Wiederkehr ist deshalb die Kirche als »Ort vielgestaltiger christlicher Existenz« zu begreifen, in der

> »alle ... je für sich die ganze Fülle des Heils [besitzen], das lebendige Wort Gottes, den Geist, die Gemeinschaft mit Jesus Christus; dennoch sind sie nicht auf eine blasse generelle Christlichkeit reduziert, sondern prägen mit der gleichen Gabe des Heils einen je neuen Typus christlicher Existenz aus«[68].

In diese »Vielgestaltigkeit christlicher Existenz« fügt sich auch das Phänomen des Ordenslebens in der Kirche ein. Es kann und muß das »Besondere« des Ordenslebens festgehalten werden. Dieses »Besondere« ist jedoch nichts anderes als eine konkrete (*kontrakte*) Darstellung des Ganzen. Damit dürfte ein wichtiger Schritt für das Verständnis des Ordenslebens getan sein: »Besonderheit« der *vita religiosa* innerhalb der Kirche und ihre Einordnung in die allgemeine und gleiche Berufung aller zur Heiligkeit (vgl. LG 39-42) - zwei Anliegen, die im Konzil zur Sprache gebracht wurden[69] und auch nachkonziliar nicht verstummt sind - brauchen nicht unvereinbar miteinander zu sein. Wichtig ist aber, daß die Frage nach dem »Besonderen« nicht auf das Ordensleben (bzw. die *vita consecrata* im Sinne des neuen CIC) eingeengt wird. Jede christliche Lebensform kann auf ihre Weise eine Verwirklichung des ganzen christlichen Anspruchs im Modus der *contractio* sein.

---

[68] Wiederkehr, Die Kirche als Ort vielgestaltiger kirchlicher Existenz 338. - Zu bemerken bleibt, daß von Balthasar, auf den wir uns mehrfach bezogen haben, diese in seiner Theologie vorliegenden Linien gerade nicht für den »Rätestand« auszieht. Zwar gilt ihm der Rätestand als »Besonderes im Allgemeinen« (etwa in: Nachfolge und Amt 145; Zur Theologie der Säkularinstitute, in: Sponsa Verbi 434-469, dort 447.450; Christologie und kirchlicher Gehorsam, in: Pneuma und Institution 133-161, hier 157f; Christlicher Stand 133), doch indem er ihn als »qualifizierte« Sendung gegenüber der »nichtqualifizierten« des Weltstandes auszeichnet, rückt er ihn letztlich dennoch in eine Sphäre der Überordnung, auch wenn diese teilweise wieder relativiert wird (bes. in Christlicher Stand 313f). Im ganzen ergibt sich jedenfalls der Eindruck eines Vorranges des Rätestandes. Dazu vergleiche vor allem Christlicher Stand; Der Ordensstand. Die in dieser Arbeit vertretene Position schließt sich in diesem Punkt mehr dem Konzept Karl Rahners an, der auch eine positive Berufung zu Ehe, Weltstand, weltlichem Beruf kennt. Vergleiche dazu etwa Rahner, Über die evangelischen Räte und den Vergleich zwischen dem Räteverständnis bei Rahner und von Balthasar in: Scheuer 219.

[69] Vgl. etwa den »Kapitelstreit« in der Diskussion von LG. Dazu: Jelich 69-74.

Auf den bisherigen Überlegungen aufbauend, können wir nun die *vita religiosa* selbst in den Blick nehmen. Dazu werden wir in zwei Schritten vorgehen: Zunächst indem wir allgemein Konsequenzen aus dem Ansatz der »Nachfolge des *universale concretum*« für das Ordensleben und seinen Ort in der Kirche ziehen. Dann aber indem wir versuchen, die »Gestalt« der Ordensexistenz zu umschreiben. Dieses und die darauf folgenden Kapitel sollen zugleich die Aufgabe einer systematisierenden Zusammenfassung des augenblicklichen Diskussionsstandes in der Ordenstheologie erfüllen.

3. Orden in der Nachfolge des »universale concretum« Jesus Christus: Konsequenzen

Die gesamte Kirche hat durch gnadenvolle Gewährung an der universal bedeutsamen Konkretheit Jesu Christi teil und verwirklicht diese auf analoge Weise. Die einzelnen Kirchenglieder aber partizipieren an diesem Paradox, wenn sie sich in die Kirche hinein enteignen lassen, wenn sie ihre je konkrete Sendung als Dienst und Hingabe »für die vielen« verstehen.

Diese Struktur hat auch für Ordensleben in der Kirche Geltung: Indem die Ordensleute jene konkrete, geistgewirkte Existenz leben, zu der sie berufen sind, verwirklichen sie (um mit Cusanus zu sprechen: *contracte*) kirchliche Existenz. Sie leben ihr »Fragment«, doch indem sie es in steter Öffnung auf die ganze Kirche leben, kann in ihrem fragmentarischen Leben aufleuchten, was christliche, was kirchliche Existenz überhaupt heißt[70]. Wenn sich jedoch dieses Fragment »Ordensleben« verschließen und selbstgenügsam auf sich selbst zurückziehen wollte, verlöre es seinen universalen Charakter und würde zum »bloßen« Fragment, zur Scherbe, die nicht mehr auf das Ganze hinzuweisen vermag. Zugleich aber gilt: Nur indem die Orden tatsächlich ihr »Besonderes« leben und nicht in gleichmacherischen Ambitionen ein abstrakt bleibendes christliches Einheitsideal anstreben, stehen sie mit allen anderen Christen (für die Gleiches gilt) in der Nachfolge Christi, die sich jeweils nur »konkret«, gesondert und dadurch und darin »universal« verwirklicht.

[70] Das sollte jedoch nicht in dem Sinn verstanden werden, als sei der Lebensentwurf der Ordensleute (inhaltlich) doch eine Art normatives Modell für christliche Existenz. Wie jede Form der Nachfolge ist auch Ordensleben eher im Sinn eines »Symbolhandelns« zu verstehen, das auf andere (nur) herausfordernd wirkt, indem bestimmte Momente christlichen Lebens manifest werden. Hierin ist Strunk R., Nachfolge Christi. Erinnerungen an eine evangelische Provokation, München 1981, 242-261 recht zu geben.

Der Grundsatz der *contractio*, der konkreten Realisierung des Universalen, dessen Ermöglichung und bleibende Grundlage Jesus Christus als das *universalissimum concretissimum* (H.U. von Balthasar) ist, gilt nicht nur für das Verhältnis kirchliche Existenz im allgemeinen - Ordensleben, sondern analog auch innerhalb der Vielgestaltigkeit der *vita religiosa* selbst. Jeder Typus, jede Ordensgemeinschaft, jeder einzelne Ordenschrist verwirklicht auf je konkrete Weise das *Ganze* des Ordenslebens und so kirchliche Nachfolgeexistenz und kann es *nur* so realisieren[71]. Im jeweiligen Fragment »das Ganze« zu leben, kann jedoch nur dann gelingen, wenn die einzelne Gemeinschaft, das einzelne Ordensglied sich verwiesen weiß auf die ganze Vielfalt des Ordenslebens und durch dieses hindurch auf Kirche. *Contractio* und *reductio* sind einander engstens zugeordnet.

An dieser Stelle sind einige Bemerkungen zum bisher verwendeten Terminus *Nachfolge* bzw. *Nachfolgeexistenz* angebracht[72]. Vom Neuen Testament her gesehen ist Nachfolge im strengen Sinn ein auf das Leben des irdischen Jesus beschränktes Phänomen. Diese wörtlich verstandene Nachfolge (die ein tatsächliches »Hinterhergehen« meint) war nachösterlich in dieser Weise nicht mehr möglich. Das Motiv der Nachfolge wurde deshalb von den neutestamentlichen Schriftstellern in die neue Situation hinein transponiert. Zu diesen »Motivtranspositionen«[73] gehören sowohl die paulinischen *»en Christô«* - Formeln als auch das johanneische »glauben« und »bleiben« sowie die Nachahmung der Gesinnung Jesu (vgl. Phil 2,5-11; 1 Petr 2,21)[74]. Auffallend ist auch, daß bei den Synoptikern viele ursprünglich an die Jünger gerichteten Nachfolgeforderungen nunmehr an das Volk adressiert sind (vgl. etwa Mt 10,37-39 mit Lk 14,25-27). Grundlegend für das rechte Verständnis dieser nachösterlichen Variationen der Nachfolge ist, daß sie nicht bloße Notlösungen sein wollen (weil das wörtlich verstandene Hinterhergehen nicht mehr möglich ist), son-

---

71 Auch das Anliegen der »Inkulturation« können und sollen die Orden mutig aufgreifen. Die Forderung nach einem in den verschiedenen Kulturen und Gesellschaften, besonders in den »jungen Kirchen«, inkulturierten Ordensleben entspricht ganz dem Ansatz einer Ordenstheologie beim *universale concretum*. Für einen ersten Überblick: Waldenfels H., Art. Inkulturation, in: Lexikon der Weltreligionen 307-309; Secondin B., Inkulturation und Ordensleben, in: UISG-Bulletin n° 79 (1989) 25-43.

72 Vergleiche dazu grundlegend: Kittel W., Art. *»akoloutheô«*, in: ThWNT 1, 210-216; Michaelis W., Art. *»mimeomai«*, in: ThWNT 4, 661-678; Schneider G., Art. *»akoloutheô«*, in: EWNT 1, 117-125 (Lit.!); Larsson E., Art. *»mimeomai«*, in: EWNT 2, 1053-1057; AAVV., Art. Nachfolge Christi, in: LThK 7, 758-764; AAVV., Art. Imitation du Christ, in: DSp 7/2, 1536-1601 (bes. 1536-1562.1597-1601); AAVV., Art. Sequela Christi e imitazione, in: DIP 8, 1287-1314; Severus E.v., Art. Nachfolge, in: PLSp 911-916; Schulz A., Nachfolgen und Nachahmen, München 1962; ders., Jünger des Herrn, München 1964; Betz H.D., Nachfolge und Nachahmung Jesu Christi im Neuen Testament (Beiträge zur historischen Theologie 37), Tübingen 1967; Balthasar H.U. v., Die Nachfolge Christi im Neuen Testament, in: B. Albrecht / H.U. v. Balthasar, Nachfolge Jesu Christi mitten in dieser Welt, Meitingen 1971, 11-26.

73 Vgl. von Balthasar, Theodramatik 2/2, 111.113-119.

74 Zur Diskussion um die »Nachahmung Christi« im paulinischen Briefcorpus vergleiche: Merk O., Nachahmung Christi. Zu ethischen Perspektiven in der paulinischen Theologie, in: Neues Testament und Ethik. Für Rudolf Schnackenburg. Hg. v. H. Merklein, Freiburg 1989, 172-206.

dern sich als vom Geist gewirkte Übertragung der Nachfolge des irdischen Jesus in die neue nachösterliche Situation verstehen. Das erlaubt es schließlich, auch heute »Nachfolge« als Schlüsselwort christlicher Existenz zu verstehen. In der Nachfolge bündeln sich dabei gesinnungsmäßige und kategorial-inhaltliche Elemente, die im konkreten Leben des Christen (bzw. kirchlicher Gruppierungen) je ihre Ausdrucksform finden müssen[75].
Mit der Bezeichnung des Ordenslebens als (einer) Form der Nachfolge will vor allem das christologische Moment dieser Lebensform ausgedrückt sein. Zugleich weist die Vorstellung des »Nachfolgens« (stärker als etwa der Begriff der *imitatio*) auf den Abstand hin, der zwischen Jesus Christus als einzigartigem *universale concretum* und seinen Nachfolgern waltet[76].

Verstehen wir also Ordensleben als fragmentarisch-konkrete Form, das Ganze der Nachfolge zu leben, und ist darüber hinaus offensichtlich das »Allgemeine« des Ordenslebens (nur) in kontrakter Weise in den einzelnen Gemeinschaften dargestellt (wobei diese wieder von einzelnen Subjekten gebildet werden), so stellt sich die Frage, ob es innerhalb dieser »Stufungen« dennoch so etwas wie sich gemeinsam durchhaltende Elemente gibt, die eine bestimmte Existenzform in der Kirche unter den Oberbegriff *vita religiosa* fassen lassen. Dabei ist aber von vorneherein davon auszugehen, daß auch diese »allgemeinen« Elemente stets wieder nur in »kontrakter« Form anzutreffen, d.h. daß sie je analog verwirklicht sind[77]. Auch die Frage nach einem »Spezifikum« des Ordenslebens gegenüber andersartiger kirchlicher Existenz ist nochmals neu aufzurollen. Dieses Proprium kann jedenfalls nur in der »kontrakten« Weise liegen, in der die Ordensleute die allen aufgetragene Nachfolge Jesu Christi verwirklichen. Unter diesen Prämissen kann nun der Versuch gewagt werden, die »Gestalt« des Ordenslebens zu umschreiben, wie sie sich in den konkreten Formen der *vita religiosa* zeigt.

---

[75] Die strenge Unterscheidung Tillards zwischen *sequela* und *imitatio* (vgl. oben 81f) ist deswegen nicht schlüssig. Das Etikett »Nachfolgeexistenz« allein kann noch das Proprium des Ordenslebens bezeichnen. Gegenläufig zu Tillard: von Balthasar, Nachfolge und Amt 97.

[76] Vgl. etwa von Balthasar, Nachfolge und Amt 96f; ders., Unmittelbarkeit zu Gott, in: Spiritus Creator 296-311, hier 306: Nachfolge als Teilnahme im Abstand.

[77] Das bedingt zugleich - und hier liegt die Grenze der theologischen Arbeit -, daß die jeweiligen »kontrakten« Ausdrucksformen einem (geistlichen) Unterscheidungsprozeß unterworfen werden müssen. Man könnte von einem dialektischen Verhältnis zwischen allgemeinen Grundlagen und deren konkreter Verwirklichung sprechen.

Der Begriff »*Gestalt*«, der hier eingeführt wird, soll in diesem Kontext[78] ein Mehrfaches leisten:

- Gestalt meint die *Ganzheit* einer Erscheinung. Ordensleben als »Gestalt« bedeutet daher, daß das Phänomen Ordensleben zunächst ganzheitlich wahrgenommen wird. Erst sekundär lassen sich an dieser »Gestalt« bestimmte, ihr wesentliche Teilmomente ausmachen[79].
- Für eine »Gestalt« sind nicht nur Zahl und Art der Elemente wesentlich, sondern in erster Linie deren konkrete »Anordnung«, ihr Zueinander und Zusammenspiel. Das hat Konsequenzen für die Frage nach dem »Besonderen« des Ordenslebens. Denn die Besonderung kann nicht schon in diesem oder jenem Element liegen (also etwa in den Räten, speziell in der Ehelosigkeit, oder im eschatologischen Akzent des Lebens), sondern sie ergibt sich letztlich aus dem konkreten Zueinander einzelner, im Prinzip »allgemein-christlicher« Elemente, die miteinander kommunizieren und wechselseitig miteinander in Beziehung stehen. Das »Spezifikum« des Ordenslebens kann deshalb nur an seiner Gestalt »geschaut« und erst in zweiter Linie in bestimmten, herausragenden Aspekten (die aber für sich noch nicht das Ganze markieren!) verankert werden.
- »Gestalt« verstehen wir hier nicht als »bloße« Gestalt, sondern als Ausdruck eines Gehalts[80]. Das Ordensleben als »Gestalt« ist nicht in sich ruhender Selbstzweck, sondern ist nur als Verweis auf anderes zu verstehen. Damit ist auf andere Weise eingeholt, was bereits im Verhältnis von »konkret« und »universal«, von *contractio* und *reductio* (*in Christum et in Ecclesiam*) angeklungen ist: In und mit seiner konkreten Gestalt kann (und muß) das Ordensleben das Geheimnis Christi und der Kirche aufleuchten lassen. Dennoch waltet wie in aller (kontrakten)

[78] Grundlegend dazu: Strube W. / Metzger W., Art. Gestalt, in: HWP 3, 540-548; Metzger W., Art. Gestaltqualität, in: HWP 3, 550-551; von Balthasar, Herrlichkeit 1.

[79] Vgl. von Balthasar, Herrlichkeit 3/1, 30. In bezug auf die Schriftinterpretation siehe auch ders., Herrlichkeit 1, 29: »Denn dies eine ist sicher, daß man vom einmal Zerlegten und Zersägten her - soviel Aufschlußreiches diese Anatomie auch zutage fördern mag - niemals mehr die lebendige Ganzheit der Gestalt zurückgewinnt«. Siehe auch Hemmerle, Ortskirche und Priesterorden 430-433.

[80] W. Strube, Art. Gestalt 546 unterscheidet das ästhetische Bewußtsein, das nicht auf Sinngehalte gerichtet ist und dem die »bloße« Gestalt korrespondiert, vom Bewußtsein, das auf Sinngehalte ausgerichtet ist und dem die Gestalt als *Ausdruck* eines Gehalts korrelativ zugehört. Diese zweite Linie trat in der Geschichte besonders deutlich bei Goethe und Hegel hervor (ebd. 543f). An die Gestalt als Ausdruck knüpft auch von Balthasar an, der sich hierfür in erster Linie auf Goethe beruft. Vergleiche dazu ders., Geist und Feuer, in: HerKorr 30 (1976) 72-82, hier 76 und bes. Herrlichkeit 1 (z.B. 111f).

Gestalt auch hier die Dialektik von Verhüllung und Enthüllung. Im Bereich der »Ausgestaltungen Christi in der Kirche« herrscht, wie von Balthasar sagt, das »Gesetz des Clair-Obscur«[81]. Das bedeutet, daß keine »Kirchengestalt«, also auch nicht das Ordensleben, »reine Enthüllung« ist. In anderer Terminologie ist hiermit ausgedrückt, was wir »Gebrochenheit des Zeichens« genannt haben und was man auch die »negative« Seite der Fragmentarität bezeichnen könnte.

- Der Gestaltbegriff eröffnet einen Weg, das Ordensleben in der Kirche als in sich differenzierte Ganzheit zu begreifen. So umschreibt etwa Hans Urs von Balthasar, für dessen Theologie der Gestaltbegriff eine Schlüsselrolle spielt[82], diesen folgendermaßen: »Eine Gestalt kann man umschreiten und von allen Seiten sehen. Immer wieder sieht man etwas anderes und sieht doch immer dasselbe«[83]. Für unser Thema heißt dies, daß in den verschiedenen Formen der *vita religiosa* die gleiche Gestalt aufscheint, wenn sie auch je von »anderer Seite« gesehen wird. Einem Versuch, die Gestalt *des* Ordenslebens darzustellen, ist deswegen eine gewisse Abstraktheit nicht abzusprechen[84]. Wenn wir aber von einem tatsächlichen Zueinander von Konkretheit und Universalität ausgehen, dann muß *aus* der Konkretheit das Universale erkennbar und auch in einem gewissen Grad benennbar sein. Bliebe dieses Allgemeine unbeschreibbar, könnte auch nicht mehr sinnvoll von einer Besonderung *des Allgemeinen* gesprochen werden. Mit der Rede von der Gestalt *des* Ordenslebens ist festgehalten, daß die konkreten Ausprägungen dieser Gestalt (die »Gestalten«, wenn man so will) sich nicht beliebig entfalten können, sondern auf so etwas wie ein *normatives Grundgerüst* verwiesen bleiben.

In diesem Sinn soll also versucht werden, die »Gestalt« des Ordenslebens zu skizzieren. Die »*circumincessio*« der einzelnen vorgestellten Elemente der *vita religiosa* bildet dafür die unabdingbare Voraussetzung. Es handelt sich dabei um »Grundlagenelemente«, welche die »kontrakte Weise« kirchlicher Existenz in der Ordensexistenz beson-

---

[81] Von Balthasar, Herrlichkeit 1, 543. Siehe auch ebd. 490-505.535-549 sowie ders., Epilog 46.

[82] Siehe dazu vor allem Lochbrunner M., Analogia Caritatis. Darstellung und Deutung der Theologie Hans Urs von Balthasars (FThSt 120), Freiburg 1981, 166-175; Kehl, Kirche als Institution 263-266.

[83] Von Balthasar, Geist und Feuer 76.

[84] Hoffmann 22 streicht heraus, daß bei Cusanus durch das Begriffspaar *contractio - abstractio* das Problem Allgemeines - Besonderes begriffen werden soll. »Abstraktion ... ist das logische Verfahren, den Weg der Kontraktion rückwärts zu gehen, um die Erscheinung aus ihrem Grunde zu begreifen«.

ders typisch markieren[85]. Sie sind nicht im Sinne eines »Hinzukommenden« zur christlichen Existenz zu denken, sondern sie bilden allesamt *die* konkrete Form der Ordensleute, als Christen zu leben. Die vier Bezugspunkte, die den Hauptteil strukturiert haben, können auch hierbei als Orientierungshilfen dienen.

Bestimmte Communio[86]

Entgegen einem geläufigen Schema, das die Reihe der »Elemente« des Ordenslebens mit der Rätetrias und damit verbunden mit der *consecratio religiosa* eröffnet, stellen wir hier die *Berufung zu einer bestimmten communio* an die Spitze. Und zwar aus mehreren Gründen:

(1) Vor allem wird damit verdeutlicht, daß »das Ordensleben« stets nur auf kontrakte Weise, d.h. in einer konkreten Gemeinschaft existiert. Der Einsatz bei der *communio* entspricht somit der Einsicht, daß eine Theologie *des* Ordenslebens nur dann möglich ist, wenn die Eigenart der einzelnen Gemeinschaften ein Konstitutivum dieser Theologie bildet.

(2) Das gemeinschaftliche Leben hat sich gerade in der Zeit nach dem Konzil als hervorragendes Spezifikum der *vita religiosa* herausgestellt, zumal im Kontrast zu den *instituta saecularia*, bei denen das Gemeinschaftsleben in dieser Form (als kommuniales Leben, welches das »banale« Alltagsleben genauso umgreift wie die spirituellen Vollzüge und die Sendung der Ordensgemeinschaft) gerade nicht zu den Konstitutiva gehört.

(3) Einige Male wurde auch schon deutlich, daß Praxis und Verständnis der evangelischen Räte sowie auch die Ordensweihe wesentlich durch den gemeinschaftlichen Charakter affiziert sind. So sind z.B. spezifischer Ordensgehorsam nicht ohne die Verwiesenheit auf eine bestimmte Gemeinschaft (kristallisiert in den Oberen) und spezifische Ordensarmut nicht ohne irgendeine Weise der Gütergemeinschaft denkbar. Auch unter dieser Hinsicht kommt also der *communio* ein primordialer Charakter zu.

(4) Wenn man im Begriff der *»bestimmten« communio* auch die jeweilige Sendung der Gemeinschaft mitbedenkt, können sich von diesem

[85] Nach dem Kirchenrecht von 1983 zeichnen (rechtlich gesehen) folgende Elemente die *instituta religiosa* innerhalb der *vita consecrata* aus (vgl. c. 607 §2 und §3): vota publica (secundum ius proprium) - vita fraterna in communi ducere - testimonium publicum - separatio a mundo. Vgl. Dortel-Claudot M., De institutis vitae consecratae: ad usum studentium, Rom 1986. - Wir halten uns hier an eine andere, systematisch orientierte Beschreibung.

[86] Vergleiche: Hauptteil, 4. Kapitel: »Typus und Eigenart« (324-385).

Ansatz her auch jene Ordensinstitute besser verstehen, an deren Ursprung die Erfüllung einer bestimmten Sendung stand, der die anderen Elemente des Ordenslebens erst nach und nach zugewachsen sind[87].
Die »*Bestimmtheit*« der *communio* entsteht dabei sowohl durch synchrone als auch durch diachrone Faktoren. *Synchron* ist die Gemeinschaft z.B. durch den Zeit- und Gesellschaftskontext, durch die kirchliche Situation und die derzeitigen Mitglieder beeinflußt. *Diachron* gesehen ist jede *communio* geprägt von ihrer Geschichte, von ihren verschiedenen Gliedern im Laufe der Zeit, angefangen vom Gründer, oder von dem »Erbgut« (*patrimonium*), das ihr (in positiver oder belastender Weise) mit auf den Weg gegeben ist. Hierzu zählen auch bestimmte Aspekte des Lebens Jesu, die von dieser Gemeinschaft (seit ihrer Gründung) ins helle Licht gestellt wurden, geschichtlich zugewachsene Aufgabenbereiche und kirchliche Funktionen. Um dieses Erbgut zu erkennen und für die Gegenwart fruchtbar zu machen, genügt, wie wir gesehen haben[88], weder eine rein historische Annäherung noch eine bloß existentiell-erfahrungsgemäße Auslegung. Allein ein Vorgehen, das den Kriterien moderner Hermeneutik entspricht, erweist sich letztlich als gangbar und zielführend.
Diese synchrone und diachrone Bestimmtheit der *communio* ist die konkrete (kontrakte) Weise, in der »das Ordensleben« gelebt wird. Authentisch kann sich diese *contractio* jedoch nur dann verwirklichen, wenn sie zugleich *reductio* auf das Ganze des Ordenslebens und der Kirche ist und - als Existenz in der Nachfolge Jesu Christi als des *universale concretum* - in tendenziell universaler Öffnung auf Welt und Gott hin lebt.
Die Prägung der anderen »Elemente« des Ordenslebens durch die bestimmte *communio* kann unterschiedliche Akzente in der Praxis bedeuten, sie kann aber auch eine je andere Gewichtung und Schichtung der Elemente bedingen[89]. Diese sind jetzt in den Blick zu nehmen.

---

87 Der Vorrang der Berufung zu einer *bestimmten communio* bedeutet freilich nicht, daß jede Berufung eines einzelnen zum Ordensleben auch biographisch hier einsetzt. Es kann durchaus am Anfang eine noch unbestimmte Intuition stehen, zu einem Leben nach den evangelischen Räten (besonders der Ehelosigkeit) bzw. »zum Ordensleben« berufen zu sein. Jedoch wird eine solche Intuition, wenn sie der Wahrheit entspricht und der Mensch ihr folgt, in eine konkrete *communio* einmünden müssen, wobei es hier nicht zählt, ob dies eine schon bestehende oder erst zu gründende Gemeinschaft ist.

88 Vgl. dazu oben 374-378.

89 Siehe auch Tillard, DD 93; Lippert, Zur besonderen Berufung des Ordenspriesters 62; Brief Johannes Pauls II. an die amerikanischen Bischöfe Art. 3: »The essential elements are lived in different ways from one institute to another«.

»Räte« und »Weihe«[90]

Die Trias *caelibatus (virginitas, castitas) - paupertas - oboedientia* hat sich im Lauf der Kirchen- und Ordensgeschichte als besonders wirkmächtig für die Form des Ordenslebens herausgestellt[91]. Der Sache nach ist sie für alle Gemeinschaften, die sich der *vita religiosa* zurechnen, mit gutem Recht konstitutiv, ohne daß dies etwa in der Gelübdeformel einen ausdrücklichen Niederschlag finden müßte (vgl. etwa das monastische Dreigestirn *oboedientia - stabilitas loci - conversatio morum*). Als »Gabe, welche die Kirche von ihrem Herrn empfangen hat« (LG 43,1) ist die Trias der sogenannten evangelischen Räte in den Orden auf eine Weise verwirklicht, die in äußerst engem Zusammenhang mit der Gemeinschaftlichkeit dieser Lebensform steht. Damit werden jedoch andere Aspekte, die in den Räten mitschwingen (etwa, was die persönliche Beziehung zu Gott angeht), nicht ausgeblendet. Die Verpflichtung auf die Räte, wie sie in der *vita religiosa* geschieht, wird zudem öffentlich[92], freiwillig und auf Dauer verbindlich eingegangen. *Gemeinschaftlichkeit, Öffentlichkeit* und *Verbindlichkeit* sind die herausragenden Merkmale der kontrakten Weise, in der die Räte im Ordensleben verwirklicht werden. Außerdem umfaßt das Räteleben der Ordensleute den ganzen Spannungsbogen von materiell-handgreiflicher Verwirklichung und spiritueller Grundhaltung der evangelischen Räte. Die konkrete Praxis in den einzelnen Ordensgemeinschaften verleiht dabei dem Leben nach den Räten eine je eigene Färbung.

Als Verdeutlichung sei nur auf die spezifische Eigenart von dominikanischem und ignatianischem Ordensgehorsam, benediktinischem und franziskanischem Armutsverständnis hingewiesen. Selbst an der Ehelosigkeit geht die Spezifizierung durch die bestimmte *communio* nicht vorüber. So stellt sie sich etwa in streng klausurierten Gemeinschaften anders dar als in apostolisch tätigen Instituten; in Männer- und Frauengemeinschaften erhält sie je andere Aspekte[93].

---

[90] Vergleiche: Hauptteil, 1. Kapitel: »Christ und Ordenschrist« (39-129).

[91] Da es hier um die Struktur und die spezifische Gestalt der *vita religiosa* geht, braucht auf die »vielfachen Räte, deren Beobachtung der Herr im Evangelium seinen Jüngern vorlegt« (LG 42,3) nicht ausdrücklich eingegangen werden. Sie gehören selbstverständlich zu jeder Form christlichen Lebens, also auch zum Ordensleben, dessen »letzte Norm ... die im Evangelium dargelegte Nachfolge Christi« ist (PC 2a).

[92] Öffentlichkeit meint hier nicht bloß die kirchenrechtliche Verfaßtheit als *vota publica* (vgl. c. 607 §2; c. 1192 §1), sondern betont vor allem die Notion der Sichtbarkeit, d.h. des Lebens vor dem Forum von Kirche und Welt.

[93] Zur Ehelosigkeit vergleiche Tillard, DD 395f; Frei sein 127f sowie Régamey, L'exigence de Dieu 126. Zur Armut siehe auch Greshake G., Grundzüge der Armut im Leben nach den Räten, in: ON (1976) Heft 89, 191-203. Zum Gehorsam vor allem Tillard, Art. Obéissance; Aux sources de l'obéissance.

Die nach Gemeinschaften verschiedene Konkretisierung der Trias kann sich auch darin äußern, daß einer der Räte den anderen gegenüber leitend wird und eine gewisse Vorrangstellung einnimmt. Hierzu gehören etwa die Gehorsamshaltung der Verfügbarkeit in der ignatianischen Tradition, die franziskanische »Herrin Armut« oder die für viele Frauengemeinschaften bestimmende Sicht des »Braut-Christi«-Seins.

Aus der nachkonziliaren Entwicklung haben sich für das Verständnis des Rätelebens in den Orden einige wichtige Impulse ergeben, die hier nochmals zusammenfassend zu vermerken sind: Mit besonderem Nachdruck wurde darauf hingewiesen, daß die Räte in erster Linie als *Ausdruck* für die antwortende Ganzhingabe des Menschen zu verstehen sind. In ihnen verleiblicht sich die Antwort des Menschen, der sich zu dieser Form christlicher Ausrichtung auf Gott gerufen weiß (vgl. besonders Tillard; Synode 2.1.3.). Die »drei« Räte werden (vor allem mit Rückbezug auf die thomanische Ordenstheologie) wesentlich als *Einheit* verstanden, so daß eigentlich die Rede von »drei« Gelübden nicht ganz zutrifft. Es handelt sich vielmehr um *ein* umfassendes Ordensgelübde, das in den meisten Gemeinschaften auf die Trias der Räte bezogen ist (im Sinne des Aquinaten also ein *triplex votum* ist). Es umfaßt als solches aber die Räte nicht abstrakt, sondern bezieht sich auf sie in der Form, wie sie in der jeweiligen Gemeinschaft gelebt werden.

Diese »positive« Sichtweise des Rätelebens (als Liebesantwort des Menschen auf den Ruf Gottes) darf jedoch den Verzichtcharakter der Räte (Wulf) und das Verständnis als »Heilmittel« gegen die dreifach konkupiszente Situation des Menschen (Régamey) nicht völlig verdunkeln. Beides bleibt weiterhin bedeutsam, ordnet sich in der gegenwärtigen Ordenstheologie aber dem ersten Aspekt unter.

Eng verbunden mit der Rätetrias ist besonders in der kirchenoffiziellen Sprache die *Weihe* der Ordensleute (*consecratio religiosa*), die seit dem Konzil große Bedeutung, vor allem im romanischen Raum (z.B. »*vie consacrée*«, »*vita consacrata*«), erlangt hat. Wenn man Ordensleben als Form der Nachfolge Christi versteht, so bedeutet dies, daß auch die *consecratio religiosa* nur christologisch zu verstehen ist[94] und auf diese Weise den Charakter des Paradox von »universal« und »konkret« an sich trägt. In dieser Perspektive kann die »Ordensweihe« als konkrete Entfaltung der allen Christen geltenden »Taufweihe« verstanden werden. Mit anderen Worten: Die »consecratio religiosa« *ist* die kontrakte Form, in der die Ordensleute ihre Taufe (und Firmung) leben.

---

[94] Siehe dazu Dreißen J., Kritische Bemerkungen zum »Ordo professionis religiosae«, in: OK 13 (1972) 159-169.

Wie einige Autoren (etwa Wulf, Boff; vgl. auch EE) deutlich gemacht haben, ist Weihe als »Aussonderung« christlich nur im Sinne des Dienstes und der *Sendung* zu verstehen. Die Sendung des einzelnen Ordenschristen, der einzelnen Gemeinschaft kann dabei zwar äußerst eng umschrieben sein, gerade in dieser Konkretheit aber wird (auf bestimmte Weise) die (universale) Sendung der Kirche verwirklicht. Vom Begriff der Weihe als Sendung her wird auch ersichtlich, daß die Ordensweihe - wie Taufe und Firmung - nicht ein einmaliges Geschehen ist, sondern sich prozeßhaft im Leben des Ordenschristen realisiert und aktualisiert. Zugleich weist der Begriff der Sendung darauf hin, daß sich auch die *consecratio religiosa* (nur) *analog* in den einzelnen Gemeinschaften verwirklicht[95]. Versteht man Weihe grundlegend als Sendung, können damit der »neue und besondere Titel« (LG 44,1) und die »gleichsam besondere Weihe« (PC 5,1) ohne jegliche moralische Überlegenheit verstanden werden, da sie zu einem bestimmten Dienst in der Kirche hin enteignen (Universalität), freilich zugleich auch befähigen[96]. Das »Neue« der *consecratio religiosa* (gegenüber der Taufweihe) ist somit nicht summativ (zur Taufe hinzukommend), sondern qualifizierend zu deuten.

Die Ordensweihe muß dabei - wie sich in der nachkonziliaren Entwicklung gezeigt hat - als *dialogisches Geschehen* begriffen werden, in dem drei »Subjekte« miteinander kommunizieren: Gott, der den Menschen »weiht«, ihn beruft und ihm eine bestimmte Sendung verleiht; der Mensch, der »sich Gott weiht«, indem er auf Gottes Ruf antwortet, sein Leben nach dieser Sendung ausrichtet und sich darauf verpflichtet; die Kirche, durch die der Mensch »geweiht wird« und die im Namen Gottes die antwortende Selbsthingabe des Menschen annimmt, ihm öffentlich-sichtbar seine Sendung anvertraut und ihm ihren Beistand zusagt.

Von hierher ist bereits der Weg eröffnet zu einem weiteren Bezugspunkt, der das Leben der Orden bestimmt: die Kirche. Es wird an dieser Stelle nach dem zu fragen sein, was »dem Ordensleben« als Sendung in der Kirche zu eigen ist, sich aber (nur) kontrakt in den einzelnen Gemeinschaften realisiert.

---

[95] Zum Zusammenhang von »*consagración - misión - acción*« und ihrer Prägung in jeder Gemeinschaft siehe bes. Gutiérrez Vega 264-274.

[96] Dies jedoch nicht in völliger Abstraktion von den »natürlichen« Fähigkeiten des Menschen, sondern auf ihnen aufbauend. Von pastoralpsychologischer Seite vergleiche dazu: Stenger H., Kompetenz und Identität. Ein pastoralanthropologischer Entwurf, in: Eignung für die Berufe der Kirche. Klärung - Beratung - Begleitung. Hg. v. H. Stenger unter Mitarb. v. K. Berkel, K. Schaupp und F. Wulf, Freiburg 1988, 31-133.

Orden in der Kirche: ekklesial-kommunial, eschatologisch, prophetisch[97]

Auf breiter Front trat in der nachkonziliaren Diskussion der Aspekt der »Kirchlichkeit« der Orden hervor. Ihre Bedeutung in der Kirche darf dabei - wie die großen Linien nachkonziliarer Ordenstheologie gezeigt haben - nicht auf ihre Tätigkeit eingeschränkt werden. Die Sendung der Orden in der Kirche kann vielmehr nur in der unlösbaren, in einer Wechselwirkung stehenden Zwei-Einheit von Sein und Tun gesehen werden. An der Gestalt des Ordenslebens leuchten dabei drei Kennzeichen kirchlicher Existenz besonders hell auf: Ordensleben akzentuiert durch seine Lebensform den ekklesial-kommunialen, den eschatologischen und den prophetischen Charakter der Kirche und macht ihn durch zeichenhaft-symbolische Handlungen ausdrücklich und sichtbar. Als ein *symbolum* bzw. eine »kontrakte« Darstellung von Kirche lassen die Orden diese Züge in besonderer Weise hervortreten und werden so zu einem *signum in Ecclesia*.

Der *ekklesial-kommuniale Charakter* erweist sich grundsätzlich im Herausgerufensein der Glieder der Ordensgemeinschaft (»*ek-klêsia*«) sowie in ihrem gemeinschaftlichen Vollzug von Gebet, Leben und Apostolat (»*koinônia*«)[98]. Vor allem indem die Ordenschristen ihre je persönliche Berufung und »Selbstverwirklichung« radikal dem gemeinschaftlichen Lebensprojekt unterordnen, stellen sie zugespitzt dar, daß Christsein nur im Raum der *communio* fruchtbar ist und zutiefst heißt, sich als *anima ecclesiastica* zu verstehen (von Balthasar).

In den verschiedenen Formen der *vita religiosa* nimmt der ekklesialkommuniale Aspekt unterschiedliche Ausprägungen an: Die gemeinschaftliche Sendung der apostolischen Ordensgemeinschaften verweist etwa darauf, daß Kirche Gemeinschaft zur Verkündigung des Evangeliums ist. Zu erwähnen sind z.B. auch die internationalen Gemeinschaften, die das spannungsvolle Zueinander von Ortskirche und Weltkirche zum Ausdruck bringen, die monastischen Gemeinschaften, die (unter anderem) Kirche besonders als liturgische Gemeinschaft darstellen, oder die kontemplativen Orden, welche die *Ecclesia orans* herausstreichen. Caritativ tätige Ordensgemeinschaften halten dagegen in der Kirche wach, daß die Verkündigung des Glaubens ohne Liebestätigkeit schal und kraftlos bleibt. Gemäß unserem Ansatz beim *universale concretum* ist dabei immer wieder zu beachten, daß die Konkretheit dieser

---

97 Vergleiche: Hauptteil, 2. Kapitel: »Orden und Kirche« (130-247).

98 Auf andere Weise erscheint der ekklesiale Charakter z.B. auch in der Familie. Vergleiche LG 11!

Lebensformen (bis in die Gemeinschaftskonzeption einzelner *Instituta religiosa* hinein) nur in der ständigen Öffnung auf die Universalität der Kirche wirklich ein »Ganzes im Fragment« (von Balthasar) ist. Wo die Ordensgemeinschaften meinen, ihre Lebensform würde universal (nicht kontrakt-konkret) das Ganze der Kirche darstellen, verfehlen sie gerade ihre Sendung.

Die Gemeinschaftlichkeit der Orden ist - wie im übrigen die der ganzen Kirche - auch als Verweis auf die Gemeinschaft des trinitarischen Gottes zu verstehen. Die Spannung von Einheit und Unterschiedenheit, seit jeher *das* Problem der Trinitätstheologie, spiegelt sich dabei nicht nur in der Spannung von Gemeinschaft und einzelnem Ordenschrist, sondern ebensosehr im Zueinander von (allgemeinem) »Ordensleben« und einzelner Gemeinschaft.

Nicht vergessen werden darf in diesem Fragenkomplex der geistgewirkte Charakter des Ordenslebens, der in der Zeit nach dem Zweiten Vatikanum äußerst klar hervortrat. Durch ihn wird die Zugehörigkeit der Orden zur charismatischen Struktur der Kirche betont, was negativ bedeutet, daß die Orden keinen hierarchischen »Zwischenstand« zwischen Klerikern und Laien bilden (vgl. LG 43,2; 44,4). Zugleich ist damit die Unableitbarkeit des Ordenslebens von der Hierarchie herausgestrichen, ohne damit die bleibende Hinordnung von Orden auch auf die hierarchische Kirche und das Lehramt anzutasten. Bedeutsam ist, daß in den Orden »Charisma« und »Institution« (in der Form von Regeln, Gemeinschaftsstrukturen) engstens miteinander verknüpft sind[99]. Der geistgewirkte Charakter der Orden verweist auch auf die »wunderbare Vielfalt« (PC 1,2), die der Geist hervorbringt und darin doch zugleich Geist der Einheit bleibt (vgl. etwa 1 Kor 12,4-6).

Zur Gestalt des Ordenslebens in der Kirche gehört als besonders hervorstechender Zug, der von altersher den Weg der Ordensgemeinschaften begleitete (vgl. das Konzept von *vita paradisi, vita angelica*), der Akzent auf der *eschatologischen* Qualität der Kirche bzw. die betonte Ausrichtung auf den »*transzendenten*« Pol der Taufgnade (Tillard). In der nachkonziliaren Ordenstheologie wird eine Vielzahl von Ausdrucksformen dieser Akzentuierung benannt: die Lebensform der evangelischen Räte, besonders der Ehelosigkeit, das radikale Wagnis des Glaubens, ohne welches das Ordensleben schlechthin unverständlich bliebe, das Gebetsleben der Ordensleute, ihre »Weihe«, ihr gemeinschaftliches

[99] Orden versuchen hier also, das Paradox von (charismatischer) Nachfolge und Institution zu verwirklichen. Vgl. dagegen den Einwand von protestantischer Seite bei: Strunk 259f. Die strenge Scheidung, von der Strunk hier spricht, wird gerade vom Ordensleben aufgebrochen.

Leben (als Vorschein der Gemeinschaft des Himmels) und ihr kritischer Abstand zur Welt sowie ihr Versuch, erlöst-erlösend mit der Welt umzugehen. Man sieht, daß gerade der eschatologische Charakter der Orden nicht an *einem* exklusiven Kriterium festzumachen ist, sondern die *ganze Gestalt* dieser Lebensform betrifft.

Im Zusammenhang mit Strömungen in der neueren Eschatologie haben die meisten Theologen davon Abstand genommen, das Ordensleben als »Antizipation« des Reiches Gottes (im strengen Sinn) zu konzipieren. Sie betonen vielmehr auch für die Orden die Spannung von »Schon« und »Noch-nicht«, von sich bereits durchsetzendem Gottesreich (auf das die Orden mit besonderer Deutlichkeit verweisen) und noch ausstehender Erfüllung (die auch von den Orden nicht vorweggenommen wird).

Wiederum explizieren einzelne Gemeinschaften diesen Akzent auf ihre je besondere Weise: So etwa streng klausurierte bzw. kontemplative Gemeinschaften durch ihren Verzicht auf handgreifliche Mitarbeit in den Strukturen der Gesellschaft und durch ihren auch materiell-sichtbaren Abstand zur »Welt« (Klausur). Für apostolische Institute dagegen gilt, daß sie ihre Aufgaben so zu ordnen und auszuwählen haben, daß das Unterwegssein der Welt auf die Vollendung durch Gott hin transparent wird. In Lebensstil und Arbeit kann sich so je anders die Sehnsucht der Ordensleute nach Gott und seinem Reich ausdrücken, zugleich aber auch ihre Überzeugung von der Relativität und Vergänglichkeit der gegenwärtigen Welt.

Dritter hervorstechender Charakterzug der Gestalt des Ordenslebens ist das *prophetisch-kritische* bzw. *evokative* Moment. Es hängt mit dem charismatischen Charakter der Orden zusammen. Auch hier gilt, daß zwar gewisse Elemente des Ordenslebens (etwa die Räte) als solche kritisch-prophetische Symbolhandlungen festgehalten werden können, letztlich der prophetische Aspekt aber der ganzen »Gestalt« zu eigen ist. Mehr als alle anderen Charakterzüge ist dieses Element davon abhängig, daß die Orden ihre konkrete Lebensform in Treue leben. Das gilt auch für die von Metz urgierte »Elitefunktion« der Orden bzw. ihren evokativ-herausfordernden Charakter. Beides kann nicht im eigentlichen Sinn »angestrebt« werden, sondern ist Konsequenz gelebten Lebens oder ist es nicht.

Bei allen drei in diesem Abschnitt genannten Akzentuierungen des Ordenslebens geht es keinesfalls darum, die Kirche und die übrigen Glieder in ihr von den genannten Aufgaben gar zu entbinden. Vielmehr soll die Kirche (auch) durch die Gestalt des Ordenslebens in ihr befähigt werden, als ganze den ihr zukommenden Dienst in der Welt wahrzu-

nehmen. Das ist gemeint, wenn von der *Stellvertretung* der Orden in der Kirche die Rede ist. Dieser Schlüsselbegriff christlicher Theologie und Spiritualität darf nämlich auch in diesem Bereich nicht im Sinn einer bloßen »Ersatzleistung« verstanden werden. Er muß von der Soteriologie (Christologie) her begriffen werden und somit die Ermöglichung zu eigenem (Mit-)Tun enthalten. Das bedeutet für die stellvertretende Funktion der Orden in der Kirche, daß sie durch ihre konkrete Lebensform gewissermaßen ständig den Platz dafür freihalten (sollen), daß sich die Kirche in all ihren Gliedern auf ihren ekklesial-kommunialen, eschatologischen und prophetisch-kritischen Charakter besinnt. Er nimmt freilich - den verschiedenen Lebenssituationen der Christen entsprechend - je eigene Ausdrucksformen an. Das gilt jedoch genauso für die einzelnen Ordensgemeinschaften, denen es auf jeweils andere Weise zukommt (*contractio*), mit der ihnen eigenen Gestalt diese hervorragenden Züge des Ordenslebens zu verwirklichen und so »stellvertretend« in der Kirche und in der *vita religiosa* selbst wachzuhalten. Gerade im Begriff der Stellvertretung wird noch einmal das Paradox von »konkret« (bestimmte Sendung) und »universal« (Proexistenz) besonders deutlich.
Orden sind jedoch seit jeher nicht nur auf die Kirche als alleinige Gesprächspartnerin verwiesen. Ihre Gestalt hat sich stets in besonderer Weise durch ihr Verhältnis zur »Welt« definiert.

»Separatio a mundo« und »praesentia in mundo«[100]

Mit dem Verhältnis zur Welt rundet sich die Gestalt des Ordenslebens ab. Das »Spezifikum« des Weltverhältnisses der Orden kann dabei nicht einseitig an ihrer »Trennung« von der Welt festgemacht werden, sondern erscheint in seiner Eigenart nur im Ganzen des spannungsvollen Zueinanders von *separatio* und *praesentia*. Unbedingte Voraussetzung für eine rechte Ortsbestimmung ist die Definition des zugrundegelegten Begriffs von »Welt«. Auch das Weltverhältnis der Ordensleute stellt sich je anders dar, ob »Welt« (gute) Schöpfung Gottes, sündenverfallene oder bereits an der Erlösung teilhabende Welt, Natur oder Gesellschaft meint. Die nicht hintergehbaren Grenzen sind dabei vom christlichen Weltverständnis her festgelegt. Die »Trennung« der Orden von der »Welt« kann stets nur »Außenseite« ihrer Erfahrung sein, von Gott gepackt und ergriffen zu sein; sie darf nicht aus dualistischen, materiefeindlichen Motiven erwachsen.

[100] Vergleiche: Hauptteil, 3. Kapitel: »Welt und Orden« (248-323).

Die »kontrakte« Weise, in der die Orden das christliche Weltverhältnis leben, ist vor allem durch die eschatologische Akzentuierung mitbestimmt. Beides - Bruch und bestimmte Präsenz - verweisen auf die Vorläufigkeit der Welt, deren endgültige Verwandlung noch aussteht, aber doch schon keimhaft begonnen hat. Besonders deutlich wird dies an den »effektiven« Formen der »Trennung von der Welt«, die sich im Lauf der Geschichte entwickelt haben (Leben im abgetrennten Bereich des Klosters, aber auch gewisse Praxen der evangelischen Räte, Kleidung ... bis hin zu den streng klausurierten Orden). Gleichzeitig hat sich die Präsenz der Orden so zu gestalten, daß durch ihr Tun und Leben nicht der Eindruck entsteht, die Welt müsse zu ihrem Heil bloß in der Evolutions- und Fortschrittsspirale weiterbewegt werden. Ziel ihres Wirkens ist es vielmehr, die Welt für das »Andere« des Reiches Gottes vorzubereiten. Ebenso aber soll sich gerade in der Art des Umgangs der Ordensleute mit Welt und Menschen, in ihrem Engagement, ihrer Haltung zu gesellschaftlichen, oft von der Sünde des Menschen gezeichneten Strukturen kundtun, daß erlöstes, befreites Leben »schon« möglich ist. Gerade für dieses Zeugnis ist ein »Abstandnehmen« von gesellschaftlichen, politischen oder auch kirchenpolitischen Selbstverständlichkeiten meist unabdingbar (L. Boff). Auf diese Weise können (könnten!) Orden dann auch prophetisch-kritisch Aszese, Verzicht, aber ebenso erlöst-erlösenden Umgang, der alle Strukturen des Lebens prägt, in Kirche und Welt einklagen.

Indem die Orden dabei in der Nachfolge Jesu Christi ihr besonderes Augenmerk denen, die am Rande stehen, zuwenden, machen sie die Universalität der Reich-Gottes-Botschaft sichtbar. In dieser äußerst konkreten Option für die *Armen* wird - wie bei Jesus selbst - gerade *nicht* der universale Charakter christlicher Botschaft beschnitten, sondern zuallererst verwirklicht. In der konkreten Option für die Armen bzw. in einem Leben mit den und wie die Armen, das sich aus der Mitte der Kirche bis zu den »Rändern« hin öffnet[101], zeigt sich erneut das Paradox von »universal« und »konkret«, das die Nachfolge Christi prägt. Was man heute »Option für die Armen« nennt, bildet einen wesentlichen Zug der »Gestalt« des Ordenslebens. Sie zieht sich - auf je andere Weise - durch die gesamte Ordensgeschichte, durch alle Ordensgemeinschaften. Gerade hier wird jedoch noch einmal die »stellvertretende« Funktion der Orden deutlich: Von ihrer Zuwendung zu den Armen, Entrechteten und Marginalisierten soll die ganze Kirche, deren Sendung bis zu den »Rändern« reichen soll, inspiriert werden.

---

[101] Vgl. Metz, ZdO 82.

Daß sich die Spannung von *separatio* und *praesentia* in den einzelnen Ordenstypen und -gemeinschaften unterschiedlich ausprägt, dürfte hinreichend thematisiert worden sein. Einige Ausdrucksformen der »Trennung« haben wir schon genannt. Auch für die »Präsenz« gilt etwas Ähnliches. Sie steht zudem in engem Zusammenhang mit der jeweiligen Eigenart und mit den Aufgabenbereichen, die den Gemeinschaften zu eigen sind (bestimmte *communio*). Immer aber muß sich sozusagen in der Präsenz der »Bruch« ausdrücken, zugleich aber die Trennung auf die je größere Präsenz als Proexistenz hingeordnet bleiben.
Die nachkonziliare Ordenstheologie hat unmißverständlich gezeigt, daß das traditionelle *soli Deo* zwar als Topos für das Ordensleben erhalten bleiben kann, alles aber auf den zugrundeliegenden Gottesbegriff ankommt. Der Gott, dem »allein« die Ordensleute leben, darf nicht als weltferner, an der Welt uninteressierter Gott gedacht werden. Ebensowenig darf die Gottesbeziehung der Ordensleute im Sinne des »Dieu et l'âme« verengt werden. Das einzige Gottesbild, welches das *soli Deo* der Orden christlich interpretieren kann, ist das des trinitarischen Gottes: des Vaters, der sich liebend in und für die Welt engagiert; des Sohnes, der sich für die Welt hingibt und zum Vater zurückkehrt, sich aber auch im »geringsten Bruder« bleibend gegenwärtigsetzt (vgl. Mt 25,31-46); des Geistes, der die Welt durchdringt und sie ihrer Vollendung entgegentreibt. Deshalb bündeln sich gerade im *soli Deo* nochmals die zwei Bewegungen, die Jesus Christus als »*universale concretum*« auszeichnen:
- *soli Deo* als Sich-Hineinnehmen-Lassen in die Option Gottes für die Welt (universal) und dies in einer konkreten Sendung (Präsenz);
- *soli Deo* als (stellvertretendes) Sich-Ausstrecken aus der Welt her auf Gott hin (Trennung).

Damit stehen wir am Ende des Versuchs, die »Gestalt« des Ordenslebens zu umschreiben. Eines dürfte sich unmißverständlich gezeigt haben: Orden verwirklichen *in* ihrem bestimmten Lebensfragment, in ihrer konkreten Gestalt die Nachfolge Jesu Christi, des »*universale concretum*«. »Kontrakte Weise« heißt auch für sie Beschränkung (Ordensleben ist nicht das Ganze der Kirche, ist auch nicht normierende Form der Nachfolge), zugleich aber leben sie in ihrer Enteignung auf die Kirche hin, zuletzt aber in ihrem *soli Deo* entschränkt und offen für das Ganze. Die Gestalt des Ordenslebens erweist sich so als »Fragment«, das »auf das Ganze« hin angelegt ist, mehr noch: Im »Fragment« des Ordenslebens will und soll »das Ganze« christlich-kirchlicher Existenz realisiert werden.
Den Implikationen, die mit den Begriffen »Fragment« und »Gestalt« gegeben sind, ist nun noch näher nachzugehen.

5. Der ambivalente Charakter menschlicher Fragmentarität

Bisher haben wir vor allem die positive Seite von »Fragment« und »Gestalt« bedacht. Gerade vom christlichen Schöpfungsgedanken und zuletzt von der Menschwerdung des Sohnes Gottes her muß die »Positivität des Endlichen«, die Positivität konkreter Lebensgestalt unbedingt festgehalten werden. Christliche Theologie hört dort auf, wo die Kontingenz, die Endlichkeit des Geschaffenen als Nicht-Sein-Sollendes und schlechthin zu Überwindendes gedacht wird. Auch die Vollendung kann vom christlichen Glauben her nur als Vollendung *des* Endlichen, Partikulären gedacht werden, nicht aber als dessen Auflösung. Zugleich aber gilt, daß das Geschöpf nur in der Öffnung auf den Schöpfer hin, die einzelne christliche Lebensform nur in der Öffnung auf das Ganze der Kirche hin Fragmentarität positiv verwirklicht.

Fragmentarität kann jedoch auch (sündige) Gebrochenheit bedeuten. Die »Gestalt« kann auch etwas verdunkeln. Dies geschieht allein schon dadurch, daß die Gestalt zwar Ausdruck von etwas ist, ihr aber zugleich auch eine eigene äußere Erscheinung zu eigen ist, die mit dem Dargestellten nicht identisch ist und dieses dadurch stets auch verdeckt[102]. Ein »Fragment« kann ein bloßer Bruchteil sein, durch den nichts mehr von den Konturen des Ganzen aufleuchtet. Das ist zugespitzt dann der Fall, wenn sich die einzelne »Gestalt« absolut setzt und die Transparenz auf das Ganze verweigert; wenn das Fragment selbstgenügsam wird und sich nicht mehr getragen wissen will vom Ganzen, sondern sich selbst als das Gesamte versteht. Dann aber wird das Fragment zur blinden Scherbe, der Torso zur Karikatur der Gestalt, das Symbol zum Idol[103].

Die Verweigerung der Fragmentarität kann jedoch auch eine andere - entgegengesetzte und subtilere - Form annehmen: dort nämlich, wo die Flucht aus dem Konkreten angetreten wird. Dort, wo man sich der Bescheidung auf das Fragment mit dem Hinweis auf eine blasse Allgemeinheit entziehen will. Die Konsequenz dessen heißt: alles wird gleichgültig. Die Umgangssprache vermerkt es treffend: man tut »alles und nichts«.

Mit beiden Formen sündiger Gebrochenheit muß auch bei den Orden gerechnet werden. Orden müssen sich prinzipiell »eingestehen, daß sie ihren Auftrag immer nur bruchstückhaft und unzulänglich verwirkli-

[102] Hier kommt die Nähe des Gestaltbegriffs zu dem des Symbols zum Ausdruck. Für die Struktur des Symbols als Enthüllung und Verhüllung siehe: Splett, Sakrament der Wirklichkeit 15.

[103] Vgl. Phänomenologie des Idols. Hg. v. B. Casper, Freiburg 1981.

chen«[104]. Das ihnen aufgrund ihrer Berufung zugewiesene Fragment kirchlichen Lebens können die Ordensleute nie von sich aus vollendet realisieren. Gerade darin erweist sich noch einmal ihr eschatologischer Charakter. So sehr Orden dazu berufen sind, das »Schon« des Gottesreiches auf je ihre Weise darzustellen - das »Noch-nicht« waltet auch in ihrer Lebensform mächtig. Die zwei Gesichter der »Fragmentarität« stellen diese Spannung vor Augen.

Dies alles gilt nicht nur im Blick auf die einzelnen Ordensleute, sondern für ganze Gemeinschaften, für das ganze Phänomen Ordensleben. Deswegen gehört die ständige *conversio*, die ständige Überprüfung des Lebens konstitutiv zum Lebensentwurf der *vita religiosa*. Gerade durch den Gedanken des Fragments (sowie auch der »Gestalt«) als Verständniskategorie für das Ordensleben wird deutlich, daß die »objektive« Heiligkeit (des Standes) nicht von der »subjektiven« Heiligkeit derer zu trennen ist, die diese Lebensform verwirklichen. Damit soll nicht einer neuen Leistungsorientiertheit das Wort geredet werden. Die unaufgebbare Sinnspitze der Rede von der Heiligkeit bzw. Zeichenhaftigkeit des Ordens»*standes*« besteht darin, deutlich zu machen, daß die Zeichenhaftigkeit nicht durch den einzelnen geleistet werden muß. Beides bedingt einander: Die objektive, geschenkhafte Heiligung ist die transzendentale Bedingung subjektiver Heiligkeit, und diese wiederum ist letztes Ziel und höchste Zuspitzung der Heiligung, die »ankommen« möchte.

Indem die Orden ihr Fragment-Sein annehmen und es im Sinn des Paradox von »konkret« und »universal« verwirklichen, sich aber zugleich des ambivalenten Charakters und der Möglichkeit (und Faktizität) sündiger Verschlossenheit bewußt sind, geben sie Zeugnis davon, daß die letzte Vollendung allen menschlichen Fragments, aller partikulären Gestalt noch aussteht. Zusammen mit allen anderen bleiben so auch die Orden immer in einer gewissen »Schwebe«. Auch für sie gilt, was Hans Urs von Balthasar im Blick auf die »Einübung in das christliche Ganzsein« geschrieben hat:

> »Ganzheitliches strömt und strahlt durch die Fragmente hin, desto ungehemmter, je schlichter diese sich ihres Stückwerks bewußt sind. Und eine seltsame Verwandtschaft zwischen dem Geist des strömend-strahlenden Ganzheitlichen und dem Geist der Gelassenheit des Fragments legt sich nahe, als sei der Verzicht auf ein Sich-Schließen zur eigenen Ganzheit gerade die Einübung in die Ganzheit selbst, als sei Gott nirgendwo näher als in der Demut und Armut der Indifferenz, in der Öffnung zum Tod, im Verzicht auf jede Bemächtigung und Versicherung Gottes. Das Größere, das durch den Verzichtenden hindurchweht, die Macht, die in seiner Machtlosigkeit webt, liegt hinaus über Macht und Ohnmacht. Und das Heil, das im Unheil des Schei-

[104] Synodenbeschluß 2.1.8.

ternden anwest, ist so frei, daß niemand es diesem verwehren kann, auch im Teil das Ganze zu sein«[105].

6. Der Verweischarakter gelebter Fragmentarität

Das Verständnis des Ordenslebens als »Fragment« und »Gestalt« steht dem vom Zweiten Vatikanum bekräftigten Konzept der »Zeichenhaftigkeit« der *vita religiosa* in der Kirche (LG 44,3) nahe. Als Gestalt »zeigt sich« das Ordensleben in der Kirche und indem es *sich* zeigt, wird es zum Zeichen; das Fragment läßt den Gedanken an den allen geltenden Anspruch der Nachfolge wachwerden, läßt aufblitzen, was dem möglich ist, der sich ganz Gott überläßt. Dieser *epiphanische* Charakter des Ordenslebens ist uns auch in der Literatur wiederholt begegnet (etwa: Tillard). Er ist eng mit den Notionen von *Ausdrücklichkeit*, *Sichtbarkeit* und *Öffentlichkeit* verknüpft, die als wesentliche Züge des Ordenslebens in der Kirche hervortreten. Von diesem Ausgangspunkt sowie vom Gedanken der Zweideutigkeit menschlicher Fragmentarität her muß nochmals neu die Frage nach einem möglichen »*Mehrwert*« des Ordenslebens vor anderen Lebensformen in der Kirche aufgerollt werden. In welchem Sinn kann und darf von einem »tridentinischen Plus« (Metz) gesprochen werden und zwar nicht nur aufgrund der Ehelosigkeit der Ordensleute, die freilich in dieser Bewertung eine (mit-)entscheidende Rolle spielt[106], sondern im Blick auf die ganze Gestalt? Unter welchen Bedingungen kann die Nachfolgeexistenz der Orden tatsächlich »ausdrücklicher« (*pressius*, vgl. PC 1,2) genannt werden?

Wir haben gesehen, daß ein solcher »Mehrwert« des Ordenslebens bei vielen Theologen mit der in dieser Lebensform ausdrücklich dargestellten eschatologischen Hinordnung des Christen zusammenhängt. Eine mögliche »Höherwertigkeit« des Lebens der Orden liegt deswegen für den großen Strom nachkonziliarer Ordenstheologie weder auf moralischer Ebene, noch im Bereich persönlicher Heiligkeit, sondern auf der Ebene von Ausdrücklichkeit, Sichtbarkeit, Öffentlichkeit, kurz: Zeichenhaftigkeit und zwar besonders in Hinsicht auf das »schon« keimende Gottesreich, das die Ordensleute durch ihr Leben bezeugen.

Damit ist aber zugleich eine *Grenze* dieses »Mehrwerts« gesetzt: Gerade wenn der »Mehrwert« durch Ausdrücklichkeit und Sichtbarkeit defi-

---

105 Von Balthasar, Das Ganze im Fragment 122f.

106 Siehe dazu das Anathem des Trienter Konzils (DS 1810): »Si quis dixerit, statum coniugalem anteponendum esse statui virginitatis vel caelibatus, et non esse melius ac beatius, manere in virginitate aut caelibatu, quam iungi matrimonio ... a.s.«.

niert ist, kann und darf er nicht von der tatsächlichen Verwirklichung getrennt werden. Das heißt: Ordensleben ist nur dann »ausdrücklichere« Nachfolge, wenn es diese auch wirklich *ist*. Es ist nur dann sichtbares, ausdrücklicheres Zeichen für die eschatologische Vollendung, die im Keimen begriffen ist, wenn und insofern die Orden ihr Lebensfragment konsequent *leben*. Nur die *gelebte* Fragmentarität hat tatsächlich Verweischarakter, nur die in Treue sich zeigende Gestalt ist Transparenz und Vorgeschmack künftiger und jetzt schon anwesender Hoffnung. Die »objektive« Höherwertigkeit bleibt gekettet an den subjektiven Lebensvollzug der einzelnen Ordensleute, der einzelnen Ordensgemeinschaften.

Das trifft sich auch mit jener Linie, die - ausgehend von Karl Rahner[107] - das Ordensleben als Zeichen der »angekommenen Gnade« Gottes begreifen will. Auch hiervon wird man in vollem Sinn nur dann sprechen können, wenn die Gnade *tatsächlich* ankommt und sichtbar gelebte Gnade wird, will man das Ereignis des Ankommens von Gottes gnadenvollem Handeln nicht auf blasse Innerlichkeit reduzieren.

Im Blick auf die eschatologische Vollendung und deren ausdrücklich gemachtem »Vorschein« kann also mit einer gewissen Berechtigung von einem »Mehrwert« des Ordenslebens gesprochen werden. Dieses »Plus« gilt jedoch gerade *nur* »*in statu viatoris*«. Weder ist die Lebensform der Orden schon die Vollendung selbst, noch wird dieser »Mehrwert« im eschatologischen Reich Gottes eine Rolle spielen: Die Orden haben gerade dann, wenn das Bezeichnete selbst sich endgültig durchgesetzt hat, ihre Rolle als »Zeichen« ausgespielt.

Außerdem darf nicht vergessen werden, daß die Orden nicht nur der Kirche als »leuchtendes Zeichen« (PC 1,1) gegenüberstehen, sondern selbst auf die Vielfalt kirchlicher Existenzformen verwiesen bleiben. Dort, wo von einem »Mehrwert« des Ordenslebens geredet wird, muß zugleich der »Mehrwert« anderer, ebenso kontrakter Lebensformen, z.B. der christlichen Ehe thematisiert werden[108]. Orden werden durch sie etwa auf den »Immanenzbezug« christlichen Glaubens und Handelns aufmerksam gemacht. Gegenüber einer in der Geschichte der Orden stets latent drohenden dualistischen Weltsicht können sie an ihren Brüdern und Schwestern die Positivität von Leiblichkeit und »Welt« erfahren. Keine christliche Lebensform braucht »Angst« zu haben vor

[107] Vgl. Rahner, Über die evangelischen Räte. Rezipiert besonders bei Tillard.

[108] Vgl. dazu besonders: García Paredes J.C.R., Berufungen in der Kirche. Identität und gegenseitige Ergänzung, in: ON 29 (1990) 52-64.

einer »Aufwertung« anderer Lebensformen[109]. Wo sich Christen wirklich ihrer konkreten und - gerade so! - universal bedeutsamen Sendung bewußt werden, dienen sie dem Ganzen der Kirche. Der leidenschaftliche Appell von Metz an die Orden, sich angstfrei ihrer Sendung, ihrer Radikalität bewußt zu werden, besteht daher im Prinzip zu Recht[110]. Wo sich die Ordenschristen in einer Art falschen Bescheidenheit damit zufriedengeben, zu sein wie alle anderen, verfehlen sie gerade ihre Sendung.

Damit ist kein Perfektionismus, keine Utopie angezielt. Fragmentsein bedeutet auch hier Zweierlei: Auf kontrakte Weise das Ganze leben *und* Verwirklichung in menschlicher Gebrochenheit. Gerade wenn die Orden im Vertrauen auf Gottes Ruf und Barmherzigkeit zu diesem zweifachen Charakter ihrer Fragmentarität stehen, kann auch durch das stets unvollkommene, von Sünde und Hinfälligkeit affizierte Fragment ihres Lebens die je größere Liebe Gottes aufstrahlen. Hieran wird, worauf Tillard hingewiesen hat[111], ersichtlich, daß Ordensleben seine Wurzel nicht in menschlicher, sondern in göttlicher »Großzügigkeit« hat und daß die eigene »Armseligkeit« nochmals durchlässig sein kann und muß für die verzeihende Macht Gottes. Wo allerdings nur mehr die äußere, leblose Hülse des Lebens bliebe, wo blutleere Formalität herrscht, kann weder vom Verweischarakter des Ordenslebens noch von einem »Plus« geredet werden. Wo das Zeichen bis zur Unkenntlichkeit verstümmelt und pervertiert wird, ist das Ordensleben Fragment im pejorativen Sinn. Nur wo Ordenschristen ihr Lebensfragment in Treue leben, im Bewußtsein, daß sie dieses Fragment gebrochen verwirklichen, da kann durch die Gestalt ihres Lebens hindurch wirklich etwas von jener Gottesgemeinschaft aufstrahlen, zu der alle berufen sind. Da kann aufblitzen, was Kirche als »*koinônia*«, was Nachfolge heißen kann. Da wird sichtbar, daß »im Fragment das Ganze« gelebt werden kann und muß.

7. Ordensleben als Thema der Dogmatik

Vor allem die politische Theologie (Metz) und die lateinamerikanische Theologie der Befreiung (etwa L. Boff) haben in den letzten Jahren vehement auf den »theologischen Rang« christlicher Nachfolgepraxis ge-

---

[109] Siehe dazu die interessanten Bemerkungen bei: Thurian M., Mariage et célibat, Taizé 1977, 15-17.

[110] Vgl. etwa Metz, ZdK 86.

[111] Vergleiche oben 190f.

pocht. Metz spricht davon, daß die »Rede von der Nachfolge nicht 'nur' ein pastorales Thema, sondern im strengen Sinn ein dogmatisches Thema« ist[112]. Insofern das Ordensleben eine Form dieser *sequela Christi* ist, muß man - an Metz anknüpfend - sagen, daß auch das Ordensleben nicht »nur« Thema von spiritueller Theologie bzw. Moral- und Pastoraltheologie ist, sondern auch und gerade der dogmatischen Theologie zuzuordnen ist.
Das Konzil hat nicht von ungefähr der *vita religiosa* einen Platz in der *dogmatischen* Konstitution über die Kirche zugewiesen und damit etwas vorgegeben, was von der Theologie noch nicht eingeholt scheint[113]. Gerade in der deutschsprachigen systematischen Theologie ist das Ordensleben auf weiten Strecken eher ein »Nicht-Thema«. Freilich gehört die Thematik der *vita religiosa* nicht zu den zentralen Themen christlicher Theologie. Dennoch können von der Ordenstheologie - als »kontrakter« Weise der Theologie - Impulse für die (dogmatische) Theologie ausgehen. Die Theologie des Ordenslebens bringt dabei nicht etwas »Neues« in die Theologie ein, sondern stellt bestimmte Aspekte deutlicher heraus. Dadurch könnte die Ordenstheologie eine gewisse ausbalancierende Funktion einnehmen sowie einseitige theologische Ansätze aufbrechen. Es geht also auch hier um »bloße« Akzentsetzung, um *contractio*, um Fragment-Sein. Jede Absolutsetzung der Aspekte, die von seiten der Ordenstheologie eingebracht werden, wäre verfehlt.
Es wurde im Verlauf dieser Arbeit deutlich, wie sehr eine Theologie des Ordenslebens mit anderen theologischen Disziplinen vernetzt ist. Äußeres Zeichen dafür ist, daß die exemplarisch vorgestellten Autoren verschiedenen theologischen Fachbereichen angehören. Auch für die Ordenstheologie gilt das Wort Karl Rahners, das dessen eigenes theologisches Schaffen treffend kennzeichnet, als Trost und Anspruch:

> »In jedem Stück der Theologie muß irgendwie die ganze Theologie gegenwärtig werden, soll dieses Stück wirklich Theologie sein. Das aber macht jede Einzelerörterung unvermeidlich schwierig«[114].

In beiden Richtungen - Theologie des Ordenslebens als eigentümlicher Beitrag zur Theologie und in Vernetzung mit der ganzen Theologie - zeigt sich, daß die Ordenstheologie als theologische Reflexion über das Leben der Orden teil hat am Zueinander von universalem Geöffnetsein und konkreter Gestalt, welches das Leben der Ordenschristen als Nachfolge Jesu Christi, des »*universale concretum*«, prägt.

---

112 Metz, ZdO 40.

113 Vergleiche dazu die »Bestandsaufnahme« zu neueren ekklesiologischen Entwürfen, oben 130f.

114 Rahner, Warum und wie können wir die Heiligen verehren 291.

Von diesen Bedingungen und Modifikationen her ist es nun möglich, den Beitrag der Theologie des Ordenslebens zu anderen dogmatischen Themen thesenartig (und damit unvollständig) zusammenzufassen:

(1) Vielfältig ist der Ertrag der Ordenstheologie im Bereich der *Ekklesiologie*: Der charismatische Charakter des Ordenslebens, die geistgewirkte Genese der Ordensgemeinschaften »von unten«, kann Korrektiv gegen eine einseitig christomonistisch (hierarchisch) orientierte Ekklesiologie sein. Zugleich aber wird an den Orden die Möglichkeit einer Verknüpfung von »Charisma« und »Institution« sichtbar. Die Vielfalt der Ordensinstitute und die Vielfalt innerhalb der einzelnen Gemeinschaften kann als (ein) Modell der Pluralität in der Spannung von Einheit und Unterschiedenheit dienen - sowohl für die Frage nach Ortskirche und Universalkirche als auch für das Zueinander von individueller und gemeinschaftlicher Berufung in der Kirche. Orden (und die theologische Reflexion über ihr gemeinschaftliches Leben) stellen der Kirche den Grundcharakter christlicher *»koinônia«* als Zusammengerufensein und Gesandtsein vor Augen. Ebenso könnten vom Ordensleben her lebendige Impulse für die Ausarbeitung einer »Communio-Ekklesiologie« ausgehen. Auch die tiefe Verwurzelung der Orden in der Tradition ihrer Gemeinschaften sowie ihr theologisch-praktisches Bemühen, Tradition *und* Gegenwart festzuhalten bzw. Tradition für Gegenwart fruchtbar zu machen und Wege der Unterscheidung zwischen zu bewahrenden und aufzugebenden Traditionen zu finden, kann in Theologie und Praxis für die Kirche befruchtend wirken.

(2) Gerade indem die Ordenstheologie bei der Nachfolge Jesu Christi, des *»universale concretum«* einsetzt, klagt sie in der *Christologie* jede monophysitische Tendenz an. Gegen eine verkopfte und einseitig spekulative Christologie legt die Ordenstheologie den Finger darauf, daß Nachfolge nicht nur Konsequenz der Christologie ist, sondern daß Christologie selbst - um ihrer Wahrheit willen - aus Nachfolge genährt werden muß[115].

(3) Insofern die Ordenstheologie das gemeinschaftliche Leben der Orden als Abbild des trinitarischen Lebens Gottes deutet und die Spannung zwischen Einheit und Vielheit (von Theologien, Gemeinschaften, Typen) nicht zugunsten einer gleichmacherischen Einheit auflöst, kann es ihre Aufgabe und ihr Dienst sein, in der westlichen, latent »unitarisch« geprägten *Trinitätslehre* das Moment der Vielheit hochzuhalten.

[115] Vgl. Metz, ZdO 41. Daß eine »monophysitische« Tendenz in der Christologie immer noch eine Gefahr ist, vermerkt Rahner K., Christologie heute?, in: Schriften 12, 353-369.

(4) Der eschatologische Charakter des Ordenslebens, der in der nachkonziliaren Ordenstheologie als Betonung des »schon« keimenden Gottesreiches im »Noch-nicht« des gegenwärtigen Lebens verstanden wird, könnte in der *Eschatologie* einerseits die Spannung von »Schon« und »Noch-nicht« wachhalten, andererseits aber auf das schon gegebene »Angeld« verweisen sowie auf die Möglichkeit, bereits jetzt im Ausgriff auf die Vollendung zu leben.
(5) Schließlich kann die Ordenstheologie mithelfen, eine Bresche zu schlagen in die Mauer, die sich immer wieder zwischen *Theologie und Spiritualität* aufbaut. Recht verstanden gäbe sie den Weg in beide Richtungen frei: wissenschaftliche Theologie als »objektive« Seite gelebter Spiritualität und Spiritualität als »subjektive« Seite der Theologie[116].
Eine Ordenstheologie, die über die konkrete Lebensform der *vita religiosa* als Nachfolge Jesu Christi, des *»universale concretum«*, als »Gestalt« und »Fragment« christlich-kirchlicher Existenz reflektiert, partizipiert selbst am Paradox von »konkret« und »universal«. Wo Ordenstheologie (wieder) Teil dogmatischer Theologie wird, hilft sie deswegen mit, daß »das Ganze« im Blick bleibt.

[116] Zum Riß zwischen Theologie und Spiritualität sowie zur Notwendigkeit, beides zu verbinden, siehe etwa: Balthasar H.U. v., Theologie und Heiligkeit, in: Verbum Caro 195-225; ders., Die Einheit von Theologie und Spiritualität, in: ders., Einfaltungen. Auf Wegen christlicher Einigung, Luzern 1970, 15-42; ders., Spiritualität, in: Verbum Caro 226-244; ders., Theologie und Heiligkeit, in: IKaZ Communio 16 (1987) 483-490; Weismayer J., Spirituelle Theologie oder Theologie der Spiritualität, in: Spiritualität in Moral. Festschrift f. K. Hörmann zum 60. Geb. Hg. v. G. Virt, Wien 1975, 59-77; Hemmerle K., Thesen zu einer trinitarischen Ontologie, Einsiedeln 1976, 68-72; Rotzetter A., Leidenschaft für Gottes Welt. Aspekte einer zeitgemäßen Spiritualität, Zürich 1988, 24-31; Gutiérrez G., Aus der eigenen Quelle trinken. Spiritualität der Befreiung, München 1986, 44-47; Sobrino J., Geist, der befreit. Lateinamerikanische Spiritualität, Freiburg 1989.

»Wie man Gott nachfolgen soll und von guter Weise«

»Der Mensch, der ein neues Leben oder Werk beginnen will, soll zu seinem Gott gehen und von ihm mit großer Kraft und ganzer Andacht erbitten, daß er ihm das Allerbeste zuteil werden lasse; das, was ihm am allerliebsten und am würdigsten ist. Er soll dabei nicht seine eigenen Wünsche durchsetzen wollen, sondern allein den liebsten Willen Gottes anstreben und sonst nichts. Was immer ihm dann Gott zuteilt, das erachte er als unmittelbar von Gott gegeben. Er halte es für das, was ihm am allerbesten entspricht und sei darin ganz und gar zufrieden.
Wenngleich ihm später einmal eine andere Weise besser gefällt, soll er (doch) denken: 'Diese Weise ist es, die Gott dir zugewiesen hat'. Deswegen bleibe sie ihm die Allerbeste. Der Mensch soll darin Gott vertrauen und alle guten Weisen in genau diese (seine) Weise einbeziehen. ... Was Gott nämlich *einer* Weise an Gutem getan und mitgegeben hat, das kann man auch in *allen* guten Weisen finden. In *einer* Weise soll man alle guten Weisen ergreifen und sich nicht nur auf das Besondere der einen Weise beschränken. Denn der Mensch muß (und kann) jeweils nur eines tun, er kann nicht alles tun. Wenn es auch für den Menschen *eines* geben muß, so soll man jedoch gerade in diesem Einen alle Dinge (mit)ergreifen. ... Der Mensch nehme (also) *eine* gute Weise und halte immer an ihr fest. In sie bringe er alle gute Weise ein und erachte sie als von Gott empfangenes Geschenk. Der Mensch soll nicht heute dies und morgen das anfangen. Er sorge sich nicht, daß er jemals irgendetwas versäume, wenn er bei seiner Weise bleibt. Denn mit Gott kann man gar nichts versäumen. So wenig nämlich Gott etwas versäumen kann, so wenig kann man mit Gott etwas versäumen. Darum empfange eines von Gott und dahinein ziehe *alles* Gute!«[1].

---

[1] Meister Eckhart, Reden der Unterscheidung 22, in: Die deutschen und lateinischen Werke. Die deutschen Werke. Hg. u. übers. v. J. Quint. 5. Traktate, Stuttgart 1963, 284-287; Übers. in Anlehnung an J. Quint von A.H.

Abkürzungsverzeichnis[1]

AA	Konzilsdekret über das Laienapostolat *Apostolicam actuositatem*
AD	Acta et Documenta Concilio Oecumenico Vaticano II apparando, Series II (praeparatoria)
AG	Konzilsdekret über die Missionstätigkeit der Kirche *Ad gentes*
AG 3	Arbeitsgruppe 3
AS	Acta Synodalia Sacrosancti Concilii Oecumenici Vaticani II.
c.	Canon
CD	Konzilsdekret über die Hirtenaufgabe der Bischöfe in der Kirche *Christus Dominus*
CGG	Christlicher Glaube in moderner Gesellschaft
CIC	Codex iuris canonici
D	Drucksache
DCV	La dimensione contemplativa delle vita religiosa
DD	Tillard J.M.R., Devant Dieu et pour le monde
DIgn	Nikolaus von Kues, De docta ignorantia
DIP	Dizionario degli istituti di perfezione
EE	The *Essential Elements* in the Church's Teaching on Religious Life as Applied to Institutes Dedicated to Works of the Apostolate
EN	Enzyklika Pauls VI. *Evangelii nuntiandi*
ES	Motu proprio *Ecclesiae Sanctae*
ET	Adhortatio Pauls VI. *Evangelica testificatio*
EuA	Erbe und Auftrag. Benediktinische Monatsschrift
EWNT	Exegetisches Wörterbuch zum Neuen Testament
GGG	Metz J.B., Glaube in Geschichte und Gesellschaft

[1] Die Abkürzungen der Zeitschriften, Lexika und Reihen richten sich im allgemeinen nach dem von S. Schwertner besorgten Abkürzungsverzeichnis der Theologischen Realenzyklopädie (Berlin 1976). In das vorliegende Verzeichnis wurden nur ergänzende oder davon abweichende Sigla aufgenommen.
Die Konzilstexte werden mit den Anfangsbuchstaben der beiden einleitenden Worte der Konstitutionen bzw. Dekrete zitiert. Die folgende Zahl bezieht sich auf den Artikel, diejenige nach dem Komma auf den Absatz des jeweiligen Artikels.

GS	Pastoralkonstitution über die Kirche in der Welt von heute *Gaudium et spes*
HFTh	Handbuch der Fundamentaltheologie
IM	Konzilsdekret über die sozialen Kommunikationsmittel *Inter mirifica*
KKD	Kleine katholische Dogmatik. Hg. v. J. Auer und J. Ratzinger
LG	Dogmatische Konstitution über die Kirche *Lumen gentium*
LkD	Lexikon der katholischen Dogmatik
MR	Leitlinien für die gegenseitige Beziehung zwischen Bischöfen und Ordensleuten in der Kirche *Mutuae relationes*
NaZ	Nachfolge als Zeichen. Kommentarband zum Synodenbeschluß »Die Orden und andere geistliche Gemeinschaften. Auftrag und pastorale Dienste heute«
NHThG	Neues Handbuch theologischer Grundbegriffe
OE	Konzilsdekret über die katholischen Ostkirchen *Orientalium Ecclesiarum*
OK	Ordenskorrespondenz
ON	Ordensnachrichten
OPR	*Ordo professionis religiosae*
PC	Konzilsdekret über die zeitgemäße Erneuerung des Ordenslebens *Perfectae caritatis*
PI	Richtlinien für die Ausbildung in den Ordensinstituten *Potissimum institutioni*
PLSp	Praktisches Lexikon der Spiritualität
PO	Konzilsdekret über Dienst und Leben der Priester *Presbyterorum ordinis*
Prot.	Protokoll
PVR	Problèmes de vie religieuse
Qdl	Thomas von Aquin, Quodlibeta
RC	Instruktion über die zeitgemäße Erneuerung der Ausbildung zum Ordensleben *Renovationis causam*
RD	Apostolisches Schreiben Johannes Pauls II. *Redemptionis Donum*
RevRel	Review for Religious
RPU	Religiosi e promozione umana
SC	Konzilskonstitution über die Heilige Liturgie *Sacrosanctum Concilium*
SChr	Sources Chrétiennes. Publ. par H. de Lubac u.a. Bd. 1- , Paris 1941-
Schriften	Rahner K., Schriften zur Theologie. 16 Bde. 1 Reg.bd., Einsiedeln 1954-1984.
SCRIS	(Sacra) Congregatio pro Religiosis et institutis saecularibus = Congregatio pro Institutis Vitae consecratae et Societatibus Vitae apostolicae
SK	Sachkommission
StSSTh	Studien zur systematischen und spirituellen Theologie
STh	Thomas von Aquin, Summa theologiae
TW	Metz J.B., Zur Theologie der Welt
UR	Konzilsdekret über den Ökumenismus *Unitatis redintegratio*

VS	Instruktion über das beschauliche Leben und die Klausur der Nonnenklöster *Venite seorsum*
VSp	La vie spirituelle
VSp.S	Vie spirituelle. Supplement
VV	Vollversammlung
WM	Wortmeldung
ZdK	Metz J.B., Zeit der Kirche - Zeit der Orden?
ZdO	Metz J.B., Zeit der Orden?
ZGW	Boff L., Zeugen Gottes in der Welt
ZK	Zentralkommission

Literaturverzeichnis[1]

I. Kirchenamtliche Dokumente

Acta et Documenta Concilio Oecumenico Vaticano II apparando. Series II (praeparatoria) 3/1, Typis Polyglottis Vaticanis 1969.

Acta Synodalia Sacrosancti Concilii Oecumenici Vaticani II. Bd. 1,1-4,7, Typis Polyglottis Vaticanis 1970-1978.

Carpentier Réne (Hg.), La vie religieuse. Documents pontificaux du règne de Pie XII., Paris 1959.

Codex iuris canonici, in: AAS Erg.Bd. 75 (1983).

Constitutionis dogmaticae Lumen gentium synoposis historica. A cura di Giuseppe Alberigo u. F. Magistretti, Bologna 1975.

Decreto sul rinnovamento della vita religiosa: Perfectae caritatis. Introd. e commento di Vincenzo Fagiolo (Collana Concilio Vaticano II. 7), Casale Monferrato 1987.

Documenti sulla vita religiosa. 1963-1985. Raccolti da Joseph Aubry, Turin 1987.

Dokumente von *Medellín*, in: Sämtliche Beschlüsse der II. Generalversammlung des lateinamerikanischen Episkopates. Medellín 24.8.-6.9.1968. Hg. v. ADVENIAT (Dokumente - Projekte 1-3), Essen o.J. [um 1970].

Enchiridion de statibus perfectionis. 1. Documenta Ecclesiae sodalibus instituendis, Rom 1949.

Enchiridion symbolorum, definitionum et declarationum de rebus fidei et morum. Hg. v. H. Denzinger, bearb. v. A. Schönmetzer, Barcelona [36]1979.

Les Enseignements Pontificaux. Instituts de vie parfaite, Tournai 1962.

Die Evangelisierung Lateinamerikas in Gegenwart und Zukunft. Schlußdokument der III. Generalkonferenz des lateinamerikanischen Episkopats in Puebla. 13. Feb. 1979 (Stimmen der Weltkirche 8. Hg. v. Sekretariat der Dt. Bischofskonferenz), Bonn 1979.

Gemeinsame Synode der Bistümer in der Bundesrepublik Deutschland, Akte: Originalanträge (zur 3., 4. und 6. VV; unveröff. Akten der dt. Bischofskonferenz).

[1] Sammelbände werden im Literaturverzeichnis eigens nur genannt, wenn sie als ganze von Interesse für das Thema dieser Untersuchung sind. Auf Rezensionen wird in den Anmerkungen verwiesen.

-, Akte: Synode K VII. Arbeitsunterlagen Wulf - Z (unveröff. Akten der dt. Bischofskonferenz).

-, Akte: Synode K VII. Einladungen - Rundschreiben - Protokolle (unveröff. Akten der dt. Bischofskonferenz).

-, Akte: Synode K VII. Korrespondenz - Mitglieder bis 31.12.72 (unveröff. Akten der dt. Bischofskonferenz).

-, Akte: Sekretariat der DBK. Gemeinsame Synode. ZK 7.-14. Sitzung (unveröff. Akten der dt. Bischofskonferenz).

-, Beschlüsse der Vollversammlung. Offizielle Gesamtausgabe 1, Freiburg 1977.

-, Ergänzungsband: Arbeitspapiere der Sachkommissionen. Offizielle Gesamtausgabe 2, Freiburg 1977.

-, 3. VV. Protokoll. 3.-7.1.1973, o.O. o.J., 254f.

-, 4. VV. Protokoll. 21-25.11.1973, o.O. o.J., 10-41.

-, 6. VV. Protokoll. 20-24.11.1974, o.O. o.J., 165-190.

Johannes Paul II., Apostolisches Schreiben *Redemptionis donum* an die Ordensleute über das gottgeweihte Leben im Licht des Geheimnisses der Erlösung, in: AAS 76 (1984) 513-546; dt. in: Verlautbarungen des Apostolischen Stuhls 55 (hg. von der dt. Bischofskonferenz).

-, Enzyklika *Redemptor hominis*, in: AAS 71 (1979) 257-324; dt. in: Verlautbarungen des Apostolischen Stuhls 6.

-, Enzyklika *Redemptoris Mater* über die selige Jungfrau im Leben der pilgernden Kirche, in: AAS 79 (1987) 361-433; dt. in: Verlautbarungen des Apostolischen Stuhls 75.

-, Gottgeweihtes Leben. Predigten, Botschaften, Ansprachen und Schreiben an Mitglieder von geistlichen Gemeinschaften. Auswahl und Einf. v. Barbara Albrecht, Vallendar-Schönstatt 1982.

Ordo consecrationis viriginum, in: Pontificale Romanum ex decreto Sacrosancti Oecumenici Vaticani II. instauratum auctoritate Pauli Pp. VI. promulgatum. Ordo consecrationis virginum, Vatikanstadt 1970 (^{2}1978); dt. in: Die Feier der Abts-, Äbtissinen- und Jungfrauenweihe in den kath. Bistümern des dt. Sprachgebiets. Hg. im Auftrag der Bischofskonferenzen Deutschlands etc., Einsiedeln 1975.

Ordo professionis religiosae ex decreto Sacrosancti Oecumenici Vaticani II. instauratus auctoritate Pauli Pp. VI. promulgatus, Typis Polyglottis Vaticanis 1975 (= verb. Neudruck der offiziellen lat. Ausgabe 1970); dt. in: Die Feier der Ordensprofeß in den katholischen Bistümern des dt. Sprachgebiets. Hg. im Auftrag der Bischofskonferenzen Deutschlands etc., Einsiedeln 1975.

Kleines Konzilskompendium. Sämtliche Texte des Zweiten Vatikanums. Allg. Einleitung - 16 spezielle Einführungen - ausführl. Sachregister. Hg. von Karl Rahner und Herbert Vorgrimler, Freiburg ^{12}1978.

Päpstliche Dokumente zur Ordensreform. Hg. v. Josef Zürcher, Einsiedeln 1954.

Paul VI. donne aux religieux leur charte. Exhortation »Evangelica testificatio« prés. et comm. par Pie-Raymond Régamey o.p. (PVR 34), [Paris] 1971.

Paul VI., Päpstliches Mahnschreiben *Evangelica testificatio* über die Erneuerung des Ordenslebens, in: AAS 63 (1971) 497-526; dt. in: NKD 36.

-, Motuproprio *Ecclesiae Sanctae*. Ausführungsbestimmungen zu den Dekreten Hirtenamt der Bischöfe, Dienst und Leben der Priester, zeitgemäße Erneuerung des Ordenslebens, Missionstätigkeit der Kirche, in: AAS 48 (1966) 757-787; dt. in: NKD 3.

(Sacra) Congregatio pro doctrina Fidei, Instruktion *Libertatis conscientia* über die christliche Freiheit und Befreiung, in: AAS 79 (1987) 554-599; dt. in: Verlautbarungen des Apostolischen Stuhls 70.

-, Instruktion *Libertatis nuntius* über einige Aspekte der »Theologie der Befreiung«, in: AAS 76 (1984) 876-909; dt. in: Verlautbarungen des Apostolischen Stuhls 57.

(Sacra) Congregatio pro religiosis et institutis saecularibus, La dimensione contemplativa della vita religiosa, in: OR Suppl. 12.11.1980; zit. nach: CRM 62 (1981) 70-87; dt. in: OK 22 (1981) 276-292.

-, The Essential Elements in the Church's Teaching on Religious Life as Applied to Institutes Dedicated to Works of the Apostolate, in: OR 25.6.1983; zit. nach: Religious Life in the U.S. Church. The New Dialogue. Publ. by Robert J. Daly, New York 1984, 311-341; dt. in: OK 25 (1984) 143-169.

-, Normae secundum quas S. Congregatio de Religiosis in novis religiosis congregationibus approbandis procedere solet, in: AAS 13 (1921) 312-319.

-, Normae secundum quas S. Congregatio procedere solet in approbandis novis Institutis votorum simplicium, in: Ravasi Ladislaus R., De Regulis et Constitutionibus religiosorum, Rom 1958, 188-232.

-, Erklärung *Post editam* über die Bedeutung der Instruktion *Venite seorsum* und über die Vollmacht der Bischöfe zur Dispens von der Nonnenklausur, in: CRM 51 (1970) 180-181; dt. in: NKD 23, 80-83.

-, Religiosi e promozione umana, in: OR suppl. 12.11.1980; zit. nach: CRM 61 (1980) 272-285.368-380; dt. in: OK 22 (1981) 251-292.

-, Instruktion *Renovationis causam* über die zeitgemäße Erneuerung der Ausbildung zum Ordensleben, in: AAS 61 (1969) 103-120; dt. in: NKD 17.

-, Richtlinien *Potissimum Institutioni* für die Ausbildung in den Ordensinstituten, in: AAS 82 (1990) 470-532, dt. in: Verlautbarungen des Apostolischen Stuhls 97.

-, Die Säkularinstitute, in: Verlautbarungen des Apostolischen Stuhls 73.

-, Instruktion *Venite seorsum* über das beschauliche Leben und die Klausur der Nonnenklöster, in: AAS 61 (1969) 674-690; dt. in: NKD 23.

(Sacra) Congregatio pro religiosis et institutis saecularibus et (S.) Congregatio pro episcopis, Leitlinien *Mutuae relationes* für die gegenseitigen Beziehungen zwischen Bischöfen und Ordensleuten in der Kirche, in: AAS 70 (1978) 473-506; dt. in: OK 20 (1979) 1-33.

Sacrorum Conciliorum nova et amplissima Collectio cuius Ioannes Dominicus Mansi et post ipsius mortem florentinus et venitianus editores. T. 51, Paris 1926.

Sacrosanctum Concilium oecumenicum Vaticanum II., Constitutio dogmatica de Ecclesia *Lumen gentium*, in: AAS 57 (1965) 5-75; dt. in: LThK.E 1, 156-359.

-, Decretum de accomodata renovatione vitae religiosae *Perfectae caritatis*, in: AAS 58 (1966) 702-712; dt. in: LThK.E 2, 266-307.

II. Quellentexte

Meister *Eckhart*, Die deutschen und lateinischen Werke. Die dt. Werke. Bd. 5. Traktate. Hg. und übers. v. J. Quint, Stuttgart 1963.

Die großen Ordensregeln. Hg. v. Hans Urs von Balthasar, Einsiedeln ^{2}1961.

Nikolaus von Kues, De docta ignorantia. Die gelehrte Unwissenheit. Übers. u. m. Vorw. u. Anm. hg. v. Paul Wilpert u.a., fortgeführt von Hans Gerhard Senger. Lat.-dt. Buch 1-3 (Philosophische Bibliothek 264 a.b.c.), Hamburg 1964-1977.

Thomas von Aquin, S. Thomae de Aquino opera omnia iussu Leonis XIII P.M. edita, t. XLI: Contra impugnantes Dei cultum et religionem - De perfectione spiritualis vitae - Contra doctrinam retrahentium a religione. Cura et studio Fratrum Praedicatorum. Pars A-C, Rom 1969-1970.

-, S. Thomae Aquinatis, Doctoris Angelici Quaestiones Quodlibetales. Cura et studio Fr. Raymundi Spiazzi, 8. verb. Aufl. Taurini ^{8}1949.

-, S. Thomae Aquinatis Summa Theologiae. Cura et studio Petri Caramello. Cum textu ex recensione Leonina. P. 1-3, Taurini 1952-1956.

-, Die Deutsche Thomas-Ausgabe. Vollständige, ungekürzte dt.-lat. Ausgabe der Summa Theologica. Hg. von der Albertus-Magnus-Akademie Walberberg bei Köln. Bd. 23. Besondere Gnadengaben und die zwei Wege menschlichen Lebens. II-II q.171-182. Komm. v. Urs v. Balthasar, Heidelberg 1954. Bd. 24. Stände und Standespflichten. II-II q.183-189, Heidelberg 1952.

-, Summa Theologiae. Latin text and English translation. Introductions, Notes, Appendices and Glossaries. Bd. 46. Action and Contemplation. Ed. Jordan Aumann, London 1966; Bd. 47. The Pastoral and Religious Lives. Ed. Jordan Aumann, London 1973.

III. Lexika und Handbücher

Auer Johann / Ratzinger Joseph, Kleine katholische Dogmatik. Bd. 1- , Regensburg 1970- .

Ausführliches lat.-dt. Handwörterbuch. Von K.E. Georges. Nachdruck der 8. verb. und verm. Aufl. von H. Georges. Bd. 1-2, Darmstadt ^{8}1983.

Bibeltheologisches Wörterbuch. Hg. von Johann B. Bauer. Bd. 1-2, 3. erw. u. rev. Aufl., Graz ^{3}1967.

Christlicher Glaube in moderner Gesellschaft. Enzyklopädische Bibliothek in 30 Teilbdn. Hg. v. Franz Böckle u.a. Bd. 1-30, Freiburg 1980-1982.

Dictionnaire d'archéologie chrétienne et de liturgie. Publ. par Fernand Gabrol. Bd. 1-15, Paris 1907-1953.

Dictionnaire de spiritualité ascetique et mystique. Doctrine et histoire. Publ. par Marcel Viller u.a. Bd. 1- , Paris 1937- .

Dictionnaire de la vie spirituelle. Publ. par Tullio Goffi et F. De Fiores, Paris 1983.

Dizionario degli istituti di perfezione. Diretto da Guerrino Pelliccia e da Giancarlo Rocca. Bd. 1- , [Rom] 1974- .

Exegetisches Wörterbuch zum Neuen Testament. Hg. v. Horst Balz u. Gerhard Schneider. Bd. 1- , Stuttgart 1980- .

Handbuch der Dogmengeschichte. Hg. v. Michael Schmaus, Alois Grillmeier [u.a.]. Bd. 1- , Freiburg 1951- .

Handbuch der Fundamentaltheologie. Hg. v. Walter Kern u.a. Bd. 1-4, Freiburg 1985-1988.

Handbuch der Pastoraltheologie. Praktische Theologie der Kirche in ihrer Gegenwart. Hg. v. Franz X. Arnold [u.a.]. Bd. 1-5, Freiburg 1964-1972.

Handbuch der Kirchengeschichte. Hg. v. Hubert Jedin (Sonderausgabe). Bd. 1-7, Freiburg 1985.

Handbuch philosophischer Grundbegriffe. Hg. v. Hermann Krings u.a. Bd. 1-3, München 1973-1974.

Handbuch theologischer Grundbegriffe. Unter Mitarb. zahlreicher Fachgelehrter hg. von Heinrich Fries. Bd. 1-2, München 1962-1963.

Handwörterbuch religiöser Gegenwartsfragen. Hg. v. Ulrich Ruh u.a., Freiburg 1986.

Heimbucher Max, Die Orden und Kongregationen der katholischen Kirche. Bd. 1-2, Paderborn [4]1980.

Historisches Wörterbuch der Philosophie. Hg. v. Joachim Ritter. Bd. 1- , Darmstadt 1971- .

Lexikon der katholischen Dogmatik. Hg. v. Wolfgang Beinert, Freiburg 1987.

Lexikon der christlichen Moral. Von Karl Hörmann. 2. völlig neu bearb. Aufl., Innsbruck [2]1976.

Lexikon des Mittelalters. Bd. 1- , München 1980- .

Lexikon für Theologie und Kirche. Hg. v. Josef Höfer u. Karl Rahner. Bd. 1-10. Reg.bd., Freiburg [2]1957-1967.

-, Ergänzungsbände: Das Zweite Vatikanische Konzil. Dokumente und Kommentare. Bd. 1-3, Freiburg 1966-1968.

Lexikon der Religionen. Begr. v. Franz König. Unter Mitw. zahlreicher Fachgelehrter hg. v. Hans Waldenfels, Freiburg 1987.

Mysterium Salutis. Grundriß heilsgeschichtlicher Dogmatik. Hg. v. Johann Feiner und Magnus Löhrer. Bd. 1-5. Erg.bd., Einsiedeln 1965-1981.

Neues Handbuch theologischer Grundbegriffe. Hg. v. Peter Eicher. Bd. 1-4, München 1984-1985.

Praktisches Lexikon der Spiritualität. Hg. v. Christian Schütz, Freiburg 1988.

Reallexikon für Antike und Christentum. Sachwörterbuch zur Auseinandersetzung des Christentums mit der antiken Welt. Hg. v. Theodor Klauser. Bd. 1- , Stuttgart 1950- .

Sacramentum mundi. Theologisches Lexikon für die Praxis. Bd. 1-4, Freiburg 1967-1969.

Schmaus Michael, Der Glaube der Kirche. Bd. 1-6. Reg.bd., 2. wesentl. veränd. Aufl. St. Ottilien 1979-1982.

Staatslexikon. Recht, Wirtschaft, Gesellschaft. Hg. v. d. Görres-Gesellschaft. Bd. 1-5, 7. völlig neu bearb. Aufl. Freiburg 1985-1989.

Theologisches Wörterbuch zum Neuen Testament. Hg. v. Gerhard Kittel. Bd. 1-10, Stuttgart 1949-1979.

Theologische Realenzyklopädie. Hg. v. Gerhard Krause u.a. Bd. 1- , Berlin 1976- .

IV. Literatur zur Theologie des Ordenslebens

1. Sammelwerke

L'adaptation et la rénovation de la vie religieuse. Décret »Perfectae caritatis«. Texte latin, et traduction française par J.M.R. Tillard. Commentaires par G. Huyghe etc. (Unam Sanctam 62), Paris 1967.

Il carisma della vita religiosa. 1. Dono dello spirito alla Chiesa per il mondo. 2. Verbale dell'incontro a Villa Cavaletti. Publ. dell'Unione dei Superiori Generali, Rom 1981 (Mschr.).

Consider Your Call. A Theology of Monastic Life Today. Publ. by Daniel Rees, London 1980.

Le mépris du monde. La notion de mépris du monde dans la tradition spirituelle occidentale, Paris 1965.

Mitten unter den Menschen. Spiritualität, Aufgaben und Probleme der Priester und Ordensleute. Hg. v. Friedrich Wulf, Düsseldorf 1979.

Nachfolge als Zeichen. Kommentarbeiträge zum Beschluß der Gemeinsamen Synode der Bistümer in der Bundesrepublik Deutschland über die Orden und andere geistliche Gemeinschaften. Hg. v. Friedrich Wulf u.a., Würzburg 1978.

Orden als Lebensmodell. Erwartungen - Ansprüche - Tendenzen. Mit Beiträgen v. Gisbert Greshake u.a. Hg. von Waltraud Herbstrith (Reihe Edith-Stein-Karmel Tübingen 13), München 1983.

Orte lebendigen Glaubens. Neue geistliche Gemeinschaften in der katholischen Kirche. Hg. v. Joachim Müller und Oswald Kriensbühl, Freiburg/Schw. 1987.

La présence au monde comme expérience de Dieu. Sens de la vie religieuse »apostolique« dans l'Église. Session pluridisciplinaire du Département vie religieuse, Paris 1985.

Religious Life in the U.S. Church. The New Dialogue. Publ. by Robert J. Daly, New York 1984, 256-282.

Le rôle de la religieuse dans l'Église (Problèmes de la religieuse d'aujourd'hui), Paris 1960.

Das Schicksal der Orden - Ende oder Neubeginn (Kirche im Gespräch), Freiburg 1971.

Storia della Vita Religiosa. Mit Beiträgen v. Matias Augé, Eutimio Sastre Santos u. Luigi Borriello, Brescia 1988.

Teólogos europeos ante la Vida Religiosa, in: Vida Religiosa 60 (1986) 403-473.

Theologische Gedanken über Grundlagen und besondere Kennzeichen des Apostolischen Ordenslebens. Grunddokument, in: UISG-Bulletin n°62 (1983) 14-34 (ital. Orig.: Vita religiosa apostolica. Fondamenti e note distintive. Documento dell'Unione Internazionale Superiore Generali <Hg.> e suo commento <Collana Testimoni 34>, Bologna 1984).

Visioni attuali sulla vita monastica, Montserrat 1966.

La vocation religieuse et sacerdotale (PVR 28), Paris 1969.

2. Einzeluntersuchungen

AAVV., Art. *Fondatore*, in: DIP 4, 97-108.

Aguilar F.S., La vida de perfección en la Iglesia, Madrid ^{2}1965.

Albrecht Barbara, Berufen zum Zeugnis. Ordensleben und Berufungspastoral in der Sicht Papst Johannes Pauls II., Vallendar-Schönstatt 1988.

-, Geistliche Gemeinschaften. Zeichen für die geistliche Dimension der Kirche, in: OK 17 (1976) 403-419.

Alvarez Gomez Jésus, Storicità del carisma: Legittimità e continuità, in: Il carisma della vita religiosa. Dono dello spirito alla Chiesa e per il Mondo. Fasz. 2: Verbale dell'incontro a Villa Cavaletti, Rom 1981 (Mschr.), 23-29.

Antoncich Ricardo, Die Unterscheidung in der Geschichte: Eine Aufgabe für das Ordensleben, in: UISG-Bulletin n°77 (1988) 17-26.

-, Vie religieuse et option pour les pauvres à la lumière de Puebla, in: VieCon 52 (1980) 298-305.

Asiain Miguel A., La Vida Religiosa en la Iglesia: Contribución a un Eclesiología de la vida religiosa (Collección Mundo y Dios 10), Salamanca 1977.

Auer Alfons, Art. Jungfräulichkeit, in: HThG 1, 771-777.

Ayel Vincent, Chrétiens à la recherche de leur identité. Avenir de la vie religieuse (Collection »Transmettre l'Esperance«), Mulhouse 1978.

Azevedo Marcello, Vision und Herausforderung. Ordensleben heute, dt. Innsbruck 1989.

Balthasar Hans Urs von, Christlicher Stand, Einsiedeln 1977.

-, Die drei evangelischen Räte, in: ders., Klarstellungen. Zur Prüfung der Geister, Freiburg 1971, 125-134.

-, Der Laie und der Ordensstand, Freiburg 1949.

-, Monastisches Leben heute, in: Visioni attuali sulla vita monastica, Montserrat 1966, 35-42.

-, Der Ordensstand, in: In der Fülle des Glaubens. Hans Urs von Balthasar-Lesebuch. Hg. v. Medard Kehl und Werner Löser, Freiburg 1980.

-, Vom Ordensstand, in: Die großen Ordensregeln. Hg. v. H.U. v. Balthasar, Einsiedeln ^{2}1961, 7-31.

-, Zur Theologie der Säkularinstitute, in: ders., Sponsa Verbi. Skizzen zur Theologie 2, Einsiedeln 1960, 434-469.

-, Zur Theologie des Rätestandes, in: Wagnis der Nachfolge. Hg. v. Stephan Richter, Paderborn 1964, 9-57.

Bamberg Corona, Vom Sinn klösterlicher Existenz - biblisch und theologisch gesehen, in: AAVV., Frauenorden vor der Gegenwart. Überlegungen zu Standort und Funktion in der heutigen Kirche (Konzil konkret 2), Friedberg 1967, 9-32.

-, Von vornherein sinnlos ohne den Gott der Verheißung. Zur Ordensvorlage der Gemeinsamen Synode der dt. Bistümer, in: Lebendiges Zeugnis (1973) Heft 1/2, 61-74.

-, Wie steht es mit den Orden? Zwischenbericht aus Kommission VII der dt. Synode, in: EuA 48 (1972) 137-140.

Bandera Armando, Apostolicidad de la Iglesia y vida religiosa, in: Teología Espiritual 26 (1982) 403-427.

-, El misterio de la vida religiosa. Una toma de contacto con el Concilio Vaticano II, in: Teología Espiritual 9 (1965) 439-486.

-, Presencia de la vida religiosa en un tratado »De Ecclesia«, in: Angelicum 43 (1966) 377-392.

-, ¿Radicalismo evangélico o pluralismo de la santidad? Sobre el origen de la vida religiosa en la Iglesia, in: Confer 11 (1972) 7-60.

Beyer Jean, Ad documentum »Notae directivae pro mutuis relationibus inter episcopos et religiosos in Ecclesia«. Adnotationes, in: PRMCL 68 (1979) 563-611.

-, Le droit de la vie consacrée (Commentaire du Code de Droit Canonique. Livre II-3ème partie), Paris 1988.

-, Decretum »Perfectae caritatis«, in: PRMCL 55 (1966) 430-498.653-693. 56 (1967) 3-60.

-, Les instituts religieux voués aux oeuvres d'apostolat. Orientations nouvelles, Rome 1978.

-, Premier bilan des chapitres du renouveau, in: NRTh 95 (1973) 60-86.

-, Prière et apostolat en vie consacrée, Rome 1977.

-, Sécularité et consécration de vie dans les instituts séculiers, in: Gr 51 (1970) 433-482.

-, De statu vitae professione consiliorum evangelicorum consecratae, in: PRMCL 55 (1966) 3-48.

-, La vie consacrée dans l'Église, in: Gr 44 (1963) 32-61.

-, Vie consacrée et vie religieuse de Vatican II au Code de Droit canonique, in: NRTh 110 (1988) 74-96.

-, Vie religieuse ou Institut séculier?, in: NRTh 92 (1970) 505-535.

Böckmann Aquinata, Weltoffenheit und Weltdistanz nach der Regel Benedikts, in: EuA 63 (1987) 107-120.

Boff Leonardo, Die franziskanische Armut im Kontext der Dritten Welt, in: ders. / Bühlmann Walbert (Hg.)., Baue meine Kirche auf. Franziskanische Inspirationen aus der Dritten Welt, Düsseldorf 1983, 40-56.

-, Pueblas Herausforderung an die Franziskaner, Bonn o.J. [um 1980].

-, Zärtlichkeit und Kraft. Franz von Assisi mit den Augen der Armen gesehen, dt. Düsseldorf 1983.

-, Zeugen Gottes in der Welt. Ordensleben heute, Zürich 1985 (= Testigos de Dios en el corazon del mundo, Madrid 1978; Témoins de Dieu au coeur du monde. La vie religieuse, expérience actuelle, Paris 1982).

Boisvert Laurent, La consécration religieuse. Consécration baptismale et formes de vie consacrée (Perspectives de vie religieuse), Paris 1988.

-, L'obéissance religieuse (PVR 45), Paris 1985.

Bonhome Alfred de, Estne consecratio per consilia nova consecratio? Sententiae et argumenta, in: PRMCL 67 (1978) 373-390.

Boni Andrea, Domino se specialiter devovent, in: VitaCon 7 (1971) 764-781.

-, Note storico-giuridiche sul concetto di consacrazione nell professione religiosa, in: VitaCon 8 (1972) 666-682.

-, La vita religiosa nel suo contenuto teologale, in: VitaCon 7 (1971) 266-276.

Bonnefoy Jean-François, Présence au monde dans une vie religieuse, in: VieCon 39 (1967) 353-367.

Buckley Michael J., Reflections on the Document »Essential Elements ...«, in: Religious Life in the U.S. Church. The New Dialogue. Publ. by Robert J. Daly, New York 1984, 256-282.

Cambier Jules, Théologie de la vie religieuse aujourd'hui, Brüssel 1971.

Carpentier René, Zeugen des Gottesreiches. Einführung in das Ordensleben, dt. Wien 1958.

Certeau Michel de, L'épreuve du temps, in: Christus 13 (1966) 311-331.

Chapelle Albert, La vie religieuse dans le mystère de l'Église, in: VieCon 51 (1979) 104-118.

Ciappi Luigi, Vita religiosa e santità, Milano 1970.

Ciardi Fabio, Menschen des Geistes. Zu einer Theologie des Gründercharismas, dt. Vallendar-Schönstatt 1987.

Congar Yves, Les leçons de la théologie, in: Le rôle de la religieuse dans l'Église (Problèmes de la religieuse d'aujourd'hui), Paris 1960, 29-57.

-, La vie religieuse, vue dans l'Église selon Vatican II, in: VieCon 43 (1971) 65-88.

Courel François, Le décret conciliaire sur la rénovation de la vie religieuse, in: RAM 42 (1966) 3-13.

Courth Franz, Verfügbar gelebte Christusnachfolge. Dogmatisch-ekklesiologische Überlegungen zu Grund und Sinn des Ordenslebens, in: OK 19 (1978) 274-286.

Dammertz Viktor, Die Orden und andere geistliche Gemeinschaften zwischen Orts- und Weltkirche. Ihre geistliche und apostolische Sendung, in: OK 28 (1987) 274-288.

D'Azy Paul B., Das Ordensleben in der Sicht des Zweiten Vatikanischen Konzils, Kevelaer 1968.

Decloux Simon, La dimension théologale de la vie religieuse, in: VieCon 57 (1985) 7-19.

Demmer Klaus, Berufung als Geschichte mit Gott. Die Berufung zum Räteleben - ihre Vorbildfunktion in der Kirche, in: ON 20 (1981) 9-22.

-, Das Leben mit der Berufung - Herausforderung an die Treue, in: ON 20 (1981) 23-36.

-, Die Lebensentscheidung. Ihre moraltheologischen Grundlagen, München 1974.

-, Die unwiderrufliche Entscheidung. Überlegungen zur Theologie der Lebenswahl, in: IKaZ Communio 3 (1974) 385-398.

Domergue Marcel, Aux sources de la diversité, in: Christus 16 (1969) 186-198.

Dortel-Claudot Michel, De institutis vitae consecratae: ad usum studentium, Rom 1986.

-, Evangélisation et vie religieuse apostolique. Cours donné au Centre Sèvres en déc. 1986 - jan. 1987 (Coll. Travaux et Conférences du Centre Sèvre 11), Paris 1987.

-, Das neue Ordensrecht, in: UISG-Bulletin n°63 (1983) 40-58.

-, L'obéissance dans les nouvelles Constitutions des Instituts religieux de vie active, in: VieCon 48 (1976) 285-295.

Dreißen Josef, Kritische Bemerkungen zum »Ordo professionis religiosae«, in: OK 13 (1972) 159-169.

Droste Benedicta, Gedanken und Fragen zur Instruktion »Venite seorsum«, in: OK 11 (1970) 232-235.

Dubach Alfred, Ordensfrau heute und morgen, in: OK 12 (1971) 45-55.

Duval Léon E., Laïcs, prêtres, religieux dans l'Église selon Vatican II, o.O. 1967.

Engels Odilo, Art. Orden, Ordenswesen, in: SM 3, 884-921.

Ernst Jan, Ordensleben in einer weltlichen Welt, in: ChG 21 (1969) 349-350.

Frank Isnard, Die Orden - Subjekt der Heilsgeschichte?, in: ON (1978) Heft 108, 209-213.

Frank Karl Suso, Angelikos bios. Begriffsanalytische und begriffsgeschichtliche Untersuchung zum »engelgleichen Leben« im frühen Mönchtum (Beiträge zur Gesch. des Alten Mönchtums und des Benediktinerordens 26), Münster 1964.

-, Geschichte des christlichen Mönchtums. Grundzüge, Darmstadt 1988 (= Grundzüge der Geschichte des christlichen Mönchtums, Darmstadt 1973).

-, Art. Mönchtum / Orden, in: NHThG 3, 144-151.

-, Ordensreform und Verlust der gesellschaftlichen Funktion im späten Mittelalter, in: Kloster Amelungsborn. 1135-1985. Hg. v. Gerhard Ruhbach u. Kurt Schmidt-Clausen, Kloster Amelungsborn 1985, 133-159.

-, Vita apostolica als Lebensnorm in der Alten Kirche, in: IKaZ Communio 2 (1979) 106-120.

Futrell John C., Discovering the Founder's Charism, in: The Way. Supplement 14 (1971) 62-70.

Galot Jean, Il carisma della vita religiosa e le sue note specifiche, in: VitaCon 15 (1979) 501-511.

-, Consécration au coeur du monde. Gaudium et spes et la vie consacrée, Gembloux 1968.

-, Le décret »Perfectae caritatis«, présentation générale, in: VieCon 38 (1966) 5-60.

-, Foi et vie consacrée, in: VieCon 40 (1968) 3-23.76-92.

-, Le fondement évangélique du voeu religieux de pauvreté, in: Gr 56 (1975) 441-467.

-, Porteurs du souffle de l'Esprit. Nouvelle optique de la vie consacrée, Gembloux 1967.

-, Les religieux dans l'Église, selon la Constitution »Lumen gentium« et le décret »Christus Dominus« sur la charge pastorale des évêques, Paris 1966.

-, Renouveau de la vie consacrée. Le décret du Concile. Prés. et comm., Gembloux 1966.

-, Vers une parfaite charité, in: VieCon 38 (1966) 150-165.

-, Visage d'Évangile des instituts religieux, Paris 1968.

Gambari Elio, Vita religiosa secondo il Concilio e il nuovo Diritto Canonico, Roma ^{2}1985.

García Paredes José Cristo Rey, Theologische Identität und gegenseitige Ergänzung der verschiedenen Berufungen in der Kirche, in: ON 29 (1990) 52-64.

George Francis E., Founding »Founderology«: Charism and Hermeneutics, in: RevRel 36 (1977) 40-48.

Gilmont Jean-François, Paternité et médiation du fondateur d'ordre, in: RAM 40 (1964) 393-426.

Grau Engelbert, Ordensleben als Charisma in der Kirche und für die Kirche, in: Grundfragen des Ordenslebens. Werkwoche der Franziskanischen Arbeitsgemeinschaft 1969 (Wandlung in Treue 11), Werl 1970, 92-107.

Grégoire Réginald, Terrena despicere et amare coelestia. Note à propos d'une thèse recente, in: Studia monastica 7 (1965) 195-200.

Greshake Gisbert, Erwartungen der Kirche an die Orden, in: Orden als Lebensmodell. Erwartungen - Ansprüche - Tendenzen. Mit Beiträgen von G. Greshake u.a. Hg. v. Waltraud Herbstrith (Reihe Edith-Stein-Karmel Tübingen 13), München 1983, 78-98.

-, Grundzüge der Armut im Leben nach den Räten, in: ON (1976) Heft 89, 191-203.

-, Sinn und Anspruch des Ordenslebens heute, in: ON (1977) Heft 99, 282-291.

Gribomont J. / *Tillard* Jean Marie Roger, Art. Religio (Religiosus), in: DIP 7, 1628-1636.

Grillmeier Alois, Erwägungen zum Dekret über die zeitgemäße Erneuerung des Ordenslebens, in: GuL 39 (1966) 95-108.

Gründel Johannes, Art. Consilia evangelica, in: TRE 8, 192-196.

Guerrero José M., Puebla et les religieux, in: VieCon 51 (1979) 266-286.

Gutiérrez Martin Luis, Processus historico-doctrinalis decreti conciliaris de accomodata renovatione vitae religiosae, in: CMR 45 (1966) 17-39.

Gutiérrez Vega Lucas, Teología sistematica de la vida religiosa, Madrid 1976; 2. verb. Aufl. ^{2}1979.

Guy Jean-Claude, La vie religieuse mémoire évangélique de l'Église. Préf. de Henri Madelin, Paris 1987.

Hausman Noëlle, Jean-Paul II. et la vie religieuse, in: VieCon 57 (1985) 135-146.

-, Vie religieuse apostolique et communion de l'Église. L'enseignement du Concile Vatican II, Paris 1987.

-, La vie religieuse apostolique selon Vatican II, in: NRTh 107 (1985) 658-674.

Hemmerle Klaus, Ortskirche und Priesterorden in der Bundesrepublik Deutschland, in: OK 21 (1980) 428-442.

Hennaux Jean-Marie, Consécration et mission, in: VieCon 48 (1976) 296-303.

Henseler Rudolf, Ordensrecht. Sonderausgabe in Verbindung mit der Vereinigung Deutscher Ordensobern (Münsterischer Kommentar zum Codex Iuris Canonici), Essen 1987.

-, Zur Geschichte des nachkonziliaren Ordensrechts. Übersicht, Tendenzen und Entwicklungen, Köln 1980.

Holstein Henri, La vie religieuse d'après la Constitution »Lumen gentium«, in: VieCon 37 (1966) 196-207.

Holtz Leonhard, Geschichte des christlichen Ordenslebens, Zürich 1986.

Hostie Raymond, Vie et mort des ordres religieux. Approches psychologiques, Paris 1972.

Isaac Jean, Reévaluer les voeux. A vin nouveau, outres neuves (PVR 35), Paris 1973.

Jeanne d'Arc (Soeur), Les congrégations à la recherche de leur esprit, in: VSp.S 20 (1967) 502-534.

Jelich Georg, Kirchliches Ordensverständnis im Wandel. Untersuchungen zum Ordensverständnis des Zweiten Vatikanischen Konzils in der dogmatischen Konstitution über die Kirche »Lumen gentium« und im Dekret über die zeitgemäße Erneuerung des Ordenslebens »Perfectae caritatis« (Erfurter theol. Studien 49), Leipzig 1983.

Jetté Fernand, Le retour au Fondateur, in: Vie des communautés religieuses 26 (1968) 307-316.

Knowles David, Geschichte des christlichen Mönchtums, München 1969.

Kraxner Alois, Der kirchliche Auftrag der Orden, in: ON 24 (1985) 115-125.

Labonté Laurier, Charisme du Fondateur et »souci primordial« d'un Institut, in: Conférence Religieuse Canadienne, L'esprit des Fondateurs et notre renouveau religieux (Vita evangelica 9), Ottawa 1976, 373-399.

Lafont Ghislain, L'ecclésiologie de »Mutuae relationes«, in: VieCon 54 (1982) 323-339.

-, L'Esprit-Saint et le droit, in: VSp.S 20 (1967) 472-501.594-639.

Lagier Annuntiata / *Israel* Peter, Sinn und Grenzen des Rechts in klausurierten Gemeinschaften. Fragen um Mündigkeit und »Venite seorsum«, in: OK 14 (1973) 186-201.

Lamarche Paul, Les fondements scripturaires de la vie religieuse, in: VieCon 41 (1969) 321-327.

Lauter Hermann-Josef, Engagement und Gemeinschaft. Zum Selbstverständnis der aktiven Orden in unserer Zeit, in: OK 11 (1970) 267-273.

Leclercq Jean, Aspects du monachisme hier et aujourd'hui, o.O. 1968.

-, La défi de la vie contemplative, Gembloux 1970.

-, Moines et Moniales ont-ils un avenir? (Tradition et renouveau 6), Brüssel 1971.

-, Mönchtum und Contemplatio im Gespräch mit einer sich wandelnden Welt, in: GuL 42 (1969) 117-137.

-, Tendances monastiques actuelles, in: NRTh 100 (1978) 90-102.

-, La vie parfaite. Points de vue sur l'essence de l'état religieux (Tradition monastique 1), Paris 1948.

-, Vie religieuse et vie contemplative, Gembloux 1969.

Ledochowska Teresa, A la recherche du charisme d'un Institut religieux, in: VieCon 49 (1977) 7-23.

-, Histoire du charisme d'un Institut, in: VieCon 52 (1980) 348-358.

Légasse Simon, L'apelle du riche. Contribution à l'étude des fondements scripturaires de l'état religieux (Verbum salutis. Coll. annexe 1), Paris 1966.

-, Les fondements évangéliques de la pauvreté religieuse, in: VieCon 42 (1970) 257-283.

Lehmann Leonhard, Neuere kirchliche Bewegungen als Anfrage an die Orden, in: OK 29 (1988) 146-166.

Lenoir Frédéric, Les communautés nouvelles. Interviews des fondateurs. Préf. du card. A. Decourtray, Paris 1988.

Linscott Mary, Gemeinschaft im Dienst der Sendung, in: UISG-Bulletin n°58 (1982) 37-56.

Lippert Peter, Erneuerung des Ordenslebens - Versuch einer Begriffserklärung, in: OK 9 (1968) 18-25.

-, Art. Evangelische Räte, in: HPTh 5 (= Lexikon der Pastoraltheologie) 125f.

-, Die »Evangelischen Räte« - Grundprinzip oder Sonderform christlicher Spiritualität?, in: Die Kirche im Wandel der Zeit. Festschrift für Josef Kard. Höffner. Hg. v. Franz Groner, Köln 1971, 659-669.

-, »Funktion« und »Dienst« als mögliche Schlüsselbegriffe für Mitwirkung und Selbstdarstellung der Orden auf der Synode '72, in: OK 12 (1971) 3-14.

-, Art. Gelübde, in: PLSp 491-494.

-, Heutige Welterfahrung als christliche Situation und als Aufgabenfeld für die Erneuerung des Ordenslebens, in: OK 11 (1970) 157-169.

-, Die Identität des Ordensbruders. Einige Überlegungen zum Selbstverständnis des Ordenslebens in den Brüderorden, in: OK 26 (1985) 257-264.

-, Müssen Ordensleute sich unterscheiden? Bemerkungen zum Selbstverständnis und Zeugnis des Ordensstandes, in: OK 10 (1969) 182-201.

-, »Ohne den Gott der Verheißung ... von vornherein sinnlos«. Zum Gesichtspunkt des »menschlich Sinnvollen« im geistlichen Leben - am Beispiel des Ordenslebens, in: OK 20 (1979) 278-289.

-, Orden in der heutigen Kirche - Befunde, Folgen, Erfordernisse, in: Signum 47 (1975) 100-103.

-, Die Orden und andere geistliche Gemeinschaften - Auftrag und pastorale Dienste heute, in: Synode - Ende oder Anfang. Hg. v. Dieter Emeis und Burkard Sauermost, Düsseldorf 1976, 319-327.

-, Ordensgemeinschaften - Zeugen des Lebens in der Kirche Christi, in: Orden als Lebensmodell. Erwartungen - Ansprüche - Tendenzen. Mit Beiträgen v. G. Greshake u.a. Hg. v. Waltraud Herbstrith (Reihe Edith-Stein-Karmel Tübingen 13), München 1983, 29-77.

-, Ordensleben als Thema theologischen Lernens. Aspekte einer Theologie des Ordenslebens innerhalb des theologischen Studiums, in: OK 25 (1984) 170-179.

-, Ordensleute - Außenseiter in Kirche und Gesellschaft?, in: Dienender Glaube 47 (1971) 199-206.237-241.

-, Ordensleute in Deutschland. Situationen und Perspektiven, in: OK 30 (1989) 129-140.

-, Art. Ordensspiritualität / Ordensleben, in: PLSp 951-958.

-, Pastorale Aufgaben der Ordenspriester. II. Einige theologische und pastorale Überlegungen, in: NaZ 121-128.

-, Schritte zu einer Theologie der evangelischen Räte. Thesen zur Hinführung, in: OK 26 (1985) 141-146.

-, Seelsorgsorden in der Kirche - Eigenart und Sendung, in: In Gemeinschaft leben - der Gemeinde dienen. Hg. v. Klemens Jockwig und Peter Lippert, Stuttgart 1978, 9-25.

-, Spiritualität und Spiritualitäten in den Orden. Problem, Aufgaben, Verheißung, in: OK 11 (1970) 307-321.

-, Überlegungen zum Umsetzen von Traditionen in Kirche und Orden, in: OK 31 (1990) 257-271.

-, Überlegungen zur Stellung der kontemplativen Orden in der Kirche und Welt von heute, in: OK 11 (1970) 36-51.

-, Was heißt: »Ordensgelübde ablegen«?, in: OK 18 (1977) 32-53.

-, Weltoffene Ordensleute? Versuche zu einem mißverständlichen Thema, in: Dienender Glaube 45 (1969) 227-236.

-, »... wie er dem Herrn gefalle«. Pastoraltheologische Bemerkungen zu Theorie und Praxis des ehelosen Lebens in den Orden heute, in: In libertatem vocati estis. B. Häring zum 65. Geb. Hg. v. Henri Boelaars und Real Tremblay (Studia moralia 15), Rom 1977, 759-791.

-, Zum Selbstverständnis des Ordenspriesters, in: OK 14 (1973) 32-45.

-, Zur besonderen Berufung des Ordenspriesters in der Kirche, in: OK 27 (1986) 55-64.

-, Zur Profeßfeier. Thesen zu Sinndeutung und Verkündigung, in: OK 8 (1967) 177-185.

-, Zwischen Umbruch und Selbstbestimmung. Die Orden im gegenwärtigen Wandel von Kirche und Gesellschaft, in: HerKorr 29 (1975) 346-353.

Llamera F.G., El estado religioso, ser y misión esencial del misterio de la Iglesia, in: La Ciencia Tomista 91 (1964) 581-664.

Lohfink Norbert, Deutsche Kirche - wohin? Apostolische Orden - für welche Kirche?, in: GuL 60 (1987) 358-374.

-, Der Geschmack der Hoffnung. Christsein und christliche Orden, Freiburg 1983.

-, Die Orden als Gottes Kirchentherapie. Biblische Überlegungen zur Not der Kirche und zur Not vieler Orden, in: OK 27 (1986) 31-64.

Löser Werner, Art. Mönchtum / Orden, in: LkD 378f.

Lozano Juan M., Discipleship. New Testament and the Religious Life, in: Claretianum 19 (1979) 127-164.

-, Discipleship: Towards an Understanding of Religious Life, Chicago 1983 (= La Sequela di Cristo. Teología storico-sistematica della vita religiosa, engl.).

-, Founder and Community: Inspiration and Charism, in: RevRel 37 (1978) 214-236.

-, Foundresses, Founders and Their Religious Families, Chicago 1983 (= El fundador y su familia religiosa, Madrid 1978).

-, Life as Parable. Reinterpreting the Religious Life, New York 1986.

-, The Theology of »The Essential Elements« in the Teaching of the Church, in: Religious Life in the U.S. Church. The New Dialogue, New York 1984, 98-133.

-, De vita religiosa ut vita apostolica, in: CRM 53 (1972) 3-23.124-136.

Mainka Rudolf, Charisma und Geschichte im Ordensleben, in: UISG-Bulletin n°58 (1982) 23-36.

Maldari Donald, The Identity of Religious Life in the Theology of Jean-Marie Tillard o.p., Leuven theol. Diss. 1987 (Mschr.).

Maréchal Claude, Fidèles à l'Évangile - les chances d'avenir de la vie religieuse, Paris 1980,

Martelet Gustave, Le chapitre VI de »Lumen gentium« sur les religieux, in: Vocation n°283 (1967) 65-86.

-, Réflexion théologique sur le Décret »Perfectae caritatis«, in: VieCon 38 (1966) 32-46.

Matura Thaddée, Le célibat dans le Nouveau Testament d'après l'éxegèse récente, in: NRTh 97 (1975) 481-500.593-604.

-, Art. Celibato, in: DIP 2, 738-744.

-, Ehelosigkeit und Gemeinschaft. Die Grundlegung des Ordenslebens nach dem Evangelium, dt. Werl 1969 (= Célibat et communauté. Les fondements évangéliques de la vie religieuse <Lumière de la foi 33>, Paris ^{2}1967).

-, Die Orden am Scheideweg, dt. Werl 1982 (= La vie religieuse au tournant, Paris 1971).

-, Ordensleben an der Wende, in: Dienender Glaube 46 (1970) 115-120.143-149.

-, Quelle vie religieuse pour demain?, in: VieCon 52 (1980) 237-251.

-, Le radicalisme évangélique. Aux sources de la vie chrétienne (Lectio divina 97), Paris 1980.

-, Art. Radicalismo evangelico, in: DIP 7,1182-1187.

-, Suivre Jésus. Des conseils de perfection au radicalisme évangélique (PVR 44), Paris 1983.

-, La vie religieuse au tournant, in: NRTh 91 (1969) 834-848.

-, La vie religieuse dans un monde areligieux, in: NRTh 99 (1977) 51-61.

-, Vivir a fondo la vocación cristiana. Ser esbozo del Reino, in: Vida Religiosa 60 (1986) 428-430.

Mennessier A.-I., Art. Conseils évangéliques, in: DSp 2, 1592-1609.

Metz Johann Baptist, Funcción paradigmatica de la vida religiosa, in: Vida religiosa 60 (1986) 405-408.

-, Zeichen der Zeit - Antwort der Orden. Orden in Kirche und Gesellschaft, in: OK 31 (1990) 418-425.

-, Zeit der Kirche - Zeit der Orden?, in: Mitten unter den Menschen. Spiritualität, Aufgaben und Probleme der Priester und Ordensleute. Hg. v. Friedrich Wulf, Düsseldorf 1979, 75-95.

-, Zeit der Orden?, in: OK 17 (1976) 420-428.

-, Zeit der Orden? Fragen und Thesen im Anschluß an den Synodentext »Unsere Hoffnung«, in: HerKorr 30 (1976) 617-619.

-, Zeit der Orden? Zur Mystik und Politik der Nachfolge, Freiburg 1977.

Metz René, Benedictio sive consecratio virginum?, In: Ephemerides Liturgicae 80 (1966) 265-293.

-, Consécration des vierges?, in: VieCon 41 (1969) 5-25.

-, La consécration des vierges dans l'Église romaine, Paris 1954.

Midali Mario, Attuali correnti teologiche, in: Il carisma della vita religiosa. Dono dello spirito alla Chiesa per il mondo. Publ. dell'Unione dei Superiori Generali, Rom 1981 (Mschr.), 63-96.

-, La dimensione carismatica della vita religiosa, in: VitaCon 17 (1981) 549-564.

Miquel Pierre, Etre moine, Paris 1982.

-, La voie monastique (Vie monastique 18), Bégrolles-en-Mauges 1986.

Molinari Paolo, Divino obsequio intimius consecratur, in: VitaCon 7 (1971) 417-430.

-, Domino se peculiariter devovet et divino obsequio initimius consecratur, in: VitaCon 8 (1972) 401-432.

Molinari Paolo / *Gumpel* Peter, Il capitolo VI »De Religiosis« della Costituzione dogmatica sulla Chiesa. Genesi e contenuto dottrinale alla luce dei documenti ufficiali (Quaderni di Vita Consacrata 8), Milano 1985.

Molinski Waldemar, Art. Jungfräulichkeit, in: SM 2, 1014-1021.

Moloney Francis J., Disciples and Prophets. A Biblical Model for the Religious Life, London 1980.

Ochoa Xaverius, Modus determinandi patrimonium constitutionale cuiusvis instituti perfectionis proprium, in: CRM 46 (1967) 337-350. 47 (1968) 97-111.

Oesterley G., Fundatores ordinum et congregationem religiosarum quinam sint, in: CRM 27 (1948) 75-89.

Olphe-Galliard Michel, Le charisme des fondateurs religieux, in: VieCon 39 (1967) 338-352.

P.A., Circa titulum: »De institutis vitae consecratae per professionem consiliorum evangelicorum«, in: CRM 59 (1978) 35-37.

Parenteau André, La vie religieuse chrétienne. Esquisse théologique. 1. Le sacerdoce fondamental des baptisés. 2. La spiritualité de la vie religieuse au rhythme de ses saisons historiques. 3. Le charisme de la vie consacrée (Hier - aujourd'hui 22-24), Montréal 1982-1985.

Pennington Basil, »Venite seorsum«: Le sens et la portée d'un texte, in: VieCon 43 (1971) 213-228.

Pesch Otto Hermann, Ordensleben und Verkündigung, in: OK 9 (1968) 365-382.

Pfab Joseph, Universalkirche und Priesterorden. Auswirkungen der universalkirchlichen Dimension auf das Leben in den Priesterorden, in: OK 21 (1980) 401-427.

-, Das Verhältnis von Ordensgemeinschaften und Ortskirche (auf dem Hintergrund von Mutuae Relationes), in: ON 21 (1982) 145-170.

Philippe Paul, Die Ziele des Ordenslebens nach dem hl. Thomas von Aquin, Athen 1962.

Pöhl Rudolf, Der Missionar zwischen Ordensleben und missionarischem Auftrag. Untersuchung zur missionarischen Zielvorstellung und zur spirituellen Pluriformität in der Gesellschaft des göttlichen Wortes (SVD) (Studia Instituti Missiologici Societas Verbi Divini 18), St. Augustin 1977.

Pollak Gertrud, Der Aufbruch der Säkularinstitute und ihr theologischer Ort. Historisch-systematische Studien, Vallendar-Schönstatt 1986.

Pousset Edouard, Existence humaine et voeux de religion, in: VieCon 41 (1969) 65-94.

Primetshofer Bruno, Ordensrecht auf der Grundlage des Codex Iuris Canonici 1983 unter Berücksichtigung des staatlichen Rechts der Bundesrepublik Deutschland, Österreichs und der Schweiz, 3. neubearb. Aufl. Freiburg ^{3}1988.

Queralt Antonio, Il valore della consacrazione religiosa, in: Vaticano II. Bilancio et prospettive venticinque anni dopo (1962-1987). A cura di René Latourelle. Bd. 2, Assisi 1988, 1084-1118.

Rahner Karl, Über die evangelischen Räte, in: GuL 37 (1964) 17-37 (= Schriften 6, 404-434).

-, Zur Theologie der Entsagung, in: Orientierung 17 (1953) 252-255 (= Schriften 3, 61-72).

Ranke-Heinemann Ute, Art. Mönchtum, in: HThG 2, 173-181.

Ranquet Jean-Gabriel, Taufberufung und Ordensberuf (Konzil konkret 4), Friedberg 1968 (= Consécration baptismale et consécration religieuse <La religieuse dans la pastorale d'aujourd'hui>, Paris 1965).

Ravier André, Des familles religieuses pourquoi?, in: Vocation n°270 (1975) 167-178.

Régamey Pie-Raymond, [ohne Titel], in: Visioni attuali sulla vita monastica, Montserrat 1966, 239-241.

-, Art. Carismi, in: DIP 2, 299-315.

-, Art. Consacrazione religiosa, in: DIP 2, 1607-1613.

-, La consécration religieuse, in: VieCon 38 (1966) 266-294.339-359.

-, La consécration religieuse aujourd'hui contestée, in: VSp.S 18 (1965) 385-427.

-, La dialectique du sacré et du profane, in: Axes (1970) April 5-12.

-, Art. Evangelica Testificatio, in: DIP 3, 1351-1353.

-, Redécouvrir de la vie religieuse. 1. L'exigence de Dieu. 2. La voix de Dieu dans les voix du temps. 3. La rénovation dans l'Esprit, Paris 1969-1974.

-, La vie religieuse dans la mutation du monde et de l'homme, in: VSp.S 22 (1969) 122-143.

-, La vie religieuse selon Jean-Paul II., Paris 1981.

-, La vie religieuse, vie »pneumatique«, in: VieCon 41 (1969) 193-213.

Regli Sigisbert, Das Ordensleben als Zeichen in der Kirche der Gegenwart. Eine pastoraltheologische Untersuchung (Criteria 1), Freiburg/Schw. 1970.

Renwart Léon, Tous appelés à la plenitude de la vie chrétienne, in: VieCon 51 (1979) 246-249.

-, La vie religieuse »active« a-t-elle encore sa raison d'être?, in: VieCon 50 (1978) 7-21.

Renwart Léon / *Fisch* J.M., La sainteté du peuple de Dieu. Présentation de quelques publications récentes à la lumière de Vatican II, in: NRTh 87 (1965) 1023-1046.

Riebl Maria / *Salmen* Josef, Ja zu Liebe, Leben, Freiheit. Ehelosigkeit, Armut, Gehorsam - Sinn und Praxis, Innsbruck 1982.

Rocca Giancarlo, Art. Molteplicità degli Istituti, in: DIP 5, 1658-1672.

Rondet Michel, La vie religieuse apostolique témoignage pour l'Église d'une expérience de Dieu, in: AAVV., La présence au monde comme expérience de Dieu. Sens de la vie religieuse »apostolique« dans l'Église, Paris 1985, 59-66.

Rotter Hans, Die Berufung, Wien 1983.

Roy Olivier du, Moines aujourd'hui, Paris 1972.

Ruiz Jurado Manuel, Vita consacrata e carismi dei fondatori, in: Vaticano II. Bilancio e prospettive venticinque anni dopo (1962-1987). A cura di René Latourelle. Bd. 2, Assisi 1988, 1063-1083.

Said Marcus, De vita consacrata per consiliorum evangelicorum professionem: eius relatio ad baptisma, ad charisma, ad missionem Instituti, in: PRMCL 67 (1978) 361-372.

Scheuer Manfred, Die Evangelischen Räte. Strukturprinzip systematischer Theologie bei H.U. von Balthasar, K. Rahner, J.B. Metz und in der Theologie der Befreiung (StSSTh 1), Würzburg 1990.

Scheuermann Audomar, Bischöfe und Ordensleute. Zum Dokument vom 14.5.1978, in: OK 20 (1979) 34-42.

-, Wesentliche Komponenten des Ordenslebens. Zu den Dokumenten der Religiosenkongregation vom 12. August 1980, in: OK 22 (1981) 293-300.

Schillebeeckx Edward, Das Ordensleben in der Auseinandersetzung mit dem neuen Menschen- und Gottesbild, in: Dienst an der Welt. Ordensfrauen zwischen Charisma und Institution. Hg. v. Heinz Claaßens, Freiburg 1969, 77-116.

Schneider Albert, Auf Christus kommt es an. Gedanken zum Zeichencharakter des Ordenslebens, in: OK 11 (1970) 52-64.

Schoenmaeckers Maria J., Genèse du chapitre VI »De religiosis« de la Constitution dogmatique sur l'Église »Lumen gentium«, Rom Diss. Greg. 1983.

Schulte Raphael, Das Ordensleben als Zeichen, in: De Ecclesia. Beiträge zur Konstitution »Über die Kirche« des Zweiten Vatikanischen Konzils. Hg. v. Guilherme Baraúna. Bd. 2, Frankfurt 1966, 383-414.

Schulz Anselm, Erläuterungen zur Vorlage »Die Orden und andere geistliche Gemeinschaften. Auftrag und pastorale Dienste heute«, in: OK 13 (1972) 441-451.

-, Kirche für die Kirche. Besinnung für die Orden und geistlichen Gemeinschaften nach der Deutschen Synode, in: OK 18 (1977) 18-31.

-, Die kirchentheologische Bedeutung des Ordenslebens. Welchen spirituellen Schaden infolge einer kirchentheologischen Verkürzung würde die Kirche Jesu ohne ihre Orden und geistlichen Gemeinschaften erleiden?, in: OK 20 (1980) 166-179.

-, Die Orden und andere geistliche Gemeinschaften. Auftrag und pastorale Dienste heute. Entstehung und Schwerpunkte des gleichnamigen Synodenbeschlusses, in: OK 17 (1976) 388-402.

Schürmann Heinz, Der Jüngerkreis Jesu als Zeichen für Israel und als Urbild des kirchlichen Rätestandes, in: GuL 36 (1963) 21-34.

Schwendenwein Hugo, Gitter und Scheidewand. Überlegungen zur Instruktion der Religiosenkongregation über die Klausur rein kontemplativer Frauenklöster, in: ThpQ 118 (1970) 364-367.

Sebastián Fernandez, Historia capitis VI Constitutionis »Lumen gentium«, in: CRM 45 (1966) 349-363.

Sebott Reinhold, Das neue Ordensrecht. Kommentar zu den Kanones 573-746 des Codex Iuris Canonici, Kevelaer 1988.

Secondin Bruno, Inkulturation und Ordensleben, in: UISG-Bulletin n°79 (1989) 25-43.

Semmelroth Otto, Ekklesiologische Standortbestimmung der Orden im Licht des II. Vatikanischen Konzils, in: OK 7 (1966) 351-363.

Severus Emmanuel von, Ordensleben heute innerhalb der Kirche, in: OK 17 (1976) 37-42.

-, Zu den biblischen Grundlagen des Mönchtums, in: GuL 26 (1953) 113-122.

Sicari Antonio, Die Offenbarung der evangelischen Räte, in: IKaZ Communio 10 (1981) 209-227.

Steinheimer Moritz, Status perfectionis. Die theologischen Grundlagen und Wertungen des Ordensstandes in jüngeren Lehräußerungen, in: WiWei 21 (1958) 207-216.

Sudbrack Josef, Leben in geistlicher Gemeinschaft. Eine Spiritualität der evangelischen Räte für heute und morgen, Würzburg 1983.

-, »Letzte Norm des Ordenslebens ist die im Evangelium dargelegte Nachfolge Christi«, in: GuL 42 (1969) 431-448.

-, Das Neue wagen - und das Alte gewinnen. Zur Selbstbesinnung der Ordensgemeinschaften, in: GuL 41 (1968) 176-193.

-, Thesen zur Spiritualität religiöser Gemeinschaften, in: OK 13 (1972) 125-133.

Suenens Léon-Joseph, Krise und Erneuerung der Frauenorden, 2. verb. Aufl. Salzburg ^{2}1963 (Frz. Original: Promotion apostolique de la religieuse, Paris 1962).

Thalhammer Dominikus, Jenseitige Menschen. Eine Sinndeutung des Ordensstandes, Freiburg ^{2}1953.

Tillard Jean Marie Roger, Appel du Christ, appels du monde. Les religieux relisent leur appel (PVR 39), Paris 1978.

-, Autorité et vie religieuse, in: NRTh 88 (1966) 786-806.

-, Aux sources de l'obéissance religieuse, in: NRTh 98 (1976) 592-626.817-837.

-, L'avenir de la vie religieuse dans une Église aux prises avec le problème de la sécularisation, in: Théologie du renouveau. Publ. de K. Shook Laurence et M. Bertrands Guy. 1 (Cogitatio fidei 34), Paris 1968, 322-333.

-, Les chemins de l'obéissance, in: LV.F 31 (1976) 141-173.355-386.

-, La communauté religieuse, in: NRTh 94 (1972) 488-519. 95 (1973) 150-187.

-, Art. Comunità. I. Aspetto teologico, in: DIP 2, 1366-1376.

-, Art. Conseils évangéliques. I. Les conseils évangéliques et le donné biblique, in: Dictionnaire de la vie spirituelle 162-170.

-, Art. Consigli evangelici, in: DIP 2, 1630-1685.

-, Dans le monde, pas du monde. La »vie religieuse apostolique«, Brüssel 1981.

-, Devant Dieu et pour le monde. Le projet des religieux (Cogitatio fidei 75), Paris 1974.

-, Le dynamisme des fondations, in: Vocation n°295 (1981) 18-33.

-, Evocación en acto de fe, in: Vida Religiosa 60 (1986) 431f.

-, Le fondement évangélique de la vie religieuse, in: NRTh 91 (1969) 916-955.

-, Frei sein in Gott. Zur Praxis des Ordenslebens heute, Freiburg 1979 (=Auswahl aus: Religieux - un chemin d'évangile <Tradition et renouveau 8>, Brüssel 1975).

-, Il y a charisme et charisme. La vie religieuse, Brüssel 1977.

-, Art. Koinônia. V. Dans la vie chrétienne aujourd'hui, in: DSp 8, 1758-1769.

-, Mission et missions: l'Évangile, in: Vocation n°265 (1974) 83-100.

-, Les moines et l'aujourd'hui du dessein divin, in: Visioni attuali sulla vita monastica, Montserrat 1966, 254-265.

-, Nécessité du prêtre et du religieux dans l'Église, in: AAVV., La vocation religieuse et sacerdotale (PVR 28), Paris 1969, 69-91.

-, Art. Obéissance, in: DSp 11, 535-563.

-, L'obéissance dans la fraternité dominicaine, in: VieCon 48 (1976) 211-222.

-, La pauvreté religieuse, in: NRTh 92 (1970) 806-848.906-941.

-, Le propos de pauvreté et l'exigence évangélique, in: NRTh 100 (1978) 207-232.359-372.

-, Religieuses dans l'Église d'aujourd'hui, Paris 1971.

-, Les religieux au coeur de l'Église (PVR 30), Paris 1969.

-, Religieux aujourd'hui (Tradition et renouveau 5), Brüssel 1969.

-, Religieux, dans la société nouvelle. Des mutations nécessaire, in: LV.F 28 (1973) 265-291.

-, Religieux sur les chantiers des hommes, in: LV.F 30 (1975) 221-254.

-, Religieux - un chemin d'évangile (Tradition et renouveau 8), Brüssel 1975.

-, Vent'anni di grazia o di disgrazia?, in: La vita consacrata a vent'anni dal Concilio. Atti del Convegno di »Testimoni«. Publ. di Luigi Guccini (Collana Cammini dello Spirito), Bologna 1986, 25-46.

-, Vertrauen zur Gemeinschaft. Geistliche Grundlegung des Ordenslebens heute, dt. Freiburg 1973 (= Religieux aujourd'hui <Tradition et renouveau 5>, Brüssel 1969).

-, Vie religieuse »active« et insertion dans le monde du travail, in: VieCon 49 (1977) 259-279.

-, La vie religieuse dans le Mystère de l'Église, in: Sciences Ecclésiastiques 14 (1962) 89-108.

-, Vivre dans l'insécurité, in: LV.F 24 (1969) 229-241.

Urtasun Joseph u.a., Les religieux aujourd'hui et demain (PVR 20), Paris 1964.

Van Bavel T.J., »Füreinander in Christus«: Zur biblischen Begründung der Ordensberufung, in: Handgrätinger Thomas (Hg.), Gesandt wie er. Der Orden der Prämonstratenser-Chorherrn heute. Communio. Contemplatio. Actio, Würzburg 1984, 47-59.

Van Cangh Jean-Marie, Fondement évangélique de la vie religieuse, in: NRTh 95 (1973) 635-647.

Van der Leeuw Maria I.Th., Ordensleben im Umbruch. Warum Ordensfrauen ihre Gemeinschaft verlassen. Eine psychologische Studie, Kevelaer 1968.

Viens Fernande, Charismes et vie consacrée, Rom Diss.iur.can. 1983 (Mschr.).

Voss Gerhard, Zur ökumenischen Bedeutung geistlicher Gemeinschaften, in: Una Sancta 43 (1988) 61-71 (mit Abdruck der Konsultationen des Ökumenischen Rates der Kirchen: Das monastische Leben im Zeugnis der Kirche <1979>; Monastische Spiritualität <1986>).

Walz Angelus, Das Ordensideal in Leben und Lehre des Aquinaten, in: ders., Dominikanische Leitbilder, Freising 1971, 62-75.

Weismayer Josef, Art. Räte, in: Lexikon der christlichen Moral 1363-1369.

Wisse Stephan, Geistliches Leben und evangelische Räte, in: Geist und Geistesgaben. Die Erscheinungsformen des geistlichen Lebens in ihrer Einheit und Vielfalt. Seminar Spiritualität 2. Hg. v. Anton Rotzetter, Zürich 1980, 59-76.

Wulf Friedrich, Braucht die Kirche noch Ordensleute?, in: Rahner Karl / Semmelroth Otto (Hg.), Theologische Akademie. 4, Frankfurt 1967, 79-98.

-, Einführung und Kommentar zum »Dekret über die zeitgemäße Erneuerung des Ordenslebens«, in: LThK.E 2, 249-307.

-, Einführung und Kommentar zu den Kapiteln V und VI der »Dogmatischen Konstitution über die Kirche«, in: LThK.E 1, 284-313.

-, Entsagung, in: GuL 43 (1970) 1-4.

-, Die geistlichen Gemeinschaften auf der Synode der deutschen Bistümer, in: GuL 45 (1972) 463-470.

-, Gott allein. Zur Deutung eines christlichen Grundwortes, in: GuL 44 (1971) 161-169 (überarb. in: ders., Gott begegnen in der Welt. Erfahrungen des Glaubens, Würzburg 1988, 9-20).

-, Nachtrag, in: ders. (Hg.), Mitten unter den Menschen. Spiritualität, Aufgaben und Probleme der Priester und Ordensleute, Düsseldorf 1979, 62-77.

-, Art. Orden. III. Zur Theologie der Orden, in: StL[7] 4, 180-185.

-, Die Orden 15 Jahre nach Abschluß des Konzils. Rückschau auf einen Weg und Herausforderungen in die Zukunft, in: ON 20 (1981) 155-180.

-, Die Orden auf der Suche nach ihrem Ort in der Welt und Kirche von heute, in: NaZ 324-339.

-, Die Orden, gefragt und nicht gefragt. Zu zwei unterschiedlichen Stimmen, in: GuL 50 (1977) 295-307.

-, Die Orden in der Kirche, in: HPTh 4, 545-572.

-, Ordensleben und Welt. Theologische Neubesinnung und einige Folgerungen, in: OK 5 (1964) 219-230.

-, Ordensreform. 20 Jahre nach dem II. Vatikanischen Konzil, in: GuL 59 (1986) 358-371.

-, Priester, Ordensleute, Laien. Wandlungen der kirchlichen Ständeordnung, in: GuL 41 (1968) 60-62.

-, Die Sorge der Kirche um die kontemplativen Orden. Zur Instruktion der Religiosenkongregation »Venite seorsum«, in: GuL 42 (1969) 460-466.

-, Theologische Phänomenologie des Ordenslebens, in: MySal 4/2, 450-487.

-, Was wird von den Orden nach der Gemeinsamen Synode erwartet?, in: OK 17 (1976) 34-37.

-, Wesen und Aufgabe der Säkularinstitute, in: GuL 40 (1967) 442-458.

-, Wesen und Bedeutung des Ordensstandes heute, in: ON (1970) Heft 38, 2-14.

-, Zur katholischen Beurteilung des Artikels 27 der CA aus heutiger Sicht, in: Confessio Augustana. Bekenntnis des einen Glaubens. Gemeinsame Untersuchung luth. u. kath. Theologen. Hg. v. Harding Meyer und Heinz Schütte, Paderborn 1980, 308-316.

Zulehner Paul M., Art. Evangelische Räte / Prophetische Lebensstile, in: PLSp 352-356.

-, Gottgeweiht. Zur Berufung der Orden in der Kirche heute, in: ON 27 (1988) Heft 1, 29-48.

-, Leibhaftig glauben. Lebenskultur nach dem Evangelium. Unter Mitarb. v. J. Brandner und J. Fischer, Freiburg 1983.

-, Missionsorden in einer ihrem Wesen nach missionarischen Kirche, in: OK 26 (1985) 129-140.

-, Ordenschristen und ihr prophetischer Dienst. Menschliches im Dienst Gottes und der Menschen, in: GuL 58 (1985) 29-41.

Zulehner Paul M. / *Haas* Johannes, Damit die Kirche lebe. Zur Berufung von Ordenschristen in Gottes Kirche heute, Meitingen 1989.

V. Sonstige Literatur[2]

1. Sammelwerke

Befreiende Theologie. Der Beitrag Lateinamerikas zur Theologie der Gegenwart, Stuttgart 1977.

Diskussion zur »politischen Theologie«. Hg. v. Helmut Peukert, Mainz 1969.

De Ecclesia. Beiträge zur Konstitution »Über die Kirche« des Zweiten Vatikanischen Konzils. Hg. v. Guilherme Baraúna. Bd. 1-2, Frankfurt 1966.

Internationale Theologenkommission, Theologie der Befreiung (Sammlung Horizonte. N.F. 10), Einsiedeln 1977.

Kirche im Wandel. Eine kritische Zwischenbilanz nach dem Zweiten Vatikanum. Hg. v. Giuseppe Alberigo u.a., dt. Düsseldorf 1982.

Die Kirche in der Welt von heute. Kommentar zur Pastoralkonstitution »Gaudium et spes« des II. Vatikanischen Konzils. Hg. v. Guilherme Baraúna, Salzburg 1967.

Die Rezeption des Zweiten Vatikanischen Konzils. Hg. v. Hermann Josef Pottmeyer u.a., dt. Düsseldorf 1986.

Vaticano II. Bilancio e prospettive venticinque anni dopo (1962-1987). A cura di René Latourelle. Bd. 1-2, Assisi 1988 (= Vatican II. Bilan et perspectives. Vingt-cinq ans après <1962-1987>. Publ. par René Latourelle. Bd. 1-3, Paris 1988).

Weltverständnis im Glauben. Hg. v. Johann Baptist Metz, Mainz 1965.

2. Einzeluntersuchungen

AAVV., Art. *Charisma*, in: TRE 7, 681-698.

-, Art. *Contemplation*, in: DSp 2, 1643-2193.

-, Art. *Contemptus mundi*, in: Lexikon des Mittelalters 3, 186-194.

-, Art. *Imitation du Christ*, in: DSp 7/2, 1536-1601.

[2] Veröffentlichungen, die in nur losem Zusammenhang mit dem Thema dieser Arbeit stehen, wurden im allgemeinen nicht in das Literaturverzeichnis aufgenommen, sondern nur in den Anmerkungen angeführt.

-, Art. »*kosmos*«, in: ThWNT 3, 867-896.

-, Art. *Monde*, in: DSp 10, 1620-1646.

-, Art. *Nachfolge Christi*, in: LThK 7, 758-764.

-, Art. *Sequela Christi e imitazione*, in: DIP 8, 1287-1314.

-, Art. *Spiritualität*, in: PLSp 1170-1216.

-, Art. *Welt*, in: LThK 10, 1021-1027.

Acerbi Antonio, Due ecclesiologie. Ecclesiologia giuridica ed ecclesiologia di comunione nella »Lumen gentium«, Bologna 1975.

Alberigo Giuseppe, Die Situation des Christentums nach dem Vaticanum II, in: Die Rezeption des Zweiten Vatikanischen Konzils. Hg. v. H.J. Pottmeyer u.a., dt. Düsseldorf 1986, 15-44.

Albrecht Barbara, Stand und Stände. Eine theologische Untersuchung, Paderborn o.J. [um 1962].

Albrecht Barbara / *Balthasar* Hans Urs von, Nachfolge Jesu Christi mitten in dieser Welt, Meitingen 1971.

Alszeghy Zoltan, Art. Fuite du monde, in: DSp 5, 1575-1605.

Ancic Nedjeljko, Die »Politische Theologie« von Johann Baptist Metz als Antwort auf die Herausforderung des Marxismus (Europ. Hochschulschriften. Reihe 23, 155), Frankfurt 1981.

Auer Alfons, Theologische Aufwertung des tätigen Lebens, in: Böckle Franz / Groner Franz (Hg.), Moral zwischen Anspruch und Verantwortung. Festschrift f. W. Schöllgen, Düsseldorf 1964, 27-51.

-, Art. Welt, in: Bibeltheologisches Wörterbuch 2, 805-810.

Balthasar Hans Urs von, Die christliche Gestalt, in: ders., Pneuma und Institution. Skizzen zur Theologie 4, Einsiedeln 1974, 38-60.

-, Christologie und kirchlicher Gehorsam, in: ders., Pneuma und Institution. Skizzen zur Theologie 4, Einsiedeln 1974, 133-161.

-, Cordula oder der Ernstfall, Einsiedeln ^{2}1967.

-, Einfaltungen. Auf Wegen christlicher Einigung, Luzern 1970.

-, Epilog, Einsiedeln 1987.

-, Das Evangelium als Norm und Kritik aller Spiritualität in der Kirche, in: ders., Spiritus Creator. Skizzen zur Theologie 3, Einsiedeln 1967, 247-263.

-, Das Ganze im Fragment. Aspekte der Geschichtstheologie, Einsiedeln 1963.

-, Geist und Feuer. Ein Gespräch mit Hans Urs von Balthasar, in: HerKorr 30 (1976) 72-82.

-, Herrlichkeit. Eine theologische Ästhetik. Bd. 1-3 (7 Teilbde.), Einsiedeln 1961-1969.

-, In Gottes Einsatz leben (Kriterien 24), Einsiedeln 1971.

-, Die Kirche lieben?, in: ders., Pneuma und Institution. Skizzen zur Theologie 4, Einsiedeln 1974, 162-100.

-, Nachfolge und Amt, in: ders., Sponsa Verbi. Skizzen zur Theologie 2, Einsiedeln 1960, 80-147.

-, Die Nachfolge Christi im Neuen Testament, in: ders. / Albrecht Barbara, Nachfolge Jesu Christi mitten in dieser Welt, Meitingen 1971, 11-26.

-, Spiritualität, in: ders., Verbum Caro. Skizzen zur Theologie 1, Einsiedeln 1960, 226-244.

-, Theodramatik. Bd. 1-4 (5 Teilbde.), Einsiedeln 1973-1983.

-, Theologie der Geschichte. Ein Grundriß. Neue Fassung (Christ heute 1,8), Einsiedeln [3]1959.

-, Theologie und Heiligkeit, in: ders., Verbum Caro. Skizzen zur Theologie 1, Einsiedeln 1960, 195-225.

-, Theologie und Heiligkeit, in: IKaZ Communio 16 (1987) 483-490.

-, Unmittelbarkeit zu Gott, in: Conc 3 (1967) 707-713.

-, Unser Auftrag. Bericht und Entwurf, Einsiedeln 1984.

-, Wer ist die Kirche?, in: ders., Sponsa Verbi. Skizzen zur Theologie 2, Einsiedeln 1960, 148-202.

Bauer Gerhard, Christliche Hoffnung und menschlicher Fortschritt. Die politische Theologie von J.B. Metz als theologische Begründung gesellschaftlicher Verantwortung des Christen, Mainz 1976.

Baumert Norbert, Das Fremdwort 'Charisma' in der westlichen Theologie, in: ThPh 65 (1990) 395-415.

Berdesinski Dieter, Die Praxis - Kriterium für die Wahrheit des Glaubens? Untersuchungen zu einem Aspekt politischer Theologie, München 1973.

Bernard Charles A., Art. Contemplation, in: Dictionnaire de la vie spirituelle 177-187.

Boff Clodovis, Die Befreiung der Armen. Reflexionen zum Grundanliegen der lateinamerikanischen Befreiungstheologie, Freiburg/Schw. 1986.

-, Theologie und Praxis. Die erkenntnistheoretischen Grundlagen der Theologie der Befreiung (Gesellschaft und Theologie: Fundamentaltheologische Studien 7), dt. München 1983.

Boff Clodovis / *Pixley* Jorge, Die Option für die Armen. Gotteserfahrung und Gerechtigkeit, dt. Düsseldorf 1987.

Boff Leonardo, Aus dem Tal der Tränen ins Gelobte Land. Der Weg der Kirche mit den Unterdrückten, dt. Düsseldorf [2]1984.

-, Der dreieinige Gott, dt. Düsseldorf 1987.

-, Erfahrung von Gnade. Entwurf einer Gnadenlehre, dt. Düsseldorf 1978.

-, Franziskus - Bruder der Armen. Die Theologie der Befreiung und die franziskanische Tradition, in: ders. u.a., Werkbuch Theologie der Befreiung. Anliegen - Streitpunkte - Personen, Düsseldorf 1988, 135-145.

-, Jesus Christus, der Befreier, dt. Freiburg 1986.

-, Die Kirche als Sakrament im Horizont der Welterfahrung. Versuch einer Legitimation und einer struktur-funktionalistischen Grundlegung der Kirche im Anschluß an das II. Vatikanische Konzil, Paderborn 1972.

-, Kleine Sakramentenlehre, dt. Düsseldorf [7]1984.

-, Theologie der Befreiung - die hermeneutischen Voraussetzungen, in: Befreiende Theologie. Der Beitrag Lateinamerikas zur Theologie der Gegenwart. Hg. v. Karl Rahner u.a., Stuttgart 1977, 46-61.

-, Die Theologie der Befreiung post Ratzinger locutum, in: Mystik und Politik. Theologie im Ringen um Geschichte und Gesellschaft. Johann Baptist Metz zu Ehren. Hg. v. Edward Schillebeeckx, Mainz 1988, 287-310.

-, Theologie hört aufs Volk. Ein Reisetagebuch, dt. Düsseldorf 1982.

-, Und die Kirche ist Volk geworden. Ekklesiogenesis, dt. Düsseldorf 1987.

-, Vater unser. Das Gebet umfassender Befreiung, Düsseldorf [3]1984.

-, Vorweggenommene Fragmente des endzeitlichen Heils, in: Theologie der Befreiung im Gespräch. Hg. v. Peter Eicher, München 1985, 81-106.

Boff Leonardo / *Boff* Clodovis, Wie treibt man Theologie der Befreiung?, dt. Düsseldorf 1986.

Boni Andrea / *Augé* Matias, Art. Consacrazione delle vergini, in: DIP 2, 1613-1627.

Bouyer Louis, L'Église de Dieu. Corps du Christ et temple de l'Esprit, Paris 1970 (= Die Kirche. Bd. 1-2, Einsiedeln 1977).

Brox Norbert / *Schlette* Heinz Robert, Art. Welt., in: HThG 2, 813-834

Chenu Marie-Dominique, »Consecratio mundi«, in: NRTh 86 (1964) 608-618.

Congar Yves, Kirche und Welt, in: Weltverständnis im Glauben. Hg. v. Johann Baptist Metz, Mainz 1965, 102-126.

-, Die Tradition und die Traditionen. 1, Mainz 1965.

Dupont Jacques, Mariage et divorce dans l'Évangile. Matthieu 19,3-12 et parallèles, Bruges 1959.

Eid Volker, Art. Welt / Weltverhältnis, in: PLSp 1424-1430.

Finance Joseph de, Art. Consécration, in: DSp 2/2, 1576-1583.

Frank Karl Suso, Art. Perfection. 6. La perfection dans les Ordres Mendiants. 2° Thomas d'Aquin, in: DSp 12/1, 1127f.

Ganoczy Alexandre, Sprechen von Gott in heutiger Gesellschaft. Weiterentwicklung der »Politischen Theologie«, Freiburg 1974.

Garijo-Guembe Miguel M., Gemeinschaft der Heiligen. Grund, Wesen und Struktur der Kirche, Düsseldorf 1988.

Goffi Tullio, Art. Monde, in: Dictionnaire de la vie spirituelle 712-722.

Greshake Gisbert, Erlösung und Freiheit. Eine Neuinterpretation der Erlösungslehre Anselms von Canterbury, in: ders., Gottes Heil - Glück des Menschen. Theologische Perspektiven, Freiburg 1983, 80-104.

-, Geschenkte Freiheit. Einführung in die Gnadenlehre, Freiburg 1977.

-, Art. Spiritualität, in: Handwörterbuch religiöser Gegenwartsfragen 443-448.

Grillmeier Alois, Konzil und Rezeption. Methodische Bemerkungen zu einem Thema der ökumenischen Diskussion der Gegenwart, in: ThPh 45 (1970) 321-352.

-, Wandernde Kirche und werdende Welt (Kommentarreihe zur Pastoralkonstitution des Zweiten Vatikanischen Konzils. Über die Kirche in der Welt 4), Köln 1968.

Gutiérrez Gustavo, Aus der eigenen Quelle trinken. Spiritualität der Befreiung, Mainz 1986.

-, Theologie der Befreiung (Systematische Beiträge 11), München 1973.

Haeffner Gerd, Art. Welt, in: SM 4, 1300-1302.

Halder Alois, Aktion und Kontemplation, in: CGG 8, 71-98.

Haubst Rudolf, Die Christologie des Nikolaus von Kues, Freiburg 1956.

Hemmerle Klaus, Einführung in die Thematik der Synode, in: SYNODE (1971) Heft 2, 11-18.

-, Art. (Das) Heilige, in: SM 2, 576-582.

-, Das Konzept der Gemeinsamen Synode, in: SYNODE (1970) Heft 1, 15-24.

-, Thesen zu einer trinitarischen Ontologie (Kriterien 40), Einsiedeln 1976.

Hirschmann Johannes, Die Gemeinsame Synode der Bistümer in der Bundesrepublik Deutschland. Bericht und erste Wertung, in: GuL 49 (1976) 135-144.

Hoffmann Ernst, Das Universum des Nikolaus von Cues, in: Sitzungsberichte der Heidelberger Akademie der Wissenschaften. Phil.-hist. Klasse. 3. Abh., Heidelberg 1930.

Hofmann Manfred, Identifikation mit dem Anderen. Theologische Themen und ihr hermeneutischer Ort bei lateinamerikanischen Theologen der Befreiung, Stockholm 1978.

Hummel Charles, Nicolaus Cusanus. Das Individualitätsprinzip in seiner Philosophie, Bern [1961].

Jacobi Klaus, Die Methode der Cusanischen Philosophie (Symposion 31), Freiburg [1969].

Karrer Otto, Das Zweite Vatikanische Konzil. Reflexionen zu seiner geschichtlichen und geistlichen Wirklichkeit, München 1966.

Kasper Walter, Die bleibende Herausforderung durch das II. Vatikanische Konzil, in: ders., Theologie und Kirche, Mainz 1987, 290-299.

-, Jesus der Christus, Mainz 1974.

-, Schrift und Tradition, in: ThQ 170 (1990) 161-190.

Kehl Medard, Kirche als Institution. Zur theologischen Begründung des institutionellen Charakters der Kirche in der neueren deutschsprachigen katholischen Ekklesiologie (FTS 22), Frankfurt 1976.

Kerstiens Ludwig, Art. Kontemplation, in: HWP 1024-1026.

Kessler Hans, Reduzierte Erlösung? Zum Erlösungsverständnis der Befreiungstheologie, Freiburg 1987.

Kittel Werner, Art. »*akoloutheô*«, in: ThWNT 1, 210-216.

Köhldorfner Peter, Praxiswandel durch Mehrheitsbeschlüsse? Exemplarische Analyse der Texterstellung auf der Gemeinsamen Synode der Bistümer in der Bundesrepublik Deutschland (1971-1975), [Bamberg] 1980.

Koep Leo, Art. Consecratio I., in: RAC 3, 269-283.

Küng Hans, Die Kirche (Ökum. Forschungen. 1. Ekklesiolog. Abt. Bd. 1), Freiburg 1967.

Lambert A., Art. Apotactites et Apotaxamènes, in: DACL 1/2, 2604-2626.

Larsson Edvin, Art. »*mimeomai*«, in: EWNT 2, 1053-1057.

Leclercq Jean, Art. Mondo, in: DIP 6, 53-67.

Legrand Lucien, La virginité dans la Bible (Lectio divina 39), Paris 1964.

Le Guillou Marie J., Art. Kirche, in: SM 2, 1136-1157.

Lehmann Karl, Emanzipation und Leid. Wandlungen der neuen »politischen Theologie« (II), in: IKaZ Communio 3 (1974) 42-55.

-, Die politische Theologie. Theologische Legitimation und gegenwärtige Aporie, in: Essener Gepräche zum Thema Staat und Kirche 4. Hg. v. Joseph Krautscheid und Heiner Marré, Münster 1970, 90-151.

-, Wandlungen der neuen »politischen Theologie«, in: IKaZ Communio 2 (1973) 385-399.

Lippert Peter, Christlicher Pessimismus? Anmerkungen zu einem Mentalitätsumschwung, in: ThG 22 (1979) 33-38.

-, Kirche als Kontrast und Modell?, in: Pastoralblatt 35 (1983) 266-271.

-, Neue Innerlichkeit - Anrufe und Gefahren, in: Signum 4 (1976) 97-101.

-, Spiritualität des Alltags, Freiburg 1985.

-, Wer sein Leben retten will. Selbstverwirklichung und Askese in einer bedrohten Welt, Mainz 1978.

Lochbrunner Manfred, Analogia caritatis. Darstellung und Deutung der Theologie Hans Urs von Balthasars (FThSt 120), Freiburg 1981.

Lohfink Gerhard, Wie hat Jesus Gemeinde gewollt? Zur gesellschaftlichen Dimension des christlichen Glaubens, Freiburg 1982.

Lohfink Norbert, Kirchenträume. Reden gegen den Trend, Freiburg 1982.

-, Die messianische Alternative. Adventsreden, Freiburg 1981.

Löser Werner, »Universale concretum« als Grundgesetz der oeconomia revelationis, in: HFTh 2, 108-121.

Lotz Johannes B., Art. Form, in: LThK 4, 203-205.

-, Art. Verzicht, in: PLSp 1372-1374.

Marcuse Herbert, Der eindimensionale Mensch, Neuwied 1967.

Metz Johann Baptist, Armut im Geiste, München 1962.

-, Art. Apologetik, in: SM 1, 266-276.

-, Art. Erinnerung, in: HphG 2, 386-396.

-, Art. Politische Theologie, in: SM 3, 1232-1240.

-, »Aufstand der Hoffnung«. Eine Rückbesinnung auf das »Hoffnungsdokument« der Gemeinsamen Synode, in: HerKorr 36 (1982) 503-508.

-, Befreiendes Gedächtnis Jesu Christi, Mainz 1970.

-, Christliche Anthropozentrik. Über die Denkform des Thomas von Aquin, München 1962.

-, Glaube in Geschichte und Gesellschaft. Studien zu einer praktischen Fundamentaltheologie, Mainz 1977.

-, Gott vor uns. Statt eines theologischen Arguments, in: Ernst Bloch zu ehren. Beiträge zu seinem Werk. Hg. v. S. Unseld, Frankfurt 1965, 227-241.

-, Im Aufbruch zu einer kulturell polyzentrischen Weltkirche, in: ders. / Kaufmann Franz Xaver, Zukunftsfähigkeit. Suchbewegungen im Christentum, Freiburg 1987, 92-123.

-, Jenseits bürgerlicher Religion. Reden über die Zukunft des Christentums, München 1980.

-, Mystik und Mythos. Kleine Bemerkungen zur »Armut im Geiste«, in: Weite des Herzens - Weite des Lebens. Beiträge zum Christsein in moderner Gesellschaft. Festschrift für Abt Odilo Lechner. Hg. v. Michael Langer und Anselm Bilgri. 1, Regensburg 1989, 251f.

-, Suchbewegungen nach einem neuen Gemeindebild, in: ders. / Kaufmann Franz Xaver, Zukunftsfähigkeit. Suchbewegungen im Christentum, Freiburg 1987, 148-165.

-, Unterbrechungen. Theologisch-politische Perspektiven und Profile, Gütersloh 1981.

-, Unterwegs zu einer nachidealistischen Theologie, in: Entwürfe der Theologie. Hg. v. Johannes B. Bauer, Graz 1985, 209-233.

-, Vergebung der Sünden. Theologische Überlegungen zu einem Abschnitt aus dem Bekenntnistext der deutschen Synode »Unsere Hoffnung«, in: StZ 195 (1977) 119-128.

-, Vorwort, in: Sie leben im Herzen des Volkes. Lateinamerikanisches Martyrologium. Hg. v. Instituto Historico Centroamericano, Düsseldorf 1984, 7-12.

-, Die Zielperspektive: Identitätsbildung aus Nachfolge, in: Mit der Gemeinde predigen. Hg. v. Rolf Zerfaß, Gütersloh 1982, 13-21.

-, Zu einer interdisziplinär orientierten Theologie auf bikonfessioneller Basis, in: Die Theologie in der interdisziplinären Forschung. Hg. v. Johann Baptist Metz und Trutz Rendtorff, Düsseldorf 1971, 10-26.

-, Zur Theologie der Welt, Mainz 1968.

Metzger Wolfgang, Art. Gestaltqualität, in: HWP 3, 550-551.

Michaelis Wilhelm, Art. »*mimeomai*«, in: ThWNT 4, 661-678.

Mieth Dietmar, Die Einheit von vita activa und vita contemplativa in den deutschen Predigten und Traktaten Meister Eckharts und bei Johannes Tauler. Untersuchungen zur Struktur des christlichen Lebens (Studien zur Gesch. d. kath. Moraltheol. 15), Regensburg 1969.

Mühlen Heribert, Una mystica Persona. Die Kirche als das Mysterium der Identität des Hl. Geistes in Christus und den Christen: Eine Person in vielen Personen, München 1964.

Muschalek Georg, Die theologische Wahrheit zwischen Theorie und Praxis, in: ZKTh 93 (1971) 129-147.

Neumann Johannes, Synodales Prinzip. Der größere Spielraum im Kirchenrecht (Kirche im Gespräch), Freiburg 1973.

Oelinger J., Christliche Weltverantwortung. Die Kirche in der Welt von heute (Kommentarreihe zur Pastoralkonstitution des Zweiten Vatikanischen Konzils. Über die Kirche in der Welt von heute 1), Köln 1968.

Philippe Paul, Art. Contemplation. 7. Saint Thomas + 1274, in: DSp 2, 1983-1988.

Pieper Josef, »Entsakralisierung«? 3 Diskussionsbeiträge, Zürich 1970.

Plate Manfred, Das deutsche Konzil. Die Würzburger Synode - Bericht und Deutung, Freiburg 1975.

Pottmeyer Hermann Josef, Ist die Nachkonzilszeit zu Ende?, in: StZ 203 (1985) 219-230.

-, Normen, Kriterien und Strukturen der Überlieferung, in: HFTh 4, 124-152.

-, Vor einer neuen Phase der Rezeption des Vaticanum II. Zwanzig Jahre Hermeneutik des Konzils, in: Die Rezeption des Zweiten Vatikanischen Konzils. Hg. v. H.J. Pottmeyer u.a., dt. Düsseldorf 1986, 47-65.

-, Die zwiespältige Ekklesiologie des Zweiten Vaticanums - Ursache nachkonziliarer Konflikte, in: TThZ 92 (1983) 272-283.

Rahner Karl, Die bleibende Bedeutung des II. Vatikanischen Konzils, in: Schriften 14, 303-318.

-, Grundkurs des Glaubens. Einführung in den Begriff des Christentums, Freiburg 1976.

-, Grundsätzliche Bemerkungen zum Thema: Wandelbares und Unwandelbares in der Kirche, in: Schriften 10, 241-261.

-, Die ignatianische Mystik der Weltfreudigkeit, in: Schriften 3, 329-348.

-, Nachwort, in: Christenverfolgung in Südamerika. Zeugen der Hoffnung. Hg. v. Martin Lange und Reinhold Iblacker, 2. erw. Aufl. Freiburg [2]1980, 179-182.

-, Über die Einheit von Gottes- und Nächstenliebe, in: Schriften 6, 277-298.

-, Über das Ja zur konkreten Kirche, in: Schriften 9, 479-497.

-, Warum und wie können wir die Heiligen verehren?, in: Schriften 7, 283-303.

-, Zur Theologie einer »Pastoralsynode«, in: Schriften 10, Zürich 1972, 358-373.

-, Zur Theologie des Symbols, in: Schriften 4, 275-311.

Ratzinger Joseph, Das neue Volk Gottes. Entwürfe zur Ekklesiologie, Düsseldorf 1969.

Régamey Pie-Raymond, Gewaltlosigkeit, dt. München 1960.

-, Kirche und Kunst im 20. Jahrhundert, dt. Graz 1954.

-, La pauvreté et l'homme aujourd'hui, Paris 1963.

-, Art. Perfezione IV. Sintesi dottrinale, in: DIP 6, 1478-1484.

-, Portrait spirituel du chrétien, Paris 1964.

Ricoeur Paul, Histoire et verité, Paris 1955 (= Geschichte und Wahrheit, München 1974).

Rothenhäusler M. / *Oppenheim* P., Art. Apotaxis, in: RAC 1, 558-564.

Rotzetter Anton, Leidenschaft für Gottes Welt. Aspekte einer zeitgemäßen Spiritualität, Zürich 1988.

Ruh Ulrich, Säkularisierung, in: CGG 18, 59-100.

Scannone Juan Carlos, Theologie der Befreiung - Charakterisierung, Strömungen, Etappen, in: Probleme und Perspektiven dogmatischer Theologie. Hg. v. Karl Heinz Neufeld, Leipzig 1986, 401-439.

Schaeffler Richard, Was dürfen wir hoffen? Die katholische Theologie der Hoffnung zwischen Blochs utopischem Denken und der reformatorischen Rechtfertigungslehre, Darmstadt 1979.

-, Die Wechselbeziehungen zwischen Philosophie und Katholischer Theologie, Darmstadt 1980.

Schalück Hermann, Art. Aktion / Kontemplation, in: PLSp 14-19.

Schillebeeckx Edward, Der Amtszölibat. Eine kritische Besinnung (Theologische Perspektiven), dt. Düsseldorf 1967.

Schnackenburg Rudolf, Christliche Existenz nach dem Neuen Testament, München 1967.

-, Nachfolge Christi - heute. Antworten und Weisungen aus dem Neuen Testament, Freiburg 1976.

Schneider Gerhard, Art. »*akoloutheô*«, in: EWNT 1, 117-125.

Schockenhoff Eberhard, Bonum hominis. Die anthropologischen und theologischen Grundlagen der Tugendethik des Thomas von Aquin (TTS 28), Mainz 1987.

Schönborn Christoph, Die »Docta ignorantia« als christozentrischer Entwurf, in: Nikolaus von Kues. Hg. v. Klaus Jacobi, Freiburg 1977, 138-156.

Schulz Anselm, Jünger des Herrn. Nachfolge Christi nach dem Neuen Testament, Leipzig 1964.

-, Nachfolgen und Nachahmen. Studien über das Verhältnis der neutestamentlichen Jüngerschaft zur urchristlichen Vorbildethik (Studien zum Alten und Neuen Testament 6), München 1962.

Seeber David, Das Zweite Vaticanum. Konzil des Übergangs, Freiburg 1966.

Severus Emmanuel von, Art. Nachfolge, in: PLSp 911-916.

Sobrino Jan, Geist, der befreit. Lateinamerikanische Spiritualität, Freiburg 1989.

Splett Jörg, Liebe zum Wort. Gedanken vor Symbolen, Frankfurt 1985.

-, Die Rede vom Heiligen, Freiburg ^{2}1985.

-, Sakrament der Wirklichkeit. Vorüberlegungen zu einem weltlichen Begriff des Heiligen, Würzburg 1968.

-, Art. Symbol, in: SM 4, 784-789.

Spülbeck Volker, Neomarxismus und Theologie. Gesellschaftskritik in kritischer Theorie und Politischer Theologie (FThSt 107), Freiburg 1977.

Strube W. / *Metzger* W., Art. Gestalt, in: HWP 3, 540-548.

Strunk Reiner, Nachfolge Christi. Erinnerungen an eine evangelische Provokation, München 1981.

Sudbrack Josef, Möglichkeiten einer Theologie des geistlichen Lebens, in: TThZ 78 (1969) 49-59.

-, Art. Spiritualität, in: SM 4, 674-691.

Thurian Max, Mariage et célibat, Taizé 1977.

Tillard Jean Marie Roger, Église d'Églises. L'écclésiologie de communion, Paris 1987.

-, L'Église de Dieu est une communion, in: Irénikon 53 (1980) 451-468.

-, Église et salut. Sur la sacramentalité de l'Église, in: NRTh 106 (1984) 658-685.

-, Haben wir das Zweite Vatikanum »rezipiert«?, in: ThG 29 (1986) 65-72.

-, Die Kirche und die irdischen Werte, in: Die Kirche in der Welt von heute. Kommentar zur Pastoralkonstitution »Gaudium et spes« des II. Vatikanischen Konzils. Hg. v. Guilherme Baraúna, Salzburg 1967, 95-137.

-, Le mémorial dans la vie de l'Église, in: La Maison-Dieu n°106 (1971) 24-45.

-, Das II. Vatikanum und die nachkonziliare Zeit: Hoffnungen und Befürchtungen, in: Kirche im Wandel. Eine kritische Zwischenbilanz nach dem Zweiten Vatikanum. Hg. v. Giuseppe Alberigo u.a., dt. Düsseldorf 1982, 319-332.

Ullrich Lothar, Art. Stellvertretung, in: LkD 479-482.

Vandenbroucke François, Spiritualität und Spiritualitäten, in: Conc 1 (1965) 735-742.

Volkmann-Schluck Karl H., Nicolaus Cusanus. Die Philosophie im Übergang vom Mittelalter zur Neuzeit, Frankfurt ³1984.

Walf Knut, Lakunen und Zweideutigkeiten in der Ekklesiologie des II. Vatikanums, in: Kirche im Wandel. Eine kritische Zwischenbilanz nach dem Zweiten Vatikanum. Hg. v. Giuseppe Alberigo u.a., dt. Düsseldorf 1982, 195-207.

Wambacq B.N., Le mot »charisme«, in: NRTh 97 (1975) 345-355.

Weber Max, Politik als Beruf, München 1919.

-, Wirtschaft und Gesellschaft, Tübingen ⁵1980.

Weismayer Josef, Leben in Fülle. Zur Geschichte und Theologie christlicher Spiritualität, Innsbruck 1983.

-, Spirituelle Theologie oder Theologie der Spiritualität, in: Spiritualität in Moral. Festschrift f. Karl Hörmann zum 60. Geb. Hg. v. Günther Virt, Wien 1975, 59-77.

Wiedenhofer Siegfried, Politische Theologie, Stuttgart 1976.

Wiederkehr Dietrich, Entwurf einer systematischen Christologie, in: MySal 3/1, 477-648.

-, Die Kirche als Ort vielgestaltiger kirchlicher Existenz, in: MySal 4/2, 338-392.

Wulf Friedrich, Geistliches Leben in der heutigen Welt. Geschichte und Übung der christlichen Frömmigkeit, Freiburg 1960.

-, Gott begegnen in der Welt. Erfahrungen des Glaubens, Würzburg 1988.

Zadra Dario / *Schilson* Arno, Symbol und Sakrament, in: CGG 28, 85-150.

Zapf Josef, Art. Meditation / Kontemplation, in: NHThG 3, 74-83.

Zirker Hans, Ekklesiologie (Leitfaden Theologie 12), Düsseldorf 1984.

Zulehner Paul M., Das Gottesgerücht. Bausteine für eine Kirche der Zukunft - mit Texten von J. Fischer u. einer Med. v. R. Zerfaß, Düsseldorf 1987.

-, Helft den Menschen leben. Für ein neues Klima in der Pastoral, Freiburg 1978.

-, Kirche - Anwalt des Menschen. Wer keinen Mut zum Träumen hat, hat keine Kraft zum Kämpfen, Wien 1980.

-, »Leutereligion«. Eine neue Gestalt des Christentums auf dem Weg durch die 80er Jahre?, Wien 1982.

-, Mystik und Politik, in: GuL 62 (1989) 405-415.

-, Pastoraltheologie 1. Fundamentalpastoral. Kirche zwischen Auftrag und Erwartung. Unter Mitarb. v. J. Haas u.a., Düsseldorf 1989.

-, Priestermangel praktisch. Von der versorgten zur sorgenden Pfarrgemeinde, München 1983.

-, Ungehaltene Hirtenreden. Menschlichkeit darf maßlos sein, Freiburg 1988.

-, Von der versorgten zur missionarischen Gemeinde, in: OK 25 (1984) 52-68.

Personenverzeichnis

Studien zur systematischen und spirituellen Theologie
Herausgegeben von Gisbert Greshake, Medard Kehl
und Werner Löser

Band 1
Manfred Scheuer: **Die Evangelischen Räte.** Strukturprinzip systematischer Theologie bei H. U. von Balthasar, K. Rahner, J. B. Metz und in der Theologie der Befreiung. 1990. XIV + 450 Seiten, Broschur. ISBN 3-429-01296-1

Band 2
Dagmar Heller: **Schriftauslegung und geistliche Erfahrung bei Bernhard von Clairvaux.** 1990. IX + 228 Seiten, Broschur. ISBN 3-429-01332-1

Band 3
Anneliese Herzig: **Ordens-Christen.** Theologie des Ordensleben nach dem Zweiten Vatikanischen Konzil. 1991. XII + 462 Seiten, Broschur. ISBN 3-429-01369-0

Band 4
Christoph Benke: **Unterscheidung der Geister bei Bernhard von Clairvaux.** 1991. XII + 320 Seiten, Broschur. ISBN 3-429-01366-6